사회이론의 역사

SOCIAL THEORY
A HISTORICAL INTRODUCTION

알렉스 캘리니코스 지음

박형신 · 신종화 · 이혜경 · 임원희 · 정수남 옮김

한울
아카데미

Social Theory: A Historical Introduction (2nd **Edition**)

© A. T. Callinicos 2007

First published in 2007 by Polity Press

Reprinted 2007, 2008(twice), 2010

This edition is published by arrangement with Polity Press Ltd., Cambridge

Korean Translation Copyright © 2010 by Hanul Publishing Group

이 책의 한국어판 저작권은 Polity Press와의 독점계약으로 도서출판 한울에 있습니다.
저작권법에 의해 한국 내에서 보호를 받는 저작물이므로 무단전재와 무단복제를 금합니다.

제1판 서문 겸 감사의 글

나는 행운아였다. 왜냐하면 1960년대 말에 지적 자의식을 갖게 되었고, 또 정치활동에도 참여할 수 있었기 때문이었다. 그때는 무엇보다도 특정 형태의 마르크스주의나 이국적인 유형의 대륙철학(또는 둘 모두)과 연계된 다양한 조류의 이단적 사회이론에 관한 관심이 폭발하였던 시기였다. 그 당시에 내가 느꼈던 흥분이 나를 떠난 적이 없다. 비록 지금의 분위기는 그 무렵에 비해 분명 지적·정치적으로 훨씬 덜 활력적이기는 하지만, 이 책이 그때의 흥분을 조금이나마 전해주었으면 한다.

이 책은 사회이론을 공부하고 그것에 대해 토론하고 가르치면서 저술한 30년의 세월을 바탕으로 하고 있다. 그동안 나는 당연히 여기서 감사의 말을 전하는 것만으로는 부족한, 너무나도 많은 은혜를 입었다. 하지만 나는 누구보다도 후속 세대의 연구자들에게 감사해야 한다. 그들은 내가 인내할 수 있는 것 이상으로 나의 말을 경청하며 내가 말하고 싶었던 것을 보다 명료하게 진술할 수 있게 해주었으며, 우리의 토론이 더 자극적이고 계몽적인 방향으로 발전하도록 도와주었다.

그중에는 구체적인 언급을 하지 않으면 안 되는 분들이 있다. 데이비드 헬드David Held는 우리가 1980년대 초반 잠시 동안 함께 학생들을 가르친 후 줄곧 내가 이 책을 저술하도록 부추겨왔다. 내가 결국 굴복한 후에도, 그는 여전히 끊임없이 격려를 아끼지 않는 유익한 편집자로 남아주었다. 폴리티

Polity 출판사와 블랙웰Blackwell 출판사에서 교류했던 그 밖의 모든 사람들 – 줄리아 하산Julia Harsant, 길 모틀리Gill Motley, 제니퍼 스피크Jennifer Speake, 재닛 모스 Janet Moth – 역시 마찬가지로 큰 힘이 되었다.

샘 애시먼Sam Ashman은 내가 이 책을 집필하는 동안 매우 친절하게 대해주고 인내심을 발휘해주었다. 그녀는 또한 제작의 마지막 단계에서 처음에는 달가워하지 않았던 것 – 나로서는 납득할 수 없는 일이었지만 – 과는 달리, 초고를 실제로 읽고 교정쇄와 대조하는 아주 하기 싫은 일을 해주었다. 이 일을 비롯하여 다른 많은 일들에 대해 그녀에게 감사해 마지않는다.

하지만 내게는 아직 가장 커다란 빚이 남아 있다. 내가 이 책을 계획하던 초기 단계에 어머니가 갑자기 돌아가셨다. 내가 작업을 하고 또 저술하면서 어머니를 결코 잊은 적이 없다. 나는 내가 어머니께 얼마나 많은 빚을 졌는지를 너무도 잘 알고 있다. 그러므로 내가 이 책을 어머니께 헌정하는 것은 너무나도 당연하다.

제2판 서문 겸 감사의 글

1999년 이 책의 초판 발간 이후, 1980년대와 1990년대 동안 포스트모더니즘과 문화연구의 붐에 압력 받아 사회이론이 크게 부흥했다. 제2판에서는 그간 있었던 많은 중요한 변화들을 반영했다. 제11장에서는 하버마스와 부르디외 사상의 진일보한 모습을 설명하기 위해 새로운 내용을 일부 추가했다. 제12장은 이제 더 이상 결론을 대신하는 일을 하는 것이 아니라, 여전히 현재까지 일정한 반향을 일으키고 있는 근대성과 탈근대성 논쟁을 재차 정리하는 역할을 한다.

하지만 가장 중요한 변화는 제13장, "주제의 변화: 지구화, 자본주의 그리고 제국주의"를 새로 추가한 것이다. 이 장은 1990년대 중반 이후 논쟁의 초점상에서 일어난 극적인 전환을 추적한다. 이 장은 우선 한동안 사회이론의 모든 담론을 집어삼킬 것 같아 보였던 지구화 담론의 증폭을 다루고, 다음으로 신자유주의에 대한 새로운 저항운동 ― 치아파스, 시애틀, 제노바와 같은 이름과 연관된 ― 을 출현시킨 자본주의에 대해 새롭게 제기된 관심을 다루며, 마지막으로 2001년 9월 11일 이후 미국이 선언한 '장기 전쟁', 즉 제국주의이론에 대한 부활된 관심에 응답한다. 나는 이러한 새로운 지향들을 다루면서, 이 책의 독특한 특징 중 하나를 이루는 것, 즉 사회이론의 구성에서 정치경제학이 수행하는 역할을 강조한 것이 상당한 성과를 거두었다는 느낌이 들었다. 그러나 나는 또한 신자유주의적 지구화에 대한 현대의 투쟁에서 나온 숨어 있던 불만의 소리들이 최고봉에 오른 고상한 이론들 – 그중에서 특히 슬라보예 지젝Slavoj Žižek의 최근 저작에서 나타나는 – 을 어떻게 뒤흔들어 놓았는지를 보여주고자 했다. 마지막으로, 더 읽을거리 부분도 대폭 확대하고 최신의 것으로 갱신했다.

『사회이론의 역사』 초판과 마찬가지로, 나는 이 책을 개정하면서 매우 광범위하게 이루어진 나의 저술과 강의에 의존했다. 지난 10년 남짓 동안의 이론적 재편성에 대한 훨씬 더 상세한 탐구는 폴리티출판사에서 출간한 나의 또 다른 저작 『비판의 자원The Resources of Critique』에서 만나볼 수 있을 것이다. 내가 이 책을 개정하면서 쌓아둔 모든 빚에 제대로 감사하기 위해서는 지면이 충분하지 않지만, 언급하지 않으면 안 되는 몇몇 분들이 있다. 나는 런던 킹스 칼리지에서 새로운 직장생활을 시작한 후 곧바로 개정 작업에 착수했다. 내가 이 작업을 마음 편히 할 수 있도록 도와준 유럽학과의 동료들에게 감사한다. 나는 폴리티 출판사의 엠마 롱스태프Emma Longstaff에게 특별한 감사를 표해야만 한다. 그녀는 내게 『사회이론의 역사』를 개정할 것을 설득했고, 또 계속해서 나의 개정 작업에 상냥하면서도 단호하게 확신을 심어주었다. 익명의 두 독자는 개정판 초고에 대해 매우 유익하고 고무적인 논평을 해주었다. 그리고 나는 또한 이 책의 출간에 애써준 폴리티 출판사의 다른 분들, 특히 캐롤라인 리치몬드Caroline Richmond와 데이비드 왓슨David Watson에게 역시 감사를 표하지 않을 수 없다.

독자에게

　나의 텍스트를 뒷받침하는 학문적 장치로, 나는 직접적으로 인용된 최소한의 저작들만을 각 장에서 각주로 제시했다. 책의 끝에 제시한 '더 읽을거리'는 내가 의존했거나 독자들에게 유용할 것으로 판단되는 책과 논문들을 각 장별로 제시한 것이다. 각주에는 또한 내가 논의한 사상가들에 관한 간략한 전기가 포함되어 있다. 그리고 나는 사상가들의 텍스트를 인용할 때 가능한 한 양질의 쉽게 입수할 수 있는 판본을 사용했고, 영어 이외의 다른 언어의 판본을 사용하는 것을 피하고자 했다. 달리 지적하지 않은 경우, 인용문에 포함되어 있는 강조체는 원저자가 강조한 것이다. 인간과 남성을 등치시키는 방식으로 대명사를 사용하는 것은 받아들일 수 없었다. 하지만 내가 논의한 대부분의 사상가들은 옛 관행을 따르고 있었다. 그리고 때때로 사상가들의 견해를 상세히 설명하면서, 똑같이 그러한 관행을 따르지 않아, 그들의 견해를 왜곡했을 수도 있다.

차례

1 계몽주의

2 헤겔

3 자유주의자와 반동주의자들

서론

　지난 2세기 동안 발전해온 바와 같이, 사회이론은 다른 어떤 것보다도 사회적 권력의 세 가지 주요 차원 ─ 자본주의로 알려진 시장체계에서 최고로 발전한 경제적 관계, 특정한 권력형태들을 정당화하고 그러한 권력형태들에 종속된 사람들의 세계에서 지위를 규정하는 이데올로기, 그리고 다양한 유형의 정치적 지배 ─ 에 관심을 기울여왔다. 주요 사회이론가들 ─ 그 누구보다도 마르크스, 뒤르켐, 베버 ─ 은 이 세 가지 종류의 사회적 권력의 상호관계를 특히 근대세계의 구축 속에서 이해하는 데 관심을 기울여왔다. 그러한 인식은 그 같은 세계를 이해하거나 개선하려는 사람에게는 불가결한 것으로 보인다. 이 책은 그러한 이해들의 발전 및 그것들 속에서 드러나는 차이와 갈등을 추적한다.

　하지만 사회이론 입문서를 쓰는 것이 다소 낡은 작업처럼 보일 수도 있다. 어찌 되었든 사회이론은 현대의 지적 논쟁 속에서 구시대적 이해 형태로 보이곤 한다. 지난 20여 년 동안 일반적이게 된 다소 묵시록적인 스타일 속에서 수많은 제도, 관행, 전통 ─ 심지어 역사 자체 ─ 의 종말이 공언되어왔다. 내가 아는 한, 비록 어느 누구도 아직 사회이론의 종말을 공언하지는 않았지만, 조만간 누군가가 그것의 종말을 선언하고 나설지도 모른다.

　이 책은 어떤 의미에서도 학문분과로서의 사회학에 대한 입문서나 사회학의 역사서가 아니다. 그럼에도 불구하고 사회이론의 어떤 주제들은 사회학에 그 정당성의 주요한 근거들 중의 하나를 제공해왔기 때문에, 지난 20년 동안의 사회학의 상대적 주변화는 사회이론의 지위에 일정한 영향을 미쳐 왔다. 사회학은 부분적으로는 정치적인 이유로 퇴각해왔다. 1980년대 동안 서구 자유민주주의국가들에서 부상한 신우파New Right는, 실제로 사회학을 사회주의의 위장 말馬로 간주했다. 대처정부하의 영국에서는 학술연구 관련 재단이 사회과학의 이상과 관련된 모든 것을 연구지원에서 제외하기 위해 이름을 바꾸기도 했다.

이데올로기적으로 유도된 이 같은 종류의 제도적 압박은 지적 풍조의 변화에 의해 강화되어왔다. 사회학은 문화연구라는 새로운 붐을 탄 주제로 인해 그 빛을 잃었다. 어떤 전문서점에 한번 가보기만 해도 퇴색한 사회학 섹션이 줄어들었거나 심지어는 문화연구에 의해 완전히 잡아먹혔음을 알 수 있다. 물론 이처럼 학문의 경계를 재설정하는 것에는 수많은 옛 문건들을 재포장하는 것도 포함된다. 사회학을 지칭하기 위해 사용되던 많은 것이 지금은 문화연구의 틀 내에서 수행된다. 그럼에도 불구하고 학문적 취향의 변화는 실제적인 결과를 초래한다. 왜냐하면 그러한 변화가 학생들의 움직임, 연구기금, 출판계약에 영향을 미칠 수 있기 때문이다.

어쨌든 거기에는 심층적인 힘들이 작동하고 있다. 좋든 싫든 간에, 우리는 포스트모더니즘이 지적·문화적 논쟁의 용어를 틀 짓는 시대에 살고 있다. 탈근대성에 대한 가장 영향력 있는 설명을 제시한 것은 장-프랑수아 리오타르Jean-François Lyotard이다. 그는 "탈근대적인 것을 메타서사metanarrative에 대한 회의"로 정의하며, 그것을 근대적인 것 ― 즉 "절대정신의 변증법, 의미의 해석학, 합리적 내지 노동하는 주체의 해방 또는 부의 창출과 같은 거대거사grand narrative에 분명하게 호소하는 …… 메타담론metadiscourse에 준거하여 자신을 정당화하는 모든 과학" ― 과 대비시킨다.[1] 리오타르에게 거대서사는 인간역사의 총체성을 이해

---

1 J.-F. Lyotard(1979), *The Postmodern Condition*(Manchester, 1984), pp. xxiii~iv.

하려는 하나의 시도이다. 그는 자신이 이러한 종류의 역사철학을 본질적으로 18세기 계몽주의의 자식으로 간주한다는 점과, 그러한 역사철학의 가장 중요한 수행자가 (역사를 자유의식의 진보로 바라본) 헤겔과 (역사 속에서 생산력의 발전과 계급투쟁을 포착한) 마르크스였다는 점을 분명히 한다. 탈근대성은 이러한 거대서사의 붕괴 ─ 즉 전체 역사과정을 하나의 단일한 해석적 도식으로 조명하려는 시도의 포기 ─ 를 의미한다.

리오타르의 견해를 일부 받아들일 경우, 그것은 사회이론의 지위와 영향력에 부정적인 영향을 미칠 수밖에 없다. 내가 아래의 제1장에서 좀 더 상세하게 주장하듯이, 사회이론은 (1) 하나의 전체로서의 사회 ─ 특정한 정치적 형태들과 대비되는 것으로서의 ─ 를 이해하고자 하며, (2) 상이한 종류의 사회들을 구분하고 그것들에 대해 일반화하고자 하며, (3) 특히 근대성 ─ 즉 지난 두 세기 동안 처음에는 서구를 그리고 점차 나머지 세계까지를 지배하게 된 사회적 삶의 형태 ─ 을 분석하는 것에 관심을 기울인다. 단지 이러한 정의를 늘어놓는 것만으로도, 그것은 어떤 사회이론가가 하나의 거대서사를 구성하거나 전제할 가능성이 크다는 것을 암시한다. 실제로 마르크스는 일반적으로 주요 사회이론가 중 한 명으로 간주된다. 통상적으로 그 일행에 속하는 사람들 ─ 이를테면 토크빌, 뒤르켐, 베버 ─ 은, 마르크스와 그들 간에 어떤 차이가 있든 또는 정치적 관점, 지적 스타일, 실질적 분석의 측면에서 서로 간에 어떤 차이가 있든 간에 상당한 야심과 목적을 가진 사상가들이다.

보다 일반적으로 말하면, 사회이론은 계몽주의의 주요 상속자들 중의 하나로 가장 잘 이해될 수 있다. 즉 사회이론은 계몽주의의 영감과 모순을 이어받아 그것을 가지고 작업을 수행해왔다. 포스트모더니즘의 영향력은 계몽주의를 수많은 형태의 억압들이 안출案出된 환상의 시대로 보고 그것을 기각하는 것을 유행시켰다. 이것은 심히 무력한 견해이다. 18세기 계몽철학자들이 제시한 약속 ─ 즉 보편적 지식과 자유의 약속 ─ 이 그들의 프로젝트에 내재되어 있던 한계와 딜레마들에 의해 반증되었다는 것은 의문의 여지가 없는 사실이다. 그럼에도 불구하고 내가 이 책에서 보여주고자 하듯이, 계몽주의 프로젝트의 붕괴 자체는 하나의 지적 어젠다를 설정하며, 여전히 우리가 사회세계를 이해하기 위해 분투하는 데 활용하는 틀을 제공하고 있다. 이 책에서 논의한 주요 사회이론가들 모두는, 계몽주의의 열망들을 전적으로 포기하지 않은 채, 그리고 그것의 약점을 무비판적으로 무시하지도 않은 채, 그 같은 붕괴가 창출한 난점과 씨름해왔다.

그렇다고 해서 근대 사회이론의 역사가 단순히 경쟁하는 거대서사들의 역사라는 것은 아니다. 우선, 우리의 이야기에서 적어도 주요 인물 중 하나인 베버는 과학적 사고가 인간역사에 대한 총체적 설명에 도달할 수 있다는 것에 대해 극히 회의적이었다(비록 그의 저술들이 그 같은 설명을 함의하는지는 논의의 여지가 있지만). 다음으로 사회에 대한 일부 일반이론들은 다른 이론들보다 그리 강력하지 못하다. 이를테면 콩트Comte, 스펜서Spencer, 파슨스Parsons는 모두 당대에 매우 영향력이 있었지만, 최고의 자리를 차지한 사회이론가들이 제시한 것만큼의 통찰력을 제공하지는 못한다.

여기서 언급해야 할 좀 더 중요한 한 가지 단서조항은, 이 책에서 개괄하는 계몽주의 프로젝트를 계속해서 수행하고자 하는 시도들이 그 전체 프로젝트에 대해 철저하게 거부하는 입장을 항상 동반하거나 종종 그것과 대화하고 있었다는 점이다. 이러한 이유 때문에, 일반적으로 '고전' 사회이론가들 — 말하자면 토크빌, 마르크스, 뒤르켐, 베버 — 로 간주되는 인물들의 사상을 근대성 비판가들 — 이를테면 메스트르Maistre, 니체Nietzsche, 하이데거Heidegger — 과 관련하여 위치 지으려는 일정한 시도를 하지 않은 채 검토한다는 것은 그리 적절하지 못하다. 이 같은 방식으로 맥락을 확장할 경우 그것이 보여주는 한 가지 결과는, 포스트모더니스트의 '메타서사에 대한 회의'가 훨씬 더 장구한 논쟁에서 가장 최근의 에피소드에 불과하다는 점이 분명해진다는 것이다.

지금까지의 논의는 내가 사회이론을 다루는 방식이 '사회학적 사상의 창시자들'에 대한 전통적 설명보다 폭이 더 넓다는 것을 잘 보여준다. 흥미를 끄는 사상가들 중에서 전통적인 분과학문의 경계와 잘 맞아떨어지는 인물은 극히 소수이다. 앞 단락에서 제시한 네 명의 '고전' 사상가들 중에서 단지 뒤르켐만이 사회학 교수직에 올랐다. 마르크스와 토크빌은 결코 학계에서 어떤 지위도 차지하지 못했다. 키스 트라이브 Keith Tribe는 베버에 대해 다음과 같이 기술한다.

> 베버는 전문직 분류상 경제학자였다. 그가 초기에 훈련하고 자격을 받은 것은 법학으로, 그는 그 분야에서 수많은 역사적 논문들을 썼다. 그는 독일사회학회 창립 회원이었다. 그는 수많은 정치적 토론에 참여했고, 정치결사체들에서 활동했다. 그래서 그가 죽었을 때, 독일이 주요한 정치적 인물 중의 하나를 잃은 것으로 언급되었다. …… 비록 오늘날 베버가 흔히 '사회학적 사상의 창시자'로 간주되기는 하지만, 그것은 베버의 의도도 그의 동시대인들이 이해한 바도 아니었다.[2]

사회이론으로 간주되는 지적 지평을 확대하는 것이 갖는 하나의 장점은 그것이 어떤 편견을 유지하는 것을 더욱 어렵게 만들 수도 있다는 것이다. 이를테면 그간 무시되어온 19세기의 몇몇 영국 정치사상가들에게 관심을 기울이고자 한 세 명의 지성사가들은 사회과학에 대한 대처정부의 경멸을 되풀이한다. 그들은 사회과학을 콩트, 뒤르켐, 베버와 같은 사회학적 명사들과 연관시킨다. 실제로 "사회과학의 범주 자체가 구성되어온 방식은, 우리의 거물들이 마음에 품고 있던 정치학의 중심성과 상대적 자율성이라는 보

---

2 K. Tribe, "translator's introduction," to W. Hennis, *Max Weber* (London, 1988), p. 2.

다 전통적인 개념들을 제대로 이해하지 못하거나 심지어는 그것들에 대해 적대적이게 만들었다."[3] 그것은 베버를 이상한 방식으로, 이를테면 베버를 다른 무엇보다도 "정치학의 중심성과 상대적 자율성"을 입증하는 데 관심을 둔 강력한 정치사상가로 바라본다.

사회이론을 다루는 나의 방식은 철학과 정치경제학을 특히 강조한다. 이 책에서 논의하는 수많은 사상가들이 몰두했던 근대성 문제는 본질적으로 철학적으로 구성되는 질문들을 제기한다. 즉 인간이성은 사회세계를 이해하고, 그것을 개선할 수 있는가? 계몽주의가 일반적으로 긍정적으로 대답했던 이 질문은 헤겔에 의해 훨씬 심층적으로 탐구된다. 위르겐 하버마스Jürgen Habermas가 주장했듯이, 헤겔의 해결책을 입증할 수 있다는 인식이 현재까지 이어지고 있는 근대성 논쟁의 여러 측면들을 설정하고 있다. 따라서 나는 제2장에서 헤겔식의 종합hegelian synthesis을 다루고, 또한 니체와 하이데거를 논의에 포함시켰다. 동일한 질문에 대한 니체와 하이데거의 강력한 부정적 응답은 사회이론에 매우 중요하며, 또 간헐적으로 일정한 영향을 미쳐왔다.

마르크스가 "삶의 물질적 조건 – 즉 헤겔이 '시민사회'라는 용어로 포괄한……총체" – 에 초점을 맞추기로 결정하고, 계속해서 "이 시민사회의 해부는 정치경제학 속에서 추구되어야만 한다"고 주장했을 때 그가 강조한 것이, 바로 정치경제학이 사회이론에 대해 갖는 중요성이었다.[4] 스미스Smith와 리카도Ricardo 같은 고전경제학자들이 분석한 시민사회형태는 마르크스 이래로 우리가 자본주의라고 부르게 된 것이었다. 마르크스의 주요 저작인 『자본론 Capital』은 이 자본주의 생산양식의 동학을 포착하고자 했다. 그에 따르면, 자본주의 생산양식은 임노동의 착취에 근거했다. 마르크스는 『자본론』의 부

---

3 S. Collini et al., *That Noble Science of Politics* (Cambridge, 1983), p. 10.

4 K. Marx, *A Contribution to the Critique of Political Economy* (London, 1971), p. 20.

제를 '정치경제학 비판'이라고 달았다. 정치경제학자들의 저작과 당시에 강단학문이었던 경제학을 이루고 있던 것 간의 관계는, 근대성의 구성에서 자본주의가 수행한 역할이 그랬던 것처럼, 뒤르켐과 베버 모두에서 중요한 쟁점이었다. 하지만 내가 보기에, 정치경제학의 중요성은 이 같은 고전적 논쟁으로 환원될 수 있는 것이 아니다. 따라서 나는 특히 아래의 제10장에서, 자유시장 경제학자들 – 특히 하이에크 Hayek – 을 비판할 뿐만 아니라, 마르크스가 규명한 부정의와 불안정성이 자본주의의 틀 내에서 적어도 조절되고 완화될 수 있다는 점을 보여주고자 한 케인스 Keynes의 시도 또한 검토한다.

이제는 사회이론이 하나의 정치적 사상형태라는 점이 분명해졌을 것이다. 베버만이 당대의 정치에 적극적으로 참여한 유일한 주요 인물인 것은 전혀 아니었다. 혁명적 사회주의자인 마르크스는 자신의 삶을 통해 (자신이 철학적으로 옹호한) 이론과 실천의 통일을 실현하고자 했다. 토크빌은 1840년대 동안 프랑스 의회정치에 야심 차게 참여했으나 좌절한 인물이었다. 그 외에도 많은 실례가 있다. 보다 근본적으로는 베버가 이 같은 결론에 아무리 저항했을지라도, 사회이론은 분석할 뿐만 아니라 적어도 암묵적으로 평가하며, 그것이 기술하는 것에 대한 정치적 해결책을 제시한다.

그렇다고 해서, 이것이 우리가 사회세계에 대해 언급할 때 하나의 문장의 진리성, 논증의 타당성 또는 하나의 설명의 경쟁하는 설명들에 대한 우위를 확증하는 객관적 방법이 전혀 존재하지 않는다는 것을 의미하지는 않는다. 그와는 반대로, 나는 사회이론들은 같은 기준으로 잴 수 없는 똑같이 타당한 관점이라는 (포스트모더니즘이 조장한) 관념에 저항하는 것이 중요하다고 생각한다. 그럼에도 불구하고 내가 아래에서 제시하듯이, 이 책에서 논의되는 사상가들은 자신의 이론을 암묵적으로 구성하고 있는 문제들의 관점에서 가장 잘 평가된다. 그러나 그렇게 규명된 문제들은 종종 정치적·윤리적 쟁점들과 관련된다. 그 결과 사회이론들은 분석적 차원과 규범적 차원을 함께 아우르고 있는 경향이 있다.

따라서 사회이론과 정치적 이데올로기 간의 관계에 대한 일정한 고찰은 불가피하다. 그 같은 고찰은 마르크스의 경우에 특히 친숙하다. 하지만 나는 사회이론에 대한 다른 논급들에서와는 다소 다르게, 더 다양한 사상가들과 자유주의 간의 관계를 추적한다. 물론 스미스의 『국부론The Wealth of Nations』(1776)이 마르크스에게만 그의 주요 분석적 출발점 중의 하나를 제공한 것은 아니었다. 『국부론』은 또한 19세기 자유주의에 경제적 강령을 제공해주었다. 하지만 특히 토크빌과 베버는 초기 자유주의의 어떤 변형들보다도 훨씬 더 자기인식적이고 전투적이고 난해한 자유주의를 견지하고자 한다. 더 나아가 케인스와 하이에크는 20세기 자유주의의 주요한 이율배반들 중의 하나 - 시장을 규제할 것인가, 아니면 내버려 둘 것인가 - 를 스스로 체현한다. 나는 그 이야기가 현재까지 계속되기를 바랐을지도 모른다. 1971년 존 롤스John Rawls의 『정의론A Theory of Justice』의 출간은 영어권 세계에서 자유주의 정치철학이 현저하게 부활하기 시작했음을 알리는 것이었다. 그러나 방대하고 복잡한 문헌들과 시간, 공간, 나 자신의 능력의 한계 때문에, 나는 결국 어쨌든 간에 많은 좋은 입문서가 이미 출간되어 있는 주제는 여기서 다루지 않기로 결정했다.

동일한 한계로 인해, 나는 이 책과 같은 입문서들이 어쨌든 불가피하게 다루어야 하는 또 다른 많은 것들을 배제했다. 이를테면 인류학의 발전 및 그 과정에서 근대 서구의 산물로 등장한 사회이론과 아시아, 아프리카, 아메리카에서 서구사상이 낳은 비유럽적 '타자' 간의 관계 문제를 극적으로 제기한 방식에 대해 뒤르켐의 후기 저술들이 갖는 중요성에도 불구하고, 나는 여기서 사회이론과 인류학 간의 관계를 충분히 검토하지 못했다. 다른 것들은 때때로 보다 임의적으로 배제되었다. 20세기 정치사회학에서 그들이 갖는 중요성에도 불구하고, 나는 이른바 '엘리트 이론가들' - 파레토Pareto, 모스카

Mosca, 미헬스Michels — 이 생각보다는 덜 중요하다는 느낌을 지울 수가 없었다. 따라서 나는 아래에서 대체로 그들을 무시했다. 이처럼 근대 사회이론에 기여한 매우 광범위한 사상가들로부터 일부를 선택해야만 할 때, 저자의 주관성을 이런 식으로 직접 표현하는 것은 불가피하다.

다른 한편 나는 대략 지난 50년 동안 사회진화의 성격을 다룬 저작들이 보통 주목해온 것 이상으로 사회진화관념 및 그것과 생물학적 개념들 간의 관계에 관심을 기울였다. 물론 진화론적 생물학은 많은 19세기 사회이론가들 — 특히 스펜서 — 에게 과학적 모델을 제공했다. 진화론적 사회이론은 부분적으로는 (인간행위의 의도적 성격을 강조하고 그리하여 사회과학과 자연과학 간의 근본적인 차이를 강조했던) 베버와 같은 사상가의 영향으로 인해, 그리고 또한 나치의 대학살에서 생물학적 인종차별주의가 수행한 역할 때문에 불신받아왔다. 최근 사회진화개념에 대한 관심이 일정 정도 부활했다. 이것은 아마도 현대생물학 — 특히 스티븐 제이 굴드Steven Jay Gould와 리처드 도킨스Richard Dawkins 같은 저술가들에 의해 대중화된 — 이 적어도 영어권 세계의 지적 문화 속에서 재차 부상한 것에 영향을 받은 것으로 보인다. 게다가 사회적 불평등과 유전적 차이의 관계에 대한 현대의 논쟁들이 보여주듯이, 생물학적 환원주의는 히틀러Hitler와 함께 죽은 것이 아니었다. 끝으로, 진화생물학이 사회에 대해 갖는 중요성을 검토하는 것은 앞의 단락에서 언급한 문제, 즉 서구사상이 비유럽의 '타자'와 관계를 맺는 방식의 문제를 다룰 수 있는 기회를 제공한다.

이 책의 범위가 이러하다면, 그 방법은 무엇인가? 나는 여기서 사회이론에 대한 역사적·비판적 논급을 시도한다. '역사적'이라는 것은 사상가들을 (대략적으로) 연대기적 순서로 다룬다는 것만을 함의하지는 않는다. 더 나아가 나는 그들의 이론이 정식화되는 맥락을 재구성하고자 한다. 텍스트를 맥락 속에 위치시키는 문제는, 퀜틴 스키너Quentin Skinner와 그의 영향을 받은 사람들의 연구 이래 정치사상사에서 주요한 주제가 되어왔다. 스키너는 텍스트들이 출현하는 "보다 일반적인 사회적·지적 매트릭스"와 특히 "주요한 텍스트들이 인식되던 지적 맥락 – 정치사회에 대한 초기 저술들 및 유증된 가정들의 맥락과 사회·정치사상에 대한 보다 일시적인 현대적 기여들의 맥락 –"에 초점을 맞춘다.[5]

스키너의 접근방법은 플라톤에서 하버마스에 이르기까지 모든 사람들이 기여해온 사회·정치사상에서 일정한 초시간적인 논제들을 규명하려는 시도에 대한 하나의 가치 있는 교정책임이 분명하다. 하지만 스키너학파가 수행한 것처럼 텍스트를 상세하게 재구성하는 것은, 그것이 아무리 학술적이라고는 해도, 이 같은 성격의 입문서에서는 전혀 불가능하다. 오히려 나는 액턴 경Lord Acton이 역사가에게 한 다음과 같은 충고를 따르고자 했다. "시대에 준거하여 문제들을 연구하라."[6] 달리 말해, 나는 특정 사상가의 저작의 근간을 이루고 또 그의 저술을 구조화하는 경향이 있는 어떤 특정 문제를 (때로는 암묵적으로 또는 명시적으로 다루고 있는 일련의 의문의 형태로) 규명하고자 한다. (정말 슬프게도, 이 책에서 다룬 거의 모든 이론가들은 실제로 남성이다.) 그렇게 하는 동안, 비록 상당히 느슨하고 절충적인 방식 속에서이기는 하지만, 나는 서로 매우 다른 몇몇 철학자들 – 가스통 바슐라르Gaston Bachelard, 콜링우드R. G. Collingwood, 칼 포퍼Karl Popper, 루이 알튀세르Louis Althusser, 임레 라카토스Imre Lakatos – 에 의해 영향을 받았다. 이들 모두는 이론의 '문제영역problematic' 또는 '문제상황problem-situation'에 의해 하나의 이론을 규명하는 것이 갖는 중요성을 강조했다.

이처럼 문제에 초점을 맞추는 것은 일정한 장점이 있다. 우선, 그것은 역

---

5 Q. Skinner, *The Foundations of Modern Political Thought* (2 vols, Cambridge, 1978), I. pp. x, xi.

6 Lord Acton, *Lectures on Modern History* (London, 1960), p. 37.

사 속으로 들어가게 한다. 한 사상가의 저작의 틀을 형성한 문제는 대체로 다른 사상가의 저작에서 동일한 역할을 수행한 문제와 동일하지 않다. 다른 의문이 아니라 특정한 의문이 정식화되는 이유는 해당 사상가가 작업하던 특정한 지적·사회적 맥락과 많은 관련이 있을 가능성이 크다. 개별 이론을 특징짓는 독특한 문제를 강조하는 것 또한 상이한 사상가들 간의 관계를 규명하는 데 일조할 수 있다. 즉 어느 한 이론가는 그보다 앞선 이론가가 답변하지 않았거나 해결되지 않은 채 남겨져 있던 문제들에 대해 응답하거나 재정식화하는 것으로 가장 잘 이해될 수도 있다.

이 시점에서 지성사에 대한 이 같은 접근방식과 스키너의 접근방식 간의 중요한 차이를 지적할 필요가 있다. 후자는 공유된 규약과 추론방식을 바탕으로 하여 특정 저술가의 의도를 재구성하는 것을 매우 강조한다. 이것이 바로 스키너가 언어철학의 이른바 화행이론speech-act theory ─ 이 이론은 언설utternance의 의미를 화자의 의도로 간주한다 ─ 에 의지하는 이유이다. 이와 대조적으로, 나는 이론의 정체성이 그것이 암묵적 또는 명시적으로 다루는 의문에 의해 주어진다고 말함으로써, 한 이론가가 자신의 저술들을 완전히 통제하지 못할 가능성을 열어놓고 있다. 마르크스의 유명한 말을 각색하면, 인간이 이론을 구성하는 것은 자신이 선택한 환경 속에서가 아니다. 그리고 그러한 상황은 그러한 이론의 구성 자체에 반영된다. 우리는 저자의 의도를 넘어서서, 텍스트에 전적으로 임의적인 해석을 하는 위험을 감수한다. 그러나 이것은 해석행위 자체에 내재하는 위험이다. 왜냐하면 그렇게 함으로써, 우리는 항상 이용 가능한 증거를 넘어서기 때문이다. 스키너는 저자의 의도를 자신의 해석의 기준으로 삼음으로써, 특정 텍스트에 대한 시대착오적 독해 ─ 텍스트들이 나중의 저작들을 '예기'하는 것으로 보는 ─ 를 피하고자 했다. 시대착오는 실제로 피해야 한다. 하지만 그렇다고 해서 상이한 이론가들 사이에 존재하는 연계관계와 친화성을 부정하는 대가를 치러서는 안 된다.

하나의 이론이 출발점으로 삼고 있는 문제들의 배열 상태를 규명하는 것은, 또한 비판의 적절한 범위를 설정해준다. 나는 모든 사회이론이 그것 나름의 정치학을 함축하고 있다는 소신을 이미 분명히 밝혀왔다. 이 점은 사회이론을 역사적으로 개관하는 데에서도 마찬가지로 적용된다. 그러나 저자가 보기에 논의 중인 문제에서 참인 것으로 판단되는 이론가들을 계속 대치시키는 식의 설명은, 파슨스가 자신의 고전적 저작 『사회적 행위의 구조The Structure of Social Action』에서 수행했던 것처럼, 그러한 비판이 최고의 사회이론을 재구성하는 데 이르지 못하는 한, 그리 커다란 관심의 대상이 되지는 못할 것이다. (포스트모더니스트들은, 객관적 진리 개념에 대한 자신들의 적대감에도 불구하고, 마찬가지로 자신들이 고찰한 저술가들과 자신들이 그 주제에 대한 올바른 견해라고 믿는 것을 대비시키곤 한다.) 다른 한편으로 일련의 사상가들에 대한 중립적인 '확실한' 설명으로 알려진 것들도 오도하는 설명일 뿐만 아니라 거의 확실하게 어리석은 설명일 수도 있다. 왜냐하면 저자의 실제 견해는, 비록 암묵적이기는 하지만, 이를테면 논의한 이론가들을 선택하는 데서 드러날 수도 있기 때문이다.

아래에서 나의 비판은 가능한 한, 이론가가 자신에게 제기한 질문들을 다루는 데 상대적으로 성공했는지 또는 실패했는지 그리고 이론가의 답변이 내적 일관성을 지니고 있는지에 집중했다. 좀 더 '외적인' 비판 또한 종종 불가피하다. 무엇보다도, 시간은 흐르고, 때로는 다양한 의문들이 해소된다(하지만 어떤 의문들이 정확히 어떤 방식으로 해소되었는가 하는 것 자체가 종종 커다란 논쟁의 문제가 되기도 한다). 그럼에도 불구하고 나는 가급적, 나 자신의 용어보다는 그들의 용어로 사상가들을 평가하고자 했다. 분명 나 자신의 견해가 내가 인식하고 있는 것보다, 그리고 내가 제12장에서 더욱 분명하게 제시한 것보다도 더 강요되었을 것이다. 그러나 나는 내가 검토한 모든 이론가들이 진지하게 다루어질 만한 가치가 있다는 가정에 입각하여 논의를 진행해왔다.

내가 앞서 지적했듯이, 이 가정은 현재 논쟁 중이다. 이를테면 데이비드 파커David Parker는 "사회학을 창시한 우리에게 친숙한 세 거장, 마르크스, 베버, 뒤르켐"을 통해 사회학의 정전正典을 공격한다. 그는 다음과 같이 이의를 제기한다.

> 역설적이게도 자신이 연구하는 모든 것을 사회화함으로써 다른 모든 것들을 폭로하는 하나의 학문은, 소수의 개인들이 출현한 역사적·제도적 조건들을 이해하지 않은 채 그들을 신성시하고 물화한다. 정통 서사는 창시자에서 고전으로 이동함으로써, 즉 사람들을 텍스트로 도식화함으로써, 책략을 가르치고, 역사화를 방해하고, 준(準)신성한 저술들 — 대부분 1840년에서 1920년 사이에 집필된 — 의 정전적 전통을 조작한다.[7]

니코스 무젤리스Nicos Mouzelis는 '인지적 합리성cognitive rationality'이라는 기준을 통해 판단할 때, 마르크스, 베버, 뒤르켐이 "인지적 잠재력, 분석적 예리함, 종합력, 상상력의 범위와 독창성의 면에서 다른 저작들보다 우월한" '개념적 틀'과 '실제적 이론'을 산출했다고 주장함으로써, 그 같은 불평에 응답했다.[8] 이것은 훌륭한 대답이며, 나 역시 동의한다. 그럼에도 불구하고 그것은 사회학적 '정전'에 대해 비판가들이 제기한 반론을 충분히 다루지 않고 있다. 비판가들은 사회이론의 '고전'은 현대의 독자들과 관련된 문제들에 적절하지 못하거나 단지 부분적으로만 적합하다고 주장한다. 이를테면 파커는 "페미니즘, 문화연구, 인종연구"가 "사회학의 핵심을 진정하게 재정의하

---

7 D. Parker, "Why Bother With Durkheim?" *Sociological Review*, 45(1997), p. 124.

8 N. Mouzelis, "In Defence of the Sociological Canon," *Sociological Review*, 45(1997), pp. 245~246.

고" 그리하여 '고전들'을 "근대성에 대한 보다 예리한 비판" 내에 재위치시키는 데 이용할 수 있는 "신선한 영감의 원천"을 구성한다고 주장한다.[9]

실제로 마르크스, 뒤르켐, 베버는 오늘날 '다문화적multicultural' 비판가들이 그들을 끌어들이고 싶어 하는 근대성의 본질에 대한 바로 그 논쟁에 참여했었다. 실제로 내가 이 책에서 입증하고자 하듯이, 사회이론은 바로 이 논쟁에 의해 구성되어왔다. 이 논쟁에서 근대성을 이해하고자 하는 시도는 그것을 방어하거나 거부하거나 또는 변형시키고자 하는 사람들의 투쟁과 분리될 수 없다. '세 거장' 및 실제로 이 책에서 논의한 다른 사상가들 – 이를테면 헤겔, 메스트르, 토크빌, 니체, 지멜, 루카치, 하이데거, 아도르노, 호르크하이머, 푸코, 하버마스, 부르디외 – 에 대해 내가 관심을 기울이는 까닭은, 상당 정도 근대성에 관한 논쟁에서 자신의 특별한 입장을 견지하고 탐구하고 정교화하고자 한 그들의 시도가 갖는 지적 성격 때문이다.

케인스는 다음과 같은 유명한 진술을 한 바 있다. "자신이 어떤 지적 영향력으로부터도 완전히 벗어나 있다고 믿는 실무자는 대체로 어떤 죽은 경제학자의 노예이다."[10] 유사하게 혹자는, 자신이 어떤 새로운 근대적 (또는 심지어 탈근대적) 입장을 견지하고 있다고 믿는 사람들이 근대성에 대한 논쟁에서 어쩌면 빈번히 처했던 막다른 골목에 처하여 익히 잘 알고 있는 수手를 거듭 쓰고 있는 중이라고 말할지도 모른다. 고전과 현대를 대치시키고자 하는 시도는 허위의 딜레마를 만들어낸다. 사회이론이 현재에 관여하는 것은 불가피하다.

---

9 Parker, "Why Bother With Durkheim?" pp. 134, 141.

10 J. M. Keynes, *The General Theory of Employment, Interest and Money*(London, 1970), p. 383.

1 / 계몽주의

1. 1 전사前史

사회이론이란 무엇인가? 나는 사회이론이 갖는 세 가지 분명한 특징을 제시해왔다.

1. 사회이론은 (정치제도와 구별되는 것으로 인식되는) 사회에 관심을 두고 있다.
2. 사회이론은 상이한 유형의 사회들을 구별하고, 그것들을 일반화하고자 한다.
3. 사회이론은 특히 근대성을 분석하는 데 관심을 기울인다. 근대성은 지난 몇 세기 동안 근대 서구에서 출현하여 세계 전체를 지배해온 사회형식이다.

따라서 사회이론은 역사적으로 새로운 현상이다. 그리고 사회이론은 단지 조건 3 때문에 새로운 것이 아니다. 고전 고대시기의 위대한 철학자들과 역사학자들 — 플라톤과 아리스토텔레스, 투키디데스와 폴리비우스 — 도 정치생활에 대해 감탄할 만한 분석을 내놓았다. 하지만 그들은 (자신들이 파악한 바대로의) 인간본성의 불변적 특징들과 일정한 형태의 정부들 — 군주제, 귀족제, 민주제를 말하며 이들 각각은 전제정치, 과두제, 군중지배로 쉽게 타락했다 – 간의 내적 관계에 관심을 가지고 있었다. 달리 말하면, 그리스 사람들은 사회를 자신들이 논의하는 상이한 종류의 정치제도들과 구별되는 어떤 것으로 개념화하지 않았다. 그 같은 움직임은 18세기 계몽주의까지 기다려야만 했다. 요한 헤일브론Johan Heilbron은 "아마도 루소Rousseau가 사회를 핵심 개념으로 사용하고 그것을 '사회적' 관계에 의해 명백하게 추론한 최초의 인물들 중의 하나일 것"이라고 암시한다.[1]

물론 사람들은 어떤 개념을 명백하게 정식화하지 않은 채 그것을 사용할 수도 있다. 이를테면 위대한 중세 이슬람 철학자이자 역사학자인 이븐 할둔 Ibn Khaldûn은 다음과 같이 주장한다. "인간은 자신이 익숙해져 온 관습과 문물의 소산이지, 자신의 자연적 성향들과 기질의 산물이 아니다." 나아가 "사람들 사이에 존재하는 조건의 차이는 그들이 자신들의 삶을 영위하는 상이한 방식의 결과이다."[2] 이 같은 주장에 근거하여, 이븐 할둔은 인간문명의 두 가지 기본 형태 – 도시주민들의 때때로 사치스럽기도 한 정주적 삶과 사막 유목민들의 가혹한 이주생활 – 를 체계적으로 대비시킨다. 이런 측면에서 그의『역사입문Muqaddimah』은 후일 스코틀랜드 계몽주의(아래의 1.4절을 보라)와 마르크스에 의해 전개된 일종의 유물론적 역사사회학의 선구적 저작으로 간주될

---

1 J. Heilbron, *The Rise of Social Theory*(Cambridge, 1995), p. 88. 루소(1712~1778)는 문필가로, 제네바에서 태어나 프랑스에서 활동했다. 액턴 경에 따르면 "루소는 그의 필력 덕분에 아리스토텔레스, 키케로, 성 아우구스티누스 또는 성 토마스 아퀴나스보다도 더 많은 영향을 미쳤다." 어쩌면 과대망상적 정신분열증 환자였을지도 모른다.

2 Ibn Khaldûn, The Muqaddimah (3 vols, New York, 1958), I, pp. 249, 258. 할둔(Abdar-Rahmân b. Muhammed b. Khaldûn al-Hadrami, 1332~1406)은 서부 이슬람의 탁월한 정치가이자 지식인이었다. 『역사입문』은 주로 북아프리카와 스페인의 토후국들에서 그의 파란만장한 정치적 경력의 막간들을 보내는 동안, 베르베르인들의 훨씬 더 광범한 역사의 일부로 집필되었다.

수 있다.

하지만 이븐 할둔을 단순하게 그런 식으로 바라보는 것은 두 가지 이유에서 그릇된 것일 수 있다. 첫째로, 인간 사회조직의 다양성에 대한 그의 명제들은 본질적으로 종교적인 담론의 틀 – 실제로는 인간이성의 한계를 강조하던 이슬람 신학의 한 변종 – 내에서 진전되고 있다. 둘째로, 그는 자신이 분석한 두 가지 주요 사회 형태들 간의 관계를 하나의 순환적 형태로 인식한다. 유목민들의 장점인 호전성은 그들이 도시를 정복할 수 있게 한다. 하지만 이 새로운 지배자들은 이제 그들이 관할하는 사회환경으로 인해 점차 타락한다. 특히 사치스러운 생활은 (이전의 유목민들에게 정복을 위해 요구되던 응집성과 자신감을 부여해주었던) '집단감정asabîyah'을 상실하게끔 한다. 그 결과, 사막으로부터의 어떤 새로운 침입에 체제가 굴복할 때까지 그 체제는 쇠퇴한다. "이러한 방식으로 한 왕조의 수명은 한 개인의 수명과 상응한다. 즉 그것은 성장했다가 침체의 시기로 넘어가고 그런 다음 퇴보한다."[3]

이러한 순환적 역사관은 단지 이슬람 정체政體들의 체험에서 나온 경험적 일반화가 아니다. 모든 중세 이슬람 및 기독교 지식인들처럼, 이븐 할둔은 고대 그리스 사상에 크게 영향 받았다. 인간의 사회적·정치적 삶이 자연 그 자체처럼 주기 속에서 움직인다는 관념은 고전 고대의 사상 속에 깊이 뿌리내리고 있었다. 이를테면 역사가인 폴리비우스Polybius는 정부형태들이 자연적 순서 – 성숙, 퇴화, 쇠락, 사망, 소생으로 이어진다는 순전한 허구 – 를 따르는 경향이 있다고 주장했다. 이 같은 사유방식은 이븐 할둔의 역사관을 형성하는 데로 이어진다. 그러한 틀 내에서 (선행의 사회와 단절하고 새로운 유형의 발전을 개막하는) 근본적으로 새로운 형태의 사회관을 정식화하는 것은 불가능하다.

동일한 역사관이 여전히 16~17세기의 초기 근대 유럽의 정치사상 대부분

---

3 Ibn Khaldûn, *The Muqaddimah*, I, p. 345.

을 인도하고 있었다. 로마 정치인 키케로Cicero는 다음과 같이 기술했다. "역사는 삶의 교사이다Historia Magistra vitae." 이 정식은 현재와 과거의 직접적인 연속성을 함축한다. 역사로부터 학습하는 것은 가능하다. 왜냐하면 과거는 사회적·정치적 형태들의 목록을 이미 완전히 드러냈기 때문이다. 따라서 어떠한 근본적인 혁신도 가능하지 않다. 16세기 정치 이론가 장 보댕Jean Bodin이 표현하듯이, "제국의 시대 동안, 역사는 여전히 변함없이 동일한 것으로 남아 있다."[4] 르네상스 시기 동안에 고전 고대의 문학을 정확하게 되찾고자 했던 인문주의적 지식인들의 노력은 그러한 저술들이 그들 자신들의 시대에 직접적인 실천적 적실성을 지닌다는 믿음을 반영하는 것이었다.

이러한 신념은 심지어 고대모델ancient model을 벗어나 있는 사상가들에게서도 추적될 수 있다. 마키아벨리Machiavelli는 『군주론The Prince』(1513)에서 통치자에게 솔직한 정치적 조언을 함으로써 유럽을 아연케 했다. 마키아벨리는 유명한 한 편지에서 곤궁한 시골 유배자의 처지에서 그가 그 책을 어떻게 집필했는지를 기술한다.

해질녘에 집으로 돌아와 나는 서재로 가며 진흙으로 더럽혀진 시골풍의 외투를 문간에 벗어놓는다. 나는 궁정풍의 옷을 점잖게 차려입고 고대인들의 고풍스러운 궁정 안으로 들어간다. 그들에게서 성심으로 환영받으며, 나는 오직 나만을 위한 음식으로 식사한다. 나는 그들을 위해 태어났고, 그들과 이야기를 나누고 그들의 행위 동기를 묻는 것을 부끄러워하지 않는다. 그들은 친절하게 내게 대답한다. 네 시간 동안 나는 아무런 지루함도 느끼지 않았고, 아무런 걱정거리도 기억나지 않았고, 더 이상 가난을 두려워하지 않았으며, 더 이상 죽음을 무서워하지도 않았다. 나의 존재 전체가 그들에게 흡수되었다.[5]

---

4 R. Koselleck, *Futures Past*(Cambridge, Mass., 1985), p. 239에서 인용함.

자신이 고대인들과 직접적으로 의사소통하고 있다는 동일한 인식이 몽테뉴Montaigne에게서도 분명하게 드러난다.6 해설자들은 몽테뉴의 근대성 – 즉 자신을 하나의 특별한 개별적 주체로 인식한 것 – 을 자주 강조한다. 몽테뉴는 "나의 목표는 나 자신을 드러내는 것이다"라고 쓰고 있다. 몽테뉴는 자신의 변덕스럽고 불확실한 성격으로부터 출발하여 인간행동의 다양성을 탐험하고, 특히 시간과 장소와 관련하여 사회적 관행의 상대성을 강조하는 것으로 나아갔다. 그럼에도 불구하고 그의 주요한 준거점은 가톨릭 정교의 틀frame-work 내에서 축적된 고전 고대의 지혜에 여전히 머물러 있었다. 따라서 그는 "고대인들the Ancients"과 관련하여 다음과 같이 기술했다. "우리의 능력은 덕과 마찬가지로 악으로도 고대인들과 경쟁할 수 없다. 덕과 악 모두는 우리보다 고대인들에게서 비교할 수 없을 정도로 더 컸던 마음의 힘으로부터 나온 것이다." 몽테뉴는 전장에서 무거운 갑옷을 입어야 하는지 말아야 하는지와 같은 세부 사항에 이르기까지 당대의 관행들을 알리기 위해 고대의 전례들을 지속적으로 인용한다.7

몽테뉴는 16세기 말로 치닫고 있던 시기에 저술하고 있었다. 그 시기는 식민지정복과 근대세계경제의 형성 결과, 유럽사회들과는 전혀 다른 사회들

---

5 Lettre to Vettori, 10 Dec. 1513, P. Villari, *The Life and Times of Niccolò Machiavelli*(2 vols, London, n.d.), II, p. 159에서 인용. 마키아벨리(1469~1527)는 피렌체의 정치가이자 외교관이다. 1498~1512년 동안에는 피렌체 공화국의 제2서기국장을 지냈다. 1513년에 메디치 가에 의해 투옥되어, 고문당하고 강제로 추방되었다. 그곳에서 마키아벨리는 자신의 주요 저작들을 집필했다.

6 몽테뉴(Michel Eyauem, Seigneur de Monteigne, 1533~1592)는 남부 프랑스의 신사로, 종교전쟁에서 가톨릭의 편에서 싸운 후에 자신의 『수상록Les essais』을 저술하기 위해 공직 생활에서 물러난다. 이 책은 1580년, 1588년, 1595년에 판을 거듭하며 출간되었다.

7 M. de Montaigne, *The Complete Essays*(Harmondsworth, 1991), I. 26, p. 167, I. 49, p. 334; II. 9, pp. 453~456.

에 대한 경험적 지식이 크게 확대되고 있던 때였다. 그는 자신의 위대한 에세이인 「습관에 관하여On Habit」에서 다양한 비유럽 사례들을 사용하여 그러한 정보를 기록할 수 있었다. 그것은 "관습이 할 수 있는 것은 아무것도 없으며 또 관습이 할 수 없는 것도 아무것도 없다"는 점을 확증하기 위한 것이었다.[8] 이 명제는 원칙적으로 인간본성은 적어도 일정 정도는 상이한 사회제도들에 의해 서로 다른 형태로 틀 지어질 수 있다는 것을 함축했다. 그러나 고전 고대의 저술가들이 이미 제한된 범위의 사회적 형태들을 규명한 것으로 가정할 경우, 그러한 제도들의 성격은 적절하게 검토될 수 없다.

1.2 근대성 개념

계몽주의의 중요성은 주로 계몽주의가 그러한 가정과 단절했다는 사실에 있다. 계몽주의는 새로운 시대의 관념을 정식화함으로써 그렇게 했다. 즉 새로운 시대는 더 이상 과거로부터 도출된 원리에 의해 자신의 정당성을 도출하고자 하는 것이 아니라, 오히려 스스로에 의해 자신을 정당화한다. 위르겐 하버마스의 표현으로, "근대성은 더 이상 그 자신이 취하는 지향성의 기준을 다른 시대가 제공한 모델로부터 차용할 수 없으며 또 차용하지도 않을 것이다. 즉 근대성은 자신으로부터 자신의 규범성을 창출해야만 한다."[9]

이 같은 새로운 시대 — 과거와의 급진적 단절을 의미하는 — 로서의 근대성 개념은 18세기 동안에 점진적으로 형성된다. 그것은 역사적 시간과의 변화된 관계를 함의했다. 이전의 유럽 지식인들이 고전적 과거를 지향했던 반면에,

---

8 M. de Montaigne, *The Complete Essays*, I, 23, pp. 122~139(129쪽에서 인용).

9 J. Habermas, *The Philosophical Discourse of Modernity*(Cambridge, 1987), p. 7.

당시의 지식인들은 미래를 지향했다. 그 같은 재지향의 결정적 단계 중의 하나가 17세기 말에 도래했다. 이것이 바로 신구논쟁querelle des anciens et des modernes으로 알려져 있는 시기이다. 프랑스와 영국의 다양한 저술가들은 갈릴레오, 데카르트, 보일, 뉴턴에 의해 발전된 물리학이라는 '새로운 과학'이 고대인들이 기술했던 어떤 것보다도 의심할 바 없이 우월하다고 주장했다. 특히 한림원 원장이었던 베르나르 드 퐁트넬Bernard de Fontenelle은, 과학적 지식은 단지 진보해온 것만이 아니라 미래에도 계속해서 무한히 진보할 것이라고 주장했다.

지식이 진보했다는 관념은 인간역사의 전 과정이 다소 연속적인 전진운동이었다는 것을 의미한다는 주장으로 쉽게 확장되었다. 튀르고Turgot는 1750년에 인간에 대해 다음과 같이 기술했다.

> 기호의 보물창고의 소유자인 …… 인간은, 인간이 획득한 모든 사상들을 자신이 소유하고 있다고 확신하고, 그러한 사상들을 다른 사람들에게 전달하고, 또 그러한 사상들을 항상 증가하는 유산으로 후손들에게 물려줄 수 있다. 이런 진보가 열정 및 그 열정들이 야기했던 사건과 연속적으로 결합하면서 인류의 역사를 구성한다. 인류역사에서 인간은 단지 (인간처럼 유년기와 그 진보의 시기를 갖는) 거대한 전체의 일부분일 뿐이다.[10]

이븐 할둔처럼 튀르고는 역사를 개인의 삶과 비교하지만, 그에게서 쇠퇴와 퇴보의 여지는 더 이상 존재하지 않는다. 다시 말해, 미래는 단지 더 나은

---

10 *Turgot on Progress, Sociology and Economics*, ed. R. L. Meek(Cambridge, 1973), p. 63. 튀르고(Anne Robert Jacques Turgot, Baron de' Aulne, 1727~1781)는 프랑스의 철학자이자 경제학자로, 중농주의학파의 대표자이다. 1774~1776년에는 재무감사관을 지내면서, 루이 14세 체제를 개혁하려고 했으나 성공하지 못했다.

'진보'를 제공할 뿐이다. 그러므로 근대성 개념은 출발부터 불가결하게 역사적 진보의 관념과 결부되어 있었다. 새로운 시기가 자신의 정당성을 추구할 수 있는 근거가 된 것도 바로 미래가 무한히 진보할 것이라는 전망이었다. 한스 블루멘베르크Hans Blumenberg가 표현하듯이, "진보의 관념은 …… 과거와 비교하기보다는 스스로가 상정한 미래에 의해 현재를 연속적으로 자기 정당화하는 것이다."[11]

어떠한 역사적 조건이 지속적으로 미래를 향해 나아가는 새로운 시대라는 개념을 정식화할 수 있는 맥락을 제공해주었는가? 우리는 근대세계를 에릭 홉스봄Eric Hobsbawm이 "이중혁명dual revolution - 프랑스혁명과 동시대의 (영국) 산업혁명 -"이라 불렀던 것의 산물로 생각하는 경향이 있다.[12] 산업자본주의가 북서 유럽의 일부에서 확립되기 시작할 수 있게 해주었던 보다 점진적인 사회경제적 변혁은 말할 것도 없이, (실제로 앞서 개관한 관념들을 야기한 것으로 자주 주장되어온 하나의 사건인) 프랑스혁명이 시작되었던 1789년 이전에도 그러한 관념들은 뚜렷이 그 모습을 갖추고 있었다.

그럼에도 불구하고 18세기의 수많은 발전들은 유럽 지식인들에게 세계를 새롭게 보도록 고무하는 데 일조했다. 16세기의 종교전쟁과 30년전쟁(1618~

---

11 H. Blumenberg, *The Legitimacy of the Modern Age* (Cambridge, Mass, 1983), p. 32.

12 E. J. Hobsbawm, *The Age of Revolution* (London, 1973), p. 11. 영국 산업혁명을 하나의 신화로 부르는 경제사가들 사이에는 하나의 어이없는 경향이 존재한다. 마이클 만(Michael Mann)의 다음과 같은 예리한 논평은 이 문제를 결말짓고 있음에 틀림없다. "1850년경 대부분의 노동과 투자는 도시, 상업, 제조업을 변화시켰다. 이전에는 3세기라는 장기간에 걸쳐 농업성장이 이루어진 적은 결코 없었다. 2세기에 걸쳐 상업 팽창이 이루어진 적도 결코 없었다. 그리고 제조업중심의 도시경제가 출현한 적도 결코 없었다. 세계사적 견지에서, 만약 이 같은 결합을 사회혁명으로 보지 않는다면, 그 어떤 것도 가능하지 않다"[*The Sources of Social Power*, II(Cambridge, 1993), pp. 93~94].

1648년)의 공포 이후의 더욱 현저한 정치적 안정과 국내평화도, 17세기의 과학혁명이 그랬던 것처럼 '진보'의 관념을 유발하는 데 일조했다. 유럽 열강들의 패권투쟁은 점점 더 전지구적 무대 위에서 일어났다. 라인하르트 코젤렉Reinhart Koselleck은 7년전쟁(1756~1763년)이 중부 유럽은 물론이고 인도, 카리브 해 연안, 북아메리카에서 일어난 '지구 최초의 세계전쟁'이었다고 말한다. 유럽이 지배하고 있던 세계경제가 공고화되면서, 그것은 어떤 진보한 인클레이브enclave들이 자본주의적 제도화과정을 겪기 시작하는 데에 틀을 제공했다. 이런 모든 요인들은 코젤렉이 '역사의 가속화'라고 부른 것의 느낌, 즉 유럽사회들이 자신들의 과거와 급속하게 단절해나가는 전진운동에 참여하고 있다는 느낌에 기여했다.[13]

정확하게 말하면, '계몽주의'는 근대세계를 향한 그 같은 급격한 단절감을 표명하는 동시에 (종종 강하게 유보하기도 했으나) 옹호했던 지식인집단 – 주로 프랑스와 스코틀랜드의 – 에 부여된 이름이다. 하지만 이 두 나라에서 계몽주의를 이끈 조건은 매우 달랐다. 프랑스 계몽철학자들은 대륙의 매우 막강한 절대군주제들에 부딪혔다. 그들은 지적 비판을 위해 궁정사회가 마련해준 (점점 커져가고 있던) 공간을 차지했다. 그러한 지적 비판은 도덕분석에 집중되었다. 도덕분석은 몽테뉴에 의해 시작된 도덕주의자들의 전통 속에서 인간의 열정과 사회제도 간의 상호작용을 연구했다. 한 세기가 지나면서, 도덕적 비판은 구체제의 정치적 결함을 부각시키는 완곡한 방식이 되었다.

이와는 대조적으로 스코틀랜드 계몽주의는 1701년 이후 역사상 최초의 입헌군주국의 일부였던 나라에서 발전했다. 유럽에서 가장 선진적인 학교제도 및 대학제도의 수혜자들인 그 구성원들은 자신들의 눈앞에서 트로츠키가 후일 불균등결합발전uneven and combined development이라고 불렸던 것의

---

13 Koselleck, *Futures Past*, pp. 120, 150.

놀라운 실례를 목도했다. 글래스고(애덤 스미스는 이 도시의 대학에서 교수를 지냈다) 시 주변 남서부 스코틀랜드에서 산업경제가 발전하고 있었고, 그것은 대서양을 가로지르는 영국의 식민지 플랜테이션과 긴밀하게 통합되었다.[14] 그러나 에든버러와 글래스고의 계몽철학자들에게, 스코틀랜드 부 고지高地 지방의 씨족들은 유럽 시민사회의 역사적 시간보다는 오히려 토착 아메리카 원주민과 동일한 역사적 시간에 속해 있는 것처럼 보였다. 스코틀랜드 남동부 저지低地 지방이 1715년과 1745년의 반란을 진압하는 데 열정적으로 참여했다면, 당시에 고지 지방 사람들은 하노버왕가하에서의 대영제국의 입헌적 진보에 하나의 위협으로 등장했다.

1.3 도덕과학

이런저런 민족적 차이가 어떠하든 간에, 계몽사상가들은 두 가지 결정적 특징을 공유하고 있었다. 첫째로, 그들에게 합리성모델을 제공한 것은 그들이 17세기 근대 물리학의 토대 속에서 작동하고 있다고 이해했던 원칙들이었다. 이를테면 볼테르Voltaire의 『철학서한Philosophical Letters』은 다른 무엇보다도 특히 그가 영국에서 발견했던 아이작 뉴턴Isaac Newton과 존 로크John Locke의 새로운 과학과 철학을 프랑스 독자들에게 소개하려는 시도이다.[15] 둘째로, 계몽철학자들은 그러한 과학적 방법을 자신들이 처음부터 계속해

---

14 스미스(1712~1790)는 글래스고 대학의 도덕철학 교수(1752~1763년)로, 근대 경제사상의 창시자이다.

15 볼테르(1694~1778)의 원래 이름은 프랑스와 마리 아루에(François Marie Arouet)이다. 산문과 시, 역사와 소설, 극본과 논쟁서, 철학과 풍자작품 등 방대한 저술을 남겼다. 계몽주의의 중심적 인물이다.

서 도덕 – 인간의 열정과 사회제도를 포괄하는 것으로 광범위하게 이해되었던 – 으로 생각해온 것에 대한 체계적인 연구들로 확장하고자 했다. 흄Hume의 『인간본성론Threatise of Human Nature』(1739~1740)에 '실험적 방법을 도덕적 주제에 도입하려는 하나의 시도'라는 부제가 붙어 있는 것도 이런 이유에서이다. 오늘날 그것이 인식론과 형이상학에 기여한 바를 주로 추적한 연구에 따르면, 그것은 저자가 '인간과학science of man'에 기여하기 위해 의도한 것이었다.[16]

인간과학은 명백하게 뉴턴 물리학을 모델로 했다. 엘베시우스Helvétius는 "우리는 도덕을 실험물리학처럼 만들어야만 한다"고 주장했다. 보다 구체적으로 말하면, 그는 다음과 같이 기술했다. "열정이 도덕에서 차지하는 위치는 운동이 물리학에서 차지하는 위치와 같다. 운동은 모든 것을 창조하고 파괴하고 보존하고 그것에 활력을 불어넣는다. 그것 없이는 모든 것이 죽는다. 도덕세계에 생명을 부여하는 것은 바로 열정이다."[17] 열정의 작동을 보다 더 면밀하게 분석해보면, 열정은 뉴턴의 만유인력의 법칙과 유사한 노선을 따라 그것의 작동을 인식하도록 유혹하고 있었다. 흄은 가격 수준과 돈의 비축량이 서로 균형 상태로 나아가는 경향과 물이 일정 수준으로 맑아지는 경향을 비교하면서, 다음과 같이 기술한다. "우리가 이런 작용의 필연성을 설명하기 위해 물리적 인력에 의지할 필요는 없다. 거기에는 인간의 이해관

---

16 D. Hume, *A Treatise of Human Nature*(Harmondsworth, 1969)의 서론, 특히 pp. 42~43 을 보라. 데이비드 흄(David Hume, 1711~1776)의 철학적 저술들은 그의 종교적 무신론으로 인해 당대에 평가절하되고 또 학문적 지위가 부정되었다. 그럼에도 불구하고 그는 『도덕·정치론Essays on Moral and Political』(1741~ 1742)과 『영국사History of England』 (1754~1762)를 통해 유럽에서 명성을 얻었다. 파리에 있던 영국대사관의 비서관 (1762~1765년)을 지냈고, 그곳에서 프랑스의 주요 계몽철학자들과 접촉했다(그리고 그는 루소와 논쟁적인 관계에 있었다).

17 C. A. Helvétius, *De l'esprit*, abs, edn(Paris, 1968), pp. 67~68, 40. 엘베시우스(Claude Adrien Helvétius, 1715~1771)는 세금징수인이자 철학자였다.

계와 열정들로부터 야기되는 도덕적 인력이 존재한다. 이 도덕적 인력은 설득력 있고 절대 확실한 것들로 가득 차 있다."[18]

어쨌든 여기서 개별 행위자의 행동에서 나타나는 하나의 객관적인 사회적 유형에 관한 관념이 형성되고 있음을 볼 수 있다. 그것의 가장 유명한 정식화가 바로 스미스가 제시한 것이다. 스미스는 (어쩌면 루소에 반대하여) 부유한 사람들이 사회적으로 유용한 역할을 수행한다고 주장한다.

> 부유한 사람들은 가난한 사람들과 마찬가지로 소비한다. 그리고 그들의 타고난 이기심이나 탐욕에도 불구하고, 즉 비록 그들이 자신의 편익만을 꾀할지라도, 다시 말해 비록 그들이 고용한 무수히 많은 노동자들로부터 의도하는 유일한 목적이 자신들의 허영심 강하고 만족할 줄 모르는 욕망을 만족시키는 것이라고 할지라도, 그들은 자신들의 증진된 모든 성과물을 가난한 사람들과 나눈다. 그들은 보이지 않는 손에 이끌려, 지구가 그 거주자들 사이에 동일한 비율로 나누어졌을 경우에나 이루어졌을 것과 거의 동일한 정도로 생활필수품을 분배한다. 따라서 그들은 그것을 의도하지 않은 채, 즉 그것을 알지 못한 채, 사회의 이익을 증진시키고 종의 증식을 위한 수단을 제공한다. 신이 소수의 숭고한 지배자들에게 지구를 나누어주었을 때, 신은 그러한 분배에서 방치되었던 것처럼 보였던 사람들을 잊거나 포기한 것이 아니었다. 그들 역시 결국에는 지구가 생산해낸 모든 것 중에서 자신들의 몫을 향유한다.[19]

---

18 D. Hume, *Essays Moral, Political, and Literary*, ed. E. F. Millar(Indianapolis, 1987), p. 313.

19 A. Smith(1759), *The Theory of the Moral Sentiments*(Indianapolis, 1982), IV. I. 10, pp. 184~185.

여기서 스미스는 스코틀랜드 계몽주의가 가지고 있던 주요 관심들 중의 하나를 반영하고 있다. 즉 18세기 영국과 프랑스 같은 근대 '상업사회'의 발전과 그로 인한 매우 불평등한 재산분배는 과연 이들 사회가 대체한 보다 평등하나 또한 더 가난한 사회들에 비해 진보했음을 의미하는가? 그의 긍정적인 답변은, 사회구조는 개별 행위들의 의도하지 않은 결과라는 원칙으로 후일 알려진 것을 개진하고 있다. 부유한 사람들은 그들의 자기본위적 행위들을 통해 "그것을 의도하지 않은 채, 즉 그것을 알지 못한 채, 사회의 이익을 증진시킨다."

칸트Immanuel Kant가 후일 역사의 진보를 가져온 메커니즘이 인간의 '비사회적 사회성unsocial sociability'이라고 주장할 때, 그는 이와 동일한 생각을 보다 일반적으로 표현하고자 했다.

> 각 개인들이 자기본위적인 주장을 하고 나설 때 불가피하게 마주치는 저항을 야기하는 (그 자체로 훌륭한 것과는 거리가 먼) 이러한 몰사회적asocial 성격이 없었다면, 인간은 한 명의 아르카디아 사람an Arcadian — 완전한 화합, 자급자족, 상호애로 특징지어지는 목가적 존재 — 으로 살았을 것이다. 그러나 모든 인간의 재능들은 동면 상태로 여전히 영원히 숨겨져 있을 것이며, 그들이 돌보는 양만큼이나 온순한 인간들은 다른 동물들보다 더 가치 있는 존재가 될 수는 거의 없었을 것이다. 그들이 창조된 목적, 즉 그들의 합리적 본성은 채워지지 않은 채 비어 있을 것이다. 따라서 자연은 사회적 양립불가능성, 서로 시기하는 경쟁적 허영심, 소유 내지 심지어 권력을 향한 만족할 줄 모르는 욕망을 조장했다는 점에서 마땅히 감사받아야 한다. 이런 욕망들이 없었더라면, 인간의 모든 탁월한 천부적 능력들은 여전히 발전을 자극받고 있을 것이다.[20]

---

20 I. Kant, *Political Writings*(Cambridge, 1991), pp. 44~45. 칸트(Immanel Kant, 1724~

칸트는 의도되지 않은 결과라는 원리의 신학적 뿌리를 스미스보다 명백하게 들추어낸다. 성 아우구스티누스와 같은 기독교 사상가들은 개별 인간들의 이기적 행위가 부지불식간에 세상에 대한 신의 비밀스러운 계획의 목적에 기여한다는 역사철학을 발전시켰다. 그럼에도 불구하고 스미스는 두 가지 핵심적인 측면에서 섭리적 역사관을 결정적으로 넘어섰다. 첫째로, 『국부론』에서 그는 의도하지 않은 결과의 원리를 분석적 도구로 전환시켰다. 상업사회는 점점 더 복잡한 분업을 수반하고, 분업은 증가하는 인구를 부양하는 데 필요한 생산고를 증가시킨다. 이 같은 경제의 다양한 활동들은 시장에서의 상품의 구매와 판매에 의해 하나로 묶어진다. 생산자와 소비자는 순전히 자신의 개인적 이익에 대한 관심에서 시장에 참여한다. 하지만 그로부터 결과하는 것은 공급과 수요 간의 균형이다. 시장에서 오르내리는 상품가격은 '자연가격natural prices'의 주변에서 결정된다. 토지소유자, 임금노동자, 자본주의적 기업가 모두는 이 자연가격을 생산과정에 대한 자신들의 기여를 반영하는 소득으로 받아들인다.

둘째로, 상업사회에 대한 스미스의 분석은 이론적 약진을 의미했다. 그가 규명한 경제유형들은 정치제도와 정치가의 행위 또는 개별 인간존재들과 그들의 자의식적 행위, 그 어떤 것과도 동일시될 수 없는 사회적인 객관적 실체를 의미했다. 초기 경제학자들 – 이를테면 제임스 스튜어트 경Sir James Steuart – 은 자본가들이 일정한 이윤을 기대할 수 있는 수준에서 공급과 수요가 균형을 이루기 위해서는 정부개입이 필요하다고 주장해왔다. 스미스

1804)는 철학자로 쾨니히스베르크(동프로이센)에서 태어났다. 그는 자신의 생애의 대부분을 그곳의 대학에서 가르치며 보냈다. 그의 세 권의 위대한 비판서 ―『순수이성비판Critique of Pure Reason』(1781), 『실천이성비판Critique of Practical Reason』(1788), 『판단력비판Critique of Judgement』(1790) ― 는 프랑스혁명 이후 서구철학의 출발점을 상징한다.

는 이를 부정했다. 스미스는 『국부론』에서 국가의 시장개입 모두를 배제하지는 않았지만, 그럼에도 불구하고 그는 시장이 자기조절적 메커니즘이라고 주장한다. 더 나아가 이 메커니즘은 그것과 관계하는 개별 행위자들의 통제, 그리고 상당한 정도로 그들의 이해를 넘어서는 것이다.

이처럼 시장경제를 (정부가 간섭하지 않는 한) 주요 사회계급들이 적절히 보상받는 수준을 향해 나아가는 자기조절체계로 인식한다는 점에서, 스미스는 계몽주의의 가장 널리 공유된 가정들 중의 하나를 반영하고 있었다. 일반적으로 계몽철학자들은, 사물은 방해받지 않는 한 자연적 경과를 따르는 경향이 있는 것으로 보고, 그 같은 사태의 자연적 경과를 규명하고자 했다. 그렇게 하는 과정에서 그들이 갈릴레이와 뉴턴에 의해 정식화된 물리학의 관성의 원리에 영향 받았음은 의심할 바 없다. 이 원리에 따르면, 하나의 물체는 다른 물체에 의해 영향을 받지 않는 한 주어진 방향으로 움직이는 경향이 있다. 그러나 그들은 '자연적'이라는 것에 하나의 규범적 함의를 부여했고, 따라서 사태의 자연적 경과는 또한 올바른 과정이었다. 이를테면 프랑스 중농주의학파 경제학자 중 한 사람인 프랑수아 케네François Quesnay는 자연적인 물리적 법칙을 다음과 같이 정의했다. "자연적 질서 속에서 일어나는 모든 물리적 사태의 규칙적 경과가 인류에게 가장 이롭다는 것은 자명하다."[21] "레세 페르, 레세 파세Laissez faire, laissez passer"라는 자유시장경제의 슬로건을 아주 적절하게 만들어낸 사람도 바로 케네였다.

이 접근방식이 사회에 적용되며 인간본성개념에 특권적 지위를 부여했다. 사회적 사건의 자연적 경과를 규명하는 것은 무엇보다도 모든 인간에게 본질적인, 그리하여 공통적인 성향과 능력들이 무엇인지를 확증하는 것에 의존했다. 스미스는 자신이 경제적 진보의 원천으로 간주한 분업을 설명하

---

21 R. L. Meek, ed., *The Economics of Physiocracy* (London, 1962), p. 53.

면서, 다음과 같이 기술한다. "분업은 생각만큼 광범위한 효용성을 가지지는 못하지만 인간본성의 일정한 성향, 즉 하나의 물건을 다른 물건과 거래하고 교역하고 교환하고자 하는 성향의 (비록 매우 느리고 점진적이기는 하지만) 필연적인 결과이다." 하지만 우리는 이 같은 성향 자체를 설명할 수 있다. 스미스는 계속해서 다음과 같이 기술한다. "그러한 성향은 모든 인간에게 공통적이지만, 다른 유類의 어떠한 동물에서도 발견되지 않는다."[22]

물론 인간본성에 대한 일반화에 근거해서 사회제도와 행동을 구체적으로 설명하고자 한 선례들 역시 존재했다. 홉스는 영국혁명기 동안(1640~1660년)에 절대군주제를 정당화하기 위해 집필한 자신의 위대한 저작 『리바이어던 Leviathan』을 '인간에 관하여Of Man'라는 제목이 달린 제1부에서부터 시작했다. 홉스는 공포, 탐욕, 시기심에 의해 끊임없이 경쟁하도록 추동되는 피조물의 냉혹한 초상을 다음과 같이 그리고 있다.[23] "삶 자체는 단지 활동일 뿐이며, 욕망 없이는 결코 존재할 수 없으며, 공포 없이도 감각 없이도 존재할 수 없다." 그 결과 정부가 존재하지 않는 자연 상태는 필연적으로 전쟁 상태이다. "그들 모두가 두려워하는 공통의 권력 없이 살아가는 동안, 사람들은 만인에 대한 만인의 전쟁이라고 불리는 상태 속에 존재한다." 그런 다음 홉스는 계속해서 '인간의 삶'이 매우 "고독하고, 곤궁하고, 고역스럽고, 야수적이고, 단명했던" 그 같은 만인에 대한 만인의 전쟁을 피할 수 있는 유일한 방법은 인간들이 계약을 통해 "자신의 권력과 힘을 한 사람 또는 하나의 인간

---

22 A. Smith(1776), *An Inquiry into the Nature and Cause of the Wealth of Nations*(2 vols, Indianapolis, 1981), I, ii, p. 23.

23 홉스(Thomas Hobbes, 1588~1679)는 교구 목사의 아들로, 평생을 대(大) 캐번디시(Caven- dish) 가의 후원에 의존해서 살았다. 당시의 정치적 소란(홉스는 1640년대를 프랑스로 망명해서 보냈다)과 그의 교의에 대한 악명[예수회는 그를 맘즈베리의 악마(Demon of Malmesbury)라고 불렀다]에도 불구하고 90살까지 살았다.

들의 집합체", 즉 주권자에게 "양도하는 것"이라고 주장한다.[24]

계몽철학자들 중 홉스처럼 냉혹한 전제를 받아들이거나 그 같은 절대주의적 결론을 내린 사람은 거의 없었다. 그럼에도 불구하고 홉스가 제시한 모델은 강력한 것이었다. 계몽사상가들처럼 홉스는 새로운 물리학에 토대하여 자신의 방법을 수립했다. 즉 그는 기하학 – 지금까지 인류에게 부여되어 신을 기쁘게 한 유일한 과학 – 과 그의 동시대인들인 갈릴레이와 데카르트 – 자연에 대한 책을 쓰기 위해 수학적 추론을 사용하고 있던 – 를 본보기로 삼아 분명한 정의들에서 연역적으로 출발하는 방식으로 자신의 논지를 전개하고자 했다.[25] 많은 계몽사상가들은 홉스를 따라, 원칙적으로 사람들이 정치·사회제도가 존재하지 않는 상황에서 어떻게 행동하는지를 검토함으로써, 인간본성을 확증할 수 있다고 믿었다. 이를테면 몽테스키외Montesquieu는 다음과 같이 주장한다. "우리 존재의 본성으로부터 독특하게 추론되는" 자연의 법칙을 알기 위해서는, "우리는 사회의 성립 이전의 사람을 고찰해야만 한다. 그가 그러한 상태에서 받아들일 수 있는 법칙이 자연의 법칙일 것이다."[26]

이러한 추론형태는 종종 홉스에 의해 매우 무자비하게 진술된 견해, 즉 자연 상태에서의 인간존재들은 각각 자신의 개인적인 이익을 고려하며, 따라서 그들이 일반이익을 고려하도록 설득하기 위해서는 강제나 교육이 요구될 것이라는 견해와 결합했다. 그렇다면 상업사회에서 개인의 욕망의 해방이 안정되고 번성한 정체polity의 유지와 양립할 수 있을까? 스미스는 부분적

---

24 T. Hobbes(1651), *Leviathan*(Oxford, 1996), VI. 58, p. 41; XIII. 8과 9, p. 84; XVIII. 13, p. 114.

25 T. Hobbes, *Leviathan*, IV. 12, p. 23.

26 Charles de Secondat, Baron de La Brède et de Montesquieu(1748), *The Sprit of the Laws* (Cambridge, 1989), 1. 2, p. 6. 몽테스키외(1989~1755)는 프랑스 귀족으로, 보르도 고등법원장을 지냈다.

으로 '보이지 않는 손'의 메커니즘 때문에 그럴 것이라는 데 아무런 의심도 하지 않았다. 그에 따르면, 자신의 이익을 추구하는 개인들은 결코 어떤 사람도 전체의 복리를 꾀하지 않지만 그럼에도 불구하고 전체의 복리를 확보하는 데 기여하는 방식으로 시장에서 상호작용한다. 게다가 스미스는 『도덕감정론The Theory of the Moral Sentiments』에서 자기애self-love를 향한 우리의 성향은 타인의 감정 상태와 동정적으로 동일시하려는 우리의 능력에 의해 통제된다고 주장한다. 즉 그에 따르면, "그리하여 타자를 많이 느끼고 우리 자신을 적게 느끼는 것, 다시 말해 우리의 이기심을 억제하고 우리의 자비로운 감정을 베푸는 것이 인간본성을 완성시킨다."[27]

동정과 이익이 함께 사회적 삶을 결속시킨다면, 그것의 목표는 일반적 행복이다. 벤담Bentham은 자신의 효용의 원리(또는 최대행복의 원리) 속에서 이러한 관념을 매우 영향력 있게 정식화했다. 즉 그에 따르면, "그렇기에 공동체의 행복을 증가시키는 경향이 공동체의 행복을 감소시키는 경향보다 클 때, …… 행위는 효용의 원리를 따른다고 말할 수 있다."[28] 그러나 벤담의 공리주의의 바탕을 이루는 교의는 계몽철학자들이 일반적으로 합의하고 있던 것을 표현한 것이었다. 행복에 부여된 우선성은 원자적 개인주의에 대한 헌신이 아니라 사회개혁의 추구에 대한 헌신을 함의했다. 그것은 또한 혁명적 수단들을 정당화하는 데 사용될 수도 있었다. 자코뱅 지도자 생쥐스트Louis Antoine Leon de Saint-Just가 1794년 3월에 '혁명의 적들'의 재산을 가난한 사람들에게 재분배하려는 풍월의 법the loi ventôse을 국민공회에 제출할 때, 그는

---

27 Smith, *Theory*, I.i.5.5, p. 25.

28 J. Bentham(1789), *An Introduction to the Principles of Morals and Legislation*(London, 1982), pp. 12~13. 벤담(Jeremy Bentham, 1748~1832)은 입법적 개혁론자이자 공리주의의 창시자이다. 미라가 된 그의 몸은 런던 유니버시티 칼리지에 공개 전시되어 있다.

"행복은 유럽에서 새로운 관념이다"라고 선언했다.[29]

1.4 사회이론의 발전

자기조절적 경제라는 스미스의 개념이 정치제도와 구분되는 사회의 관념을 분명하게 표현하고 있었다는 것도 중요하지만, 사회이론은 그보다 다소 앞서 몽테스키외의 저술들에서 공식적으로 발전하기 시작했다. 어떤 의미에서 『법의 정신The Spirit of the Laws』은 상이한 정치형태들에 대한 고전사상가들의 관심을 이어가고 있다. 몽테스키외는 세 가지 기본적인 종류의 정부형태 – 공화제적 정부, 군주제적 정부 그리고 전제적 정부 – 를 규명했다. 그러나 그의 분석은 우선적으로 또는 전적으로 정치제도에 초점을 맞추고 있지는 않다. 그는 정부의 성격과 그 원리를 구별한다. 즉 정부의 성격은 그것이 무엇이 되게 하는 것이며, 정부의 원리는 그것이 작동하게 하는 것이다. 전자가 정부의 특수한 구조라면, 후자는 정부를 움직이는 인간의 열정이다.[30] 그러므로 군주국은 명예에 의해 활력을 부여받고, 공화국은 덕에 의해 그리고 전제국은 공포에 의해 활력을 부여받는다.

각기 특정한 형태의 정부와 연관되어 있는 이러한 열정들은, 사실은 그러한 형태들의 근저를 이루고 또 유지하는 상호연관된 조건, 제도, 관행, 신념들로 이루어진 보다 광대한 전체의 부분을 형성한다. 몽테스키외가 '법의 정신'이라고 부르는 것도 바로 이 전체이다. 따라서 그는 다음과 같이 주장한다.

---

29 A. Soboul, *La Révolution française*(Paris, 1988), p. 349에서 인용함.

30 Montesquieu, *Spirit*, 3.1, p. 21.

법은 그 나라의 **물리적 측면**, 즉 기후(몹시 춥기도, 몹시 덥기도, 온화하기도 한), 지형의 속성(위치와 면적), 국민들(농부이거나 사냥꾼이거나 목자인)의 생활방식과 관련되어 있음에 틀림없다. 법은 그 정체가 인정하는 자유의 정도, 주민의 종교, 그들의 성향, 그들의 부, 그들의 수, 그들의 상업, 그들의 습속, 그들의 예절과 관련되어 있음에 틀림없다. 끝으로 법들은 서로와 그것들의 기원, 입법가의 목적 그리고 그것들에 기초하여 수립된 문물의 질서와 관련되어 있다. 법은 이러한 관점 모두로부터 고려되어야만 한다.[31]

따라서 몽테스키외는 정치이론을 정부형태와 관련하여 도덕 ― 그가 습속과 예절이라고 불렀던 것 ― 을 연구하는 것까지 포괄하는 것으로 확장한다. 그러나 "정신의 특성과 심장의 열정들은 다양한 기후에 따라 극히 다르기 때문에, 법은 그러한 열정들의 차이와 그러한 특성들의 차이에 따라 상대적일 것임에 틀림없다." 그는 전제주의에 대한 분석에서 기후를 가장 극적으로 강조한다. 전제주의 속에서 "인간은 결핍되어 있는 하나의 피조물에 복종하는 피조물이다." 아시아의 매우 더운 기후는 "말하자면, 전제주의가 그곳의 풍토에 적응하고 있음"을 의미한다.[32] 열은 사람의 기력을 빼앗아 순종적이게 하고 향락을 좋아하게 한다. 또한 그것은 욕망을 자극하여 남성들과 여성들을 홀로 그냥 내버려두지 않으며, 후궁과 처첩을 필요하게 한다. (루이 알튀세르가 관찰했듯이, "공포만큼이나 욕망이 전제주의의 원천이었다고 말할 수 있었다.")[33] 이러한 환경은 독단적인 지배자 한 명의 수중에 권력이 집중되는 데에 유리하다. 이와는 대조적으로 좀 더 추운 북쪽 지방은 공화제나 군주제적 형태의

---

31 Montesquieu, *Spirit*, 1.3, p. 9.

32 Montesquieu, *Spirit*, 14. 1, p. 231; 3. 10, p. 29; 5. 14, p. 63.

33 L. Althusser, *Politics and History* (London, 1972), p. 81.

정부를 유지하는 데 필요한 용기와 활력을 촉진한다.

몽테스키외는 이미 『페르시아인의 편지Persian Letters』에서 동양의 습속과 유럽의 습속을 대비하고자 한 바 있었다(이 책에서 습속은 주로 당대의 프랑스를 비판적으로 조명하기 위한 하나의 장치로 사용되었다). 그의 접근방식은 고전적 선례들을 가지고 있었다. 즉 고대 그리스인들은 그들의 도시국가가 왜 구조와 이데올로기 면에서 페르시아제국과 매우 다른지를 설명하기 위해 기후이론 climatic theory을 사용했다. 당시 유럽 여행가들이 근동, 인도, 중국의 거대한 군주제와 관련해서 축적한 이야기들은 몽테스키외에게 그가 전제주의의 초상을 그릴 수 있는 원료를 제공해주었다. 그럼에도 불구하고 동서양을 전지구적으로 대비시켜 묘사했던 많은 다른 유럽 저자들처럼, 몽테스키외의 관심은 동양사회들에 대한 지식을 생산하려고 했다기보다는 서양의 자기이해를 심화시키고자 하는 것이었다.

이것은 몽테스키외의 설명모델에서 탐지되는 긴장 속에서 추적될 수 있다. 그는 한편에서는 "기후의 제국이 모든 제국의 시초이다"라고 주장한다. 반면 다른 한편에서 그는 자신의 이론에 대한 보다 다원적인 견해들을 다음과 같이 제시한다. "많은 것들, 즉 기후, 종교, 법, 정부의 공리, 과거 문물의 본보기들, 습속과 예절이 사람들을 통치한다. 하나의 일반정신은 결과로서 형성된다." 엄격한 기후결정론은 유럽이 전제주의로부터 안전했다는 것을 함의할 수도 있다. 하지만 몽테스키외는 다음과 같이 경고한다. "만약 권력의 오랜 남용에 의해 또는 위대한 정복에 의해 전제주의가 일정 기간 동안 성립될 경우, 습속도 기후도 확고하게 버텨낼 수 없을 것이다. 그리고 세상의 고상한 지역인 그곳에서도, 인간본성은 적어도 일정 기간 동안 나머지 세 지역의 전제주의에 쏟아졌던 모욕으로 고통받을 것이다."[34]

---

34 Montesquieu, *Spirit*, 19. 14, p. 316; 19. 4, p. 310; 8. 8, p. 118.

그러므로 기후는 운명이 아니다. 몽테스키외의 전제주의에 대한 섬뜩한 초상은, 적어도 부분적으로는 '온건한 정부'가 복원되지 않을 경우 프랑스를 기다리고 있었던 미래에 대한 경고일 뿐만 아니라, (귀족을 군주제의 신하로 그리고 총신과 정부情婦에 의해 지배되는 궁정사회의 주민으로 변형해온) 부르봉 절대주의에 대한 암묵적 비판이기도 하다. 몽테스키외는 매개적이고 종속적이고 의존적인 권력들이 군주제적 정부의 성격을 구성하며, 이 권력 중에서 '가장 자연적인' 형태가 귀족이라고 주장한다. 따라서 군주제의 '근본적인 공리'는 다음과 같다. "군주 없이 귀족 없고, 귀족 없이 군주 없다. 더 정확히 말하면 사람들은 전제군주를 가진다." '온건한 정부'는 몽테스키외가 당시 영국에서 발생하고 있다고 믿은 입법·행정·사법권의 분리를 통해서 가장 잘 확립된다. "이 세 가지 권력이 하나로 술탄에게 통합되어 있던 튀르크족에서는 하나의 잔혹한 전제주의가 지배한다."[35] 알튀세르는 미국헌법의 구상에 영향을 미친 이 유명한 교의가 몽테스키외의 입장에서 나타나는 어떤 정치적 급진주의를 반영하기보다는 '낡은 질서'에 대한 몽테스키외의 변호, 즉 프랑스 군주제하에 봉건적 귀족정치의 적절한 권력들을 복원하려던 시도를 반영하는 것이라고 시사한다.[36]

알튀세르는 또한 몽테스키외가 "역사에 대한 보편적 설명을 위한 하나의 실증적 원리를 제안한 최초의 인물"이었다고 주장한다.[37] 그 원리는 정부의 제도적 구조의 형식과 그것의 근간을 이루는 원리 ─ 그 법들의 독특한 정신 ─ 간의 긴장으로부터 나온 것이었다. 하지만 몽테스키외가 그러한 정신을 형성하는 데 있어 결정적인 역할을 기후에 부여하는 한, 그는 역사적 변혁을

---

35 Montesquieu, *Spirit*, 2. 4, p. 18; 11. 6, p. 157.

36 Althusser, *Politics*, p. 106.

37 Althusser, *Politics*, p. 50.

규명하고 설명할 수 있는 가능성을 스스로 부정한다. 기후 차이는 (상대적으로) 항상적인 것이기 때문에, 그것은 기껏해야 사회·정치제도들의 항구적 근거에 관한 설명의 토대를 제공할 수 있을 뿐이다. 비록 『법의 정신』이 18세기 역사가들에게 정치적 사건들을 습속과 예절의 변화와 연관시키도록 고무했지만, 그 자체의 이론적 틀은 정적인static 비교사회학의 틀이다. 존 밀러 John Millar는 스코틀랜드 계몽주의가 전개한 역사이론을 설명하면서, 몽테스키외에 정면으로 반대하여 "민족성은 기후의 직접적인 작용에 거의 의존하지 않는다"고 퉁명스럽게 선언했다.[38]

비록 이 이론이 적절하게 명확히 표현하고 있는 것은 스코틀랜드 계몽주의의 주요한 집합적 성과 중 하나였지만, 실제로 이 이론은 1750년경에 튀르고와 스미스가 거의 동시에 정식화했다. 그것은 '4단계이론Four Stages Theory'으로 알려져 왔다. 역사는 정치적 서사를 통해 가장 잘 포착되는 통치자들의 행위와 갈등들로 이해될 수 있는 것이 아니라, 질적으로 상이한 종류의 경제 조직을 의미하는 독특한 네 가지 단계의 사회들 – 사냥, 목축, 농업, 상업 – 을 통한 진보적 발전으로 이해될 수 있다. 이 같은 분류는 사회연구에서 경제관계들을 우선시해야 한다는 것을 함의한다. 이러한 견해는 윌리엄 로버트슨 William Robertson의 『아메리카의 역사History of America』(1777)에서 매우 간결하게 표현되었다. 그에 따르면, "사회에 함께 결합되어 있을 때의 사람들의 움직임과 관련한 모든 탐구에서 주목해야 할 첫 번째 대상은 그들의 생존양식 mode of subsistence이어야만 한다. 따라서 생존양식이 다를 때, 그들의 법과 정

---

38 John Millar(1771), *The Origin of the Distinction of Ranks*, in W. C. Lehmann, *John Millar of Glasgow 1735~1801*(Cambridge, 1960), p. 180. 밀러(1735~1801)는 스미스의 제자이자 글래스고 대학교 시민법 교수(1761~1801년)였다. 찰스 제임스 폭스(Charles James Fox)의 추종자인 그는 의회개혁을 주장했고, 노예무역과 혁명정부하에서의 프랑스와의 전쟁을 반대했다.

책도 다를 것이 틀림없다."[39]

밀러도 유사하게 '생존양식'을 강조한다. 그는 "인간역사 속에서 무지에서 지식으로, 그리고 무례에서 문명화된 예절로 나아가는 자연적 진보, 즉 통상적으로 특정한 법과 관습을 동반하는 몇몇 단계들"을 식별한다. 이를테면 밀러가 주장하는 여성의 지위 향상은 유럽의 "세련되고 품위 있는" 민족들의 하나의 특성으로, 이는 "주로 인류의 공통적인 생활기술의 진보에 기인한다." 유럽에서 노예제도가 점차 사라진 것도 동일한 진보 덕분이다. 즉 "보다 세련되고 보다 어려운 제조업분야에서 기본적으로 요구되는 좋은 솜씨나 거기에 적합한 습관들을 획득하도록 고무할 수 없는 노예의 노동으로부터 끌어낼 수 있는 이익은 얼마 되지 않았다." 밀러에게는 유감스럽게도 노예제도가 미국의 플랜테이션에서 번성하고 스코틀랜드의 광부와 제염소 직공들 사이에 여전히 남아 있었지만, 그것은 '분명한 경향'을 견뎌낼 수 없었다. 즉 "개인의 자유의 도입"과 함께 "그 나라의 주민들이 보다 근면해졌고 또 보다 많은 식량이 생산됨으로써, 한 민족의 힘과 안정성뿐만 아니라 인구가 밀집할 수밖에 없었다."[40]

따라서 스코틀랜드 계몽철학자들이 개관한 역사적 유형은 단지 그것이 좀 더 복잡하고 생산적인 생존양식들로의 움직임을 표현하고 있다는 의미에서만이 아니라, 정치적 자유의 증가라는 의미에서도 진보적이다. 이 같은 과정의 동력은 무엇인가? 밀러는 "인간이 진보의 한 단계에서 다른 단계로 나아가려고 노력함으로써 자신의 조건을 향상시키고자 하는 성향에 그러한 동력이 존재한다"고 본다. 그리고 그에 따르면, "사람들의 욕구의 유사성뿐만 아니라 그러한 욕구를 충족시키는 능력의 유사성이 모든 곳에서 인간진

---

39 R. L. Meek, *Economics and Ideology and Other Essays*(London, 1967), p. 37에서 인용함.
40 Millar, *Origin*, pp. 176, 225, 228, 299, 317.

보의 여러 단계들에서 놀랄 만한 균일성을 낳았다."[41] 인간능력은 필요에 의해 자극받기 때문에 발전한다. 특히 농업의 약진은 직업을 급격하게 증가시켰고, 시간이 경과함에 따라 제조업과 상업의 발전을 이끌었다.

튀르고는 자신의 이론관 속에서 맹목적으로 역사를 전진시키고자 하는 인간의 야망과 탐욕의 역할을 더 크게 강조했다. 즉 그에 따르면, "거칠고 위험스럽기까지 한 열정들이 행위와 진보의 주요한 동인이다."[42] 우리가 살펴보았듯이, 스미스는 동일한 이론을 사용하여 그러한 과정의 최종 단계, 즉 상업사회에서 개인의 이익들이 어떻게 통합되는지를 설명했다. 그와는 대조적으로 콩도르세Condorcet의 『인간정신 진보의 역사적 특징에 대한 소묘 Sketch for a Historical Picture of the Progress of the Human Mind』(1794)는 어쩌면 프랑스 계몽주의의 특징을 보다 잘 보여준다고 할 수 있다. 이 책의 제목이 암시하듯이, 프랑스 계몽주의는 지적 진보가 보다 전반적인 사회발전의 원천이라고 본다. 즉 이들에게서는 관념이 역사변동의 동력이다.[43]

4단계 이론의 취지를 적절하게 인식하는 데 가장 중요한 기여를 한 로드니 미크Rodney Meek는, "18세기 후반에 스코틀랜드 역사학파가 이 고전사회학을 적어도 그것의 넓은 테두리에서는 마르크스주의 사회학과 놀랄 만큼 유사한 단계로까지 발전시켰다"고 주장한다.[44] 그 같은 주장들은 자체 내에 일종의 시대착오적 위험을 담고 있다. 스코틀랜드 계몽주의의 주도적 사상

---

41 Millar, *Origin*, p. 176.

42 Meek, ed., *Turgot on Progress*, p. 70.

43 콩도르세(Marie Jean Antoine de Caritat, marquis de Condorcet, 1743~1794)는 근대 게임이론을 예기한 '사회수학(social mathematics)'을 발전시키고자 했던 인물이다. 프랑스혁명기에 지롱드당의 대표자였던 그는 자코뱅에 의해 체포되었으며, 감옥에서 음독자살했다.

44 Meek, *Economics and Ideology*, pp. 34~35.

가들은 자신들의 문제뿐만 아니라 범주들을 자주 고대 및 초기 근대 정치사상에서 취했다. 그럼에도 불구하고 그러한 질문들에 대한 그들의 답변 속에서, 우리는 사회 자체와 정부형태들을 날카롭게 구분하는 하나의 이론이 틀지어지고 있었음을 볼 수 있다. 그 이론은 사회발전의 연속적 단계들을 일반적으로 설명했고, 특히 과거 사회형태들과 근본적으로 다른 당시 유럽의 '상업사회들'의 본성을 해명하는 데 관심을 기울였다. 달리 표현하면, 우리가 근대사회이론이 처음으로 출현하고 있음을 목도한 곳은, 바로 스코틀랜드 계몽철학자들의 저술들에서이다.

1.5 내적 긴장들

계몽주의는 통상적으로 순진한 합리주의적 낙관주의라고 비난받아왔다. 계몽주의의 그 같은 낙관주의는 사건들을 겪으면서 곧 논파되었다. 그러한 낙관주의의 예들을 발견하는 것은 어렵지 않다. 이를테면 콩도르세는 다음과 같은 약속으로 그의 『소묘』를 시작한다. "자연은 인간능력의 완성을 제한하지 않아 왔으며, 인간의 완전성은 진정으로 무한하고, 인간의 완전성은 지금부터는 그것의 실현을 정지시키기를 원할 수도 있는 어떠한 권력으로부터도 독립하여 지구의 지속 이외에는 어떤 다른 한계도 가지지 않은 채 진보할 것이라는 점을 이성과 사실에 호소하여 보여주고자 한다." 그는 우리를 다음과 같이 확신시킨다. "인간의 도덕적 선善, 즉 인간본질의 필연적 결과는 인간의 다른 능력들과 마찬가지로 무한하게 완성될 수 있다. …… 자연은 깨뜨릴 수 없는 사슬 속에 진리, 행복, 덕을 함께 연결시켜 놓았다."[45] 미

---

45 Marquis de Condorcet(1976), *Sketch for a Historical Picture of the Progress of the Human*

래에 대한 이러한 신념은, 콩도르세가 프랑스혁명 동안 자코뱅 당원들에 의
해 체포되어 있는 동안 이 글을 집필했다는 설명을 들을 때, 더더욱 놀랍다.

하지만 계몽주의와 그처럼 명백히 맹목적인 낙관주의를 단순하게 동일시
하는 것은 극히 경박한 짓이다. 볼테르의 위대한 소설 『캉디드Candide』는
1755년 11월 1일의 리스본 대지진에 의해 자극받아 집필되었다. 도시의 3분
의 2를 파괴했고 5,000~1만 5,000명이 사망했던 이 재앙은 유럽사회를 깜짝
놀라게 했다. 볼테르는 모든 낙관적 견해, 그리고 특히 "모든 것은 세상의
모든 가능한 곳 중 최상의 곳에 최선을 위해 존재한다"는 철학자 라이프니
츠Gottfried Wilhelm Leibniz의 형이상학적 교의를 체계적으로 비아냥거리기 위
해서 그 지진과 (7년전쟁에 의해 중부유럽에 야기된 고통과 같은) 인재를 활용했다.

게다가 우리가 앞으로 살펴보듯이, 많은 계몽철학자들은 콩도르세가 불
변의 법칙으로 다루었던 역사진보의 지속가능성과 심지어 바람직함에 대해
강한 유보조건들을 제시했다. 이런 의문들은 단지 계몽주의 사상가들이 전
개한 관념체계에 내재하는 일련의 긴장들 중 하나일 뿐이었다. 이러한 난점
의 원천들을 간략하게 탐구해보는 것은 이들 사상가가 후일의 사회이론가
들을 위해 설정한 의제를 규명하는 데 도움을 줄 것으로 보인다.

(1) 인간본성과 역사: 인간본성의 개념은 계몽주의 이론가들이 틀 지은
설명 속에서 자주 등장한다. 예컨대 스미스의 "거래하고 교역하고 교환하는
성향"과 밀러의 "자신의 조건을 개선시키려는 [인간의] 성향"을 상기해보라.
하지만 사람들은 무엇에 근거해서 모든 인간존재에 진정으로 공통적인 특
징들을 규명했다고 주장할 수 있었는가? 인간이 자연 상태에서 어떻게 행동
했을지에 대한 추론들은 종종 그 같은 근거들을 제시하곤 했다. 그러나 몽테

Mind(London, 1955), pp. 4, 193.

스키외가 기술하듯이, "사회가 성립되기 이전에도" 어쨌든 남자와 여자가 존재했었을 것이라는 관념은 얼마나 설득력이 있었을까? 계몽철학자들이 사회적 삶의 역사적 특수성을 다루면 다룰수록 자연 상태 개념은 더욱 의심스러운 것이 되었다.

따라서 스코틀랜드 계몽주의의 가장 영향력 있는 인물들 중의 한 사람인 애덤 퍼거슨Adam Ferguson은 루소와 엘베시우스가 사용한 것과 같은 자연 상태 개념을 직접적으로 공격했다.

> 우리가 그 인간를 알고자 한다면, 우리는 그 자신, 그의 삶의 경과, 그의 행동의 방침에 주목해야만 한다. 그와 함께 사회는 개인만큼이나 오래 존재하고 있는 것으로 보이고, 또 언어의 사용은 손이나 발의 사용만큼이나 보편적인 것으로 보인다. 만약 그가 자신의 종種이 만들어낸 지식과 그것을 습득할 수 있는 능력을 가지고 있던 시기가 있었다면, 우리가 어떠한 기록도 가지고 있지 않은 시기, 그리고 그와 관련한 우리의 의견이 어떠한 목적에도 전혀 기여할 수 없고 또 어떠한 증거에 의해서도 뒷받침되지 않는 시기 역시 존재한다.[46]

루소는 덕망 있는 '자연인'에 대한 감상화된 초상의 저자로 널리 알려져 있지만, 그 자신은 『두 번째 논문Second Discourse』을 시작하며 거의 동일한 난점을 다음과 같이 표현했다. "일련의 시간과 사태들이 인간의 원래 기질에 초래한 온갖 변화들을 인간이 일단 겪고 난 후에, 인간은 자연이 자신을

---

46 A. Ferguson(1767), *An Essay on the History of Civil Society*(Farnborough, 1969), p. 9. 퍼거슨(Adam Ferguson, 1723~1816)은 흑시계연대(Black Watch regiment)의 수석 목사를 지냈고(1746~1754년), 나중에 에든버러 대학교의 기체역학과 도덕철학의 교수가 되었다(1764~1785년). 여기서 인용한 그의 저서 『시민사회의 역사』는 불어와 독일어로 번역되어 유럽 전역에서 널리 읽혔다.

만들었다는 점을 어떻게 인식할 수 있는가? 그리고 인간은 자신의 본질에 속하는 것과 환경이 인간의 원초적 상태에 덧붙이거나 변경시켜 온 것을 어떻게 구분할 수 있는가?" 루소는 역사적 탐구라고 주장될 수 있는 어떤 것보다는 "가설적이고 조건적인 추론들"에 의지하여 이 질문에 답변하며, 본래의 인간을 홀로 외로이 살다가 반대 성sex의 성원과 우연히 만난 결과 생식을 하는 무언의 몰사회적asocial인 무성찰적 동물로 묘사한다.[47] 루소에서 이같은 최하위 단계의 인간존재는 인간이라는 종의 역사적 발전을 평가하는 하나의 기준이다. 그러나 그는 인간이 계속해서 경험해온 변화들을 부각시키면서, 인간본성은 실제로 역사적으로 변화하는 것이라고, 즉 어떤 특정한 시점을 지배하고 있는 사회관계들의 흔적을 담고 있다고 주장할 수 있는 길을 열어놓았다.

(2) **주권과 자유**: 이러한 분석적 난점들도 많은 계몽철학자들이 인간본성에 상응하는 것으로 인식했던 이상화된 사회상을 기존 사회제도 및 정치제도들과 대비하는 것을 막지는 못했다. 이를테면 아베 레날Abbé Raynal은 1770년에 다음과 같이 기술했다. "사회는 사람들 욕구의 산물이고, 정부는 그들의 결점의 산물이다. …… 사회는 본질적으로 선하다. 정부는 우리가 잘 알다시피 악일 수 있으며, 모든 것이 종종 역시 그렇다."[48]

18세기 후반의 몇 십 년 동안 부르봉체제의 난국이 더욱 격심해지자 프랑스 계몽주의의 비판은 가톨릭교회에 대해 보다 노골적으로 적대적인 모습을 보였고, 또 보다 더 정치적인 개혁을 지향했다. 스코틀랜드 계몽철학자들

---

47 J-J. Rousseau(1755), *Discourse on the Origins and Foundations of Ineauality among Men* (Harmondsworth, 1984), pp. 67, 78.

48 Hielbron, *Rise*, p. 92.

이 혁명 이전의 위기로 판명된 것들에 맞설 필요는 없었지만, 하노버왕가의 국가를 더욱 대의제적으로 만들고자 하는 의회개혁 요구가 영국정치의 당면 테마로 부상되었다. 19세기 초에 개혁을 강력하게 주창한 사람들은 벤담과 그의 추종자들, 즉 철학적 급진주의자들로, 그중 많은 사람들이 스코틀랜드 계몽주의에 의해 강력한 영향을 받았다.

그렇다면 어떤 방향으로 정치개혁이 이루어져야만 하는가? 홉스, 보댕, 그리고 여타 학자들의 저술들 속에서 설파된 초기 근대정치사상의 위대한 업적들 중 하나는 근대적 주권개념을 정식화했다는 것이었다. 주권개념에 따라 국가는 모든 정당한 정치권력이 연원하는 독특한 실체로 인식된다. 적어도 초기에는 이러한 사유노선이 대륙의 거대한 절대주의국가들에서 일어난 권력집중화를 정당화해주었다. 하지만 그것은 초기 근대사상의 또 다른 강력한 조류, 즉 역사가들이 고전 공화주의적 전통이라고 불러온 것과 공존했다. (르네상스 인문주의자들이 재발견해온) 고대 로마공화국에 관한 정치이론으로부터 영감을 받은 이 전통은 정치적 자유가 자치적인 공화주의적 공동체에 하나의 시민으로 참여하는 것에 있다고 주장했다. 따라서 당시 번성하고 있던 정체polity는 시민들의 덕에 의존했다. 볼링브로크Bolingbroke가 기술한 바와 같이, "현명하고 용감한 사람들은 자신들의 자유를 기만당하지도 빼앗기지도 않을 것이다."[49] 고전 공화주의의 가장 중요한 대표자는 마키아벨리였다. 그의 독창성은 시민의 덕이 반드시 시민이 개인의 행동을 규제하는 통상적인 규준을 준수하는 데 있는 것이 아니라, 국가가 아무리 잔혹하고 부정하더라도 국가를 유지하는 데 요구되는 것은 무엇이든 기꺼이 행하려

---

49 Lord Bolingbroke, *Political Writings*(Cambridge, 1997), p. 111. 볼링브로크(Henry St John, Viscount Bolingbroke, 1678~1751)는 영국의 정치가이다. 그의 현실에서의 실패는 18세기 정치사상에 관한 저술을 통해 보상받았다.

고 하는 것에 있다고 주장한 데 있다.

몽테스키외는 상대적으로 크고 복잡한 근대 초기 유럽국가들이 공화제적 정부를 실현할 가능성에 대해 의구심을 표현함으로써, 계몽철학자들을 대변했다. 하지만 공화제적 전통은 루소에서 강력한 옹호자를 발견했다. 『사회계약론Social Contract』(1762)에서 루소는 홉스와 보댕이 정교화한 주권개념을 이어받으나, 그것을 인민 속에 재위치시킨다. 정당한 정부는 개인들이 '하나의 인위적 집합체', 즉 주권자를 만들어내기로 함께 모여 동의할 때 창출된다. 그렇게 조직된 인민만이 법을 만들 권리를 가진다. 이 법은 선출된 대표자들에게 위임될 수 없다. 즉 "단순한 집합적 존재인 '주권자'는 그 자신을 제외한 어떤 사람에 의해서도 대표될 수 없다. 다시 말해 권력은 위임될 수 있으나, 의지 자체는 위임될 수 없다." 이러한 장치는 자유라는 공화주의적 이상을 자치정부로 실현한다. 즉 "인간은 시민사회와 함께 도덕적 자유를 획득하고, 도덕적 자유는 인간을 자신의 지배자로 만든다. 왜냐하면 욕망에 의해서만 지배되는 것은 노예 상태인 반면, 사람들이 자기 스스로에게 규정한 법에 복종하는 것이 자유이기 때문이다."[50]

루소가 주권을 인민 속에 귀속시킨 것은 근대 민주주의사상의 주요한 출발점의 하나를 이룬다. 그러나 주권의 행사는 주권자의 의지에 관한 주장을 포함한다. 루소에 따를 때, 사람들은 자신들의 의지를 어떻게 표현하는가? 그는 자신들의 특수한 이해를 반영하는 개별 시민들의 사적 의지와 사회의 공동이해를 표현하는 일반의지를 구별한다. 법은 일반의지의 선언서이다. 그러나 이 일반의지가 반드시 집회에 함께 모인 시민들의 다수결 투표를 통해 표현되지는 않는다. 루소는 다음과 같은 유명한 선언을 한다. "만인의 의

---

50 J.-J. Rousseau, *The Social Contract* (Harmondsworth, 1968), I. 6, p. 61; II. 1, p. 69; I. 8, p. 65.

지와 일반의지 사이에는 자주 커다란 차이가 존재한다. 즉 일반의지는 공동 이익만을 목적으로 하는 반면, 만인의 의지는 사적 이익만을 목적으로 하고, 실제로 그것은 개별적 욕망들의 합에 불과하다." 이것이 루소로 하여금 시민들에게 공화제적 덕목을 가르치고 자신들의 사적 이익보다는 공동이익을 고려하게끔 하는 다양한 장치들 — 예를 들면 초기 헌법을 고안하는 입법가, 분파적 이해관계들을 표출하는 파당들의 억압, 국가가 제정하는 시민종교 — 을 제안하게 한다. 루소는 또한 사회적 불평등을 최소화할 것을 다음과 같이 주장한다. "국가가 응집성을 가지기를 원하는가? 그렇다면 두 극단이 가능한 한 서로 가까워지게 해야 할 것이다. 부자도 거지도 없어야 할 것이다. 왜냐하면 당연히 서로 분리될 수 없는 이 두 신분은, 똑같이 공익에 치명적이기 때문이다. 전자의 계급에서 전제정치의 친구들이 나오며, 후자의 계급에서 전제군주가 나온다."[51]

그러한 해결책은 스미스와 흄과 같은 계몽철학자들의 마음을 끌지 못했을 것이다. 그들은 근대 상업사회가 사회적 불평등을 증대시킴에도 불구하고, 그것이 생활수준을 일반적으로 향상시킬 것이라고 믿었다. 개별 이익의 주장을 공화제적 시민권의 요구에 종속시키고자 한 루소의 노력은, 어쨌든 그의 정치이론에 내재한 개념적 긴장 이상의 것을 포함한다. 프랑스혁명이 최고조에 달했던 1792~1794년에 권력을 장악한 급진 자코뱅체제는, 공포정치를 정당화하고 그 반대자들을 복종시키기 위해 공화제적 덕목이라는 루소의 이상에 명백하게 호소했다. 벵자맹 콩스탕Benjamin Constant은 자코뱅들에 대해 다음과 같이 기술했다. "그들은 모든 것이 집합의지 앞에서 길을 양보해야만 하고, 개인의 권리에 대한 어떠한 제한도 사회적 권력에 참여함으로써 충분히 보상될 수 있다고 믿었다."[52]

---

51 J.-J. Rousseau, *The Social Contract*, II. 3, p. 72; II. 11, p. 96n.

자유주의가 혁명의 여파 속에서 그 모습을 구체화하기 시작했을 때, 그것은 더 오랜 전거들에 의지할 수 있었다. 존 롤스가 강조했듯이, 이 전통의 기원은 16세기 종교전쟁에까지, 그리고 (각기 무조건적인 헌신을 요구하는) 동일한 복음전도적 종교의 각축하는 종파들이 공존하는 역사적으로 새로운 상황에서 종교적 관용만이 받아들일 수 있는 유일한 해결책이라는 (당시 발전하고 있던) 인식에까지 거슬러 올라갈 수 있다.[53] 그러나 혁명 이후의 자유주의자들이 정치적 자유는 집합적 행위자의 재산이라는 공화주의적 관념을 직접적으로 공격할 수 있도록 부추긴 것은, 바로 자코뱅의 공포정치 경험이었다.

　따라서 콩스탕은 두 가지 종류의 자유, 고대인들의 자유와 근대인들의 자유를 체계적으로 대비시킨다. 그리스와 로마 도시국가 시민들의 적극적인 공적 삶은 협소하고 제한적인 사적 삶을 전제로 하는 것이었으며, 그것은 또한 고대시기에서 상업이 수행한 매우 제한적인 역할을 반영하는 것이었다. 하지만 근대시기에서 상업은 "사태의 정상적인 상태, 유일한 목적, 보편적인 경향, 민족의 진정한 삶"이며, 개인들의 사적 삶을 희망, 계획, 활기로 채운다. 그 결과, "우리는 더 이상 고대인들의 자유를 향유할 수 없다. 그들에게서 자유는 집합적 권력에 적극적으로 항상 참여하는 데 있었다. 우리의 자유는 평온한 기쁨과 사적 독립성으로 이루어져야만 한다." 즉 우리의 자유는 정치적 권리에 의해 보장되는 개인적 자유이다. 고대의 자유를 복원시키려던 루소의 시도는, 단지 "다양한 전제정치에 치명적인 구실을 제공"했을 뿐이다.[54]

---

52 B. Constant, *Political Writings*(Cambridge, 1988), p. 320. 콩스탕(Benjamin Constant, 1767~1830)은 스위스 태생의 프로테스탄트이나, 프랑스에서 주로 활동했다. 나폴레옹체제에 대한 비판가인 그는 부르봉왕가의 복위 시에 자유주의적 반대파의 지도자가 되었다.

53 J. Rawls, *Political Liberalism*(expanded edn, New York, 1996), pp. xxvii ff.

하지만 콩스탕은 공화주의적 전통에 맞서 개인적 자유를 이렇게 옹호하면서도, 다음과 같이 인식했다. "근대 자유의 위험은, 우리가 우리의 사적 독립성을 향유하는 데 빠져든 나머지 정치권력의 공유라는 우리의 권리를 너무 쉽게 내던질 수도 있다는 것이다."[55] 따라서 루소의 자유주의적 비판은 그가 직면했던 문제, 즉 사람들이 점차 민주적 시민권으로 인식하는 것이라는 한편과 상업사회가 고무한 사적 이익의 주장이라는 다른 한편을 화해시키는 방법을 파악하는 것으로 이어졌다.

(3) **합리성과 주체성**: 루소의 정치이론은 또 다른 문제를 제기했다. 욕망에의 노예 상태와 (자제自制, 즉 "사람들이 자기 스스로에게 규정한 법에 복종하는 것"에서 나오는) 자유 간의 루소의 구별은 자아self가 하나의 복잡한 실체entity라는 점을 시사했다. 나me의 일부는 사적 의지에 의해 지배되고 이기적인 욕망들에 의해 추동된다. 그러나 다른 측면에서 나는 입법과정을 함께하는 동시에 나 스스로를 다스리면서 일반의지에 참여한다. 루소의 비판은 여기서 재빠르게 '더 높은 수준의 자아higher self'의 교의를 간파했다. 더 높은 수준의 자아라는 이름(그것이 참여하는 집합적 자유의 이름)하에서 현실의 자아는 정당하게 억압될 수 있었다. 그러나 여기서 자아를 개념화하는 방식과 관련하여 제기된 문제는 계몽주의에 훨씬 더 큰 난점을 불러일으켰다.

계몽철학자들에게 개별 인간은 단순히 사회적 분석의 대상이나 정치적 삶의 주체가 아니었다. 개별 인간은 지식에 대한 계몽철학자들의 주장의 토대를 이루는 것이었다. 17세기 과학혁명 초기에 르네 데카르트René Descartes는 모든 물리적·사회적 환경과 분리된 주체를 마음속에 그리고 있었다. 찰

---

54 Constant, *Political Writings*, pp. 314, 316, 318.

55 Constant, *Political Writings*, p. 326.

스 테일러Charles Taylor가 "'세심한' 또는 '중립적인' 자아개념"이라고 부르는 것 속에서, "자아는 모종의 구성적 관심으로부터 그리고 모종의 정체성으로 부터 추상적으로 정의된다. ······ 그것의 유일한 구성적 속성은 자기인식 self-awareness이다."[56] 데카르트는 그렇게 인식된 자아는 적어도 그 자신의 의 식의 내용을 확신하는 것일 수 있다고 주장했다. 이 같은 확실한 거점으로부 터 과학적 지식의 전체 체계가 점차적으로 구성될 수 있다. 존 로크John Locke 는 합리적 성찰뿐만 아니라 감각경험sense-experience이 지식의 원천이라고 주 장하면서, 동일한 관념에 대한 보다 경험적인 견해를 제시했다. 그러나 경험 주의자들과 합리주의자들은 공히 개별 주체를 (그 자신의 의식 상태에 대한 확실 한 접근으로부터 도출되는 자기확신과 함께) 모든 지식의 토대로 간주하는 경향이 있었다.

이 확실한 거점도 『인간본성론Treatise of Human Nature』에서의 흄의 전복을 견뎌내지는 못했다. 사회적인 세계와 물리적인 세계 모두의 외견상 확실한 모든 구조들의 이면에서, 흄은 인간정신의 영향을 발견했다. 우리가 자연법 이라고 취하고 있는 것의 대부분의 근원을 이루고 있는 것도, 바로 우리의 정신활동(그리고 특히 우리가 우리의 존재가 합리적으로 입증할 수 없는 세계에까지 규 칙적인 유형을 투사하고자 하는 경향)이었다. 지식의 축으로 가정된 자아조차도 "(서로 인식할 수 없을 정도로 빠르게 잇따라 일어나고 또 영원한 흐름 내지 운동 속에 존 재하는) 상이한 일단의 지각들일 뿐"이라는 것이 판명되었다.[57]

『순수이성비판Critique of Pure Reason』에서 칸트가 제시한 응답은, 우리가 경험하는 세계가 우리의 정신활동의 산물이라는 것을 부정하는 것은 아니 었다. 그러나 그는 흄의 검토 속에서 수많은 감각인상들sense-impressions로 분

---

56 C. Taylor, *Source of the Self*(Cambridge, 1989), p. 49.

57 Hume, *Treatise*, I. iv. v, p. 300.

해되었던 경험적 자아가 아니라, 그러한 인상들의 근저를 이루는 초월적 주체transcendental subject를 그러한 정신활동의 원천으로 보았다. 칸트의 주장에 따르면, 바로 그 같은 의식적 경험이 가능하기 위해서는, 우리에게 우리의 감각인상이 부여할 수는 있으나 경험 속에는 그 자체로 존재하지 않는 '통각의 초월적 통일성transcendental unity of apperception'을 전제할 것이 요구된다. 더 나아가 이러한 통일성을 전제하는 것은 인간오성에 내재하는 일정한 범주들이 우리의 감각경험을 조직하고 그것에 구조를 부여하는 데에 적용된다는 것을 함의했다. 그러한 조직체들 및 인과적 관계들은 물론, 일상생활의 세계와 뉴턴물리학의 세계는 그러한 범주를 감각경험에 적용한 결과였다. 나아가 칸트는 루소로부터 크게 영향을 받은 자신의 도덕저술과 정치저술 속에서 초월적 주체의 역할을 확대했다. 감각경험을 넘어서지만 감각경험에 의해 전제되는 이 같은 '실체적 자아noumenal self'가 바로 개인의 행동을 규제하고 정치적 삶에 토대를 제공하는 보편적 도덕법칙의 전거였다.

칸트의 비판철학은 계몽주의의 지적 성과의 정점을 대변했다. 그러나 칸트가 흄의 도전에 맞서 인간지식의 합리성과 객관성을 옹호하는 데에는 큰 대가가 따랐다. 칸트는 초월적 주체의 활동에 의지하는 일상경험세계를 구조화하면서, 세계가 마음의 창조물이라는, 또는 세계가 관념 속에 존재한다는 관념론적 교의를 개척했다. 칸트는 그러한 범주들을 감각인상에 적용함으로써 형성되는 현상의 세계와 경험(그러므로 인간지식)의 범위를 넘어서는 사물 자체의 세계를 구별하면서 그러한 함의에 저항했다. 그러나 많은 사람들이 보기에, 칸트는 궁극적 실재를 알 수 없는 것으로 만듦으로써 인간이성의 범위를 받아들이기 어려울 정도로 제한해버렸다.

(4) **보편성과 타자**: 칸트 철학 또한 계몽주의가 가지고 있는 보편적인 것에 대한 관심을 부각시킨다. 따라서 범주적 정명categorical imperative이라는 그

의 교의는 그 적용에 있어서 엄격히 보편적인 도덕원리를 필요조건으로 요구한다. 계몽철학자들은 전체로서의 인류의 조건과 전망에 관심을 가진다. 그렇다면 이러한 관심은 진정으로 보편적인가?

계몽주의의 위대한 문서들 중 하나가 1776년 7월 4일 선언된 미국독립선언문이다. 토머스 제퍼슨Thomas Jefferson이 초안을 작성한 이 선언문은 특히 스코틀랜드 계몽철학자들의 사고를 담고 있다.[58] 그들이 제기한 보편적 주장들이 다음과 같은 선언문의 첫 문단에서만큼 잘 진술된 적은 결코 없었다. "우리는 다음과 같은 진리들이 자명하다고 주장한다. 모든 사람들은 평등하게 창조되었다. 그들은 그들의 조물주로부터 일정한 양도할 수 없는 권리들을 부여받았다. 그러한 권리들에 속하는 것이 생명, 자유, 그리고 행복의 추구이다." 하지만 제퍼슨 자신은 평생 동안 흑인노예를 소유한 버지니아 신사였다. 실제로 계몽된 프랑스 청중들에게 새로 독립한 아메리카공화국을 소개하기 위해 집필된 『버지니아주에 대한 기록Notes on the State of Virginia』 (1787)에서, 그는 원래부터 다른 인종이든 아니면 시간과 환경에 의해 다르게 만들어졌든지 간에, "흑인은 몸과 마음 모두의 자질 면에서 백인들보다 열등하다"는 '수상쩍은 생각'을 표현하기까지 했다.[59]

제퍼슨만이 인종차별주의적인 '수상쩍은 생각'을 표현했던 유일한 계몽주의 인물이었던 것은 아니다. 이를테면 흄도 다음과 같이 공언했다. "나는 흑인들 그리고 일반적으로는 모든 다른 인종들(왜냐하면 네다섯 종류의 다른 인종들이 있기 때문이다)이 백인들보다 천부적으로 열등하다고 느끼곤 한다."[60] 이

---

58 제퍼슨(1743~1826)은 버지니아 주지사(1779~1781년), 프랑스공사(1784~1789년), 국무부장관(1790~1794년), 부통령(1797~1780년), 대통령(1801~1809년)을 지냈다. 신사 대농장주, 지적 박식가, 괴짜 발명가, 예리한 정치가의 모습을 겸비한 비범한 인물이었다.

59 T. Jefferson, *Writings*, ed. M. D. Peterson(New York, 1984), pp. 19, 270.

같은 견해들에도 불구하고, 계몽철학자들은 일반적으로 노예제도와 대서양의 노예무역 모두를 강력하게 비판했다. 노예제도와 노예무역은 18세기 동안 신세계New World의 농장에서 고된 일을 시키기 위해 수많은 흑인들을 아프리카의 고향으로부터 떼어놓았다. 제퍼슨은 이 문제에 대해 매우 양면적인 태도를 취했다. 한편으로 그는 노예제도의 폐지를 주장했다. 그리고 다른 한편으로 그는 노예해방이 가져올 분열적인 경제적·정치적 결과를 겁내했다. 유명한 한 편지는 이러한 태도를 잘 표현하고 있다. "우리는 진퇴양난에 빠져 있다. 그리고 우리는 노예를 소유할 수도 없고 마음 놓고 가도록 내버려둘 수도 없다. 하나의 저울에는 정의가 올려져 있고, 다른 저울에는 자기보존본능이 올려져 있다."[61]

인종차별적 노예제도의 사례는 계몽사상이 선포한 보편성이 암묵적인 한계에 의해 제한되고 있는 정도에 대해 의문을 제기한다. 합리성과 자유는 모든 인간존재의 속성이었는가, 아니면 인류의 대다수가 실제로 그들의 인종, 젠더 또는 계급에 의해 배제되어 있었는가? 이런 의문은 세 가지 또 다른 문제들을 부각시킨다. 첫째, 편협한 유럽 지식인 집단이 발전시킨 사고체계가 어떻게 진정한 보편성을 주장할 수 있었는가? 실제로 어떤 이론이 그러한 보편성이 의존하고 있다고 생각할 수도 있는 객관성을 확보할 수 있었는가? 그것을 표현하고 있는 사람들의 시간, 공간, 환경의 표현인 사상은 불가피하게 편협한 것 아닌가?

둘째 문제는 유럽 안팎의 계몽철학자들이 지녔던 엘리트주의와 관련된다. 얼핏 보기에 그들의 저술은 모든 사람들을 대상으로 하는 것이었다. 하지만 일반적으로 그들의 청중은 매우 좁은 범위의 사람이었다. 즉 그들은 적

---

60 Hume, *Essays*, pp. 629~630.

61 Letter to John Holmes, 22 Apr. 1820, in Jefferson, *Writings*, p. 1434.

어도 잠재적으로 계몽될 수 있는, 사회에서 높은 지위를 차지하고 있는 사람들로 이루어져 있었다. 볼테르는 1763년에 엘베시우스에게 다음과 같이 썼다. "우리의 재단사와 구두장이가 하느님 아버지 크로스트Kroust와 하느님 아버지 베르티에Berthier의 통치를 받아야만 한다는 것이 무엇이 문제인가? 중요한 점은 당신과 함께 살고 있는 사람들이 철학자 앞에서 자신들의 눈을 내리깔아야만 한다는 것이다. 철학자들이 사회를 통치해야만 한다는 것은 바로 국왕의 이해, 즉 국가의 이해이다."[62]

계몽주의 철학자들이 실제로 사회를 지배한 것과 가장 근접한 경우가 아마도 대영제국에 합병되었던 당시의 인도였을 것이다. 벤담의 가까운 협력자였던 제임스 밀James Mill은 1858년까지 영국령 인도를 통치한 동인도회사의 고위 직원이었다가 마침내 심사관(최고 행정관)이 되었다.[63] 어쩌면 밀은 『정부론Essay on Government』에서 민주주의를 명백하게 주창한 최초의 주도적 유럽 지식인이었을 것이다(3.1절을 보라). 하지만 그는 인도인들이 스스로를 통치할 능력이 없다고 믿었기에, (영국 군사력의 뒷받침을 받는 충분히 계몽된 소수의 관리들의 독재나 매한가지인 것에 근거하여) 벤담의 법적·정치적 교의와 리카도의 정치경제학을 인도인들에게 강요하고자 했다.[64] 벤담은 나이 들어, 다음과 같이 선언했다. "밀은 살아 있는 행정관이 될 것이다. 그리고 나는

---

62 G. Besse, introduction to Helvétius, *De l'esprit*, p. 30에서 인용함

63 밀(1773~1836)은 1819년에 동인도회사의 부심사관이 되었고, 1830년에 심사관이 되었다. 철학적 급진주의자들과 스코틀랜드 계몽주의를 연결시킨 핵심인물로, 그의 영향력은 그의 가장 영향력 있는 저작인 『영국령 인도의 역사The History of British India』(1817)에서 분명하게 드러난다. 다른 중요한 저작들은 『정치경제학의 원리 Elements of Political Economy』(1821)에 포함되어 있다.

64 리카도(David Ricardo, 1772~1823)는 (네덜란드 유대인 출신으로) 영국에서 주식중개인으로 성공한 인물로, 독학으로 경제학자가 되었다. 의회의원을 지내기도 했다(1819~1823).

영국령 인도의 죽어 있는 입법부가 될 것이다."[65] 인도인들의 '후진성'은 그들을 분명하게 그러한 사회공학의 적절한 대상으로 만들었다.

마지막으로, 17~18세기 대서양경제에서 발전했던 인종차별적 노예제도는 역사의 진보에 대한 모든 단순한 이해방식에 도전하는 것이었다. 로빈 블랙번Robin Blackburn이 지적하듯이,

> 그것[즉 미국식 노예제도]의 발전은 근대성을 규정하는 것으로 주장되어온 몇몇 과정들 – 도구적 합리성의 증가, 민족감정과 국민국가의 부상, 인종차별화된 정체성 인식, 시장관계와 임노동의 확산, 행정관료제와 근대 조세체계의 발전, 상업과 통신의 복잡화의 증대, 소비사회의 탄생, 신문 발행과 신문광고의 시작, '원격작용', 그리고 개인주의적 감성 – 과 연계되어 있었다.[66]

(5) **진보의 양면성**: 많은 계몽주의 사상가들은 그들 스스로 기꺼이 자신들의 역사이론이 묘사하는 진보적 발전의 의미에 관해 의문을 던졌다. 가장 급진적인 도전은 루소에게서 나왔다. 『두 번째 논문』에서 그는 시민사회의 진화모습을 그린다. 그는 밀러의 설명과 유사하게, 시민사회의 진화과정이 "자기개선능력 – 즉 환경의 도움을 받아 우리의 다른 모든 능력들을 점진적으로 발전시키는 능력, 그리고 개체로서 만큼이나 종으로서 인간에게 고유한 능력 –"에 뿌리를 두고 있다고 묘사한다. 하지만 루소는 "독특하고 거의 무제한적인 이 같은 인간능력이 인간의 모든 불행의 원천"이라고 주장한다.[67] 인간의 천부적 능력 때문에, 가능한 생산력의 신장은 사적 소유 제도를 형성시키고 부자와 빈

---

65 E. Stokes, *The English Utilitarians and India*(Delhi, 1989)에 제사(題辭)로 인용되어 있다.

66 R. Blackburn, *The making of New World Slavery*(London, 1997), p. 4.

67 Rousseau, *Discourse*, p. 88.

자 간의 분열을 증대시키는 환경을 창출한다. 기존의 정부형태들은 그러한 사회적 불평등을 재가하고 강화하는 데 기여한다. 이 같은 과정으로부터 당시의 유럽에는 매우 진정하지 못한 사회가 출현한다. 그러한 사회에서 인간들은 자신들의 자긍심이 아니라 자신들에 대한 타자의 판단에 의해 지배된다. 인공물과 사치가 최상의 것으로 군림하고, 원래의 미발전된 인간의 원시적 순수성은 되돌릴 수 없게 상실된다.

이런 비판의 보다 온건한 형태들이 다른 계몽철학자들 사이에서 공명하고 있다. 고전모델은 계속해서 많은 계몽주의 사상가들에게 영향을 미쳤다. 그들은 여전히 출생, 청년기, 원숙기, 노쇠기라는 역사순환의 관념에 영향을 받고 있었다. 고전고대의 붕괴가 18세기의 상상력에 영향을 미쳤다는 인식 — 이는 계몽주의의 가장 위대한 역사적 서사인 에드워드 기번Edward Gibbon의『로마제국의 쇠퇴와 몰락Decline and Fall of the Roman Empire』에 가장 강력하게 표현되어 있다 — 은 부분적으로는 근대 유럽 또한 전진을 멈추거나 쇠퇴할 수 있다는 공포를 반영하는 것이었다.

이를테면 그러한 공포는 스코틀랜드 계몽주의의 일부 주도적 인물들에 의해 표출되었다. 예컨대 퍼거슨은 "우리는 민족들 사이에서 그들이 자발적으로 어리석음과 유약함으로 귀환하고 있음을 목도한다"고 적고 있다. 그는 상업사회의 발전은 고전 사상가들이 규명한 국가쇠퇴의 전통적 원인들 — 사치, 퇴폐, 정치적 파벌싸움 등 — 에 새로운 위험들을 덧붙이고 있다고 주장한다. 그는 특히 스미스가 경제진보의 동력으로 간주한 분업의 결과에 관심을 기울인다.

직업의 분리는 기술의 향상을 약속하는 것처럼 보이고, 또한 실제로 그로 인해 상업이 발전함에 따라 예술의 생산물들이 보다 완전해지기도 한다. 하지만 그것은 종국적으로는 그리고 궁극적 결과라는 면에서는 일정 정도 사회의 유대를 깨뜨리고, 단순한 예술형식과 규칙들이 창의성을 대신하고, 개인들에 게서 공통의 직업의식 ─ 마음과 정신의 감정이 가장 행복해하는 ─ 을 박탈하 는 데 기여한다.[68]

보다 구체적으로 말하면, 분업은 건강한 국가들이 그들의 시민에게 요구 하는 일종의 시민적 책무를 부식시킬 수 있다. 퍼거슨은 '상업국가들'은 '상 원의원, 정치인, 군인'의 역할을 분리하고, "모든 행정분과들을 계산대 뒤쪽 에 위치시키고, 정치인과 전사 대신에 단순 사무원과 회계원을 고용하려는" 경향이 있다고 주장한다. '세련된 상업국가들'의 공통적인 특징인 순전히 전 문적인 군대에 의존하는 것은 침입과 폭동에 취약한 "겁 많고 훈련받지 못 한 사람들"을 만들어낸다.[69] 그러한 관심의 이면에서 우리는 고대 폴리스의 고전 공화주의적 이상, 즉 국가의 토대로서의 무장된 시민들이라는 이상을 본 다. 이러한 이상은 (전사 엘리트가 일종의 조야한 공산주의를 실천하며 스스로를 엄격한 도덕률에 종속시켰던) 고대 그리스의 가장 용맹한 도시국가 스파르타의 이미지 가 자코뱅 지도자 로베스피에르Robespierre뿐만 아니라 루소와 퍼거슨만큼 상 이한 18세기 사상가들에게 영향을 미쳤다는 점을 설명하는 데 도움을 준다.

스코틀랜드 계몽주의의 가장 중요한 창조물인 정치경제학이 진일보하면 서, 그것은 그러한 이상을 파괴하는 결과를 가져왔다. 그러한 과정의 중요한 한 단계를 진전시킨 것이 맬서스Malthus의 『인구론Essay on the Principle of Population』이었다.[70] 1798년에 처음 출간된(그리고 계속해서 많이 수정된) 이 책

---

68 Ferguson, *Essay*, pp. 347, 364.

69 Ferguson, *Essay*, pp. 366~367, 380~381.

70 맬서스(Tomas Robert Malthus, 1766~1834)는 영국국교회 목사로, 헤일리버리 소재 동 인도 대학의 정치경제학 교수(1805~1834년)를 지냈다. 그의 절친한 적수인 리카도와 주고받은 서신은 고전 정치경제학의 가장 풍부하고 귀중한 발견물들 중 하나이다.

은, 특히 콩도르세와 영국의 급진 공리주의자 윌리엄 고드윈William Godwin
이 표명한 프랑스혁명의 민주적 평등주의에 맞서는 강력한 논박이다. 맬서
스는 고드윈처럼 "시민사회에 만연해 있는 거의 모든 악과 비참함을 인간제
도의 탓으로 돌리는 것"은 "자연법칙과 인류의 열정들에서 유래하는 악의
보다 뿌리 깊은 원인들"을 무시하는 것이라고 주장한다. 비록 계몽철학자들
이 "사회를 움직이는 원리에 대해 선의를 가지고" 사회를 구축하고자 했지
만, 사회는 "인간 내지 인간제도의 어떤 원초적 악행 때문이 아니라 불가피
한 자연법칙 때문에, 아주 짧은 기간 내에 계획 – 현재 모든 알려진 국가들에 만
연하고 있는 것과 본질적으로 다르지 않은 – 에 입각하여 구축된 사회, 즉 소유자
계급과 노동자 계급으로 분열되고 거대한 기계장치의 동력에 대해 이기적
관심을 갖는 사회로 타락할 수 있다."[71]

맬서스는 이런 '불가피한 법칙들' 중에서 가장 중요한 것을 자신이 발견했
다고 주장했다. 인구는 기학학적 비율(이를테면 25년마다 두 배로)로 성장하는
경향이 있는 반면, 식량의 생산은 단지 산술적으로 증가한다. 인간의 욕망은
무한한 반면, 농업에 대한 투자는 후일 경제학자들이 수확체감의 법칙laws of
diminishing returns이라고 불렀던 것 – 즉 기술이 불변한다고 가정할 경우, 토지의 한
단위에 추가되는 각각의 투자 단위는 보다 적은 산출량을 생산할 것이라는 법칙 – 에 종
속된다. 이 두 요소의 상호작용이 항상적인 '동요'를 낳는다. 즉 번영과 고임
금의 시기가 가난한 가구들로 하여금 보다 많은 자식을 가지도록 부추기고,
따라서 곧 농업생산 성장률을 추월하는 비율로 인구가 증가한다. 인구성장
은 임금을 낮추고 식량가격을 상승시킨다. 그리하여 일시적으로 출산율이
감소되지만, 처음에 이 순환을 출발시켰던 번영의 조건들을 재현하기 위해

---

71 T. R. Malthus, *An Essay on the Principle of Population* (2 vols, Cambridge, 1989), I, pp.
317 n. 5, 325~326.

더 많은 투자를 촉구한다. "생계수입을 넘어 인구를 증대시키고자 하는 이러한 부단한 노력이 …… 끊임없이 계속됨에 따라, 그것은 사회의 하층 계급들을 비참하게 만들고 그들의 조건이 영속적으로 크게 개선되는 것을 방해하는 경향이 있다."[72]

루소가 불평등을 특수한 사회제도의 한 가지 결과로 다루었던 곳에서, 맬서스는 불평등이 자연법칙 그 자체로부터 야기된다고 주장했다. 콩도르세가 인간의 완전성은 무한하다고 인식했던 곳에서, 맬서스는 진보가 필연적으로 물리적 한계에 종속된다는 점을 입증하고자 했다. 그 과정에서 맬서스는 "스파르타식의 비상식적인 훈육체계와 그것이 자연법칙에 어긋나게 모든 사적 감정을 공적인 것에 대한 관심으로 흡수하는 것"을 "스파르타와 당시 그리스 일반의 비참하고 거의 야만적인 상태를 보여주는 강력한 지표"로 보고 기각하며, 고대 공화주의적 덕성모델을 분쇄하고자 했다.[73] 유사하게 퍼거슨이 분업이 시민들의 군사적 덕목을 훼손한다고 우려했다면, 콩스탕은 『정복과 강탈의 정신The Spirit of Conquest and Usurpation』에서 근대 상업이 각 민족들을 상호이익적인 관계로 이루어진 긴밀한 네트워크로 연결시킴으로써, 전쟁을 유럽에 시대착오적인 전제주의를 재도입하고자 했던 사람들(특히 나폴레옹)에게나 이익을 줄 뿐인 위험스럽고 무익한 분열로 만들었다고 주장했다.

(6) 시민사회의 한계: 사회적 불평등을 자연화하려는 맬서스의 시도는 18세기 말에 서구에서 형성되고 있던 사회의 성격에 관한 문제를 날카롭게 제기하는 것이었다. 우리는 이 문제의 등장을 시민사회 개념의 변형을 통해 추

---

72 T. R. Malthus, *An Essay on the Principle of Population*, I, p. 20.

73 T. R. Malthus, *An Essay on the Principle of Population*, I, pp. 58~59.

적할 수 있다. 근대 초기 그들의 선조들처럼, 계몽주의 사상가들은 시민사회를 국가와 동일한 공간에 걸쳐 있는 것으로 간주했다. 따라서 정부가 사회계약에 의해 창조되었다고 믿는 사람들이 볼 때, 그러한 계약이 수립한 것이 바로 시민사회였다. 최초로 시민사회를 국가와 대비시킨 것은 헤겔이었다. 그가 볼 때, "시민사회의 창조는 근대세계의 산물이다." 즉 그것은 역사적 과정의 결과이지 사람들이 함께 모여 정부를 형성할 때마다 등장하는 어떤 것이 아니다. 시민사회에서는 각 개인이 그 자신의 목적이며, 그 다른 어떤 것도 그에게 아무런 의미도 지니지 않는다. 그러나 개인이 타인들을 필요로 하기 때문에, 개인은 자신의 목표를 달성하기 위해서 타인들과 협력해야만 한다. 즉 "타인들과의 관계를 통해 특정한 목표가 보편성의 형태를 취하며 또한 유사하게 타인들의 복리를 만족시킴으로써 자신의 만족을 획득한다."[74]

따라서 헤겔의 시민사회는 스미스의 상업사회이다. 그곳에서 "우리가 우리의 저녁식사를 기대하는 것은 고깃간 주인과 양조업자의 자비 때문이 아니라 그들 자신의 이익에 대한 관심 때문이다."[75] 헤겔은 이처럼 (그가 주의 깊게 읽었던) 정치경제학자들이 분석해낸 독특한 사회경제적 구조를 분리해낸 후, 그것을 국가의 정치적 형식들과 대비시키면서, 그러한 구조에서 작동하는 새로운 사회적 논리를 부각시킨다. 이 논리는 여기서 지적할 만한 가치를 지니는 두 가지 특징을 가지고 있다. 첫째로, 우리가 이미 살펴보았듯이, 이 사회는 자의식적인 정치적 규제를 통해서라기보다는 시장에서의 이기적 행위자들의 상호작용의 결과로 통합된다. 둘째로, 그러한 관계들은 일련의 독특한 계급관계를 발생시킨다." 스미스는 상품의 '자연가격'을 구성하는 소

---

74 G. W. F. Hegel(1821), *Elements of the Philosophy of Right*(Cambridge, 1991), §182 Addition, p. 220.

75 Smith, *Wealth*, I. ii, pp. 26~27.

득의 세 가지 주요 형태들 – 지대, 이윤, 임금 – 을 규명하면서 하나의 구체적
계급구조를 분리해내고 있다. 특히 그는 자본주의적 기업가를 하나의 특정
한 경제집단으로, 즉 시장경제의 정상적 작동 속에서 그들 자신의 독특한 수
입을 이윤의 형태로 기대할 수 있는 집단으로 체계적으로 다룬 최초의 정치
경제학자였다.

다음 세대의 정치경제학자들은 자본가들과 상업사회의 다른 주요 계급들
(즉 토지소유자와 임금노동자) 간의 관계에 관심을 기울였다. 수입으로 인해 유
발된 경쟁에서 영국농업을 보호하고 있던 곡물법을 폐기하고자 하는 제안
들은, 1815년 나폴레옹전쟁의 종전과 함께 강력한 논쟁을 유발하여 상대가
격과 조세의 변화가 가격수준과 소득분배에 미치는 영향에 대한 보다 일반
적인 논의로 이어졌다. 이들 논쟁에서 핵심적 역할을 한 인물이 바로 리카도였
다. 리카도는 자신의 위대한 저작 『정치경제학과 과세의 원리On the Principles of
Political Economy and Taxation』(1817)에서 계급들 간의 소득분배를 규제하는 법
을 규정하는" 일에 착수한다. 그 목표를 달성하기 위해 그는 소득분배의 변
화에 의해 영향을 받지 않는 '가치척도'를 고안하고자 했다. 그는 그렇게 함
으로써, 후일 노동가치론으로 알려진 다음과 같은 것을 최초로 엄격하게 정
식화하게 되었다. "상품의 가치 또는 그 상품과 교환될 어떤 다른 상품의 양은
그 상품의 생산에 필요한 노동의 상대적 양에 의존한다."[76]

스미스는 한 상품의 자연가격을 이윤, 지대, 임금의 복합물의 일종으로 바
라보려는 경향이 있었다. 하지만 리카도에 따르면, 자연가격은 그 같은 소득
형태의 변화와는 독립적인 것이었다. 왜냐하면 자연가격은 단지 상품을 생
산하는 데 필요한 노동에 달려 있기 때문이다. 서로 다른 계급의 소득은 앞
의 생산 속에서 창출된 가치의 분할을 상징하는 것이었다. 따라서 이를테면

---

76 D. Ricardo, *Works and Correspondence* (10 vols, Cambridge, 1951~1952), I, pp. 5, 11.

노동자들의 임금상승은 그에 상응하여 그들의 생산물 가격을 상승시키지 않을 것이기 때문에, 적어도 하나의 다른 계급 – 토지소유자 또는 자본가 – 의 수입은 떨어질 수밖에 없을 것이다. 리카도는 실제로 이윤과 임금은 역관계에 있기 때문에, 만약 임금이 상승하면 이윤율은 떨어질 것이라고 시사했다. 따라서 계급갈등은 시민사회에 기본적인 경제적 메커니즘으로 부착되었다.

리카도는 그의 친구 제임스 밀을 통해서 벤담 및 철학적 급진주의자들 – 정치개혁을 위한 그들의 강령 속에서 특히 영국 국가와 사회의 토지귀족의 특권을 표적으로 삼고 있던 – 과 정치적으로 긴밀하게 교류했다. 그러나 산업혁명이 창출한 새로운 노동계급이 정치적·사회적 선동에 참여하기 시작하던 그 당시에, 그의 경제적 분석이 갖는 전복적 함의는 상당한 것이었다.

대부분의 19세기 경제학자들과 마찬가지로, 리카도는 맬서스의 인구이론을 받아들였다. 그의 인구이론은 단지 임금철칙the iron law of wages – 식량생산을 능가하는 인구성장 경향은 임금이 최소한의 물리적 생존 수준 이상으로 상승하는 것을 가로막는다는 것 – 으로 알려지게 되었던 것을 함의하는 것만이 아니었다. 더 나아가 그것은 농업에서의 수확체감 – 주어진 식량의 양을 생산하는 데 들어가는 비용은 증가하는 경향이 있으며, 따라서 그 결과 적어도 최소한의 생존수단을 구입할 만큼의 임금이 요구될 것이고, 그리하여 이윤이 하락할 것이라는 점 – 을 함의했다. 리카도는 "이윤은 하락하는 것이 자연적 경향이다"고 결론지었다. "왜냐하면 사회와 부의 진보 속에서 추가적으로 요구되는 식량의 양은 점점 더 많은 노동의 희생을 통해서 획득되기 때문이다."[77]

리카도는 이러한 '자연적 경향'의 작동이 노동생산성을 증가시키는 기술을 혁신시킴으로써 늦추어질 수 있다고 믿었다. 일반적으로 리카도가 하나의 자기균형체계로 바라보는 스미스의 시장개념을 수용하고 있었음에도 불

---

77 D. Ricardo, *Works and Correspondence*, I, p. 120.

구하고(따라서 그는 맬서스의 비판에 맞서 수요와 공급은 반드시 균형으로 이어진다는 세이의 법칙Say's law을 옹호했다), 그는 이 체계가 실제로 인간의 복리를 극대화 시킬지의 여부에 대해서는 의문을 던지는 독특한 주장을 제기했다. 따라서 그는 1821년에 출간된 『원리』의 제3판에서 「기계류에 관하여On Machinery」 라는 장을 덧붙이고, 거기서 특정 조건하에서는 기계의 도입이 고용을 줄이 고 따라서 "기계류에 의한 인간노동의 대체가 자주 노동계급의 이익에 매우 해가 될 것"이라고 제시했다.[78] 러다이트Luddite들로 알려진 노동자집단들이 기계가 자신들의 직업을 파괴한다는 이유로 기계를 파괴하는 시대가 도래 하자, 이 주장은 정치적 다이너마이트가 되었다. 그의 추종자 맥쿨러치J. R. McCulloch는 리카도에게 다음과 같이 격렬하게 항의했다. "당신의 추론이 …… 충분한 근거를 가지고 있다면, 러다이트들에 맞서는 법들은 법령전서 에 대한 명예훼손이다."[79]

비록 전적으로 다 그런 것은 아니지만, 리카도의 계승자들은 그의 가장 독 특한 주제들 중 일부로부터 손을 떼었다. 특히 노동가치론은 곧 버려졌고, 대신 그것은 사회주의적 정치평론가들의 재산이 되어 이윤은 노동으로부터 의 부당한 공제액이라는 점을 증명하는 데 이용되었다. 차후의 주류경제학 자들에게 리카도가 미친 주요한 영향은, 그가 이론적 추상화에 근거한 엄격 한 분석의 새로운 표준을 설정했다는 것이었다. 그러나 그의 저작은 시민사 회의 미래 전망과 그것의 갈등의 사회적 토대 모두에 관해서 풀 수 없는 의 문을 제기했다. 이러한 의문들은 후일 사회이론가들에게서도 의제의 커다 란 부분이 되어왔다.

---

78 D. Ricardo, *Works and Correspondence*, I, p. 388.

79 D. Ricardo, *Works and Correspondence*, VIII, pp. 384~385.

2 / 헤겔

2.1 근대성과의 화해

내가 앞 장에서 간략하게 그리고 선택적으로 개관한 것처럼, 계몽주의가 한결같이 단일하고 동질적인 교의체계를 이루고 있었던 것은 아니었다. 18세기 계몽철학자들이 발전시킨 사상은 복잡하고, 내적으로 분열되었고, 긴장으로 점철되어 있었다. 이러한 상황은 단지 개별 사상가들이 다양한 쟁점들에 대해 서로 다른 입장을 취한 결과만은 아니었다(물론 그들이 그랬던 것만큼은 사실이다). 보다 더 중요한 것은 그러한 입장들 내부에 자주 긴장이 존재했다는 사실이었다. 스코틀랜드 계몽주의를 이끈 많은 주도적 인물들이 (비록 상업사회의 발전을 세계사의 최후의 진보적 단계로 설정하는 하나의 정연한 이론을 정식화하는 데 있어 결정적인 역할을 수행했음에도 불구하고) 상업사회의 발전과 관련하여 표명한 단서조항들이 그러한 긴장의 적절한 예일 것이다. 계몽주의를 무한한 진보에 관한 순진한 거대서사로 희화화하여 독해하는 것은 계몽주의에 대한 이해를 가로막을 뿐이다.

나는 계몽철학자들이 제시하고자 한 근대시대에 대한 설명은 그 설명모델과 정당화를 고전고대에 의지하는 것이 아니었다고 주장했다. 오히려 그들은 자신들이 유럽역사의 하나의 독특한 단계를 특징짓는다고 주장한 합리성의 형태들에 의해 자신들의 설명을 정당화하고자 했다. 물론 그러한 합리성의 형태들은 17세기 물리학 혁명 속에서 구현된 추론 형태이며, 계몽주의는 이를 사회의 이해에 확대시키고자 한 것이었다. 그러나 우리가 1.5절에서 살펴보았듯이, 이 같은 시도는 계몽사상 자체 내부에 일련의 긴장과 의문을 산출했다.

그로 인해 초래되는 혼돈감과 불확실감은 단순히 철학적인 것 그 이상이었다. 18세기는 프랑스대혁명(1789~1794년)과 프랑스가 (처음에는 혁명정권하에서 그리고 다음으로는 결국은 나폴레옹의 제국독재하에서) 다른 세계열강들과 맞붙은 일련의 전쟁으로 귀결되었다. 자유주의 역사가 오귀스탱 티에리Augustin Thierry는 1827년에 다음과 같이 기술했다. "반란과 정복, 제국의 분할, 군주제의 몰락, 대중혁명과 그에 대한 반발의 이유에 대해 [모두 계몽주의 역사가들인] 벨리Velly, 마블리Mably 또는 심지어 볼테르보다 더 많이 알지 못하는 사람은 19세기의 아이들인 우리들 중에는 아무도 없다."[1]

이러한 격변들을 계몽주의의 어떤 직접적인 결과로 간주하려는 시도들은 극단적인 단순화일 수 있지만, "자유, 평등, 박애"라는 혁명의 슬로건은 계몽철학자들의 저술을 배경으로 해서만 이해될 수 있었다. 나폴레옹 자신도 혁명과 관련하여 "그것은 루소의 잘못이다"라고 말했다.[2] 자코뱅 공포정치 시대(1792~1794년)와 나폴레옹 정권 및 나폴레옹이 수행한 전쟁들이 18세기의 이상들을 불신하게 했는가 하는 것이, 프랑스 왕정복고 시대에 전개된 논쟁들의 주요한 주제들 중 하나였다(아래의 3.1절을 보라).

이러한 맥락에서 헤겔이 갖는 의미는 이중적이다.[3] 첫째로는, 위르겐 하

---

1 D. Johnson, *Guizot*(London, 1963), p. 325에서 인용함.

2 K. Lwith, *From Hegel to Nietzsche*(London, 1965), p. 238에서 인용함.

3 헤겔(Georg Wilhelm Friedrich Hegel, 1770~1831)은 슈투트가르트에서 출생하여 성장했

버마스가 주장한 바와 같이 "헤겔은 과거에는 철학적 문제 바깥에서 규범적으로 암시되고 있던 것으로부터 근대성을 분리해내는 과정을 철학적 문제의 수준으로 제기한 최초의 학자였다."[4] 헤겔이 (앞서 1.5절에서 언급한) 스코틀랜드 계몽주의의 저술들 속에서 시민사회 개념을 발견하여 변형시킨 것은 그의 전반적인 철학적 접근방식을 예증해준다. 헤겔은 자신이 그 이전의 유럽사상의 발전에 내재하는 원리들을 분명하게 표현하고 그것들을 지적으로 강력한 일관적인 이론적 완전체로 만들어내고 있다고 본다.

아마도 그의 가장 위대한 저작일 『정신현상학The Phenomenology of Spirit』(1807)은 그리스 이후의 모든 중요한 유럽사상운동을 매우 풍부하고 복잡하게 합리적으로 재구성한 것이다. 그것은 헤겔이 '절대지absolute knowing' 또는 "스스로를 정신Spirit으로 알고 있는 정신"이라고 부르는 상태로 귀결된다.[5] 이러한 발전은 근대 시기의 문화, 즉 근대 철학사상의 정점을 표상한다. 근대 철학에서는 세상의 모든 것을 규율하는 보편원리가 그 자체로부터 나온다고 본다.[6] 근대 세계는 16세기 프로테스탄트 종교개혁에 의해 개막된다. 그것의 '본질'은 "인간이 그 본성상 자유롭도록 운명 지어져 있다"는 것이다.[7]

이처럼 헤겔이 '절대지'를 통해 말하고자 한 것의 일부 – 우리가 2.2절에서 살펴보듯이, 비록 단지 일부이기는 하지만 – 는 테리 핑커드Terry Pinkard가 지적하듯

다. 튀빙겐 신학원에서 공부했고(1788~1793년), 사강사생활을 거쳐(1793~1800년), 에나 대학 강사를 지냈다(1801~1806년). ≪밤베르크 차이퉁Bamberger Zeitung≫ 편집인 (1807~1808년), 뉘른베르크 김나지움 교장(1808~1816), 하이델베르크 대학교 철학교수 (1816~1818년), 베를린 대학교 철학교수(1818~1831년)를 지냈다. 콜레라로 사망했다.

4 J. Habermas, *The Philosophical Discourse of Modernity* (Cambridge, 1987), p. 16.

5 G. W. F. Hegel(1807), *The Phenomenology of Spirit* (Oxford, 1977), §798, p. 485.

6 G. W. F. Hegel(1833~1836), *Lectures on the History of Philosophy* (3 vols, London, 1963), III, p. 217.

7 G. W. F. Hegel(1837), *Lectures on the Philosophy of History* (New York, 1956), p. 417.

이, 근대성은 '자기정초적self-grounding'이라는 생각과 관계가 있다. 즉 절대지란 "근대공동체가 어떤 형이상학적 '타자'를 상정하고자 시도하지 않은 채 스스로에 대해 숙고하는 일련의 관행들 내지는 그러한 관행들을 보증하는 일련의 '자연적 제약들'이다".[8] 달리 말해, 헤겔에 따르면, 유럽사상의 발전은 근대성이 그것 바깥의 어떤 것에 호소하고자 하는 어떠한 시도도 하지 않은 채 그 자신의 지적 자원들을 가지고 스스로를 정당화하고자 하는 시도로 특징지어진다는 점을 명백히 인식하는 의식 형태 속에서 그 정점에 달한다.

이러한 시도가 안고 있는 문제는 (우리가 살펴보았듯이) 그것이 온갖 종류의 긴장과 불확실성으로 귀착되었다는 것이다. 헤겔이 여기서 그토록 중요한 두 번째 측면은, 그가 계몽사상(또는 실제로는 사상 일반)에 내재하는 갈등들로부터 도망치지 않고 그것들을 적극적으로 환영하고 끌어안는다는 점이다. 헤겔은 "현실과 성찰적 사유 모두에서 모순은 하나의 우연한 사건, 즉 곧 사라질 일종의 비정상성 내지 발작으로 간주된다"고 말한다. 그러나 사실 "모순은 모든 운동과 삶의 근원을 이루는 것이다. 그리고 어떤 것이 움직이고 또 충동과 활동성을 가지는 것은 오직 그것이 모순을 포함하고 있을 때에 한해서이다."[9] 이러한 단언들은 헤겔의 독특한 철학적 방법, 즉 내가 다음 절에서 검토할 변증법을 표현한다. 현시점에서 중요한 것은 헤겔에서 근대성의 자각은 그것의 본질적 갈등을 완전히 드러내는 과정을 수반하며, 그럼으로써 그러한 갈등의 본성을 적절히 평가할 수 있게 해주고, 또 그것이 제공하는 통찰력들이 헤겔이 '절대지'라고 부른 의식의 상태 내에서 그러한 갈등이 종국적으로 화해할 수 있도록 도와줄 수 있다는 것이다.

근대성의 모순을 개념화하는 헤겔의 능력은 적어도 일정 정도 그 자신의

---

8 T. Pinkard, *Hegel's Phenomenology*(Cambridge, 1994), pp. 188, 262.

9 G. W. F. Hegel(1812~1816), *The Science of Logic*(2 vols, London, 1966), II. p. 67.

경험을 반영하는 것이었다. 당시 유럽의 많은 젊은 지식인들처럼, 헤겔은 그의 절친한 친구이자 동료 학생이었던 시인 휠덜린Hölderlin과 철학자 셸링Schelling과 함께 프랑스혁명에 처음부터 열광적으로 가담했다. 그들은 프랑스혁명이 자신들을 화나게 했던 지적·정치적으로 후진적인 독일 소공국들을 일소시키기를 바랐다. 1790년대 헤겔의 초기 저작들은 구체제, 그리고 특히 국교인 기독교의 '현실긍정' ─ 국가 당국에 의해 기독교의 교의를 수용할 것이 강요된다 ─ 을 한편으로는 고대 그리스·로마의 도시국가 ─ 그곳에서 모든 개인은 사적 및 가정의 삶에서뿐만 아니라 공적 삶에서도 그 자신의 규칙에 의해 살아가는 자유인이다 ─ 와, 그리고 다른 한편으로는 예수 자체 ─ 헤겔은 예수를 칸트적 인물, 즉 "이성에게는 단지 우연적인 사건들에 불과한 외부 세계의 현상들이 아니라 오직 이성의 본질에만 기초하는"10 보편적 도덕규칙의 선생으로 묘사한다 ─ 와 대립시킨다. '현실긍정'과 이성의 보편적 명령 간의 이러한 갈등이 구질서를 전복시켰을지도 모른다. 헤겔은 1795년 셸링에게 다음과 같이 말했다. "나는 칸트식 학설로부터 그리고 그것이 최고의 정점에 이르렀을 때, 독일에서 하나의 혁명이 발생할 것으로 예상한다."11

그 후의 경험 ─ 특히 자코뱅의 공포정치와 독일에서의 다양한 정치개혁운동의 실패 ─ 은 헤겔로 하여금 환상에서 깨어나게 했다. 한 가지 결과가 그로 하여금 계몽주의, 그리고 특히 그가 본질적으로 추상적 이성 개념abstract conception of reason이라고 생각하게 된 것에 대해 점점 더 비판적인 입장을 취하게 했다. 『정신현상학』의 가장 인상적인 절들 중의 하나인 「절대적 자유와 공포Absolute Freedom and Terror」에서 헤겔은 계몽주의는 전적으로 무차별적이고

---

10 G. W. F. Hegel, *Early Theological Writings*(Chicago, 1948), pp. 154, 79.

11 1795년 4월 16일 셸링에게 보낸 편지, G. W. F. Hegel, *The Letters*, ed. C. Butler and C. Seiler(Bloomington, 1984), p. 35.

무조건적인 보편적 자유 개념에서 절정에 달한다고 주장한다. 자코뱅 공포 정치하에서, 이러한 절대적 자유는 루소의 일반의지 형태로 사회를 지배할 자신의 권리를 요구한다.

일반의지는 일련의 분화된 사회·정치제도들을 창조함으로써 그것에 내용을 부여하기보다는 그것을 직접적으로 지배하고자 한다. 그렇게 함으로써, 일반의지는 "보편적 자유에 대한 가장 위대한 안티테제인 …… 현실의 자기의식self-consciousness 자체의 자유와 개별성"과 마주친다. 절대적 자유는 "하나의 유기적 접합체a organic articulation인 현실" 자체를 거부함으로써, "마찬가지로 추상적인 극단들 ― 단순하고 완고하고 차가운 보편성을 한편으로 하고, 현실의 자기의식의 불연속적이고 절대적인 견고한 경직성과 아집에 찬 원자론을 다른 한편으로 하는 ― 로 분화된다." 이러한 대립은 일반의지 ― 더 정확히 말하면, 그것의 이름으로 지배하는 정치적 분파 ― 에 저항하는 사적 의지들의 저항이 단두대에 의해 정복되는 공포정치를 통해 해소된다. "그러므로 보편적 자유의 유일한 작업과 행위는 죽음, 그것도 내적인 의미나 충만함을 전혀 가지지 못하는 죽음이다. 왜냐하면 부정되는 것은 절대적으로 자유로운 자아의 실없는 목적이기 때문이다. 따라서 그것은 양배추 꼭지를 잘라버리는 것이나 물 한 모금을 삼키는 것보다도 의미 없는, 모든 죽음 중에서 가장 비정하고 가장 하찮은 죽음이다."[12]

이 같은 자코뱅주의에 대한 비판은 헤겔이 프랑스혁명의 신념들을 거부했다는 것을 보여주는 것은 아니었다. 헤겔은 나폴레옹을 그러한 신념의 대행자로 생각했다. 그는 황제가 프로이센 군대를 막 패퇴시킨 예나를 말을 타고 통과하는 것을 보고, "이 세계정신이 …… 말을 타고 있다"라는 유명한 묘사를 하기도 했다(헤겔은 예나 전투 바로 전날의 한밤중에 『정신현상학』을 탈고했

---

12 Hegel, *Phenomenology*, §590, pp. 359~360.

다고 주장하기도 했다).[13] 그의 서한집은 1814~1815년 나폴레옹의 몰락으로 이어진 유럽의 반동에 대한 조소적인 논평들로 가득 차 있다.

비록 혁명에 대한 그의 공감은 여전했지만, 헤겔은 자신이 겪은 엄청난 정치적 사건의 배후에 있는 결정적인 힘은 철학적 성찰이었다고 점점 더 확고하게 믿게 되었다. 이를테면 그는 1808년에 다음과 같이 기술했다. "나는 이론적 작업이 실제 연구에서보다도 세상에서 더 완수되고 있다는 것을 매일매일 점점 더 확신하고 있다. 일단 표상Vorstellung의 영역이 혁명적으로 변화하고 나면, 현실성Wirklichkeit은 견뎌내지 못할 것이다."[14] 헤겔은 생의 많은 시간이 흐른 뒤에, 철학은 세상의 모든 곤경과 혼동을 관통하는 이성의 실마리를 밝혀내는 '진정한 신정론'이라고 주장했다. 진정 "철학의 역사는 그것의 역사 내내 정신의 목적이었던 것을 폭로하는 것이다. 즉 그것이 가장 내밀한 의미에서의 세계사이다."[15]

철학이 정치의 영역에서 들추어낸 것은 『법철학Philosophy of Right』(1821)에 가장 잘 개관되어 있다. 거기서 헤겔은 자신의 견해를 당시의 낭만주의운동의 그것과 날카롭게 구분하고자 했다. 독일에서 낭만주의는 국가에 대한 국민의 감정적 열광을 정치적 충성의 원천으로 삼고자 했던 초창기 국민주의의 표현들과 강력하게 연계되어 있었다(헤겔은 '무언의 게르만 민족우월주의'에 대해 신랄한 논평을 하곤 했다).[16] 헤겔에서 국가는 "본질적으로 이성적인 하나의 실체"이다. 그러나 '이 세련된 구조'는 계몽주의 일반, 그리고 특히 칸트 철학의 특징인 추상적 이성 개념에 토대한 것으로 이해될 수 있는 것이 아니

---

13 Letter to Niethammer, 13 Oct. 1806, in Hegel, *Letters*, p. 114.

14 Letter to Niethammer, 28 Oct. 1808, *Letters*, p. 179.

15 Hegel, *History of Philosophy*, III, p. 547.

16 Letter to Paulus, 9 Oct. 1814, in Hegel, *Letters*, p. 312.

다. 헤겔에 따르면, "왜냐하면 철학은 이성적인 것의 탐구이며, 바로 그 같은 이유 때문에 철학은 신이 그 어딘가에 존재하는 것으로 알고 있는 것 ─ 더 정확히 말하면, 일방적이고 공허한 추론의 오류 속에서 우리가 어디에 존재하는지 매우 잘 말할 수 있는 것 ─ 을 넘어서는 세계를 수립하는 것이 아니라, 현재하는 것과 현실적인 것을 이해하는 것이다."[17]

헤겔이 "이성적인 것은 현실적이며, 현실적인 것은 이성적이다"[18]라는 유명한 주장을 한 것도 바로 이러한 맥락에서이다. 헤겔 비판가들은 『법철학』은 아무튼 간에 대학교수인 헤겔이 프로이센 절대군주제의 종복으로서, 그것을 철학적으로 옹호하는 것에 불과하다고 주장하기 위해 이 단평을 사용해왔다(실제로 헤겔은 한 프로이센 장관에게 쓴 아첨하는 편지에서 이 책을 소개하며 그렇게 주장했다). 그러나 그 같은 견해들은 지지될 수 없다. 헤겔에서 현실성은 외면적인 현상과 그것의 내적 본질의 통일체이다. 즉 세계가 자신을 드러내는 혼란스러운 방식들은 거기서 하나의 이성적 구조로 통합된다. 따라서 당연히 존재하는 모든 것이 현실적인 것은 아니라는 결론이 나온다. 즉 "심지어 경험조차도 …… 일시적이고 무의미한 단순한 현상과 그 자체로 실제로 현실적이라는 이름을 부여받을 만한 가치를 갖는 것을 구별하기에 충분할 만한 의미를 지닌다." 따라서 "현실적인 것은 이성적이다"라는 표현은 다소 동어반복tautology이다. 다른 한편 "이성적인 것은 현실적이다"라는 표현은 헤겔이 주로 칸트에서 기인하는 것으로 본 신념, 즉 "관념과 이상은 현실성을 가지기에는 너무나도 훌륭한 어떤 것이거나 아니면 그것을 스스로 획득하기에는 너무나도 무력한 것"[19]이라는 신념에 도전하는 것이다.

---

17 G. W. F. Hegel(1821), *Elements of the Philosophy of Right*(Cambridge, 1991), pp. 21, 16, 20.

18 Hegel(1821), *Elements of the Philosophy of Right*, p. 20.

헤겔에서 이성은 (세계로부터 본질적으로 분리되어 있는) 기껏해야 우리 자신을 비판적으로 올바르게 판단하는 하나의 도구로 작동하는 일련의 원리들이 아니다. 이성은 사회세계의 조직 그 자체 속에서 적극적으로 작동한다. 헤겔은 『법철학』 강의에서 이것을 입증하고자 했다. 그는 (루소의 정치철학에서 중심을 이루고 또 칸트로부터 빌려온) 일반의지와 사적 (또는 개별) 의지 간의 대립으로부터 실마리를 얻는다. 자코뱅주의자들에 대한 헤겔의 비판이 보여주었듯이, 일반의지는 본질적으로 추상적이다. 일반의지의 영역은 추상적 법Abstract Right의 영역, 즉 고대 로마에서 최초로 체계적으로 발전된 공식적인 법적 원리들의 영역이다. 여기서 주체는 특정한 사람, 즉 이를테면 재산을 소유하고 계약을 하는 것 등과 같은 특정한 권리의 담지자이다. 그의 자유는 그러한 권리들부터 나오며, 그와 다른 사람들이 자신들의 자유를 행사하는 근원인 사람과 사물들로 이루어진 외적 제도들에 의존한다. 추상적 법이 적어도 근대세계에서 국가의 토대로 적절하지 않은 것은 바로 이 같은 이유 때문이다. 추상적 법은 특정한 개별 주체의 자유를 표현하지 않는다.

이 주체가 자기의식적이 되는 곳에서 우리는 도덕Morality의 영역, 개별의지의 영역, 그리고 칸트의 비판철학의 영역으로 들어간다. 여기서 옳은 것과 선한 것은 그것들을 (전형적으로는 칸트의 범주적 정명, 즉 보편적으로 구속력을 가지는 것으로 수용되는 도덕률의 형태로) 수용하는 개별 주체의 자기의식적 선택에 의존한다. "추상적 자기결정과 자기 자신만의 순수한 확신으로서의 이 같은 주체성은 권리, 의무, 실존의 모든 결정적 측면들을 자신 속에서 소산消散시킨다."[20] 이제 모든 것은 그것의 의도가 선한 것인지 아닌지, 즉 개별의지가 보편적 도덕률을 받아들이는지의 여부에 의존한다. 개별의지가 악을 선택

---

19 Hegel(1817), *Hegel's Logic*(Oxford, 1975), §6, pp. 8~9.

20 Hegel, *Philosophy of Right*, §138, p. 166.

하는 것을 가로막을 수 있는 것은 없다. 그것은 이를테면 위선의 특징인 악의의 은폐와 같은 간접적 형태들이나 예수회 수사修士의 궤변 형태("목적이 수단을 정당화한다")를 취할 수 있다. 또는 개인적 선택의 자의성은 우리로 하여금 아이러니 속으로 도피하거나 옳은 것과 선한 것을 결정하는 어떤 객관적 토대가 존재한다는 것을 부정하게 할 수도 있다. 어쨌든 개인의 주관성의 과시는 보편성에 확고한 토대를 제공할 수 없다.

그렇지만 이러한 고려들이 헤겔로 하여금 이성을 단념하고 어쩌면 상대주의를 받아들여, 사회세계와 관련해서는 어떠한 사실도 존재하지 않는다고 보게 하지는 않는다. 오히려 그는 특수와 보편, 즉 주체와 객체의 화해를 추구한다. 이러한 화해의 가능성은 개별적 주체가 고립된 채로 존재하는 것이 아니라(헤겔은 자연 상태의 관념을 경멸적으로 거부한다) (추상적 원리들이 아닌 관습과 전통에 뿌리박고 있는) 역사적으로 구체적인 특정한 사회적 맥락에 근거하고 있으며, 또 오직 그것 속에서 성숙한다는 점을 비판적으로 인식하는 것에 달려 있다. 헤겔이 그 같은 맥락에 부여한 이름이 윤리적 삶Sittlichkeit이다. 그의 윤리적 삶의 모델을 제공하고 있는 것이 고대세계의 도시국가들이다. 여기서 시민들은 일련의 추상적인 초시간적 도덕원리들로부터가 아니라 자신들의 역할 – 개인들이 자신의 정체성을 끌어내고 자신에게 기대되는 의무를 인식하고 (국가와 그 구성원 모두의 복리가 의존하는) 덕성을 고무하는 – 을 구체적으로 규정하는 일정한 제도들에 참여하는 것을 통해 자신들의 사회적 존재를 부여받는다.

성숙한 헤겔은 개인이 공적인 삶에 전념하는 것 – 고전 폴리스의 특징이었던 – 은 근대적 자유를 특징짓는 개인의 주체성 주장과는 부합하지 않는다는 결론에 도달했다. 그럼에도 불구하고 헤겔은 이러한 자유에 적절한 사회적 환경을 제공할 수 있는 윤리적 삶의 한 가지 형태가 형성되고 있다고 믿었다. 이러한 윤리적 삶은 세 가지 요소로 구성된다. 첫째가 가족으로, 가족은 자연적 토대와 기능을 가지나, 적어도 근대사회에서 그것은 두 개인이 하나의 새로운 사람으로 자신들을 결합하기로 한 자유로운 선택의 결과이다. 하지만 가족관계는 사회적 삶 일반의 토대로 기여할 수 없다. 왜냐하면 아이들이 성인이 되어 성숙하고 부모가 죽으면, 각 가족은 해체되기 때문이다. 그러므로 "가족은 서로 간의 관계가 일반적으로 자급자족하는 구체적인 사람들의 관계, 그리고 그리하여 하나의 외적인 종류의 관계가 되는 복수의 가족으로 …… 분해된다."[21]

이러한 복수의 자급자족할 수 있는 사람들이 윤리적 삶의 두 번째 요소, 즉 시민사회를 구성한다. 헤겔은 자신의 시민사회 개념을 영국 정치경제학자들의 저작들에서 끌어낸다(앞의 1.5절을 보라). 그것은 '필요의 체계'(엄격한 의미로서의 시장경제, 그리고 그러한 경제관계들로부터 직접적으로 파생하는 공적 규제의 형태들), 법체계, 치안(헤겔이 18세기의 관행에 따라 확고한 공공복리 및 국내의 안정과 관련된 국가의 모든 활동을 일컫는 개념으로 널리 사용한 용어), 그리고 조합(특정 사회경제적 집단들이 자신들 내부의 일을 관장하던 중세 길드의 발전된 형태)을 포함한다.

하지만 그러한 관계들은 그것들 자체로는 안정적인 사회질서를 산출하지 못한다. "시민사회의 활동이 제한되지 않을 때, 그것은 내적으로 자신의 인구와 산업의 팽창에 몰두한다." "그 결과 부의 축적은 증가한다. ……." 그러나 다른 한편으로 "특정 노동의 전문화와 한계 또한 증가한다. 그러한 노동과 결부된 계급의 종속과 결핍도 마찬가지로 증가한다. 이것은 다시 그러한 계급이 시민사회의 보다 광범위한 자유, 그리고 특히 정신적 이점을 느끼고 향유하지 못하게 한다." 게다가 "사회의 내적 변증법은 사회가 (또는 우선은 그 특정 사회가) 그 자신의 범위를 넘어서서 (잉여를 확보할 수 있는 수단을 가지고 있지 못하거나 창조성 등의 면에서 그 사회보다 일반적으로 뒤처져 있는) 다른 나라들

---

21 Hegel, *Philosophy of Right*, §181, p. 219.

에서 소비자, 즉 그 사회가 생존을 위해 요구하는 수단을 찾게 한다." 이러한 과정은 그것이 갖는 "유동성, 위험, 파괴"에도 불구하고 국제무역을 발전시키고 시민사회의 과잉인구들을 위해 식민지를 건설하게 한다.[22]

따라서 헤겔은 스미스와 리카도 및 다른 고전경제학자들에게 진 빚을 인정하면서도, 그들을 따라 근대상업사회를 '보이지 않는 손'이 개별 행위자들의 다양한 프로젝트들을 일반적 복리를 최대화하는 방식으로 통합시키는 자기균형체계로 생각하지 않는다. 그와는 반대로, 제한되지 않는 시민사회는 일련의 체계의 역기능들 − 부자와 빈자 간 분열의 증대, 시장의 결함, 해방과 불안정 모두를 초래하는 외적 팽창의 경향 − 을 산출한다. 헤겔이 부분적으로는 시민사회의 갈등을 억제하고 조화를 이루기 위해서 국가 − 윤리적 삶의 세 번째 요소 − 가 필요하다고 주장하는 것도 바로 그 같은 점을 배경으로 하고 있다. 혹자는 여기서 헤겔이 추론하고 있는 것의 많은 선례를 발견할 수 있다. 이를테면 근대 초기 독일 중상주의 경제학자들은 시장의 적절한 작동이 국가의 조절에 달려 있다고 주장했다. 그러나 헤겔은 프랑스혁명의 결과 속에서, 그리고 산업혁명이 그 자체로 감지되기 시작할 때, 고전정치경제학의 자기조절적 시장 개념에 최초로 도전한 주요한 후기 계몽주의적 사상가이다. 여기서 헤겔의 주장들을 100년 뒤에 제기된 자유방임주의에 대한 케인스의 비판을 예기하는 것으로 본다고 해도, 그것이 완전히 터무니없는 것은 아니다.

하지만 헤겔의 국가 개념은 이 같은 고려를 훨씬 넘어선다. 헤겔에서 국가는 사회적 이성, 즉 "지상 위에 구현된 관념"의 최고 형태이다.[23] 국가는 '윤리적 관념의 현실성'으로서, "관습 속에 직접적으로 실존하고, 개인의 자기

---

22 Hegel, *Philosophy of Right*, §243, pp. 266, 267~268; §247, p. 268.

23 G. W. F. Hegel, *Lectures on the Philosophy of World History: Introduction* (Cambridge, 1975), p. 95.

2. 헤겔 | 85

의식 — 즉 개인의 지식과 활동 — 속에 직접적으로 실존한다. 마찬가지로 자기의식은 그 본성상 그것의 본질이자 목적이고, 그것의 활동의 산물인 국가 속에서 실제적인 자유를 누린다."[24] 또한 헤겔에 따르면, 국가는 시민사회의 이기적인 개인들을 (그들이 자유를 실현할 수 있게 해주는) 사회제도들을 통해 하나의 정치공동체로 통합한다. 국가는 분화되고 내적으로 접합된 정치구조 — 자코뱅주의자들은 무모하게 절대적 자유를 추구하며 이 같은 유형의 정치구조의 구축을 거부했다 — 를 통해 그렇게 한다. 특히 근대국가는 입헌군주와 (그가 수장이기는 하지만 근본적으로 영구적인 관료제로 이루어지는) 행정부의 권력과 (시민사회가 정치적 대표권을 획득하는) 입법부를 결합한다.

헤겔이 프로이센 전제정치의 변호자로서 봉직한다고 쉽게 비난받을 수밖에 없게 한 것은 바로 헤겔이 분석한 이 같은 세부 내용이다. 그는 세습원칙을 지지하는 꽤 그럴싸한 주장들을 펼치고, (19세기까지 근대 초기 독일의 유산들 중의 하나인 신분제의 특징이었던) 사회집단의 집단적 대표권을 옹호한다. 그러나 여기에서조차 우리는 헤겔 자신이 근대 특유의 문제라고 보았던 것에 대해 스스로 응답하고 있음을 발견한다. 그는 조합들이 시민사회에서 개인들이 고립되는 것을 막는 데 도움을 줄 수 있고, 또 부유한 사람들이 가난한 사람들에게 모욕감을 주지 않는 방식으로 그들을 도울 수 있게 할 수 있다고 생각한다. 유사하게 "보편적 신분 — 또는 보다 정확하게 말해 정부의 공무 그 자체에 헌신하는 신분 —"으로서의 관료제는 "보편적인 것을 그 자신의 활동 목적으로" 삼는다.[25] 여기서 우리는 후일 뒤르켐과 베버가 전개하는 주제들 — 뒤르켐의 경우 산업사회의 역기능들을 극복하기 위한 수단으로서의 조합의 복원, 그리고 베버에서는 근대국가의 결정적인 독특한 모습으로서의 관료제 — 을 어렴풋이 발견한

---

24 Hegel, *Philosophy of Right*, §257, p. 275.
25 Hegel, *Philosophy of Right*, §303, p. 343.

다. 비록 헤겔의 주장과 해결책들은 불만족스럽기는 하지만, 근대성의 모순들을 조화롭게 화해시킬 수 있는 형태의 정부를 개념화하려는 시도를 대표한다.

2.2 부정의 노동

윤리적 삶에 대한 헤겔의 설명은 그가 이성이 세상에서 어떻게 작동한다고 믿었는지를 잘 보여준다. 겉보기에 명백하게 대립되는 두 가지 요소가 연속적으로 발전하고 있다. 첫 번째 요소인 가족은 남편과 아내 간의, 그리고 부모와 자식 간의 정서적 관계들에 기초한다. 두 번째 요소인 시민사회는 시장에서 경쟁하는 행위자들 간의 순전히 외적이고 도구적인 관계들로 구성된다. 이들 요소 각각은 본질적으로 제한적이며 결함 있는 것으로 제시된다. 하지만 국가는 그것들을 화해시킨다. 국가는 진정한 정치공동체이다. 국가의 성원들은 단지 그들이 서로에게서 얻을 수 있는 것 때문이 아니라 그들이 국가라는 공동의 '실체'에 참여하기 때문에 (보다 현대적 용어로 표현하면, 국가의 성원권이 그들의 정체성을 구성하기 때문에) 상호작용한다. 동시에 국가는 시민사회의 다양한 이해관계를 정치적으로 표현하는 분화된 구조를 가지고 있다. 즉 그 같은 이해관계와 개인들 ─ 이들의 경제적 관계가 그 같은 이해관계를 산출한다 ─ 이 그저 국가 속으로 침잠하지는 않는다.

윤리적 삶의 합리적 구조는 이와 같이 세 단계로 이루어져 있다. 앞의 두 단계에는 겉으로 보기에도 날카롭게 대립되는 요소들이 대치하고 있다. 세 번째 단계에서, 그것들이 화해된다. (첨언하면, 전해지는 이야기와는 반대로, 헤겔이 이 세 단계 각각을 '정', '반', '합'이라고 부른 적이 없다.) 헤겔은 이 삼중 구조가 어디에나 존재한다고 믿는다. 그것을 이해하는 것은 세계를 적절하게 이해하는 데 있어 필수적인 조건이다. 그 같은 이해는 결정적으로 모순의 적극적·생산적 역할을 파악하는 데 달려 있다. 따라서 헤겔은 『정신현상학』과 『역사철학Philosophy of History』에서 의식과 정치체계의 형식들 각각 ― 이것들은 각기 자신에 내재하는 긴장에 의해 그 토대를 침식당한다 ― 의 계승을 분석한다. 이와 같이 모순이 역사를 움직이는 원리이다.

헤겔은 이 같은 모순 개념을 정당화하면서, 자신이 오성이라고 부르는 것을 적잖이 비판한다. 그에 따르면, 오성은 "서로를 구분 지어주는 특징 및 그것들의 독특성에 영원한 성격을 고착시킨다. 즉 오성은 그 같은 모든 제한된 추상 개념이 그 나름의 존재와 생명을 가지는 것으로 간주한다." 오성은 계몽주의에서 그리고 무엇보다도 칸트 철학에서 가장 완전하게 전개된 사유형식이다. 헤겔은 오성의 긍정적 기능을 인정한다. 왜냐하면 그가 지식을 사물들의 일체성oneness of things이라는 모호한 직관으로 축소시키는 어떠한 교의 ― 이를테면 독일의 낭만주의와 셸링의 관념론 ― 에 대해서도 매우 적대적이기 때문이다. 그에 따르면, "이론 또는 실천의 영역에서 오성 이외에는 영원하고 정확한 것은 아무것도 없다."[26] 오성 ― 우리가 보기에 자연과학에서도 작동하는 ― 은 사물들을 식별하고 그것들을 관장하는 인과적 규칙성을 규명하는 데 있어 본질적인 역할을 한다. 그러나 동시에 오성은 자신들이 식별한 구분을 절대적인 것으로 간주한다. 그 결과 오성은 본질적으로 추상적이다. 루소의 일반의지가 필연적으로 시민들의 개별의지들의 갈등 속에서 스스로를 발견하듯이, 오성의 과학적 법칙들은 추상 개념들로 기능한다. 그러나 그러한 추상 개념들은 그러한 개념 속에 포함되어 있는 세계의 모든 다양한 구체적인 것들을 파악하고 통합하지 못한다.

오성의 한계는 단지 '부정적 이성negative reason'으로 간주되는 변증법에 의

---

26 *Hegel's Logic*, §80, p. 113; §80 Zusatz, p. 81.

해서만 극복된다. 변증법 속에서 "그 같은 유한한 성격 규정과 공식들은 스스로를 폐기하고 자신들의 대립물이 된다."[27] 여기서 헤겔은 일반적으로 논리학 – 고전논리학과 근대논리학 모두 – 의 가장 기본적인 법칙으로 간주되는 것, 즉 무모순non-contradiction의 법칙에 도전한다. 형식논리적으로 ~(p.~p)로 표현되는 이 법칙은 어떤 명제의 긍정과 그것의 동시적 부정을 금지한다. 달리 말해, 우리는 '비가 내린다'와 '비가 내리지 않는다'를 동시에 말할 수 없다. 중세시대까지 거슬러 올라가는 논증은 하나의 모순적 문장이 모든 다른 문장을 함축한다는 점을 보여준다. 따라서 하나의 모순을 긍정하는 것은 모든 것에 대해 말하는 것이고, 그러므로 (말하기의 요점은 한정된 어떤 것에 대해 말하는 것이기 때문에) 아무것에 대해서도 말하지 않는 것이다.

헤겔은 이러한 추론이 근본적으로 잘못되었다고 믿는다. 모순은 내용을 증발시키지 않는다. 다시 말해 모순은 내용을 생산한다.

> 과학의 진보를 확보하는 하나의 그리고 유일한 것은, …… 부정은 바로 그 부정만큼의 긍정이라는 것, 또는 자기모순적인 것은 그 자체를 무無, 즉 추상적인 무로 분해하는 것이 아니라 본질적으로 그것의 **특정한** 내용의 부정으로 분해하는 것이라는 논리적 가르침을 인식하는 것이다. 그 같은 부정은 모든 것을 포괄하는 부정이 아니라 스스로를 폐기하는 유한한 얼마간의 것의 부정이며, 따라서 그것은 유한한 부정이고, 그리하여 그 결과는 그것이 산출하는 것을 포함한다. …… 산출된 것, 즉 부정은 유한한 부정이기 때문에, 그것은 내용을 갖는다. 그것은 새로운 개념이나 그것에 선행한 개념보다 더 풍부한 고차원적 개념이다. 왜냐하면 그것은 부정 또는 선행 개념의 대립물에 의해 더욱 고양되었기 때문이다. 따라서 새로운 개념은 선행 개념을 포함하나 또한

---

27 Hegel(1817), *Hegel's Logic*, §79, p. 113; §81, p. 115.

그것 이상의 것을 포함하며, 그것의 통일체이자 그것의 개념이다.[28]

이와 같이 부정은 그 출발점에서는 암묵적일 뿐 분명하게 드러나지 않는 것에서 출발한다. 이를테면 부정은 가족 개념에 내재한다. 비록 가족의 내적 통일성은 그 성원들이 서로를 향해 느끼는 사랑으로부터 나오지만, 가족 바깥의 사람들에 대한 그들의 관계는 도구적 관계이다. 그러한 관계는 가족 성원들에게는 어떠한 용도로든 사용되는 것이 억제된다. 그러므로 시민사회는 가족의 부정이다. 왜냐하면 시민사회는 정서적인 관계보다는 이기적인 관계들에 기초하기 때문이다. 그러나 시민사회는 가족의 본성에 내재하는 하나의 진실을 드러낸다. 이와 같이 부정은 하나의 분화의 과정이며, 그 속에서 출발점은 더 고양되고 복잡해진다. 그러나 이것은 이야기의 끝이 아니다. 사고思考가 세 번째 단계, 즉 오성과 변증법 다음의 "사변의 단계 또는 긍정적 이성의 단계"를 구성한다. 이 단계는 "대립 속에서의 항項들(명제들)의 통일 – 해체와 전이 속에서 수반되는 긍정 – 로 이해된다."[29]

이와 같이 이 과정의 세 번째 단계는 대치되던 요소들의 통일성을 재확립한다. 이 같은 통일성은 처음부터 제시되어 있었다. 그러나 출발점, 즉 각각의 변증법적 운동의 첫 번째 요소는 오직 직접적 (즉 무의식적이고 미분화된) 통일성이다. 이는 마치 가족이 (강력하지만 좁은 범위에 초점을 맞추고 또 비성찰적인) 사랑의 감정에 의해 함께 묶여 있는 것과 같다. 부정은 이 통일성에 내재하는 내용을 끌어내기 위해 필요하다. 그러나 그것은 단지 헤겔이 첫 번째 부정이라 부르는 것일 뿐이다. 즉 지금까지의 부정은 암묵적인 내용을 단지 분리되어 갈등하고 있는 요소들의 대립의 형태로 표면화시키고 있을 뿐이다.

---

28 Hegel, *Science of Logic*, I, pp. 64~65.
29 Hegel(1817), *Hegel's Logic*, §82, p. 119.

이는 시민사회가 이기적인 개인들의 개별적인 경쟁에 의해서 지배되는 것과 같다. 이 과정의 세 번째 단계가 이러한 대립을 극복한다. 즉 그것이 두번째 부정, 또는 헤겔이 이따금 표현한 바로는 부정의 부정이다. 통일성이회복되지만, 그것은 모순의 경험에 의해서 고양되고 자기의식적이 된 통일성이다. 그것은 국가가 가족처럼 하나의 공동체이지만, 개인성과 그 성원들의 자기주장을 위한 적절한 여지를 마련하고 있는 공동체인 것과 같다. 헤겔은 종종 독일어 아우프헤벤aufheben(지양) − 폐기와 보존 모두를 의미하는 − 에의지함으로써 부정의 부정의 특성을 분명히 밝히고자 한다. 모든 변증법적운동의 마지막 단계는 이전의 두 가지 요소들을 그저 초월하는 것이 아니다. 그것은 그것들의 내용을 새로운 자기의식적인 통일체로 통합한다.

헤겔이 이러한 변증법 − 그가 사고의 진정한 변증법적 단계로 간주한 것과 사고의 궁극적인 사변적 단계로 간주한 것 모두를 포괄하기 위해 넓게 이해한 − 을 세계의 다양한 측면들을 이해할 수 있는 형식적 방법 그 이상으로 간주한다는 것을 이해하는 것이 중요하다. 즉 그는 "방법은 내용의 외부에 있는 하나의 형식이아니라 내용의 영혼이자 관념"이라고 말한다.[30] 여기서 우리는 앞의 절에서간단히 언급했던 헤겔의 관념론의 문제, 즉 사고가 세계를 지배한다는 그의믿음으로 되돌아간다. 이는 칸트 이후 독일철학의 발전과 관련된 질문을 재차 제기한다.

칸트는 일상경험의 세계와 근대과학이 초월적 주체의 활동에 의존한다고주장했다(앞의 1.5절). 그는 또한 우리가 그 같은 주체의 존재 − 또는 '통각의 초월적 통일성transcendental unity of apperception' − 를 전제로 할 것을 강요받으나, 그것 말고 우리가 그것에 대해 말할 수 있는 것은 아무것도 없다고 주장했다. 그와는 반대로, 후일의 독일 관념론자들은 초월적 주체에 대해 말할 수

---

30 Hegel(1817), *Hegel's Logic*, §243, p. 296.

있는 많은 것들을 발견했다. 특히 셸링은 초월적 주체를 본질적으로 초개인적인 것으로 간주하고 또 그것을 신과 동등시하는 중대한 조치를 취했다. 하지만 그것은 전통적인 기독교 신학의 신, 즉 세계를 창조하고 통치하지만 여전히 그것 너머에 머물고 있는 특별한 (비록 신비하기는 하지만) 인물이 아니었다. 셸링의 신은 그것의 피조물, 즉 자연 — 그것의 최고의 발전물인 인간의 유한한 정신을 포함하여 — 과 동일시되는 절대자 — 개인적 창조자라기보다는 세계를 움직이는 암묵적인 원리 — 였다. 그리하여 세계를 그 같은 비인격적 신의 표현으로 간주하는 절대적 관념론이 출현한다.

헤겔은 셸링을 따라 그 같은 노선을 견지했다. 이를테면 헤겔은 "절대자 자체는 동일성과 비동일성의 동일성the identity of identity and non-identity, 즉 대립물과 통일물 모두가 그것 내에 함께 존재한다"고 단언한다.[31] 따라서 절대자는 모든 것을 통합한다. 핑커드가 지적한 바와 같이, 만약 절대자가 '자기 정초적'이라면, 그것은 부분적으로 그것의 외부에는 아무것도 존재하지 않기 때문이다. 그러나 헤겔은 사물들의 일체성이라는 모호한 직관을 통해서만 인식할 수 있는 모종의 미분화된 전체로서의 절대자의 관념과 점점 더 불편한 관계에 있게 되었다. 『정신현상학』에서 헤겔은 절대적 관념론에 대한 셸링의 견해를 겨냥하여 다음과 같이 언급한다. "논리정연한 완전한 인지체계에 맞서서, 절대자 속에서 모든 것은 동일하다는 식의 이 같은 단일한 통찰력을 제시하고 나서는 것은 …… 절대자를 밤 — 그들이 말하듯이, 밤에는 모든 소가 검다 — 으로 속이는 것이다. 이것은 사고력을 결여한 인식이다."[32]

헤겔의 계몽주의 비판은 그것의 전면적 거부를 뜻하는 것은 아니다. 절대

---

31 G. W. F. Hegel(1801), *The Difference between Fichte's and Schelling's System of Philosophy*(Albany, NY, 1977), p. 156.

32 Hegel, *Phenomenology*, §16, p. 9.

자와 세계의 동일시는 무기력한 감정의 분출 속에서 그저 긍정하거나 찬양하는 것이 아니라, 합리적으로 입증되어야만 했다. 나아가 그 같은 합리적 증명은 주체성의 본질에 대한 적절한 이해에 의존한다. 왜냐하면 "모든 것은 진리True를 단지 실체Substance로서만이 아니라 주체Subject로서 파악하고 표현하는 것에 달려 있기" 때문이다. 이러한 주장은 헤겔이 근대성을 주체성이 자신의 지위를 획득하는 세계사의 단계로서 이해하고 있음을 보여준다(앞의 2.1절을 보라). 그러나 그것은 보다 심오하게는 주체의 구조에 관한 독특한 설명을 수반한다.

> 현존하는 실체가 진정으로 주체적인 존재 또는 달리 말해 진정으로 현실적인 존재인 경우는, 실체가 스스로를 정립하는 운동이거나 자기타자화와 그 자신 간의 매개물인 때문이다. 주체로서의 이 같은 실체는 순수하고 단순한 부정성이며, 단순한 것이 분기되는 것은 바로 이 같은 이유 때문이다. 즉 그것은 대립을 설정하고 다시 그러한 미분화된 차이와 그것의 대립물을 부정하는 이중의 과정으로 이루어진다. 원래의 또는 직접적인 통일성 그 자체가 아니라 오직 이 자기회복적인 동일성 또는 자기 내의 타자성의 성찰만이 진리이다. 진리는 그 자체로 생성되는 과정으로, 그것의 목적을 종착점으로 미리 설정하고 있고, 그것의 목적이 또한 그것의 종착점이고 그것의 목적이 또한 출발점을 이루는, 그리고 단지 그 목적을 달성함으로써만 그것이 현실적인 것이 되는 순환이다.[33]

이 난해하고 모호한 구절이 헤겔철학의 정수를 담고 있다. 헤겔은 주체를 (마르크스의 정식화를 차용하면) 하나의 사물이 아니라 하나의 관계로 인식한다.

---

33 Hegel, *Phenomenology*, §17~18, p. 10.

주체는 이제 데카르트 이후의 서양철학이 이해해온 것처럼 별개의 의식의 대상이 아니다. 오히려 "주체는 그 자체로 생성되는 과정이다." 그러나 그러한 과정은 앞에서 개관한 변증법의 구조를 가진다. 주체는 "대립을 설정하고, 다시 그러한 미분화된 차이와 그것의 대립물을 부정하는 이중의 과정으로 이루어진다." 주체는 자아를 (그것과는 전혀 다른 것으로 인식되는) 타자와 대치시킴으로써, "처음의 원래의 또는 직접적인 통일성"을 붕괴시킨다. 그러나 다음으로 그러한 대립은 부정의 부정이라는 '자기회복적인 동일성' 속에서 폐기된다.

주체성은 하나의 변증법적 구조 ─ 변증법은 본질적으로 주체성의 변증법이다 ─ 만을 가지는 것은 아니다. 헤겔이 그의 논리학적 저술들 속에서 분석하는 내적 분화와 고양된 통일성 회복의 움직임은 의식이 자신을 정신으로 인식하는, 다시 말해 "자신을 그 자신의 세계로, 그리고 세계를 자신으로 의식하는" 과정이다. 의식은 자연과 미분화된 무언의 통일성 속에서 움직이기 시작한다. 첫 번째 부정이 이 통일성을 깨뜨린다. 그것이 소외의 과정이다. 자연은 이제 의식적인 자아로부터 분리되고 대립하는 타자로 설정된다. 의식이 이제 자연을 그것의 타자로서 인식하고 그럼으로써 그들의 내적 통일성을 인식할 때, 사변적 요소가 등장한다. 『정신현상학』의 매우 복잡한 추이들은 궁극적으로는 이러한 구조를 보여준다. '절대지'라는 마지막 요소는 정신이 이전의 전체 과정을 되돌아보고 그것을 자기 자신의 자기발전 ─ 즉 정신으로 하여금 현재의 정점(여기서 현실의 구조는 이성 앞에서 투명해진다)에 도달할 수 있게 하는 운동 ─ 이상의 그 어떤 것도 아닌 것으로 이해하는 지점이다. 그러므로 "절대적인 것과 관련해서는, 그것이 본질적으로 하나의 결과라는 점, 즉 종국에 가서만 그것이 진정으로 무엇인지를 드러낸다고 말할 수밖에 없다."[34] 따라서 철학적 지식은 필연적으로 회고적이다. 즉 헤겔이 그것을 유명하게 표현하고 있듯이, "미네르바의 올빼미는 황혼녘에야 비로소 날기 시작한다."[35]

이것이 바로 헤겔 사상의 힘이자 탁월함이며, 그로 인해 수많은 최고의 논평자들은 헤겔의 절대적 관념론을 약화시키는 방법을 발견하고자 하는 강한 유혹을 받고 있다. 일례로 로버트 피핀Robert Pippin은 헤겔의 기획은 "초월적 주체에 관한 칸트적 관념 ― '그 어떠한 주체'도 하나의 대상을 표현하고 있다고 생각해야만 한다는 것을 고려하는 칸트의 공식적인 방법 ― 을 확장"하고 있는 것이라고 시사한다.[36] 그렇다면 어떻게 헤겔은 칸트를 넘어서는가? 테리 핑커드는 『헤겔의 현상학』에서 "우리는 …… 세계를 표현하는 우리 자신의 모습으로부터 벗어나서 다양한 방식으로, 역사적으로 한정된 사회적 관행들 속의 참여자로서 우리 자신을 이해하는 것으로 나아간다"고 판단한다.[37]

이제 헤겔이 데카르트 이후의 지배적 관념, 즉 주체를 의식의 고립된 중심지로 바라보는 관념의 토대를 침식하고자 한다는 것은 의심할 여지없는 사실이다. 『정신현상학』에서 가장 찬양받는 절節들 중의 하나인 일명 「주인과 노예의 변증법Dialectic of Master and Slave」 속에서, 헤겔은 인정의 욕망desire for recognition ― 즉 각기 다른 주체들에 의해 자율적인 주체로서 인정받고자 하는 자기의식의 욕망 ― 을 분석한다. 헤겔에 따르면, "자기의식은 그것이 다른 사람을 위해 존재할 때 그리고 그러한 사실에 의해 즉자적·대자적으로 존재한다. 다시 말해, 자기의식은 오직 인정받고 있는 상태에서만 존재한다."[38] 따라서 주체성은 상호주체성으로부터 분리될 수 없다. 즉 자아는 오직 사회적으로 상황 지어진 채로, 즉 자기의식적인 인간행위자들로 구성된 역사적으로 구

---

34 Hegel, *Phenomenology*, §438, p. 263; §20, p. 11.

35 Hegel, *Philosophy of Right*, p. 23.

36 R. Pippin, *Modernism as a Philosophical Problem*(Oxford, 1991), p. 67.

37 Pinkard, *Hegel's Phenomenology*, p. 44.

38 Hegel, *Phenomenology*, §178, p. 111.

체적인 공동체의 한 성원으로 존재한다.

하지만 헤겔의 절대정신Absolute Spirit 개념은 칸트의 초월적 주체transcen-dental subject에 대한 하나의 사회화된 견해 그 이상이다. 그러한 해석은, 논리학의 내용은 "신을 자연과 유한정신의 창조에 앞서 영원한 본질 속에 존재하는 것으로 설명하는"39 것이라는 헤겔의 주장과 같은 진술들과 조화를 이루기 어렵다. 따라서 헤겔에서 논리학은 또한 세계의 구조들을 들추어내는 존재론이며, 실제로는 그러한 구조들이 결국에는 자기의식이 되는 절대정신으로 구성되기 때문에 신학이기도 하다. 이러한 명백하게 엉뚱한 주장들은 헤겔의 칸트 비판으로부터 분리될 수 없다. 헤겔은 끊임없이 비판철학의 형식주의 ─ 즉 감각경험에 의해 부여되는 주관적 형식으로서의 그리고 그것에 의해 주관적 형식에 공급되는 내용에 외재하는 것으로서의 오성범주 관념 ─ 를 비난한다. 형식과 내용의 이러한 분리는 그 자체가 불가지적인 것으로서, 인간오성과는 독립적인 객체성 개념을 "죽어 있는 머리caput mortuum, '타자'라는 죽어버린 추상 개념, 공허한 미확인의 초경험적인 것"40으로 방치한다. 그러나 "그와는 반대로 내용은 그 자체로 형식을 가지며, 실제로 내용이 영혼과 실체를 지니는 것은 오직 형식을 통해서이고, 오직 내용의 외양으로 변하는 것, 그리고 또한 그러한 외양에 외재하는 어떤 것의 외양으로 변하는 것도 형식 그 자체인 것으로 보인다."41

이와 같이 헤겔은 칸트 철학의 형식주의를, 단순히 형식과 내용의 통일성을 입증하고자 함으로써가 아니라, 형식이 자신의 내용을 창출하는 철학적 방법의 관념을 전개함으로써 극복한다. 헤겔에 따르면, "오직 내용의 외양

---

39 Hegel, *Science of Logic*, I, p. 60.

40 Hegel, *History of Philosophy*, III, p. 472.

41 Hegel, *Science of Logic*, I, p. 47.

으로 변하는 것, 그리고 또한 그러한 외양에 외재하는 어떤 것의 외양으로 변하는 것도 형식 그 자체이다." 이러한 외양은 변증법의 운동으로, 그 속에서 정신이 그것과는 이질적인 하나의 세계를 상정하고 그다음으로 그 세계를 그 자체로 인식함으로써, 정신은 자기의식이 된다. 따라서 변증법이 완결되는 부정의 부정은 "삶과 정신의 가장 내밀하고 가장 객관적인 요소이며, 그것 덕분에 주체는 개인적이 되고 자유롭게 된다."[42]

나아가 이 같은 (절대적) 주체성의 변증법은 순환적 구조를 가진다. 헤겔에 따르면, 논리는 "자신으로 되돌아오는 순환이다. 왜냐하면 매개체가 종착점을 출발점으로 되돌리기 때문이다."[43] 변증법적 운동은 하나의 자기고양의 과정이다. 그것이 출발점에서 이루고 있던 원래의 통일성은 붕괴되고 분화되지만, 그것은 궁극적으로는 그 출발점의 긍정으로서만 기여한다. 그 과정의 종결 속에서, 즉 부정의 부정 속에서 그 통일성이 회복되는 데, 그것도 보다 높고 보다 발전된 통일체 – 즉 그것이 출발점에서는 의식하지 못했던 명확한 내용들을 담고 있음을 발견함으로써 자기의식을 부여받은 통일체 – 로 회복된다.

이와 같이 헤겔이 사용하는 추론의 형식은 변증법을 선결된 목적을 향해 움직이는 것으로 인식한다는 점에서 목적론적teleological이다(텔로스telos는 목적을 뜻하는 그리스어이다). 이 목적의 독특성은 그것이 의식적 주체(그리고 그 피조물과 구분되는 한 사람으로 인식되는 신조차도)가 사물을 선택하고 배치함으로써 성취할 수 있는 목적이 아니라는 점이다. 변증법의 목적은 그 출발에서부터 그 과정에 내재하는 객관적인 목표이다. 변증법적 과정 그 자체는 그러한 목적의 달성에 다름 아니며, 그러한 목적은 절대정신이 결국 자기의식이 되는 것에 있고, 자기의식은 '절대지'의 형태, 즉 합리적인 자기투명성의 요소

---

42 Hegel, *Science of Logic*, II, p. 478.
43 Hegel, *Science of Logic*, II, p. 484.

가 획득되어온 방식으로 전체 과정을 회고적으로 탐구하는 형식을 취한다.

헤겔 사상의 목적론적 성격은 그의 역사철학에서 가장 분명하게 드러난다. 헤겔은 "세계사는 자유의식의 진보로, 근대유럽 국민국가에서 그 정점에 이르는 과정"이라고 주장한다. 이러한 진보를 이끄는 것은 다음과 같은 보다 심층적인 의미이다. "세계사는 신성하고 절대적인 정신의 과정이 그 최고의 형태로 표현되는 것, 그리하여 정신이 자신의 본질을 발견하고 스스로를 의식하게 되는 진보를 표현한다." 따라서 근대성 속에서 그 정점에 이르는 정치적 형식들의 계승은 절대정신의 자기실현에 독특한 기여를 하는 것으로 이해되어야만 한다. 실제로 특수한 이해관계와 열정들에 의해서 움직이는 사람들의 갈등은 '보편적 이념universal Idea'의 도구들일 뿐이다. 보편적 이념은 "배후에서 본래대로 손상 받지 않은 채 자신을 유지하며, 특수한 이해관계들이 자신을 대신하여 서로 다투다가 스스로 지쳐버리게 한다. 보편적 이념이 자신을 위해 열정들이 작동하게 하고 그럼으로써 자신을 존재하게 해주는 행위자들이 벌을 받고 손실을 감당하게끔 하는 것을, 우리는 이성의 간지cunning of reason라고 부를 수 있다."[44]

이것은 아우구스티누스와 보쉬에Bossuet 같은 기독교 사상가들이 전개한 역사관 못지않은 섭리론적 역사관이다(아래의 3.3절을 보라). 이기적인 인간행위들은 그것들을 수행하는 사람들이 전혀 의식하지 못하는 숨어 있는 목적에 기여한다. 헤겔의 견해와 정통 기독교적 견해 간의 차이는, 헤겔의 역사철학에서는 인간행위자들이 부지불식간에 기여하는 목적이 어떤 한 개인적 신에 의해서 인류를 위해 공식화된 계획이 아니라는 점이다. 오히려 그것은 역사과정 자체의 구조에 내재하는 것으로, 철학이 종국적으로 이 과정의 의미를 파악하는 근대 시대에 의식된다.

---

44 Hegel, *Philosophy of World History: Introduction*, pp. 54, 65, 89.

2.3 근대성 논쟁

　헤겔철학은 근대성이 그 자체 내에 과거와의 단절을 합리적으로 정당화하는 지적 자원들을 담고 있음을 입증하고자 한, 가장 강력하고도 단일한 시도이다. 그렇게 하는 과정에서 헤겔철학은 또한 동일한 합리적 정당화의 기준에 입각하여, 근대국가가 원칙적으로 상업사회를 특징짓는 갈등들을 풀어나갈 수 있는 유형의 정치공동체를 마련할 수 있다는 것을 보여주고자 한다. 그 결과가 바로 서구사상의 위대한 철학적 기획들 중의 하나이다.

　하지만 하버마스가 지적하듯이, "절대지로서의 이성은 너무나도 압도적인 하나의 형식을 취함으로써, 초창기 근대성의 자기확신의 문제를 해결할 뿐만 아니라 너무나도 잘 해결한다."[45] 예를 들어 만약 프랑스혁명의 시대에 우리가 역사과정의 의미를 철학적으로 이해할 수 있는 단계에 도달했더라면 지금은 어떤 일이 일어나고 있을까? 많은 논평자들은 헤겔이 그 자신의 시대가 역사의 종말로 특징지어지는 것으로 간주했다고 믿는다. 왜냐하면 일단 '절대지'의 조건들이 수립되고 나면, 차후의 모든 것은 단지 하나의 재고再考일 따름이기 때문이다. 헤겔이 역사의 종말이라는 관념을 진지하게 고려하고 있었다는 증거는 사실 애매하지만, 그 개념이 제기하는 문제는 적어도 논의의 여지가 있는 그의 전반적인 변증법 개념이 낳은 한 가지 결과이다.

　보다 근본적인 난점은 헤겔의 절대적 관념론에 의해 제기되었다. 우리가 앞서 2.2절에서 살펴보았듯이, 헤겔은 변증법을 (그 결론이 출발점에 내재하고 그 경로가 그 자체로부터 자신의 내용을 산출하는) 하나의 자기정당화 과정으로 이해한다. 아주 직설적으로 진술하면, 그것은 거의 과대망상적 초합리주의hyper-rationalism로, 그것에 따를 경우 사고는 그것의 합리적 구조 덕분에 세계를 산

---

45 Habermas, *Philosophical Discourse*, p. 42.

출한다. 후일의 많은 사상가들이 헤겔에게서 많은 영향을 받아왔지만, 그들은 일반적으로 헤겔의 절대적 관념론을 약화시키려고 노력해왔거나 또는 그의 가장 위대한 추종자인 마르크스의 경우처럼 그것을 분명하게 거부했다.

혹자는 딜레마의 형태로 문제를 제기할지도 모른다. 한편에서, 우리는 헤겔이 실제로 진지하게 말한 것을 취할 수도 있다. 이 경우에 우리는 근대성의 합리성을 입증하고, 그 결과 근대성의 사회적·정치적 문제들에 대한 해결책을 규명하는 데 성공한 하나의 철학체계를 가지게 된다. 하지만 이는 그 근거가 확실할 경우이다. 그러나 누가 헤겔식 체계가 타당하다는 주장을 진지하게 방어할 것인가? 다른 한편에서 우리는 헤겔의 사변적 초합리주의를 약화시킴으로써, 마르크스가 헤겔철학의 '신비적 껍질 내의 합리적 핵심'[46]이라고 불렀던 것으로 간주할 수 있는 모든 것들을 보전하고자 할 수도 있다.

이를테면 핑커드는 다음과 같이 기술한다. "『정신현상학』은 유럽공동체가 스스로를 위해 자신이 행하는 것을 어떻게 권위 있고 분명한 것으로 간주하는지에 대한 역사적-변증법적 서사를 제시한다."[47] 이러한 서사가 '변증법적-역사적'인 이유는, 그것이 하나의 의식형태가 그 의식형태에 내재하는 긴장으로 인해 다른 의식형태로 대체된다는 것을 보여주기 때문이다. 이것은 헤겔 자신이 받아들였을 것으로 보이는 것보다 훨씬 약한 의미로 '변증법적'이다. 왜냐하면 그것은 그 과정의 결론이 그 과정의 명확한 합리적 이해 속에 존재한다는 것을 함의하지 않기 때문이다.

『정신현상학』에 대한 이러한 독해가 포스트모더니스트 철학자인 리처드 로티Richard Rorty가 제시하는 독해와 얼마나 다른지는 분명하지 않다. 그는 다음과 같이 기술한다. "정신이 그것 본래의 본성을 점차 스스로 인식하는

---

46 Marx, *Capital*(3 vols, Harmondsworth, 1976~1981), I, p. 103.
47 Pinkard, *Hegel's Phenomenology*, p. 13.

과정으로 헤겔이 서술한 것은, 유럽의 언어적 관행이 점점 더 빠른 속도로 변화하는 과정으로 더 잘 서술된다."[48] 따라서 정신의 자기실현은 로티가 '재서술redescription'이라고 부르는 것의 연속이 된다. 그러한 재서술의 어떠한 것도 그것이 다른 것보다 (실재의 본성에 대한 보다 나은 통찰력을 우리에게 제공해준다는 의미에서) 합리적으로 우월하다는 것을 보여줄 수 없다. 헤겔에 대한 이 같은 해석은 그의 당혹스러울 정도로 야심 찬 변증법 개념을, 그것도 값비싼 대가를 치르며 희생시킨다. 즉 과거에 비해 근대성이 우월하다는 점을 입증할 수 있다는 근대성의 주장은 더 이상 합리적으로 방어되지 못한다.

이러한 난점에도 불구하고 하버마스는 다음과 같이 제시한다. "헤겔은 근대성의 담론을 개시했다. 그는 근대성의 자기비판적 확신이라는 주제를 도입했다." 헤겔은 그것을 통해 "역사와 이성의 관계는 여전히 구성적"이라는 후속 논쟁의 조건을 설정한다. 1831년 헤겔 사후 독일 철학자들 사이에서 논쟁이 벌어지는 동안, 근대성에 대한 기본적 입장들이 분명하게 드러났다. 그것은 특히 청년 (또는 좌파) 헤겔주의자들이 헤겔의 변증법적 이성의 개념을 절대자로부터 분리해내고, 그것을 기존 정치질서를 비판하기 위한 도구로 변형시키고자 시도한 결과였다(또한 아래의 4.1절을 보라). 그러한 논쟁 속에서 근대성에 대한 세 가지 기본적인 입장이 드러났다.

실천적인 것 쪽으로 방향을 전환하여 혁명을 자극하는 좌파헤겔주의자들의 비판은 이성의 불구화, 즉 부르주아 세계의 일방적 합리화에 맞서 역사적으로 축적된 (발산을 기다리는) 이성의 잠재력을 동원하는 것을 목적으로 했다. 우파헤겔주의자들은, 헤겔을 따라, 불안감을 자극하는 혁명적 의식이라는 주관성이 현 상태의 합리성에 대한 객관적 통찰에 굴복하자마자 곧 국가와 종교라

---

48 Rorty, *Contingency, Irony, and Solidarity* (Cambridge, 1989), p. 7.

는 실체가 부르주아사회의 불안감을 보상할 것이라고 확신했다. ······ 마지막
으로 니체는 혁명적 희망과 그것에 대한 반동 모두가 무대에 등장하는 전체
무대작품의 연출법을 폭로하고자 했다. 그는 주체의 중심에 자리 잡고 있고
목적합리성으로 오그라든 이성에 대한 비판으로부터 변증법의 가시를 제거
했다. 그리고 그는 전체로서의 이성을 청년헤겔주의자들이 그것을 승화시킨
방식과 연결시켰다. 이성은 그것이 그렇게 훌륭하게 숨기고 있는 권력, 즉 권
력에의 의지 그 이상의 어떤 것도 아니다.[49]

헤겔 이후에 근대성에 대해 취해진 세 가지 입장에 대한 이러한 묘사는,
우리가 하버마스가 해석한 것보다 조금 더 폭넓게 해석한다면, 사회이론의
후속 발전을 검토하는 데 유용한 틀을 제공한다. 근대성에 대한 첫 번째 입
장은 다른 누구보다도 최고의 청년헤겔주의자인 마르크스가 제시한 것이
다. 마르크스는 헤겔의 절대적 관념론을 거부했지만, 역사를 특정 사회구성
체에 내재하는 모순들에 의해 작동하는 변증법적 과정으로 보는 헤겔의 역
사관을 견지했다. 시민사회, 더 정확하게 말하면 부르주아 사회 – 이 개념들
모두를 포괄하는 동일한 독일어 표현은 'bürgerliche Gesellschaft'이다 – 는 역사의 종
말이 아니라, 그저 역사적으로 일시적인 사회형태일 뿐이다. 그 같은 사회가
개인의 자유를 실현한다는 주장은 자본주의적 착취 속에서 근본적으로 거
짓임이 드러난다. 진정으로 합리적인 사회를 창조하고자 하는 계몽주의의
열망은 그 이상의 사회혁명을 요구한다.

두 번째 입장에는 (홉스봄이 말하는 '이중혁명'의 결과 속에서 그 형태를 갖춘) 근
대 부르주아사회를 (우리가 바라는) 합리적 질서를 이루고 있는 사회세계에 가
장 가까운 것으로 보는 모든 사람들이 포함된다. 비록 토크빌과 밀 같은 근

---

49 Habermas, *Philosophical Discourse*, pp. 50, 392 n. 4.

대 자유주의의 가장 세련된 대표적 인물들이 근대성의 긴장과 위험들을 복잡하게 인식하고 있기는 하지만(아래의 3.2절을 보라), 근대 자유주의는 이러한 유형의 입장을 견지하는 가장 중요한 본보기이다. 동일한 인식이 뒤르켐과 베버에서도 역시 드러난다. 둘 모두는 당시 실제로 존재하던 근대성을 근본적으로 개선하고자 하는 사회혁명의 희망이 환상에 불과하다는 자신들의 믿음을 분명히 한다. 비록 때때로 (파슨스의 저작에서처럼 ─ 아래의 10.2절을 보라) 말하자면 토크빌이나 베버 속에서 발견되는 비판적 비난이 완화되기도 하지만, 후일의 사회학자들도 그와 동일한 틀 내에서 움직인다.

마지막으로, 니체가 세 번째 입장 ─ 근대성을 급진적으로 거부하는 입장(아래의 5.3절을 보라) ─ 을 특징짓는다. 니체의 공격은 아래의 제3장에서 논의될 계몽주의와 프랑스혁명의 반동적 반대자들의 공격과 중첩되지만, 그보다 훨씬 더 나아간다. 특히 그는 계몽철학자들이 근대시대의 정당성의 전거로 취했던 종류의 과학적 합리성을 철저하게 비판한다. 그는 모든 형태의 이성은 단지 (물리적 세계와 사회세계 모두의 근본적 경향인) 권력에의 의지의 특수한 표현들일 뿐이라고 주장한다. 서구 이성에 대한 니체의 비판은 베버와 하이데거 모두에게서 하나의 근본적인 준거점을 이루고 있다. 그의 영향은 또한 포스트모더니즘과 연관된 현대이론가들, 특히 푸코Foucault(아래의 11.3절을 보라)에서 분명하게 드러난다.

하버마스는 어떤 점에서는 "우리는 여전히 청년헤겔주의자들과 동시대인들이다"라고 제시한다.[50] 비록 근대성에 대한 기본적 입장들이 1830년대와 1880년대를 갈라놓고 있지만, 그것들은 사회이론의 후속적 발전을 통해 크게 풍부해지고, 또 때로는 명료화되어왔다. 나는 이 책의 나머지 부분에서 그것을 보여주고자 한다.

---

[50] Habermas, *Philosophical Discourse*, p. 53.

3 / 자유주의자와 반동주의자들

3.1 혁명 이후의 논쟁

나폴레옹 몰락 이후, 프랑스는 처음에는 복원된 부르봉 군주정치하에서 (1815~1830년) 그리고 다음에는 루이 필립의 오를레앙 정권Orleanist regime of Louis Philippe하에서(1830~1848년) 이례적으로 풍부하고 광범위한 지적·문화적 논쟁의 시기를 경험했다. 이는 부분적으로는 요한 헤일브론Johan Heilbron이 지적했듯이, "1800년경의 파리가 과학세계의 중심이었다는 사실의 한 가지 결과였다."[1] 구체제의 마지막 몇 년 동안과 혁명 및 나폴레옹제국 아래에서 이루어진 일련의 개혁은 프랑스에서 과학교육과 연구의 지위를 변화시켰다. 그리하여 프랑스 연구자들은 19세기 초기에 생물학이라는 새로운 과학의 형성에 결정적 기여를 했다.

하지만 자연과학이 프랑스 문화에서 새롭게 부상하는 것과 동시에, 자연과학은 직접적인 도전에 직면했다. 샤토브리앙Chateaubriand 같은 낭만주의 작가는 과학적 이성의 우위를 공격하고, 대신에 감정과 직관을 옹호했다. 계몽주의 철학자들은 감각과 열정에 커다란 중요성을 부여해왔으나, 일반적

---

1 J. Heilbron, *The Rise of social Theory*(Cambridge, 1995), p. 132.

으로 그것들을 이성과 대치시키지는 않았다. 낭만주의는 그렇게 하는 과정에서 경험에 대한 단순한 과학적 이해를 거부하고, 예술과 문학을 경험의 특권화된 전거의 하나로 간주하는 경향이 있었다. 예술을 위한 예술l'art pour l'art이라는 슬로건은 1804년에 벵자맹 콩스탕에 의해 만들어진 것으로 추정된다.[2] 1840년대와 1850년대에 보들레르Baudelaire와 플로베르Flaubert의 수중에서 이 관념은 예술지상주의Aestheticism의 체계적 이데올로기가 되었다. 예술지상주의는 예술을 사회세계와 분리된 하나의 독특한 관행으로 간주한다. 그리고 그것은 작가와 화가에게 지배적인 종교적·정치적 신념을 존중하고 사회적으로 유용한 작품 또는 심지어 전통적인 기준에서 볼 때 아름다운 작품을 생산하도록 요구하는 어떠한 기도로부터도 벗어나고자 한다.

그로부터 초래된 논쟁은 단순한 미학적 또는 철학적 문제 그 이상의 것에 관심을 가지고 있었다. 거기서 문제가 된 것이 바로 프랑스혁명의 역사적·정치적 의미였다. 샤토브리앙과 몇몇 초기 프랑스 낭만주의자들은 혁명으로 인해 추방된 귀족들이었다. 과학적 합리성에 대한 그들의 비판은 간사한 생존자 탈레랑Talleyrand이 구체제하에서의 삶의 달콤함douceur de vivre이라고 불렀던 것에 대한 향수와 연관되어 있었다. 그 같은 태도는 종종 혁명에 대한 직접적인 정치적 거부의 형태를 취했으며, 메스트르Maistre의 다음과 같은 주장 속에 가장 준엄하게 표현되었다. "프랑스혁명에는 우리가 지금까지 보아온 모든 것 또는 우리가 볼 수 있을 것 같은 어떤 것과는 다른 하나의 악마적 속성이 있다."[3] 1820년 이후 프랑스 내각을 지배했던 왕정주의 '과격파

---

2 J. Heilbron, *The Rise of social Theory*, p. 157.

3 J. de Maistre(1797), *Considerations on France*(Cambridge, 1994), p. 41. 메스트르(Joseph, comet de Maistre, 1753~1821)는 사부아 출신임에도 불구하고 그의 저술들은 프랑스에 주요한 영향을 미쳤다. 외교관, 특히 상트페테르부르크 대사로서 사보아 상원에 봉직했다(1803~1817년). 그의 가장 유명한 저작으로는 『상트페테르부르크 대화The SaintPetersburg

들'은 1789년 이전으로 시계를 돌리기로 결정한 것으로 보였다.

하지만 혁명이 우파로부터만 공격받은 것은 아니었다. 1815년 이후 몇 년 동안 '이중혁명'의 영향이 점차 분명해졌다. 영국의 본보기를 따르고 있던 북서 유럽의 다른 나라들, 특히 프랑스와 (1830년에 독립한) 벨기에는 상품을 대량생산할 수 있는 공장의 확산으로 인해 변화되고 있었다. 이들 공장에서 일하는 임금노동자와 그들의 고용주 사이에서 새로운 형태의 사회적 양극화가 출현했음이 점점 더 분명해졌다. 1830년대 차티스트운동 말기에, 새로운 산업노동계급에 기초한 최초의 정치운동이 영국의 제조업지역을 통해 확산되며 유럽 주요 열강의 안정성을 위협하고 있었다.

이러한 사태의 진전은 일찍이 1813년에 거대 휘그당의 잡지 ≪에든버러 리뷰Edinburgh Review≫의 편집장이었던 프랜시스 제프리Francis Jeffrey로 하여금 애덤 스미스와 그의 추종자들이 제시한 상업사회의 발전에 관한 낙관주의적 견해에 의문을 제기하게 했다.

> 다음으로 그러한 산업과 개선의 증대가, 그리고 흔히 번영의 증대를 가장 확실하게 입증해주는 것으로 간주되는 편익의 증대가 사회의 하층계급에게 초래하는 결과는 농부들을 제조업자로, 그리고 제조업자를 빈민으로 전환하는 것이다. 이런 조건으로부터 늘 출현하던 그들의 기회가 계속해서 줄어드는 동안, 원래 그러한 조건을 창출한 체계는 보다 완전해지고 성숙한다.[4]

산업자본주의의 발전은 프랑스혁명의 정치적 유산에 대해 상이한 각도에

Dialogues』(1821)가 있다.

4 D. Winch, "The System of the North," in S. Collini et al., *That Noble Science of Politics* (Cambridge, 1983), p. 55에서 인용함.

서 의문을 제기하게 했다. 1789년의 슬로건은 자유, 평등, 박애였다. 그러나 혁명이 옛 봉건적 특권과 위계질서들을 일소하고 법적 평등을 제도화했지만, 심대한 계급분열은 여전했다. 아니 실제로는 산업혁명으로 인해 계급분열이 더욱 심해졌다. 최초의 사회주의 사상가들 ― 가장 유명한 인물들로는 샤를 푸리에Charles Fourier와 콩트 드 생시몽Comte de Saint-Simon ― 이 나폴레옹제국과 왕정복고하의 프랑스에서 출현했다. 혁명을 대규모의 파괴적인 사건으로 보았던 그들 ― 플로베르는 "생시몽의 위대한 스승은 메스트르였다"고 단언했다[5] ― 은 혁명과 혁명 후에도 잔존하는 부당한 계급특권들에 대해 격렬하게 비판했다. 생시몽은 사회가 산업가들industrials ― 사회의 부를 생산하는 사람들로, 노동자와 여타 생산자들뿐만 아니라 그 수가 증가하고 있는 과학자와 여타 숙련가들도 포함된다 ― 과 유한층oisifs ― 산업가들에게 의존하여 살아가는 게으른 기생자들 ― 으로 분할되어 있다고 보았다. 푸리에는 기존의 '문명'이 부추기는 경쟁적 이기주의를 비난했다. 그는 협동조합적 공동체(또는 팔랑스테르phalanstéres)를 구성할 것을 제창하고, 그러한 본보기가 점차 인류를 '하모니Harmony'라는 새로운 상태로 이끌 것으로 보았다.

더구나 혁명 이후 프랑스의 지적 풍조는 이전 세대에 있었던 격변들을 통해 그들이 최근 겪은 변화와 사회구조의 복잡성 모두의 생생한 의미를 마음에 심어주는 것이었다. 그것의 의미는 발자크Balzac의 소설 속에서 대단한 사회학적 통찰과 함께 표현되었다. 그의 소설의 주요 주제들 중의 하나는, 대체로 축재蓄財의 형태로 자기이익을 무한히 추구함으로써, 귀족주의적 가치와 전통들을 전복하는 것이다. 발자크는 새로운 상업적 질서에 특유한 형태의 인간'생리학'을 구축하고자 하면서, 사회를 하나의 독특한 유형의 객관적 실체로 묘사한다. 그의 소설의 등장인물들 중의 하나는 다음과 같이 단언한

---

5 P. Bourdieu, *The Rules of Art*(Cambridge, 1996), p. 81에서 인용함.

다. "그럼요, 사회는 또 다른 종류의 자연이지요!"6

하나의 독특한 정치적 조류로서의 자유주의가 프랑스 왕정복고 시대에 1789년의 유산에 대한 맹렬한 비난을 배경으로 하여 좌파와 우파 모두로부터 구체화되었다. 주로 프로테스탄트 출신인 자유주의의 대표자들은 혁명을 자코뱅의 공포정치로부터 분리해내고자 했다. 따라서 우리가 살펴보았듯이(앞의 1.5절), 콩스탕은 개인의 '근대적 자유'를 루소와 로베스피에르가 옹호한 고전 공화주의의 집합적 자유 개념과 구분했다. 자유주의자들은 개인적 자유와 의회제도를 혁명의 진정한 유산으로 옹호했다. 그들은 개인적 자유와 의회제도를 영국 정부시스템의 독특한 장점으로 간주했고, 그것들은 또한 복위된 부르봉 군주제에 의해 1814년 헌장Constitutional Charter of 1814 속에서 마지못해 부분적으로 인정되었다.

1820년대 '과격파' 내각이 자유주의적 입헌주의에 대해 취한 협박은 래리 시덴톱Larry Siedentop이 '대논쟁'이라고 불렀던 것을 유발했다. 이 논쟁에서 이론파doctrinaires로 알려진 자유주의적 지식인 집단이 반동적 반대자들에게 맞섰다. 시덴톱은 다음과 같이 기술한다. "자유주의자들은 과격파가 제안한 것이 부당할 뿐만 아니라 불가능하다는 것 — 비록 과격파가 일시적으로 정치권력을 장악할 수 있다고 하더라도, 프랑스에서 오랜 기간을 걸쳐 진행된 사회·경제적 변화는 그들의 귀족주의적 강령들을 골동품 애호적 관심보다도 못하게 만들 것이라는 점 — 을 증명해야만 했다."7

장기간의 사회-경제적 과정의 연구에 필요한 역사적 분석을 수행한 것은 이론파의 주요 인물 중 한 사람이었던 기조Guizot였다.8 그는 1827년에서

---

6 H. de Balzac, *A Harlot High and Low*(Harmondsworth, 1970), p. 152.

7 L. Siedentop, *Tocqueville*(Oxford, 1994), ch. 2, p. 22.

8 기조(François-Pierre-Guillaume Guizot, 1787~1874)는 님(Nîmes)에서 태어났다. 할아버

1830년 사이에 행한 일련의 유명한 강의에서 그러한 작업을 수행했다. 기조는 멘느 드 비랑Maine de Biran과 빅토르 쿠쟁Vitor Cousin 같은 철학자들이 전개한 18세기 경험주의에 대한 '유심론적' 비판에 영향을 받았다. 비랑과 쿠쟁은 외적 물체가 시각과 촉각과 같은 감각에 미치는 영향에서뿐만 아니라 (특히 자기성찰을 통해 사고에 내용을 제공하는) 인간의 '내적 감각'에서도 지식이 나온다고 주장했다. 그런 까닭에 기조는 역사변동의 두 가지 메커니즘, 즉 '사회적' 발전과 '도덕적' 발전을 식별해냈다. 사회적 발전에는 "사회관계의 확장, 최대한의 활동범위, 최상의 조직이 포함된다. 그 한편에서는 사회에 용기와 행복을 주는 수단의 생산이 증대하고, 다른 한편에서는 생산된 용기와 행복이 개인들 사이에서 보다 균등하게 분배된다." 이와는 대조적으로 도덕적 발전은 "개인적인 내적 삶의 발전, 즉 인간 자체, 구체적으로는 인간의 재능, 감정, 생각의 발전" 속에서 이루어진다.[9]

기조는 인간의 '내적' 조건과 '외적' 조건의 변화를 이렇게 구분하고 나서, 실제로는 후자, 다시 말해 "외적 사건의 역사, 즉 가시적인 사회세계의 역사"에 관심을 집중한다. 그가 상세하게 분석한 사회제도와 사회과정의 가장 중심적인 내용은 시민burgher 또는 도시민들이 12세기 프랑스 봉건영주로부터 지역적인 정치적 자유를 획득하기 위한 투쟁에 관한 묘사이다. "거대한 사회계급, 즉 부르주아의 형성은 시민들의 지역적 해방의 필연적 결과였다." 부르주아의 등장은 차례로,

---

지는 프로테스탄트 목사였고, 아버지는 1794년 단두대로 처형되었다. 1812~1830년에는 소르본에서 근대사 교수를 지냈고, 1814~1820년 사이에는 일련의 공직에 있었다. 1830년 혁명 이후에는 오를레앙 군주제의 주요 정치가였다. 교육부장관(1832~1837년), 총리(1840~1848년)를 지내다가, 1848년 혁명에 의해 물러났다. 긴 은퇴기간 동안 역사 저술에 몰두했다.

9 F. -P. -G. Guizot(1828), *History of Civilization in Europe*(London, 1997). pp. 16~18.

계급들의 싸움을 낳았다. 어떤 싸움은 현실 그 자체였고, 또 근대사를 메웠다. 근대 유럽은 다양한 사회계급들의 투쟁에서 태어났다. 그 밖의 다른 곳에서 …… 이러한 투쟁은 매우 다른 결과로 이어졌다. 예컨대 아시아에서는 하나의 계급이 완전히 승리했다. 그리고 카스트의 지배는 계급의 지배로 계승되었고, 사회는 무이동성의 상태로 침잠되었다. 고맙게도 이런 것들 중 어떤 것도 유럽에서는 발생하지 않았다. 어떤 계급도 다른 계급들을 정복하거나 진압할 수 없었다. 투쟁은 무이동성의 원리가 되는 대신에 진보의 원인이 되었다. 계급들 중에서 주요 계급들의 관계, 그들이 스스로 발견한 싸움과 양보의 거듭되는 필요성, 그들의 이해관계와 열정의 다양성, 정복할 수 있는 능력 없이 정복하고자 하는 욕망, 이 모든 것이 아마도 유럽 문명발전의 가장 강력하고 생산적인 원칙을 발생시켰을 것이다.[10]

이처럼 이러한 계급투쟁 ―『공산당선언Communist Manifesto』의 첫 구절에서 드러나듯이, 마르크스에게 영향을 미쳤을 것으로 보이는 어투로 묘사된 ― 이 기조가 유럽 문명의 가장 독특한 특징이라고 보았던 것, 즉 다원주의의 원인이다. 기조는 다음과 같이 기술한다. "사회조직의 모든 형태, 즉 모든 원칙들이 다양하고, 혼란스럽고, 격렬한 다원주 안에 공존한다. 정신적·세속적 권력, 신정주의적·군주제적·귀족주의적·민주적 요소들, 이 모든 질서와 모든 사회제도들이 서로 뒤섞이고 서로를 압박한다. 거기에는 제한적 정도의 자유, 부, 영향력이 존재한다."[11] 어떤 한 계급이 다른 모든 계급들을 정복할 수 없음을 반영하는 이 같은 혼란스러운 다양성이 유럽의 동학과 창조적 에너지의 원천이다. 기조에 따르면, 영국의 정치경험이 입증했듯이, 대의정부의 독특

---

10 F. -P. -G. Guizot, *History of Civilization in Europe*, pp. 23. 129. 130.

11 F. -P. -G. Guizot, *History of Civilization in Europe*, pp. 29~30.

110 | 사회이론의 역사

한 덕목은 그것이 다양하고 서로 상충하는 이해관계들의 표출과 조정을 허용한다는 것이다.

기조의 『유럽문명사History of Civilization in Europe』는 스코틀랜드 계몽주의의 마지막 대표자들 중의 한 사람인 더글래드 스튜어트Duglad Stewart가 '이론적 역사theoretical history'라고 불렀던 것의 하나의 본보기이다. 기조는 그보다 앞선 스코틀랜드 계몽철학자들 및 헤겔과 마찬가지로 이론적인 탐구와 역사적 서사를 하나의 일관적인 담론으로 통합할 수 있었다. 그러나 19세기 지식인들은 그러한 종합이 점차 지지받기 어려워지고 있다는 것을 발견했다. 영국의 의회개혁 주창자들 사이에서 벌어진 1820년대의 또 다른 논쟁은 그 같은 어려움을 예증한다. 그것은 휘그당원과 급진주의자들을 싸움 붙였다. 휘그당원들은 기존의 영국헌법을 군주제, 귀족정치, 민주주의라는 세 가지 고전적 정치형태들을 현명하게 결합시킨 '혼합정부'의 체계로 보고 옹호했다. 그리고 그들은 투표권의 확대를 지지했으나, 그것은 (실제적으로 1832년 선거법개정Great Reform Act of 1832을 통해 충족되었듯이) 매우 제한된 종류의 것이었을 뿐이었다. 급진주의자들은 '오랜 부패관행Old Corruption' — 즉 하노버왕조 국가에 연료를 공급했던 후원체계 전체 — 에 대해 훨씬 더 철저하게 비난했다. 1817년 벤담과 그의 추종자들은 보편적 남성선거권, 정기국회, 비밀투표라는 급진적 강령을 지지하기 위해 결집했다.

제임스 밀의 『정부론Essay on Government』(1820)은 이 강령을 정당화하고자 했다. 그것의 전제들은 벤담의 공리주의의 주요 원리 중 두 가지를 통해 제시되었다. 그중 하나는 "모든 인간의 운명은 그의 고통과 쾌락에 의해 결정된다"는 것이고, 다른 하나는 "정부의 관심은 …… 사람들이 서로에게서 끌어내는 쾌락들은 최대한 증가시키고 고통들은 최대한 감소시키는 것"이라는 것이다. 인간은 자신의 쾌락과 고통에 대한 개인적인 관심에 의해 인도된다는 사실이 정부를 필요로 한다는 데에, 밀은 홉스와 의견을 같이한다. 그러나 동일한 사실이, 또한 군주제나 귀족정치에서처럼, 인민 그 자체보다 협소한 어떤 집단에 권력을 귀속시키는 그 어떤 형태의 정부도 지배자에 의한 피지배자의 착취로 이어질 것이라는 점을 함의한다. 밀은 휘그당의 혼합정체 교의와 그와 연관된 이해대표제로서의 의회정부의 관념 - 기조 또한 옹호한 - 을 '잡동사니 귀족정치a motley Aristocracy'를 쉽게 생산할 수 있는 것으로 보고 기각했다. 그가 보기에, 남성 보통선거권을 통한 규칙적인 대표 선출에 근거하는 민주적 정부만이 최대 다수의 최대 행복을 확보할 수 있었다.[12]

민주주의의 필연성에 대한 이 같은 연역적 증명은 매콜리Macaulay가 ≪에든버러 리뷰≫에 발표한 일련의 재치 있는 글들 속에서 가장 통렬하게 공격받았다(그는 또한 철학적 급진주의자들이 제시한 반대 취지들은 은근슬쩍 넘어가버린다).[13] 매콜리는 밀의 많은 불일치들 - 이를테면 여성 선거권에 대한 그의 반대 - 을 들추어내는 반면, 그와 동시에 휘그당이 왜 『정부론』의 전제들로부터 이끌어낸 정치적 결론들에 반대했는지 그 이유를 명백히 밝히고 있다. 그는 이렇게 말한다. "밀의 교의를 지지하는 어떤 사람이, 그가 권고하는 바로 그 같은 민주주의사회에서 부자들이 터키의 군사령관하에서만큼이나 무자비하게 약탈당할 수도 있다는 것을 어떻게 의심이나 할 수 있겠는가?" 하지만 밀의 정치이론에 대한 매콜리의 반대는 정치적일 뿐만 아니라 방법론적인 것이다. 그는 소수의 추상적 진리들로부터 연역을 통해 정치적 일반화에 도달하고자 하는 자신의 반대자들의 시도를 중세 철학교수들의 방법과 비교하며

---

12 J. Lively and J. Rees, eds, *Utilitarian Logic and Politics*(Oxford, 1978), pp. 55~56, 86.

13 매콜리(Thomas Babington Macaulay, 1800~1859)는 휘그당 의원(1830~1834년, 1839~1847년, 1852~1857년)과 인도 최고위원회 위원(1834~1838년)을 지냈다. 또한 차관(junior minister)직에 오르기도 했다. 1857년 남작작위를 부여받았다. 매우 뛰어난 평론가였으나, 주로 그의 저작 『제임스 2세 즉위 후의 영국사History of England from the Accession of James the Second』(1848~1861)로 기억된다.

공공연히 비난한다. 그는 그것을 '정치학이라는 고상한 과학'의 토대인 '귀납법' – 면밀하게 입증된 사실들로부터 일반화하는 – 과 대비시킨다.[14]

추상적이고 연역적인 밀의 방법과 역사적이고 귀납적인 매콜리의 방법론 간의 대비는 더욱더 현저하다. 왜냐하면 존 버로우John Burrow가 지적하듯이, 밀의 위대한 저작『영국령 인도의 역사History of British India』는 "스코틀랜드 식의 추측적 역사conjectural history의 마지막이자 가장 정교하고 상세한 사례"이기 때문이다.[15] 스코틀랜드 계몽주의는 일반적인 인간본성 개념과 사회가 '생존양식mode of subsistence'의 계승을 통하여 진행된다는 역사이론을 결합시켜 왔다(1.4절 참조). 밀은『영국령 인도의 역사』에서 다음과 같이 단언하면서 이 둘을 억지로 결합시켰다. "인간이 추구하는 모든 목적이 효용utility인 정도에 정확히 비례하여, 우리는 어떤 국가를 그만큼 문명화된 것으로 간주할 수 있다."[16] 달리 말해, 사회가 벤담의 최대 행복의 원칙을 실현하는 정도만큼, 그 사회는 다소간 역사적으로 진보한 것으로 식별된다. 밀에 따르면, 식민지 이전의 인도는 이 척도에 의해 측정되었을 때 매우 나쁜 것으로 판명되었고, 따라서 그것이 영국의 지배를 정당화했다. 그러나 추상적인 사회과학과 구체적인 역사적 탐구 간의 긴장은 점점 더 유지되기 어려워졌다.

이는 부분적으로는 역사가 이제 계몽주의와 혁명에 대한 비판과 동일시되고 있었기 때문이었다. 버크Burke는 그러한 인식을 하고 있던 아주 초창기 인물들 중의 한 사람이었다.[17] 그는『프랑스혁명에 대한 성찰Reflections on the

---

14 Lively and Rees, eds, *Utilitarian Logic and Politics*, pp. 120, 128.

15 J. W. Burrow, *Evolution and Society*(Cambridge, 1966), p. 48.

16 J. Mill, *The History of British India*, ed. W. Thomas(Chicago, 1975). p. 224.

17 버크(Edmund Burke, 1729~1792)는 아일랜드의 정치인이자 저술가로,『숭고함과 아름다움에 대한 우리의 관념의 기원에 관한 철학적 탐구Philosophical Enquiry into the Origin of Our Ideas of the Sublime and the Beautiful』(1757)의 저자이다. 영국의회 의원을

Revolution in France』(1790)에서 사회·정치제도를 전통과 확고한 관행 속에 구현되는 느리고 무의식적이고 유기적인 성장의 산물로 묘사했다. 즉 그는 프랑스혁명이 애초부터 ·그러했듯이, 예정된 급진개혁 프로그램에 입각하여 그처럼 복잡하고 미묘한 구조를 함부로 변경하고자 시도하는 것은 재난을 초래할 수도 있다고 보았다. 독일 역사법학파German Historical School of Law의 창시자인 사비니Savigny는 혁명 이후의 나폴레옹법전에서 시작하여 전체 법체계를 새롭게 구축하고자 하는 개혁가들의 시도에 반대하며 그러한 사고를 더욱 진척시켰다. 사비니는 계몽주의의 "진보에 대한 맹목적인 열망"을 공공연히 비난하고, 새로운 '역사정신historical spirit'의 출현을 알리면서, "세대와 연령들의 해체될 수 없는 유기적 연관"은 법적 전통의 영향을 결코 피할 수 없음을 의미한다고 주장한다. 하지만 "우리가 모르고 그것에 복종되는 한, 그것은 우리에게 해가 될 것이다. 그러나 만약 우리가 그것에 생생한 창조적 에너지 ─ 역사에 철저하게 근거하여 그것에 대한 지배력을 획득하고, 따라서 선행 세대들의 지적인 부 전체를 전유하는 ─ 로 대항한다면, 유익할 수도 있다."[18]

따라서 사비니에서 역사연구는 그 선조들과의 비교를 통해 근대 사회의 진보를 추적하는 데 기여하는 것이 아니다. 오히려 그것은 특정 국가의 법 ─ "민중들의 삶 및 성격과 …… 유기적 관계"를 유지하면서 '내적 필연성'에 따라 전개되는 ─ 에 표현된 축적된 지혜를 전유하는 하나의 방식이다.[19] 이와 같은 전통

지냈고(1766~1794년), 아메리카, 인도, 아일랜드에서의 잘못된 영국지배에 대해 비판하고, 유럽의 구체제를 옹호했다.

18 F. K. von Savigny(1814), *Of the Vocation of Our Age for Legislation and Jurisprudence* (New York, 1975), pp. 20, 22, 132~133. 사비니(Friedrich Karl von Savigny, 1779~ 1861)는 프랑크푸르트암마인에서 태어났다. 마르부르크, 예나, 라이프치히, 할레 대학교에서 수학했다. 1810년에 새로 설립된 베를린 대학교의 로마법 교수로 임용되었다. 프로이센 사법상(Grosskanzler)을 지냈다(1842~1848년).

19 F. K. von Savigny, *Of the Vocation of Our Age for Legislation and Jurisprudence*, p. 27.

의 특권화는 낭만주의자들의 과거에 대한 향수와 정확하게 부합되었다. 중세 — 계몽주의가 진전됨에 따라, 점차 야만주의나 미신이라는 미개한 시대로서가 아니라 모든 개인들이 의미 있는 역할을 할당받는 조화롭게 통합된 사회로 파악된 — 에 대한 19세기의 숭배는 바로 이를 배경으로 하고 있는 것으로 볼 수밖에 없다.

실제로 과거를 현재를 평가하는 데 사용되는 가치와 모델의 전거로 간주하는 것은 산업자본주의에 대한 비판의 토대로 기여할 수 있었다. 루카치Lukács는 근대 서구사상의 이러한 경향을 지칭하기 위해 '낭만적 반자본주의Romantic anti-capitalism'라는 표현을 만들어냈다. 미카엘 뢰비Michael Löwy와 로버트 세이어Robert Sayre는 '낭만적 반자본주의'를 전자본주의적 가치의 이름으로 자본주의에 반대하는 것으로 정의한다. 이것은 다양하게 변화하는 이데올로기적 흐름의 하나로, (특정 형태의 봉건사회를 복원하고자 하는) '복원주의적' 형태나 (현 상태를 유지하고자 하는) 보수적 형태를 취할 수도 있지만, 보다 급진적인 영국 낭만주의자들 — 버론Buron과 셸리Shelly — 과 푸리에의 유토피아적 사회주의의 경우에서처럼 특정한 고전모델을 보다 평등한 사회를 창출하기 위한 영감의 원천으로 사용함으로써, 혁명적 충동을 표출하기도 했다.[20] 어떤 형태로든 낭만적 반자본주의는 (스스로를 정당화하는) 근대성 주장에 이의를 제기하고, 이상화된 과거를 수단으로 하여 그것이 결여하고 있는 것을 비판했다.

역사와 이론의 양극화는 또한 학문적 삶의 전문화 경향에 의해서도 부추겨졌다. 19세기 초 근대적 역사 편찬이 대학에 본거지를 둔 하나의 경험적 학문으로 등장했다. 그것의 창시자 중 한 사람인 레오폴드 폰 랑케Leopold von Ranke의 권고 — 즉 과거를 "그것이 실제로 발생했던 대로wie es eigenlich gewesen"

---

20 M. Löwy and R. Sayre, "Figures of Romantic Anti-Capitalism," *New German Critique*, 32(1984), 곳곳(인용은 p. 46).

보여주라는 권고 – 는 역사탐구를 실천적 지침의 제공이라는 그것의 고전적 역할로부터 해방시키고, 또 그것을 헤겔의 역사철학과 같은 역사철학과 거리를 두고자 하는 시도였다. 사실 새로운 역사 편찬은 그것이 주장했던 것처럼 결코 이론적으로 순진무구하지 않았다. 이를테면 랑케는 근대 유럽을 각기 그 나름의 독특한 성격을 지니고 있는 경쟁하는 민족들의 유기적 통일체이며 그들의 갈등은 권력균형 메커니즘에 의해 조절되는 것으로 인식한 반면, 나머지 세계는 야만적이거나 퇴폐적인 것으로 보았다. 그럼에도 불구하고 특히 전문 역사가는 그들의 연구를 사료연구에 바탕 해야만 한다는 주장은 스코틀랜드식의 '추측적 역사'를 진부한 것으로 보이게 만드는 데 일조했다.

경제학 또한 특히 1870년대의 '한계효용혁명marginalist revolution' – 리카도의 노동가치론의 찌꺼기를 최종적으로 처분해버린 – 이후에 전문적인 학문분과로 발전했다. 스미스는 정치경제학을 보다 넓은 의미에서 "정치가나 입법자의 과학의 한 분과"로 인식했다.[21] 『국부론』은 추상적 분석만큼이나 수많은 역사를 포함하고 있다. 그러나 19세기 후반경, 그 주제에 대한 지배적인 정의, 특히 영국과 오스트리아 경제학자들이 제시한 정의는 경제학을 인간본성에 대한 어떤 추상적 명제들 – 사실 벤담의 공리주의의 도움으로 도달한 – 에 근거한 형식적이고 연역적인 과학으로 인식했다. 보다 더 귀납적이고 기술적인 접근방식을 선호했던 독일의 역사학파 경제학자들과 강력한 논전을 벌인 이러한 움직임은 이미 제임스의 아들 존 스튜어트 밀John Stuart Mill의 1836년 글 「정치경제학의 정의에 대하여On the Definition of Political Economy」에서 정당화된 바 있었다.[22]

---

21 D. Winch, "Higher Maxims," in Collini et al., *Noble Science*, p. 65에서 인용함.

22 밀(John Stuart Mill, 1801~1873)은 자신의 자서전에서 아버지와 벤담에 의한 집중적인 교육이 자신을 신경쇠약으로 이끌었다고 기술하고 있다. 그는 아버지처럼 동인도회

거기서 그는 경제학을 '추상적 과학'이라고 부르고, 그것을 기하학과 비교한다.

혼히 '정치경제학'이라는 용어로 이해되는 것은, 사변적 정치학이라는 과학이 아니라 그러한 과학의 한 분과이다. 그것은 사회 상태에 의해 변경되는 인간 본성 전부를 다루지도, 또 사회 속의 인간행동 전체를 다루지도 않는다. 경제학은 부를 소유하려고 욕망하고 또 부를 획득하는 수단의 상대적 효율성을 판단할 수 있는 존재로서의 인간에만 관심을 갖는다. 그것은 단지 부를 추구한 결과 발생하는 사회 상태의 현상만을 예견한다. 그것은 부에 대한 욕망을 시종 적대시하는 원리들로 간주할 수 있는 것 ─ 다시 말해 노동에 대한 혐오와 호사스러운 탐닉을 즉각적으로 향유하려는 욕망 ─ 을 제외한, 인간의 여타의 모든 열정 또는 동기를 추상화한다.[23]

마르크스 이전에, 이 같은 과학의 분열과정에 저항하고 사회이론과 역사탐구를 하나의 통합된 지적 기획으로 보존하고자 한 주요한 인물이 콩트였다.[24] 그에게 기본적인 틀을 제공한 것이 바로 튀르고와 콩도르세의 철학으

사에서 근무했다. 부심사관(1828~1856년), 심사관(1856~1858년)을 지냈다. 여성해방을 옹호한 최초의 주요 자유주의자이기도 하다.

23 *The Collected Works of John Stuart Mill,* IV(London, 1967), pp. 325, 323.

24 콩트(Auguste Comte, 1798~1857)는 정치활동으로 인해 1816년 파리공과대학(École Polytechnique)에서 퇴학당했다. 자신의 이론체계를 정식화하기 전에 생시몽의 비서로 일했다. 『실증철학강의Course of Positive Philosophy』(1830~1842) ─ 이 책에서 그는 사회학(sociology)이라는 용어를 만들었다 ─ 는 당시의 많은 주요 프랑스 과학자들을 포함한 청중들에게 행해진 강의에 바탕을 둔 것이었다. 말년에는 정신질환으로 고생했다. 『실증정치체계System of Positive Polity』(1851~1854)에서 '인류교(Religion of Humanity)'를 설립하고자 했다.

로부터 파생된 것으로 인식되는 역사철학이었다. 콩트는 "하나의 불변적 필연성에 의해 정신이 종속되는 위대한 근본적인 법칙"을 발견했다고 주장했다. 그에 따르면, "지식의 모든 분과는 세 가지 상이한 이론적 상태를 통해서 연속적으로 발전한다. 신학적 또는 허구적 상태, 형이상학적 또는 추상적 상태, 그리고 과학적 또는 실증적 상태가 바로 그것이다." 신학적 단계에서 현상들은 허구적 존재들 - 신과 그 유사물 - 을 상정함으로써 설명된다. 형이상학적 단계는 본질과 대의와 같은 보다 추상적이나 여전히 상상적인 실체가 그것들을 대체한다.

> 끝으로 실증적 상태에서 인간정신은 절대적 진리를 획득하는 것의 불가능성을 인정하고, 우주의 기원이나 숨겨진 원인과 현상들의 궁극적 원인에 대한 지식의 추구를 포기한다. 오늘날은 단지 추론과 관찰을 잘 조합하여 현상들의 실제적 법칙 - 다시 말해, 계승과 유사성이라는 현상의 불변적 관계들 - 을 발견하려고 노력한다.[25]

이와 같이 콩트는 근대 과학이 인간지식의 유일하게 타당한 형태라는 관념으로 넓게 이해되는 실증주의의 창시자이다. 보다 흥미로운 점은, 헤일브론이 지적하듯이, 콩트가 "과학에 대한 역사적 분화이론을 발전시킨 최초의 인물"이었다는 점이다.[26] 콩트는 자신의 '실증철학positive philosophy'을 "우리의 다양한 과학적 연구들을 실제로 인도하는 합리적 방법인 관찰"로 인식한다. 따라서 그는 과학을 상세하게 분류하고, 과학의 발전을 진보적 분화의

---

25 A. Comte, *Cours de philosophie positive*(2 vols, Paris, 1975), I, pp. 21, 21~22; *Introduction to Positive Philosophy*(Indianapolis, 1970), pp.1,2.

26 Heilbron, *Rise*, p.200.

과정으로 인식한다. 그가 보기에, 과학들은 하나의 명확한 서열 – 그는 이것을 '백과사전식 순서'라고 불렀다 – 을 이루고 있다. 이 서열은 가장 추상적이고 복잡한 것에서 출발하며, 그 뒤를 잇는 각각의 학문의 특수성과 복잡성은 점점 더 커진다. 이런 식으로 분류된 '여섯 개의 기본적인 과학'이 수학, 천문학, 물리학, 화학, 생리학, 그리고 '사회물리학'(또는 사회학)이다.[27]

과학 일반과 '사회물리학'에 대한 콩트의 개념은 19세기 초 근대 생물학의 형성에 의해 크게 영향 받았다. 퀴비에Cuvier와 다른 연구자들은 조직 개념을 통해 생명유기체의 독특성을 성격 짓고자 했다. 그들에 따르면, 모든 유기체는 먹기, 숨쉬기, 생식과 같은 일정한 기본적 기능들에 기초한 움직이는 자기조절적 체계이다. 콩트는 이 개념적 혁명을 면밀하게 분석하고, 그것을 사회세계의 연구에 적용하고자 했다.

콩트는 콩도르세를 따라 역사변동의 근본적 원인이 "인간정신의 일반적이고 필연적인 진보"에 있다고 본다. 그러므로 삼단계법칙은 '사회발전에 관한 과학'의 토대를 이룬다. 이 같은 "연속적 진보의 관념, 아니 더 정확하게 말하면 인간의 점진적 발전의 관념"이 생물학과 사회학을 구분하게 한다. 그러나 '사회정학social statics', 즉 사회현상들의 공존의 법칙laws of coexistence의 연구에서는 생물학적 합의 개념, 다시 말해 "사회유기체의 모든 가능한 측면들의 근본적인 연대"라는 개념이 결정적인 역할을 한다. 실제로 "사회물리학에서 질서와 진보라는 실제적 관념들은 생물학에서 (실제로 과학의 눈으로 도출해낸) 생물체와 생명이라는 관념과 마찬가지로 엄격하게 분리될 수 없는 것임에 틀림없다." "근대사회의 혁명적 위기"는 1789년 이후 질서와 진보가 서로 대치되어왔고, 그리하여 "질서를 위한 모든 위대한 노력들은 퇴행적인 정신에 의해 인도되어온 반면 진보를 위한 주요한 노력들은 급진적인 무정

---

27 Comte, *Cours*, I, pp.41, 64; *Introduction*, pp. 20, 66~67(번역을 수정하여 인용함).

부주의적 교의들에 인도됨으로써" 발생한다.[28] 그런 까닭에 실증철학은 "근본적으로 양립할 수 없는 세 가지 철학 – 신학적, 형이상학적, 실증적 – 을 동시에 이용"함으로써 유발된 "인간정신의 실제적 혼란"을 제거하여 이 위기를 극복하는 데 도움을 줄 수 있다.[29]

콩트의 저술 속에서 생물학과 사회이론이 이처럼 최초로 만난 것은 위대한 순간을 이루는 것이었다. 콩트는 사회진화 개념을 명백하게 정식화하고 그 개념을 당시의 생물학자들이 개념화하고자 했던 복잡성의 증대과정과 연관시킴으로써, 후일의 이론가들, 특히 스펜서(5.2절을 보라)와 뒤르켐에게 강력한 영향을 미쳤다. 그러나 그의 실제 사회이론 – 그리고 특히 가톨릭교회를 모델로 한 정신적 힘Spiritual Power에 도덕적·지적 권위를 부여함으로써 합의가 다시 이루어질 수 있을 것이라는 그의 예언 – 은 젊은 밀과 같은 찬미자들마저도 멈칫거리게 만들었다.[30] 혁명 이후에 근대성을 더욱 심층적으로 이해하고자 한 사람들은 다른 곳에서 찾아보아야만 할 것 같다.

3.2 가치상충적 자유주의: 토크빌과 밀

혁명 이후 시기의 딜레마를 존 스튜어트 밀보다 명확하게 표현한 사람은 아무도 없었다. 그는 벤담과 그의 아버지의 공리주의를 여전히 충실하게 추구하면서도, 콩트의 실증주의를 가장 잘 받아들인 영국의 주요 사상가였다.

---

28 Comte, Cours, II. pp. 101, 112, 123, 16; S. Andreski, ed., *The Essential Comte*(London, 1974), pp. 137, 138, 162, 150, 127(번역을 수정하여 인용함).

29 Comte, *Cours*, I, p. 38; *Introduction*, p. 29.

30 J .S. Mill(1865), *Auguste Comte and Positivism*(Ann Arbor, 1961).

하지만 그는 동시에 근대 유럽의 영혼 없는 과학적 합리성에 대한 낭만주의적 비판을 고통스럽게 인식하고 있기도 했다. 그의 경제저술들은 자기조절적 시장에 대한 추상적인 연역적 과학으로서의 근대경제학의 토대를 수립하는 데 일조했다. 그러나 그는 자신의 『정치경제학의 원리Principles of Political Economy』(1848)의 끝에서 두 번째 책에서, 리카도가 수익체감의 법칙law of diminishing returns(앞의 1.5절 참조)에 귀속시켰던 이윤율저하경향tendency of the rate of profit to fall이 투자와 산출이 더 이상 증가하지 않는 '최소점'에 도달할 것이라고 예측했다. 밀은 이런 '정지 상태stationary state'가 어떤 상황에서는 현시점에 다시 진보를 가져다줄 수도 있다고 생각하고, 더 나아가 "고용자와 근로자의 관계가 노동자와 자본가의 조합이나 노동자들의 조합의 형식을 통해 점차 동반자적 관계로 대체될 것"이라고 예견했다.[31]

밀의 사상에서 드러나는 이러한 특유의 양가성은 존 그레이John Gray가 적절하게 '가치상충적 자유주의agonistic liberalism'라고 불렀던 것의 하나의 예이다. 그레이가 의미하는 바에 따르면, 가치상충적 자유주의는 "본질적으로 서로 경쟁하는 가치들 사이에서의 피할 수 없는 갈등과 회복할 수 없는 손실을 그 요소로 하는 금욕적이고 비극적인 자유주의"를 말한다.[32] 근대성을 인간 합리성의 가능한 최상의 사회적 표현으로 간주하는 것 ─ 하버마스가 근대성에 대한 '우파헤겔주의적' 입장이라고 부른 것(2.3절 참조) ─ 은 사람들이 필시 그같은 형태의 사회를 이룩하고 유지하는 데 수반되는 비용과 긴장을 깨닫지

---

31 *The Collected Works of John Stuart Mill*, III(London, 1965), p. 769.

32 J. Gray, *Isaiah Berlin* (London, 1995), p. 1. 그레이는 자유주의에 대한 벌린(Berlin) 의 견해를 다소 전문적으로 지칭하기 위해 이 새로운 표현을 만들어낸다[비록 그가 베버를 하나의 선조로 인식하고 있음에도 불구하고(J. Gray, *Isaiah Berlin*, p. 58)]. 하지만 이 표현은 보다 넓게 적용할 수 있을 것으로 보인다. 왜냐하면 특히 벌린의 독창성에 대한 그레이의 주장이 다소 과장되어 있기 때문이다.

못한다는 것을 함의하지는 않는다. 베버는 후일 이 복잡한 견해를 가장 완전하게 구체화한 사회이론가이다. 그러나 혁명 이후 시기, 가치상충적 자유주의의 가장 흥미로운 대표자는 의문의 여지없이 토크빌이다.[33]

노르만 귀족이라는 토크빌의 뿌리는 그가 프랑스혁명에 반감을 가지게 했을는지도 모른다. 실제로 구체제의 저명한 비평가였던 그의 증조부 말제르브Malesherbes는 혁명의회 이전에 있었던 재판에서 루이 16세를 옹호하는 법률가로 봉직했다는 이유로 단두대에서 죽었다. 로베스피에르의 몰락만이 토크빌의 부모를 유사한 운명으로부터 구해줄 수 있었다. 그럼에도 불구하고 토크빌은 일찍부터 왕정복고하에서 자신을 대혁명에 대한 자유주의적 옹호자로 규정했다. 후일 그는 다음과 같이 기술한다. "1789년의 대의와 이념을 지지하기 위해 나는 소중한 애정과 귀중한 기억들을 빼고는, 나의 가족과의 관계를 일부 끊었다."[34] 그는 고비노J. A. de Gobineau의 인종불평등론(3.3절을 보라)에 맞서 다음과 같이 충고했다. "당신은 영원한 불평등이 야기하는 온갖 죄악들 — 온갖 형태의 자만심, 폭력, 동료 인간에 대한 경멸, 온갖 형태의 학대와 반감 — 이 당신의 교의에 내재되어 있음을 이해하지 못하는 것 아닙니까?"[35]

그럼에도 불구하고 토크빌의 귀족배경은 그가 당시 사회에서 문제가 되

---

33 토크빌(Alexis-Clarles-Henri Clérel, comte de Tocqueville, 1805~1859)은 옛 노르만 귀족 출신이다. 법률가 교육을 받았으며, 잠시 치안판사로 일했다. 1831~1832년에는 미국과 캐나다를 여행했다. 의회의원(1839~1848년), 국민의회의원(1848~1851년), 외무부 장관(1849년)을 지냈다. 루이 나폴레옹 보나파르트의 1852년 쿠데타 이후 정계를 은퇴했다.

34 Letter to Comte, 13 Nov. 1845. A. Jardin, *Tocqueville*(New York, 1988), p. 396에서 인용함.

35 Letter to Gobineau, 17 Nov. 1853, in J. A. de Gobineau, *Selected Political Writings*, ed. M. D. Biddiss(London, 1970), p. 178.

고 있던 조건을, 말하자면 그것을 걱정스러워하고 있던 밀보다 훨씬 더 초연하게 고찰할 수 있게 했을 수도 있다. 그의 저술의 지적 틀은 많은 측면에서 (특히 몽테스키외의 영향을 받은) 18세기적인 것이다. 그는 귀족정치와 민주주의를 체계적으로 대비시키나, 그것을 우선적으로 정치제도들과 관련시키기보다는 그러한 상이한 정부형태들과 연관되어 있는 복잡한 전체 이데올로기적·사회적 조건들과 관련짓는다. 이런 점에서 그는 1820년대의 '대논쟁' 동안에 기조와 여타 이론파들의 전례를 따르고 있었다(3.1절 참조). 래리 시덴톱은 그것을 다음과 같이 표현하고 있다.

> 왕정복고파 자유주의자들이 당시에 출현한 사회를 '민주적'이라고 불렀던 반면에, 18세기 스코틀랜드 사람들은 그것을 '상업적'이라고 불렀다. 그 차이가 드러나고 있다. 스코틀랜드식 용법에서는 '생존양식'이 사회변동에서 핵심적인 요소였다면, 프랑스 자유주의자들은 귀족사회와 민주사회 – 전자가 권리와 조건의 불평등을 특징으로 한다면, 후자는 권리와 조건의 평등을 특징으로 한다 – 를 구성하는 데 도움을 주었던 신념과 규범을 강조했다.[36]

토크빌은 또한 이론파로부터 그의 주요한 주제들 중의 하나를 취했다. 이론파는 관료제적·중앙집중적 국가가 절대군주제하에서 발전하고 더 나아가 혁명과 제국에 의해 강화되고 (개인적 자유를 근본적으로 위협하는) 왕정복고체제에 의해 계승되는 것을 두려워했다. 1822년 그들의 지도자였던 르와에-콜라르Royer-Collard는 더 많은 사회적 평등이 관료제적 전제주의에 취약한 '원자화된 사회société en poussière'를 산출하고 있다고 경고했다.[37] 이 같은 관심

---

36 Siedentop, *Tocqueville*, p. 27.
37 Siedentop, *Tocqueville*, p. 26.

이 토크빌의 저술을 이끌고 있다. 그가 사망할 때 미완성된 채로 남아 있었던 그의 마지막 저작 『구체제와 혁명The Ancien Régime and the Revolution』(1856)은 부르봉 군주제하에서 진전되고 있던 중앙집중화를 다루며, 그것이 어떻게 프랑스사회를 파편화시켰으며 자코뱅체제에서 정점에 달했던 추상적이고 무책임한 유형의 지적 사변을 어떻게 부추겼는지를 입증하고자 한다.

중앙집중화의 문제는 또한 토크빌이 사회이론에 주요하게 기여한 두 권으로 이루어진 저작 『미국의 민주주의Democracy in America』(1835, 1840)의 출발점이기도 하다. 그에 따르면, 우리가 "조만간 미국인들처럼 거의 완전한 조건의 평등에 도달할 것"이기 때문에, 미국을 연구하는 것은 유럽이 나아가고 있는 방향을 보다 잘 이해할 수 있게 해준다. 토크빌은 미국이 대륙 규모로 공화제적 형태의 정부를 조직하고 동시에 (연방헌법 속에서뿐만 아니라 특히 뉴잉글랜드 타운회합의 활력 속에 반영되어 있는) 높은 정도의 탈중앙집중화를 유지하는 데 성공하고 있음에 놀란다. 그럼에도 불구하고 그는 정치제도의 작동과 여론의 힘 모두 속에서 드러나는 '다수의 횡포tyranny of the majority'의 모습 속에서 종래의 위험의 새로운 형태를 발견한다.

> 왕의 권위는 물리적이고, 사람들의 의지를 억누르지 않으면서 사람들의 행위들을 통제한다. 그러나 다수는 물리적인 동시에 도덕적인 권력을 소유하는데, 이 권력은 행위에 작용하는 만큼이나 의지에도 작용하면서 모든 다툼뿐만 아니라 모든 논쟁도 억압한다.
>
> 나는 미국에서만큼 사상 및 실제적인 토론의 자유가 그토록 독자적으로 존재하지 않는 나라를 알지 못한다.[38]

---

38 A. de Tocqueville, *Democracy in America* (2 vols, New York, n. d.), I, pp. 14, 273.

다수의 횡포 – 특히 여론의 형태로 대표되는 – 가 개인적 자유를 위협하는 것에 관한 토크빌의 진단은, 밀의 가장 잘 알려진 저작 『자유론On Liberty』(1859)에 심대한 영향을 미쳤다. 특히 밀은 거기서 "진보적 존재로서의 인간의 영원한 관심에 근거하고 있는 가장 넓은 의미의 효용"에 호소하며, 한 개인의 자기개발의 권리와 최대다수의 최대행복이라는 공리주의적 관심을 조화시킴으로써 불가능한 일을 시도한다. 동시에 밀은 유럽이 "모든 사람들을 똑같이 만들고자 하는 중국식의 이상을 향해 분명하게 나아가고" 있다고 경고한다.[39] 이는 19세기 많은 자유주의자들을 사로잡고 있던 정적靜的인 동양의 전제주의로 서구가 쇠퇴하고 있음을 우려하는 것이었다. 토크빌 자신도 그러한 상태를 중앙집중화의 결과로 보았다. 그는 다음과 같이 기술한다. "중국은 나에게 고도로 집중화된 행정이 자신의 신민들에게 제공할 수 있는 종류의 복리의 가장 완벽한 실례를 제시하고 있다고 보인다. 여행자들은 우리에게 중국인들이 행복 없는 편안함, 향상 없는 산업, 활력 없는 안정성, 공중도덕 없는 공공질서를 가지고 있다고 확인시킨다."[40]

이 문제에 관한 밀의 성찰들은 규범적 정치이론에 기여하는 형태를 취하고 있다. 즉 그는 추상적인 용어로 개인적 자유의 본성을 성격 짓고, 그러한 자유에 대한 합법적 국가의 개입이 갖는 한계를 규명하고자 한다. 그와는 대조적으로, 토크빌은 특히 『미국의 민주주의』 제2권(1840)에서 근대적 자유를 위협하는 환경에 대해 사회역사적으로 분석한다. 거기서 그는 근대 초기의 프랑스 도덕주의자들과 몽테스키외의 전통 속에서(1.3절 참조) 정치·사회구조에 대한 탐구보다는 민주사회를 특징짓는 풍속moeurs – 신념들과 관습들 – 들을 검토하는 데 더 많이 집중한다.

---

39 J. S. Mill, *On Liberty* (Harmondsworth, 1974), pp. 70, 138.

40 Tocqueville, *Democracy*, I, p. 94 n. 49.

토크빌은 주로 개인적 복리의 달성에 의해 지배되는 삶의 형태를 묘사한다. 이것은 각 개인이 자신의 물질적 만족을 최대화하고자 할 때 나타나는 민주사회의 독특한 동학과 불안정을 설명하는 데 일조한다. 그것은 또한 매너가 일정 정도 '약화되고', 가족 내에서 가부장적 권위가 애정과 친밀성에 기초한 관계로 대체되는 것을 설명해준다. 그러나 이 같은 가족의 변화는 조건의 평등의 중요한 결과들 중 하나, 즉 사회적 삶의 사사화privatization를 향한 강력한 경향을 부각시켜준다. 즉 "민주주의는 사회적 결속을 약화시키지만 자연적 결속을 강화한다. 민주주의는 혈족을 보다 긴밀하게 묶어주는 반면, 시민들을 좀 더 분리시킨다."[41]

민주사회는 개인주의로 충만해 있다. 토크빌은 이러한 특징을 본능에 기초한 보편적 이기심 또는 과도한 자기애egoïsme의 결함과 신중하게 구분한다. 개인주의는 "민주주의의 원천을 이루는" 하나의 근대적 현상이다. 즉 "민주주의는 성숙하고 평온한 감정으로, 그것은 공동체의 각 성원들로 하여금 동료 대중들과 자신을 분리하게 하고 가족과 친구들과도 소원해지게 한다. 따라서 그가 자신의 조그만 서클을 형성한 후에 기꺼이 사회 일반을 등지게 한다." 그 결과, 그것은 특히 개별 시민들이 공적 삶에 참여하고자 하는 동기를 훼손한다. "이기심은 모든 덕목의 싹을 꺾는다. 반면 개인주의는 처음에는 공적 삶의 덕목만을 좀먹는다. 그러나 동시에 그것은 다른 모든 것들을 공격하고 파괴하고, 마침내는 적나라한 이기심으로 전락한다."[42]

개인들이 개인사에 전념하게 하는 것 – 조건의 평등이 고무한 – 은 정치적 자유를 파괴한다. 따라서 평등과 전제주의는 "서로를 유해하게 완결시키고 지원한다. 평등은 사람들을 어떤 공통의 연대로 결속시키지 않은 채 나란히

41 Tocqueville, *Democracy*, II, p. 208.

42 Tocqueville, *Democracy*, II, p. 104.

배치한다. 전제주의는 사람들을 흩어진 상태로 놓아두기 위해 방벽을 쌓는다. 전자가 사람들로 하여금 동료 피조물들을 고려하지 않게 한다면, 후자는 일반적인 무관심을 일종의 공적 덕목으로 만든다." 실제로 토크빌은 "중앙집중화의 원칙과 인민주권의 원칙"을 결합한 독특한 근대적 형태의 전제주의 – "오직 그들[즉 시민들]을 만족시키고 그들의 운명을 돌보는 것만을 자기 책임으로 하는 거대하고 후견적인 권력", 즉 사람들을 "영원한 유아 상태"에 묶어두는 "절대적이며 세심하고 조직적이고 신중하고 관대한 권력" – 를 우려한다.[43]

그렇지만 토크빌이 이 같은 새로운 형태의 자비로운 전제주의가 조건의 평등의 불가결한 결과라고 주장하는 것은 아니다. 그와는 반대로 "미국인들은 자유제도free institution를 통해 사람들을 흩어져 있는 채로 놓아두려는 평등의 경향에 맞서 싸워서 그러한 경향을 억제시켜왔다"고 주장한다. 그는 미국적 삶 속에서 시민적·정치적 결사체의 역할을 특히 강조한다. 왜냐하면 "민주주의국가들에서는 결사체가 조건의 평등이 일소시켜온 강력한 사적 개인을 대신해야만 하기 때문이다."[44] 이와 같이 결사체는 몽테스키외의 '매개적 권력'처럼 발가벗겨진 개인과 잠재적으로 과도하게 강력한 국가 사이에 위치한다.

그러나 토크빌은 '자유제도'의 역할을 중심의 권력을 제한하는 소극적 역할 이상의 것으로 인식한다. 개인주의가 시민적 참여를 훼손함으로써 공적 제도를 좀먹을 때, 그 치유책은 시민들이 정치적 삶 속에서 적극적인 역할을 수행하도록 고무하는 것에 있다. 토크빌이 뉴잉글랜드의 타운회합이라는 직접민주주의에 관심을 기울인 것도 바로 이 때문이다. 로저 뵈셔Rogger C. Boesche가 지적하듯이, "광범위한 민주적 참여를 자유라는 단어의 본질적 요

---

43 Tocqueville, *Democracy*, II, pp. 109, 336~337.

44 Tocqueville, *Democracy*, II, pp. 110, 117.

소로 강조하는 것은 …… 19세기의 거의 모든 자유주의의 상대방들[다른 진영들]로부터 그를 돋보이게 한다."[45]

밀과 이론파 속에서 우리는 주디스 스클레어Judith Sklar가 '공포의 자유주의liberalism of fear'라고 기억에 남을 만하게 지칭했던 것이 구체화되고 있음을 볼 수 있다. 그것의 "최우선의 관심은 개인이 자유를 행사하는 데 필요한 정치적 조건을 확보하는 것이다."[46] 이 같은 관점에서 볼 때, 공적 삶은 하나의 위협으로, 즉 개인적 자유라는 사적 영역을 지키기 위해 막아내야 할 어떤 것으로 쉽게 제시될 수 있다. 토크빌은 공공영역을 보다 적극적으로 인식하고 시민권을 정치적 사안들에 대한 적극적 참여로 인식하면서, 마키아벨리와 루소의 고전 공화주의 전통으로 되돌아간다.

하지만 토크빌의 분석이 가져온 전반적인 결과는 근대성을 본질적으로 갈등하는 것으로 보는 인식을 크게 증가시켰다는 점이다. 이를테면 그는 '민주혁명'이 사람들에게 미칠 장기적 결과를 다음과 같이 특징짓는다. "사람들은 그들이 평등해지기 위해 자유를 추구해왔다. 그러나 자유의 도움으로 평등이 더 확보될수록, 그에 비례해서 자유 자체도 더 성취되기 어려운 것이 되었다."[47] 이것은 근대 시기의 정치적 문제들을 (콩스탕이 제시했던 것과 같은) 조금 앞선 세대의 자유주의자보다 더 심층적으로 제기하는 것이었다. 콩스탕이 볼 때, 프랑스혁명은 근대 상업사회들에는 적절하지 않은 고대의 집합적 자유를 쟁취하고자 함으로써 선로를 이탈했다(1.5절 참조). 이와는 대조적으로 토크빌은 조건의 평등과 개인적 자유라는 두 가지 주요한 근대적 가치

---

45 R. C. Boesche, "The Strange Liberalism of Alexis de Tocqueville," *History of Political Thought*, 2(1981), p. 518.

46 J. N. Sklar, "The Liberalism of Fear," in N. L. Rosenblum, ed., *Liberalism and the Moral Life*(Cambridge, Mass, 1989), p. 21.

47 Tocqueville, *Democracy*, II, p. 333.

간에는 그 특유의 갈등이 존재한다고 주장했다. 따라서 프랑스혁명의 이상들 중에서 자유와 평등은 영원히 서로 반목하는 관계에 있었다. 반면에 박애는 민주사회들에 고유한 사적 만족의 끊임없는 추구 속으로 해소되었다.

이 같은 진단은 근대 사회이론의 문제 상황을 구성하는 데 도움을 주어왔다. 근대 민주주의의 사사화私事化 경향에 대한 토크빌의 분석은 분명히 현대에도 울려 퍼지고 있다. 그것은 탈근대성의 가장 흥미로운 설명들 중 하나를 사회적으로 뒷받침하기 위해 사용되어왔다.[48] 그리고 정치적 중앙집중화의 원인과 결과에 대한 그의 탐구는 베버가 가장 완전하게 전개한 근대 관료제에 관한 담론에 명백히 중요한 기여를 한다. 하지만 토크빌의 민주사회에 대한 해부는 명백한 약점으로 인해 고통 받는다. 그 약점은 어쩌면 그러한 탐구가 제공한 통찰력의 원천인 공적 삶과 풍속에 대한 관심과 밀접하게 관련되어 있을 수 있다. 앞서 지적했듯이, 토크빌은 몽테스키외와 초기의 도덕주의적 전통에 의지함으로써, 스코틀랜드 계몽주의가 전개한 상업사회의 분석을 실제로 옆으로 비켜가고 있다.

이것은 토크빌로 하여금 헤겔이 이미 착수했던 논의(2.1절 참조) – 즉 근대성의 문제가 마르크스가 곧 자본주의사회라고 부를 것의 독특한 경제적 메커니즘 및 계급적 대와 관계되는 정도 – 를 고려하지 못하게 한다. 그렇다고 해서 토크빌이 경제문제를 무시했다는 것은 아니다. 그는 미국인들이 상업적 삶의 혼잡함과 불안정성 속에서 사적 쾌락들을 추구하면서 '일종의 고결한 물질주의a kind of virtuous materialism'에 전념했다고 지적한다. 그는 또한 실제로 영국 산업혁명의 결과들을 곁눈질하면서, 분업이 노동자들을 그들의 고용주들에게 종속시키고 그럼으로써 "지금까지 세계에 존재했던 가장 가혹한 것 중의 하나"인 '공업귀족manufacturing aristocracy'을 생산하고 있다고 주장한다(공장주가 집

---

48 G. Lipovetsky, *L'Être du vide*(Paris, 1983).

합적 정체감을 가지고 있지 않기 때문에, 비록 "가장 제한적이고 가장 덜 위험스럽기는 하지만").[49] 그러나 토크빌은 스미스, 헤겔, 리카도, 그리고 젊은 밀이 상이한 방식으로 전개했던 이해 방식, 즉 근대적 삶은 그 특유의 동학과 갈등을 지닌 새로운 형태의 경제체계로 결속되어 있다는 점을 거의 보여주지 않는다. 그의 저술들이 제시하는 여러 통찰력에도 불구하고, 그의 저술들은 근대 초기의 정치사상에서만큼이나 자본주의라는 존재가 근본적인 준거점이 되고 있는 후일의 이론가들의 저작에서도 되풀이되고 있다.

3.3 섭리와 인종: 메스트르와 고비노

종래의 사유방식과 (계몽주의로 대표되는) 이론적 혁명 사이의 중간에 위치될 수 있는 것과 동일한 특성이 프랑스혁명의 가장 단호한 반대자들에 의해서도 개진되었다는 것은 아마도 그리 놀랄만한 일은 아닐 것이다. 이런 입장의 특히 흥미로운 사례가 메스트르이다. 그의 정치저술들은 인간사人間事가 신성한 섭리에 의해 지배된다고 반복해서 확언한다. "이 세계에서 우연히 일어나는 일은 아무것도 없다. 그리고 심지어 부차적인 의미에서조차 무질서란 전혀 존재하지 않는다. 왜냐하면 무질서는 그것을 규칙에 종속시키고 선에 기여하게끔 하는 주권자의 손에 의해 제어되기 때문이다."[50]

이러한 섭리론적 역사관의 직접적 전거는 의심할 여지없이 17세기의 위대한 가톨릭 신학자 보쉬에Bossuet이다.[51] 『보편사논고Discourse on Universal

---

49 Tocqueville, *Democracy*, II, 141, 170.

50 Maistre, *Considerations*, p. 9.

51 보쉬에(Jacques Bénigne Bossuet, 1627~1704)는 콩돔(Condom)의 주교(1669~1681년), 모(Meaux)의 주교(1681~1704년), 도팽(Dauphin)의 대학교수(이 시기에 『보편사논고』

History』(1681)에서 보쉬에는 (자신이 애덤, 노아, 아브라함의 시기 등 주로 성서적인 용어를 사용하여 인식한) 세계사의 연속적 시기가 신의 비밀스러운 계획으로 충만하다고 주장한다.

> 이것이 바로 통치하는 모든 사람들이 더 큰 권력에 자신들이 종속되어 있다고 느끼는 이유이다. 그들은 대략 그들이 의도했던 것만큼 성취한다. 그리고 그들의 계획이 결코 기대하지 않은 결과를 낳지 않는 것은 아니다. 그들은 과거 세기들 동안 직무 속에서 만반의 준비를 해온 지배자들도 아니며, 미래에 취할 수 있는 경로를 예측할 수도, 즉 미래를 강제할 수도 없다. 존재하거나 아직 존재하지 않는 모든 것의 이름을 알고 있고 또 모든 시간을 관장하고 모든 토론들을 예견하는 사람만이 자신의 수중에 모든 것을 장악한다.[52]

콩트조차도 '보편사'를 '하나의 동질적인 연속체'로 인식했다는 점을 들어 '위대한 보쉬에'라고 칭송했다는 사실은, 보쉬에가 19세기 프랑스 지식인들을 장악하고 있었다는 점을 보여준다.[53] 메스트르는 당대의 사건들을 분석하기 위해 보쉬에의 틀을 사용했지만, 그는 부르봉의 절대주의의 정점에서 루이 14세의 궁정 설교자보다 훨씬 더 어두운 그림을 그린다. 우리가 살펴보았듯이, 메스트르는 프랑스혁명을 "극히 나쁜" 것이라고 선언한다. 그러나 그것의 해악은 단지 피조물 전체에 스며든 해악의 일례일 뿐이다. 그는 "우리에게 모든 것은 선하다고 말하는 근대 철학"을 경멸한다. 그에 따르면, "매

를 저술했다)를 지냈다. 설교로 가장 유명했다. 볼테르조차도 그의 산문 스타일에 감탄했다.

52 *Oeuvres complètes de Bossuet* (19 vols, Besançon, 1840), IX, p. 262.

53 Comte, *Cours*, II, p. 237; Essential Comte, p. 200.

우 실질적인 의미에서 모든 것은 악하다. 왜냐하면 제자리에 있는 것이 아무 것도 없기 때문이다." "역사의 모든 페이지를 더럽혔던 일련의 오랜 대량학살"이 보여주듯이, 다호메이Dahomey의 왕이 "신은 전쟁을 해 세상을 만들었다"라고 말한 것은 참으로 옳았다. "우리는 전쟁이 무서운 감정적 격발을 특징으로 하는 연속적인 열병처럼 끊임없이 몰아치고 있음을 보고 있다."[54]

이 같은 관점에서 볼 때, 널리 퍼져 있는 원죄의식으로 물들어 있는 "인간은 악하며, 그것도 몹시 악하다." 사회질서는 단지 정규적 폭력의 행사를 통해서만 유지된다. 따라서 사형집행인은 "인간결사체의 공포의 대상이자 결속의 원천이다. 세상에서 이 불가해한 대행자를 제거하는 바로 그 순간에 질서는 혼돈에 길을 양보하고, 왕권은 흔들리고, 사회는 사라진다." 왜냐하면 "악이 지상에 존재하며 지속적으로 작동하고 있고, 그 필연적 결과로 악이 연속적으로 처벌에 의해 억압되어야 하기 때문이다."[55]

그렇다면, 메스트르에 따를 때, 프랑스혁명의 의미는 무엇인가? 공화제적 체제가 자신을 무한히 유지하는 것은 불가능하다(메스트르는 로베스피에르가 몰락한지 얼마 되지 않았던 1796년에 『프랑스에 대한 고찰Considerations on France』을 집필했다). 왜냐하면 "아무것도 새롭지 않기 때문이다. 그리고 거대한 공화국은 불가능하다. 왜냐하면 거대한 공화국은 지금까지 전혀 존재하지 않았기 때문이다." 게다가 "모든 상상할 수 있는 제도는 종교적 개념에 근거하기 때문에", 그 자체가 인간이성에 근거한다고 불경하게 주장하는 형태의 정부는 출발부터 운명이 정해져 있을 뿐이다. 공포정치와 혁명전쟁이 야기한 고통은 그러한 주장이 끌어낸 불경한 오만에 대한 신의 처벌이다. 그에 따르면, "우리 시대에 신이 우리의 수준으로 내려와 인간의 법정처럼 처벌한다."[56]

---

54 Maistre, *Considerations*, pp. 41, 31, 23, 24.

55 J. Lively. ed., *The Works of Joseph de Maistre*(London, 1965), pp. 200, 192~193.

그러나 신은 자신의 더 큰 목적을 위해 '가장 비열한 도구들'마저도 창피를 무릅쓰고 사용한다. "권력과 성공에 도취된 이 거대한 권력 - 즉 지금까지 보았던 것들 중에서 가장 무섭고 다시는 결코 보지 못할 현상 - 은 프랑스를 위한 냉정한 응징이자 프랑스를 구하려는 유일한 수단이었다." 공화국에 대한 반혁명의 승리는 유럽 국가체계 속에서 프랑스의 실추를 의미할 수도 있었다. 자신들의 무자비함과 혁명적 열정을 중앙집중화하고 있던 자코뱅들은 그러한 결과를 막는 수단이었다. 그리고 프랑스의 지도적 지위는 신의 계획을 위해 보존되었다. 이를테면 메스트르는 다음과 같이 말한다. "우리가 그것에 대해 생각해볼 때, 일단 혁명적 운동조직이 수립된 후에야 우리는 자코뱅주의만이 프랑스와 군주제를 구할 수 있었음을 깨달을 수 있다."[57]

이사야 벌린Isaiah Berlin은 메스트르에 대한 탁월한 글에서 그의 "매우 비관적인 견해의 중심에는 우리의 무시무시한 세계의 전체주의 - 좌파와 우파 모두의 - 가 자리하고 있다"고 주장한다.[58] 하지만 적어도 개념적 측면에서 보면, 메스트르에서 새로운 것은 거의 없다. 세계가 죄악, 전쟁, 학살에 의해 지배된다는 그의 견해는, 비록 특히 강력한 용어로 표현되고 있음에도 불구하고, 인간의 타락이 신의 피조물에게 근본적 결함을 초래했다는 정통 아우구스티누스식의 기독교 주장으로부터 파생된 것이다. 엄격한 의미에서의 메스트르의 정치이론은 교황이 모든 세속적 권위의 원천이라는 중세 교의의 기괴한 부활과 고전사상의 전통적 주장을 결합하고 있다. 따라서 우리가 살펴보았듯이, 그는 프랑스 공화국의 생존가능성을 배제한다. 왜냐하면 "자연과 역사 모두가", 보다 정확하게 말하면 고대와 근대 초기 철학자들과 역

---

56 Maistre, *Considerations*, pp. 33, 41, 14.

57 Maistre, *Considerations*, pp. 8, 16.

58 I. Berlin, *The Crooked Timber of Humanity*(London, 1991), p. 127.

사가들 모두가 "분할할 수 없는 거대한 공화국은 불가능하다는 점을 증명하고 있기" 때문이다. 메스트르를 특징짓는 것은 그의 정치적 언어의 극단성이다. 그것은 혁명이 (그에게) 보여준 새로움과 도덕적 수치, 그리고 그가 종종 자신의 분석들에서 드러낸 명백한 현실주의에 대한 하나의 대응이었다. 따라서 그는 혁명은 그 자체의 법칙을 가지고 있으며, 그 법칙은 적절한 시기에 군주제의 복원을 지지할 것이라고 주장한다. 이를테면 그는 혁명기의 프랑스에서 '공직 귀족정치aristocracy of office'가 출현하여 크롬웰의 영국에서처럼 군주제를 부활시키는 데 필요한 정치적 안정을 향한 욕망을 생산하는 데 도움을 줄 것이라고 지적한다.[59]

하지만 고비노는 아주 새로운 어조로 말한다.[60] 그의 『인종불평등론Essay on the Inequality of the Human Races』(1853~1855)은 계몽주의의 기본 가정들 중 두 가지를 겨냥하고 있다. 첫째로, 고비노는 역사적 진보의 관념을 부정한다. 이를테면 그는 근대인들이 고대 그리스나 로마에 비해 어떤 실질적인 지적 또는 정치적 향상을 이루어왔다고 생각하지 않는다. 그가 관심을 기울인 것은 '문명의 몰락' ─ 즉 "모든 역사현상 중 가장 현저하면서도 동시에 가장 모호한 것" ─ 이었다. 더군다나 그는 문명의 쇠퇴가 불가피하다고 본다. 그에 따르면, "모든 인간집합체는 그것을 보호하는 사회관계들의 네트워크가 아무리 정교하더라도 그것이 탄생하는 바로 그 날에 그것의 생生의 요소들 사이에 숨어 있는 불가피한 죽음의 씨앗을 손에 넣는다."[61]

---

59 Maistre, *Considerations*, pp. 32, 90.

60 고비노(Joseph Arthur de Gobineau, 1816~1882)는 보르도에 살던 부르주아 가정에서 태어났다. 하지만 그는 1855년 백작 칭호를 받는다. 동양학자로 교육받고 저널리스트로서 활동했다. 그 후 토크빌이 1849년 외무부장관이 되었을 때, 그의 비서가 되었다. 그 이후에는 1877년까지 외교관으로 복무했다.

61 Gobineau, *Selected Political Writings*, pp. 42, 43.

그렇다면 왜 문명은 붕괴할 수밖에 없는 운명을 지녔는가? 이 질문에 대한 고비노의 답변은 계몽주의에 대한 그의 두 번째 이의를 의미한다. 책 제목이 선언하듯이, 그는 계몽철학자들에게 하나의 공리였던 인간의 평등에 관한 관념 – 우리가 살펴보았듯이, 이를테면 흄과 제퍼슨이 흑인에 대해 드러낸 인종차별주의에 의해 이 가정이 상당히 제한되어 있기는 했지만(1.5절 참조) – 을 거부한다. 고비노는 다음과 같이 선언한다. "상이한 인종과 문화들 간의 화해할 수 없는 적대주의는 역사에 의해 분명하게 입증되었다. 그리고 그러한 천부적인 혐오감은 다름과 불평등을 함의하고 있음에 틀림없다." 인류에 관한 그의 분류는 인간을 근본적으로 다른 세 가지 인종들로 환원시킨다. 백인, 황인, 흑인은 지적 능력과 물리적인 힘은 물론 미美조차도 내림차순으로 '백인', '황인', '흑인'의 순이다. "위대한 인간문명의 수는 단 열 개뿐이며, 그것들 모두는 백인의 창의력에 입각하여 산출되어왔다." 그리고 유럽 인종의 활력과 창의력의 원천을 이루는 것이 바로 중앙아시아에서 연원한 아리아족의 창의성이다.[62]

하지만 우리가 살펴보았듯이, 쇠퇴와 소멸은 애초부터 모든 문명에 부착되어 있던 것이다. 근본적인 원인은 상이한 인종들이 교배되는 경향이다. 일반적으로 문명은 우월한 '남성적' 인종이 열등한 '여성적' 인종을 식민화하거나 정복함으로써 수립된다. 지배적 인종은 보통 그들이 지배하는 집단들보다 소수의 성원으로 구성된다. 정복자와 피정복자는 불가피하게 통혼한다. 처음에 이러한 인종교배는 문명의 원기를 북돋는다. 그러나 시간이 경과하면서 그것은 점차 지배자들의 원래의 활력을 소진시킨다. 그리하여 문명은 퇴화한다. 그에 따르면, "퇴화하다라는 단어는, 그것이 하나의 민족에 적용될 때는 …… 그 민족이 가지고 있었음에 틀림없는 것과 똑같은 본래

---

62 Gobineau, *Selected Political Writings*, pp. 133, 142.

적 가치를 더 이상 가지지 못한다는 것을 의미한다. 왜냐하면 계속되는 섞음질이 피의 질에 영향을 미쳐서, 더 이상 그 혈관 속에 동일한 피를 가지지 못하게 되기 때문이다." 그 결과를 로마제국을 탈도덕화시켜 궁극적으로는 그것을 파괴했던 인종과 문화들의 혼합 속에서 발견할 수 있다. 아리아족이 '퇴화된' 인종과의 교배를 통해 그 질이 떨어짐에 따라, 근대 유럽은 로마와 같은 상태로 회귀하는 중에 있다.[63]

고비노의 인종이론은 19세기 중반 유럽에서 발생해서 널리 퍼진 이데올로기적 재지향을 가장 체계적으로 표현할 뿐이었다. 세계 나머지 부분에 대한 서구의 식민지화는 일부 유럽 지식인들로 하여금 인종적 차이를 근본적 범주로 간주하고, 그것을 사회세계를 이해하는 수단으로 삼도록 부추겼다. 시체도둑인 버크Burke와 헤어Hare를 고용했던 에든버러 해부학자 로버트 녹스Robert Knox는 고비노가 『인종The Races of Man』(1850)에서 선언한 것과 본질적으로 동일한 견해를 다음과 같이 표명했다. "인종은 모든 것이다. 문학, 과학, 예술, 한 마디로 말해 문명은, 인종에 의존한다."[64]

특정 형태의 지식의 발전이 이 같은 식의 인종 이해를 뒷받침하는 데 동원될 수 있었다. 이를테면 18세기 말에 윌리엄 존스William Jones가 제시한 것, 즉 고대 힌두의 산스크리트어가 인도-유럽어라는 독특한 어족語族의 공통된 조상이었다는 시사는 인종적 측면에서 재해석되었고, 그리하여 언어적 친화성들이 하나의 아리아족이 존재했다는 기호가 되었다. 빅토리아시대 사상에 막대한 영향을 미쳤던 메인Maine의 인류학적 저술들은 "문명은 (해체되었지만 약화된 채로 매우 다양한 영향력을 발휘하며 그 자신을 영속적으로 재구성하고 있는) 아리아세계의 구질서에 대한 이름일 뿐이라는 가정에 의해 인도되었다."[65]

---

63 Gobineau, *Selected Political Writings*, pp. 59, 153.

64 Burrow, *Education*, p. 130에서 인용함.

고비노가 그러한 신념들을 역사철학으로 정교화한 것은 생물학과 사회이론의 치명적 융합을 가져왔다. 사람들은 그의 저술 속에서 차후의 인종문학 ―『나의 투쟁Mein Kampf』을 포함하여 ― 에 스며들어 있는 퇴보와 혼혈의 강박관념을 간파할 수 있다. 하지만 고비노 사상의 근대성을 과장하는 것은 잘못이다. 고비노의 사상에는 생물학적 진화 개념 ― 내가 제5장에서 검토하는 인종차별주의 이데올로기와 복잡하게 얽혀 있는 ― 은 전혀 존재하지 않는다. 고비노의『인종불평등론』은 1859년에 출간된 다윈Darwin의『종의 기원Origin of Species』보다 시기적으로 앞선다. 기독교에 대한 그의 상반되는 감정에도 불구하고, 고비노는 인종차이의 원천들을 설명하면서 6,000년에서 7,000년 사이의 지구시대 동안의 성서에 등장하는 인물을 받아들인다.

상이한 인간집단들이 성공적으로 이종교배를 할 수 있다는 사실은, 그로하여금 계몽주의를 매혹시켰던 다원발생설polygenesis ― 몇몇 서로 다른 인종의 동시적인 창조 ― 의 관념을 어쩔 수 없이 거부하게 한다. 그러나 만약 인간이라는 종이 하나로 시작했다면, 그것은 곧 "절대 불변하고 유전되고 영속하는" 차이를 갖는 여러 인종들로 나누어졌을 것이다. 이러한 차이는 "우리의 지상생활의 아주 초기 시기 ― 창조 직후, 즉 지구가 그 당시의 대격변에 의해 여전히 흔들리고 있을 때 ― 에 그 최후의 죽음의 고통이 초래할 무시무시한 결과를 전혀 방어하지 못한 채 고정되었다." 이러한 가공할 지질의 재편 속에서 형성된 인종들은 영원히 다른 길로 나아간다. 그에 따르면, "그들의 원초적 통일성은 그들의 운명들에 아주 작은 영향마저도 미칠 수 없고 또 미치지 않는다."[66]

---

65 Burrow, Education, p.161에서 인용함. 메인 경(Sir Henry Maine, 1822~1888)은 옥스퍼드대학교 법학과 법학원 교수를 지냈다. 그리고 나서 인도총독부 법무관으로 봉직하고(1862~1869년), 다시 옥스퍼드 대학교와 캠브리지 대학교에서 교수로 일했다. 그의 가장 유명한 저작으로는『고대법Ancien Law』(1861)이 있다.

66 Gobineau, *Selected Political Writings*, pp. 103, 106~107, 167.

이 같은 의사疑似신학적 역사관이 인류의 기원에 대한 고비노의 설명뿐만 아니라 미래에 대한 그의 설명을 이끌고 있다. 역사는 어떠한 동적 원리 – 말하자면, 다윈이 곧 자연도태라고 부를(5.1절을 보라) – 도 드러내지 않는다. 역사는 다만 정복과 인종교배로부터 발생하는 일정한 유형을 드러낼 뿐이다. "개인이나 민족의 어떤 일시적인 또는 자발적 행위를 초월하는, 그 같은 삶을 규정하는 근본적 요소들은 쉽게 동요되지 않고 독자적으로 또 무감각하게 작동한다." 그것의 불가피한 결과, 인간이라는 종이 사라질 것이다. 위대한 아리아인들이 궁극적으로 성취하고자 한 것은 "모든 역사의 궁극적 목적"을 실현하는 단일한 세계문명을 창조하는 것이었다. 왜냐하면 "노고와 고통의 궁극적 목표 – 즉 인류의 쾌락과 승리 – 는 언젠가 최고의 통일성을 획득하는 것"이기 때문이다. 하지만 이러한 통일성의 달성은 로마를 파괴한 인종교배와 퇴화가 이제는 전지구적 규모로 일어나고, 그리하여 백인이 사라진다는 것을 함의한다. 인종적 유약성의 결과 인구가 쇠퇴할 것이며, 종국적으로는 또 한 번의 6,000~7,000년이라는 시간 속에서 인간성의 '최종적 말살'이 초래될 것이다.[67]

이와 같이 고비노는 메스트르처럼 역사 속에서 작동하는 섭리라는 숨어 있는 손을 본다. 그의 이 같은 역사철학관은 토크빌이 그와 주고받은 서신 속에서 책망했던 그의 숙명론에서 정점에 이른다. 고비노는 자신의 이론이 선과 악을 넘어선 인류의 운명을 묘사했다고 주장했다. 그는 다음과 같이 말한다. "나는 사람들에게 '당신은 무죄이다'라거나 '당신은 유죄이다'라고 말하고 있는 것이 아니다. 나는 '당신이 죽어가고 있다'라고 말하고 있는 중이다."[68] 파시스트 이데올로기는 그의 역사관을 인종전쟁으로 받아들이고, 생

---

67 Gobineau, *Selected Political Writings*, pp. 163, 171~172, 174.

68 Letter to Tocqueville, 20 Mar. 1856, Gobineau, *Selected Political Writings*, p. 181.

물학적 퇴화에 대한 그의 강박관념에 사로잡혀 그것들을 집합의지라는 단호한 주장의 관념과 결합시키고자 했다. 이러한 형태로 고비노의 비관주의는 심지어 19세기의 가장 음울한 사상가들의 상상력을 넘어서는 공포를 구체화하는 데 일조할 수 있었다.

4 / 마르크스

4.1 변증법의 모험

　프랑스대혁명의 여파가 유럽사회에 노정해온 심대한 긴장들에 대한 헤겔의 응답은 그러한 긴장을 그것보다 훨씬 더 광범위한 유형의 구체적 사례로 해석하는 것이었다. 헤겔에서 세계사는 본질적으로 연속되는 사회·정치적 형태들에 내재하며 그것들을 구성하는 모순들에 의해 추동되는 항구적인 변화의 과정이었다. 하지만 동시에 이와 같이 그 자신의 세대의 경험으로부터 극적으로 일반화함으로써, 즉 '이중혁명'의 소용돌이 속에서 그것을 포착함으로써, 헤겔은 변증법적 과정을 동결시키고자 했다. 다시 말해, 그는 변증법적 과정을 출발점에 내재되어 있는 것을 그저 전개하고 절대정신의 자기투명성 내에서 모든 갈등들을 화해시키는 것으로 끝나는 하나의 순환운동으로 보았다. 그 결과는 "모순은 모든 운동과 생명의 뿌리"라는 헤겔의 주장 속에 표현되어 있는 긴장과 불안정성에 대한 인식을 약화시키는 것이었다. 따라서 변증법적 이성은, 거의 불교의 정적주의quietism, 즉 다음과 같은 엘리엇T. S. Eliot － 그 자신이 후기 빅토리아 시대 영국 헤겔주의자들의 제자인 － 의 시 구절 속에서 잘 포착되는 사물의 영원한 형태에 대한 명상처럼 보일 수 있다. "형태는 오직 형식에 의해 / 말과 음악에 도달할 수 있고 / 정적은 하나의 중국 항아리처럼 여전히 / 그 정적 안에서 영원히 움직인다.”[1]

헤겔의 절대적 관념론과 연관된 철학적 난점을 전적으로 별개로 할 경우, 그가 자신의 역사철학을 하나의 신정론theodicy – "우리가 악의 존재를 포함하여 세상의 모든 악을 이해할 수 있게 함으로써, 사유하는 정신이 존재의 부정적 측면들과 화해할 수 있게 하는" – 으로 묘사하는 것은 볼테르가 『캉디드』에서 공격했었던 일종의 자기만족적인 고통과 억압을 승인하는 것처럼 보였다.[2] 1830년대와 1840년대 러시아의 위대한 비평가 비사리온 벨린스키Vissarion Belinsky가 반항했던 것이 바로 이 같은 입장이었다.

> 에게르 페도로비치(Eger Fedorovich, 즉 헤겔) 씨, 당신께 심심한 사의를 표합니다. 저는 당신의 뛰어난 철학적 능력을 인정합니다. 그러나 당신의 철학자적 모습에 응당 경의를 표함과 더불어, 제가 만약 진보의 사다리의 가장 높은 데에 오르는 데 성공한다고 하더라도, 그때에도 저는 삶과 역사의 모든 희생자들, 즉 우연, 미신, 이단자 탄압, 필립 2세 등등의 모든 희생자들에 대해 제게 설명해줄 것을 당신에게 요구할 것이라는 점을 삼가 말씀드립니다. 그게 아니라면, 그 사다리의 가장 높은 곳에서 맨 먼저 제가 당신을 머리로 치받을 것입니다.[3]

그렇다면 누군가가 헤겔의 변증법을 그의 절대적 관념론으로부터 해방시키고 '악의 존재'를 정당화하고자 하는 그의 본질적으로 신학적인 시도를 포

---

1 T. S. Eliot, "Burnt Norton," in *Collected Poems 1909~1962*(London, 1963), p. 194.

2 G. W. F. Hegel, *Lectures on the Philosophy of World History: Introduction*(Cambridge, 1975), pp. 42~43.

3 Letter to Botkin, Mar(1841), A. Walicki, *A History of Russian Thought from the Enlightenment to Marxism*(Stanford, 1979), p. 124에서 인용함.

기한다면, 어찌되었을까? 그럴 경우, 그 누군가는 벨린스키의 동시대인인 알렉산드르 헤르젠Aleksandr Herzen의 표현대로 "헤겔철학은 혁명의 대수학이다"라고 진심으로 말할 수 있을 것이다.[4] 이것이 바로 마르크스가 취한 조치였다.[5] 마르크스는 엥겔스가 유명하게 표현한 것처럼 헤겔을 자신의 발위에 두고자 하는 생각, 즉 헤겔의 변증법을 세속화하고자 하는 생각을 가진 최초의 인물이 아니었다.[6] 헤겔철학은 1830년대와 1840년대의 젊은 급진적 지식인들에게 독특한 매력을 발산했다. 우리가 살펴보았듯이, 그것은 특히 러시아에서만 그랬던 것이 아니라 독일에서도 그러했다. 이들 나라 – 러시아, 오스트리아, 프로이센의 전제군주국들 – 에서 신성동맹Holy Alliance은 1815년 이후에 프랑스혁명에 의해서 고삐 풀린 급진민주주의의 어떠한 소생 조짐

---

4 A. Herzen, *My Past and Thoughts*, abr. edn, ed. D. Macdonald(Berkeley, 1982), p. 237.

5 마르크스(Karl Heinrich Marx, 1818~1883)는 트리에의 세속화된 유대인 가정에서 태어났다. 본 대학교와 베를린 대학교에서 법, 그리고 나중에는 철학을 공부했다. 1842~1843년 ≪라이니셰 차이퉁Rheinische Zeitung≫의 편집장을 지냈으며, 1843년에 파리로, 1845년에는 브뤼셀로 이사했다. 그 후 공산주의자동맹의 지도자(1847~1850년), ≪노이에 라이니셰 차이퉁Neue Rheinische Zeitung≫의 편집장(1848~1849년)을 지냈다. 1848년 혁명의 패배 후에 런던으로 망명하여, 그곳에서 여생을 자주 극심한 가난 속에서 보냈다. 국제노동자연합(제1인터내셔널)을 창립하고 지도했다(1864~1872년).

6 K. Marx and F. Engels, *Collected Works*(50 vols, London, 1975~), XXVI, p. 383;(아래에서는 CW로 표기함). 엥겔스(Friedrich Engels, 1820~1895)는 바르멘의 프로테스탄트 공장 소유자 가정에서 태어났다. 1842~1844년에 맨체스터에 소재한 가족회사 어먼 앤 엥겔스(Ermen and Engels)에서 일하며, 『영국 노동자계급의 상태The Condition of the Working Class in England』를 집필하기 위한 자료를 수집했다. 1844년 이후 마르크스의 절친한 친구이자 공저자였다. 1848년 혁명의 죽음의 고통(death-agnoy) 기간 동안 엘버펠트와 팔라틴에서 무장투쟁에 참여했다. 1850~1889년에는 어먼 앤 엥겔스에서 일하며, 마르크스 가족에게 긴요한 재정적 지원을 제공했다. 마르크스 사후에 『자본론』 제2권과 제3권을 편집했다. 그의 생애 마지막 25년 동안 런던의 그의 집은 영국노동운동과 국제노동운동의 주요 중심지들 중의 하나가 되었다.

도 체계적으로 억압하고자 했다. 이 같은 억압과 검열의 분위기 속에서 정치적 비판은 철학적 사변으로 대체되었다. 마르크스가 후일 기술했듯이, "정치 속에서 다른 민족들이 실제로 행하는 것을 독일인들은 머리로 생각만 했다."[7] 헤겔도 동일한 상황에 대해 많은 말을 했다. 이를테면 그는 다음과 같이 말했다. "우리 안에서 그리고 우리 주위에서 온갖 형태의 소요가 일고 있다. 그러나 그러한 소요에도 불구하고, 모든 독일인들은 조용히 머리에 나이트캡을 쓴 채 잠자코 모자 속에서 머리를 굴리고 있다."[8]

1840년대경 '독일인들의 머리'는 혁명을 생각하고 있었다. 청년헤겔주의자들로 알려진 젊은 독일 지식인 집단이 이 시기 초에 등장했다. 그들은 공히 헤겔의 변증법을 절대자로부터 해방시키고자 하는 목적을 가지고 있었다. 그러나 이것이 함의하는 바는 전혀 달랐다. 이를테면 브루노 바우어Bruno Bauer는 절대정신은 단지 인간의 자의식에 대한 하나의 은유일 뿐이라고 주장했다. 그러므로 그는 헤겔의 절대적 관념론을 주관적 관념론의 한 형태로 대체했다. 주관적 관념론에 따르면, 역사는 의식형태의 계승이다. 그와는 대조적으로 포이어바흐Feuerbach는 자연주의적 유물론naturalistic materialism의 견해에 입각하여 훨씬 더 독창적으로 헤겔을 비판했다. 그의 자연주의적 유물론은 19세기 중엽에 독일 지식인 문화 속에서 점차 영향력을 발휘했다.[9]

이 비판에서 포이어바흐가 사용한 주요 도구들은 전도 개념과 소외 개념 ─ 마르크스가 이어받은 ─ 이었다. 그는 기독교에서 그 정점에 이르는 다양한

---

7 *CW* III, p. 181.

8 G. W. F. Hegel, *Lectures on the History of Philosophy* (3 vols, London, 1963), III, p. 426.

9 포이어바흐(Ludwig Andreas Feuerbach, 1804~1872)의 가장 중요한 저작인 『기독교의 본질The Essence of Christianity』(1841)은 소설가 조지 엘리엇(George Eliot)에 의해 영어로 번역되었다. 그는 다음과 같이 선언했다. "인간은 그가 먹는 바 그대로이다(Der Mensch ist was er isst)."

종교 형태들은 독특한 인간능력을 이질적이고 허구적인 실체들로 바꾸어놓는 것을 수반한다고 주장했다. 이것이 바로 전도의 과정이었다. 즉 주어 – 역사의 능동적이고 창조적인 요소인 인간 – 가 술어의 지위, 즉 종속적 부속물, 다시말해 실제로는 인간의 상상력의 산물인 존재(신)의 피조물로 축소된다. 그것은 또한 소외의 과정이기도 했다. 즉 인간은 자신과는 근본적으로 다르다고 인식되는 존재에게 자신의 본질적인 능력을 상실한다. 헤겔의 절대적 관념론은 이와 동일한 과정에 대한 하나의 난해하고 추상적인 견해였다. 그 과정속에서 모든 것 – 물질적인 것과 인간 모두 – 은 비인격적인 신, 즉 절대자 – 전통적인 종교들에서 숭배되던 보다 조야한 형태들과 마찬가지로 상상적인 것인 – 의 자기실현을 위한 수단들로 축소된다. 포이어바흐는 바로 이러한 전도를 전도시키는 것이 요구된다고 주장했다. 인간은 자신이 그러한 과정의 실질적 주체라는 점을 인식하고, 그리하여 자신이 신과 절대자에게 귀속시켰던 능력에 대한 통제권을 되찾고, 이들 후자의 실체가 허구라는 점을 인지해야만 한다.

포이어바흐가 자신을 헤겔 비판가로 올바르게 인식했음에도 불구하고, 그의 주장들은 많은 점에서 여전히 헤겔식의 틀에 머물러 있었다. 헤겔 또한 변증법적 과정을 정신이 자연 속에서 자신을 상실하는 소외의 과정으로 인식했다. 그 과정 속에서 정신은 후일 주체와 객체, 자신과 타자의 본질적 동질성을 재발견하기 위해 자신을 타자로서의 자신과 대치시킨다. 게다가 포이어바흐가 종교와 관념론의 지배로부터 벗어나고자 했던 해방은 지적인 해방이다. 바우어와 그의 철학적 차이에도 불구하고, 그 역시 역사를 의식 형태들의 계승으로 보았다. 둘 모두는 프로이센 절대주의로부터의 정치적 해방은 계몽의 과정에 달려 있다고 주장했다. 특히 청년헤겔주의자들은 종교비판을 독일의 기성질서에 대한 보다 광범위한 모든 정치적 도전의 전제 조건으로 보는 경향이 있었다. 따라서 그들은 프랑스 계몽주의의 역사관을 (콩도르세의 표현으로) '인간정신의 진보'로 요약했고, 정통 기독교의 역사관을 구체제의 주요 지주로 파악했다. 이와 같이 독일인들은 아직 머리에 나이트 캡을 쓰고 있었다.

1840년대 초 마르크스는 자신의 최초의 정치저술 속에서 이러한 대략적인 접근방식에 대해 점점 더 불편한 심기를 드러내고, 포이어바흐의 주요 범주들 중의 일부를 이용하여 사회에 대한 보다 유물론적인 분석을 전개하고자했다. 이를테면 『헤겔 법철학 비판을 위하여Contribution to a Critique of Hegel's Philosophy of Right』(1843)에서, 마르크스는 헤겔이 정치제도를 절대이념의 표현으로 간주함으로써 주어와 술어를 전도시키고 있다고 집요하게 비난한다. 마르크스는 "그것이 시민사회와 정치사회의 분리를 하나의 모순으로 감지하는 헤겔의 심오한 사상을 보여준다"는 점을 인정한다. 하지만 국가가 시민사회의 갈등들을 화해시키기보다 오히려 "시민사회가 그 정치적 행위속에서 원자주의에 빠져든다는 점은 공동체 ― 즉 개인들이 그 속에 존재하는 공동체적 존재 ― 가 바로 국가로부터 분리된 시민사회라는 사실 내지는 정치적국가가 시민사회부터 나온 하나의 추상물이라는 사실로부터 필연적으로 결과한다." 근대국가는 실제로 포이어바흐가 기독교 비판에서 제시한 신과 유사하다. 그것은 소외된 공동체적인 사회적 삶을 투영하고 있는 것으로, 경쟁과 불안정성이 만연하는 곤궁한 형태의 시민사회 속에서만 존재한다. 하지만 다행스럽게도 시민사회는 남성 보통선거권의 형태로 정치적 표현을 요구함으로써, 그 같은 소외된 상태를 초월하기 시작하고 있다. 마르크스에 따르면, "그러므로 추상적인 정치적 국가 내에서 일어나는 선거개혁은 그 같은 정치적 국가의 해산을 요구하는 것이지만, 또한 시민사회의 해산을 요구하는 것이기도 하다."[10]

이와 같이 마르크스는 포이어바흐식의 전도 ― 실제의 주체를 그것의 적절한

---

10 *CW* III, pp. 75, 79, 121.

자리에 복위시키기 – 를 당시의 가장 급진적인 정치적 요구, 즉 (그의 주장 속에서뿐만 아니라 유럽 지배 계급들의 마음속에 자리 잡고 있던) 사회혁명과 동일시한다. 솔직하게 말해 이러한 분석을 추구하기 위해서는 시민사회의 구조에 대한 보다 면밀한 고찰이 요구되었다. 마르크스는 자신에 앞서 헤겔이 그랬던 것처럼, 고전 정치경제학자들을 면밀하게 연구했다. 이 같은 연구는 그가 포이어바흐를 떠나게 되는 중요한 계기가 되었다. 포이어바흐가 헤겔과 단절한 정도를 매우 정확하게 묘사하기 위해, 혹자는 포이어바흐가 변증법의 주체를 절대자에서 인간으로 대체했다고 말할지도 모른다. 그렇다면 인간이란 무엇인가? 포이어바흐는 보다 직설적인 형태의 개인주의를 거부했다. 그에 따르면, "인간의 본질은 공동체 속에만, 즉 인간과 인간의 통일체 속에만 담겨 있다."11

개인에 대한 공동체의 우위와 이러한 사실에 대한 인간의 인식의 증가 모두를 뒷받침하기 위해, 포이어바흐는 인간의 본성을 지칭하는 용어로 자주 '유적 존재Gattungswesen'라는 표현을 사용하는 경향이 있었다. 하지만 유적 존재에 대한 그의 설명은 난점들로 가득 차 있었다. 이를테면 포이어바흐는 기독교와 관념론적 철학이 지금까지 숨겨온 인간본성의 중요한 측면 중의 하나가 인간과 자연의 통일성이라고 주장했다. 이 같은 사실에 대한 인간의 인식, 그리고 보다 구체적으로는 인간의 궁핍, 즉 자연에 대한 의존의 인식은 인간의 이성보다는 감각들과 감정들로부터 파생하는 것이었다(포이어바흐의 철학에는 낭만주의적 기질이 있다). 이 요약이 시사하는 바와 같이, 포이어바흐는 인간과 자연의 관계를 본질적으로 수동적인 것으로 인식한다. 즉 그의 주요 개념들 중의 하나인 감수성Sinnlichkeit은 칸트가 인간의식이 감각인상 sense-impression을 통해 포착하는 지각능력을 지칭하기 위해 사용한 것이었

---

11 L. Feuerbach, *Manifestes philosophiques*, ed. L. Althusser(Paris, 1973), p. 198.

다. 이처럼 인식된 유적 존재는 추상적이고 비확정적인 것으로, 헤겔이 매우 성공적으로 그려낸 풍부한 역사적 발전에는 거의 다가서지 못하는 것이었다. 그러므로 그것은 막스 슈티르너Max Stirner가 『자아와 그 자신The Ego and its Own』(1844)에서 제기한 공격, 즉 인간을 (단지 개인적 주체라는 환원할 수 없는 실체를 억압하는 데에만 기여할 뿐인) 일련의 추상적 '유령들' – 신, 국가, 절대자 – 중의 마지막 것으로 볼 뿐인 '인간' 개념이라는 비판에 매우 취약했다.

마르크스는 고전 정치경제학에 대한 그의 독해를 반영하는 첫 주요 저작인 『1844년 경제학·철학 수고Economic and Philosophic Manuscripts of 1844』에서 유적 존재라는 개념을 광범위하게 사용하지만, 그것에 전혀 다른 내용을 부여한다. 인간존재와 자연의 관계는 실제로 근본적이지만, 그 관계는 자신들의 물리적·사회적 환경을 변형시키는 생산적 활동에 의해서 정의되는 적극적인 관계이다. 이러한 입장은 포이어바흐의 철학보다는 헤겔의 철학을 보다 긍정적으로 평가하고 있음을 함축한다. 마르크스는 다음과 같이 말한다. "헤겔의 관점은 근대 정치경제학의 관점이다. 그는 노동을 인간의 본질로 파악한다." 문제는 "헤겔이 인정한 유일한 노동이 추상적인 정신노동"이라는 점이다.[12] 그것보다는 노동을 (인간이 인간의 욕구를 충족시키기 위해 요구되는 사용가치들을 생산하기 위해 수행하는) 협력활동으로, 자연주의적으로 이해하는 것이 필요하다.

일단 이러한 조처가 취해지고 나면, 사람들의 역사관은 변화한다. 마르크스는 『수고』에서 어쨌든 여전히 노동을 소외의 과정으로 간주하나, 이제 소외되는 것은 사고나 인간이 아니라 사회적 노동이다. 근대 부르주아 사회는 소외의 최고 정점이다. 왜냐하면 부르주아 사회는 노동자가 자신의 노동에 대한 통제권을 상실하고 노동자가 자본가에게 종속되는 것에 근거하기 때

---

12 *CW* III, p. 333.

문이다. "이처럼 사적 소유는 소외된 노동의 산물이자 결과이고 필연적 귀결이다." 실제로 "정치경제학은 소외된 노동의 법칙을 그저 정식화해왔을 뿐이었다." 소외가 어떤 지적 계몽만으로는 치유되지 않는다는 것은 바로 이같은 진단으로부터 나온 것이다. 노동의 소외를 종식시키기 위해서는 사회혁명 – 보다 정확하게는 사회주의혁명 – 이 요구된다. 마르크스에 따르면, "사적 소유로부터 사회의 해방은 노동자해방이라는 정치적 형태로 표현된다."[13]

마르크스가 헤겔과 포이어바흐를 변형시켰기 때문에, 그가 청년헤겔주의자들과 결별하는 것은 불가피했다. 그러한 조치는 『독일이데올로기』The German Ideology』(1845~1847)에서 극에 달한다. 이 저작은 또한 유물론적 역사관으로 알려지게 된 것을 최초로 개관한 것이자, 청년헤겔주의자들의 관념론에 대한 무자비한 논박이기도 하다. 다음 절에서 마르크스의 역사유물론을 검토하기에 앞서, 한편으로는 신념과 표상 간의 관계를, 다른 한편으로는 사회적 관계와 제도 간의 관계에 관한 새로운 견해를 잠시 간략하게 고찰할 필요가 있다. 그러한 견해는 1840년대의 저술들에서부터 전개되기 시작했다.

사상은 그것의 진리 내용과 관련해서만이 아니라 그것이 수행할지도 모를 사회적 역할의 측면에서도 고찰되어야 한다는 생각은 결코 새로운 것이 아니었다. 보다 급진적인 계몽철학자들은 정통 기독교를 부당한 사회질서를 유지하는 데 일조하는 일단의 신화라고 공격해왔다. 이를테면 홀바흐 Holbach는 "전제주의는 미신의 작품이다"라고 주장한다. 미신 그 자체는 하나의 본질적인 지적 결함을 표현한다. 올바크에 따르면, "사람이 미신을 믿는 것은 단지 그가 두려워하기 때문이며, 그가 두려워하는 것은 단지 그가 무지하기 때문이다." 통치자와 사제들은 사람들이 계속 무지한 채로 있게 하기 위해 공모한다. 그에 따르면, "대다수의 주권자들은 사람들이 계몽되

---

13 *CW* III, pp. 279, 280.

는 것을 두려워한다. 성직자와 공모자들인 그들은 사제와 결탁해서 이성을 질식시키고, 그것을 공표하는 용기를 가진 모든 사람들을 박해한다." 그러므로 해결책은 합리적 사유를 고무하는 것이다. 왜냐하면 "사람이 감히 생각하기 시작하자마자, 사제의 제국은 곧 붕괴되기 때문이다."[14]

이와 같이 인간의 지적 저발달과 이기적 조작은 사회적 억압을 유지하기 위해 결합한다. 그 같은 신념을 바탕으로 하여 정치적 해방의 전제조건을 이해하게 되었을 때, 계몽주의와 청년헤겔주의자들 모두는 종교적 신화를 이론적으로 폭로하고 나섰다. 하지만 우리는 이미 포이어바흐에게서 일정한 전환을 목도한다. 그는 종교적 소외의 다양한 형태들은 단순한 오류로 이해되어서는 안 된다고 주장한다. 종교적 소외의 형태들은 인간의식발전의 하나의 필연적 단계를 상징한다. 특히 기독교 속에서 가장 진전되는 소외 상태는 인간이 자신을 하나의 종種으로 의식하기에 이르기 위한 전제조건이다.

마르크스는 헤겔의 영향을 분명히 반향하고 있는 이 같은 분석에서 한 단계 더 나아간다. 1843년에 집필한 『헤겔 법철학 비판을 위하여』 서문의 한 유명한 구절에서, 그는 다음과 같이 기술한다. "종교적 고통은 동시에 현실의 고통의 표현이며, 또한 현실의 고통에 대한 저항이기도 하다. 종교는 억압받고 있는 피조물의 한숨이며, 무정한 세계의 감정이며, 영혼 없는 상황의 영혼이다. 종교는 인민의 아편이다." 통상적으로 마지막 문장만이 인용되지만, 그 문장이 완전한 구절의 문맥 속에 놓일 때에만 그것은 종교는 그저 일련의 허위 믿음으로, 또는 심지어 조작에 능한 사제와 왕의 작품으로 이해될 수 있는 것이 아니라는 주장과 부합한다. 종교적 신념은 왜곡된 사회세계 속에서의 현실의 결핍을 반영하는 것이자, 보다 나은 삶에 대한 열망을 내세로 대체하고 있는 것이다. 따라서 "현존하는 사태에 대한 환상을 폐기하라는

---

14 Baron d'Holbach, *Textes choisis*(Paris, 1957), I, pp. 137, 143, 123, 142.

요구는 환상을 필요로 하는 사태를 폐기하라는 요구이다."[15] 따라서 종교적 환상을 생산하는 사회적 조건이 계속해서 존재하는 한, 종교적 환상은 순전히 지적인 어떠한 논박도 견뎌낼 것이다. 이것이 바로 마르크스의 이데올로기이론 – 다시 말해, 특정한 믿음을 광범위하게 수용하는 데에는 사회적 원인이 있으며, 그러한 원인은 계급사회의 모순들로부터 발생한다는 점을 보여주고자 하는 그의 시도 – 의 핵심이다. 그렇다면 계급사회의 모순들은 무엇인가?

4.2 역사와 자본주의

마르크스는 1852년에 다음과 같이 기술했다.

> 내가 근대사회의 계급들의 존재나 그것들 간의 투쟁을 발견해왔다고 주장하는 것은 아니다. 나보다도 오래전에, 부르주아 경제학자들이 자신들의 경제적 해부학을 기술해왔듯이, 부르주아 역사학자들이 계급들 간의 그러한 투쟁의 역사적 발전을 묘사해왔다. 내가 기여한 것이라고는 1) 계급들의 존재는 생산발전의 특정한 역사적 국면들과 밀접히 연관되어 있다는 것, 2) 계급투쟁은 필연적으로 프롤레타리아 독재로 이어진다는 것, 3) 그러한 독재 그 자체는 모든 계급의 폐지와 무계급사회로의 이행을 이끌 뿐이라는 것을 보여준 것이다.[16]

스코틀랜드 계몽주의는 역사를 '생존양식들'의 계승으로 바라보는 역사관

---

15 *CW* III, pp. 175, 176.
16 Letter to Weydemeyer, 5 Mar. 1852, *CW* XXXIX, pp. 62, 65.

을 발전시킴으로써, 계급에 대한 '경제적 해부학'을 탐구할 수 있게 했다(앞의 1.4절 참조). 마르크스는 이러한 역사관을 이어받았다. 이를테면 『독일이데올로기』는 『국부론』을 따라 분업의 발전을 역사진보의 동력으로 간주한다. 하지만 마르크스는 스미스와 밀러가 사용한 것들보다 훨씬 더 복잡한 일련의 개념들을 정교화한다. 그의 역사이론의 핵심 개념은 생산양식 개념이다. 이 표현이 마르크스의 저술들에서 여러 가지 용법으로 사용됨에도 불구하고, 그것의 가장 중요한 용도는 사회의 (수많은) 기본적인 경제적 유형들을 구체화하는 것이다. 이를테면 그는 고대적(또는 노예제적)·아시아적·봉건제적·자본주의적 생산양식들을 언급한다. 이것들 각각은 그것 고유의 '운동법칙들'을 갖는 독특한 사회경제체계를 구성한다.

스코틀랜드 계몽주의가 제시한 '생존양식들'은 그것들이 기초하고 있는 기술 형태 – 수렵, 목축, 농업, 제조업 – 에 의해 특징지어졌다. 방금 제시한 목록이 암시하듯이, 마르크스의 생산양식은 우선 그것이 포함하는 사회적 관계에 의해 구분된다. 각 양식은 실제로는 내적으로 분화된 복잡한 실체이다. 그것은 주어진 수준의 생산력의 발전을 구체적인 일련의 생산관계 – 또는 마르크스가 때때로 표현하는 바와 같이, 생산의 사회적 관계 – 와 결합시킨다. 생산력은 우선 생산의 기본적 요소들 – 인간의 노동력과 그것이 사용하는 물질적 생산수단 – 로 구성된다. 그것들의 사용이 노동생산성에 의해 측정되는 해당 사회의 생산력을 상징한다.

생산력의 발전 수준은 어떤 주어진 시기에 인간들이 자신들의 욕구를 충족시키기 위하여 사용하는 특정 기술을 반영한다. 그 같은 기술은 생산에 응용되는 자연에 대한 지식을 필요조건으로 한다. 나아가 그러한 기술의 작동은 일반적으로 직접생산자들 간의 특정한 형태의 사회적 협력, 즉 마르크스가 『자본론』에서 '노동과정'이라 부르는 것을 수반한다. 새로운 기술의 발견 또는 생산의 사회적 조직의 향상으로부터 결과하는 노동과정의 변화가 노동생산성을 증대 - 달리 말해, 생산력을 발전 - 시킨다.

생산력에 대한 이 같은 설명은 인간을 창의적인 사회적 생산자로 보는 마르크스의 인간관을 반영한다. 사회적 협력은 인간존재의 본질적 특징의 하나이다. 그는 자신이 '로빈슨류Robinsonade'의 부르주아 사상이라고 부르는 것, 즉 마치 인간이 무인도의 로빈슨 크루소이거나 한 것처럼, 자연 상태에서 홀로 존재하는 인간으로부터 출발하여 사회에 대한 이론을 발전시키고자 하는 것을 경멸적으로 기각한다. 그는 다음과 같이 말한다. "사회 밖에 존재하는 고립되어 있는 한 개인에 의한 생산이란 ...... 함께 살아가며 서로 이야기하는 인간들이 없이 언어가 발전한다는 것만큼이나 매우 터무니없는 것이다."17 하지만 동시에 인간은 (다른 종의 동물들은 가지지 않는) 자신들의 사고와 행위를 자의식적으로 감시할 수 있는 유연성과 능력을 가지고 있다. 그러므로 인간은 혁신을 이룰 수 있다. 즉 인간은 생산력이 발전하는 덕분에 새로운 생산방식을 산출할 수 있다.

마르크스는 노동과정을 "인간과 자연 간의 신진대사적 상호작용을 위한 보편적 조건, 즉 자연이 끊임없이 부여하는 인간존재의 조건"이라 부른다. 우리가 앞 절에서 살펴보았듯이, 마르크스는 인간과 그 자연환경 간의 관계를 역동적 관계로 상정한다. 생산력의 향상은 인간이 자신들의 물리적 환경을 더 많이 통제할 수 있게 해준다. 그러나 노동과정은 사회적 생산의 단 하나의 측면만을 나타낸다.

죽의 맛은 우리에게 누가 귀리를 재배했는지를 말해주지 않으며, 우리가 제시해온 과정은 그 과정이 발생해온 조건들 - 즉 그것이 노예소유자의 잔인한 채찍하에서 이루어졌는지 또는 자본가의 갈망하는 눈빛 아래에서 일어났는

---

17 K. Marx, *Grundrisse*(Harmondsworth, 1973), p. 84.

지, 킨키나투스Cincinnatus가 2~3에이커의 땅을 경작하면서 그 과정을 수행하는지 또는 미개인이 야수를 돌로 내리쳐 죽일 때 그 과정이 발생하는지 — 을 드러내주지 않는다.[18]

이러한 질문들에 답하기 위해서는 생산관계들을 고려하는 것이 필요하다. 생산관계는 근본적으로 생산력의 실질적 통제권과 관련한 사회적 관계에 자리하고 있다. 마르크스에 따르면, "생산의 사회적 형태가 어떠하든 간에, 노동자와 생산수단은 항상 생산의 요소로 남아 있다. …… 왜냐하면 어떤 생산이 이루어지기 위해서는 노동자와 생산수단이 결합되어야만 하기 때문이다. 이 결합이 이루어지는 특정한 형태와 양식이 사회구조의 서로 다른 경제적 시대들을 구분한다."[19] 이 같은 노동력과 생산수단의 '결합'의 성격은 결정적으로 누가 그것들을 통제하는가에 달려 있다. 그것들이 직접생산자들 자신에 의해 (원시공산주의나 선진공산주의하에서처럼) 집단적으로 또는 (어떤 평등주의적인 농민사회에서처럼) 개인적으로 통제되는 곳에서, 계급분화의 범위는 극히 제한적이다. 계급과 계급갈등은 소수가 생산력을 통제하는 곳에서 발생한다.

착취는 소수의 통제와 계급적대 사이를 이어준다. 한 집단이 그들 자신의 욕구와 그들의 식객들의 욕구를 충족시키기 위해서만이 아니라 그 지배집단을 부양하기 위하여 직접생산자들에게 노동을 강요하기에 충분할 정도로 생산수단의 통제권을 강화하고 있는 곳에서는, 어디서나 착취가 발생한다. 이와 같이 착취는 생산력을 통제하는 소수가 잉여노동 — 다시 말해, 직접생산자들을 부양하는 데 요구되는 필요노동 이상의 노동 — 을 전유하는 것에 내재한다.

---

18 K. Marx, *Capital*(3 vols, Harmondsworth, 1976~1981), I, pp. 290~291.

19 K. Marx, *Capital*, II, p. 120.

그 결과, 사회는 착취자와 피착취자로 분할된다. 계급분할의 토대를 이루는 것이 바로 이 같은 필연적인 적대적 관계이다. 조프리 드 생트 크로아Geoffrey de Ste Croix의 표현으로, "계급은 …… 본질적으로 착취가 사회구조 속에 반영되는 방식이다."[20] 따라서 생산양식은 그것이 사용하는 기술의 형태에 따라서가 아니라, 그것이 의거하는 착취의 종류와 관련하여 분화된다. 마르크스에 따르면, "사회의 서로 다른 경제구성체들을 구별해주는 것은 …… 각각의 경우에서 직접생산자, 즉 노동자들로부터 그러한 잉여노동이 강탈되는 형태이다."[21]

그로부터 결과하는 사회구조개념은 다음과 같은 유명한 구절에 간결하게 요약되어 있다.

> 직접생산자로부터 부불잉여노동을 뽑아내는 특정한 형태가 지배·예속관계를
> 결정한다. 왜냐하면 그러한 형태가 생산 그 자체에서 기인하고, 그것이 또다
> 시 생산에 하나의 결정요소로 반작용하기 때문이다. 실제적 생산관계로부터
> 발생하는 경제공동체의 전체 형태, 그리고 그것에서 유래하는 특정한 정치적
> 형태 또한 그러한 형태에 기초한다. 우리가 전체 사회구조의 가장 내밀한 비
> 밀, 즉 숨겨진 토대, 그리고 그것에서 유래하는 지배·종속관계의 정치적 형태,
> 요컨대 각각의 경우의 구체적 국가형태를 발견하는 것도, 각각의 경우에서 생
> 산조건의 소유자들이 직접생산자와 맺는 직접적 관계 — 그러한 특정 형태가
> 자연스럽게 노동유형과 노동방식의 발전의 특정 수준에, 그리하여 그것의 사회
> 적 생산력에 상응하는 관계 — 속에서이다.[22]

---

20 G. E. M. de Ste Croix, *The Class Struggle in the Ancient Greek World*(London, 1981), p. 51.

21 Marx, *Capital*, I, p. 325.

22 Marx, *Capital*, III, p. 927.

마르크스는 하나의 특수한 생산양식 – 자본주의 – 의 연구에 할애한 방대한 초고를 집필하면서, 그리고 세 권으로 이루어진 『자본론』(1867, 1885, 1894)에서 그 정점을 이루면서, 생산양식이론을 구성하는 일련의 복잡한 구분을 발전시키고 정교화한다. 여기서 그의 출발점을 이루고 있는 것이 고전 정치경제학, 특히 리카도이다. 리카도는 실제로 근대사회의 계급구조를 적대적인 것으로 묘사한다. 왜냐하면 지주, 자본가, 노동자 각각은 오직 다른 사람들의 몫을 줄임으로써만, 그들 각각의 순생산의 몫을 증가시킬 수 있기 때문이다(앞의 1.5절 참조). 그러나 리카도나 어떤 다른 고전 경제학자도 생산력과 생산관계를 구분하지 않고 있다. 그러므로 그들은 특히 어떤 복잡한 생산과 정도 필연적으로 이윤의 형태로 보상을 요구하는 사적 기업가에 의한 투자를 통해서 조직된다고 가정하게 된다.

마르크스는 『철학의 빈곤The Poverty of Philosophy』(1847)에서 역사적으로 독특한 하나의 사회적 관계로 인식한 자본을 그것이 사용하는 생산수단(기계류 등)과 구분하기 위해 생산양식 개념을 도입한다. 정치경제학자들처럼 기술과 사회적 관계를 혼동할 경우, 부르주아 사회의 독특한 특징들이 생산의 필수조건들로 제시됨으로써, 부르주아 사회는 영원한 것이 된다.

> 경제학자들이 오늘날의 관계 – 부르주아적 생산관계 – 를 자연적인 것이라고
> 말할 때, 그것은 그러한 생산관계가 자연의 법칙에 부응하여 부가 창출되고
> 생산력들이 발전하는 관계라는 것을 함의한다. 그러므로 그러한 생산관계는
> 그 자체로 시간의 영향으로부터 독립된 자연법칙이다. 그것은 항상 사회를
> 지배해야만 하는 영원한 법칙이다. 따라서 역사는 존재해왔지만, 이제 더 이
> 상 어떠한 역사도 존재하지 않는다.[23]

---

23 CW VI, p. 174.

그러므로 마르크스의 고전 정치경제학에 대한 입장은 필연적으로 비판적이다. 즉 그는 매우 다른 틀에서 고전 정치경제학의 주요 이론들에 접근하며, 그것을 전유하고 변형시킨다. 이를테면 그는 리카도의 노동가치이론을 이어받으나, 그것을 자본주의적 착취에 대한 자신의 설명의 토대로 삼는다. 자본주의는 마르크스가 일반화된 상품생산체계라고 부른 것이다. 달리 말해 자본주의에서는 노동의 생산물이 일반적으로 시장에서 사고파는 상품의 형태를 취한다. 그것의 시장가격은 그것의 가치 ─ 즉 그것을 생산하는 데 요구되는 사회적으로 필요한 노동시간 ─ 주변에서 결정되는 경향이 있다. 그러나 노동력 그 자체도 하나의 상품이다. 달리 말해, 자본주의적 생산관계는 직접생산자가 생산수단으로부터 분리되는 것 ─ 마르크스가 『자본론』 제1권 제8장 영국의 사례에서 묘사하고 있는 것처럼, 이는 자주 농민들로부터 토지를 박탈하는 잔혹한 과정을 통해 이루어진다 ─ 을 전제로 한다.

농민의 토지몰수는 자본주의하에서 노동자들에게 매우 양면적인 자유를 부여한다. 즉 노동자는, "자유로운 한 개인으로서 자신의 노동력을 자신의 상품으로 처분할 수 있으며, 다른 한편으로는 그는 판매할 수 있는 또 다른 상품을 전혀 가지고 있지 않은 탓에 …… 자신의 노동력을 실현하는 데 필요한 모든 대상들로부터 자유롭다는 점에서, 이중적인 의미로 자유롭다."[24] 노동시장에서의 노동자와 자본가 간의 관계 또한 유사하게 양면적이다. 형식적·법적 측면에서 그들은 동등하다. 왜냐하면 노동자는 그 자신의 장래의 고용자들의 직접적인 물리적 힘에 종속되는 노예나 농노가 아니기 때문이다. 그러나 현실적 측면에서, 즉 생산관계의 측면에서, 그들은 평등하지 않다. 왜냐하면 노동자가 생존하기 위해서는 반드시 자신의 노동력을 팔아야만 하지만, 자본가는 노동자가 결여하고 있는 생산수단을 통제하기 때문이

---

24 Marx, *Capital*, I, pp. 272~273.

다. 따라서 그들의 시장교환은 불평등한 조건에서 이루어지는 거래이며, 그 결과 노동자들은 착취당한다.

이 과정에 대한 마르크스의 설명은 노동과 노동력 간의 구분에 결정적으로 의존한다. 노동력은 어떤 다른 것과 마찬가지로 하나의 상품이며, 그러므로 그것은 노동자가 살아가기 위해서는 구입해야만 하는 재화와 용역의 가치 속에 존재하는 가치를 가지며, 그 가치는 노동자들이 지불받는 임금으로 표현된다. 이 노동력의 용도는 노동활동에 있다. 노동가치이론에 따르면, 노동이 상품가치의 근원이다. 이제 노동자는 일반적으로 노동일 동안에 자신의 노동력의 가치보다 더 큰 가치를 창출한다. 필요노동으로 4시간이 상정된다면, 그 필요노동시간은 일일 임금이 구입할 수 있는 소비재의 가치와 동등한 가치를 창출한다. 또 다른 4시간, 즉 잉여노동시간은 자본가를 위한 잉여가치를 산출한다. 그런데 자본가는 잉여가치를 위해 그것에 상응하는 어떠한 가치도 증진시키지 않는다. 자본의 이윤은 바로 노동자의 부불잉여노동을 의미하는 이러한 잉여가치로 이루어지며, 따라서 그것은 마르크스가 주장하듯이 착취의 결실에 불과하다.

이 주장은 자본주의사회에서 사물이 어떻게 눈에 보이는가와 사물이 실제로 어떻게 존재하는가 간의 체계적인 불일치를 전제로 하고 있다. 그것의 외양은 "유통 또는 상품교환의 영역", 즉 자본가와 노동자 간의 거래와 같은 시장거래이다. 그것은 분명 자유롭고 평등한 상품소유자들 간의 교환, 즉 "인간의 천부적 권리로 이루어진 참된 에덴동산, …… 자유, 평등, 소유, 벤담으로 구성된 배타적 영역"이다. 하지만 우리가 "숨어 있는 생산의 장소"에 들어가자마자, 우리는 그러한 외양 아래에서 노동자가 착취당한다는 것을 발견한다. 하지만 자본주의경제의 근간을 이루는 구조를 이해하는 것은 자본주의경제의 작동방식 자체에 의해 방해받는다. 인간노동의 생산물이 시장에서 유통된다는 사실은 마르크스가 '상품물신주의fetishism of the commodity'라고 부르는 것을 발생시킨다. 즉 그에 따르면, "인간 자신들 간의 일정한 사회적 관계가 …… 여기서 그들에게 사물들 간의 관계라는 환상의 형태를 띤다."[25]

생산자들 간의 사회적 관계가 그들의 생산물의 교환에 의해 매개되기 때문에, 시장경제는 인간의 통제를 넘어서는 자연법칙들에 의해서 지배되는 자율적인 과정으로 보이게 된다. 이러한 물신주의의 극단적 견해가, 마르크스가 후기리카도주의 경제학자들이 전개한 '삼위일체정식trinity formula'이라고 부르는 것이다. 그것에 따르면, 세 가지 '생산요소'(토지, 노동, 자본) 각각은 그것이 생산과정에 공헌하는 바에 따라 수입(각각 지대, 임금, 이자)을 산출한다. 생산력과 생산관계 간의 구분을 완전히 지워버리는 이 이론은,

> 자본주의적 생산양식의 신비화, 사회적 관계의 물화, 그리고 생산의 물질적 관계와 그 역사적·사회적 특수성의 직접적 융합을 완성한다. 마법에 걸린 왜곡되고 전도된 이 세계는 사회적인 인물임과 동시에 사물인 자본 도령과 토지 아가씨에 사로 잡혀 있다.[26]

이렇듯 상품물신주의가 은폐하는 것은 자본과 노동의 모순만이 아니다. 마르크스는 실제로 자본주의적 생산양식을 구성하는 두 가지 근본적 갈등을 규명한다. 첫째는 임금노동의 착취이다. 그리고 두 번째 것은 자본의 경쟁적 축적으로부터 발생하며, 부르주아 사회가 면하기 어려운 정기적인 경제위기의 원인이 된다. 자본주의적 생산양식은 무엇보다도 착취의 가장 중요한 목적이 착취자들 자신의 소비에 있지 않다는 사실에 의해, 그 이전의

---

25 Marx, *Capital* I, pp. 279~280, 165.

26 Marx, *Capital* III, p. 969(번역을 수정하여 인용함).

계급사회의 형태들과 구별된다. 노동계급으로부터 추출된 잉여가치의 대부분이 생산의 확대와 개선에 다시 투자된다.

이 과정, 즉 자본축적과정은 스미스와 다른 정치경제학자들에 의해 이미 강조되어왔다. 축적의 원인에 대한 마르크스의 설명은 정치경제학자들의 설명과 근본적으로 다르지 않다. 그러나 마르크스는 그 원인을 보다 광범위한 역사적 맥락 속에 위치 짓고 있으며, 그 결과에 대한 마르크스의 평가도 정치경제학자들의 그것과 다르다. 마르크스는 부르주아를 서로 경쟁하는 적대적인 자본들로 분열되어 있는 하나의 계급이라고 주장한다. 그에 따르면, "자본은 수많은 자본들로 존재하며, 오직 그렇게만 존재할 수 있다."[27] 개별 자본가들은 그들이 노동계급으로부터 집합적으로 추출한 잉여가치 중에서 가능한 한 최대한의 몫을 자신의 것으로 하기 위해 서로 경쟁한다. "자본가들은 서로 적대적인 형제들처럼 다른 사람들의 노동의 약탈을 둘러싸고 자기네들끼리 대립한다."[28]

자본축적의 원인이 되는 것이 바로 이 경쟁 과정이다. 마르크스는 자본가가 축적에 부여하는 우위와 관련하여 제시된 그 어떤 문화적 또는 심리학적 설명도 거부한다. 그에 따르면, "자본가가 의인화된 자본인 한, 그를 추동하는 힘은 …… 오직 교환가치의 획득과 증대이다. …… 따라서 그는 자기치부self-enrichment를 향한 절대적인 충동을 수전노와 공유한다. 그러나 수전노에게서 한 개인의 열광으로 나타나는 것이, 자본가에게서는 (그가 단지 톱니바퀴의 하나의 이에 불과한) 사회적 메커니즘의 결과이다."[29] 경쟁자들이 생산성을 향상시키는 혁신들에 투자하는 것만큼을 투자하지 못하는 개별 기업은 자신

---

27 Marx, *Grundrisse*, p. 414.

28 K. Marx, *Theories of Surplus-Value*(3 vols, Moscow, 1963~1672), II, p. 29.

29 Marx, *Capital*, I, p. 739.

이 뒤처지고 업계로부터 내쫓길 것이라는 점을 스스로 깨닫는다. 이것이 바로 자본주의의 생산력 확대경향을 조장하는 '사회적 메커니즘'이다. 부르주아사회의 독특한 동학과 불안정성은 바로 이 같은 경향으로부터 발생한다.

> 부르주아는 생산도구, 그리고 그것을 통해 생산관계 그리고 그것들과 함께 사회의 전체 관계를 끊임없이 혁명적으로 변화시키지 않고서는 존재할 수 없다. …… 생산의 부단한 혁명적 변화, 모든 사회적 조건의 끊임없는 교란, 끝없는 불확실성과 동요가 부르주아 시대를 이전의 모든 시대와 구분해준다. 모든 고정되고 급속하게 동결된 관계들이 유서 깊은 오래된 일련의 편견 및 견해들과 함께 일소되고, 새롭게 형성된 것들조차도 그것들이 자리를 잡기도 전에 낡은 것이 되고 만다. 견고한 모든 것들이 공기 속으로 용해되고, 신성한 모든 것들이 모독되고, 마침내 사람들은 자신들의 삶의 실질적 조건과 그의 종種과 자신의 관계를 냉철한 의식을 가지고 마주하지 않을 수 없게 된다.[30]

1848년 혁명 직전에 집필된 『공산당선언』의 이 유명한 구절은 근대 시대의 "끝없는 불확실성과 동요"를 자본주의적 생산관계가 경제적 행위자들에게 조장하는 특별한 동기의 결과로 설명한다. 그러나 이 같은 조건이 이처럼 역사적으로 설정된 것이라면, 그것의 종결 또한 예고되어 있다. 자본주의는 역사의 끝이 아니라, 단지 사회적 생산의 하나의 일시적 형태이다. 자본주의 동학의 원천인 자본축적을 향한 바로 이 같은 경향 역시 그것의 내재적 한계를 드러낸다.

『자본론』 제3권에서, 마르크스는 리카도가 이미 가정했던 이윤율저하경향을 논의한다(앞의 1.5절 참조). 리카도는 이 경향을 맬서스의 인구법칙에 토

---

30 *CW* VI, p. 487.

대하여 설명했다. 즉 농업에서의 수확체감이 식량생산에 더 많은 비용이 들어가게 하고, 그로 인해 임금이 올라가고 이윤이 저하되게 될 것이라는 것이었다. 헨리크 그로스먼Henryk Grossman은 이 이론을 '의사동학pseudo-dynamics'으로 묘사한다. "왜냐하면 역동적인 요소가 경제과정 그 자체에 내재하는 것이 아니라, 오히려 외부로부터 경제과정에 영향을 미치는 하나의 자연적 힘이기 때문이다."[31] 이와는 대조적으로 마르크스는 이윤율저하경향을 하나의 사회경제적 체계로서의 자본주의에 내재하는 특징의 결과로 간주한다.

그의 설명에서 중심을 이루고 있는 것은 자본축적이 생산구조 자체를 진보적으로 변화시킬 것이라는 제언이다. 마르크스는 생산구조를 개념화하기 위해, 노동력을 고용하는 데 투자하는 가변자본과 기계류, 원료 및 여타 생산수단의 가격인 불변자본을 구별한다(이들 이름의 이론적 근거를 이루고 있는 것은 오직 가변자본만이 자본의 자기팽창을 가져온다는 점이다. 왜냐하면 노동이 잉여가치의 근원이기 때문이다). 경쟁이 자본에 강요하는 투자는 노동을 절약하는 경향이 있다. 달리 말해, 그것은 보다 많은 기계류의 도움을 받아 보다 적은 노동자들이 소정의 산출물을 생산할 수 있게 함으로써, 노동생산성을 증가시킨다. 그러므로 가변자본에 대한 불변자본의 비율 ― 마르크스가 자본의 유기적 구성이라고 부르는 것 ― 이 올라간다. 따라서 소정의 투자는 생산수단에 투자된 자본의 비율이 바로 직전보다 커지고 노동력에 투자된 자본의 비율이 적어지는 식으로 이루어지는 경향이 있다. 그러나 단지 노동력만이 가치와 잉여가치를 창출한다. 전체 투자가 노동력에 투자된 가변자본에 비해 상대적으로 커지면, 이윤율 ― 전체 투자를 기준으로 하여 자본가가 산출한 수익 ― 은 반드시 떨어진다.

---

31 H. Grossmann, "Marx, Classical Political Economy and the Problem of Dynamics," II. *Capital and Class*, 3(1977), p. 67.

이 이론에 대한 하나의 분명한 반박은 자본가들이 이윤율을 저하시키는 투자를 하는 것은 분명 비합리적이라는 것이다. 마르크스의 설명은 때때로 '미시적 토대'라고 불리는 것을 결여하고 있는 것으로 보인다. 달리 말해, 그 것은 자본가들이 그러한 결과를 산출하게끔 하는 동기를 전혀 설명하지 않고 있다. 하지만 마르크스는 실제로 그러한 설명을 하고 있다. 그는 생산성을 향상시키기 위해 투자하는 몇몇 개별 자본가에 의해 혁신이 이루어지기 시작한다고 제시한다. 왜냐하면 혁신이 그의 부문에서 평균비용 이하로 생산비용을 낮출 것이기 때문이다. 이로 인해 혁신자는 추가 이윤들을 획득하고 그의 경쟁자들을 물리칠 수 있게 된다. 다음으로 경쟁자들은 사업에서 살아남기 위해서 그의 혁신에 대처해야만 한다. 일단 경쟁자들이 그렇게 하자마자, 그 부문의 평균비용은 혁신자가 수립한 수준까지 떨어진다. 그의 특별한 이점은 사라지나, 이 같은 혁신의 순환 결과, 자본의 유기적 구성은 높아지고, 따라서 전반적 이윤율은 떨어진다. 일련의 개별적인 합리적 결정들이 전반적인 비합리적 결과를 산출한다. 스미스는 개별 행위들이 결합하여 의도하지 않은 결과를 산출하는 방식에 대해 지적했었다(앞의 1.3절 참조). 하지만 그러한 결과들이 전반적 복리를 최대화하게끔 보장하는 '보이지 않는 손'은 어디에도 존재하지 않는다.

마르크스가 '이윤율저하경향의 법칙'이라 부르는 것에 대한 그의 이론의 또 다른 두 가지 특징은 지적할 만한 가치가 있다. 첫째로, 리카도는 (특히 농업부문에서의) 생산성하락을 통해 이윤의 하락을 설명하는 데 반하여, 마르크스에서 이윤의 하락은 생산성증가의 한 결과이다. 노동력에 대비한 생산수단의 증가는 노동생산성의 증대를 의미한다. 각 노동자는 더 많은 수의 재화를 생산하기 위해 더 많은 양의 기계류를 작동시키고 더 많은 원료를 가공한다. 하지만 생산력의 이러한 발전은 가치 측면에서는 자본의 유기적 구성의 증가와 그로 인한 이윤율저하로 표현된다. 마르크스에 따르면, "따라서 점진적인 전반적 이윤율저하경향은 자본주의적 생산양식에 독특한 사회적 노동생산성의 점진적 발전을 표현할 뿐이다."[32]

둘째로, 마르크스는 절대적 추세라기보다는 이윤율저하경향을 상정할 뿐이다. 그는 거기에는 "일반법칙의 효과를 억제하고 무력화하는, 그리고 그것에 단지 하나의 경향적 성격을 부여하는 상쇄요인이 작동한다"고 주장한다. 실제로 마르크스는 다음과 같이 말한다. "전반적인 이윤율을 저하시키는 동일한 원인들이 그러한 저하를 억제하고 늦추고 심지어는 부분적으로 그것을 무력화시키는 역효과를 유발한다." 비록 그러한 상쇄요인들 중에서 어쩌면 가장 흥미로운 것 – 반복되는 경제위기 – 이 공식적으로 하나의 상쇄요인으로 열거되지는 않지만, 마르크스는 다양한 그러한 '상쇄요인들'에 대해 논의한다. 마르크스는 "위기는 기존 모순의 순간적인 폭력적 해결, 즉 교란된 균형을 잠시 동안 재확립하는 폭력적 폭발 그 이상이 결코 아니"라고 주장한다. 위기는 이윤율저하가 새로운 투자를 비합리적으로 만들 때 발생한다. 산출과 고용이 하락하고, 기업이 파산한다. 이 과정은 자본의 파괴를 의미한다. 왜냐하면 자본이 가치의 면에서 감소하고, 심지어는 물리적으로 폐기되기 때문이다. 그 결과 경제에서 자본의 총량이 감소한다. 그러나 이윤율저하는 잉여가치의 근원, 다시 말해 노동력에 비해 총투자가 증가했다는 사실에서 기인한 것이었다. 경기침체 동안에 이들 투자의 규모가 감소함에 따라 유발되는 자본의 파괴는 다시 경제가 팽창할 수 있는 수준으로까지 이윤율을 회복하려는 경향을 드러낼 것이다.

기존 자본의 주기적 가치저하 – 이것은 이윤율의 저하를 늦추고 자본가치의 축적을 촉진하기 위해 자본주의적 생산양식에 내재하는 하나의 수단이다 – 는 자

---

32 Marx, *Capital*, III, p. 319.

본의 순환과정과 재생산과정이 일어나는 주어진 조건들을 교란하고, 그리하여 생산과정의 갑작스러운 중단과 위기를 수반한다.[33]

이와 같이 경제위기는 이윤율저하경향의 결과이자 일시적 극복 수단으로, 자본주의적 생산양식에 '내재하는' 것이다. 하지만 안정적인 경제성장이 그러한 파괴적 수단에 의해서 잠시 동안 회복될 수 있을 뿐이라는 사실은 부르주아 사회의 고유한 한계를 보여주는 하나의 표식이다. 즉 마르크스의 표현으로, "자본주의적 생산의 진정한 장애물은 자본 그 자체이다."[34] (마르크스가 최초로 체계적으로 분석한) 호황과 경기침체의 순환은 생산력의 발전이 축적경쟁이라는 우선사항에 종속됨으로써 유발된 극단적 긴장으로부터 발생한다.

4.3 계급투쟁과 혁명

마르크스는 자신이 식별해낸 자본주의 사회의 생산력과 생산관계 간의 갈등은 더 큰 유형의 갈등의 한 가지 실례일 뿐이라고 생각했다. 연속되는 생산양식들은 각기 이와 동일한 갈등에서 파생하는 체계위기를 경험해왔다.

생산력발전의 특정 단계에서, 사회의 물질적 생산력은 그것들이 지금까지 작동해온 틀 내에서 기존의 생산관계 또는 소유관계 ― 이것은 동일한 것을 법적인 용어로 표현한 것에 불과하다 ― 와 상충되게 된다. 특정 형태의 생산력발전으로 인하여 생산관계는 족쇄로 전화된다. 그다음에 사회혁명의 시대가 시작

---

33 Marx, *Capital*, III, pp. 339, 345, 347, 358.

34 Marx, *Capital*, III, p. 358.

된다.[35]

이와 같이 각 생산양식은 대체적으로 두 국면 – 생산관계가 생산력의 발전을
자극하는 첫 번째 국면과 그것들이 더 이상의 경제성장을 제약하게 되는 두 번째 국면 –
을 경험한다. 자본주의적 생산양식의 독특성은 이 두 국면이 경기순환 – 각
각의 순환과정 동안에 서로의 뒤를 잇는 성장과 침체 – 속에 일정 정도 통합되어 있
다는 것이다. 그렇다면 모든 생산양식에 내재하는 경향의 결과인 그러한 구
조적 모순들이 어떻게 사회혁명을 초래하고, 그리하여 그것 이상의 생산력
발전을 가능하게 하는 새로운 생산관계를 어떻게 확립하는가?

계급투쟁이 특별한 중요성을 지니게 되는 것이 바로 이 지점이다. 마르크
스와 엥겔스는 1879년 – 마르크스가 그의 생을 거의 마감하던 시기인 – 에 이르러
서야 계급투쟁의 역할에 관해 가장 정확하게 정식화했다. 그들은 다음과 같
이 기술한다. "거의 40년 동안 우리는 계급투쟁이 역사의 직접적 동력이며,
특히 부르주아와 프롤레타리아 간의 계급투쟁이 근대 사회혁명의 가장 위
대한 지렛대라고 강조해왔다."[36] 계급투쟁을 '역사의 직접적 동력'으로 간주
하는 것은 그것의 배후에 보다 근본적인 동력이 존재한다는 것을 시사한다.
마르크스는 사실 역사변동의 두 가지 메커니즘을 상정한다. 하나는 생산력
과 생산관계 사이에서 구조적 모순이 발전하는 경향이고, 다른 하나는 착취
자와 피착취자로 사회가 분열됨으로써 발생하는 계급투쟁이다. 후자는 모
든 계급사회의 고질적 특징 – 『선언』의 표현으로는 때로는 은밀하고 때로는 공개적
인 끊임없는 싸움 – 이나, 그것은 체계위기가 진전될 때 보다 강렬해지며 '사
회혁명의 시대'를 인도한다.[37]

---

35 K. Marx, *A Contribution to the Critique of Political Economy* (London, 1971), p. 21.
36 *CW* XXIV, p. 269.

그 같은 첨예한 계급투쟁의 시대가 필연적으로 사회혁명 자체를 산출하는가? 수많은 논평자들은 마르크스가 그렇다고 믿었다고 곧장 주장하고, 따라서 그에게 숙명론적 또는 결정론적 역사관을 귀속시켜 왔다. 그의 저술들 속에는 분명 그러한 해석을 뒷받침하는 구절들이 존재한다. 이를테면 마르크스는 자본의 '원시적 축적' 국면 동안에 소생산자들에 대한 수탈을 묘사하고 나서, 다음과 같이 선언한다. "그러나 자본주의적 생산은 자연적 과정의 냉혹함으로 인해 그 자신을 부정한다. 이것이 바로 자본주의의 수탈자가 스스로 수탈당하는 '부정의 부정'이다."[38] 여기서 우리는 헤겔이 발전시키고 포이어바흐가 이어받은 목적론적 역사철학이 그에게 영향을 미치고 있음을 목도한다. 그러한 역사철학에 따르면, 소외는 변증법적 과정의 목표인 완전히 고양된 자기의식을 획득하기 위해 필요한 하나의 발전단계이다(앞의 2.2절과 4.1절 참조).

하지만 마르크스의 대부분의 사유는 그러한 역사적 목적론과 조화되기 어렵다. 그의 유명한 진술대로, "인간이 역사를 만드나, 그들은 역사를 자신들이 바라는 바대로 만드는 것이 아니다. 즉 그들은 자신들이 선택한 상황하에서 역사를 만드는 것이 아니라, 자신들이 직접 조우하는 과거로부터 주어지고 전해진 상황하에서 역사를 만든다."[39] 이 구절이 암시하듯이, 인간행위는 제약받는다. 즉 인간행위는 특히 생산력과 생산관계가 만들어낸 구조적 한계에 종속된다. 그러나 인간행동이 그러한 한계가 불가피하게 유발하는 결과를 산출하는 방식으로 결정되어 있는 것은 아니다. 훨씬 더 칭송받은 『선언』의 첫 문장에서, 마르크스는 과거의 계급투쟁은 "그때마다 전체 사회를

---

37 *CW* VI, p. 482.

38 Marx, *Capital*, I, p. 929.

39 *CW* XI, p. 103.

혁명적으로 재구성하거나 경쟁하는 계급들이 같이 몰락하는 것으로 끝났다"고 말한다. 이것은 생산양식의 체계적 위기는 결과를 결정짓기보다는 대안을 제시한다는 것을 암시한다. 그러나 같은 장章은 "[부르주아]의 몰락과 프롤레타리아의 승리는 마찬가지로 불가피하다"라는 예측으로 마무리된다.[40]

이와 같이 마르크스의 사상에서 우리는 두 개의 축을 간파할 수 있으며, 각각은 그가 상정한 역사변동의 메커니즘들 중 하나 — 한편으로는 생산력의 발전경향과 그것이 수행할 수도 있는 불가피한 진보가 갖는 함의, 그리고 다른 한편으로는 우연성과 불확실성으로 충만한 계급투쟁 — 에 근거한다. 후일의 마르크스주의자들은 이 양 축 중의 하나에 끌리곤 했다. 예를 들면 카우츠키Kautsky가 첫 번째 축과 보다 숙명론적인 역사유물론적 견해에 경도되었다면(아래의 5.2절을 보라), 루카치는 두 번째 축과 계급주체성이론에 치우쳤다(아래의 9.1절을 보라).

사회주의혁명에 대한 마르크스의 설명은 분명 후자의 방향으로 기울어 있다. 그의 이윤율저하경향 이론이 자본주의가 단순히 그것의 경제적 모순 때문에 붕괴되는 것을 면하기 어렵다는 것만을 함의하는 것은 아니다(후일의 일부 마르크스주의자들, 특히 로자 룩셈부르크Rosa Luxemburg는 『자본축적The Accumulation of Capital』(1913)에서 자본주의 붕괴이론을 전개하고자 했지만, 그러한 시도는 항상 다른 마르크스주의 경제학자들에 의해 격렬하게 논박당했다. 자본주의의 붕괴에 대한 마르크스 자신의 예상은 노동계급이 사회의 통제권을 획득할 수 있는 자의식을 갖춘 정치적 주체로 발전하는 것에 결정적으로 의거하는 것이었다. 실제로 사회주의혁명은 필연적으로 자기해방의 과정이다. 그에 따르면, "노동계급의 해방은 노동계급 자신에 의해 성취되어야만 한다."[41]

마르크스는 이 같은 노동계급의 자기해방을 사회변혁의 핵심으로 다루면

---

40 *CW* VI, pp. 482, 496.

41 *CW* XXIV, p. 269.

서, 당대의 주류 급진사상에 대항하고 있었다. 유토피아적 사회주의자들은 분명 당시 출현 중에 있던 산업프롤레타리아를 부르주아 사회의 주요 희생자로 간주했다. 그러나 바로 그러한 고통과 박탈 때문에, 노동계급은 독자적인 정치행위에 착수할 수 없을 것으로 간주되었다. 사회변동은 계몽된 엘리트의 행위 — 그것이 푸리에Fourier가 자신이 제시한 팔란스테르phalanstere에 자금을 공급하게끔 설득하고자 했던 진보적 정신을 가진 사업가들과 동일시되건, 또는 오귀스트 블랑키Auguste Blanqui 및 다른 초기 프랑스 공산주의자들이 자신들의 정치적 활동을 바쳤던 모종의 정치적 음모단과 동일시되던 간에 — 의 결과로 초래될 것으로 예견되었다.

마르크스는 점진적인 개혁이나 반란적 폭동 그 어느 것도 근본적으로 사회를 변혁시킬 수 없다고 믿었다. 그는 또한 "사회가 두 부분으로 분할될 수밖에 없고 그중 하나가 사회에서 우위를 차지하고 있을 때",[42] 노동계급이 물질적 상황에 의해 너무나도 타락하고 왜곡되어 있어서 혁명을 수행할 수 없다는 관념을 거부했다. 마르크스가 자신이 사회변동에 대한 엘리트주의적 관념으로 간주했던 것을 반대했다고 해서, 그것이 그가 혁명에 장애물이 존재한다는 것을 부정했다는 것을 의미하지는 않았다. 그와는 반대로 처음에는 종교와 관련하여 전개된 그의 이데올로기이론은, 사회적 메커니즘들은 기존 질서를 뒷받침하는 믿음들을 광범위하게 받아들이게 한다고 단언했다. 따라서

> 모든 시대에 지배 계급의 관념은 지배적 관념이다. 다시 말해, 사회의 지배적인 물질적 힘인 지배 계급은 동시에 그 사회의 지배적인 지적 힘이다. 그 결과 마음대로 처분할 수 있는 물질적 생산수단을 가진 계급이, 또한 정신적 생산수단들을 통제하고, 그리하여 정신적 생산수단을 결여하고 있는 사람들의 관

---

42 *CWV*, p. 7.

넘은 전적으로 그러한 계급에 종속된다.[43]

『독일이데올로기』의 이 구절은 때때로 '지배이데올로기 테제dominant ideology thesis'라고 불리는 것을 단언하고 있다. 이 테제는 착취계급의 사회적 권력이 그 계급의 관념을 사회 전반에 강요할 수 있게 한다는 것을 의미한다. 이 이론은 적어도 조직화된 종교를 사제와 통치자들의 음모라고 바라보던 계몽주의의 비판과 계보적 유사성을 지니고 있다. 즉 양자 모두는 대중을 '지배적 관념'의 수동적 저장소로 보는 듯하다. 『자본론』에서 전개된 상품 물신주의이론은 대중의 수동성을 가정하지 않는, 상이한 메커니즘을 상정한다. 시장경제의 일상적 작동은 개인들로 하여금 그것을 자연법칙의 지배를 받는 자율적 과정으로 바라보도록 부추긴다. 이러한 인식은 그저 하나의 오류에 불과한 것이 아니다. 마르크스는 다음과 같이 기술한다. "생산자들에게 …… 그들의 사적 노동들 간의 사회적 관계는 그것들이 현존하는 바대로 등장한다. 다시 말해, 그러한 관계는 노동하는 사람들 간의 직접적인 사회적 관계로 나타나는 것이 아니라, 오히려 …… 사람들 간의 물질적 관계와 사물들 간의 사회적 관계로 나타난다."[44] 생산자들 간의 사회적 관계는 시장에서 그들의 생산물의 교환에 의해 매개된다. 즉 자본주의를 인간의 통제 밖에 존재하는 하나의 자연적 현상으로 인식하게끔 하는 것이 바로 상품경제의 이 같은 실제적 특징이다.

계급투쟁은 기존 질서를 수용하게 하는 그러한 압력에 대한 주요한 대항적 힘을 상징한다. 마르크스는 계급투쟁이 우선은 생산과정 내에서 순생산을 임금과 이윤으로 분배하는 것을 놓고 벌이는 경제적 갈등으로부터 발생

---

43 CWV, p. 59.
44 Marx, *Capital*, I, p. 166(강조 첨가).

한다고 파악한다. 전해지는 이야기와는 반대로, 마르크스는 노동자의 수입이 겨우 물리적 생존의 최소수준을 향하는 경향이 있다는 맬서스의 '임금철칙'(앞의 1.5절 참조)을 수용하지 않는다. 그와는 반대로, 이윤(그러므로 임금)의 몫은 이 물리적인 최소 수준과 노동자들이 창출한 순가치에 의해 설정된 한계 내의 어딘가에서 결정된다. 즉 "그것의 실제 정도는 자본과 노동의 계속되는 투쟁에 의해서 결정될 뿐이다. …… 문제는 전투원들 각자의 힘의 문제로 귀착된다."[45]

이러한 분석은 마르크스로 하여금 (재차 당시의 사회주의적 교의에 대항하여) 노동조합을 긍정적으로 바라보게 한다. 왜냐하면 노동자들이 보다 잘 조직되면 될수록, 그들은 분배투쟁에서 더 많은 것을 얻을 것이기 때문이다. 하지만 노동조합은 자본주의의 착취를 완전히 철폐하기보다는 단지 그것의 결과와 싸울 수 있을 뿐이다. 즉 자본가가 투자를 통제하고 그 결과 실업률을 증가시키고 또 그것을 통해 노동자의 협상지위를 약화시킬 수 있다는 사실은 순전히 분배적인 갈등에서 자본가에게 절대적인 우위를 부여한다. 마르크스가 볼 때, 노동조합의 가장 중요한 기능은 노동자들의 자신감을 증가시키고 그들의 조직을 강화하는 역할을 한다는 데 있다. 계급투쟁의 경험, 심지어는 상대적으로 협소한 경제적 쟁점을 둘러싼 계급투쟁의 경험도 노동자들이 스스로를 단순한 착취의 희생자에서부터 점점 더 사회변혁의 임무를 기꺼이 떠맡는 자의식적 주체로 변화시키는 데 일조한다. 따라서 후자의 과정은 "상황의 변화와 인간활동의 변화(또는 자기변화)가 동시에 발생하고 있는 것"으로 이해되어야만 한다.[46]

노동계급운동의 궤적은 개별 고용자나 그 집단과 관련한 경제적 쟁점에

---

45 *CW* XX, p. 146.

46 *CW* V, p. 4.

서부터 국가와의 대결을 포함하는 정치적 쟁점에 이르기까지 다양할 수 있다(마르크스는 여기서 일정 정도 초기 영국 노동자들의 운동경험으로부터 일반화하고 있다. 왜냐하면 그것이 노동조합을 형성하려는 초기의 시도들에서 1840년대 차티스트의 남성선거권 요구로 발전했기 때문이었다). 이미 자신의 초기 저작에서 마르크스는 프랑스혁명을 통해 이룩한 '정치적 해방'의 제한적 성격을 다음과 같이 비판했었다. "이른바 인권은 …… 시민사회의 성원의 권리, 다시 말해 이기적 인간의 권리, 즉 다른 사람들 및 공동체와 분리되어 있는 인간의 권리에 불과하다." 보다 완전한 '인간해방'을 위해서는 국가와 시민사회의 분리를 극복하는 것이 필요했다.[47]

마르크스는 자신의 유물론적 역사관을 정식화하고 나서 곧바로 '정치적 해방'이 산출한 유형의 국가, 즉 근대 자유주의적 의회국가를 실제로 다른 모든 국가와 마찬가지로 계급지배의 수단으로 파악하는 것으로 나아갔다. 착취계급은 자신의 정치적 지배를 간접적으로 실행할 수도 있다. 마르크스에 따르면, 나폴레옹 3세의 제2제정(1851~1870년)이나 개혁 이후의 영국에서도 산업자본은, 비록 국가가 여전히 그것의 이해관계를 증진시키고 있기는 했지만, 자신의 정치적 권력을 직접적으로 행사하지는 않았다. 하지만 마르크스가 볼 때, 일반적으로 "정치권력은 …… 한 계급이 다른 계급을 억압하기 위한 조직화된 권력에 불과하다."[48]

이러한 국가이론은 '프롤레타리아 독재'가 공산주의를 이룩하기 위한 필수조건이라는 그의 진전된 믿음을 설명해준다. 자본주의를 전복하는 과정에서 노동자들은 부르주아의 저항을 압도하고 미래사회의 기초를 놓기 위해 그들 자신의 국가를 수립해야만 할 것이다. 도시의 하층 계급이 잠시 통

---

47 *CW* III, pp. 162, 168.
48 *CW* VI, p. 505.

제권을 장악했던 1871년 파리코뮌의 결과, 그러한 국가가 무엇일 수 있는가에 대한 마르크스의 견해는 보다 분명해졌다. 마르크스는 코뮌을 "마침내 발전한 정치적 형태로, 그것 아래서 노동의 경제적 해방이 이룩될" 것이라고 기술했다. 마르크스는 코뮌의 특징으로, 그것이 국가장치와 대다수 주민 간의 구분을 붕괴시키고 정부에 인민의 참여를 확대했다는 점 – 즉 상비군과 경찰의 폐지 및 그것의 인민군대로의 대체, 판사와 다른 공무원들을 직접소환권에 종속시키는 선거, 그리고 그들 봉급의 평균임금으로의 감축 – 을 강조했다. 실제로 코뮌은 "국가 자체에 대항한 하나의 혁명, 즉 사회의 초자연적 낙태, 다시 말해 인민을 위한 인민에 의한 인민 자신의 사회적 삶의 회복"이었다.[49]

이미 1840년대 초에 마르크스는 근대국가를 원자화된 시민사회로부터 소외된 하나의 추상물로 비판해왔으며, 시민사회 자체의 해소와 함께 국가의 해소를 제안해왔다(앞의 4.1절 참조). 이 주제는 계속해서 그의 후기 정치저술들로 이어지며, 그의 성숙된 역사이론에 통합될 뿐만 아니라 근대국가의 관료제적 성격에 대한 모진 비판을 통해 강화되었다. 이를테면 마르크스는 토크빌과 놀랄 만큼 유사한 방식으로 프랑스 국가 – "그것의 거대한 관료제적·군사적 조직, 그것의 광범위하고 인공적인 국가기구, 50만 명에 달하는 군대 이외에도 50만 명에 달하는 수많은 공무원을 거느리고 있는 이 끔찍한 기생체" – 를 추적하면서, "모든 혁명들은 이 기구를 파괴하는 대신에 완성시켰다"고 주장한다. "다음으로 지배를 놓고 경쟁하는 정당들은 이러한 거대한 국가조직의 소유를 승리자의 주요한 전리품으로 간주했다."[50]

다음으로 사회주의혁명은 이러한 관료제적·군사적 기구들을 파괴하고, 그것을 노동계급이 통치과정에 직접 참여하는 정치제도들로 대체한다. 이

---

49 *CW* XXII, pp. 334, 486.
50 *CW* XI, pp. 185~186.

같은 혁명 개념은 마르크스가 사회주의를 (이를테면 생산수단의 국유화를 통한) 국가권력의 확대와 동일시하지 않는다는 것을 시사한다. 이와는 반대로, 마르크스는 다음과 같이 지적한다. "자유는 국가를 사회 위에 군림하는 기관에서 사회에 완전히 종속되는 기관으로 바꾸어놓는 데에 있다."[51] 게다가 사회주의를 자기해방으로 바라보는 마르크스의 사회주의관은 자유를 집합적 행위자의 재산으로 보는 고전 공화주의적 자유 개념과 계보적 유사성을 지니는 것으로 보인다(앞의 1.5절 참조). 계급투쟁의 경험을 통해 변화되고 자신감을 부여받은 노동자들은 프롤레타리아 독재하에서 신민이기를 그만두고, 정치과정에 적극적으로 참여하고 그 과정을 지도함으로써 집합적으로 자기지배를 실행하는 (그 단어의 진정한 의미로) 시민이 된다. 하지만 이 같은 견해 속에서는, 사적 의지와 일반의지 간의 갈등의 극복이라는 루소의 문제가 명백하게 회피되고 있다. 왜냐하면 그들로 하여금 '보편적 해방'을 이끌도록 하는 것이 바로 노동자의 계급이익이기 때문이다. 이처럼 마르크스는 프롤레타리아를 '보편계급' – 헤겔은 관료를 보편계급으로 생각했다 – 으로 인식한다.

하지만 이 같은 보편적 해방조차도 발전된 공산주의사회 달성의 한 전조일 뿐이다. 탈자본주의사회에 대한 상세한 설명들을 전개함으로써 역사의 경과를 예견하고자 했던 유토피아적 사회주의자들의 시도에 대해 심히 비판적이었던 마르크스는 공산주의에 대해서는 거의 언급하지 않는다. 그의 마지막 중요 저작들 중의 하나인 『고타강령비판Critique of the Gotha Programme』 (1875)에서, 마르크스는 "공산주의사회의 보다 높은 단계"에서는 분배가 "각자의 능력에 따른 분배에서 각자의 필요에 따른 분배로"의 원칙에 의해 규율될 것이라고 시사한다. 이러한 원칙의 작동은 자본주의의 전복 이후에 오직 점진적으로만 성취되는 일정한 조건들 – "개인이 노예처럼 분업에 예속되는"

---

51 *CW* XXIV, p. 94.

것을 초월하고, "그것을 통해 또한 정신노동과 육체노동 간의 대립"을 초월하고, 그리하여 "노동이 삶의 수단일 뿐만 아니라 삶의 가장 중요한 욕구"가 되고, "개인의 전면적인 발전과 더불어" 생산력이 더더욱 성장하는 것 - 을 전제로 한다.[52]

이 구절은 공산주의 사회가 근거하게 될 조건들을 마르크스가 역사적으로 실감나게 설명하고자 시도하고 있음을 보여준다(얼마나 성공할 수 있는가는 물론 또 다른 문제이다). 그것은 또한 그가 초기 저술들, 특히 『경제학·철학 수고』에서 전개한 인간본성에 대한 견해를 전제로 하고 있다. 그곳에서 노동은 '인간의 본질'로 단언된다(앞의 4.1절 참조). 노동이 '삶의 가장 중요한 욕구'가 되는 사회는 인간들이 창의적인 사회적 생산자로 자신을 실현할 수 있는 사회이다. 왜냐하면 이러한 견해에 입각할 때, 안녕은 창의적인 활동을 통해 자기 자신을 실현하는 데 있기 때문이다. 공산주의 사회는 이를 통해 물질적 유인을 폐기하고 필요에 따라 할당하는 분배원칙을 받아들이도록 성원들을 설득할 수 있다. 게다가 인간들은 자기 자신을 적극적으로 실현할 수 있기 때문에, 사회주의혁명은 역사의 종말이 아니라 '인간사회의 전사前史'의 종말을 특징짓는다.[53] 즉 역사 - 사회적 노동에 의한 세계개조 - 는 계급이 폐지된 이후에도 계속될 것이다. 이와 같이 마르크스의 공산주의관은 그의 성숙기의 저술들을 계속해서 이끌고 있는 인간본성이론과 밀접하게 연결되어 있다.

우리가 계속해서 마르크스를 주목해야 하는 것은 단지 그의 영향력이 거대하기 때문만이 아니다. 그의 사회이론은 분석의 복잡성과 통합성의 측면에서 유일하게 헤겔의 사회이론에 필적한다. 그것은 보다 광범위한 역사해석 내에서 근대성 이론을 제시한다. 아마도 저술의 범위와 깊이 면에서 마르크스에 비견되는 유일한 근대 사회사상가는 베버일 것이다(이 둘의 역사적 범

---

52 *CW* XXIV, p. 87.
53 Marx, *Contribution*, p. 22.

위는 실로 매우 엄청나다). 그러나 베버의 이론은 훨씬 더 부자연스럽고 더 양가적인 이론으로, 말하자면 항상 파편화에 직면해 있다. 그러나 이와 같이 마르크스를 헤겔과 비교하는 것은 왜 그렇게 많은 사람들이 마르크스에 대해 심대한 회의를 표명하는지를 부각시키는 데 도움을 준다. 그렇다면 원칙적으로 역사의 전체 과정을 포괄한다고 주장하는 '거대서사'를 구성하는 과정에서 마르크스가 헤겔의 관념론적 환원론만큼이나 무력한 유물론적 환원론에 빠진 것은 아닌가? 러시아혁명 이후 마르크스 교의의 역사적 운명에 대한 평가뿐만 아니라 그의 사상 − 그의 경제이론의 내적 일관성 문제는 광범위한 논쟁을 불러일으켜왔다 − 의 개별적 측면들에 대한 수많은 상세한 비판들 중 (비록 전부는 아니지만) 대부분 − 이를테면 그가 민족 및 인종 갈등에 대해 소홀히 하고 있다는 주장과, 그가 자본주의가 스스로를 갱신할 수 있는 능력을 지니고 있음을 예견하지 못했다는 비판 − 은 궁극적으로는 이러한 근본적인 문제에서 기인한다. 그가 수립한 전통이 이러한 도전에 얼마나 잘 대처할 수 있었는지는, 아마도 이 책의 나머지 부분에서 드러나게 될 것이다.

5 / 삶과 권력

5.1 다윈 이전과 이후의 진화론

　마르크스의 이론은 진화론적 사회이론의 부류에서 가장 중요한 사례이다. 달리 말해, 그것은 역사이론을 포함하고 있다. 즉 그의 이론은 (1) (그 사회를 지배하는 생산력과 생산관계에 토대하여) 사회의 유형들을 구분하고, (2) 하나의 유형의 사회를 다른 유형의 사회로 변화시키는 메커니즘 – 생산력과 생산관계 간의 모순과 계급투쟁 – 을 구체화하고, (3) 이러한 변동들은 한 가지 특정한 속성의 증가 – 생산력의 발전 – 를 누적적으로 표상한다고 주장한다. 이와 같은 역사이론의 초기적 형태는 물론 계몽운동 동안에 개진되었다(앞의 1.4절 참조). 하지만 19세기 중반경에 진화론적 사회이론의 한 변종, 즉 인류 역사의 발전유형을 단지 생명체의 세계에서 일반적으로 작동하는 진화과정의 한 가지 특별한 사례에 불과한 것으로 보는 이론이 점차 영향력을 지니게 되었다.

　물론 이러한 발전은 자연선택natural selection을 통한 진화라는 다윈의 진화이론과 밀접하게 연관되어 있다.[1] 하지만 자연과 사회 모두에 대한 진화론

---

[1] 다윈(Charles Robert Darwin, 1809~1882)은 영국 중상계급에서 태어나, 에든버러 대학교

적 개념과 관련한 관념은 1859년 그의 『종의 기원Origin of Species』이 출간되기 이전에 정식화되었다. 그보다 2년 앞서 발표된 한 논문에서, 스펜서는 다음과 같이 기술했다.

유기체의 진보가 동질적인 것에서 이질적인 것으로 변화하는 것이라는 데에는 논쟁의 여지가 없다.

이제 우리는 우선적으로 이 같은 유기체의 진보의 법칙이 모든 진보의 법칙이라는 것을 보여주고자 한다. 지구의 발전에서든, 지상의 생물의 발전에서든, 사회나 정부, 공장이나 상업, 언어, 문학, 과학, 예술의 발전에서든, 그것은 동일하게 연속적 분화를 통해 단순한 것에서 복잡한 것으로 진화한다. 추적 가능한 우주의 최초의 변동에서부터 문명의 가장 마지막 결과에 이르기까지, 우리는 동질적인 것에서 이질적인 것으로의 변화가 본질적으로 진보가 이루어지는 과정이라는 것을 발견하게 될 것이다.[2]

따라서 다윈을 그러한 견해의 선조로 볼 수는 없다. 찰스 리엘 경Sir Charles Lyell이 『지질학의 원리Principles of Geology』(1830)에서 제시한 과학적 모델 – 불변적 자연법칙으로부터의 추론에 근거한 역사적 과거의 재구성 – 은 빅토리아 시대 사회과학자들에게 강력한 영향을 미쳤다. 그러한 이론들이 다루었던 주요

와 캠브리지 대학교에서 수학했다. 과학적 연구를 위해 성직자가 되겠다는 생각을 포기하고, 영국 해군성 측량선인 비글호의 과학탐구에 참가했다(1831~1836년). 1838년 자연선택이론을 정식화했으나, 월리스(A. R. Wallace)가 동일한 생각에 대한 견해를 발전시킨 이후인 1859년에서야 그것을 출판했다. 지적으로는 대담했으나, 개인적으로는 내성적이었다. 그는 학문적 충돌이 두려워 고민하다가 위장병으로 앓아누워 세월을 보냈다.

2 H. Spencer, *Essay: Scientific, Political, and Speculative*(3 vols, London, 1981), I, p. 10. 스펜서(Herbert Spencer, 1820~1893)는 거의 독학으로 상당한 분량의 철학적·과학적·사회학적·정치적 저술을 했다.

한 것들 중의 하나는 고고학적 증거, 그리고 보다 중요하게는 유럽의 아시아 및 아프리카 제국들에서의 식민지적 행정경험으로부터 제공받은 '원시'사회의 증거 문제였다. 점진적 진화의 순서라는 개념은 인류학(또는 동물행동학)이라는 새로운 분과학문의 종사자들에게 인간사회 형태들의 연속성을 확인하고, '미개'사회와 '문명'사회를 구분할 수 있게 했다(비록 물론 근대 서구문명이 후자의 주요 사례를 구성하고 있기는 하지만). 이를테면 메인Maine이 『고대법Ancient Law』(1861)에서 수행한 비교의 결과는 "지금까지 진보적 사회들의 움직임은 신분에서 계약으로의 이동", 즉 중세적·아시아적 위계질서에서 근대 부르주아 개인주의로의 이동이라는 것이었다.[3]

스펜서와 같은 진화론자들이 진화생물학에 의존했던 까닭에, 그것은 라마르크Lamarck가 전개한 견해로 귀착되는 경향이 있었다.[4] 라마르크는 자신의 『동물철학Philosophie zoologique』(1809)에서 '생물변이transformism'라는 관념 – 기존 세계의 생명체들은 그들의 선조들이 시간이 경과하며 겪은 점진적 변형의 결과라는 관념 – 을 진전시켰다. 이러한 변형은 단방향적 과정, 즉 단순한 것에서 복잡한 것으로의 이동으로 이루어진다. 이러한 이동은 동시에 생명체 세계의 점진적 성숙을 상징한다. 즉 증가된 복잡성은 더 큰 성숙의 표식이다. 이과정은 두 가지 힘에 의해 추동된다. 그중 하나는 "끊임없이 조직을 보다 복잡하게 만드는 경향이 있는" 일종의 내적 충동이고, 다른 하나는 유기체들이 자신들의 환경에 보다 잘 대처하게 만드는 적응이다. 라마르크는, 유기체는 매우 유연하기 때문에 그것의 환경이 유기체에 미치는 영향은 직접적으로 유기체에게서 적응적 변이를 유발할 것이라고 믿었다. 그는 더 나아가 그

---

3 H. S. Maine, *Ancient Law*, ed. F. Pollock(London, 1907), p. 174.

4 라마르크(Jean Baptiste Pierre Antoine de Monet, Chevalier de Lamarck, 1744~1829)는 자연사가로, 1794년 파리 국립자연사박물관의 설립을 도왔다.

러한 적응들이 유기체의 후손들에게 전해질 것이라고 주장했다. 즉 그에 따르면, "문제의 개체들 사이에서 자손은 후천적 변이를 보존한다."[5]

이처럼 라마르크의 진화론은 목적론적이다. 왜냐하면 비록 자연이 더 이상 신성한 고안자의 창조물로 인식되지는 않지만, 점진적인 변이의 과정이 성숙이라는 목적에 의해 지배되기 때문이다. 프랑수아 자코브François Jacob 는 다음과 같이 기술한다.

> 라마르크에 따르면, 종국은 하나의 근본적 목적 — 즉 생명체의 세계를 생산하고 그것의 발전을 점진적으로 인도하는 결정 — 을 포함하지 않는다. 그것은 단기간의 종국들로 구성되어 있다. 말하자면, 각각은 후일 산출될 유기체의 복리에 집중한다. 왜냐하면 적응이라는 목적이 항상 실현에 선행하기 때문이다. 결국 자연을 따르는 계획은 항상 보다 복잡하고 보다 성숙하고 보다 잘 적응된 유기체를 세계에 제공하는 것을 목적으로 한다.[6]

우리는 이러한 이론이 왜 자신들의 사회를 전체 진화론적 과정의 정점으로 제시하고자 했던 사람들에게 호소력을 지닐 수밖에 없었는지를 이해할 수 있다. 즉 우리는 점진적 분화과정으로서의 이러한 변화개념이 어떻게 스펜서에서 시작된 사회이론가들에게 강력한 영향을 미쳤는지를 살펴볼 것이다(아래의 5.2절). 하지만 핵심적인 것은 다윈의 진화이론이 근본적으로 이 개념과 어긋난다는 것이다. 『종의 기원』에서 그는 두 가지 근본적인 논점을 수립하고자 했다. 첫째로, 그는 진화를 보여주는 사실의 증거 — 즉 '변이의 유전' — 를 제시했다. 달리 말해, 기존의 식물과 유기체의 종들은 기독교의 정

---

5 F. Jacob, *The Logic of Living Systems*(London, 1974), pp. 147~148, 149에서 인용함.
6 F. Jacob, *The Logic of Living Systems*, p. 150.

설이 여전히 단언하는 것과는 달리 '특별한 피조물', 즉 신성한 계획의 산물이 아니라 이전의 종들의 자손들이다. 하지만 다윈의 실질적인 독창성은 그가 진화에 대해 제시한 설명, 즉 자연선택에 있다. 그는 다음과 같이 말한다. "나는 자연선택이 변이의 유일한 수단은 아니나 주요한 수단이었다는 것을 확신한다."[7]

다윈은 실제로 자신의 저작을 자연선택에 대한 '하나의 긴 논증'이라고 불렀다. 이 논증은 다음과 같은 전제들에 기초해 있다. 첫째로, "각각의 종의 개체들은 생존 가능한 것보다 더 많이 태어난다. …… 그 결과 빈번하게 생존투쟁이 되풀이된다." 둘째로, 개별적 유기체들은 통상적으로 몇몇 (그러나 때로는) 중요한 방식으로 변화한다. 셋째로, 다윈은 '강력한 유전원리'를 확인했다. 즉 유기체들은 변이를 자신들의 후손에게 전달할 수 있다. 그는 이것이 발생하는 메커니즘을 이해한 것은 아니었다고 다음과 같이 고백했다. "변이의 법칙에 관한 우리의 무지는 심원하다."[8] (20세기 생물학에서 수립한 '근대적 종합'에 따르면, 유전은 부모에서 자식들에게 전해지는 유전인자들 − 단백질 제조를 지배하는 DNA분자의 나선구조 − 을 통해서 작동한다.) 마지막으로, 유기체는 차별적 적합성을 보인다. 즉 주어진 환경과 관련해서 어떤 변이들은 유기체가 다른 유기체들보다 더 잘 생식할 수 있게 해 준다.

이러한 전제들로부터 다윈은 다음과 같은 결론을 도출했다.

하지만 이 같은 삶의 투쟁으로 인하여, 어느 변이가 아무리 사소하다고 할지라도, 그리고 그것의 선행원인이 무엇이든 간에, 이 변이가 다른 유기체들 및

---

7 C. Darwin, *The Origin of Species by Means of Natural Selection* (Harmondsworth, 1968), p. 69.

8 C. Darwin, *The Origin of Species by Means of Natural Selection*, pp. 435, 68, 202.

외적 자연과의 매우 복잡한 관계 속에서 어떤 종의 개체에게 일정 정도 유익하다면 그 변이는 바로 그 개체의 보존에 기여하며, 일반적으로 자신의 자손에게 유전될 것이다. 따라서 자손은 또한 생존을 위한 보다 나은 기회를 가지게 될 것이다. 왜냐하면 주기적으로 태어나는 수많은 개체들 중에서 적은 수만이 살아남을 수 있기 때문이다. 각각의 사소한 변이라도 만약 그것이 유용하다면 보존되는 이런 원칙을, 나는 자연선택이라고 불러왔다.[9]

엘리엇 소버Eillott Sober가 지적했듯이, 자연선택이론은 '발전적이라기'보다는 '선택적인' 진화를 설명한다.[10] 역사유물론은 발전이론의 한 예이다. 마르크스에 따르면, 사회는 그것에 내재하는 모순으로 인해 변화한다. 그러나 다윈에서 진화는 개체들이 발전하기 때문이 아니라 개체들이 변화하기 때문에 발생한다. 보다 구체적으로 말해, 그 같은 변이들 중 일부는 환경에 더 잘 적응하고자 하는 유기체들에게 채택되고 그러한 유기체들이 그러한 변이들을 자신들의 후손들에게 전달할 수 있다는 사실은, 시간이 경과하면서 그것이 유기체 개체군의 구성을 변화시킨다는 것을 의미한다. 다른 것들이 동일하다면, 이들 후손들이 개체군의 대부분을 대표하게 된다.

그러나 더 나아가 자코브가 지적하듯이, "변이는 무작위적으로, 즉 원인과 결과 간에 아무런 관계도 없이 발생한다."[11] 하지만 이것이 적응적 변이가 어떤 인과적 설명이 가능하지 않은 단순한 사건이라는 것을 의미하는 것은 아니다. 그와는 반대로 다윈은 동일한 인과법칙이 보편적으로 작용한다는 리엘Lyell의 '균일론적uniformitarian' 가정에 강력하게 영향을 받았다. 그것

---

9 C. Darwin, *The Origin of Species by Means of Natural Selection*, p. 115.

10 E. Sober, *The Nature of Selection* (Chicago, 1993), pp. 147ff.

11 Jacob, *Logic*, p. 153.

의 핵심적인 논지는, 변이의 원인은 그것의 잠재적인 적응적 결과와는 무관하다는 것이다. 그러므로 진화는 맹목적인 과정으로, 라마르크가 주장한 것처럼, 더 큰 성숙을 향한 암묵적 힘에 의해 추동되는 것이 아니라 독자적으로 변화하는 유기체와 그 환경 간의 상호작용에 의해 추동된다. 따라서 모든 생물의 다양성은 기본적으로 "이처럼 매우 느리고 간헐적인 자연선택행위"의 결과로서 이해된다.[12]

다윈은 자연선택이론을 정식화하면서, 스코틀랜드 정치경제학에 대한 방대한 서적들에 영향을 받았다. 소버는 스미스의 '보이지 않는 손'(앞의 1.3절 참조)의 관념과 "생존투쟁이 개체의 적응적 형질을 선호하게 하고 그리하여 개체군의 적응성의 수준을 증대시킨다"는 관념 간에는 유사성이 있다고 지적한다.[13] 다윈 자신은 '생존투쟁' 개념을 "다양한 요인들을 통해 전체 동·식물의 왕국들에 적용한 맬서스의 교의"라고 말한다. 하지만 그는 신중하게 이 진술을 다음과 같이 제한한다. "나는 생존투쟁이라는 용어를 광범위하게 그리고 은유적 의미로서 사용한다."[14]

첫째로, 생존투쟁에서의 성공은 (테니슨Tennyson의 '치열한 경쟁'의 이미지가 불러일으키는 것과 같은 진화의 섬뜩한 모습이 암시하는 것처럼) 경쟁자를 죽이는 데 있는 것이 아니라 생존, 그리고 무엇보다 생식의 성공에 있다. 다음으로 생존투쟁이 다른 유기체들과 반드시 관련되어 있는 것도 아니다. 그것은 환경과 관련된 것일 수도 있다. 그에 따르면, "동일한 종의 한 개체와 다른 개체 간에서든, 한 개체와 다른 종의 개체들 간에서든, 또는 한 개체와 생존의 물리적 조건들 간에서든, 모든 경우에 생존투쟁이 존재하는 것이 틀림없다."[15]

---

12 Darwin, *Origin*, p. 153.

13 Sober, *Nature*, p. 189.

14 Darwin, *Origin*, pp. 116~117.

이처럼 다윈이 맬서스를 활용한 방식은 복잡하다. 즉 맬서스가 사회는 불평등의 조건을 넘어설 수 없다는 것을 증명하고자 하면서 인구가 식량생산보다 더 빨리 증가한다는 자신의 이론을 활용하는 반면에, 다윈은 자연선택을 생물체 세계의 거대한 다양성을 유발하는 창조적 힘으로 간주한다.

라마르크와의 또 다른 차이는, 다윈이 진화과정을 인간이라는 종에서 정점에 이르는 성숙의 증대의 하나로 묘사하기를 꺼려한다는 점이다. 1837년 자연선택 개념을 처음으로 정식화했을 때, 다윈은 다음과 같이 기술했다. "한 동물이 다른 동물보다 고등하다고 말하는 것은 불합리하다. 우리는 지적 능력이 가장 발전된 동물을 최고로 간주한다. 꿀벌은 의심할 바 없이 본능을 하나의 기준으로 [사용할] 것이다."16 그는 다른 곳에서는 다음과 같이 기술했다. "위/아래라는 용어를 결코 사용하지 말라."17 『종의 기원』에서도 그는 이 훈령을 때때로 위반한다. 그러나 그는 동시에 다음과 같이 주장한다. "나는 필연적인 발전의 법칙은 존재하지 않는다고 믿는다."18 소버가 지적하듯이,

> 다윈은 유기체를 지역적 환경에 의해 변화되는 존재로 생각했다. 즉 그의 자연선택이론은 …… (진화가 모든 개체군들에서 단일한 종류의 점진적 변동을 산출하는 경향이 있는 몇몇 중심적인 요소들에 의해 추동된다는) 라마르크식의 관념에 어떤 역할도 부여하지 않는다. 자연선택은 사다리보다는 덤불을 예견한다. 좋은 기회를 누리는 개체군들은 우연히 유용한 환경을 접할 때, 다양한 방

---

15 Darwin, *Origin*, p. 117(강조 첨가).

16 A. Desmond and J. Moore, *Darwin*(London, 1992), pp. 232에서 인용함.

17 J. W. Burrow, introduction to Darwin, *Origin*, p. 23. 에서 인용함.

18 Darwin, *Origin*, p. 348.

향들로 진화한다. 즉 그것들은 어떤 내적 동학에 따라 진전되지 않는다.[19]

그러므로 자연에 관한 것이든 또는 역사에 관한 것이든 진화이론을 진화주의evolutionism와 구분할 필요가 있다. 사회이론의 영역에서, 에릭 올린 라이트Eric Olin Wright가 지적하듯이, 진화주의는 "사회가 환경적·물질적 조건들에 대한 적응력의 증대라는 특정 목적 상태를 향해 일관적으로 발전한다"는 관념을 포함한다. 이와 대비시켜 라이트는 다음과 같이 제시한다.

사회이론이 진화이론이 되기 위해서는 세 가지 조건들을 충족시켜야만 한다.

(1) 진화이론은 잠재적으로 어떤 종류의 방향성을 지니고 있는 사회 형태들에 대한 유형학을 포함한다.

(2) 진화이론은 그 유형학에서 동일 수준에 머무를 가능성이 퇴보할 가능성보다 크다는 방식으로 그러한 사회 형태들을 배치한다.

(3) 그렇게 배열된 유형학 속에는 그 유형학의 특정 수준에서 그다음의 보다 상위의 수준으로 이동할 수 있는 분명한 가능성이 존재한다.[20]

이와 같이 이해할 때, 진화이론은 "그것이 아무리 약하고 산발적이라고 하더라도 하나의 형태에서 다른 형태로의 이동에 하나의 방향성을 부여하는 일정한 과정이 존재한다"는 것을 함의할 뿐, "사회가 어떤 최종 상태에 도달하려는 욕구 또는 목적론적으로 추동되는 경향을 가진다고 주장하지는 않는다."[21] 다윈 그리고 실제로 마르크스는 이 같은 후자의 목적론적 의미에

---

19 Sober, *Nature*, p. 172.

20 E. O. Wright, "Giddens's Critique of Marx," *New Left Review*, 138(1983), p. 26.

21 E. O. Wright, "Giddens's Critique of Marx".

서의 진화주의와는 대체로 거리가 멀다. 그러나 물론 이론의 실제 내용과 그 이론이 광범위하게 수용되고 전파된 견해 간에는 상당한 차이가 있을 수 있다. 19세기 후반 유럽과 미국에 자연선택에 의한 진화라는 다윈의 진화이론이 미친 엄청난 영향은 의심할 바 없이 세계에 대한 진화론적 견해를 정착시키는 데 일조했다. 보다 구체적으로 말하면, 진화론적 견해는 세계의 나머지 국가들에 대한 서구의 지배와 서구사회 자체 내에서의 자유방임적 자본주의의 확산을 정당화하는 데 이용되었다.

스펜서는 후일 다윈이 채택한 '적자생존the survival of the fittest'이라는 표현을 만들어냈다.[22] 이 슬로건은 기존의 사회적 위계를 자연선택의 결과로 정당화하는 것으로 보였다. 따라서 예일의 사회과학자 윌리엄 그레이엄 섬너 William Graham Sumner는 1883년 다음과 같이 기술했다. "백만장자는 전체 인간체계에 작동하는 자연선택의 산물이다. 그것은 어떤 일을 수행하는 데 요구되는 것을 충족시키는 사람들을 골라낸다. …… 그들은 고임금을 받으면서 사치스럽게 살아가나, 그러한 거래는 사회를 위해 좋은 것이다."[23] 여기에는 스미스의 '보이지 않는 손'과 다윈의 생존투쟁이 사회적 다윈주의Social Darwinism로 알려지게 된 이데올로기적 종합 속에 함께 결합되어 있다.

우리가 앞서 3.3절에서 살펴보았듯이, 인종차별주의적 이론화는 『종의 기원』이 출간되기 전에 이미 잘 확립되어 있었다. 그럼에도 불구하고 리처드 호프스태터Richard Hofstadter가 지적하듯이, "비록 다윈주의가 19세기 후반 호전적 이데올로기와 독단적 인종차별주의의 주요한 전거는 아니었지만, 그것은 인종과 투쟁에 관한 이론가들의 수중에서 새로운 도구가 되었다."[24] 영

---

22 H. Spencer(1864), *The Principles of Biology*(2 vols, London, 1898), I, pp. 530~531.
23 R. Hofstadter, *Social Darwinism in American Thought*(Boston, 1955), p. 58에서 인용함.
24 R. Hofstadter, *Social Darwinism in American Thought*, p. 172.

국과 미국에서 이러한 유형의 사고는 '앵글로-색슨주의'의 형태를 취하는 경향이 있었다. 이를테면 프리먼E. A. Freeman의 연구가 보여주듯이, 정치제도들에 대한 비교연구는 아리아인들 사이에서조차 '앵글로-색슨 인종'이 수위를 차지하고 있음을 밝혀냈고, 이 앵글로-색슨 인종은 자치능력과 '보다 열등한' 인종들에 대한 제국주의적 지배 ― 양자는 다소 모순적이다 ― 에 의해 특징지어졌다.

세기의 전환기를 향해 나아가던 시기에 열강들의 경쟁이 격화되기 시작하자, 인종이론과 통속화된 다윈주의의 결합은 보다 염려스럽고 호전적인 논조를 띠었다. 이를테면 조시아 스트롱Josiah Strong 목사는 대지가 [앵글로-색슨 인종으로] 채워지고 있던 1885년에 다음과 같이 예견했다.

> 그리하여 세계는 역사의 새로운 단계 ― 앵글로 색슨이 현재 학습하고 있는
> 인종들과의 마지막 경쟁 ― 로 진입할 것이다. 만약 내가 그것을 잘못 독해한
> 것이 아니라면, 이 강력한 인종은 멕시코로, 중남미로 내려가고, 섬과 바다를
> 넘어 아프리카와 그 이상까지 진군할 것이다. 그리고 이 인종경쟁의 결과가
> '적자생존'일 것이라는 점을 누가 의심할 수 있겠는가?[25]

하지만 실제로 다윈 사상의 수용을 그 같은 인종차별주의적·자유방임적 전유로 환원할 수는 없다. 『종의 기원』에 대한 마르크스의 매우 긍정적인 응답은 잘 알려져 있다. 마르크스는 다음과 같이 말한다. "다윈의 책은 매우 중요하고, 또 역사에서 드러나는 계급투쟁과 관련하여 나에게 자연과학적 토대로 기여한다. …… 온갖 결함에도 불구하고, 그것은 자연과학에서 '목적론'에 대해 처음으로 치명적 타격을 가했을 뿐만 아니라, 그것의 합리적 근

---

25 R. Hofstadter, *Social Darwinism in American Thought*, p. 179에서 인용.

거가 경험적으로 설명되고 있다."[26] 엥겔스는 진화이론을 당시 자연과학에서 더욱 역사적인 자연관이 출현하고 있음을 보여주는 하나의 사례로 인용했다. 엥겔스가 다윈과 마르크스 사이에서 간파한 유사점은 엥겔스로 하여금 자연세계와 사회세계 모두에서 작동하는 일정한 보편적인 변증법적 법칙에 대한 관념을 정식화하도록 고무했다. 하지만 그럼에도 불구하고 엥겔스는 자연선택을 통한 진화는 인간역사에서 출현한 진화와는 매우 다른 인과적 유형을 포함한다고 주장했다. 그 차이는 결정적으로 인간의 능력, 즉 자신들의 행위를 의식적으로 감시하고 통제하며 그리하여 자신들의 역사를 다른 종들의 역사보다 훨씬 덜 맹목적인 과정으로 만드는 인간능력에서 기인했다.

> 다윈이 자유경쟁, 즉 경제학자들이 최상의 역사적 성과로 찬양한 '생존투쟁'이 동물의 왕국의 전형적 상태라는 것을 보여주었을 때, 그는 자신이 인류, 특히 그의 동포에 대해 얼마나 신랄하게 비꼬는 글을 쓰고 있는지를 알지 못했다. 생산 일반이 종의 생물학적 측면에서 인류를 동물세계의 나머지 것 위로 끌어올리는 것과 동일한 방식으로, 생산과 분배가 계획된 방식으로 이루어지는 사회적 생산의 의식적 조직화만이 인류를 나머지 동물들의 세계보다 위로 끌어올릴 수 있다.[27]

동일하게 복잡한 반응이 보다 대중적인 수준에서도 발견된다. 이를테면 독일에서 진화생물학의 대중화에 헌신했던 에른스트 헤켈Ernst Haeckel과 빌

---

26 Letter to Lassalle, 16 Jan. 1861, in Marx and Engels, *Selected Correspondence*(Moscow, 1965), p. 123.

27 F. Engels, *Dialectics of Nature*(Moscow, 1972), p. 35.

헬름 뵐셰Wilhelm Bölsche와 같은 저자들이 매우 널리 읽힌 문헌들을 전개하는 데에도, 다윈은 커다란 영향을 미쳤다. 이것은 (비록 그것이 또한 뵐셰의 '성애적 일원론erotic monism'에서처럼, 종종 자연의 신비한 통일성이라는 낭만주의적 개념을 취하고 있기는 하지만) 이전의 전통들, 특히 1850년대 루드비히 뷔흐너Ludwig Büchner, 카를 포크트Carl Vogt, 그리고 야코프 몰레스호트Jakob Moleschott가 전개한 매우 환원적인 과학적 유물론으로부터 성장해왔다. 이런 대중적 다윈주의의 정치적 성향은 자유주의적 진보주의이면서도 반anti교권주의적이었다. 비스마르크가 1870년대 말에 반사회주의법Anti- Socialist Laws을 도입했던 억압적인 분위기 속에서, 다윈주의는 보수진영 내부에서 적대적으로 취급되었다. 초반동적인 ≪크로이츠 차이퉁Kreuz zeitung≫은 심지어 그것이 황제 빌헬름 1세에게 그 같은 '원숭이이론'의 법칙을 적용할 수 있는 구실을 제공했다고 다윈주의를 비난했다. 알프레드 켈리Alfred Kelly에 따르면, 국가의 탄압이 사회민주당SPD의 급속한 발전을 가로막고 있던 동안에, "대중적 다윈주의는 노동자들의 논픽션 독서계를 지배했다. 베벨Bebel의 『여성과 사회주의Women and Socialism』만이 예외였다."[28]

이 같은 유형의 대중적 다윈주의가 반드시 그 당시 서구문화에 깊이 착근되어 있던 인종차별주의적 가정들에 도전한 것은 아니었다. 헤켈은 "고수머리의 나라들은 한 번도 중요한 역사를 가진 적이 없다"고 선언했다.[29] 그러나 생물학과 사회이론의 진정으로 유해한 융합을 향해 나아가는 가장 결정적 조치가 아우구스트 바이스만August Weismann의 이론이 점점 더 수용되던 20세기 초에 이루어졌다. 바이스만의 이론에 따르면, 유전은 불변하는 생식질germ-plasm이 부모로부터 자식에게로 전달되는 것에 의존했다. 이것은 그

---

28 A. Kelly, *The Descent of Darwin* (Chapel Hill, 1981), p. 128.

29 A. Kelly, *The Descent of Darwin*, p. 117에서 인용.

레고어 멘델Gregor Mendel의 연구들을 유전메커니즘으로 재발견하는 것과 함께, 근대 유전학의 토대를 놓았다. 하지만 그것은 또한 단기적으로는 사회현상들이 그것들의 근간을 이루는 생물학적 조건들과 관련하여 이해될 수 있다는 신념을 고무하는 데에도 영향을 미쳤다.

프랜시스 골턴Francis Galton은 1865년에 우생학을 창안했다. 그것은 개별적 능력이 유전된다는 가정에 입각해서, 선택교배가 인간이라는 종의 질을 향상시키는 데 기여할 수 있는 방법을 연구하고자 했다. 골턴은 다음과 같이 기술했다.

> 만약 말과 소의 번식의 개량에 투여된 비용과 노력의 20분의 1이 인종의 개량을 위한 수단에 투여되었다면, 우리는 기라성 같은 천재들을 창조하지 않았을까! 우리는 바보와 교배시킴으로써 백치를 번식시킬 수 있는 것만큼 확실하게, 예언자와 최고의 성직자들의 문명을 세상에 개화시켰을 수도 있다. 오늘날의 남녀와 우리가 낳기를 원하는 아이들의 관계는 동양의 한 도심 거리의 들개와 우리 자신에 의해 최고로 사육된 변종의 관계와 같다.[30]

우생학운동은 유전자이론의 발전으로부터 힘을 얻었다. 윌리엄 켈리코트William E. Kellicott는 1911년에 그것의 기본 교의를 다음과 같이 요약했다. "우생학자들은 사회적 조건과 관행들을 규정하는 데 있어 다른 어떤 단일 요소도 인종의 구조적인 본래 모습과 성격에서 중요한 요소로 다루어져서는 안 된다고 믿는다."[31] 따라서 우생학은 생물학적 결정론의 한 형태였다. 즉 우

---

30 F. Galton(1865), "Hereditary Talent and Character," in R. Jacoby and N. Glauerman, eds, *The Bell Curve Debate*(New York, 1995), pp. 394~395.

31 Hofstadter, *Social Darwinism*, p. 163에서 인용함.

생학은 다음과 같이 단언했다. (1) 사회구조들은 생물학적 구조들에 의해 야기되기 때문에, 생물학적 구조들과 관련하여 설명되어야만 한다. (2) 유전형질에 의해 전달되는 일련의 고정된 특성들로 인식되는 '인종'은 사회구조가 근거하고 있는 가장 중요한 생물학적 구조이다. 이것이 명백히 함의하는 것은, 사회를 향상시키는 주요한 방법은 인종적으로 '우월한 사람들'에게는 서로 결혼하도록 조장하고 '열등한' 유형들은 전혀 번식하지 못하도록 하는 것이었다. 20세기 동안에 이러한 신념구조가 정당화해온 범죄 목록은 길다. 그것은 '부적자'의 강제 불임 – 1907년과 1915년 사이에 미국 12개 주가 불임법을 통과시켰다 – 에서부터 유럽에서 유대인, 로마족Roma, 신티족Sinti, 그리고 생물학적으로 '열등하다'고 추정되는 다른 종족들을 청소하려 했던 나치의 시도들까지 다양하다. 그것은 사회적 불평등이 타고난 지능 차이를 반영한다고 지속적으로 주장하고 있는 이론들을 통해 여전히 영향력을 행사하고 있다.

사회문제를 생물학에 의해 정의된 용어들로 파악하고자 하는 이 같은 매우 광범위한 시도는 그 어떤 이론의 영향력에 근거하여 설명될 수 있는 것보다 훨씬 깊은 뿌리를 가지고 있다. 이를테면 후기 빅토리아 시대 개혁가들이 런던의 동쪽 끝에서 발생한 빈곤과 사회불안을 '국가위생학'의 프로그램들을 통해 처리해야 할 인종적 '퇴화'의 문제로 다루고자 하는 경향이 점차 증가한 것은 국내의 계급갈등과 대외경쟁에 대한 불안의 증가를 반영하는 것이었다.[32] 이를 배경으로 진화생물학이 사회이론에 전유되고 통합된 상이한 방식들을 평가해보기 위해 각기 자유주의와 사회주의로 강력하게 동일시되는 두 저자의 차이점(과 유사점)을 검토해보기로 하자.

---

32 G. Stedman Jones, *Outcast London*(Harmondsworth, 1984), chs 16~18.

5.2 두 진화론자: 스펜서와 카우츠키

(1) **개인주의 사회학: 스펜서.** 스펜서의 사회학은 아마도 사회이론을 진화생물학에서 파생된 용어들로 재진술하고자 한 가장 체계적인 시도일 것이다. 우리가 이미 살펴보았듯이, 다윈이 자신의 이론을 출간하기 훨씬 전에, 스펜서는 '유기체의 진보의 법칙'이 '모든 진보의 법칙'이라고 선언했다. 그는 더 나아가 라마르크식 용어를 통해 '유기체의 진보'를 인식하고, "체질이 조건에 적응하는 것으로부터 결과하는 획득형질이 자손에게 전해질 수 있다"는 명제를 "우리가 어떤 증거를 가지고 있는 유기체 변이의 유일한 법칙"으로 옹호했다. 그리고 스펜서는 『종의 기원』이 출간된 이후에도 이 견해를 결코 포기하지 않았다.[33]

따라서 스펜서의 사회이론은 상당 부분 "사회는 유기체"라는 신념을 반영한다.[34] 사회를 이러한 방식으로 인식하는 것은 (셰익스피어가 『코리올라누스 Coriolanus』의 도입장면에서 그랬던 것처럼) 상이한 계급들의 상호의존을 주장하고 하층 계급들에게 국가 내에서 자신들의 종속적 지위를 상기시키기는 데 사용되던 종래의 보수적 준비물이다. 하지만 스펜서의 입장을 기본적으로 현상을 옹호하는 것으로 묘사하는 것은 그를 잘못 파악하는 것일 수 있다. 존 버로John Burrow가 지적하듯이, "일반적으로 말하면, 당시의 제도들에 대한 스펜서의 접근방식은 조급한 자유방임적 급진주의자의 접근방식이다."[35] 스펜서의 정치적 조급함은 그의 이론적 저술마저도 빅토리아 시대 영국의

---

33 H. Spencer, Essay, I. p. 91; "The Factors of Organic Evolution"(1886), 같은 책, I, pp. 389~466과 비교해보라.

34 H. Spencer(1882), *The Principles of Sociology*(3 vols, London, 1893), I, 제2부 제3장 (pp. 437~450)의 제목.

35 J. Burrow, *Evolution and society*(Cambridge, 1996), p. 227.

경직성 ─ 이를테면 왕권숭배, 위선적인 기독교적 도덕 그리고 야만적인 식민정책 ─ 에 대한 단호한 비판들과 뒤섞이게 만들었다.[36]

그렇다면 그는 이 자유주의적 개인주의와 진화론적 사회 개념을 어떻게 조화시키고 있는가? 자연의 모든 곳에서 작동하는 하나의 근본적 경향으로 인식되는 경쟁이 양자 간의 필연적 관계에서 결정적인 역할을 수행한다. 스펜서에 따르면, "전체 생물세계 도처에서 수행되는 바와 같이, 생존투쟁은 진화의 불가결한 수단이 되어왔다. …… 보편적 갈등 없이는 활동적인 힘들의 발전은 있을 수 없었을 것이다." 더 나아가 "사회들 간의 생존투쟁은 사회의 진화에 도움이 되었다."[37]

개체, 종 그리고 사회들 간의 경쟁에 의해 추동되는 진화는 점진적 분화의 과정이다. 즉 진화는 효율성의 증대를 이끄는 보다 복잡하고 내적으로 유기적으로 연관된 조직으로 발전하는 과정이다. 스펜서에 따르면, "이러한 기능의 차이와 그로부터 결과하는 구조의 차이는, 처음에는 그 정도도 사소하고 종류도 몇 안 될 정도로 미미하지만, 조직이 진보됨에 따라 명확해지고 수적으로도 많아진다. 그리고 그러한 과정이 진행되는 것에 비례해서 욕구들은 더 잘 충족된다."[38] 경제학자들이 처음으로 발견한 분업은 생물체의 세계에서도 "'생리적 분업'으로 작동한다. …… 이런 기본적인 특성과 관련하여, 나는 사회유기체와 개체들이 전적으로 유사하다는 진리를 결코 충분하게 강조할 수 없다."[39]

사회유기체의 점진적 분화는 시간이 경과하며 하나의 협력 형태가 다른

36 H. Spencer(1872~1873), *The Study of Sociology*(London, 1894), pp. 136~141.

37 Spencer, *Principles of Sociology*, III, pp. 240~241.

38 Spencer, *Study*, p. 327.

39 Spencer, *Principles of Sociology*, I. p. 440.

협력 형태로 대체되는 경향을 띤다. "그러한 협력 형태 중에는 사적 목적을 추구하는 동안 의도하지 않은 채 성장하는 자발적인 협력도 있다. 그리고 공적 목적을 명확하게 인식하고 있는 의식적으로 고안된 협력도 있다." 첫 번째 종류의 협력의 본보기적 사례가 시장경제이다. 시장에서 전문화된 생산자들은 그 결과를 달성하기 위한 어떠한 의식적 규제를 필요로 하지 않은 채 협력하여 재화와 용역을 교환한다. 두 번째 종류의 협력의 사례, 즉 '강제적 협력'의 경우에 "개인의 의지는 우선 전체 집단의 공통의지에 의해 억제되고, 그리고 그다음으로는 집단이 발전시킨 규제의 대행자의 의지에 의해 보다 더 분명하게 억제된다."[40]

스펜서는 이 같은 형태의 협력이 지배하는 사회를 '군사적' 사회라고 불렀고, 자발적 협력에 근거한 사회를 '산업적' 사회라고 불렀다. 전자의 조직은 경직적이다. 이들 사회에서는 개인들이 물려받은 지위에 따라 서열이 매겨지는 경향이 있다. 이와 대조적으로 "산업체제하에서는 시민들의 개성이 사회에 의해 희생되는 대신에 사회에 의해 보호되어야만 한다. 개인의 보호는 사회의 본질적인 의무가 된다."[41] 이 두 유형의 사회는 다양하게 조합되어 역사적으로 존재해왔다. 사회진화의 초기 단계에서는 안정적 형태의 질서를 산출하기 위해 강제적 협력이 필요했다. 하지만 사회가 보다 복잡해질수록, 강제에 근거해서 점점 더 전문화되는 활동들을 조정한다는 것은 더욱더 불가능해진다. 즉 "사회유기체가 고도의 구조로 발전함에 따라 광범위하고 복잡한 거래체계가 발전한다."[42]

그 결과, 군사적 유형이 지배하는 사회들은 점점 더 쇠퇴한다. 이것은 생

---

40 Spencer, *Principles of Sociology*, III, pp. 245, 247.

41 Spencer, *Principles of Sociology*, III, p. 607.

42 Spencer, *Study*, p. 330.

존투쟁의 형태를 변화시킨다. 즉 그것은 생존투쟁을 전쟁에서 경제적 경쟁으로 변화시킨다. 스펜서는 이를 그가 진보의 제단에서 '부적자'를 기꺼이 희생시켜야 한다고 생각하고 있음을 보여주는 다음과 같은 구절에서 설명한다.

> 그 과정[즉 전쟁]이 가혹하고 잔인하기는 하지만, 열등한 인종들과 열등한 개인들을 근절시키는 것은, 도덕적 발전수준이 낮은 진보의 국면 동안에는 인류에게 이익균형을 이루어주며, 고통과 죽음이 가해짐으로써 마비될 강렬한 동정심도 전혀 존재하지 않는다. 하지만 보다 긴밀한 협력에 적합한 성원들로 이루어진 고도 사회에서는, 사회성원들의 도덕적 본성에 유해한 결과를 산출하지 않은 채 파괴적 활동이 일어날 수 없다. 이 단계에 도달한 이후에도 여전히 중요한 과정인 숙청의 과정이 산업전쟁에 의해 발생될 것이 틀림없다. 사회들 간의 경쟁을 통해 최선의 것은 물리적·감정적·지적으로 가장 널리 확산되고, 최악의 것은 점차 사라지도록 방치되어 수적으로 충분한 후손을 남기는 데 실패할 것이다.[43]

이 같은 역사사회학은 스펜서로 하여금 당대에 대해 다소 양면적인 태도를 가지게 한다. 한편으로 그는 산업사회들 간의 경쟁 속에서 군사적 유형의 잔존물들이 상대적으로 강한 사회는 자신이 불리한 처지에 있다는 점을 스스로 발견할 것이라고 주장한다. 스펜서에 따르면, "따라서 적자생존을 통해 신성한 것으로 여겨지게 된 개인의 권리들이 국가 ― 그러한 권리를 보장하는 데, 보다 정확히 말해 그것들을 조정하는 비용을 지불하는 데 필요할 뿐인 ― 에 의해 보호되는 사회 유형이 생산되어야만 한다."[44]

---

[43] Spencer, *Study*, p. 195.

다른 한편으로 스펜서는 19세기 유럽의 추세가 그 같은 최소 국가를 향하고 있기보다는 오히려 그것으로부터 멀어졌다는 것을 잘 알고 있었다. 그는 "권력숭배 – 국가를 이상화하고" 또 "(구세계의 토리당원에서부터 붉은 공화주의자 Red Republican에 이르기까지) 모든 정치인 집단을 공히 지배하는 –"를 맹렬하게 비난한다. 더욱이 그는 국가권력의 강화가 옛 절대군주제의 잔존에 의해서라기보다는 그가 잘못된 사회개혁의 결과들로 간주한 것에 의해 추동된다고 인식한다. 그에 따르면, 그 같은 사회개혁은 '부적자'를 계속 생존하게 함으로써, 사회를 약화시킬 뿐이다. 그는 다음과 같이 말한다. "그들의 열등성이 자연적으로 수반할 죽음으로부터 열등한 사람들을 보호함으로써 그들의 번식을 도와줄 경우, 더 큰 열등성이 세대를 거치면서 산출되게 될 것이다."[45]

그러므로 산업적 유형이 군사적 유형을 압도해나가는 어떤 자동적 경향은 존재하지 않는 것으로 보인다. 실제로 후자는 새로운 모습으로 등장한다. 이를테면 사회주의는 "강제적인 협력의 원칙을 또 다른 형태로 수반한다." 모종의 '공산주의적 분배'를 채택하리만큼 어리석은 산업사회는 자신이 경쟁에서 불리한 처지에 있음을 발견할 것이다. 왜냐하면 산업사회에서는 "우월한 사람들이 자신들의 노동수익 모두"를 가지지 못하기 때문이다. 그 수익의 일부는 "열등한 사람들과 그들의 자손을 위해" 전용된다.[46] 그러나 스펜서는 통상적으로 받아들여지는 전통의 힘을 향한 몸짓을 넘어서는, 다양한 종류의 강제적 협력에 대한 그 같은 그릇된 신념이 왜 지속되는지에 대해서는 거의 아무런 설명도 하지 않고 있다. 진화론적 사회이론을 정식화하고자 하는 그의 노력에도 불구하고, 그는 여전히 계몽주의적 합리주의 – 이것

---

44 Spencer, *Principles of Sociology*, III, p. 607.

45 Spencer, *Study*, pp. 156, 168~169, 339.

46 Spencer, *Principles of Sociology*, III, pp. 604, 610.

은 자신이 잘못된 신념으로 규명한 것을 무지와 편견의 산물로 간주한다 - 에 강하게 집착하고 있다.

(2) **진화론적 사회주의: 카우츠키.** 스펜서가 극단적 자유방임의 옹호자였다면, 카우츠키는 SPD의 주도적 이론가로 독일사회민주의의가 제2인터내셔널(1889~1914년)과 세계사회주의운동에서 주도적 역할을 할 수 있게 했다.[47] 스펜서가 진화과정이 개인주의적 사회질서에서 정점에 달하는 것으로 보았던 반면, 카우츠키는 인간역사를 특정 형태의 공산주의 - 즉 '원시'사회에 만연되어 있던 - 에서 훨씬 더 진보된 형태의 공산주의 - 자본주의하에서의 생산력발전에 의존하는 - 로 나아가는 운동으로 인식했다. 19세기 후반에 급속하게 발전하고 있던 인류학적 연구에 의존하여, 카우츠키는 '원시공산주의'가 80만 년 동안 지속되었는 데에 반하여, 계급사회는 단지 1만~1만 5,000년 동안 지속했을 뿐이라고 평가했다. 그에 따르면, "그것의 지속시간에 따라서만 측정할 경우, 우리에게 예외적인 것으로 제시되는 것, 즉 인간사회의 역사에서 단순한 에피소드에 불과한 것은 무계급사회가 아니라 오히려 계급으로 나누어진 사회이다."[48]

하지만 역사의 경과에 대해 이처럼 근본적으로 상이한 관점을 가지고 있음에도 불구하고, 카우츠키와 스펜서 사이에는 중요한 수렴점들이 존재한

---

[47] 카우츠키(Karl Johann Kautsky, 1854~1938)는 프라하의 연극인 가족에서 태어나, 비엔나에서 성장했다. 하지만 그는 생애의 대부분을 독일에서 보냈다. SPD의 주간지인 ≪노이에 차이트Die Neue Zeit≫의 편집자를 지냈다(1883~1917년). 수많은 책과 팸플릿을 저술했고, 다양한 마르크스 저작들, 그중에서도 특히 『잉여가치론Theories of Surplus-Value』을 편집했다.

[48] K. Kautsky(1927), *The Materialist Conception of History*, abbr. edn, ed. J. H. Kautsky (New Haven, 1998), p. 250.

다. 카우츠키의 독창적인 지적 정식은 마르크스주의적이라기보다는 다윈주의적이었다. 그는 『공산당선언』에 앞서 『인간의 유래The Descent of Man』를 읽었다. 그리고 후에 그는 자신의 배경과 마르크스와 엥겔스의 배경을 다음과 같이 대비시킨다. "그들은 헤겔에서 출발했다. 그에 비해 나는 다윈에서 출발했다. 마르크스보다는 다윈이, 경제보다는 유기체의 발전이, 그리고 계급투쟁보다는 종들의 생존투쟁이 나의 초기 사고를 사로잡았다." 실제로 스펜서처럼 카우츠키는 새로운 조건의 영향을 통한 새로운 특성의 획득과 유전적 전달이 주요한 진화적 힘이라는 라마르크의 이론을 자연선택을 통한 진화라는 다윈의 이론보다 선호했다.[49]

이 같은 '유물론적 신라마르크주의materialist neo-Lamarckism' – 카우츠키는 이를 이렇게 불렀다 – 는 사실 앞서 5.1절에서 논의한 사회적 다윈주의와 유사한 어떤 것으로 귀결되지는 않는다.[50] 그는 사회가 하나의 유기체라는 관념을 분명하게 거부하고, 인간역사의 유형을 생물학적 진화의 유형으로 환원할 수 없다고 주장하며, '원시'사회의 성원들이 '선진'사회의 성원들에 비해 지적으로 열등하다는 점을 부인하고, 또 독일 학자들 사이에서 점점 더 영향력을 발휘하고 있던 인종차별주의적 및 민족주의적 이론을 비판했다. 하지만 카우츠키의 역사유물론은 마르크스와 엥겔스의 유물론보다 더 결정적인 운명론적 조망을 하고 있다. 카우츠키는 엥겔스가 헤겔의 목적론을 너무나도 쉽게 채택했다고 비판하며, 역사변증법을 라마르크식 용어를 사용하여 유기체와 환경 간의 상호작용으로 재해석했다. 양자 간의 관계에서 적극적인 역할을 수행하는 것은 환경이다. 이를테면 카우츠키는 "정신이 해결해야만 하는 문제를 제기하는 것은 바로 환경이다"라고 말한다.[51]

---

49 K. Kautsky(1927), *The Materialist Conception of History.* pp. 7, 46~47.

50 J. H. Kautsky, introduction to Kautsky, *Materialist Conception*, p. xxxiii.

인간은 환경이 제기하는 문제에 대응하면서, '인위적 기관들' – 생산도구 및 여타 수단들 – 을 발전시킨다. 이것은 인류에게 새로운 종류의 환경 – 즉 해결을 위해서는 새로운 기술과 조직 형태의 발전이 요구되는 문제들을 재차 유발하는 사회환경 – 을 창출한다. 인위적 기관들이 불평등하게 분배되는 곳에서 계급착취가 발생한다. 『가족, 사적 소유, 국가의 기원The Origin of the Family, Private Property and the State』(1884)에서 계급의 발전을 개별 사회의 내생적 분화과정에 집중하여 설명했던 엥겔스와는 달리, 카우츠키는 계급분열은 한 사회가 다른 사회를 정복한 결과라고 주장했다. 그는 이븐 할둔이 중세 이슬람교 속에서 기술했던 유형(앞의 1.1절 참조)과 다소 유사한 하나의 유형을 마음에 그렸다. 중세 이슬람에서는 유목 목자들이 정주하던 농업종사자들을 정복했다면, 이 정복자와 피정복자가 그다음에는 착취자와 피착취자로 진화했다.

이처럼 계급적대가 창출되는 과정에서 국가 간inter-state 경쟁이 갖는 중요성을 강조하는 것은 (스펜서의 군사적 사회와 산업사회 간의 대비를 상기시키는) 군사주의에 대한 적대감과 연관되어 있다. 마르크스는 무력을 "새로운 사회를 잉태하고 있는 모든 낡은 사회의 산파"라고 불렀다.[52] 이와 대조적으로 카우츠키는 "전쟁이 기술적·경제적 진보에 커다란 장애물이었음이 입증되었다"고 선언했다. 그리고 그는 "세계무역을 통한 영구평화의 방향으로의 움직임은 궁극적으로 저항할 수 없게 될 것이 틀림없는 동시에, 기술발전은 모든 전쟁의 참화를 극악무도한 광기의 수준까지 끌어올리고 있다"고 예측했다.[53]

카우츠키는 역사적 힘들을 저항할 수 없는 것으로 간주하는 경향이 있었다. 그는 계급사회의 발전을 사회주의가 자본주의를 대체하면서 정점에 이

---

51 J. H. Kautsky, introduction to Kautsky, *Materialist Conception*, p. 34.

52 K. Marx, *Capital*(3 vols, Harmondsworth, 1976~1981), I, p. 916.

53 Kautsky, *Materialist Conception*, pp. 77, 79.

르게 되는 유기적 과정으로 보았다. 그는 1892년 SPD의 에르푸르트 강령 Erfurt programme을 해설하면서, 다음과 같이 선언했다. "자본주의적 사회체계는 자신의 행로를 달려왔다. 그것의 해체는 이제 단지 시간문제이다. 저항할 수 없는 경제적 힘들이 불가피하게 자본주의적 생산을 파멸로 이끌고 있다. 기존 사회질서를 새로운 사회질서로 대체하는 것은 더 이상 바람직한 것이 아니라 불가피한 것이다."[54] 카우츠키는 사회주의가 인간행위와 독립해서 달성될 수 있다고 믿지 않았다. 오히려 역사적 필연성은 계급갈등이라는 매개체를 통해 작동할 것이라고 믿었다. 이를테면 그는 "계급갈등과 프롤레타리아의 승리가 불가피하기 때문에, 사회주의는 불가피하다"고 말한다.[55]

하지만 이것이 카우츠키가 역사를 무모한 행위에 의해 속성 재배할 수 있는 것으로 생각했다는 것을 의미하지 않는다. 잘 알려져 있다시피, 그는 SPD를 "혁명정당이기는 하지만 혁명을 수행할 수 있는 정당은 아니"라고 칭했다.[56] 비록 그가 세기의 전환기에 SPD를 개방적인 개혁정당으로 전환하려는 대大 '수정주의'논쟁에서 그의 오랜 친구 에두아르트 베른슈타인Eduard Bernstein의 시도에 반대하기는 했지만, 카우츠키 역시 독일제국을 민주화하기 위해 대중파업을 선동했던 로자 룩셈부르크와 급진좌파의 압력에 저항하면서 당의 지도부를 후원했다. 카우츠키는 사회주의가 점차 자본주의의 내장 내에서 준비되고 있다고 믿었다. 특히 근대 자유민주주의는 모든 복잡한 산업사회 — 자본주의적 산업사회는 물론 사회주의적 산업사회까지 — 의 정부에 필요한 틀을 제공했다. 그에 따르면, "민주주의는 또한 저항할 수 없는 권력을 가지고

---

54 K. Kautsky(1892), *The Class Struggle*(New York, 1971), p. 117.

55 K. Kautsky(1906), *Ethics and the Materialist Conception of History*(Chicago, 1918), p. 206.

56 K. Kautsky(1909), *The Road to Power*(Atlantic Highlands, NJ, 1996), p. 34.

있는 그 같은 막대한 전체 국가기구를 (오늘날까지 여전히 그것을 장악하고 있는) 거대한 착취자들의 수중에서 빼앗고, 그리하여 지배의 장치를 해방의 장치로 전환시킬 수 있게 한다." 자유민주주의는 노동계급이 무기명 투표를 통해 평화적으로 권력을 장악하여 "이전의 계급국가"를 "노동자들의 국가 또는 사회복지국가"로 전환시킬 수 있게 했다.[57]

이러한 관점에서 볼 때, 1914년 이후의 발전들은 탈선을 보여주는 것이었다. 군사적 갈등의 파괴적 성격에 대한 자신의 견해와 일관되게, 카우츠키는 제1차 세계대전은 경제적으로 비합리적이었다고 주장했다. 자본주의는 합병과 카르텔을 통해 개별 국가의 경제적 차이가 점차 극복되는 '초제국주의 ultra-imperialism'의 국면으로 전개되었다. 1914년 8월 전쟁 발발의 배후에 놓여 있던 제국주의적 경쟁과 군비경쟁은 과거 속으로 잊혔던 역사의 한 단계를 재연하는 것이었다. 카우츠키는 다음과 같이 기술한다. "자본주의경제는 이러한 논의들에 의해 심각하게 위협받는다. 오늘날의 선견지명이 있는 모든 자본가는 자신의 동료들에게 다음과 같이 요구한다. 모든 나라의 자본가들이여, 단결하라!"[58] 카우츠키는 전쟁을 반대하는 한편, 1917년 10월 러시아혁명을 맹렬하게 비난했다. 경제적 후진국에서 사회주의혁명을 수행하려는 시도는 실패할 운명을 안고 있었다. 그리고 그러한 시도는 특히 잔혹한 자본주의적 독재만을 초래할 수 있었다. 이런 기획을 떠맡고 있던 볼셰비즘 Bolschevism은 마르크스주의로부터의 자원주의적 퇴행voluntarist regression, 즉 물질적 환경들을 무시하고 주장된 파멸적 의지를 상징했다.

유럽이 1920년대에 향유했던 짧은 안정의 시기 동안, 카우츠키는 다음과

57 Kautsky, *Materialist Conception*, pp. 387, 450.

58 K. Kautsky(1914), "Imperialism," in J. Riddell, ed., *Lenin's Struggle for a Revolutionary International*(New York, 1984), p. 180.

같은 희망을 표명했다. "세계대전이 유발한 흥분이 가라앉기 시작하고 있다. 전쟁이 초래한 경제적 비정상성들은 다시 한 번 경제적 법칙의 힘이 재차 발휘되는 정상적인 경제조건들에게 길을 양보하기 시작하고 있다." 이러한 환경 속에서 노동운동은 의회적 수단을 통해 권력을 획득하려는 기획을 다시 시작할 수 있었다. 왜냐하면 "자본주의적 생산양식이 번영하면 할수록, 자본주의체제의 자리를 대신할 사회주의체제에 대한 전망은 더 밝아지기" 때문이다. 경제적 번영과 사회적 개혁의 와중에, 국제갈등을 평화적으로 해결하려는 국제연맹의 노력은 성공 가능성이 충분히 있었다. 그러한 계획을 뒤엎고자 한 무솔리니의 시도가 다른 곳에서 모방될 수 있을 것 같지 않았다. 독일에서 파시스트의 쿠데타는 백만 병력의 대중운동을 필요로 했을 것이다. "산업화된 나라에서 자본주의의 목적들을 위해 그렇게 많은 혈기왕성한 불한당들을 끌어모은다는 것은 불가능하다."[59]

물론 이 같은 기대는 우선은 1929년 대공황의 발발에 의해, 그다음으로는 1933년 독일에서의 국가사회주의National Socialist의 권력장악에 의해 곧 뒤집어졌다. 이러한 사건들은 카우츠키와 그의 육친들에게 비극적 결과를 초래했다. 카우츠키 자신은 1938년 10월 나치의 오스트리아 합병 이후 피신해 있던 암스테르담에서 죽었다. 그의 아들 베네딕트Benedikt는 나치의 강제수용소에서 7년을 보냈고, 그의 아내 루이제Luise는 아우슈비츠에서 죽었다. '비정상성'이 규범이 되었으며, 그리하여 역사유물론에 대한 카우츠키의 낙관적 조망은 의문시되었다.

---

59 Kautsky, *Materialist Conception*, pp. lxix, 439, 449, 394.

5.3 권력에의 의지로서의 자연: 니체

스펜서와 카우츠키는 인간역사의 경과를 사회 형태들의 계승으로 다루려고 시도한 매우 영향력 있는 두 인물이다. 이들은 그러한 사회 형태의 구조와 발전은 일반적인 생물학적 진화이론에 근거하여 가장 잘 이해될 수 있다고 보았다. 그러한 용어들로 이해된 역사가 올바른 방향으로 나아가고 있다는 그들의 믿음 ─ 비록 그 방향에 대한 그들의 견해는 현저하게 달랐지만 ─ 은 19세기 후반 유럽의 자신에 찬 부르주아사회를 반영한다. 이런 사회가 에릭 홉스봄이 '극단의 시대'라고 부른 것 ─ 제1차 세계대전의 발발로 예고되었던 ─ 으로 진입하자, 스펜서와 카우츠키가 표명한 역사적 진보의 신념은 점차 유지되기 어려워졌다. 카우츠키의 경우는 특히 주목할 만하다. 왜냐하면 그는 거의 4반세기 동안 유럽이 나락으로 떨어졌음에도 아랑곳하지 않고, 1870년대와 1880년대에 자신이 발전시켰던 세계관을 결코 포기하지 않았기 때문이다.

사실 진화론적 낙관주의는 1914년 훨씬 이전부터 도전을 받아왔다. 그렇지만 니체만큼 강력하게 그것을 공격한 적은 결코 없었다.[60] 그의 사상은 특히 흥미롭다. 왜냐하면 근대사회이론의 주요 긴장들 중의 하나 ─ 즉 인간을 자연과 연속선상에 있는 것으로 다루는 자연과학주의naturalism와 인간을 다른 종들과는 다른 것이라고 주장하는 반자연과학주의anti-naturalism 간의 긴장 ─ 를 극적으로 표현하고 있기 때문이다. 사회적 다윈주의와 생물학적 인종차별주의는 자연과

---

60 니체(Friedrich Nietzsche, 1844~1900)는 프로이센 루터교의 목사의 아들로 태어났다. 바젤 대학의 고전문헌학 교수를 지냈다(1868~1879년). 이 자리에서 은퇴한 후 10년 동안 창조성이 엄청나게 집중되어 폭발했다. 1889년에 신경쇠약으로 고통받고, 다시 회복하지 못했다. 그의 마지막 생애 동안에 그의 누이 엘리자베스 푀르스터-니체(Elizabeth Förster-Nietzsche)는 니체를 그의 저술들의 주요한 추동력과는 정반대로 독일 민족주의의 예언자로 변화시켰다.

학주의의 혐오스러운 사례들이다. 베버는 반자연과학주의의 가장 중요한 옹호자이다. 반면 마르크스주의, 심지어는 카우츠키식 견해조차도 두 입장에 양다리를 걸치고자 한다. 니체는 자연과학주의와 반자연과학주의를 조합하는 식으로 독특하게 근대성을 비판했다. 인간주체는 자연화되어 생물학적 충동들의 비정합적 묶음으로 환원된다. 반면에 자연은 주체화된다. 왜냐하면 사회세계뿐만 아니라 자연세계의 모든 측면들이 권력에의 의지의 표현이기 때문이다.

따라서 우선 니체의 근대성 비판의 신랄함을 살펴볼 필요가 있다. 유럽 부르주아 사회에 대한 그의 경멸은 포괄적이다. 당대의 다양한 이데올로기적 표어들 모두 – 진보, 진화, 민주주의, 민족주의, 사회주의 – 는 그저 표어일 뿐인 것들로 기각된다. 프랑스혁명의 이념 – 자유, 평등, 박애 – 의 추구는 니체가 마지막 인간Last Man의 이미지 속에서 요약한 보편적 범인凡人을 낳았다.

대지는 작아졌다. 그리고 그 위에서 모든 것을 작게 만드는 마지막 인간이 날뛰고 있다. 그 종족은 벼룩만큼이나 박멸할 수 없다. 마지막 인간은 가장 오래 산다.

마지막 인간은 "우리는 행복을 발견했다"고 말하면서, 눈을 깜박거린다. ……

어느 누구도 더 이상 부유해지지도 가난해지지도 않는다. 부자나 가난한 사람들 모두 다 너무나 많은 짐을 지고 있다. 그럼 누가 지배하길 원하는가? 누가 복종하는가? 둘 다 너무나 많은 짐을 지고 있다.

목자는 존재하지 않고 하나의 무리만이 존재한다. 모든 사람은 동일한 것을 원한다. 모든 사람은 동일하다. 달리 생각하는 사람은 누구든 자발적으로 정

신병원으로 간다.[61]

근대 유럽에 특유한 이른바 평준화·동질화 경향에 대한 이 같은 공격의 이면에는, 충분히 예상할 수 있듯이, 귀족사회에 대한 긍정적 평가가 자리하고 있다.

'인간'이라는 종의 모든 고귀함은 지금까지 귀족사회의 작품이었다. 그리고 따라서 그것은 항상 그러할 것이다. 귀족사회는 사람들 사이에 위계서열과 존경의 차이를 드러내는 오랜 등급이 존재한다고 믿으며, 이러저러한 의미에서 노예제도를 필요로 하는 사회이다. 계급들의 구체적인 차이, 지배 카스트들이 신민과 앞잡이들을 돌보고 경멸하는 것, 그리고 그들이 또한 항상적으로 복종과 명령을 행사하고 일정한 거리를 두고 유지하는 것으로부터 발전하는 거리두기의 파토스pathos of distance 없이는, 보다 신비로운 다른 파토스, 즉 영혼 내부에서 여전히 그 거리를 넓히고자 하는 갈망, 여전히 고결하고 드물고 소원하고 긴박하고 포괄적인 상태의 구축, 요컨대 엄밀히 말하면 '인간'이라는 종의 고귀함, 즉 연속적인 '인간의 자기극복'은 더 이상 발전할 수 없을 것이다.[62]

어떤 점에서 근대성에 대한 이 같은 귀족주의적 비판은 꽤 친숙하다. 이상화된 과거의 이름으로 이루어진 현재에 대한 낭만주의적인 반자본주의적 고발들은 혁명 이후의 유럽에서 흔히 있는 일이었다. 니체의 논법은 자주 니

---

61 F. Nietzsche(1883~1885), *Thus Spoke Zarathustra* (Harmondsworth, 1969), I.5, p. 46 (수정 번역하여 인용함).

62 F. Nietzsche(1886), *Beyond Good and Evil* (Harmondsworth, 1973), §257, p. 173.

체만큼이나 생생하고 가차 없는 산문을 쓴 메스트르의 논법(앞의 제3장을 보라)을 생각나게 한다. 하지만 방금 인용한 구절은 또한 또 다른 해석을 가능하게 한다. 귀족사회의 중요성은 그것이 '인간의 자기극복'에 기여한다는 데 있다. 니체는 인간을 윤리적 또는 정치적 목표에 입각하여 집합적으로 고양하는 것에 관심이 없었으며, 실제로는 그것을 경멸했다. 그러나 그는 특별한 개인들의 고귀함에는 매우 관심이 많았다. 그는 다음과 같이 말한다. "인간의 목표는 그 목적에 존재할 수 있는 것이 아니라, 오직 그것의 가장 고귀한 본보기들 속에 존재할 수 있을 뿐이다."[63] 이러한 예외적인 개인들은 시간이 지나도 과거에서 몇 걸음 더 나아가는 것 말고는 아무것도 하지 않는 사람들과 결코 현재 속에서 살지 않는 사람들 – 다시 말해 많은 사람들, 즉 대다수의 사람들 – 과 구분된다. "하지만 우리는 우리가 되고자 하는 사람 – 새롭고 독특하고 비교할 수 없는 인간, 즉 스스로 법칙을 부여하는 인간, 스스로를 창조하는 인간 – 이 되기를 원한다."[64]

그 방식은 서로 달라도 루소, 칸트, 토크빌, 마르크스가 적어도 모든 인간의 잠재적 속성으로 보았던 던 자기지배self-mastery가, 지금은 단지 소수의 개인들에 의해서만 성취될 수 있다. 더욱이 자신에게 법칙을 부여하는 것(자유에 대한 루소의 정의: 1.5절을 보라)은 이제 자기창조self-creation의 문제이다. 니체가 여기서 말하는 것은 독일 고전관념론의 초기 발전과 관련해서만 이해될 수 있다. 이 철학적 전통에서 가장 강력한 경향들 중의 하나는 미학적 경험을 실체에 접근하는 하나의 특권화된 양식으로 다루는 것이었다. 이는 미학적 경험이 합리적인 담론적 지식에서는 부인되던 통찰력을 제공할 수 있기 때문이다. 헤겔은 그 같은 풍조에 강력하게 저항했지만(예술은 절대정신의 가

63 F. Nietzsche(1873~1876), *Untimely Meditations*(Cambridge, 1983), p. 111.

64 F. Nietzsche(1882), *The Gay Science*(New York, 1974), §335, p. 266.

장 낮은 형태로, 종교와 철학에 종속된다), 다른 철학자들 ― 이를테면 셸링Schelling과 쇼펜하우어Schopenhauer ― 은 그러한 경향을 강력하게 표명했다. 알렉산더 네헤마스Alexander Nehemas는 자신이 '니체의 미학주의'라고 부른 것, 즉 "니체가 본질적으로 세계와 삶을 이해하고 사람과 행위를 평가하는 데 있어 예술적 모델에 의존하고 있다는 점"에 주의를 기울여왔다.[65] 이것이 분명하게 보여주듯이, 니체는 예술을 위한 예술의 교의에 입각한 미학적 경험을 일종의 세계로부터의 비상flight으로 특권화시키지는 않았다. 그와는 반대로 우리는 "세계를 자기 자신을 낳는 예술작품으로" 보아야만 한다.[66] 따라서 몇몇 개별 인간들이 성취할 수 있는 자기창조과정은 세계 그 자체인 우주적 '자기극복' 과정의 한 가지 사례일 뿐이다.

니체가 이해한 예술적 창조는 고전적 비평이 그려낸 세계에 내재하는 조화로운 구조들을 발견하는 것이 아니다. 오히려 그것은 근대예술처럼 불협화음적인 부조화의 과정으로, 그 산물들은 그것이 산출한 갈등과 긴장관계에 있다. 그러한 갈등들은, 우선 첫째로 인간역사를 구성한다. 니체는『도덕의 계보학On the Genealogy of Morals』(1887)에서 도덕을 칸트식 입장이나 공리주의적 입장에서 각기 자율적인 추상적 법칙이나 또는 그 결과 전반적 복리를 극대화하는 행위체계로 간주하려는 시도를 기각한다. 그렇게 함으로써, 그는 역사에서 하나의 단일화된 유형 ― 그것이 헤겔식의 목적론에서 유래된 것이든, 아니면 앞의 절에서 논의한 보다 관례적인 진화론적 도식에서 유래된 것이든 간에 ― 을 식별해내고자 하는 모든 시도에 도전한다. 푸코가 지적하듯이, "계보학은 …… 다양한 종속subjection의 체계, 즉 의미의 예견적 힘이 아니라 지배라는 위험한 놀이"를 재확인하고자 한다.[67] 이것은 도덕적 신념의 사회학을 함

---

65 A. Nehemas, *Nietzsche: Life as Literature*(Cambridge, Mass., 1988), p. 39.

66 F. Nietzsche(1905), *The Will to Power*(New York, 1968), §797, p. 419.

의한다. 한스 바르트Hans Barth가 니체의 후기 저술들을 논평한 바에 따르면, "그가 비판한 전통적 도덕들은 점점 더 특정 계급의 표현으로 간주된다."[68]

특히 니체는, 선과 악에 대한 평가는 귀족사회에서 출현하며 그 사회에서 그러한 평가가 지배 계급에게 그 자신과 생활방식을 뒷받침해준다고 주장한다. 자신이 타자를 위해 스스로를 부정해야 한다는 관념을 공통적으로 가지고 있는 기독교적 및 근대적 인식 속에서, 도덕은 그들의 지배자에 저항하는 하위계급의 반란 – 공개적인 폭동이 아니라 귀족의 도덕의 가치를 전도시키는 형식을 취하는 매우 미묘한 종류의 반란 – 에서 연유한다.

> 도덕의 측면에서 노예의 반란은 원한ressentiment 자체가 창조적이 되어 가치를 낳을 때 시작된다. 여기서 원한이란 진정한 반발, 즉 행위의 반발이 거부되어 상상적인 복수로 그것을 상쇄하는 것을 의미한다. 모든 귀족의 도덕이 의기양양한 자기긍정으로부터 발전한다면, 노예의 도덕은 처음부터 '외부에' 존재하는 것, '상이한' 것, '자신이 아닌' 것을 '부정No'한다. 그리고 이 부정No이 노예의 도덕의 창조적 행위이다.[69]

이 '노예의 도덕'은 내세의 이름으로 삶을 체계적으로 평가절하하는 기독교에서 그 정점에 달한다. 기독교의 승리는 이승에 대한 체계적인 부정 – 즉 혁명 이후 유럽의 평준화된 평범함에서 그 절정에 달한 과정, 다시 말해 모든 것이 평가절하되는 '허무주의' – 으로서, 지배자의 가치를 노예의 가치에 종속시키는 것을

---

67 M. Foucault, "Nietzsche, Genealogy, History," in P. Rabinow, ed., *The Foucault Reader* (Harmondsworth, 1986), p. 83.

68 H. Barth, *Truth and Ideology*(Berkeley, 1976), p. 160.

69 F. Nietzsche, *On the Genealogy of Morals and Ecce Home*(New York, 1969), p. 36.

의미한다. 니체는 "디오니소스 대 박해받는 사람들"의 투쟁을 선언한다.[70] 그리스의 신 디오니소스는 삶의 긍정을 대표하고, 그리스도는 그것의 부정을 대표한다. 니체는 "모든 가치들을 재평가"하고자 한다. 달리 말해 그는 (포이어바흐와 마르크스처럼 헤겔과 투쟁하기보다는) 노예의 도덕이 이룩한 전도를 전도시키고 평가체계를 복원하여, 선택된 개인들이 재차 자신과 삶을 긍정할 수 있게 하기를 희망한다. 그러나 그렇게 하면서, 그는 기독교를 겨냥하는 것만이 아니라 그리스 철학사까지 거슬러 올라간다. 즉 경험의 세계를 단순한 '외양' - 감각의 범위를 벗어나 있어, 접근할 수 없는 '진리' 내지 '실체'와 대립하는 것으로서의 - 으로 변형시킨 것에 대해 책임을 져야 할 사람은 바로 소크라테스와 그의 제자인 플라톤이다. 니체는 1870~1871년에 다음과 같이 기술했다. "나의 철학은 전도된 플라톤주의이다. 진정한 존재로부터 멀리 떨어질수록, 그것은 보다 순수해지고 보다 세련되어지고 보다 나아진다. 외양상으로는 목적으로서의 삶을 살고 있다."[71]

그렇다면 니체가 옹호한 그 같은 삶, 즉 그런 '외양'은 무엇인가? 독일의 낭만주의는 자연철학Naturphilosophie을 낳았다. 자연철학은 일종의 내적 추동력이 자연세계 - 무기체의 세계와 유기체의 세계 모두 - 전체를 관류하고 또 소우주 속에서 자연 전체를 대표하는 인간의 주체성에서 최고로 표현된다고 인식했다. 니체 또한 자연을 하나의 총체로 인식한다. 그렇지만 그것의 과정은 어떤 의미에서도 하나의 방향성을 지니거나 하나의 목표를 지향하지 않는다. 즉 사건들은 내적 필연성에 의해 야기되지 않으며, 오히려 우연의 영역에서 발생한다. 그것들은 "단편이고, 일부분이고, 무시무시한 우연"이다.[72] 이것은 사건들이 식별 가능한 구조를 전혀 가지지 않는다는 것을 의미

---

70 F. Nietzsche, *On the Genealogy of Morals and Ecce Home*, p. 335.

71 M. Heidegger, *Nietzsche*(4 vols, San Francisco, 1991), I, p. 154에서 인용함.

하지는 않는다. 그러나 니체가 자연에서 파악한 유형은 일반적으로 『도덕의 계보학』에서 밝혀낸 것과 동일한 것 — 경쟁하는 권력중심에서 발생하는 지배를 위한 끝없는 투쟁 — 이다. 즉 니체에 따르면, "이 세계는 권력에의 의지이며 그 이외에는 아무것도 아니다! 그리고 여러분 자신이 또한 이 권력에의 의지이며 그것 이외에는 아무것도 아니다!"[73]

그러한 주장은 가장 환상적인 의인화를 제시하는 것 — 의도적인 인간행위의 유형을 전체로서의 자연에 대해 과대망상적으로 투사하는 것 — 으로 나타난다. 하이데거는 실제로 "권력에의 의지라는 절대적 주체성의 형이상학"이 니체에서 기인한다고 본다. 하지만 그것은 관념론적 형이상학은 아니다. 왜냐하면 거기서 "주체성은 신체의 주체성, 즉 충동과 감정의 주체성이기에 절대적이다."[74] 하지만 권력에의 의지는 전통적으로 인식했던 의지, 즉 의식적으로 그 자체를 목적으로 설정하고 그것을 성취하고자 하는 주체의 능력과 같은 의지가 결코 아니다. 니체는 실제로 개별 인간주체가 어떤 일관성이나 통일성을 가진다는 것을 부인했다. 즉 그에 따르면, "우리의 신체는 많은 영혼들로 구성된 하나의 사회적 구조일 뿐이다. …… 그 결과가 바로 나다."[75] 권력에의 의지는 "하나의 존재나 생성이 아니라 하나의 파토스 — 생성과 결과가 처음으로 출현하게 되는 가장 기본적인 사실 — 이다."[76] 리처드 샤흐트Richard Schacht가 논평하듯이, 여기서 파토스는 "기본적인 성향이나 경향이다." 따라서 니체에서 "'권력에의 의지'는 단지 모든 힘과 힘의 결합태들이 자신의 영향력

---

72 Nietzsche, *Zarathustra*, II. 20. p. 160.

73 Nietzsche, *Will to Power*, §1067, p. 550.

74 Heidegger, *Nietzsche*, IV, p. 147.

75 Nietzsche, *Beyond Good and Evil*, §19, p. 20. "그 결과가 바로 나다"는 루이 14세가 "짐이 국가다"라고 선언한 것을 가지고 말장난한 것이다.

76 Nietzsche, *Will to Power*, §635, p. 229.

을 확대하고 다른 힘들을 지배하려는 기본적인 경향이다."[77]

따라서 전체로서의 자연 – 물리적 물체들의 상호작용 및 생명 유기체들의 발전뿐만 아니라 인간세계까지 – 은 경쟁하는 복수의 권력중심들 사이에서 발생하는 끝없는 투쟁에서 야기되는 연속적 변형의 과정이다. 과학자들이 '발견하는' 자연의 성질과 물리적 법칙들은 기껏해야 이러한 갈등의 덧없는 결과들을 제시할 뿐이다. 즉 자연선택을 통한 진화라는 다윈의 진화이론은 생존이나 번식이 아니라 지배를 위해 영원히 투쟁하는 실재에 대한 하나의 부적절한 근사치일 뿐이다. 그러므로 실재는 본래 복수적plural이다. 다시 말해 실재는 어떤 단일한 본질, 즉 다른 모든 것이 흘러나오는 내적 목적을 가지고 있지 않다. 실재는 또한 본래 모호하다. 세계는 일련의 변화되는 힘의 관계들에 의해 구성된다. 그리하여 누군가가 세상에 대해 내놓은 해석은 그러한 관계 내에서 그 사람이 차지하는 지위에 의존하기 때문에, 서로 다를 가능성이 크다. 실제로 "세계가 해석될 수 있는 방식에는 한계가 없다."[78]

니체의 저술에서 가장 오래 계속되는 주제들 중 하나는, 지식이 관련 당사자들의 이해에 대해 갖는 상대성과 관계된다. 이를테면 그는 다음과 같이 선언한다. "진리는 일종의 오류, 즉 특정의 종들이 생존하는 데 필수적인 오류이다. 결국은 삶에 대한 가치가 결정적이다."[79] 이를테면 그가 19세기 유럽의 질식할 것 같은 역사적 자의식으로 간주한 것을 "'비역사적인 것', …… 즉 경계 지어진 지평 내에 자신을 망각하고 가두어두는 예술 및 권력"과 대치시킨 것도 바로 이에 근거한 것이다.[80] 역사적 해석, 실제로 해석 일반은

---

77 R. Schacht, *Nietzsche*(London, 1983), pp. 207, 220.

78 Nietzsche, *Will to Power*, §600, p. 326.

79 Nietzsche, *Will to Power*, §493, p. 272.

80 Nietzsche, *Untimely Meditations*, p. 120.

필연적으로 선택적이다. 그것은 특정 사항을 포함하기도 하고 제외하기도 한다. 즉 그 같은 선택은 추상적 '삶'이 아니라 특정한 삶의 형태, 즉 특정한 권력중심에 대한 관심에 따라 상대적이다. 후자의 관점으로부터 해석이 이루어진다. 니체의 관점주의perspectivism는 그로 하여금 객관적 진리의 가능성을 부정하게 하고, 그리하여 모든 형태의 회의주의가 필연적으로 빠지게 되는 온갖 난점에 봉착하게 한다. 그럼에도 불구하고 그는 그것을 권력에의 의지라는 자신의 교의의 주요 함의들 중의 하나로 이해한다. 이를테면 그는 다음과 같이 기술한다. "불가피한 관점주의로 인해 모든 힘의 중심이 자신의 관점에서 세계의 나머지 모두를 해석한다(그리고 이는 인간만 그러한 것이 아니다). 이를테면 자신의 힘에 준하여 측정하고 느끼고 형태화한다."[81]

특정한 관점으로 세계를 해석하고 가치평가하는 이 같은 과정은 많은 측면에서 권력에의 의지의 결정적 특징이다. 후자를 기본적으로 사회정치적 측면에서 지배하고자 하는 욕구로 파악하는 것은 니체를 오해한 것이다. 샤흐트가 지적하듯이, 니체에서 "'권력'은 근본적으로 변형의 문제로, 어떤 새로운 유형의 서열관계를 이전에는 그것에 종속되지 않았던 힘들에 부과하는 것을 포함한다."[82] 이 같은 형식부여과정은 본질적으로 미학적이다. 니체는 예술이 '위대한 양식' 속에서 그 위대함을 획득한다고 주장한다. "그러한 양식은 위대한 열정들과 공통성을 지닌다. 즉 그것은 만족시키고자 하는 것을 경멸하고, 설득하고자 하지 않으며, 명령하고, 의지력을 행사한다. 혼돈의 지배자가 되기 위해, 혼돈에 형식을 부여하기 위해, 즉 논리적이고 단순하고 명확한 수학, 즉 법칙이 되게 하기 위해 인간이 존재한다. 이것이 바로 여기서는 위대한 야망이다."[83] 이것이 "인간이 존재하게 되는 것"이 의미하는 바

---

81 Nietzsche, *Will to Power*, §636, p. 339.

82 Schacht, *Nietzsche*, p. 229.

이다. 즉 그것은 자신의 삶을 예술작품으로 전환시킴으로써 그 자신을 지배하고, 혼돈을 정돈함으로써 각 개인들만이 아니라 전체 세계까지 하나의 틀 지어진 전체로 변형시킨다. 니체는 자신의 삶을 정확히 그 같은 과정으로 이해했다. 그러한 과정은 그가 추구하고자 했던 모든 가치들을 재평가하여, '초인Übermensch' ─ 즉 그러한 창조적 자기지배를 완성한 고귀한 유형의 인간 ─ 이 되는 데 일조할 것이다.

그러므로 하이데거는 니체를 어떠한 형태의 생물학적 결정론으로부터도 분리시키고자 한다. 하이데거에 따르면, "니체는 '생물학적인' 것, 즉 살아 있는 것의 본질을 인상적이고 시화詩化하는 방향에서, 즉 관점적이고 지평적인 방향에서, 다시 말해 자유의 방향에서 생각한다. 니체는 생물학적인 것을 …… 전혀 생물학적으로 생각하지 않았다."[84] 이것은 약간은 과장된 진술이다. 니체는 인간의 '고귀한 본보기들'의 형성을 교육, 경험, 논쟁을 통해 이룩된 순전히 문화적인 과정으로 이해하지 않았다. 그와는 반대로 그는 다윈이 가축에 속하는 종들의 '인위적 선택'이라고 부른 것과 비견될 만한 어떤 것을 마음속에 그린 것으로 보인다. 그러한 선택 속에서 특정 유형의 인간이 양육을 통해서 계발되고, 그리하여 '고등한' 인간들이 자기형성self-formation을 통해 획득했던 특성들이 19세기 진화론적 사고에 널리 퍼져 있던 라마르크식 방식으로 그들의 후손들에게 전달된다.

생물학적인 것과 문화적인 것 간의 이 같은 긴장은 니체 사상을 관류하고 있는 많은 것들 중의 하나이다. 그의 해석 중 가장 논쟁적이었던 교의는 동일물의 영원회귀eternal recurrence of the same라는 교의 ─ 즉 모든 것은 영원히 되풀이된다는 '뿌리 깊은 사상' ─ 이다.[85] 이 관념은 극단적 한계를 설정한다. 즉 니

---

83 Nietzsche, *Will to Power*, §842, p. 444.

84 Heidegger, *Nietzsche*, III, p. 122.

체는 실재를 명확한 방향 ─ 그 방향이 목표를 향한 움직임처럼 목적론적 용어로 이해되든 그렇지 않든 간에 ─ 속에서 움직이는 것으로 간주하는 모든 해석들을 거부한다. (그의 출간된 저술들 속에서 이루어진) 동일물의 영원회귀에 대한 그의 정식화는 매우 은유적인 용어들로 표현되어 있다. 니체가 우리에게 (비록 그가 자신의 비망록에서는 그것을 보편적인 것의 기본적 경향들에 대한 우주론적 이론으로 제시하고 있기는 하지만) 이 관념을 문자 그대로 취하게 하려고 했는지, 보다 정확하게는 (설사 모든 것이 영원히 되풀이된다고 하더라도) 그것을 운명론적 비관주의의 유혹에 빠져들기보다는 삶을 기꺼이 긍정하고자 하는 의지에 대한 일종의 궁극적인 시험으로 받아들이게 하려고 했는지는 전혀 분명하지 않다.

논평자들 또한 이 관념이 권력에의 의지의 교의와 일관되는지를 놓고 의견을 달리한다. 권력에의 의지는 세계를 '생성'의 측면에서 연속적인 변형의 과정으로 제시한다. 하지만 만일 모든 것이 되풀이된다면, 그러한 움직임은 궁극적으로 끝없이 반복되는 주기 내에서 중첩된다. 니체 스스로가 지적하듯이, "모든 것이 되풀이된다는 것은 생성의 세계가 존재의 세계에 가장 가깝게 근접하는 것을 의미한다."[86] 따라서 존재의 정지는 끝없는 생성에 대한 승리이다. 이 같은 이유에서 나치 철학자 알프레드 보이믈러Alfred Bäumler는 권력에의 의지가 니체 사상의 본질을 보여주며, 영원회귀가 권력에의 의지와 양립할 수 없기 때문에 영원회귀는 가볍게 다루어져야만 한다고 주장했다. 하지만 하이데거는 이러한 입장에 대해 강력하게 이의를 제기했다.

이러한 긴장과 모호성들은 왜 니체의 지적 유산이 그처럼 다양한지를 설명하는 데 도움을 준다. 나치는 니체로부터 주로 권력에의 의지라는 관념을 취했다. 나치는 권력에의 의지를 민족이나 예외적인 개인들의 지배욕구로

---

85 Nietzsche, *Zarathustra*, III. 2. 2, pp. 178~179.

86 Nietzsche, *Will to Power*, §617, p. 330.

이해하고 그것을 영원한 투쟁으로서의 삶이라는 속류 다윈주의적 개념 및 생물학적 인종차별주의와 결합시켰다. 이것은 니체 자신의 철학과는 어떠한 유사성도 갖지 않는 하나의 이데올로기를 산출했다. 베버, 그리고 보다 최근에는 푸코와 같은 후기구조주의자들은 역사를 지배형태들의 상호작용으로 보는 그의 역사관과 관점주의를 이어받아 자신들의 이론에 접합시켰다. 그리고 국가사회주의에 관여한 이후의 후기 하이데거는, 자신이 근대성의 주관주의를 극복하려는 니체의 노력 중에서 궁극적으로 실패한 시도로 간주한 것을 유럽이 잘못된 원인을 스스로 성찰하는 데 있어 하나의 출발점으로 삼았다.

하지만 이러한 상충하는 해석들이 어떤 방식으로도 니체의 중요성을 감소시키지는 않는다. 실제로 그것들은 니체의 중요성을 보여주는 것이다. 근대성에 대한 그의 거부가 갖는 설득력은 그가 이상화된 과거의 이름으로 근대성을 거부하지 않았다는 데에 있다. 니체는 계몽주의와 (스펜서와 카우츠키 같은) 진화론자들이 환기시킨 역사적 진보의 전망을 지배를 위한 끝없는 투쟁이라는 냉혹한 파노라마로 대체했다. 그리고 동시에 니체는 이런 상황에 대응하는 최상의 방식으로 예술적 삶 – 또는 예술작품으로서의 삶 – 을 제시했다. 그렇게 하면서, 그는 계속해서 우리를 압박하고 있는 문제들을 제기했다.

6 / 뒤르켐

6.1 사회진화와 과학적 객관성

우리가 앞 장에서 살펴보았듯이, 진화론적 사회이론은 19세기 중반에 등장하여 사회를 진화생물학이 사용한 용어들과 유사한 용어들로 분석되는 하나의 유기체로 개념화한다. 그러나 사회에 대한 이 같은 사유방식이 갖는 하나의 잠재적 함의는 진화론적 도식 내에 사회현상들을 위치시키려는 시도와 그 같은 사유방식을 분리시킬 수 있다는 것이었다. 18세기 말 생명과학의 구축과 관련하여 이루어진 핵심적 발전 중의 하나는 유기체를 그것의 기능과 관련하여 분석하고자 하는 시도였다. 달리 말해 생명체는 상호의존적인 부분들로 구성된 조직화된 체계이며, 각각의 구성부분들은 체계가 지속적으로 존재하는 데 필수적인 일정한 상태를 확보하기 위해 하나의 특정한 역할을 수행하는 것으로 인식되었다. 사회이론에서 이 같은 종류의 기능적 분석을 사용하는 것은 특정 과정과 제도들을 그것이 해당 사회의 전반적 복리에 기여하는 바의 관점에서 분석하는 것을 의미했다. 기능적 분석이 사회 연구에서 지배적이 되는 정도만큼, 한 사회가 사회구성체 유형의 진화적 순서상에서 어디에 속하는가 하는 쟁점은 (실제로는 사회의 역사적 출현과 궤적에 관한 보다 포괄적인 질문과 함께) 뒷전으로 물러서는 경향이 있다.

사회이론가들은 항상 기능적 분석을 사용해왔다. 즉 고전 정치경제학은 이기적 행위자들의 상호작용이 '보이지 않는 손'을 통해 (전반적 복리를 최대화하는) 시장균형 상태에 어떻게 기여하는지를 추적한다. 그리고 마르크스의 구조적 모순 개념은 역기능 – 특정 생산양식에 내재하는 경향으로, 그것의 효과적인 작동을 방해하는 – 을 확인하는 하나의 도구이다. 그러나 기능분석에 주로 초점을 맞추는 사회이론의 흐름은 19세기 말에야 출현한다. 뒤르켐이 그러한 사회이론의 창안에서 주요한 역할을 수행했다.[1]

이 같은 전환을 하나의 분석 형태에서 다른 분석 형태로 순전히 방법론적으로만 대체된 것으로 바라보지 않는 것이 중요하다. 그 어떤 최고 수준의 사회이론가 이상으로, 뒤르켐은 사회학을 그 나름의 이론적 규약과 전문적인 토대를 갖는 하나의 독특하고 독자적인 과학으로 구축하고자 노력했다. 요란 테르본Göran Therborn에 따르면, "사회에 관한 과학적 담론에 사회학이 중심적으로 기여한 것은 …… 본질적으로 다양한 유형과 크기의 인간 집합체들 속에서 이데올로기적 공동체 – 예컨대 가치와 규범의 공동체 – 를 발견하고 연구했다는 데에 있다." 그리고 그 같은 '이데올로기적 공동체' 개념을 정식화하기 위해서는 '정치경제학에 대한 사회학적 비판'이 필요했다. 그러한 정식화에서 뒤르켐은 결정적인 역할을 수행했다.[2]

분명 19세기 말 서구사회의 상태는 자유방임주의의 한계들을 전조하는 것으로 보였다. 스펜서와 메인 같은 진화론자들은 각기 신분에서 계약으로, 그리고 군사형 사회에서 산업사회로의 진보를 묘사해왔다. 달리 말해 역사

---

1 뒤르켐(Emile Durkheim, 1859~1917)은 마르크스와 마찬가지로 유대인으로, 실제로는 랍비가문 출신이다. 파리 고등사범학교(Ecole Normale Supérieure, 1879~1882년)와 독일(1885~1886년)에서 공부했다. 보르도 대학교의 문학부에서 사회과학 및 교육학 교수를 지냈고(1887~1902년), 소르본 대학교에서 교육학과 교수를 지냈다(1902~1917년).

2 G. Therborn, *Science, Class and Society* (London, 1976), pp. 224, 247.

의 경과는 스미스, 리카도, 그리고 후일 한계효용 경제학자들의 이론적 모델들이 상정했던, 전적으로 시장에 기초한 종류의 사회질서를 향해 움직이는 중이었다. 그러나 스펜서가 19세기가 끝나갈 때 고통스럽게 의식했듯이(앞의 5.2절 참조), 그러한 경향은 경제적·사회적 삶에 대한 국가의 보다 많은 규제와 개입을 향해, 정반대로 방향을 틀고 있었다.

이처럼 '집합주의collectivism'라고 불리게 되는 것이 재출현한 것은, 부분적으로는 정치적 발전의 한 가지 결과였다. 19세기 후반쯤에 산업자본주의는 원래의 거점 – 주로 영국 – 을 벗어나서 서유럽과 북아메리카 도처를 지배하기에 이르렀다. 이것은 점점 더 강력하고 단호한 노동계급운동을 출현시켰다. 그와 동시에 (그리고 상당 정도는 그 결과로) 발생한 참정권의 확대는 자유주의적·보수적 정치가들로 하여금 노동계급운동의 위협을 완화하고 노동자들의 표를 얻기 위해 어쩔 수 없이 사회개혁을 하게끔 했다. 비스마르크가 사회보험을 도입한 것 – 독일 사회민주주의를 약화하기 위한 시도였지만, 성공하지는 못한 – 은 이 같은 과정의 고전적 실례이다.

서구사회에서 그러한 개혁들이 조장한 국가규제의 증대는 또한 경험적 사회조사의 발전을 촉진했다. 공공관료기구와 민간 자선가들은 사회적 삶의 상이한 측면들에 대한 자료들을 점점 더 많이 수집했다. 이 자료들이 점차 수적으로 조직화되면서, 그것들은 (점차 국가정책이 규명하고 시정하고자 한) 사회'문제'에 대한 정보를 제공하기 위해 탐색되고 사용되었다. 그러나 그것은 또한 사회과학자들이 구체적인 연구를 수행하고 경험적 일반화를 할 수 있게 했다. 19세기의 주요한 지적 성과 중의 하나가 통계학 분야의 발전 – 그리고 특히 아돌프 케틀레Adolphe Quételet가 통계적 법칙 개념을 (단지 개연성의 측면에서만 이해될 수 있는) 모집단의 하나의 속성으로 세련화시킨 것 – 이었다. 이전의 과학자들은 자연법칙을 결정론으로 작동하는 것으로 인식하는 경향이 있어 왔다. 따라서 그 자연법칙하에 놓이는 모든 사건의 움직임은 원칙적으로 자연법칙에 의해 예측될 수 있었다. 그와는 대조적으로 통계적 법칙은 오직 그러한 예측이 맞아떨어질 수 있는 상대적 빈도를 주장할 뿐이었다.

최초로 정식화된 통계적 법칙들은 빈번히 산업자본주의가 유발한 사회문제들을 규명하는 데 관심을 기울이던 관료와 개혁가들이 수집한 자료들로부터 일반화한 것들이었다. 이언 해킹Ian Hacking이 지적하듯이, "최초의 법칙적 규칙성 중 많은 것들이 일탈 – 예컨대 자살, 범죄, 광기, 질병 – 과 관련된 것들 속에서 처음으로 인지되었다." 실제로 그는 다음과 같이 제시한다.

> 통계적 법칙은 계급에 적용된다. 측정되고 분석되고 법제화의 기초가 되는 것은 '그 계급'과 여타 계급에 대한 법칙이다. 문제가 되고 있는 계급은 추상적인 실체가 아니라 사회적 실재이다. 따라서 그들의 이익을 위해 변화되어야 할 주요 대상은 노동계급, 범죄자계급, 식민계급이다.[3]

통계기법의 발전과 그것의 적용결과들은 사회학을 여전히 콩트와 스펜서의 수중에 놓여 있던 역사철학에서부터 경험적 조사의 한 형태로 변형시킬 수 있는 수단을 제공했다. 게다가 자유방임주의가 지적·실천적으로 실패한 것으로 널리 인식되는 상황에서, 사회학이 하나의 확고한 학문분야로 구축되었다. 뒤르켐은 무절제한 경제적 개인주의는 안정적인 사회질서에 필요한 조건들을 제공할 수 없다고 주장한다. 그는 다음과 같이 지적한다. "그러므로 경제생활을 혼란시키는 갈등이 끝날 수 있도록 경제생활을 규제하고 그것의 도덕을 고양시키는 것, 그리고 나아가 개인들이 심지어 개인적 도덕에서까지 생명의 피가 빠져나가는 도덕적 공백 상태에서 그들의 삶을 살아가는 것을 중단하는 것이 극히 중요하다."[4]

---

3 I. Hacking, *The Taming of Chance* (Cambridge, 1990), pp. 3, 120.

테르본이 주장하듯이, 도덕적 규제의 필요성에 대한 이러한 강조는 정치경제학에 대한 비판적 입장을 함축한다. 뒤르켐은 다음과 같은 점을 들어 경제학자들을 칭찬한다. "경제학자들은, …… 억제는 단지 사회적 삶의 자연적 경과로부터의 일탈을 유발할 뿐이고, 통상적으로 사회적 삶은 외부로부터 강요되는 조정에서 나오는 것이 아니라 그 자신의 자유로운 내적 본성에서 나온다는 것을 보여주면서, 사회적 삶의 자발적 성격을 처음으로 지적했다." 그럼에도 불구하고 뒤르켐에 따르면, 경제학자들은 "자유 자체가 규제의 산물"이라는 것을 이해하는 데 실패해왔다. 따라서 뒤르켐은 그의 첫 주요 저작인 『분업론The Division of Labour』(1893)에서 자신의 목적은 "도덕과학을 구성하는 것", 다시 말해 "실증과학의 방법에 따라 도덕적 삶의 사실들을 다루는 것"이라고 선언한다.[5]

이러한 야망은 뒤르켐식 사회학과 근대 초기 프랑스 계몽주의사상의 도덕주의적 전통 – 사회제도와 관습들과 관련한 인간행동연구(앞의 제1장 참조) – 간의 연속성을 시사한다. 그러나 뒤르켐의 경우에 그렇게 이해된 '도덕적 삶'에 대한 관심은 (생시몽과 스펜서를 따라) 그가 산업사회라고 부르는 경향이 있는 것의 탐구 및 적대에 대한 그의 관심으로부터 나온 것이다. 따라서 그는 아노미 또는 도덕적 규제의 부재는 다음과 같은 것에서 기인한다고 주장한다.

> [아노미 상태는] 경제세계가 낳은 매우 유감스러운 비참한 광경인 온갖 종류의 갈등과 무질서가 계속적으로 되풀이되고 있음[에서 기인하는 것이 틀림없다. 왜냐하면 어떤 것도 서로의 반작용으로부터 나온 힘들을 억제하거나 그힘들을 그것들이 존중해야 하는 어떤 것에 제한시켜 놓지 못하기 때문에, 그

---

4 E. Durkheim, *Professional Ethics and Civic Morals*(London, 1957), p. 12.

5 E. Durkheim, *The Division of Labour*(Houndmills, 1984), pp. 320, xv.

힘들은 경계를 넘어 성장하며 각기 다른 것과 충돌하고 다른 것을 물리치고 약화시키려는 경향이 있기 때문이다. …… 인간의 열정들은 단지 그들이 존중하는 도덕적 실체에 의해서만 진정된다. 만약 이런 종류의 모든 권위들이 결여되어 있다면, 가장 강한 자의 법칙이 지배하고, 전쟁 상태 ― 잠재적이든 아니면 심각하든 간에 ― 가 만연할 수밖에 없다.[6]

도덕적 규제를 사회적 갈등을 방지하거나 적어도 통제하는 수단으로 보는 이 같은 개념은 보수적 성향의 이론을 암시한다. 실제로 뒤르켐 자신은 "전체로서의 사회학의 목적은 사회의 보존을 위한 조건들을 규정하는 것"이라고 기술했다.[7] 하지만 그는 정치적 우파 사상가는 아니었다. 앤서니 기든스Anthony Giddens는 "베버와 뒤르켐 모두를 한편으로는 마르크스주의에 대해, 그리고 다른 한편으로는 보수적 사상에 대해 비판하면서 자유주의를 재구성하려고 시도하고 있는 것으로 파악하는 것은 일정 정도 수긍할 수 있다"고 제시한 바 있다.[8] 또는 하버마스가 정식화한 용어들로 표현하면 (앞의 2.3절 참조), 뒤르켐과 베버는 니체와 같이 근대성을 거부하는 사람들과 마르크스처럼 근대성을 혁명화하고자 한 사람들에 맞서서 (비록 근대성에 비판적이기는 하지만) 근대성을 방어하고자 노력한다.

뒤르켐은 프랑스 제3공화국(1871~1940년)의 자유주의적 의회제도에 강하게 공감했다. 그러한 제도들이 1890년대 드레퓌스 사건Dreyfus Affair 동안 우파 군주제주의자 및 군국주의자에 의해 도전을 받았을 때, 뒤르켐은 드레퓌스

---

6 E. Durkheim, *The Division of Labour*, pp. xxxii~xxxiii.

7 Undated letter to Bouglé, S. Lukes, *Emile Durkheim*(Harmondsworth, 1975), p. 139에서 인용함.

8 A. Giddens, "Weber and Durkheim: Coincidence and Divergence," in W. J. Mommsen and J. Osterhammel, eds, *Max Weber and his Contemporaries*(London, 1987), p. 188.

— 간첩행위로 허위 고발된 유대인 장교 — 의 첫 옹호자들 중 한 사람이자, 공화주의적·반교권주의적 인권연맹Ligue des Droits de l'Homme의 적극적 참여자 중 한 사람이었다. 뒤르켐이 소르본 대학교에 임용된 것은 그가 드레퓌스파에 대해 동감을 표한 덕분일지도 모른다. 조르주 프리드먼Georges Friedmann에 따르면, 그 사건 이후 "뒤르켐식 사회학은 세속적 도덕과 함께 제3공화국의 각급 학교, 특히 사범학교에서 공식 교육내용으로 자리 잡았다.[9] 뒤르켐은 프랑스에서 사회학을 제도화된 분과학문으로 발전시키고자 노력하면서, 1896년 학술지 ≪사회학연보L'Année sociologique≫를 창간했고, 처음에는 보르도에서 그리고 그다음으로는 파리에서 학생들과 협력자들을 자신 주위로 끌어모아 영향력 있는 집단을 형성했다.

뒤르켐의 정치적 견해는 다음 절에서 그의 주요 사회이론과 함께 보다 자세하게 다룰 것이다. 그러나 뒤르켐이 적어도 초기 저작에서는 그 이전의 진화론적 사회이론가들이 탐구했던 주제들을 발전시켰다는 점만큼은 우선 지적해둘 필요가 있다. 『분업론』은 사회를 본질적으로 하나의 도덕적 실체로 개념화한다는 점에서 매우 독특하기는 하지만, 콩트와 스펜서를 반향하고 있다. 두 사람 모두는 사회진화를 점진적 분화과정으로 이해했다. 이를테면 스펜서는 분업의 발전을 그러한 과정이 의지하는 주요 메커니즘으로 간주했다(앞의 3.1절과 5.2절 참조). 그렇다면 어째서 전문화된 개인들로 분해되어 있는 사회가 쉽게 해체되지 않는가? 합의의 재확립이 안정적인 사회질서의 토대를 복원할 것이라는 콩트의 주장은 근대성의 특징인 개인적 자유를 억압할 우려가 있는 것으로 보였다. 이와는 대조적으로 스펜서는 이러한 자유가 오직 제약받지 않는 자유방임 — 우리가 살펴보았듯이, 뒤르켐이 아노미와 사회갈등의 주요 원인으로 간주했던 사태 — 에 의해서만 확보될 것이라고 믿었다.

---

9 Lukes, *Durkheim*, p. 376.

따라서 뒤르켐은 이 문제를 다음과 같이 제기했다.

개인들이 보다 자율적이 되면서도 사회에 보다 긴밀하게 의존하는 일이 어떻게 해서 일어나는가? 어떻게 개인이 보다 개인적이 되면서도 동시에 사회에 보다 더 연결될 수 있을까? 그 이유는 이 두 움직임이 모순적으로 보이지만, 그것들이 나란히 일어나고 있다는 데에는 논의의 여지가 없기 때문이다. 그것이 문제의 본질이다. 이러한 명백한 이율배반을 해소해주는 것은 끊임없이 증가하는 분업으로부터 발생하는 사회적 연대의 변화인 것으로 생각되어왔다.[10]

뒤르켐은 두 가지 형태의 연대를 병치시킨다. 그 첫 번째 형태인 기계적 연대mechanical solidarity는 그가 '분절된 사회segmented society'라고 부른 것의 특징이다. 이들 사회에서 각각의 구성부분은 다른 모든 부분들과 동일하다. 달리 말해, 사회적 기능이 상대적으로 미분화되어 있다. 이 상황에서 사회적 연대는 "그 집단의 모든 성원들에게 공유되어 있는 신념과 감정"에 의존한다. 이와는 대조적으로 유기적 연대organic solidarity는 분업이 발전된 곳에서 일어나며, 따라서 개인들은 서로 다른 사회적 역할을 할당받는다. 여기서 "우리를 견고하게 묶고 있는 사회는 일정한 관계에 의해 통합되어 있는 서로 다른 전문적 기능들로 구성된 하나의 체계이다."[11] 뒤르켐이 그의 가장 잘 알려진 개념들의 하나인 집합의식conscience collective 개념을 도입하는 것도 바로 이 맥락에서이다.

우리 안에는 두 가지 의식이 존재한다. 하나는 오직 우리 각자에게 사적인 상

---

10 Durkheim, *Division*, p. xxx.

11 Durkheim, *Division*, p. 83.

태, 즉 개인으로서의 우리를 특징짓는 것으로 이루어진다. 반면 다른 하나는 사회 전체에 공통적인 상태로 이루어진다. 전자는 단지 그것이 구성하는 우리의 개인적 퍼스널리티를 의미한다. 후자는 집합적 형태, 그리고 결과적으로 그것 없이는 존재할 수 없는 사회를 의미한다. 우리의 행동들을 결정하는 것이 후자의 요소일 때, 우리는 우리 자신의 개인적 이익을 위해 행동하는 것이 아니라 집합적 목적을 추구하고 있는 중이다.[12]

기계적 연대와 유기적 연대는 그것들 속에서 집합의식이 개인의식을 지배하는 정도에 의해 구별된다. "유사성으로부터 파생되는 연대는 집합의식이 우리의 전체의식total consciousness을 완전히 덮어서 모든 점에서 집합의식과 전체의식이 일치할 때, 그것의 최고점에 달한다. 그 순간 우리의 개성은 영零이 된다." 하지만 유기적 연대가 지배적인 곳에서 "우리 각자는 개인적인 우리 자신의 영역을 가지며, 그 결과 하나의 개성을 소유한다." 집합의식의 역할은 그것이 "매우 일반적인 막연한 성격의 사고와 느낌의 양식"의 형태를 취할 때, 그리하여 "이견을 가진 개별행동들이 발생할 여지를 더 많이 남겨두게" 될 때 감소된다. 유기적 연대가 사회통합의 주된 형식이 되어감에 따라, "한때는 공동의식의 임무였던 역할을 점차 수행하는 것이 바로 분업이다. 보다 높은 수준에 있는 형태의 사회에서 사회적 실체들을 결합시켜 주는 것도 주로 이것이다."[13]

기계적 연대와 유기적 연대의 구분은 사회이론가들이 근대사회와 그 이전 사회들 간의 차이를 개념화하는 데 사용해왔던 일련의 이원적 대비들 중의 하나이다. 메인의 신분과 계약의 구분, 그리고 스펜서의 군사형 사회와

---

[12] Durkheim, *Division*, p. 61.

[13] Durkheim, *Division*, pp. 84, 85, 122, 123.

산업사회의 구분은 그 같은 종류의 대비의 실례들이다(앞의 제5장을 보라). 그리고 퇴니에스Ferdinand Tönnies의 게마인샤프트Gemeinschaft(공동체)와 게젤샤프트Gesellschaft(결사체)의 구분도 마찬가지이다.[14]

퇴니에스는 하나의 유형의 사회에서 다른 유형의 사회로의 이행을 본질적으로 상실의 과정으로 간주했다. 즉 전근대적인 게마인샤프트에서 개인은 일련의 기본적인 정서적 관계들에 의해 사회적 전체에 묶여 있다. 반면 근대적인 게젤샤프트에서 사회적 관계들은 냉정하고 이기적이며 개인의 이익에 대한 합리적 계산에 기초한다. 따라서 퇴니에스에 따르면, "게마인샤프트는 하나의 살아 있는 유기체로, 그리고 게젤샤프트는 어떤 기계적인 집합체와 인공물로 이해되어야만 한다." 게마인샤프트는 (오랫동안 정착해온 토지에 기반을 두고 있고 전통과 친족의 유대에 의해 구성되고 또 동일한 농민공동체에 의해 움직이는) 농촌생활 그리고 무엇보다도 고향Heimat에 그 뿌리를 두고 있다. 홉스와 마르크스가 그 구조를 잘 묘사한 바 있는 게젤샤프트는 도시적이며 세계주의적이다. 그것의 주요한 행위자는 상인, 즉 영원한 외부인이다. 그것의 승리는 "문화의 죽음을 의미한다."[15] 퇴니에스는 그가 반대한 국가사회주의의 승리를 살아서 목도했다. 그럼에도 불구하고 그는 근대성을 공격할 때, 독일 민족주의 우파가 빈번히 이용하곤 했던 낭만주의적인 반자본주의의 견해를 정식화하는 데 일조했다(아래의 9.2절을 보라).

이와는 대조적으로 뒤르켐은 유기적 연대의 발전이 그 선조에 비해 진보

---

14 퇴니에스(Ferdinand Tönnies, 1855~1936)는 슐레스비히홀스타인 출생으로, 스트라스부르, 예나, 본, 라이프치히, 그리고 튀빙겐 대학교에서 수학했다. 1881년 베를린 대학교에서 홉스에 관한 연구로 교수자격을 획득했다. 프로이센 통계국에서 근무했다. 킬 대학교에서 경제학과 통계학 교수를 지냈고(1913~1916년), 독일사회학회 회장을 역임했다(1909~1933년).

15 F. Tönnies, *Community and Association*(London, 1974), pp. 39, 270.

라고 생각한다는 점에서, 메인과 스펜서에 보다 가깝다. 뒤르켐은 다음과 같이 언급한다. "여기서 그리하여 전체의 개성은 그 구성부분들의 개성이 증가하는 것과 동시에 증가한다. 사회의 구성요소들이 각기 그 나름의 움직임을 더 많이 가지는 것과 동시에, 사회는 보다 더 효과적으로 조화를 이룰 수 있게 된다." 그러나 스펜서와 퇴니에스가 분업을 이기적 개인들의 공리주의적 제도로 간주하고 그리하여 "협동이 그것 본연의 도덕성을 지닌다"는 점을 인식하지 못하고 있다는 점에서, 뒤르켐은 그들과 견해를 달리한다.[16]

이와 같이 『분업론』은 하나의 진화이론을 제시한다. 실제로 뒤르켐은 콩트와 스펜서처럼 사회진화를 (보다 복잡한 형태가 그보다 단순한 선행 형태들을 점진적으로 대체하는) 하나의 분화과정으로 인식한다. 하지만 뒤르켐은 "상이한 유형의 사회들이 동일한 상승적인 선형적 순서에 따라 단계적으로 진전되어나간다"는 것을 부정한다. 뒤르켐은 다윈이 생물학적 진화의 방향을 특성화하기 위해 사용한 이미지를 이용하면서, "만약 사회유형에 대한 완전한 계보도를 그리는 것이 가능하다면, 그것은 오히려 의심할 바 없이 줄기는 하나이나 가지는 많은 관목의 형태일 것"이라고 주장한다. 더 나아가 뒤르켐은 하나의 특정 가지를 따르는 진보 – 말하자면 기계적 연대로부터 유기적 연대로의 진보 – 가 인간행복의 총합의 증대를 표상한다는 것을 부정한다. 그에 따르면, "행복의 편차와 분업의 진전 간에는 아무런 관계도 없다."[17] 마지막으로, 뒤르켐은 '이전의 역사철학' – 그는 콩트조차도 그것의 일례로 간주한다 – 을 그것이 목적론적 사유방식이라는 점에 근거하여 비판한다. 그 같은 목적론적 사고 속에서 "사회환경은 진보를 규정하는 원인이 아니라 진보를 실현하는 수단으로 인식된다."[18]

---

16 Durkheim, *Division*, pp. 85, 168.

17 Durkheim, *Division*, p. 100 n. 17.

스티븐 루크스Steven Lukes는 뒤르켐의 사회진화이론을 그의 선조들의 그 것과 구분하고자 하면서, 탤컷 파슨스Talcott Parsons와 같은 논평자들이 주장 하는 해석, 즉 『분업론』에서 뒤르켐의 사회변동에 대한 설명이 '생물학자적' 이라는 주장을 부정한다.[19] 루크스의 해석은 『사회학적 방법의 규칙The Rules of Sociological Method』(1895)에서 일반화한 이 같은 설명이 분업을 발전시켜온 두 가지 주요 요인들을 분리해내고 있다는 사실에 주로 의존하고 있다. 뒤르 켐에 따르면, "그 요인들은 다음과 같다. 첫째는 사회적 단위들의 수, 또는 우리가 지칭해온 바로는 사회의 '크기volume'이다. 그리고 둘째는 다수의 사 람들의 집중도 또는 우리가 '동적 밀도dynamic density'라고 불러온 것이다."[20]

대략적으로 말하면, 그의 생각은 보다 많은 수의 사람들이 보다 조밀하게 밀집할수록, 그들 사이에서 희소자원을 둘러싼 경쟁은 더욱 격렬해질 것이 라는 것이다. 즉 사회적 행위자들은 더 많은 전문화를 통해 자신들의 상대적 우위를 극대화하고, 그리하여 분업을 더욱 진전시킴으로써, 그러한 사태에 대응할 가능성이 높다는 것이다. 이와 같이 뒤르켐은 환경 차이가 기능적 전 문화의 충분조건이라는 스펜서의 주장을 부정한다. 그는 다음과 같이 말한 다. "만약 사회의 크기가 더욱 커지고 또 집중도가 높아짐에 따라 노동이 점 점 더 분할된다고 하더라도, 그것은 외부 환경이 더욱 변화하기 때문이 아니 라 생존투쟁이 더욱 격렬해지기 때문이다."[21]

우리가 설사 이 같은 스미스의 '보이지 않는 손'의 다윈식 변형태를 분업 에 대한 하나의 설명으로 간주할지라도, 루크스가 그것이 규명하고 있는 원

---

18 E. Durkheim, *The Rules of Sociological Method and Selected Texts on Sociology and its Method*, ed. S. Lukes(London, 1982), pp. 140, 143.

19 Lukes, *Durkheim*, pp. 167~168.

20 Durkheim, *Rules*, p. 136.

21 Durkheim, *Division*, p. 208.

인들이 전적으로 사회적이라고 말하는 것은 옳다. 하지만 이것이 뒤르켐의 사고 속에 생물학자적인 기질이 있는가 하는 문제를 해결해주지는 않는다. 그럼 생물학과 사회학의 관계에 대한 스펜서의 논평을 살펴보자.

> 이 두 과학은 두 가지 서로 다른, 그러나 마찬가지로 중요한 방식으로 서로 관련되어 있다. 첫째로, 모든 사회적 행위는 개인들의 행위에 의해 규정되고 개인들의 모든 행위는 (일반적인 생존법칙에 순응하는) 생명의 원천을 이루는 행위들에 의해 규정되기 때문에, 사회적 행위에 대한 합리적 해석은 생존법칙에 대한 지식을 함축한다. 둘째로, 사회의 살아 있는 개별단위들과는 다른 것으로 간주되는 전체로서의 사회는 동물의 성장·구조·기능과 유사한 성장·구조·기능의 현상들을 드러낸다. 그리고 이 나중의 것이 첫 번째 것에 대한 유용한 실마리이다.[22]

따라서 스펜서는 생물학과 사회학의 관계를 두 가지로 제시한다. 첫째로, 사회는 그것을 구성하는 개인들로 환원될 수 있고, 따라서 그것은 유기체로 이해되어야만 한다. 둘째로, 사회적 과정은 생명체의 세계와 유사한 방식으로 작동한다. 널리 알려져 있다시피 뒤르켐은 『규칙』에서 "사회적 사실social facts은 사물로 간주되어야만 한다"는 것을 기초로 하여 사회학의 독자성을 옹호한다. 뒤르켐이 전개하고 있는 사회적 사실 개념은 다음 절에서 상세하게 다룰 것이다. 현재의 목적에서 적실한 것은 그가 사회적 사실이 개인과 그들의 속성으로 환원될 수 있다는 점을 부정한다는 점이다. 이를테면 그는 다음과 같이 지적한다. "사회는 개인들의 단순한 총합이 아니라 개인들의 결합으로 형성된 체계로, 그 나름의 특성을 갖는 하나의 구체적 실체를 표상

---

22 H. Spencer, *The Study of Sociology* (London, 1894), p. 326.

한다."[23]

이러한 입장은 사회학을 경제학과 구분되는 하나의 과학으로 구축하고자 하는 뒤르켐의 기획에서 핵심적이었다. 19세기 말경 한계효용경제학의 발전은 방법론적 개인주의methodological individualism라고 알려지게 된 것, 즉 사회구조는 개인적 행위들의 의도하지 않은 결과라는 교의를 분명하게 정식화했다. 이를테면 한계효용혁명marginalist revolution의 주도자 중 한 명인 오스트리아 경제학자 칼 멩거Carl Menger는 "사회현상을 수립하고자 하는 공동의 의지 없이 (개인적 이익을 추구하는) 개인적 노력들의 의도하지 않은 결과로서 출현하는 그 같은 사회현상들"을 부각시켰으며, "인간 개개인과 그들의 노력"이 "우리의 엄밀한 사회과학적 분석에서 최종적 요소", 즉 물리학에서의 에너지와 원자와 등가를 이루는 것이라고 주장했다.[24]

방법론적 개인주의는 실제로 한계효용혁명의 결과 경제학에 참호를 구축한 설명 개념을 일반화한 것이다. 여기서 전반적 복리의 최적화는 시장의 개별 행위자들의 이기적 선택의 의도하지 않은 결과로 설명된다. 우리가 앞서 살펴보았듯이, 뒤르켐이 구체적 사례들 속에서 이 같은 유형의 설명을 기꺼이 활용했음에도 불구하고, 그는 한계효용학파의 반대자들, 즉 독일 역사학파에 동정적이었다. 그들에게 경제는 개인적 행위들의 집합체가 아니라 하나의 진화하는 사회적 유기체였다(아래의 7.1절을 보라). 나아가 스펜서와 멩거가 주장하는 환원이 이루어질 경우, 뒤르켐의 독자적 '도덕과학'을 위한 공간은 사라진다. 따라서 그는 사회적 사실의 독자성을 주장한다. 이를테면 그는 다음과 같이 주장한다. "집합적 경향이 개별 개인들의 의식을 지배하

23 Durkheim, *Rules*, pp. 35, 129.

24 C. Menger(1883), *Problems of Economics and Sociology*(Urbana, 1963), pp. 133, 142 n.1.

는 독특한 사실, 즉 힘"으로 존재한다는 것은 …… 해가 바뀌어도 변하지 않는 "자살통계에 분명하게 드러난다."[25] 뒤르켐은 보다 일반적으로 다음과 같이 말한다. "사회적 사실을 결정하는 원인은 그것에 선행하는 사회적 사실들 사이에서 찾아야지, 개인의 의식 상태들 사이에서 찾아서는 안 된다."[26]

그러나 설사 방법론적 개인주의에 대한 뒤르켐의 반대가 그의 직접적인 생물학적 환원론의 죄과를 사면해준다고 하더라도, 그것이 스펜서가 생물학과 사회학 간에 상정한 두 번째 관계 – 양자의 개념화과정이 유사하다는 – 와 접맥될 때 상황은 훨씬 덜 분명해진다. 뒤르켐은 정상적인 것과 병리적인 것을 체계적으로 대비시킨다. 이를테면 그는 다음과 같이 말한다. "분업은 통상적으로 사회적 연대를 산출하지만, 그것이 전혀 다른 또는 심지어 정반대의 결과를 낳을 수도 있다." 그 같은 '병리적' 또는 '일탈적' 형태에는 경제위기들과 파산의 효과들 – "유기적 연대 속의 그토록 많은 부분적 균열들", 노동과 자본 간의 갈등, 그리고 과학적 전문화 – 이 포함된다. "이 모든 경우에, 만약 분업이 연대를 산출하지 않는다면, 그것은 유기체들 간의 관계들이 규제되지 않기 때문이다. 즉 그것은 그것들이 아노미 상태에 있기 때문이다."[27]

뒤르켐에 의하면, 사회적 사실은 (역사적으로 주어진) 사회의 '평균적 유형' – 즉 "일종의 독특한 추상물로, 가장 흔한 형태의 종의 가장 빈번하게 발생하는 특징들을 모아 하나의 실체로 구성한 가설적 존재" – 에 부응할 때, 정상적이다. 이와 같이 뒤르켐은 정상성을 넓은 의미로 이해한다. 따라서 이를테면 "범죄는 정상적 사회학의 한 현상"이다. 왜냐하면 개인들이 항상 집합의식에 순응하지 않을 것이라는 점은 필연적이기 때문이다. 그럼에도 불구하고 "생명과학 – 그 삶

25 E. Durkheim(1897), *Suicide*(London, 1989), p. 307.

26 Durkheim, *Rules*, p. 134.

27 Durkheim, *Division*, pp. 291, 292, 304.

이 개인적이든 또는 사회적이든 간에 — 의 주요한 목적은 결국 정상적 상태를 정의하고 설명하고, 또 그것을 비정상적 상태와 구분하는 것이다."[28]

그러므로 뒤르켐이 사회를 건강과 질병 모두를 경험할 수 있는 하나의 유기체로 인식하고 있다는 데에는 하나의 중요한 측면이 있다. 실제로 사회학이 도덕적·정치적 지침을 묘사하고 설명할 뿐만 아니라 그것을 제공할 수 있는 것은 바로 어떤 특정 사회의 정상적 조건을 규명하고자 하는 것을 통해서이다.

> 만약 바람직한 것이 건강함을 유지하는 것이라고 언명된다면, 그리고 건강한 상태가 사물에 내재하는 분명한 어떤 것이라면, …… 우리가 전진할 때 멀어지는 목적을 더 이상 필사적으로 추구할 필요는 없다. 즉 우리는 정상 상태를 유지하기 위해, 만약 그것이 교란될 경우 정상 상태를 재수립하기 위해, 그리고 만약 정상성의 조건이 변화할 경우 그것을 재발견하기 위해 꾸준히 일하는 것만이 필요하다. …… 그의 역할[즉 정치가의 역할]은 …… 의사의 역할이다. 즉 그는 좋은 위생 상태를 유지함으로써 질병의 발생을 미리 막거나, 병이 발생할 경우 그것을 치료하고자 애쓴다.[29]

이 같은 사회학에 대한 의학적 개념은 19세기의 생명과학 안에 널리 퍼져 있던 가정을 반영한다. 이를테면 뒤르켐이 "일탈형태의 연구는 우리에게 정상 상태의 존재조건을 더 잘 규정할 수 있게 해줄 것"이라고 기술할 때, 그는 위대한 생리학자 클로드 베르나르Claude Bernard의 다음과 같은 선언을 반복하고 있다. "모든 질병은 그것에 상응하는 정상적 기능을 가지고 있으며, 단

---

28 Durkheim, *Rules*, pp. 91~92, 106 n. 10, 104.

29 Durkheim, *Rules*, p. 104.

지 그러한 기능이 교란되거나, 지나치거나, 줄어들거나, 제거되어짐을 표현할 뿐이다."[30] 이 같은 주장은, 첫째 정상 상태와 병리상태에서 작용하는 메커니즘은 동일하며, 둘째 이 두 상황의 구분은 뒤르켐이 표현하듯이 "사물에 내재하는" 객관적인 것이라는 것을 함의한다.

그러나 적어도 이러한 함의 중 나중의 것은 옹호하기가 매우 어렵다. 조르주 캉길렘Georges Canguilhem이 지적하듯이, "비정상적인 것을 과도하거나 과소한 것으로 규정하는 것은 이른바 정상 상태라는 것의 규범적 특징을 인정하는 것이다. 정상 상태 또는 생리적 상태는 더 이상 단지 하나의 사실로 드러내거나 설명할 수 있는 어떤 성향이 아니라, 특정 가치에 대한 애착의 표현이다." 캉길렘은 19세기 의학사상에 대한 자신의 위대한 연구에서, 정상적인 것과 병리적인 것을 구분해주는 객관적 기준을 발견하는 데 따르는 어려움을 입증한다. (비록 서로 다른 방법으로 사용하기는 하지만) 케틀레와 뒤르켐이 한 것처럼 정상적인 것을 평균과 관련하여 통계적으로 규정하는 것은 그 정의에 의해 많은 개별 사례들이 평균에서 벗어나게 될 것이라는 문제에 직면한다. 그렇다면 한 사례가 평균으로부터 얼마나 벗어나 있어야 그것이 비정상적이 되는가? 캉길렘은 다음과 같이 결론짓는다.

하나의 규범을 설정하는 것, 즉 정상 상태를 규정하는 것은 하나의 존재, 즉 소여된 것에 하나의 필요조건을 부과하는 것으로, 그 필요조건과 관련하여 다른 것, 즉 그것과 불일치하는 것은 알려지지 않은 불확정적인 것을 훨씬 넘어 그 자체로 적대적인 것으로 제시된다. 실제로 그것은 어떤 것을 이해하기 위해 그 어떤 것이 그것에 의존하면서도 그 범위에 들지 않는 그 어떤 부문을 부

---

30 Durkheim, *Division*, p. 291; Bernard, 인용은 G. Canguilhem, *The Normal and the Pathological*(New York, 1991), p. 68.

6. 뒤르켐 | 231

정적으로 규정하는 논쟁적인 개념이다.[31]

정상적인 것과 병리적인 것 간을 구분하는 자의적이지 않은 분할선을 설정하는 데 따르는 어려움은 뒤르켐의 범죄에 대한 논의에서 분명해진다. 뒤르켐은 "범죄를 하나의 사회적 질병으로 간주하는 것은 병이 우연적인 어떤 것이 아니라, 그와는 반대로 어떤 경우에는 살아 있는 피조물의 근본적인 구성에서 기인한다는 것을 인정하는 것"이라고 선언한다.[32] 범죄는 하나의 병리적 상태일 수 없다. 왜냐하면 범죄는 사회에 매우 일반적으로 존재하기 때문이다. 따라서 하나의 비정상성이 지속한다는 것은 사회 자체가 본래 결함이 있다는 것을 함의할 수도 있다. 이와 같이 뒤르켐이 정상적인 것과 병리적인 것의 구분을 사용하는 것은 단지 그의 저술들에 생물학적 형태의 추론이 존재한다는 것만을 드러내주는 것이 아니다. 그것은 사회적 안정에 대한 그의 애착 정도를 입증하는 것이다.

(비록 그의 실제적인 사회이론 속에서는 아니지만) 뒤르켐은 그의 사회학 개념 속에서, 여전히 많은 점에서 콩트를 충실하게 따른다. 뒤르켐과 마찬가지로, 콩트는 사회학을 개인의 행위의 결과로 환원할 수 없는 대상을 가지는 하나의 독자적인 과학이라고 주장했다. 그럼에도 불구하고 뒤르켐과 마찬가지로, 콩트도 사회학과 생물학은 밀접한 관계가 있으며 실제로 정상적인 것과 병리적인 것의 이론을 발전시키는 데 어떤 중요한 역할을 한다고 생각했다. 그렇지만 이것 중 어떤 것도 뒤르켐 저술의 중요성을 약화시키거나, 또는 콩트와 차별되고 또 그를 능가하는 측면들을 무시하는 것은 아니다. 하지만 우리가 앞으로 살펴보듯이, 베버가 진화론적 사회이론의 분투에 강력하게 저

---

31 Canguilhem, *Normal*, pp. 56~57, 239.

32 Durkheim, *Rules*, p. 98.

항하는 반면, 뒤르켐은 어떤 중요한 점에서 진화론적 사회이론의 가정에 기대어 그것을 창조적으로 발전시키고 있다.

6.2 도덕적 실체로서의 사회

뒤르켐은 『분업론』에서 사회분화과정을 무엇보다도 개인적 퍼스널리티가 집합의식으로부터 점진적으로 해방되는 것으로 규정한다. 이처럼 사회진화 개념은 두 가지 형태의 사회적 연대 속에서 집합의식이 갖는 상대적 비중을 대비시키면서도, 하나에서 다른 하나로의 나아감을 설명하기 위해 신념과 표상에 주로 의지하지는 않는다. 그와는 반대로 우리가 살펴보았듯이, 사회분화의 주요 원인들은 뒤르켐이 사회의 크기와 밀도라고 부르는 것이다. 그는 심지어 다음과 같이 기술한다. "모든 것은 기계적으로 발생한다. 사회집단의 균형의 균열은 보다 발전된 형태의 분업에 의해서만 해결될 수 있는 갈등을 유발한다. 이것이 진보의 동력이다."[33] 실제로 루이스 코저Lewis Coser는 "일부 논평자들이 때때로 생각하곤 했듯이, 『분업론』에서 드러나는 뒤르켐은 마르크스와 별반 다르지 않은 구조적 분석가"라고 시사한다.[34]

하지만 『분업론』 이후, 뒤르켐은 점차 사회를 집합표상 – 개인의식의 속성으로 환원할 수 없는 정신적 상태 – 으로 구성되는 도덕적 실체로 개념화한다. 이러한 전환의 정도는 1987년에 안토니오 라브리올라Antonio Labriola의 『역사유물론 논고Essays on the Materialist Conception of History』에 대한 그의 논평에 기록되어 있다. 거기서 뒤르켐은 "사회적 삶은 그것에 참여하는 사람들이 형

---

33 Durkheim, *Division*, p. 212.

34 L. Coser, "introduction," Durkheim, *Division*, p. xviii.

성하는 사회적 삶의 개념에 의해서 설명되는 것이 아니라 그들의 의식을 벗어나 있는 심원한 원인들에 의해서 설명되어야만 한다"는 마르크스주의자들에 동의하면서도, 역사유물론에서 설명적 우위를 부여하고 있는 '경제적 요인'은 "부차적이며 파생적인 것"이라고 주장한다.

> 마르크스주의적 가설은 증명되지 않을 뿐만 아니라, 확증된 것으로 보이는 사실들과도 반대된다. 사회학자와 역사학자들은 종교가 모든 사회현상들 중에서 가장 원시적인 것이라는 그들의 공통된 주장에 점점 더 함께하는 경향이 있다. …… 그러나 우리는 종교를 경제학으로 환원시키는 어떠한 수단도 알고 있지 못하며, 실제로 그 같은 환원을 수행하고자 한 어떠한 시도도 알지 못한다.[35]

이러한 전환과 관련하여, 일반적으로 논평자들은 『사회학적 방법의 규칙』은 『분업론』에서 사용한 접근방식을 분명하게 하기 위해 노력하면서도, 또한 어떤 점에서는 "종교는 모든 사회현상들 중 가장 원시적인 것"이라는 뒤르켐의 후기의 견해를 시사하는 과도기적 저술로 평가한다. 이를테면 그는 『규칙』에서 사회적 사실을 다음과 같이 정의한다. "사회적 사실은 고정된 것이든 그렇지 않은 간에 개인들에게 외적 구속력을 행사할 수 있는 있는 하나의 행위방식이다." 그는 사회적 사실들의 실례로서 '집합표상'과 "'해부학적' 또는 형태학적 성격"의 사회적 사실 모두를 포함시킨다. 후자는 "사회의 기본적 부분들의 성격과 수, 그것들이 접합되는 방식, 그것들이 결합해온 정도, 지상의 인구분포, 의사소통망의 정도와 성격, 거주 형태 등등" – 달리 말해 뒤르켐이 분업의 발전을 설명하고자 하면서 인용한 모든 요소들 – 을 포함한다.[36]

---

35 Durkheim, *Rules*, pp. 171, 174, 173.

하지만 뒤르켐이 자신을 일종의 형이상학적 집합주의로 비난했던 신칸트주의 철학자들에 맞서 그의 사회적 사실 개념을 방어하고 나설 때, 그는 실제로 그 같은 사실들을 집합표상과 등치시키는 경향이 있다. 예컨대 그는 「개인적 표상과 집합표상Individual and Collective Representations」(1898)에서 다음과 같이 기술한다.

> 사람들이 어쩌면 모든 사회적 사실들이 예외 없이 외부에서 개인들을 강요한다는 진술에 의문을 제기할지도 모르지만, 종교적 신념과 관행, 도덕규칙, 무수한 법의 훈계 ― 말하자면, 집합적 삶의 매우 특징적인 표현들 ― 와 관련해서 의심하는 것은 가능해 보이지 않는다. 이 모든 것은 명백히 의무이다. 그리고 그러한 의무는 행동하고 사고하는 그 같은 방식들이 개인의 일이 아니라 개인 위에 있는 도덕적 힘, 즉 신비주의자들이 신이라고 부르는 것 또는 보다 과학적으로 인식될 수 있는 것으로부터 나온다는 것의 증거이다.[37]

이와 같이 외재성과 강제성을 사회적 사실의 필수조건으로 상정한 연후에야, 뒤르켐은 비로소 자신 있게 집합표상이 그러한 조건들을 충족시키는 것으로 간주할 수 있는 지점에 도달했다. 나아가 그는 이러한 표상들이 『분업론』에서 자신이 몰두했던 '형태학적' 사실들 속에서 그것들의 토대와는 무관하게 발전하는 "부분적으로 자율적인 실체"라고 주장했다.

> 그것들[집합적 표상들]은 서로 끌어당기고 밀치는, 그리고 서로를 다양하게 통합하는 힘을 지니고 있다. 그 같은 통합은 그것들의 모체의 조건에 의해서

---

36 Durkheim, *Rules*, pp. 59, 57.

37 E. Durkheim, *Sociology and Philosophy*, ed. C. Bouglé(London, 1953), p. 25.

가 아니라 그것들의 자연적 친화성에 의해 이루어진다. 그 결과, 그러한 종합들이 낳은 새로운 표상들은 동일한 본성을 가진다. 즉 그것들은 사회구조의 이러저러한 특성들이 아니라 다른 집합표상들에 의해 즉각적으로 야기된다.[38]

그러므로 뒤르켐은 "아주 간단히 말해 집합심리학은 사회학이다"라고 주장한다.[39] 따라서 그의 성숙한 사회학은 데이비드 록우드David Lockwood가 '규범적 기능주의normative functionalism'라고 부르는 것이다. 록우드에 따르면, 규범적 기능주의란 "사회는 일련의 공통의 가치와 신념을 그 본질적 특징으로 하는 하나의 도덕적, 그리고 궁극적으로는 종교적 실체"라고 보는 관념을 말한다.[40] 혹자는 이러한 관점에서 분업의 '병리적 형태들'이 구성하는 문제가 얼마나 심각한지를 평가할 수도 있다. 그렇지만 이 경우에도 경제위기 그리고 특히 계급갈등은 기껏해야 부분적 결과인 반면, 모든 통합적인 도덕적 합의의 붕괴는 최악의 경우이다.

뒤르켐의 가장 유명한 모노그라프인 『자살론Suicide』(1897)은 도덕적 규제와 그것의 부재의 결과에 대해 유사한 관심을 드러내고 있다. 그는 자신의 전반적 방법과 일관되게, 자살의 원인은 개인적이기보다는 사회적이며 그것은 통계학적 규칙의 분석을 통해 확인할 수 있다고 주장한다. 그는 그 같은 분석이 어쨌든 근대사회에서 "자살은 사회집단 — 개인은 이것의 한 구성부분이다 — 이 통합되어 있는 정도와 반비례한다"는 것을 입증한다고 주장한다. 뒤르켐은 서로 대조되는 두 쌍의 자살유형 — 이기적/이타적 자살과 아노미적/숙명적 자살 — 을 구분하는 일에 착수한다. 이기적 자살egoistic suicide은 개인

---

38 E. Durkheim, *Sociology and Philosophy*, p. 31.

39 E. Durkheim, *Sociology and Philosophy*, p. 34 n.1.

40 D. Lockwood, *Solidarity and Schism*(Oxford, 1992), pp. 7~8.

주의의 한 결과이다. 즉 그것은 "사회적 유대들의 이완, 즉 일종의 집합적 무력증 내지는 사회적 불안감"에 의해 야기되는 절망에서 발생한다. 그러나 "비록 …… 과도한 개인화가 자살을 이끌지만, 불충분한 개인화도 동일한 결과를 초래한다." 이타적 자살altruistic suicide은 "분명 원시인들 사이에서 매우 흔하다." 그곳에서 사람들은 사회적 의무감 때문에 자살한다. 이를테면 나이나 병 때문에 사회에 부담이 되거나 또는 윗사람이 죽었을 때 자살한다.[41]

아노미적 자살anomic suicide은 근대사회의 도덕적 규제의 약화가 낳는 직접적 결과이다. 아노미 – '무규제' – 는 경기순환의 상승기와 하강기에 가장 두드러지게 나타난다. 그것은 자살율의 상승과 직접적으로 연관되어 있다. 실제로 아노미는 상업과 공업 일반에서 '만성적이다.'

> 거기서 위기와 아노미 상태는 항구적, 말하자면 정상적이다. 사다리의 맨 위에서 맨 아래까지 탐욕은 그것의 마지막 발판이 어디인지를 알 수 없게 분출된다. 어느 것도 그것을 진정시킬 수 없다. 왜냐하면 탐욕의 목표는 그것이 달성할 수 있는 모든 것을 훨씬 넘어서기 때문이다. 들뜬 상상의 꿈에 비하면, 현실은 무가치해 보인다. 그러므로 현실은 포기된다. 그러나 가능성이 현실이 될 때, 가능성마저 또한 포기된다. 새로움, 익숙하지 않은 쾌락, 이름 모를 감각이 갈구되나, 일단 그것들이 알려지자마자 그것들의 재미를 잃어버린다. 이제부터 사람들은 사소한 실패에 견딜 만한 정신력도 가지지 못한다.[42]

"아노미적 자살에서는 사회가 기본적인 개인적 열정에 영향을 미치지 못하며, 그리하여 그러한 열정을 어떤 견제수단도 없이 방치한다." 반면 그것

---

41 Durkheim, *Suicide*, pp. 209, 214, 217, 219.

42 Durkheim, *Suicide*, pp. 253, 254, 256(번역을 수정하여 인용함).

과 짝을 이루는 숙명적 자살fatalistic suicide은 "과도한 물리적 또는 도덕적 전제주의"에 의해 "과도하게 규제된" 결과, "억압적 규율에 의해 미래가 무자비하게 봉쇄되고 열정이 폭력적으로 질식당하는 사람들의 자살"이다. 하지만 뒤르켐의 주된 관심은 사회적 강제와 도덕적 규제의 과도함이 아니라 그것들의 결여로 인해 발생하는 자살 형태들에 있다. 실제로 그는 숙명적 자살이 "현대적 중요성을 거의 가지지 않는다"는 판단에 근거하여 그것을 각주에서 다루고 만다.[43]

아노미에 대한 뒤르켐의 묘사는 『공산당선언』에서 '부르주아 시대'의 '끝없는 불확실성과 동요'에 대한 마르크스의 환기를 떠올리게 한다. 그러나 그같은 상황에 대한 그들의 설명은 매우 다르다. 마르크스에서 지속적으로 동요하는 근대성의 상태는 경쟁적 자본축적과 그것이 잇따라 초래하는 동적 불안정성의 결과이다. 그와는 대조적으로 뒤르켐의 아노미에 대한 진단은 서구사상의 오랜 주제들 ─ 특히 건강한 자아와 적절하게 통치되는 도시는 우리의 감각적 욕망과 열정들을 관리하고 통제하는 이성을 필요로 한다는 플라톤의 주장 ─ 을 회상시킨다. 근대성이 혼란에 빠진 것은 그러한 욕망들이 규제를 벗어나버렸기 때문이다.

그렇다면 이러한 상태는 어떻게 치유되어야 하는가? 대답은 진단 속에 함축되어 있다. 그것은 바로 적절한 유형의 도덕적 규제를 확립하는 것을 통해서이다. 뒤르켐은 이를 위해서는 일련의 제도적 개혁이 필요하다고 믿는다. 『자살론』과 『분업론』 제2판 서문(1902)에서 뒤르켐은 중세 길드의 근대화된 형태, 즉 그가 '직업집단 또는 조합'이라고 부른 것의 복원을 주창한다. 그는 다음과 같이 주장한다. "조합은 개인들이 도덕적 고립으로부터 벗어나는 환경을 제공하는 데 필요한 모든 것을 가지고 있다. 그리고 다른 집단들이 실

---

43 Durkheim, *Suicide*, pp. 258, 276 n. 25.

제로 부적절하게 되었을 때, 조합만이 그러한 필수불가결한 임무를 수행할 수 있다."⁴⁴ 뒤르켐은 국가적 규모로 작용하는 그러한 조합들이 '상호부조의 기능', '많은 교육활동' 그리고 '일정한 형태의 예술적 활동'을 떠맡아야 한다고 주장한다.⁴⁵

이러한 치유책은 중세시대를 향한 보수적 향수를 연상하게 할지도 모른다. 하지만 뒤르켐은 "현재의 사회적 상황에 더 이상 조응하지 않는 전통과 관행을 부활시키려는" 어떠한 시도도 거부하고, "여전히 서로 불협화음을 내며 충돌하는 기관들이 조화롭게 협력하는 방법을 찾기 위해서는" "우리의 모든 질병들의 근원인 그러한 외적 불평등을 감소시키는 것"이 요구된다고 주장한다. 이것은 적어도 세습적 특권으로부터 비롯되는 경쟁 상태에서의 모든 이익을 제거함으로써 기회의 평등을 확립하는 것을 포함한다. 그러나 뒤르켐은 장 조레스Jean Jaurès로 대표되는 프랑스 온건파 사회주의에 동정적이기는 하지만, "분업의 진보는 …… 불평등의 지속적인 증가를 함의한다"고 주장한다. "왜냐하면 자연적 능력의 차이가 존재하고 또 효과적인 수행을 위해서는 위계조직이 필요하기 때문이다."⁴⁶ 그는 근대산업기술의 집합적 소유가 당시의 '무정부 상태'를 종식시킬 것으로 믿지 않는다. "…… 왜냐하면, 되풀이해서 말하면, 이러한 무정부 상태는 어떤 사람들의 수중에는 있고 다른 사람들의 수중에는 없는 그 같은 기계류로부터 나오는 것이 아니라, 그것으로부터 파생되는 활동들이 규제되지 않기 때문이다."⁴⁷

전국적인 조합들도 그들 자신만으로는 아노미를 극복하지는 못할 것이

---

44 Durkheim, *Suicide*, pp. 378~379.

45 Durkheim, *Division*, p. liii.

46 Durkheim, *Division*, pp. 339~340, 314.

47 Durkheim, *Professional Ethics*, p. 31.

다. 실제로 그것들은 아마도 특정 직업집단의 이해관계를 강력하게 표현함으로써, 보다 더 사회해체를 조장할 것이다. "이러한 집합적 특수주의와 이것이 개인에게 수반하는 모든 것들을 피하는 유일한 수단은 그 같은 개별적 집합체들과 맞서 …… 전체 집단을 대표하는 의무를 지닌 하나의 특별한 행위자를 가지는 것이다." 이러한 의무를 수행하는 것이 국가이다. 마르크스나 베버와는 달리, 뒤르켐은 국가를 근본적으로 강제적 제도라고 인식하지 않는다. 적절하게 기능을 수행하는 국가는 개인의 실현에 필수적인 조건이다. 보다 구체적으로, "국가는 집단에 바람직한 일정한 표상들을 만들어내는 것을 책무로 하는 하나의 특별한 기관이다." 국가의 "모든 활동은 ……외적 행위를 하거나 변화를 일으키는 데 있는 것이 아니라 심의, 즉 표상에 있다. …… 엄격하게 말해서, 국가는 바로 사회적 사고social thought의 기관이다."48

이와 같이 국가는 집합의식의 최고의 표현물이다. 게다가 집합표상이 보다 선명하게 표현됨에 따라, 그것은 의식적 성찰의 대상이자 비판과 논쟁의 대상이 된다. 민주주의는 이러한 과정의 제도적 표현이다. 민주주의의 발전은 빠르게 변화하는 복잡한 근대사회의 필요에 대한 하나의 응답이다.

> 사태가 동일한 방식으로 진행되고 있을 때, 행동을 하는 데에는 습관으로 충분하다. 그러나 환경들이 계속해서 변화하고 있을 때에는, 그와는 반대로 습관이 최고의 통제권을 가져서는 안 된다. 성찰만이 새롭고 효과적인 관행들을 발견할 수 있게 한다. 왜냐하면 오직 성찰에 의해서만 미래를 예견할 수 있기 때문이다. 이것이 바로 심의기관들이 하나의 제도로서 점점 더 널리 받아들여지고 있는 이유이다. 심의기관들은 사회가 스스로 숙고적으로 사고할 수

---

48 Durkheim, *Professional Ethics*, pp. 62, 50, 51.

있게 하는 수단이자, 그리하여 오늘날 집합적 존재의 조건들이 거의 끊임없이 요구하는 변화를 이루어나가는 도구가 된다.[49]

뒤르켐은 민주적 제도의 발전 또한 개인적 자유에 대한 근대적 요구를 반영하는 것이라는 점을 인정한다. 그러나 이러한 자유는 "자연에 대한 반란에 있는 것이 아니다. 그러한 반란은, 그것이 물질세계의 힘에 대항하는 것이든 또는 사회세계의 힘에 대항하는 것이든 간에, 무익하고 실효가 없다. 인간에게 있어 자율적이 된다는 것은 그가 굴복해야 할 필연성을 이해하고 사실에 관한 충분한 지식을 가지고 그것을 받아들이는 것을 의미한다."[50] 이처럼 자유를 필연성의 인정으로 보는 본질적으로 스토아적인 자유개념은 뒤르켐의 정치이론이 헤겔의 그것을 떠올리게 하는(앞의 2.1절 참조) 많은 측면들 중의 하나이다. 결국 헤겔은 시민사회의 갈등들과 불안정성을 극복하는 데 도움을 주는 하나의 수단으로서 조합의 부활을 옹호했다. 즉 그 역시 근대국가 ─ 뒤르켐이 집합적 성찰과 심의의 필수불가결한 메커니즘들로 간주했던 대의제적 민주주의의 구조를 가지고 있지 않음이 분명한 ─ 를 전체 사회의 이해관계를 구현하는 것으로 간주했다.

뒤르켐의 정치이론에는 또 다른 것들이 반향하고 있다. 토크빌 또한 민주적인 공적 삶과 중요한 사적 결사체들의 결합이 개인과 사회를 조화시키는 데 필요하다고 믿었다(앞의 3.2절). 뒤르켐과 마찬가지로, 루소는 개인의 사적인 욕망을 인도하고 통제하여 그것을 공통의 이해 ─ 일반의지 ─ 에 종속시킬 수 있는 제도적인 수단을 발견하고자 노력했다. 그 같은 수단 중의 하나가 뒤르켐 또한 크게 강조한 교육이었다. 이를테면 그는 교사에 대해 다음과 같

49 Durkheim, *Professional Ethics*, p. 90.
50 Durkheim, *Professional Ethics*, p. 91.

이 기술했다. "성직자가 신의 해석자이듯이, 교사는 …… 그의 시대와 국가의 위대한 도덕적 관념의 해석자이다."[51]

뒤르켐이 교육에 부여한 중요성은 그가 제3공화국에서 얻은 지적 명성을 설명하는 데 도움을 준다. 당시 정치적 지배집단이었던 급진주의자들 - 매우 반교권주의적이나 사회적으로는 보수적인 - 은 보통 공립 초등학교제도를 대다수의 주민들에게 공화주의적 가치를 주입하는 중요한 통로로 삼았다. 뒤르켐은 이러한 전략을 사회이론적으로 정당화했다. 당시 마르크스주의자였던 조르주 소렐Georges Sorel은 1895년에 뒤르켐을 "경제관계 속에 더 많은 정의를 확립하고, 사람들의 지적·도덕적 발전에 유익하고, 산업이 보다 과학적인 방향으로 발전하는 것을 고무하고", '국가개입'을 뒷받침하는 "새로운 보수적 민주주의의 관념"을 제시한 이론가라고 정확하게 묘사했다.[52]

6.3 의미와 신념

사회를 "궁극적으로 하나의 종교적 실체"로 보는 뒤르켐의 사회개념은 (록우드가 지적하듯이) 그의 마지막 주요 저작 『종교생활의 원초적 형태The Elementary Formns of the Religious Life』(1912)에서 정점에 이른다. '원시'사회의 종교적 신념과 관행에 관한 이 연구는 오스트레일리아의 원주민집단의 사례연구에 주로 의지하고 있다. 이 같은 점은 뒤르켐이 인류학적 연구가 사회질서의 본성과 근원에 대해 제시하고 있는 증거에 점점 더 집착하고 있었음을 보여준다. 비록 그의 사고가 계속해서 진화론적 가정들 - 룩스가 지적하듯이,

---

51 Lukes, *Durkheim*, p. 116에서 인용함.
52 Lukes, *Durkheim*, p. 320에서 인용함.

"그는 그것을 단지 (문화적·구조적) 단순함과 앞선 진화상은 일치한다는 공리로 취했다"
– 을 드러내고 있었지만, 이 같은 관심의 이동은 뒤르켐이 콩트와 스펜서로
부터 물려받은 문제영역 – 즉 개별 사회들을 점진적 분화의 진화적 순서 내에 위치
시키는 것 – 이 더 이상 그의 사고의 전면을 차지하지 않는다는 것을 함의한
다.[53] 이러한 의미에서 『원초적 형태』는 모든 종류의 진화론적 이론들에 반
발해온 선구자들 중의 하나이다. 이 같은 반발은 구조주의와 후기구조주의
에서 그 정점에 달한다(아래의 제11장을 보라).

나는 매우 풍부하고 복잡한 저작을 어쩔 수 없이 불충분하게 요약하기보
다는, 단지 『원초적 형태』를 구성하고 있는 네 가지 핵심 주제들을 식별해
내고자 한다. 첫째로, 뒤르켐은 자신이 의지하고 있던 주요 영국 인류학자들
의 저술들을 이끄는 합리주의적 종교관을 비판한다. 이를테면 초자연적 존
재를 인간의 정신 상태의 투영물로 바라보는 타일러F. W. Tylor와 여타 이론
가들이 보기에, "종교적 신념은 그 어떤 객관적 토대도 존재하지 않는 무수
한 환각적 표상들이다." 뒤르켐은 종교를 "성직자들이 상상해낸 거대한 오
류"로 보는 계몽주의에서 연원하는 그 같은 해석들을 거부한다.

> 그러한 오류들이 역사 속에서 스스로를 영속화할 수 있었다는 점은 부정할 수
> 없다. 그러나 매우 예외적인 상황들이 결합하는 경우를 제외하고는, 그러한
> 오류들이 실제로 진실이 아니었던 한, 다시 말해 그러한 오류들이 우리에게
> 그것들이 다루는 사태들에 대한 이론적으로 정확한 관념을 제공하지는 않더
> 라도 그러한 사태들이 좋든 나쁘든 우리에게 영향을 미치는 방식을 충분하게
> 표현하지 않는 한, 그것들은 결코 스스로를 영속화시킬 수 없다.[54]

53 Lukes, *Durkheim*, p. 456.
54 E. Durkheim(1912), *The Elementary Forms of the Religious Life*(New York, 1965), pp.

종교적 믿음과 관련한 '실제적 진실'은 그것이 세상과 형식적으로 부응한다는 데 있는 것이 아니라 그것이 세상에 응답할 책임에 있다. 계몽주의와 '원시'종교 연구자들 사이에서 그것의 계승자들에 의해 저질러진 잘못은, 부분적으로는 종교적 신념을 인간과 자연적 환경 간의 거래의 문제로 다루는 데에서 기인한다. 이 문제가 그 같은 용어들로 정의될 경우, 근대 자연과학의 관점에서 대부분의 종교적 표상들의 부적실성을 입증하는 것은 매우 쉽다. 그러나 뒤르켐은 다음과 같이 제시한다. "우리가 종교를 우리 스스로를 감각적 대상들에 적응시키는 욕구와는 전혀 다른 욕구에 부응하는 것이라고 가정해보자. 그러면 종교가 그러한 욕구를 만족시키지 않거나 또는 단지 부적절하게 만족시킨다는 사실에 의해 약해지는 일은 일어나지 않을 것이다."[55]

종교가 충족시키는 욕구는 사회적인 것이다. 이것은 우리를 우리의 두 번째 주제, 뒤르켐의 진정한 의미의 종교이론으로 인도한다.

> 이와 같이 [즉 종교를 통해] 그[즉 개인들]에게 존경을 부여하고 그의 경배의 대상이 되는 힘이 바로 사회이며, 신은 단지 사회의 실제적 형태일 뿐이었다. 한마디로 종교는 사회가 그 자신을 인식하는 상징체계이다. 즉 그것은 집합적 존재의 독특한 사유방식이다.[56]

그러므로 사회는 "궁극적으로는 하나의 종교적 실체"이다. 왜냐하면 종교 속에서 공경 받는 것은 사회 자체이기 때문이다. 뒤르켐은 "사람들은 신과 사회 사이에서 선택을 해야만 한다"고 말하면서도, 다음과 같이 선언한

88, 87, 98~99.

55 E. Durkheim(1912), *The Elementary Forms of the Religious Life*, p. 102.
56 Durkheim, *Suicide*, p. 312.

다. "나는 신성함 속에서 단지 상징적으로 신화神化되고 표현되는 사회만을 보기 때문에, 그러한 선택과 전혀 무관하다."[57] 뒤르켐은 잘 알려져 있다시피 신성한 것과 세속적인 것을 대립시키며 종교를 정의한다.

> 모든 종교적 현상의 실질적인 특징은 그것이 항상 알려져 있고 또 알 수 있는 전체 우주가 두 가지 부류 – 존재하는 모든 것을 포함하나 서로 철저하게 배제하는 – 로 양분된다고 상정한다는 것이다. 신성한 것은 금지규정이 보호하고 또 분리시켜놓은 것들이며, 세속적인 것은 그러한 금지규정이 적용되는 것들이다.[58]

그럼에도 불구하고 룩스가 지적하듯이, "뒤르켐의 신성한 것과 세속적인 것 간의 이분법은 …… 그의 사상의 핵심에 자리하는 사회적인 것과 개인적인 것들 간의 (기본적인 그리고 다양한) 이분법으로부터 파생되고, 또 그것에 의해 설명된다."[59] 이를테면 뒤르켐은 오스트레일리아 원주민의 자연적 종種 – 금지규정이 적용되는 특정 씨족들에게 부착되어 있는 토템적 대상을 포함하여 – 의 분류체계는 그들 사회들의 내부 구조 – 그리고 특히 사회의 씨족, 통혼계급, 반족半族으로의 세분화 – 를 반영한다고 주장한다. 따라서 "사물의 분류체계는 인간의 분류체계를 재생산하고", 그리하여 "만약 토테미즘이 어떤 점에서 자연적 대상(즉 그와 결합된 토템의 종)에 따라 사람들을 씨족들로 집단화시키고 있다면, 그것은 또한 역으로 사회집단에 따라 자연적 대상들을 집단화하는 것이다."[60]

---

57 Durkheim, *Sociology and Philosophy*, p. 52(번역을 수정하여 인용함).

58 Durkheim, *Elementary Forms*, p. 56.

59 Lukes, *Durkheim*, p. 26; pp. 20~21과 비교해보라.

이 같은 관점에서 뒤르켐은 다음과 같이 주장한다. "종교는 하나의 설명할 수 없는 환상이기를 그치고 현실에 하나의 거점을 마련한다. 사실 신자들이 자신이 의존하고 있고 또 자신에게 최고인 모든 것을 그것으로부터 취하고 있는 도덕적 힘의 존재를 믿을 때, 우리는 그가 속고 있는 것은 아니라고 말할 수 있다. 즉 그 힘은 존재하며, 바로 그것이 사회이다." 이 이론은 종교에 대한 기능적 설명이다. 즉 그것은 종교를 "개인들이 자신들에게 자신이 그 성원인 사회 및 그들이 사회와 갖는 모호하지만 친밀한 관계를 표현하는 관념들의 체계"로 본다.[61] 사회적 관행에 대한 모든 기능적 설명처럼, 뒤르켐의 이론은 그 같은 관행이 (그가 주장하고 있는) 특정한 역할을 수행하는 메커니즘을 구체화해야만 한다. 우리는 우리의 세 번째 주제인 종교적 의례에 대한 그의 분석을 이러한 요구를 충족시키기 위한 하나의 시도로 간주할 수 있다.

뒤르켐에 따르면, 종교의식은 "모든 종교에서 …… 중요한 역할을 수행한다. 그 이유는 사회가 작동하지 않는 한 사회는 그것의 영향력을 느끼게 할 수 없으며, 사회를 구성하는 개인들이 함께 모이고 공동으로 행위하지 않는 한 사회가 작동하지 않기 때문이다." 종교적 의례는 사회성원들이 그들의 집합적 정체성을 함께 공동으로 재확인하는 데 기여한다. 따라서 "종교의식의 효과는 우리가 의존하고 또 우리에게 의존하는 도덕적 존재, 즉 사회를 재창조하는 것이다." 그러나 종교의식에 포함된 예식의 효과는 지적이거나 영적인 것만은 아니다. 예식은 거기에 모인 사람들의 집합적 감정에 영향을 준다. 의례에 함께 모인 참여자들은 그들 공통의 행위를 통해 감정적 고조, 즉 '집합적 흥분collective effervescence'의 조건을 획득한다.[62]

---

60 E. Durkheim and M. Mauss(1903), *Primitive Classification*(London, 1963), pp. 11, 17~18.
61 Durkheim, *Elementary Forms*, p. 257.

뒤르켐에 따르면, "감정이 이렇게 고양될 때, 그것은 고통스러울 수도 있으나 침울해지지는 않는다. 반대로 그것은 우리의 모든 활동적 힘들을 동원하고 심지어 외부의 에너지를 공급하는 흥분 상태를 나타낸다." 따라서 이같은 흥분 상태는 "사치의 보충적이고 잉여적인 산물, 말하자면 예술작품" 속에서, 그리고 잘 정의된 종교의식의 목적보다는 그것이 주는 즐거움 때문에, 의례의 참여자들이 수행하는 '열광적인 행동' 속에서 표현되는 잉여에너지의 분출을 포함한다. 그러나 이 같은 종교의식의 '재창조적' 차원은 그것의 중요한 기능 ─ 즉 사회의 성원들을 새롭게 회복된 공동의 정체감과 함께 그들의 현세의 세속적인 삶으로 되돌려보내는 것 ─ 에 종속된다.

> 사회가 그 자신을 의식하고 그리하여 그것이 획득한 감정을 필요한 만큼 유지하기 위해서는, 사회는 그 자체로 모이고 집중되어야만 한다. 이제 이러한 집중은 정신적 삶을 고양시킨다. 정신적 삶은 이제 막 각성한 새로운 삶을 묘사하는 일군의 이상적 개념의 형태를 취한다. 그러한 개념들은 존재를 위한 일상적 임무들에 마음대로 사용할 수 있는 일련의 새로운 심적 힘에 해당한다. 사회는 이상을 동시에 창조하지 않고는 그 자신을 창조하거나 재창조할 수 없다.[63]

이 같은 '집합적 흥분' 상태에 대한 뒤르켐의 분석은 그의 가장 인상적인 관념들 중 하나이다. 그것은 종교적 의례 이외의 다른 사회적 관행들 ─ 이를테면 그것의 목적이 사회를 재확인하는 것이 아니라 오히려 사회를 개혁하거나 심지어는 혁명적으로 변화시키고자 하는 집합적 운동 ─ 에도 적용될 수 있어 보인다. 그러

62 Durkheim, *Elementary Forms*, pp. 465, 389, 405.
63 Durkheim, *Elementary Forms*, pp. 453~454, 426, 470.

나 보다 직접적인 적실성을 지니는 것은 이러한 분석이 갖는 하나의 중요한 함의이다. 즉 만약 사회의 지속적 존재가 집합적 행위 — 그것의 감정적 동학이 하나의 '이상'을 상정할 것을 요구하는 — 를 통해 사회를 갱신하는 것에 의존한다면, 사회는 종교의식을 통한 숭배의 실제적 대상일 뿐만 아니라, 모든 사회는 또한 반드시 종교적 차원을 가진다. 실제로 뒤르켐은 "종교에는 어떤 영속적인 것이 있는데, 그것이 바로 종교의식과 믿음이다"라고 말한다.[64] 이 논평은 그가 계몽주의적 합리주의에서 벗어나 있는 정도를 암시한다. 즉 뒤르켐은 심지어 무신론자가 아닌 계몽철학자들조차도 타락한 미신적 관행으로 기각하는 경향이 있었던 종교생활의 그 같은 특징들을 어떤 기능을 수행하는 사회의 필수불가결한 요건으로 분명하게 간주한다.

동일한 간극이 뒤르켐의 종교이론, 다시 말해 그것이 함의하는 지식사회학에서도 감지된다. 그리고 이것이 우리의 네 번째 주제를 이룬다. 뒤르켐은 '원시'종교의 범주적 특징체계 — 이를테면 앞서 간략하게 다룬 오스트레일리아의 토템신앙에 구체화되어 있는 것들 — 에 커다란 의미를 부여한다. 뒤르켐이『원초적 형태』와 (그의 조카 마르셀 모스Marcel Mauss와 함께 쓴 저작)『원시적 분류체계Primitive Classification』에서 논의한 원시분류체계들은 레비-스트로스Lévi-Strauss의 구조인류학의 출발점들 중 하나이다(아래의 11.2절을 보라). 우리가 살펴보았듯이, 뒤르켐과 모스는 "[오스트레일리아] 사회체계와 그 같은 논리적인 토템분류체계 사이에서 우연적 관계가 아닌 긴밀한 연계"를 발견했다고 주장한다. 그러나 이것은 단지 훨씬 더 큰 야심 찬 주제의 출발점에 불과하다.

사회가 그저 분류적 사고가 따르는 하나의 모델인 것만은 아니었다. 사회는 분류체계에 분류도식으로 기여하는 그 나름의 분류도식이었다. 최우선적인

---

64 Durkheim, *Elementary Forms*, p. 478.

논리적 범주는 사회적 범주였고, 사물의 최우선적 항목은 그러한 사물이 통합되어 있는 사람의 항목이었다. 사람이 자신의 관념 속에서 다른 사물들을 분류하지만 처음에는 이 두 가지 분류양식이 구분할 수 없을 정도로 합체되어 나타나는 까닭은, 인간이 집단으로 분류되고 또 인간이 자신들을 집단의 형태로 인식하기 때문이다.[65]

따라서 뒤르켐은 서구사상이 그리스로부터 물려받은 기본적 범주들 ─ 공간, 시간, 유類, 수數, 원인, 퍼스널리티 등 ─ 은 이러한 원시적 분류체계에서 연원했다고 주장한다. 뒤르켐에 따르면, "그것들은 종교적 사고의 산물이며", 그러므로 종교적 신념 및 관념 일반과 마찬가지로, "본질적으로 집합표상"으로, "집단의 정신 상태"를 보여준다. 그 결과, "그러한 범주들은 집단이 구성되고 조직되는 방식, 즉 그 집단의 형태학, 다시 말해 그것의 종교적·도덕적·경제적 제도 등에 의존할 것이다."[66]

뒤르켐은 이러한 근본적인 범주들을 '사고의 틀framework of the intelligence'이라고 부른다. 그것들이 수행하는 역할에 관한 뒤르켐의 일반적 개념은 그의 스승 중 한 사람인 철학자 에밀 부트루Émile Boutroux처럼 신칸트주의자들의 영향을 받고 있다. 그러나 칸트는 오성의 범주를 어떤 경험이 가능하기 위한 필요조건으로 간주했다. 뒤르켐은 그 범주들에 역사적 기원을 부여하면서, 그것들의 힘을 약화시키거나 그것들을 특정한 사회적 조건들과 관련하여 상대화시키는 것으로 보인다. 하지만 그것이 그의 의도는 아니다. 이를테면 그는 다음과 같이 기술한다.

---

65 Durkheim and Mauss, *Primitive Classification*, pp. 40~41, 82~83.

66 Durkheim, *Elementary Forms*, pp. 22, 28.

만약 사람들이 매 순간 이러한 본질적인 관념들에 대해 의견을 같이하지 않았다면, 즉 만약 그들이 시간, 공간, 원인, 수 등에 대해 동일한 개념을 가지지 않았다면, 그들의 정신들 간의 모든 접촉은 불가능했을 것이며, 따라서 모든 함께하는 삶은 불가능했을 것이다. 따라서 사회는 자신을 포기하지 않고는 그러한 범주들을 개인의 자유로운 선택에 맡겨놓을 수 없다. 사회가 살아남기 위해서는 단지 만족스러운 도덕적 준거뿐만 아니라 그것이 쉽게 벗어날 수 없는 최소한의 논리적 준거 또한 필요하다. 이러한 이유 때문에, 사회는 그러한 불일치를 예방하기 위해 그 성원들에게 자신이 가지고 있는 온갖 권한을 사용한다. 정신이 표면적으로나마 그 같은 사고 형태로부터 벗어날 수 있는가? 사회는 더 이상 인간정신을 그 단어의 완전한 의미로 고려하지 않으며, 따라서 그렇게 취급하지도 않는다. …… 이것이 이성에 내재해 있고 우리로 하여금 확신을 가지고 사회의 제안들을 받아들이게 하는 특별한 권위의 기원인 것으로 보인다. 그것이 바로 사회의 권위로, 그것은 일정한 사고방식으로 전이된다. 그리고 그러한 사고방식이 모든 공동행위에 필수불가결한 조건이 된다.[67]

널리 사용되는 범주들을 받아들이지 않는 사람들은 사회적 제재의 대상이 될 것이라는 점을 암시하는 이 매우 놀라운 구절은, 정상화하는 것은 종종 반항하는 현실에 요구조건을 강요하는 것이라는 캉길렘의 주장을 떠올리게 한다(앞의 6.1절 참조). 그것이 또한 우리에게 어떤 주장을 타당한 것으로 그리고 어떤 문장을 진실로 받아들이라고 강요하는 힘은 궁극적으로는 개인을 압도하는 집합의식의 힘으로부터 나온다는 것을 함의한다. 뒤르켐이 이러한 주장을 가장 완전하게 제시한 것은 그가 1913~1914년에 한 강의들에서였다. 거기서 그는 진리를 우리의 표상과 현실의 상응으로 보는 고전적 진

---

67 Durkheim, *Elementary Forms*, pp. 22, 30(번역을 수정하여 인용함).

리관에 대해 윌리엄 제임스William James와 미국의 여타 실용주의 철학자들이 제기한 공격에 응답하고자 했다. 제임스는 자신이 달성할 수 없는 이상이나 매한가지라고 주장한 것을 통해 우리의 신념을 측정하는 대신에, 우리는 그것들의 실제적 유용성과 관련하여 그것들을 평가해야 한다고 주장했다.

이 같은 비판은 필시 과학을 객관적 지식으로 보는 과학관을 콩트로부터 (그리고 실제로는 데카르트에서 유래하는 합리주의적 전통으로부터) 물려받고 있는 뒤르켐에 대한 도전이었다. 뒤르켐은 다음과 같이 선언한다. "우리의 모든 프랑스 문화는 기본적으로 본래 합리주의적 문화이다. …… 따라서 합리주의에 대한 전적인 부정은 위험할 수 있다. 왜냐하면 그것은 우리의 국민문화 전체를 무너뜨릴 수도 있기 때문이다." 그럼에도 불구하고 뒤르켐은 합리주의를 옹호하는 애국적 임무를 멈추고 실용주의에 대해 상당한 동감을 표한다. 실용주의는 철학을 교조적 잠에서 깨웠을 뿐만 아니라, "사회학과 마찬가지로 삶과 행위에 대한 하나의 관념을 지니고 있다. 사회학과 실용주의 모두는 같은 시대의 자식들이다."[68]

제임스는 이러한 인식과 전통적인 진리관을 대치시킨다. 즉 그는 자신이 추상적 이성개념으로 간주한 것과 신념이 그 실제적 의미를 가지게 되는 다양한 행위맥락을 대비시킨다. 반면 뒤르켐은 사회학이 실용주의와 부분적으로 같은 길을 간다고 말한다. 왜냐하면 사회학 또한 "물리적 환경과 사람 간의 관계에 의존하는 상대주의를 도입하기" 때문이다. 그러나 (적어도 뒤르켐이 실천한) 사회학이 사회와 집합표상에 부여한 중심적 역할 속에는 객관적 진리 개념을 파괴하고자 하는 제임스의 시도를 극복하고자 하는 수단이 자리하고 있다. 뒤르켐은 자신이 "진리를 인정하지 않는 것의 얼마간의 물리

---

68 E. Durkheim(1955), *Pragmatism and Sociology*, eds E. Cuvillier and J. B. Alleock (Cambridge, 1983), p. 1.

적 불가능성"이라고 부르는 것에 집중한다. "우리의 정신이 하나의 참인 표상을 인식할 때, 우리는 그것을 참으로 받아들일 수밖에 없다. 참인 관념은 **스스로를 우리에게 강요한다.**"[69]

이렇게 볼 때, 진리는 또 다른 측면을 가진다. 뒤르켐에 따르면, "문제는 우리가 어떤 주어진 명제가 참이거나 거짓이라고 얼마나 옳게 말할 수 있는지를 아는 것이 아니다. 오늘 참으로 받아들여지는 것이 내일은 거짓이라고 당연히 주장될 수 있다. 중요한 것은 무엇이 인간으로 하여금 하나의 표상이 현실과 일치한다고 믿게 하는지를 아는 것이다." 뒤르켐은 실용주의자들에게 우리가 참이라고 주장하는 문장은 기껏해야 우리가 정당하게 주장할 수 있는 것 – 달리 말해, 그것은 세계가 실제로 존재하는 방식을 표상하기보다는 단지 우리의 기존의 믿음을 전제로 하여 주장할 수 있는 것 – 일 뿐이라는 점을 인정할 준비가 되어 있었던 것으로 보인다. 뒤르켐의 관심은 우리가 참이라고 주장하는 것이 "스스로를 우리에게 강요하는" 힘을 파악하는 데 있다. 그에 대한 답변은 앞의 논의에 견주어 예측할 수 있다.

> 인류의 삶에서 관념과 표상을 유지시키는 것은 집합체이며, 모든 집합적 표상은 그것의 원천 덕분에 위세를 부여받는다. 그러한 위세는 그것이 스스로를 강요하는 힘을 가진다는 것을 의미한다. 집합표상은 개인들로부터 발산되는 표상들보다 더 큰 심리학적 에너지를 가진다. 이것이 바로 집합표상이 우리의 의식 속에 그러한 힘과 함께 자리하는 이유이다. 그곳이 바로 진리의 힘 자체가 자리하는 장소이다.[70]

---

69 E. Durkheim(1955), *Pragmatism and Sociology*, pp. 69~70, 73.

70 E. Durkheim(1955), *Pragmatism and Sociology*, pp. 85~86.

이와 같이 사회가 문장을 참으로 만든다. 이것은 제임스와 그의 동료 사상가들에게는 그리 설득력 있는 답변으로 보이지 않는다. 리처드 로티 같은 현대 실용주의자는 이를 기꺼이 인정할지 모르나, 그다음에는 사회 자체가 끊임없이 변화한다고 지적함으로써 그것을 뒤집는 일에 착수할 것이다. 이렇듯 한때 정당하게 주장할 수 있는 것도 더 큰 사회변동과 결부된 계속되는 '재서술redescription'에 의해 침식당한다. 따라서 진리는 어떤 변화무쌍한 개념이 되며, 그것의 내용은 (스스로를 강요할 수 있는 힘을 주는) 사회와 함께 항상 변화한다. 게다가 너무나 급속한 일련의 재서술이 그 같은 힘을 약화시킬지도 모른다는 느낌을 지울 수가 없다. 그로부터 초래되는 불확실성과 회의론의 분위기는 실제로 뒤르켐이 근대성과 관련하여 잘못된 것으로 생각한 것 ― 아노미 또는 도덕적 규제의 결여 ― 의 일부이다. 뒤르켐이 합리주의에 관한 자신의 방어가 그 같은 유형의 반박에 노출되어 있다는 점을 인식하지 못하고 있었던 것은 사회를 하나의 영원한 실체로 의인화하는 경향 때문인 것으로 보인다. 에번스-프리처드E. E. Evans-Pritchard가 지적하듯이, "사회를 하나의 신으로 만든 것은 야만인들이 아니라 뒤르켐이다."[71]

실제로 이 같은 경향은 뒤르켐 사회이론의 보다 광범위한 난점들의 주된 원천을 이루고 있다. 가치와 신념이 사회의 안정에 기여하는 방식에 관한 뒤르켐의 관심은 20세기 사회사상에 엄청난 영향을 미쳐왔다. 파슨스와 하버마스처럼 매우 다른 배경에서 출발한 이론가들도 그의 브랜드를 붙이고 있다. 그러나 뒤르켐의 '규범적 기능주의'는 명백한 결함으로 인해 고통받고 있다. 우리가 살펴보았듯이, 아노미는 주로 경제적 불안정과 사회적 갈등에 의해서 야기된다. 하지만 록우드가 지적하듯이, "'계급'과 '경제적 삶'은 뒤르켐의 사회학에서 거의 전적으로 해석되지 않은 채 남아 있는 개념들이다.

---

71 E. E. Evans-Pritchard, *Nuer Religion*(Oxford, 1956), p. 313.

그것들은 무질서를 초래하는 힘들로, 항상 규범적 구조와 관련하여 분석된다. 그것들은 상세한 고찰을 할 만한 가치가 있는 하나의 구조를 가지는 것으로 인식되지 않는다."[72] 뒤르켐은 사회질서의 근원들에 관한 이론을 제시하지만, 사회질서를 침식하는 힘들에 관한 이론을 제시하지는 않는다. 이로부터 그의 사회학의 독특한 파토스가 나온다. 즉 그것은 뒤르켐의 아들과 많은 그의 제자들이 비명에 죽어간 제1차 세계대전이나 그 전쟁이 고조시킨 갈등의 시대를 설명하는 수단들을 전혀 제시하지 않았다. 그 임무는 다른 사람들에게 맡겨졌다.

---

72 Lockwood, *Solidarity*, p. 78.

7 / 베버

7.1 프로이센 농업과 독일 국가

뒤르켐과 마르크스는 매우 대립되는 두 가지 이미지의 근대성을 제시한다. 전자는 사회의 규범적 통합을 위태롭게 하는 것에 몰두했기 때문에, 자신이 사회의 안정에 파괴적이라고 믿고 있던 과정에 대한 설명을 제시할 수 없다. 후자는 근대 부르주아사회에 특유한 갈등과 불확실성에 관한 포괄적인 이론을 제공하고 미래 공산주의사회 속에서 그 해결책을 예견한다. 하지만 마르크스는 (수많은 비판가들이 주장하듯이) 그러한 예견을 정당화하는 데 요구되는 인간행위의 본성과 목적에 대한 개념을 제시하지는 않고 있다. 베버가 갖는 특별한 중요성은, 그가 헤겔과 마르크스가 그랬던 것처럼, 사회적 실체에 내재하는 갈등의 성격이 갖는 의미를 강력하게 보여주는 사고체계의 일부로서 자본주의의 역사적 의미에 대한 독특한 설명을 전개하면서도, 그것을 인간행동을 지배하고 있는 서로 환원할 수 없을 만큼 독특한, 그리고 실제로는 적대적인 가치들이 수행하는 역할을 이해하려는 시도와 결합시킨다는 데 있다.[1]

---

1 베버(Max Weber, 1864~1920)는 에르푸르트에서 독일 제국의회와 프로이센 지방의회의

대부분의 주요 사회이론가들은 오해로 에워싸여 있다. 베버도 이 규칙에서 예외가 아니다. 제2차 세계대전 이후 미국이 주도한 사회학의 재구성 속에서, 그는 '가치자유' 사회과학의 수호신으로 운명 지어졌다(10.2절을 보라). 하지만 다행히도 그는 이 같은 상투적인 초상들이 시사하는 것보다 훨씬 더 흥미로운 사상가이다. 베버의 준거점이 그를 뒤덮고 있던 전후의 정설과 매우 다르다는 것은 1920년 그가 죽기 불과 몇 주 전, 그가 행한 다음과 같은 비평 속에서 드러난다.

> 오늘날의 학자, 그 누구보다도 오늘날의 철학자의 정직성은 니체와 마르크스에 대한 자신의 태도에 의해 측정될 수 있다. 자신의 저작의 상당 부분이 이 두 학자의 저작이 없었다면 수행되지 못했을 것이라는 점을 인정하지 않는 사람은 누구든지 자신과 다른 사람을 우롱하고 있을 뿐이다. 오늘날 우리가 정신적으로 그리고 지적으로 살고 있는 세계는 사실상 마르크스와 니체에 의해 형성된 세계이다.[2]

하지만 베버가 비록 마르크스와 니체와 관련하여 자신의 위치를 정립했음에도 불구하고, 그는 자기 자신의 길을 개척해갔다. 따라서 그로부터 결과

국가자유당 의원의 아들로 태어났다. 하이델베르크, 베를린, 괴팅겐 대학교에서 법학을 공부했다. 프라이부르크 대학교에서 경제학 교수를 지냈다(1894~1896년). 1896년 하이델베르크 대학교로 옮겨가 정치학과에서 칼 크니스(Karl Knies)의 교수직을 물려받았다. 1897년에 심한 정신질환을 앓았고, 그것을 회복하는 데 여러 해가 걸렸다. 1903년 교수직을 사임했으나, 연구를 재개하기에 충분할 만큼 회복되었다. 1904년 에드가 야페(Edgar Jaffé)와 베르너 좀바르트(Werner Sombart)와 함께 ≪사회과학 및 사회정책학 잡지Archiv für Sozialwissenschaft und Sozialpolitik≫의 공동편집을 이어받았다. 1919~1920년에는 뮌헨 대학교에서 경제학 교수를 지냈다.

2 W. Hennis, *Max Weber*(London, 1988), p. 162에서 인용함.

하는 이론의 정확한 내용을 재구성하는 것은 다른 주요 사회 이론가들의 경우보다 더 어렵다. 그 부분적 이유를 키스 트라이브는 다음과 같이 지적한다. "베버의 저작이 파편적이라는 것은 단지 그의 노력이 여러 영역 – 보통은 그것들 중 어떤 하나가 한 학자의 연구영역을 규정한다 – 에 펴져 있다는 의미에서만은 아니다. 출판된 그의 저작 중 많은 것들이 근본적으로 불완전하며, 급히 집필되었고, 수정되지 않았고, 급히 교정되었고, 출판 이후 원고는 버려졌다."[3] 게다가 특히 자신의 방법론적 저술들에서, 베버는 종종 자신을 모호하고 불가해하게 표현했다. 최근의 연구들이 그의 사상의 원천과 전개를 보다 잘 이해하는 데 도움을 주지만 그 연구결과들을 개관하는 것은 특히 위험한 작업이다.

베버는 자신을 기본적으로 경제학자라고 생각해온 것으로 보인다. 1918년에 이르러서야 그는 "우리 정치경제학자들"이라는 말을 사용했다.[4] 1895년 프라이부르크 대학교 교수취임 강연에서, 베버는 자신을 "독일 역사학파의 문하생들"에 포함시켰다.[5] 역사학파는 19세기 동안 독일 경제학의 지배적 견해를 대변했다. 그 주도적 인물들은 기본적으로 경제학을, 사회를 하나의 진화하는 구체적 전체로 이해하는 데 관심을 갖는 역사적·기술적descriptive 과학으로 인식했다. 이를테면 칼 크니스Karl Knies는 1853년에 다음과 같이 기술했다.

만약 …… 정치경제학이 진정으로 국민과 국가의 실제적 사실들에 기초하고 있다면, 즉 만약 정치경제학이 국민과 국가 속에서 야기되는 문제들을 해명하

---

3 K. Tribe, "translator's introduction," *Max Weber*, p.10.

4 H. H. Gerth and C. Wright Mills, eds, *From Max Weber*(London, 1970), p. 129.

5 M. Weber, *Political Writings*, eds P. Lassman and R. Speirs(Cambridge, 1994), p. 19.

고자 한다면, 정치경제학은 자신의 영역과 임무를 전체로서의 삶의 영역과 임무로부터 분리시키는 것이 아니라 오히려 하나의 살아 있는 체계의 하나의 살아 있는 성원으로 다루어야만 한다. …… 정치경제학은 이처럼 맥락을 중시하고 전체의 도덕적-정치적 문제들의 해결에 기여하는 것을 자신의 관심으로 하기 때문에, 도덕적·정치적 과학의 지위를 차지할 것이 요구된다.[6]

이 같은 정치경제학 개념은 명백하게 밀이 정식화한 견해와는 분명하게 상충된다. 밀의 견해는 1870년대 '한계효용혁명'의 결과 영국과 오스트리아에서 그 기반을 굳히게 되었다(앞의 3.1절 참조). 그러한 견해 속에서 경제학은 연구를 위해 인간행동의 한 측면을 인위적으로 분리시킨 추상적·연역적 이론으로 인식되었다. 경제학에 대한 이 같은 상충하는 개념들은 1880년대에 벌어진 논쟁에서 하나의 화두였다. 칼 멩거가 주도하는 오스트리아 한계효용학파와 구스타프 폰 슈몰러Gustav von Schmoller를 수장으로 하는 독일 역사경제학자들 간에 벌어진 이 논쟁은 **방법론논쟁**Methodenstreit으로 알려져 있다.

우리가 다음 절에서 살펴보듯이, 베버는 결국은 어떤 핵심적인 측면에서는 슈몰러와 크니스보다는 멩거에 보다 가까운 방법론적 입장을 채택했다. 그럼에도 불구하고 그는 역사학파처럼 경제과정의 보다 광범위한 사회적 맥락을 탐구하고, 그것을 도덕적·정치적 목적의 추구와 연관시키고자 했다. 이것은 1894년에서 1897년 사이에 출간되어 널리 영향을 미쳤던 그의 초기 저작들과 프로이센 농업 상태를 연구했던 저작들 속에서 찾아볼 수 있다. 이것들은 자유로운 학문의 저작과는 거리가 먼 것이었지만, 당시 독일 엘리트의 관심을 되풀이하는 것이었다.

1871년에 통일된 독일제국은 그 건립 당시부터 유럽에서 가장 거대한 군

---

6 Hennis, *Max Weber*, p. 120에서 인용함.

사열강이었다. 1914년 전쟁 발발 당시, 독일제국은 또한 영국을 능가하고 있었으며, 두 번째로 큰 산업경제로 자리 잡았다. 급속한 산업화는 독일사회를 변화시켰다. 즉 급속하게 팽창하는 도시들에서 풍요로운 부르주아와 산업 프롤레타리아 모두가 모습을 드러냈다. 하지만 독일이 19세기 말에 이룩했던 근대성은 복잡하고 또 불안한 것이었다. 제국헌법은 의회를 위해 마련되었고, 제국의회는 남성 보통선거를 통해 선출되었다. 하지만 제국헌법이 독일국가의 수장이자 프로이센 왕의 역할을 하는 황제에게 매우 광범위한 권력을 부여했기 때문에, 권력을 장악한 프로이센 민간 관료제와 군사제도는 대체로 정치적 책임을 면할 수 있었다. 엘베 강 동부의 토지귀족으로 프로이센 군주제의 전통적 기반인 융커들은 다양한 국가 보조금으로 이득을 얻었다. 1879년 비스마르크가 도입한 관세는 (즉 점차적으로 카르텔화되어 가던 석탄과 철강 같은 중공업의 수장들과 융커를 하나로 묶는) "철과 호밀의 결혼"을 완성시킨 것으로 파악할 수 있다. 베버는 이러한 정책의 결과를 "부르주아 자본의 봉건제화"라고 기술했다.[7]

19세기 말경, 독일은 의심할 바 없이 매우 성공한 근대 자본주의국가였다. 그러나 자유주의 정체政體와 관련한 주장들은 그것에 비해 훨씬 불분명했다. 국가자유당 – 베버의 아버지가 주요 성원이었던 – 이 프로이센 자유주의 진영을 대표했다. 비스마르크가 일련의 외교적 조치들과 전쟁의 승리를 통해 독일통일을 이룩한 후에, 자유주의 진영은 비스마르크가 절대군주제를 방어하는 것에 반대하기를 포기했다. 비록 그들이 국가에서 여전히 종속적인 위치에 있었지만 그들은 제국의회Reichstag가 진정한 의회에 가까운 어떤 것으로 발전하는 데 중요한 역할을 수행했다.

---

7 M. Weber(1897), "Germany as an Industrial State," in K. Tribe. ed., *Reading Weber*(London, 1989), p. 215.

대규모 기층노동계급과 상당한 의원집단을 거느린 사회민주당SPD의 존재는 민주개혁을 압박할 뿐만 아니라 독일 지배 계급에게 그러한 압력에 굴복하는 것은 위험할 수 있다는 것을 암시했다. 그러는 사이 19세기가 끝나갈 즈음, 독일이 세계열강의 하나로 등장했고, 그것이 초래한 탈안정화로 인해 열강들 간의 경쟁은 점차 위협적이 되었다. 대륙에서는 독일과 오스트리아-헝가리가 프랑스와 러시아에 맞섰다. 게다가 1898년 전함을 구축하기로 한 독일의 결정은 영국과의 군비경쟁을 촉발시켰고(영국은 이러한 움직임을 자신의 해군과 식민지 패권에 대한 도전으로 해석했다), 이것은 유럽이 제1차 세계대전에 돌입하는 데 일조했다.

이러한 맥락에서 (독일 지배 계급의 핵심 분파의 경제적 토대였던) 프로이센의 농업조건은 단순한 학술적 의문의 대상 그 이상이었다. 1891~1892년 독일 사회정책학회Verein für Sozialpolitik는 엘베 강 동부의 농업노동 상태와 관련하여 4,000명의 토지소유자들을 조사했다. 사회정책학회는 1873년에 설립되었다. 그것은 주로 슈몰러와 다른 역사 경제학자들의 영향을 받았다. 즉 학회는 무제한적 자유시장경제Manchestertum에 대해 비판적이었으며, SPD가 노동자들을 자기편으로 끌어들이는 것을 제한할 수 있는 국가정책들을 마련하고자 했다. 베버는 농업노동에 대한 조사결과를 분석해줄 것을 요청받았다.

1890년대 베버의 저술들은 마르크스의 영향과 둘 간의 차이 모두를 보여준다. 베버의 고대경제사 연구 — 프로이센 농업에 대한 연구보다 조금 앞서 이루어진 — 는 그가 이미 경제구조의 유형을 분석적으로 구분하는 데 관심을 가지고 있었음을 보여준다. 그는 거기서 경제구조를 봉건주의의 토대인 '자연'경제 또는 물물교환경제(이는 그가 역사경제학자인 로트베르투스J. K. Rodbertus에게서 따온 개념이다), 상업의 제한된 발전을 허용했던 노예사회, 그리고 자유임노동에 근거하는 근대자본주의로 구분했다. 고전고대의 쇠퇴에 대한 베버의 설명은 본질적으로 경제적이었다. 그는 다음과 같이 기술한다. "그러므로 로

마제국의 해체가 기본적인 경제발전 — 상업의 점진적 소멸과 물물교환경제의 확대 — 의 불가피한 정치적 결과였다는 것은 분명하다."[8]

로마의 쇠퇴를 고찰하는 유럽 지식인이라면 누구든지, 보통 그 자신의 문명이 유사한 운명에 굴복할 것인지를 알고 싶어 한다는 것은 올바른 일반화이다. 베버는 자신이 속한 젊은 세대의 독일 부르주아에 대해 언급한 프라이부르크 대학교 연설에서 역사적 타락의 조짐을 그리고 있다. 그는 다음과 같이 말한다. "우리는 요람기에 역사가 어떤 세대에게 세례의 선물로 줄 수 있는 가장 무서운 저주, 즉 정치적 아류라는 가혹한 운명을 부여받았다."[9] 쇠퇴에 대한 이 같은 관심은 아마도 부분적으로는 유럽의 니힐리즘에 대한 니체의 포괄적 비판에 대한 하나의 응답일 것이다. 그러나 그것은 또한 보다 긴급한 사회·정치적 관심으로부터 나왔다.

엘베 강 동부의 농업에 대한 베버의 저술들은 그가 '대토지 소유지의 노동조직'이라고 불렀던 것의 변화에 관심을 기울이고 있다. 그것은 "가부장적으로 지배되고 관리되는 공동체적 경제의 형태"로, 토지소유자에게 자신의 가족노동을 제공할 것을 요구받는 (법적으로 종속된) 소자작농민의 노동력에 기초하고 있었다. 하지만 융커들은 자신들의 정치적 쇠퇴에 대응하여, 그리고 '부유한 상업부르주아'로부터의 경쟁압력에 직면하여 "상업원리에 따라 움직이는 기업가"로 변신하고 있는 중이었다. 즉 "이제 세계적 생산조건이 …… 기업을 지배하기 시작했다."[10] 이것은 사탕무와 같은 환금작물의 집약재배를 향한 움직임과 그로 인한 농업노동력의 프롤레타리아화를 함축한

---

8 M. Weber, *The Agrarian Sociology of Ancient Civilization* (London, 1976), p. 408.

9 Weber, *Political Writings*, p. 24.

10 M. Weber(1894), "Developmental Tendencies in the Situation of East Elbian Rural Labourers," *Economy and Society*, 8(1979), pp. 177, 179, 180.

다. 특히 사탕무 농장들은 점차 저임금·미숙련 폴란드 계절노동자들에 의존하게 되었다.

이 같은 발전 결과에 대한 베버의 관심은 부분적으로 민족적이면서 인종차별적이다. 이를테면 그는 "슬라브족의 침입은 커다란 문화적 퇴보를 의미할 수도 있다"고 경고한다.[11] 엘베 강 동부의 농업에 대한 베버의 저술들은, 이를테면 '폴란드 동물'들에 대한 불쾌한 인종차별적 논평을 포함하고 있다.[12] 그러나 그는 또한 전통적인 프로이센 농장의 쇠퇴가 독일 정체에 미칠 수 있는 부정적 충격에 관해서도 관심을 기울이고 있다. 왜냐하면 "엘베 강 동부의 농장들은 경제적 단위일 뿐만 아니라, 지역정치의 지배중심지였기" 때문이다. "농장은 프로이센 전통에 의거하여 국가 내에서 정치적 권위와 국가권력의 정치적·군사적 힘을 소유해온 계층의 사람들에게 물질적 토대를 제공했다."[13] 따라서 농장의 쇠퇴는 융커들이 더 이상 국가에서 주도적 역할을 수행할 수 없음을 함의한다. 베버는 다음과 같이 말한다. "정치적 인텔리겐치아의 중심이 좋든 싫든 도시로 이동하고 있다. 이 같은 변화는 동부 독일의 농업발전에서 중대한 정치적 요소이다."[14]

이러한 분석이 자극한 베버의 보다 폭넓은 성찰들은 네 가지 차원으로 구분될 수 있다. 첫째로, 융커 권력의 부식은 독일 국가에는 위기를 의미한다. 왜냐하면 정치적 지도부의 역할을 맡을 수 있는 다른 계급이 없기 때문이다. 비록 베버가 자신을 '부르주아계급의 성원'이라고 선언하고 "그들의 견해와

---

11 M. Weber(1894), "Developmental Tendencies in the Situation of East Elbian Rural La-bourers," p. 200.

12 K. Tribe, "Prussian Agriculture: German Politics: Max Weber 1892~7," in Tribe, ed., , *Reading Weber*, p. 114에서 인용함.

13 Weber, "Developmental Tendencies," p. 178.

14 Weber, *Political Writing*, p .23.

이상"에 동조했지만, 그는 "독일 부르주아가 오늘날 독일민족의 주도적 정치계급이 될 만큼 성숙했다"는 것을 부정한다. 이것은 정치교육의 결핍이 낳은 결과이다. 독일을 통일한 것은 부르주아가 아니라 비스마르크였다. 게다가 그의 '카이사르식' 통치는 부르주아가 정치권력을 행사하는 데 필요한 경험을 할 수 있는 기회를 차단했다. 노동계급과 관련하여 말하자면, SPD가 조직 및 선거에서 성공을 거두고 있었음에도 불구하고, 그것은 기존 질서를 위협하거나 재활성화시킬 수 있는 패기나 용기가 없었다. 베버에 따르면, SPD의 지도자들은 "그들이 자신들의 존재에 대해 생각하는 것보다 훨씬 해롭지 않았다. 왜냐하면 그들 내에는 카틸리나Catilina 같이 행위할 정력의 불꽃도 없고, 프랑스혁명 동안 자코뱅이 보여준 강력한 민족주의적 열정의 조그마한 흔적마저도 존재하지 않았기 때문이었다."[15]

이 같은 진단은 두 번째 주제를 함축한다. 즉 그것은 경제적 과정과 정치적 과정 간에는 필연적 상응관계가 존재하지 않는다는 것이다. 아무것도 독일의 산업세력이 그들에게 요구되는 자질을 가지고 정치적 지도력을 향유할 것이라는 점을 보장해주지 않는다. 따라서 베버는 지역의 '민족적' 성격을 보존하기 위해서는 (비록 그러한 조처들이 경제적으로는 최적의 결과를 산출하지 않을지라도) 폴란드와 접한 독일 동부 접경지역을 폐쇄하고 엘베 강 동부의 독일 농민들이 체계적으로 토지를 구매하고 그곳을 식민지화하는 정책을 추진해야 한다고 주장한다. 베버는 다음과 같이 언급한다. "나는 독일 동부의 식민지화가 (적어도 처음에는) 농업기술의 향상을 이끌 것이라고 믿지 않는다. …… 그러나 나는 그것이 필요하고 가능하다고 생각한다. 왜냐하면 세계시장을 위한 생산의 관점에서 볼 때, 만연된 국제경쟁관계들이 독일 동부의

---

15 Weber, *Political Writing*, pp. 23, 25~26. 카틸리나는 기원전 1세기 로마공화정하에서 성공하지 못한 반란음모단의 지도자였다.

토지를 무가치하게 만들 것이기 때문이다."[16] 민족적 이해가 그것을 명하는 곳에서, 국가는 경제적 합리성의 명령을 기꺼이 무시해야만 한다.

이것은 베버가 단순히 시장논리를 무시할 것을 주장했다는 것을 의미하는 것은 아니었다. 베버는 독일을 강력하게 보호받는 엘베 강 동부 농업으로부터 곡물을 공급받는 자급자족경제로 만들자는 제안에 반대했다. 왜냐하면 더 높은 관세가 독일을 국제적으로 경쟁력 없는 '지대자본주의rentier capitalism'로 변화시킬 것이며, 그것은 "부르주아 자본의 봉건제화를 확산"시킬 것이기 때문이었다. 실제로 그것은 비스마르크하에서 부르주아가 그들의 정치적 능력을 발전시키는 것을 방해해왔다. 게다가 곡물산출을 극대화하기 위해서는 엘베 강 동부 농업의 더 많은 자본화가 필요할 것이다. 그로부터 결과하는 생산성증대는 농업노동력의 규모를 축소시킬 것이고, 그것은 베버가 방지하고자 했던 인구감소과정을 촉진시킬 것이다. 이 같은 결과를 막기 위해서 독일은 식량공급의 증가분만큼을 외국에서 사와야만 하고, 그러한 수입을 위한 재정을 그에 상응하는 제조업제품의 수출증대를 통해 조달해야만 한다. 베버는 "독일 경제의 불가피한 외향적 팽창이 우리에게 남겨놓은 막대한 위험"을 인식하고 있었으나, 그것을 '피할 수 없는 것"으로 간주한다.[17]

셋째로, 경제적 과정들은 기본적으로 복지의 극대화를 위한 수단으로 이해되는 것이 아니라, 니체와 사회적 다원주의 모두를 연상시키는 영원한 투쟁의 관점에서 이해된다. 베버는 다음과 같이 말한다. "우리의 후손들이 우리에게 역사에 대해 책임지라고 요구하고 나서는 것은, 아마도 우리가 그들에게 남겨놓은 경제조직의 유형이 아니라, 우리가 쟁취하여 그들에게 물려

---

16 Tribe, "Prussian Agriculture," p. 115에서 인용함.
17 Weber, "Germany," pp. 214, 216, 220.

준 활동범위의 양에 관한 것일 것이다. 경제발전의 과정도 결국은 역시 권력투쟁이다."[18] 이를테면 독일이 대외무역에 점점 더 의존하는 것이 수반하는 위험은 다음과 같다.

> 지난날의 모든 위대한 무역산업인들, 즉 과거 문화발전을 주도한 모든 사람들이 그 위대했던 시기에 동일한 위험을 스스로 떠맡아왔다. 그리고 내가 생각하기에, 우리는 민족적 안위의 정책이 아니라 위대함의 정책을 추구하고 있다. 따라서 만약 우리가 예를 들어 스위스와는 다른 국민적 생활방식을 가지기를 원한다면, 우리는 우리의 어깨 위에 그런 짐을 져야만 한다.[19]

마지막으로, 경제학은 중립적인 과학이 아니다. 즉 "설명적·분석적 과학인 정치경제학은 국제적이다. 그러나 그것이 가치판단을 하자마자, 그것은 우리가 우리의 본성 내에서 발견하는 인간의 특수한 기질과 결합된다." 따라서 "정치경제학이라는 과학은 정치적 과학이다. 그것은 국민의 지속적인 권력-정치적 관심의 시녀이다." 그러므로 "독일 경제이론가들의 가치기준은 독일의 정책이나 독일의 기준일 수밖에 없다."[20] 여기서 베버는 독일 역사학파의 오랜 정식화들을 되풀이한다. 이를테면 프리드리히 리스트Friedrich List는 '정치'경제학 또는 국민경제학이 '세계정치적' 또는 전 세계적 경제학으로 대체되어야만 한다는 것을 증명하려고 했던 애덤 스미스를 비난했다.[21]

하지만 베버 저술들의 귀에 거슬리는 민족주의적 논조는 새로운 해석을

---

18 Weber, *Political Writings*, p. 16.

19 Weber, "Germany," p. 213.

20 Weber, *Political Writings*, pp. 15, 16.

21 Hennis, *Max Weber*, p. 118에서 인용함.

하게 한다. 그는 자신이 (벤담의 영향을 받아 인간복리의 극대화를 경제학의 목적으로 보는) 경제학자들의 '행복주의eudaimonism'라고 부른 것을 기각한다. 그는 다음과 같이 말한다. "우리가 가지고 있는 것은, 우리의 후손들에게 물려줄 평화와 인간행복이 아니라 오히려 우리 민족의 종의 질을 보존하고 고양시키려는 영원한 투쟁이다."[22] 이런 진술들은 계몽주의의 세계주의cosmopolitanism와는 거리가 먼 세계로 보인다. 자신의 이론적 관심을 민족의 이해관계를 파악하는 데 관련시킨 것은 베버만이 아니었다. 우리가 살펴보았듯이 (앞의 6.3절을 보라), 뒤르켐은 사회학을 미국의 실용주의에 맞서 프랑스의 합리주의를 방어하는 데 사용했다. 그리고 그 역시 제1차 세계대전 동안 독일에 반대하는 팸플릿을 작성했다.

하지만 베버는 19세기 말에 형성된 세계열강이 경쟁하던 세계를 그의 사상 대부분에 가장 깊게 내면화하고 있는 주요 이론가이다. 단언적인 독일 민족주의가 그의 저술들을 관류하고 있다. 그는 1914년 8월전쟁의 발발에 감격적으로 반응했고, 타넨베르크 전투에서 남편을 잃은 그의 누이에게 다음과 같이 다소 수상쩍게 위로했다. "결과가 어떠하든, 이 전쟁은 위대하고 훌륭한 것이다."[23] 독일의 패배 후에, 그리고 독일 영토의 일부가 새로 독립한 폴란드와 체코슬로바키아 같은 국가들로 편입된 후에, 베버는 이들 지역에서 자유의용군Freikorps — 전직 극우 장교집단으로, 그중 많은 사람들이 나중에 나치에 가입했다 — 이 개시한 무장저항을 열정적으로 지지했다. 그는 1918년 다음과 같이 선언했다. "독일의 미회수지로 드러날 지역에서 기꺼이 혁명적 방법을 사용하지 않으려 하거나, 교수대와 감옥을 기꺼이 감수하려 하지 않는 사람

22 Weber, *Political Writings*, p.16.

23 Letter to Lili Schäffer, 18 Aug. 1914. W. J. Mommsen, *Max Weber and German Politics 1890~1920*(Chicago, 1984), pp. 190~191.

은 미래에 민족주의자라는 이름을 받을 수 없을 것이다."[24]

7.2 과학 그리고 서로 싸우는 신들

따라서 영원한 갈등과 투쟁은 베버 사상의 주요한 요소들 중의 하나를 이룬다. 하지만 1890년대 그의 저술들은 위기의 상황에서 사회적 다윈주의에 의해 강력한 영향을 받은 매우 재능 있는 역사경제학자의 저작으로 간주될 수 있다. 이를테면 그는 미래에 생존투쟁, 즉 인간에 대한 인간의 투쟁을 강화할 것은 (지구의 경제조직이 어떠하든 간에) 이른바 수출정책이 아니라 오히려 인구증가"라고 주장한다.[25] 베버가 본질적으로 맬서스적인 이 같은 예측을 일찍이 포기했다는 증거는 전혀 없다. 그럼에도 불구하고 정신쇠약에서 회복한 1903년 이후의 저술에서, 베버가 스펜서(제5장 참조)와 같은 진화론자들의 특징인 물리적 과정과 사회적 과정을 동일시하려는 시도에 강력하게 반대했다는 것은 분명하다. 이를테면 그는 "생물학자들의 잘 알려진 가치자유적 개념 – 즉 '보다 상위의 것'은 '보다 분화된 것' 또는 보다 단순하게 말해서 '보다 복잡한 것'이며, 이는 마치 태아와 태반 등이 생물학에 알려진 가장 복잡한 것이 아닌 것과 같다는 – 에 함축된 점진적 분화라는 진화적 과정의 관념을 거부했다."[26]

그렇게 함으로써, 베버는 20세기가 시작될 무렵 유럽사상 안에 널리 퍼져 있던 추세에 합류했다. 반자연과학주의anti-naturalism – 인간존재와 그들이 창출

---

24 Letter to Lili Schäffer, 18 Aug. 1914. W. J. Mommsen, *Max Weber and German Politics 1890~1920*, pp. 312~313에서 인용함.

25 Weber, "Germany," p. 218.

26 Letter to Rickert, 2Nov. 1907. Hennis, *Max Weber*, p. 244 n. 25에서 인용함.

한 사회세계는 자연과학의 그것과 동일한 방법과 개념을 사용하여 이해될 수 있다는 것을 부정하는 입장 — 는 특히 (다윈의 영향의 결과 서구의 지적 문화에 굳건한 기반을 내리고 있던) 진화론과 경험주의에 강력하게 반발하는 것이었다. 이 같은 반발은 다양한 그리고 종종 서로 양립할 수 없는 형태를 취했다. 독일에서 반자연과학주의의 가장 중요한 입장은 신칸트주의였다. 신칸트주의는 (자연의 법칙에 의해 지배되는) 현상appearance의 영역과 (주체가 스스로 외적 자연의 세계와 인간문화의 세계 간의 대립에 도덕적 법칙을 부여할 수 있는) 본질noumenal의 영역 간의 칸트의 구분을 발전시킨 다양한 학파들을 대표했다.

따라서 '인간'과학 또는 '문화'과학Geisteswissenschaften — 이는 밀이 '도덕과학'이라고 불렀던 것을 지칭하기 위해 자신의 『논리체계System of Logic』를 독일어를 번역하면서 만든 표현이다[27] — 은 자연과학의 방법과는 다른 방법을 요구했다. 예컨대 빌헬름 딜타이Wilhelm Dilthey에서 그 방법은 본질적으로 이해under standing — 이를테면 역사가와 (그 역사가가 행위를 재구성하고자 하는) 주체의 감정이입적 동일시 — 를 통해 이루어지는 해석적 방법이다. 딜타이에 따르면, "인간연구Geisteswissenschaften의 토대를 이루는 것은 개념화가 아니라 정신 상태에 대한 총체적 자각과 감정이입에 근거한 그것의 재구성이다. 여기서는 삶이 삶을 파악한다."[28]

베버는 의심할 바 없이 신칸트주의, 특히 하인리히 리케르트Heinrich Rickert가 전개한 유형의 신칸트주의의 영향을 받았다. 리케르트와 마찬가지로, 베버는 문화를 물리적 과정들로 환원할 수 없는 가치들의 체계로 인식했다. 그러나 빌헬름 헤니스Wilhelm Hennis가 지적했듯이, "베버 세대에서 니체는 결정적인 지적 경험이었다."[29] 베버가 의존했던 니체는 독일 독자들이 자주 추

27 H. -G. Gadamer, *Truth and Method*(London, 1975), pp. 5, 500 n. 1.

28 W. Dilthey, *Selected Writings*, ed. H. P. Rickman(Cambridge, 1976), p. 181.

론했던 것처럼 권력의 생물학자가 아니었다(이는 특히 1906년에 『권력에의 의지 The Will to Power』라는 제목으로 그의 노트가 출간된 이후 분명해졌다). 베버는 자신이 "니체에게서 가장 약한 부분이라고 불렀던 것, 즉 그의 철저한 도덕주의적 교의 주변에 널려 있던 생물학적 장식들을 떼어내 버렸다."[30]

니체는 두 가지 이유에서 베버에게 중요하다. 첫째로, 베버는 사회적 삶에서 권력의 우위에 관한 신념을 니체로부터 도출한다. 이를테면 베버는 다음과 같이 기술한다.

> 가장 일반적인 의미에서 지배Herrschaft는 사회적 행위의 가장 중요한 요소들 중 하나이다. …… 지배의 구조와 그것의 전개는 사회적 행위의 형태와 그것의 특정 목적의 지향을 결정하는 데 있어 결정적으로 중요하다. 실제로 지배는 과거와 현재의 가장 중요한 사회구조들에서, 달리 말해 한편으로는 장원에서 그리고 다른 한편으로는 대규모 자본주의 기업에서 특히 결정적인 역할을 수행한다.[31]

하지만 둘째로, 니체는 도덕주의자로서의 베버에게 중요하다. 니체에서 권력에의 의지는 기본적으로 본래 혼란스러운 현실에 새로운 유형, 새로운 가치를 부여하는 창조적 과정이다(앞의 5.3절 참조). 방금 인용된 구절이 시사하듯이, 베버가 세속적인 사회-정치적 현상으로서의 지배에 관심을 기울이고 있지만, 그에게서 권력투쟁은 궁극적으로 가치갈등이다. 베버는 니체의

---

29 Hennis, *Max Weber*, p. 148.

30 Letter to Jaffé, 13 Sep. 1907, Hennis, *Max Weber*, p. 150에서 인용함.

31 M. Weber(1922), *Economy and Society*, eds G. Roth and C. Wittick(2 vols, Berkeley, 1978), II, p. 941.

다원주의pluralism와 관점주의perspectivism, 그리고 특히 니체가 경쟁하는 가치체계들을 판정할 수 있는 어떤 객관적인 방법이 존재한다는 것을 부정하는 것을 계승한다. 베버는 다음과 같이 말한다. "세계의 다양한 가치영역들은 서로 화해할 수 없는 갈등 상태에 있다."[32]

베버는 이 같은 주장을 "직업으로서의 학문Science as a Vocation"이라는 1918년의 유명한 강연에서 펼친다. 거기서 그는 가치다원주의value-pluralism를 역사적 과정의 결과로 제시한다. 그는 세계의 '탈주술화' — 달리 말해, 현실에 대한 초월적인 종교적 해석의 붕괴 — 는 서로 다른 신들(아프로디테, 아폴로 등등)이 서로 경쟁적으로 그리고 똑같이 타당하게 숭배를 요구하던 고전 고대의 탈주술화와 유사한 사태를 낳았다고 주장한다. 베버는 다음과 같이 기술한다. "많은 옛 신들이 그들의 무덤에서 올라온다. 그들은 탈주술화되고, 그리하여 비인격적 힘의 형태를 취한다. 그들은 우리의 삶에 대한 권력을 획득하기 위해 분투하고, 재차 서로 영원한 투쟁을 다시 시작한다." 우리가 모든 의미의 원천인 초월적 유일신의 존재를 더 이상 믿지 않기 때문에, 우리는 "그 같은 신들 서로 간의 멈추지 않는 투쟁에 직면한다. 직접적으로 말해서 삶과 관련된 그럴듯한 궁극적 태도들은 서로 화해할 수 없게 되고, 그리하여 그들의 투쟁은 결코 종국적 결론에 도달할 수 없게 될 것이다."[33]

그렇다면 가치다원주의는 과학 그 자체의 지위를 어디에 남겨놓았는가? 가치는 과학적 연구의 수많은 서로 다른 수준에서 작용한다. 먼저, 가치는 우선적으로 연구될 가치가 있다고 고려되는 현상들의 선택을 지배한다.

문화적 사건들의 의미는 그러한 사건들에 대한 가치지향을 전제로 한다. 문화

---

32 Gerth and Mills, eds, *From Max Weber*, p. 147.

32 Gerth and Mills, eds, *From Max Weber*, p. 147.

33 Gerth and Mills, eds, *From Max Weber*, pp. 149, 152.

개념은 하나의 가치개념이다. 경험적 현실은 '문화'가 된다. 왜냐하면 우리가
그것을 가치이념들과 연관시키기 때문이고, 또 그렇게 하는 한에서 그렇다.
그것은 그러한 가치관련성value-relevance 때문에 우리에게 의미 있게 된 현실
의 단편들, 그리고 오직 그러한 단편들만을 포함한다. 단지 현존하는 구체적
현실의 작은 부분만이 우리의 가치에 의해 조건화된 관심에 의해 채색된다.
그리고 그것만이 우리에게 유의미하다. 그것이 유의미한 것은, 그것이 우리
의 가치와 갖는 관련성 덕분에 그것이 우리에게 중요한 관계를 드러내기 때문
이다. 이것이 사실이기 때문에, 그리고 그러한 경우에 한에서만, 우리가 그것
의 개별적 특성을 통해 그것을 아는 것이 우리에게 가치 있는 것이 된다.[34]

우리는 사회적 사건들에서 의미를 발견하기보다는 사회적 사건들에 의미
를 부여한다. 즉 "우리가 현상들에 부여하는 의미 – 즉 우리가 그러한 현상과
'가치' 간에 설정한 관계 – 는 문제의 사건의 '구성'요소들로부터는 연역될 수
없는 논리적으로 부정합하고 이질적인 요소이다." 게다가 "'유의미하게' 해
석할 수 있는 인간행위는 '가치평가'와 '의미'에 준거해서만 식별할 수 있
다." 그러므로 베버는 정신과학 Geisteswissenschaften은 해석적 과학이라는 딜
타이의 입장에 동의한다. 그럼에도 불구하고 자연과학에서처럼 정신과학에
서의 연구는 '가치관련성'에 의해 선택된 사건들이 연관되어 있는 인과관계
를 발견하는 것에 있다. 게다가 과학적 연구를 통해 획득한 지식은 우리의
평가와는 논리적으로 독립적이다. 베버에 따르면, "인과적 설명도구를 가지
고 주어진 현실을 전적으로 '경험적'으로 분석하는 것과 우리의 가치판단의
'타당성'을 확증하거나 논박하는 것 간의 간극을 이어줄 수 있는 다리는 전

---

34 M. Weber, *The Methodology of the Social Sciences*, eds E. A. Shils and H. A. Finch(New
York, 1949), p. 76.

혀 존재하지 않는다."[35]

베버는 이러한 "인과적 설명의 도구들"이 적어도 원칙적으로는 세계에 대한 객관적 지식을 제공할 수 있다고 생각하는 것 같다. 그는 다음과 같이 기술한다. "모든 과학적 작업은 논리와 방법의 규칙들이 타당하다고 전제한다. 즉 그러한 규칙들이 세계에 대한 우리 지향성의 일반적 토대이며, 적어도 우리의 구체적 문제와 관련해서 그러한 전제들은 과학에서 가장 덜 문제시되는 측면이다."[36] 문제가 되는 것은 과학 그 자체의 가치이다. 베버에 따르면, "모든 경험적 지식의 객관적 타당성은 어떤 특정한 의미에서 (다시 말해, 우리의 지식은 오직 경험적 지식만이 부여할 수 있는 진리들이 가치 있다는 전제에 기초하고 있다는 점에서) 주관적인 범주에 입각하여 주어진 현실을 질서 짓는 것에 전적으로 의존한다."[37] 그러나 이러한 전제의 타당성은 모든 가치판단의 타당성처럼 과학적 수단들에 의해 그 자체로 확정될 수 없다. 베버에 따르면, "그것은 우리가 삶에 대한 궁극적 입장에 따라 거부하거나 받아들여야만 하는 궁극적인 의미에 준거해서 해석될 수 있을 뿐이다."[38]

따라서 과학적 연구의 방법들은 객관적일 수 있다. 그러나 그것들은 본래 주관적인 틀 내에서 작동한다. 왜냐하면 연구대상, 구체적인 연구가 추구하는 목적, 그리고 과학 자체의 일반적인 문화적 역할, 이 모두가 어떠한 합리적 판결을 내릴 수 없는 가치귀속value-ascription에서 파생되기 때문이다. 널리 알려진 사회과학의 가치중립성은 학자들이 사용하는 객관적 수단과 그들이 추구하는 주관적 목표를 학자들이 날카롭게 구별해야만 한다는 요구들

---

35 M. Weber(1903~1906), *Roscher and Knies*(New York, 1975), pp. 108, 185, 117.

36 Gerth and Mills, eds, *From Max Weber*, p. 143.

37 Weber, *Methodology*, p. 110.

38 Gerth and Mills, eds, *From Max Weber*, p. 143.

로 귀착된다. 베버는 역사학자 하인리히 폰 트라이치케Heinrich von Treitschke
와 같은 민족주의적 학자들이 자신들의 정치적 견해를 정당화하기 위해 자
신들의 지적 권위를 이용하는 풍조에 대해 분개했다.

> 우리는 대학선생의 의무가 무엇인지를 과학적으로 논증할 수 없다. 우리는
> 단지 선생에게 다음과 같은 것을 파악할 수 있는 지적 성실성을 요구할 수 있
> 을 뿐이다. 사실들을 진술하는 것, 즉 수학적 또는 논리적 관계들이나 문화가
> 치의 내적 구조들을 규정하는 것이 하나이며, 문화가치 및 그것들의 개별적
> 내용들에 관한 문제와 우리가 문화적 공동체와 정치적 결사체 속에서 어떻게
> 행위해야만 하는지에 관한 문제들에 답하는 것이 다른 하나이다. 이것들은
> 아주 이질적인 문제들이다. 만약 선생이 더 나아가 강의실에서 이 두 유형의
> 문제 모두를 다루어서는 안 되는 이유를 묻는다면, 예언가와 선동자에게 대학
> 의 강단은 적절한 장소가 아니기 때문이라고 답할 수 있다.[39]

니체의 관점주의와 과학적 합리성에 대한 조건부적 헌신을 결합시키려는
이 같은 다소 뒤틀린 시도는 정신과학의 독특한 속성을 확립하고자 하는 베
버의 노력과 밀접하게 관계되어 있다. 물리학은 리케르트가 '법칙정립적 과
학nomological science'이라고 불렀던 것의 한 예이다. 달리 말해, 그것은 칼 헴
펠Carl Hempel이 '포괄법칙covering-law'모델이라는 이름으로 가장 잘 분석한
설명의 형식을 사용한다(노모스nomos는 그리스어로 법칙이라는 말이다). 여기서
사건들은 보편적인 자연법칙으로부터 연역되는 것으로 설명된다. 이 모델
은 사회세계의 연구에 적절하지 못하다. 베버에 따르면, "그러한 [법칙정립적]
과학의 논리적 이상은 절대적으로 보편적 타당성을 지닌 공식들의 체계일

---

39 Gerth and Mills, eds, *From Max Weber*, p. 146.

것이다. ······ 우리가 보기에 매우 의의 있는 '세계사적' 사건과 현상들을 포함하여, 역사적 현실이 그러한 공식들로부터 결코 연역될 수 없다는 것은 분명하다."[40]

그러므로 포괄법칙적 설명모델로는 우리의 가치판단이 문화적 중요성을 지니는 것으로 선별한 역사적 과정들의 개별성을 포착할 수 없다. 이러한 주장은 사회현상의 연구가 구체적인 역사적 에피소드들에 대한 설명의 형식을 취해야만 한다는 것을 시사한다. 하지만 이것은 어떤 일반적 사회이론의 가능성을 배제하는 것일 수 있다. 그러나 베버는 그 같은 경로를 취하지 않았다. 대신에 그는 사회과학적 '법칙'을 발견하고자 하는 것이 무익하기는 하지만, 개념화라는 또 다른 형태가 사회세계의 연구에서 불가피한 역할을 수행한다고 주장한다. 이것이 바로 특징적인 사회적 관계를 과장된, 그리고 실제로는 때때로 풍자된 형태로 묘사하는, 그리하여 실제의 과정과 제도들의 작동을 설명하는 데 기여하게 하는 이상형ideal type의 구성이다.

이상형적 개념은 우리가 연구에서 귀속의 기술을 발전시키는 데 도움을 줄 수 있다. 그것은 결코 '가설'이 아니지만, 가설구성을 인도한다. 그것은 현실에 대한 기술description은 아니지만, 그러한 기술에 명확한 표현의 수단을 제공하는 것을 목적으로 한다. ······ 이상형은 하나 또는 그 이상의 관점을 일면적으로 강조함에 의해, 그리고 분산되어 있고, 비연속적이고, 다소 존재하기도 하고 때에 따라서는 존재하지 않는 수많은 구체적인 개별적 현상들을 그 같은 일면적으로 강조한 관점에 따라 하나의 단일화된 분석적 구성물Gedankenbild로 종합하는 것에 의해 형성된다. 이 정신적 구성물은 그 정신적 순수성으로 인해 현실의 어디에서도 경험적으로 발견될 수 없다. 그것은 하나의 유토피

---

40 Weber, *Rocher and Knies*, p. 64.

아이다. 역사적 연구는 각각의 개별 사례 속에서 그 같은 이상형적 구성물이 현실에 근접하는 또는 현실로부터 벗어나는 정도를 결정하는 과제에 직면한다.[41]

이상형은 베버의 역사사회학에서 중요한 역할을 수행한다. 이를테면 그는 유명한 "정당한 지배의 세 가지 순수한 유형"을 구분한다. 그에 따르면, 합리적-법적 지배는 "제정된 규칙들의 적법성에 대한 믿음에 근거하며", 관료제적 행정에서 그것의 가장 순수한 형태를 발견한다. 전통적 지배는 "아주 오랜 전통의 신성함에 대한 믿음에 의존한다." 그리고 카리스마적 지배는 "한 개인 및 그가 계시하거나 규정한 규범이 갖는 특별한 신성함, 영웅적 자질, 모범적 인격에 대한 헌신에 의존한다."[42] 이러한 이상형들은 종종 역사적으로 다양한 구체적 조합들로 구현된다. 이를테면 근대 '국민투표적 민주주의plebiscitary democracy'는 카리스마적 권위와 관료제적-법적 지배구조가 접목된 형태를 띤다(아래의 7.4절을 보라).

그러나 베버에서 이상형 개념의 가장 중요한 용도는 그것이 베버가 한계효용학파 경제학과 관련해서 자신의 사회학을 위치 지을 수 있게 한 것이다. 독일 역사학파에 대해 공감하는 관점에서 저술한 뒤르켐은 자신의 사회학을 개별 시장행위자의 이기적 행위들로 환원될 수 없는 집합표상의 이론으로 생각했다(앞의 6.1절을 보라). 하지만 베버는 역사학파가 추상적 개념들을 실체화하는 경향이 있다는 점을 들어 그들을 공격했다. 베버는 그러한 경향을 "거대한 헤겔식 관념의 퇴화된 잔재들이 역사철학, 언어, 문화에 미친 다양한 영향들 중에서 생물인류학적bioanthropological 측면이 초래한 결과"로 간

---

41 Weber, *Methodology*, p. 90.
42 Weber, *Economy and Society*, I, p. 215.

주한다.[43] 정치경제에 대해 적절하게 이해하기 위해서는 이상형개념에 의지할 것이 요구된다.

> 순수경제이론은 과거 사회와 현재 사회를 분석하면서 전적으로 이상형적 개념들을 활용한다. 경제이론은 현실과 거의 완전하게 상응하지는 않으나, 현실에 다양한 정도로 근접하는 일정한 가정들을 만들어낸다. 그리고 경제이론은 다음과 같이 묻는다. 만약 사람들의 행위가 전적으로 합리적이라면, 그렇게 가정된 조건하에서 사람들은 어떻게 행동하는가? 그것은 순수한 경제적 이해관심의 지배를 가정하고, 정치적 및 여타 비경제적 고려의 작용을 배제한다.[44]

이 정식은 방법론논쟁 동안에 칼 멩거가 사용한 정식과 유사하다. 멩거는 당시에 '엄밀한 경제학' — 역사적 연구나 정책지향적 연구에 헌신하는 과학의 그러한 측면들과 대립되는 것으로서의 — 은 "부차적인 고려, 즉 오류나 무지에 의해 영향 받지 않는 인간의 사리추구의 자유로운 작동이라는 관점에서 …… 사회적 삶의 형성"[45]을 연구한다고 주장한다. 한계효용혁명은 결정적으로 가치개념에 대한 재정의를 수반했다. 거기서 상품은 그것을 생산하는 데 요구되는 사회적으로 필요한 노동시간에 비례해서 교환된다는 리카도-마르크스의 노동가치이론의 잔존물들이 제거된다. 그 후로 가치는 주관적으로, 그리고 생산의 관점이 아니라 소비의 관점에서 이해되었다. 시장경제이론은 개별 소비자의 선호에서 시작되어 구성되었다. 시장경제이론은 소비자가 (자신이 표출하는 욕구의 상대적 강도를 나타내는 순서에 따라 자신의 선호를 배열할 수 있고 또

---

43 Weber, *Roscher and Knies*, p. 207.

44 Weber, *Methodology*, pp. 43~44.

45 C. Menger(1883), *Problems of Economics and Sociology*(Urbana, 1963), p. 88.

그러한 선호에 의해 구체화된 목적을 달성하기에 가장 적합한 수단을 선택할 수 있다는 의미에서) 합리적으로 행위한다는 가정에 입각해 있다. 그 결과 리오넬 로빈스Lionel Robbins가 지적하듯이, "교환경제의 현상들 그 자체는 그러한 관계들을 넘어 고립된 개인의 행동을 숙고할 때 가장 잘 이해되는 선택의 법칙에 호소함으로써만 설명될 수 있다."[46]

베버는 실제로 한계효용학파 경제학의 절차를 사회적 설명의 모범적 사례로 만들었다. 그는 사회학이 "사회적 행위를 해석적으로 이해하고 그것의 경과 및 결과를 인과적으로 설명하는 것에 관심을 기울이는 과학"이라고 말한다. 해석적 이해는 기본적으로 행위를 수행하는 사람의 측면에서 행위의 주관적 의미 – 행위를 유발한 신념과 욕망 – 를 파악하는 것을 수반한다. "주관적으로 지향된 이해 가능한 행동이라는 의미에서의 행위는 한 사람 또는 그 이상의 개별 인간 존재의 행동으로서만 존재한다." 이것은 베버가 방법론적 개인주의 – 사회현상은 개별행위의 의도하지 않은 결과라는 교의 – 를 따르고 있음을 함의한다. 베버에 따르면, "사회학적 맥락에서 국가, 민족, 법인, 가족 또는 군대나 그와 유사한 집합체가 언급될 때 의미 있는 것은, 오직 개별 개인들의 실제적 또는 가능한 모종의 행위들의 전개이다."[47] 따라서 뒤르켐이 자신의 '사회적 사실'의 과학을 방법론적 개인주의와 대치시켰다면, 요란 테르본이 지적하듯이, "베버의 해석적 사회학은 한계효용학파 경제학의 일반화이다."[48]

---

46 L. Robbins, *An Essay on the Nature and Significance of Economic Science* (London, 1932), p. 20.

47 Weber, *Economy and Society*, I, pp. 4, 13, 14.

48 G. Therborn, *Science, Class and Society* (London, 1976), p. 293.

7.3 역사와 합리화

베버는 한계효용학파 경제학을 단지 하나의 모델로만 받아들이지 않는다. 즉 그는 그 같은 가정이 타당해 보이는 환경들에 대해 역사적으로 설명한다. 1920년 그가 죽기 얼마 전에, 그는 다음과 같이 기술했다.

> 보편사의 어떤 문제를 연구할 때, 근대 유럽문명이 낳은 한 가지 결과는 스스로에게 (우리가 그렇게 생각하기를 좋아하는 바와 같이) 보편적 의의와 가치를 지닌 발전노선을 이루는 문화적 현상이 서구문명에서 그리고 유독 서구문명에서만 출현했다는 사실은 대체 어떤 환경들이 조합된 탓인지를 묻게 한다.[49]

이 '발전노선'을 이루고 있는 것이 바로 다양한 영역들 – 법, 예술, 음악, 건축, 교육, 정치, 경제적 삶 – 에서 드러나는 "서구문화의 독특하고 특이한 합리주의"이다.[50] 서구의 역사적 궤적에 대한 이 같은 특성화는 자연스럽게 베버가 여기서 '합리주의'에 의해 뜻하고자 하는 바에 대해 의문을 제기하게 한다. 그는 행위가 두 가지 방식 중의 하나에서 합리적일 수 있다고 주장한다. 행위는 "도구합리적zweckrational일 수 있다. 즉 행위는 환경 속의 대상들의 행동이나 다른 인간존재들의 행위에 대한 기대에 의해 결정될 수 있다. 이런 기대들은 행위자들 자신이 합리적으로 계산한 목적을 달성하기 위한 '조건'이나 '수단'으로 이용된다." 그와는 달리, 행위는 "가치합리적wertrational일 수 있

---

49 M. Weber(1904~1905), *Protestant Ethic and the Spirit of Capitalism*(London, 1976), p. 13. 영역본의 "서론"(pp. 13~31)은 실제로는 『종교사회학논집Gesammelte Auf-sätze zur Religionssoziologie』(1920)을 위해 집필된 것이었다.

50 M. Weber(1904~1905), *Protestant Ethic and the Spirit of Capitalism*, p. 26.

다. 즉 행위는 성공의 전망과는 무관하게 어떤 윤리적, 미학적, 종교적 또는 여타 형태의 행동에 대한 가치의 의식적 믿음에 의해 결정될 수 있다."[51]

가치합리성이 행위의 목적과 관련된다면, 도구합리성은 수단과 관련된다.

갈등하는 대안적 목적과 결과들 사이에서 이루어지는 선택이 가치합리적 방식으로 결정될 수도 있다. 그 같은 경우에 행위는 수단의 선택과 관련해서만 도구합리적이다. 다른 한편, 행위자는 가치체계에 대한 합리적 지향의 측면에서 갈등하는 대안적 목적들 중에서 결정하는 대신에, 그것들을 단지 주어진 주관적 욕구로 취하여 의식적으로 평가된 상대적 긴급성의 척도에 따라 그것들을 배열할 수도 있다. 그런 다음 그는 '한계효용'의 원리 속에서 정식화된 바대로, 그 같은 척도에 따라 욕구를 가능한 한 긴급성의 순서에 따라 충족시키는 방식으로 그의 행위를 지향할 것이다.[52]

'한계효용'에 대한 이 같은 언급이 암시하듯이, 행위자들은 최대한 활용한다 ― 즉 행위자들은 자신들의 욕구를 실현하기 위해 최선의 수단들을 선택한다 ― 는 신고전경제학자들의 가정은 베버의 도구합리성 개념의 중요한 원천이다. 리오넬 로빈스는 "왜 인간이라는 동물이 특수한 가치들을 …… 특정한 사태들에 부여하는가 하는 것은 우리가 토론할 수 없는 의문이다"라고 말한다.[53] 이처럼 행위자들의 선호 속에서 표현되는 욕구들은 단지 주어진 것으로 간주된다. 그러므로 도구합리성은 행위의 목적을 선택하는 것에 관심을 두지 않는다. 즉 그것은 다만 그러한 목적을 달성하는 데 가장 적합한 수단을 선택하

51 Weber, *Economy and Society*, I, pp. 24~25.
52 Weber, *Economy and Society*, I, p. 26.
53 Robbins, *Nature and Significance*, p. 86.

는 것과만 관계한다.

베버는 근대 서구의 서로 다른 문화영역들에서 점차 만연하고 있는 것이 바로 이러한 형태의 합리성 ─ 즉 도구합리성 ─ 이라고 믿는다. 이를테면 근대 자본주의를 특징짓는 것은 "(형식적으로) 자유로운 노동의 합리적 조직화"이다.[54] 마찬가지로 관료제 ─ 달리 표현하면, 명백한 분업에 기초하고, (봉급을 받고 공과에 기초하여 임용되고 승진되는) 전문적인 자격을 갖춘 공무원들로 구성되는 위계적으로 조직화된 행정체계 ─ 는 기술적 관점에서 볼 때 최고의 효율성을 달성할 수 있고 또 그러한 의미에서 형식적으로는 인간존재에 대해 권위를 행사하는 가장 합리적인 것으로 알려진 수단이다. 실제로 "모든 영역에서 근대적 형태의 조직의 발전은 관료제적 행정의 발전 및 계속적인 확산과 전혀 다르지 않다."[55]

베버의 가장 유명한 저작 『프로테스탄트윤리와 자본주의정신The Protestant Ethic and the Spirit of Capitalism』(1904~1905)은 이 같은 합리화과정에 대한 그의 첫 번째 주요한 연구이다. 자본축적이론에서의 마르크스와 다소 유사하게 (앞의 4.2절 참조), 베버는 자본주의정신을 "…… 삶의 즉흥적 향유를 엄격하게 피하면서 더 많은 돈을 버는 것"과 동일시한다. "사람은 돈을 버는 것, 즉 삶의 궁극적 목적으로서의 획득에 의해 지배된다."[56] 마르크스는 자본의 자기확대에 부여되는 우선성을 개별 기업에 강요되는 경쟁압력을 통해 설명한다. 이와 달리 베버는 오히려 자본주의정신에 대해 말하면서, 하나의 윤리, 즉 사람들의 삶을 조직하는 방식, 다시 말해 삶의 행동Lebensführung으로서의 "삶의 궁극적 목적인 획득"에 관심을 표명하고 있다.

---

54 Weber, *Protestant Ethic*, p. 21.

55 Weber, *Economy and Society*, I, p. 223.

56 Weber, *Protestant Ethic*, p. 53.

이 같은 견지에서 볼 때, 자본주의정신은 그것이 우리에게 보다 더 많은 부를 추구하는 데서 우리가 만족할 것을 요구한다는 점에서 금욕주의의 한 형태이다. 하지만 그것은 가장 잘 알려진 형태의 서구 금욕주의, 즉 중세 가톨릭 수도원의 금욕주의와는 근본적으로 다르다. 중세 수도원에서 육신(肉身)은 부인되었다. 이것은 초월적 신의 미덕을 숙고하기 위해 세계로부터 도피하기 위한 시도의 일환이었다. 자본주의정신은 베버가 '현세적 금욕주의inner-worldly asceticism'라고 부른 것의 한 형태이다. 자기부정은 우리가 세계를 형성하고 통제하는 과정의 일부분이다. 따라서 그것은 프로테스탄트의 소명Beruf 개념과 유사하다. 그 개념에 따르면, "신이 수용할 수 있는 유일한 삶의 방식은 수도원적 고행 속에서 세속적 도덕성을 넘어서는 것이 아니라, 세계 속에서 자신의 지위에 의해 개인에게 부과된 의무를 수행하는 것이다."[57]

베버는 자본주의정신의 기원을 16~17세기의 프로테스탄트 개혁으로부터 발전한 현세적 금욕주의의 형태 속에서 발견할 수 있다고 주장한다. 신교의 가장 급진적 형태인 칼뱅주의는 예정설의 교의를 받아들였다. 그것은 모든 인간은 본래 죄가 있으나 신의 은총 덕분에 그리고 오직 그것에 의해서만 일부는 구원을 선택받았다고 주장했다. 따라서 인간은 선택된 사람과 저주받은 사람으로 구분되었다. 신자가 자신이 후자가 아니라 전자의 집단에 속할 것이라고 어떻게 기대할 수 있는가? 그것은 자신이 선택되었다고 굳게 믿음으로써 가능하다. "왜냐하면 자기확신의 결여는 신앙심이 부족한 결과로, 그것은 불완전한 은총으로부터 결과하기 때문이다. …… 적극적인 세속적 활동이 그 같은 자기확신을 획득하기 위한 가장 적절한 수단으로서 천거된다. 그것 그리고 그것만이 종교적 의심들을 쫓아버리고 은총을 확신하게 한다."[58]

---

57 Weber, *Protestant Ethic*, p. 80.

자신이 선택된 사람 중의 하나라는 칼뱅주의자들의 자기확신은 자신의 삶과 그것을 둘러싸고 있는 자연세계의 삶 모두를 통제하려는 체계적인 노력으로 표현되었다. 하지만 그러한 노력의 목적은 기본적으로 물질적 욕구를 만족시키려는 것이 아니라, 오히려 구원을 확신하기 위한 것이었다. 이를테면 베버는 다음과 같이 말한다. "종교개혁은 수도원으로부터 합리적인 기독교적 금욕주의와 그것의 규율 바른 습관을 취하여 그것들이 속세에서의 적극적인 삶에 기여하게끔 했다." 그렇게 함으로써, 그것은 자본주의정신의 확장에 대해 "우리가 생각할 수 있는 가장 강력한 지렛대"를 제공했다. 즉 "소비의 제한이 이 같은 취득활동의 해방과 결합할 때 발생하는 그것의 불가피한 실제적 결과가 금욕적 절약강박을 통한 자본축적이라는 것은 분명하다."[59]

『프로테스탄트윤리』는 종교개혁과 근대자본주의의 발흥의 관계에 대한 논쟁을 해결했다기보다는, 그 관계에 대한 거대한 역사적 논쟁을 불러일으켰다. 여기서 우리의 관심은 베버의 역사적 해석의 타당성보다는 그의 보다 광범위한 사회이론에 견주어 그것을 조명하는 것이다. 이와 관련된 논제 중의 하나가, 베버가 자신의 주장을 자본주의발전에 대한 마르크스주의적 설명과 관련해서 어떻게 위치시키는가 하는 것이다. 마르크스주의는 자본주의발전과정에서 종교적 이데올로기가 수행하는 자율적인 역할을 부정하는 경향이 있다. 이를테면 카우츠키는 "청교도 윤리는 자기확신적이고 도전적인 부르주아, 특히 봉건귀족에 맞선 장인들의 계급투쟁으로부터, 그러니까 경제적 토대로부터 출현했다"고 주장한다.[60] 『프로테스탄트윤리』의 마지막

---

58 Weber, *Protestant Ethic*, pp. 111~112.

59 Weber, *Protestant Ethic*, pp. 235n. 79, 172.

60 K. Kautsky(1927), *The Materialist Conception of History*. abr. edn., ed. J. H. Hautsky(New

줄에서 베버는 자신이 자본주의가 단지 종교개혁의 결과라는 관념론적 역사이론을 제시하고 있다는 것을 부정한다. 그는 다음과 같이 언급한다. "물론 문화와 역사에 대한 일방적인 유물론적 해석을 마찬가지로 일방적인 관념론적인 인과적 해석으로 대체하는 것이 나의 목적은 아니다."[61]

베버는 역사에서 경제적 힘이 수행하는 역할을 논의할 때, 유달리 애매하다. 이를테면 그는 "이른바 '유물론적 역사관'" ― 그는 이것은 "가장 단호하게 거부되어야 하는" 것이라고 말한다 ― 과 자신이 주장한 "역사에 관한 경제적 해석"을 구별한다. 전자는 "모든 문화현상들은 물질적 이해관계들의 배열의 산물 내지 그것의 함수로 연역될 수 있다는 시대에 뒤진 개념"에 의존한다. 반면 후자는 "문화적·경제적 현상들을 특정한 경제적 제약과 관련하여 분석"한다.[62] 이 구분은 궁극적으로는 베버 인식론의 결과이다. 그에 따르면, 현실은 무한히 다양하다. 그렇기에 우리의 이론은 단지 우리의 연구에서 우리의 가치에 적합한 측면들을 뽑아낸 것뿐이다. 마르크스처럼 사회현실의 근원적 구조를 발견했다고 주장하는 역사이론은 부적절한 '법칙정립적인' 과학적 설명 개념을 무한히 다양한 문화적 현상들에 부과하고자 한다. 오히려 정신과학은 경제적 토대와 이데올로기적-정치적 상부 구조를 연결하는 일방적인 인과연쇄를 추구하기보다는, 서로 다른 상대적으로 자율적인 사회적 삶의 측면들 간의 역사적으로 다양한 상호작용을 포착하고자 해야만 한다.

사회적 행위의 형태들은 '그 자신의 법칙'을 따르기 때문에, …… 그리고 이 같은 사실을 전혀 별개로 하더라도, 어떤 주어진 경우에, 행위 형태들은 항상 경

Haven, 1988), p. 369.

61 Weber, *Protestant Ethic*, p. 183.

62 Weber, *Methodology*, p. 68.

제적 원인 이외의 다른 원인들과 공동으로 규정될 것이다. 하지만 어떤 지점에서는 경제적 조건들이 거의 모든 사회집단, 적어도 주요한 문화의의를 지니고 있는 사람들에게 인과적으로 중요해지고 또 종종 결정적이게 될 수 있다. 거꾸로, 경제는 보통 (경제 내에 존재하는) 사회적 행위의 자율적인 구조들에 의해서도 영향을 받는다. 그것이 언제 어떻게 발생할지에 대해서는 어떠한 유의미한 일반화도 이루어질 수 없다. 하지만 우리는 사회적 행위의 구체적 구조와 경제조직의 구체적인 형태들 간의 선택적 친화력의 정도에 대해서는 일반화할 수 있다. 이는 다음과 같은 것을 의미한다. 우리는 일반적인 용어로 그것들이 서로를 진전시키는지, 방해하는지 또는 배제하는지, 다시 말해 그것들이 서로의 관계에 '적합한지' 또는 '부적합한지'에 대해 진술할 수 있다.[63]

'선택적 친화성Wahlverwandtschaft'이라는 개념은 베버의 역사적 해석에서 주요한 도구들 중의 하나이다. 미카엘 뢰비Michael Löwy는 다음과 같이 기술한다. "베버에서 그것은 서로 이끌리고 서로 영향을 주고 서로를 강화하는 두 가지 사회적 또는 문화적 배열태 간에 존재하는 (일정한 구조적 유사성에 근거하고 있는) 모종의 실제적 관계를 지칭한다."[64] 이를테면 프로테스탄트윤리와 자본주의정신 간에는 선택적 친화성이 존재한다. 즉 양자는 모두 현세적 금욕주의의 형태를 취하고 있다. 이와 유사하게 도구합리적인 두 가지 유형의 사회조직인 자본주의와 관료제도 서로에 대해 가지는 선택적 친화성에 의해 함께 결합되어 있다.

한편에서 자본주의와 관료제는 서로 다른 역사적 원천에서 발생했음에도 불구

63 Weber, *Economy and Society*, I, p. 341.

64 M. Löwy, *On changing the World*(Atlantic Highlands, NJ, 1993), p. 46.

하고, 자본주의는 근대적 발전단계에서 관료제를 필요로 한다. 거꾸로 자본주의는 관료제적 행정의 가장 합리적인 경제적 토대로서 관료제적 행정이 가장 합리적인 형태로 발전할 수 있게 한다. 왜냐하면 특히 재정적 관점에서 볼 때, 그것은 필요한 화폐자원들을 공급하기 때문이다.[65]

선택적 친화성은 두 가지 사회형태가 기능적으로 양립 가능한 관계이다. 그러므로 그러한 관계의 존재를 상정한다고 해서 그것이 하나의 형태가 다른 형태에 대해 인과적으로 우위에 있다고 주장하는 것은 결코 아니다. 따라서 베버는 사회적 설명을 본래 다원주의적인 것으로 간주한다. 어떤 경우에는 사회적 권력의 한 형태가 연구의 초점을 제공하고 또 특정한 가치관심과 관련되지만, 일반적으로는 그 어느 것도 다른 것들에 비해 설명적 우위를 주장할 수 없다. 이 같은 설명적 다원주의는 그가 사회계층을 다루는 데에서도 나타난다. 거기서 그는 기본적으로 경제적 상황, 특히 시장상황의 공유와 관련하여 인식되는 계급class과 "긍정적 또는 부정적 특권과 관련하여 사회적 존경을 실제로 요구하는 것과 관련되는 선택적 요구"인 신분status을 구분한다. 이를테면 베버는 다음과 같이 말한다. "계급은 그것이 재화의 생산 및 획득과 맺는 관계에 따라 층화된다. 반면 신분집단status group은 특정한 생활양식이 드러내는 재화의 소비원리에 따라 층화된다."[66]

베버는 계급과 신분을 사회조직의 잠재적으로 경쟁적인 원리로 간주한다. 예컨대 그는 카스트 사회의 토대를 이루는 '신분계층화의 원리'는 "전적으로 시장을 통해 조절되는 권력분배"와 대립된다고 주장한다. 하지만 양자 모두는 경쟁하는 집단들 사이에서 일어나는 끊임없는 권력투쟁의 구체적

---

65 Weber, *Economy and Society*, I, p. 224.

66 Weber, *Economy and Society*, I, p .305; II, p. 937.

실례들이다. 이를테면 베버가 탁월하게 지적하듯이, "'계급', '신분집단', '파당'은 공동체 내의 권력분배현상들이다." 이 투쟁의 한 가지 특징적인 유형은 사회적으로 폐쇄된 관계를 만들어내기 위해 분투한다는 것이다. 베버에 따르면, "하나의 경쟁자 집단은 대체로 (실제적 또는 잠재적인) 다른 집단의 외적으로 식별 가능한 특징 ― 인종, 언어, 종교, 지역적 또는 사회적 출신, 혈통, 거주지 등 ― 을 그들을 배제하기 위한 구실로 삼는다. …… 그 같은 집단행위는 그 대상이 되는 집단의 측으로부터 그것에 상응하는 반발을 불러일으킬 수 있다."[67] 이 같은 견해에 입각할 때, 사회적 분열의 원천은 다양하며, 따라서 그것은 어떤 단일한 요인 ― 그것이 물질적이든 또는 관념적이든 간에 ― 에 근거하여 설명될 수 없다.

하지만 베버가 이데올로기에 역사적 우위를 부여하는 것처럼 보이는, 널리 알려져 있지만 매우 모호한 구절이 존재한다. 베버는 다음과 같이 언급한다. "관념이 아니라 물질적·관념적 이해관계들이 인간행동을 직접적으로 지배한다. 하지만 매우 빈번히 '관념'이 창출해온 '세계상들world images'이 마치 전철수처럼 선로를 결정해왔고, 그 선로를 따라 이해관계라는 동력이 행위를 이끌어왔다."[68] 그는 1915~1919년 사이에 출간된 『세계종교의 경제윤리 Wirtschaftsethik der Weltreligionen』라는 논문모음집 서문에서 이 같은 논평을 하고 있다. 유교, 힌두교, 불교, 유대교에 대한 상세한 연구 ― 이슬람교에 대한 연구도 계획에 있었으나 집필되지 못했다 ― 를 포함하고 있는 이 논집은 베버가 『프로테스탄트윤리』에서 제창했던 합리화 분석을 프리드리히 텐브룩Friedrich Tenbruck이 "역사에서 합리성의 역할에 관한 일반적 탐구"라고 불렀던 것으로 확장하고 있다.[69]

---

67 Weber, *Economy and Society*, II. pp. 936, 927; I. pp. 341~342.
68 Gerth and Mills, eds, *From Max Weber*, p. 280.

베버는 종교를 어떻게 바라보고 있는가? 그는 "어떤 종교의 특정 성격이 그것의 독자적인 담지자로 등장하는 계층의 사회적 상황과 단순한 '함수관계'에 있다"는 것을 부인한다. 그리하여 그는 마르크스주의적 이데올로기이론보다는 기독교를 하층 계급의 원한의 산물, 즉 "도덕의 측면에서의 노예의 반란"(앞의 5.3절 참조)의 산물로 보는 니체의 해석을 더 염두에 두고 있는 것으로 보인다. 그럼에도 불구하고 거대종교들에 대한 그의 관심은 삶의 양식화stylization of life — 즉 일련의 특정한 가치들에 따라 사람들의 욕구, 성향, 능력을 조직화하는 것 — 에 전념한 니체의 관심을 반영하고 있다(이는 신분을 생활양식과 관련하여 정의하는 데서도 드러난다). 세계종교들은 "삶의 행동Lebensführung에 대한 상이한 형태의 '합리화'"를 보여준다. 좀 더 구체적으로 말하면, 세계종교들은 신학자들이 악의 문제라고 불렀던 것 — 즉 왜 그렇게 많은 사람들이, 특히 열등한 사회적 지위를 점한 결과 분명히 그 같은 운명에 처해야만 하는 어떤 일을 하지 않았는데도, 고통을 겪는가라는 본질적으로 형이상학적인 문제 — 에 대해 독특하게 대답하고 있다. 모든 주요 종교의 핵심에는 "사람들 사이에서 운명의 분배가 갖는 '의미'에 대해 윤리적으로 해석"하는 '고통의 신정론'이 자리하고 있다.[70]

베버는 세 가지 신정론만이 악의 문제에 대해 일관적으로 답변한다고 믿는다. 힌두교는 업業, karma의 교의를 통해 그렇게 한다. 이 교의에 따르면, 모든 생명체들의 현재 운명은 단지 현재에서뿐만 아니라 과거의 삶 속에서 행한 선과 악의 결과이다. 즉 개별 영혼이 상이한 사회적 신분뿐만 아니라 상이한 종류의 존재 — 동물, 식물, 광물 — 로 연속적인 삶을 살아간다는 윤회 사상이 보상과 처벌의 메커니즘을 제공한다. 개인은 세속적 생활방식에 대

---

69 F. H. Tenbruck, "The problem of Thematic Unity in the Works of Max Weber," in Tribe, ed., *Reading Weber*, p. 59.

70 Gerth and Mills, eds, *From Max Weber*, pp. 275, 269, 270.

한 관조와 자제를 통해 구원을 추구함으로써, 그 같은 순환을 피할 수 있다. 조로아스터교는 서로 대립하는 별개의 두 가지 존재의 질서로 분열된 이원론적 우주를 상정한다. 이 두 질서는 각기 밝음과 어둠, 선과 악, 정신과 물질의 힘을 대표한다. 고통은 선과 악이라는 두 동등한 힘들 간의 영원한 투쟁에서 선이 항상 악에 대해 승리할 수 없다는 사실의 결과이다. 마지막으로, 성 아우구스티누스가 정식화하여 칼뱅주의로 이어지는 기독교의 예정설 교의는 초월적인 유일신의 전능함을 단언한다. 악은 신성한 법에 반하여 인간들이 자유롭게 선택한 반란의 결과이며, 고통은 바로 그것에 대한 처벌이다. 우리가 희구해야만 하는 구원은 알 수 없는 (그러므로 인간의 관점에서 보면 분명 자의적인) 신의 은총의 작용에서 비롯된다.

따라서 베버는 다양한 종교적 신념체계의 이론적 내용을 크게 중시한다. 그는 다음과 같이 언급한다. "우리는 …… 종교적 신념과 관행들에서 연원하여 실제 행동에 방향을 부여하고 개인들에게 그것을 지키도록 하는, 그 같은 심리적 제재의 영향에 관심을 가진다. 그런데 이 같은 제재는 상당 정도 그것의 배후에 존재하는 독특한 종교적 관념에서 파생된 것이었다."[71] 이들 관념의 상대적 자율성과 '전철수'로 행위하는 능력 – '이해관계의 동력'이 나아가는 방향을 설정해주는 – 은 그러한 관념들이 고통과 부정의의 문제에 대한 특별한 해결책으로 발전시키는 내재적 논리로부터 나온다. 베버는 '세계상'을 '전철수'로 은유하고 있는, 방금 인용한 구절에서 다음과 같이 기술한다.

과거에는 신성한 가치의 소유를 구원에 대한 믿음으로 승화시키는 것은 지식인의 일이었다. 만약 사람들이 구원을 가난, 굶주림, 가뭄, 질병, 그리고 궁극적으로는 고통과 죽음으로부터의 해방으로 이해한다면, 구원관이라는 개념

---

71 Weber, *Protestant Ethic*, pp. 97~98.

그 자체는 아주 오래되었다. 그렇지만 구원은 그것이 체계적이고 합리화된 '세계상'을 표현하고 또 세상에 대해 하나의 입장을 대변하는 곳에서 구체적인 의미를 획득했다. 왜냐하면 구원의 의도되고 실제적인 심리적 속성뿐만 아니라 그 의미까지도 그러한 세계상 및 그 같은 입장에 의존해왔기 때문이다.[72]

이와 같이 합리화의 동력은 (종교적 이데올로기들을 합리적으로 표현된 이론적 체계들로 발전시키고 그리하여 그러한 이데올로기들이 담고 있는 특정 신정론의 논리적 결과를 도출하는) 지식인의 작업에 결정적으로 의존한다. 하지만 이것이 베버가 종교의 역사를 본질적으로 상이한 일련의 신념들이 자율적으로 발전한 것으로 다루었다는 것을 의미하지는 않는다. 그와는 반대로 그는 "바람직한 신성한 가치들의 성격은 외적인 이해상황의 성격과 그에 상응하는 지배계층의 생활방식에 의해, 그리하여 사회계층 자체에 의해 강력하게 영향 받아왔다"고 주장한다. 하지만 그는 그답게 곧바로 다른 방식들 역시 영향을 미친다고 덧붙인다.[73]

보다 일반적으로 베버의 사회학은 마이클 만이 "'조직유물론organizational materialism'이라고 부른 것을 포함한다. 그것에 따르면, 이데올로기는 현실 사회문제들을 해결하려는 시도이다. 그러나 이데올로기는 특정한 의사소통매체들을 통해서 널리 확산되고, 또 그러한 매체의 특징들이 이데올로기적 메시지들을 변형시켜 이데올로기적 권력에 자율성을 부여하기도 한다."[74] 또는 달리 표현하면, 종교체계의 상대적 자율성은 그것의 본래 내용뿐만 아니라 그것이 전달되고 보존되는 조직의 권력동학으로부터도 나온다. 모든 형

---

72 Gerth and Mills, eds, *From Max Weber*, p. 280.

73 Gerth and Mills, eds, *From Max Weber*, p. 287.

74 M. Mann, *The Sources of Social Power*, II(Cambridge, 1993), p. 36.

태의 권위 – 종교적 권위를 포함하여 – 는 "행정간부의 존재와 …… 그들의 기능수행"을 요구한다. "왜냐하면 복종의 습관은 질서를 적용하고 강제하는 조직활동 없이는 유지될 수 없기 때문이다." 그러나 모든 행정조직은 정당한 형태의 지배나 경제적 계급구조로 환원할 수 없는 그 나름의 독특한 이해관계를 발전시키고, 그리하여 "역사적 현실은 (비록 대부분이 잠재적이기는 하지만) 우두머리와 행정간부들 간에 전유와 착취를 놓고 벌이는 계속적인 갈등을 포함한다."[75]

이와 같이 서구의 합리화를 증진시킨 힘들 중의 하나는 (자신의 신민들로부터 자원을 추출하는 보다 효율적인 수단들을 발전시키고 그것을 통해 자신의 군사기구를 강화시키고 있던) 경쟁하는 유럽 국가 경영자들의 이해관심이었다. 특히 16~17세기의 절대군주제하에서 일어난 조직혁신은 근대 관료제의 토대를 수립하는 데 일조했다. 이 같은 원형적-관료제적 국가의 이해관심들은 다시 근대 초기 유럽의 도시에서 부르주아를 출현시킨 이해관심과 뒤얽혔다.

> 이 같은 [국가들 간의] 경쟁적 투쟁이 근대 서구 자본주의에 가장 큰 기회를 열어주었다. 개별 국가들은 이동하는 자본을 놓고 경쟁해야만 했다. 자본은 국가들에게 자신이 국가를 도와 권력을 장악할 수 있는 조건을 마련할 것을 명령했다. 자본이 지시한 국가와 자본의 이 같은 동맹으로부터 한 나라의 시민계급, 즉 근대적 의미에서의 부르주아가 출현했다. 그러므로 자본주의에 그것이 발전할 수 있는 기회를 제공했던 것은 폐쇄된 국민국가이다.[76]

카리스마에 대한 베버의 분석은 그의 종교사회학과 밀접하게 연관되어

---

75 Weber, *Economy and Society*, I, p. 264.

76 M. Weber(1923), *General Economic History*(New Brunswick, 1981), p. 337.

있다. 카리스마적 지도자의 모범적 사례는 새로운 종교의 창시자들 – 설교사 (부처), 구세주(그리스도), 또는 예언자(무하마드) – 이다. 카리스마적 권위는 전통적 지배 및 법적 지배와 분명하게 대비된다. 각기 후자의 가장 전형적인 형태들인 가부장제 – 가부장제에서 복종은 지배자에 대한 개인적 충성심의 형태를 취하며, 지배자의 관습적 권위는 가족에 대한 가장의 권위를 모델로 한다 – 와 관료제는, "많은 측면에서 적대적이지만, 그것들은 가장 중요한 특징들 중의 하나로서 연속성을 공유한다. 이 같은 의미에서 양자는 일상생활의 구조이다." 이와는 대조적으로 카리스마적 권위는 "일상적인 경제적 관례의 영역을 초월하는 …… 요구"에 응답한다. 카리스마의 담지자는 예외적인 것이 일상적인 것에 침입하는 것을 상징한다. 그의 권위는 그가 "비범하고 …… 초자연적, 초인적, 또는 적어도 매우 예외적인 힘을 부여받았다"는 것을 승인하는 것으로부터 나온다. 실제로 베버는 다음과 같이 언급한다.

> 가장 유력한 카리스마는 전통뿐만 아니라 합리적 규칙 모두를 붕괴시키고 모든 신성함의 관념을 전복시킨다. 그것은 오랜 것이고 그래서 신성한 관습을 숭상하는 대신에, 전례가 없고 전적으로 독특하고 그리하여 신성한 것에 대한 내적 복종을 강화한다. 이처럼 순수하게 경험적이고 가치자유적인 의미에서 볼 때, 카리스마는 실제로 역사의 매우 창조적인 혁명적 힘이다.[77]

그러므로 베버에 따르면, 역사는 규칙에 속박되어 있는 일상 – 그 규칙들의 원천이 전통이든 아니면 관료제에 의해 관리되는 법률체계이든 간에 – 과 전혀 합리적으로 정당화되지 않는 관념에 의해 고무된 창조적 변혁의 단기적 분출 사이를 오간다. 카리스마적 지배는 필연적으로 불안정하다. 왜냐하면 그것이

---

[77] Weber, *Economy and Society*, II, p. 1111, I, p. 241, II, p. 1117.

개인보다 오래 살아남을 수 없는 창시자의 개인적 특성으로부터 파생하기 때문이다. 베버에 따르면, "모든 카리스마는 어떠한 경제적 합리성도 알지 못하는 몹시 거친 감정적 삶으로부터 물질적 이해관계들의 중압감에 질식하여 서서히 사망하는 것으로 나아가는 도상에 있다. 즉 카리스마가 존재하고 있는 모든 시간은 카리스마를 이 같은 종말에 점점 더 가까워지게 한다." 따라서 '카리스마의 일상화the routinization of charisma' – 카리스마를 전통적 지배 내지 법적 지배(또는 이 두 지배의 어떤 조합)라는 보다 일상적인 형태로 변화시켜 창시자의 권위를 보존하려는 시도 – 가 일어난다. 이 과정은 "카리스마를 특별한 시기나 인물의 은총이라는 특별한 일시적 선물로부터 일상생활에서 영원히 소유할 수 있는 것으로 변형시키고자 하는 욕망"에서 나온다. 그러나 그것의 결과는 카리스마적 지배의 권한이 처음 파생되는 데 필요했던 예외적 원천을 점차적으로 파괴시키는 동시에, "추종자나 신봉자들이 권력과 경제적 이익을 전유"할 수 있게 한다."[78]

일상과 카리스마의 이 같은 변증법에 대한 베버의 설명이 부분적으로는 세계종교의 역사 – 이를테면 초기 기독교의 평등주의적 도덕공동체가 가톨릭교회라는 세속적 거대권력으로 변형된 것 – 로부터 끌어낸 일반화라는 것에는 의문의 여지가 없다. 하지만 이것은 또한 일상적 관례가 창조적 혁신의 단기적 분출을 억누른다는 사실이 갖는 순수한 중요성에 대한 그의 인식을 반영한다. 비록 베버가 카리스마를 기본적으로 전통과의 단절로 제시하고 있지만, 그는 '합리적 규율'이 "카리스마의 쇠퇴"과정에서 "가장 저항할 수 없는 힘"이라고 주장한다. 따라서 합리화는 개인의 창조성에 가장 큰 위협이 된다. 베버에 따르면, "정치적·경제적 욕구의 만족이 점차적으로 합리화됨에 따라, 규율은 훨씬 더 많은 영역을 무정하게 떠맡는다. 이 같은 보편적 현상이 점점

---

78 Weber, *Economy and Society*, II, pp. 1120; I, p. 249.

더 카리스마의 중요성과 개인적으로 분화된 행동의 중요성을 제한한다."[79]

우리가 살펴보았듯이, 베버는 칼뱅주의적 예정설의 교의가 근대 서구 합리화과정의 가장 발전된 형태 속에서 핵심적인 역할을 수행했다고 믿는다. 세계는 더 이상 확인 가능한 의미와 목적들 - 개별 신들 또는 그보다는 못한 신령들의 협력을 확보하기 위해 의도된 주술을 사용하여 조작할 수 있는 - 의 복합체로 이해될 수 없다. 오히려 세계는 초월적인 유일신의 불가사의한 의지의 명백히 무의미한 산물이다. "종교발전의 위대한 역사적 과정 - 즉 옛 히브리 예언자와 함께 시작되어 헬레니즘의 과학적 사상과 결합하여 발생한 세계로부터의 주술의 제거[세계의 탈주술화] - 은 모든 주술적 수단들을 미신과 죄악으로 거부해왔고, 거기서 그것의 논리적 결론에 도달했다."[80]

탈주술화는 합리화과정이 종교 자체의 핵심적 교의를 지향할 때, 그 절정에 도달한다. 이것은 오직 근대 서구에서만 완전하게 도달한 단계이다. "세계와 생활방식 개념을 합목적적인 방식에서 이론적·실천적으로 철저하게 합리화시키는 근대적 형식들이 초래한 일반적 결과는 종교를 비합리적인 것의 영역으로 이전시켜놓은 것이었다." 종교적인 '세계상'을 일관성 있게 이론적으로 표현하고자 하는 지식인들의 시도는 결국 "'주어진 것'으로 받아들여져 왔고 또 오랫동안 그러한 생활방식에 통합되어 있던 비합리적 전제들"과 마주친다. 그리하여 종교적 경험은 비합리적인 것의 영역 - 즉 근대 과학, 관료제, 자본주의에 의한 세계의 철저한 합리화를 보충하는 것의 일종으로, 신비한 상태를 추구하는 것 - 이 된다. 즉 베버는 다음과 같이 언급한다. "모든 것이 구체적인 주술들로 이루어져 있던 원시적 세계상의 통일성은 합리적 인식과 자연의 지배라는 한편과 '신비적' 경험이라는 다른 한편으로 분할되는 경

---

79 Weber, *Economy and Society*, II, pp. 1148~1149, 1156.

80 Weber, *Protestant Ethic*, p. 105(이는 1920년판에서 첨가된 구절이다).

향이 있어왔다."[81]

이 같은 결말은 분명 베버의 합리화이론에 함축되어 있다. 베버가 도구합리성과 가치합리성 – 또는 그가 경제과정을 논의할 때 표현하는 용어로는 형식합리성과 실질합리성 – 을 구분했다는 점을 상기하자. 도구합리성이 수단과 관계가 있다면, 가치합리성은 목적에 관계된다. 그러나 베버는 행위의 목적이 선택되는 것에 토대하여 궁극적 가치들을 정당화하는 것은 합리적으로 가능하지 않다고 믿는다. 이성은 서로 싸우는 신들, 즉 경쟁하는 가치영역들을 판결할 수 없다. 위대한 세계종교는 행위의 서로 다른 가능한 목적들을 (종교가 신자들에게 제공하는) 특정한 신정론에 통합함으로써 그러한 갈등을 진정시킬 수 있다. 그렇게 함으로써, 삶의 행동의 일정한 합리화 – 신정론에 함축된 윤리적 도식에 따른 삶의 가치합리적 정돈 – 가 가능해진다. 그러나 이성이 그러한 도식에서 중심적인 가치들에 대해 비판적으로 초점을 맞추자마자, 종교적 '세계상'의 비합리적 근거들이 폭로된다. 그 이유는 문제의 특정한 가치들의 본성 때문이 아니라, 모든 가치들이 자신을 합리적으로 정당화하지 못하기 때문이다. 따라서 베버가 "직업으로서의 학문"에서 서로 싸우는 신들 사이에서 분열되어 있는 우리 근대인들의 곤경이라고 기술했던 것이 우리에게 남겨져 있다.

분명 이 같은 주장은 그것의 전제, 즉 가치다원주의의 교의만큼이나 강력하다. 그것에 따르면, 사람들이 가치평가적 판단을 수용하거나 거부할 수 있는 (합리적으로 방어할 수 있는) 객관적인 기준은 존재하지 않는다. 만약 우리가 [이를테면 하버마스가 그런 것처럼(아래의 11.4절을 보라)] 이 전제를 부인한다면, 베버의 역사철학에 대한 평가는 매우 비판적일 가능성이 크다. 왜냐하면 그것이 합리화에 대한 베버의 설명과 매한가지이기 때문이다. 어쨌든 베버는 프

---

81 Gerth and Mills, eds, *From Max Weber*, pp. 281, 282.

로테스탄트윤리와 여타의 종교적 합리화의 역할은 이제 끝났다고 믿는다. 합리화과정은 이제 경제적·정치적 경쟁의 힘에 의해 추동되는 자율적 힘을 갖는다.

청교도는 소명을 가지고 노동하기를 원한다. 우리는 그렇게 하도록 강요받고 있다. 왜냐하면 금욕주의가 수도원의 독방에서 나와 일상생활 속에서 수행되고 현세적 도덕을 지배하기 시작했을 때, 그것은 근대 경제질서의 거대한 우주를 건설하는 데 일조했기 때문이다. 이 질서는 이제 기계생산의 기술적·경제적 조건과 밀접한 관계에 있으며, 기계생산은 오늘날 어쩔 수 없이 경제적 획득에 직접적으로 관심을 기울이는 사람들뿐만 아니라 이런 메커니즘 속에서 태어난 모든 개인들의 삶을 규정한다. 아마도 그것은 마지막 1톤의 석탄이 다 타버릴 때까지 그들을 규정할 것이다. [청교도 성직자 리처드] 박스터의 견해에 따르면, 외적 재화에 대한 관심은 "언제든지 벗어던질 수 있는 가벼운 외투처럼 성자"의 어깨 위에 걸쳐져 있기만 해야 한다. 하지만 운명은 외투가 하나의 철장iron cage이 되어야 한다고 명령했다.[82]

7.4 자유주의적 제국주의와 민주정치

아마도 베버 정치학에 대한 가장 중요한 연구자일 볼프강 몸젠Wolfgang Mommsen은, 베버가 완전히 대치되는 입장들 — 특히 자유주의와 민족주의 — 을 분명하게 채택하고 있고 또 그것들 간의 긴장을 각기 극단적 용어들로 정식화하여 해명하는 등 이율배반적인 측면에서 사고하는 경향이 있다고 논평

---

82 Weber, *Protestant Ethic*, p. 181.

해왔다.

처음부터 불분명한 관계 속에서 공존해온 입장들은, 그것들이 종국적으로 이 율배반적인 구조를 취할 때까지 점차 갈라지기 시작했다. 니체에 빚지고 있는 베버 사유의 무조건성unconditionality과 그가 마르크스로부터 배운 모든 사회관계들의 권력적 성격에 대한 명확한 평가는 베버로 하여금 마침내 고전 자유주의 이론의 틀을 포기하고 자유주의적 공준을 위한 새롭고 좀 더 굳건한 토대에 대해 탐구하게끔 했다. 대안적 입장들에 대한 이 같은 극단적 급진화는 베버의 정치적 사유에 매우 전형적인 것으로, 말하자면 (자유주의적 가치체계가 선진산업사회의 조건과 마주칠 때 출현하는) 자유주의적 가치체계 내의 결함과 모순을 드러내준다.[83]

역시 뛰어난 또 다른 논평자인 빌헬름 헤니스는 베버가 자유주의자로 간주될 수 있다는 것을 부정한다. 그에 따르면, "일정 정도의 성공 없이는, 즉 사건의 경과에 대한 일정한 믿음이 없이는, 자유주의는 존재하지 않는다." 베버는 자유주의적 사상가도, 사회학자도 아니다. 그는 오히려 고전 정치사상의 전통에 속한다. 그는 마키아벨리, 루소, 토크빌을 따라 "영혼의 전개 ─ 즉 개인적 원리에 근거해서가 아니라 오히려 궁극적으로는 고대적 의미의 정치 속에서나 공동체·결사체적으로 가능한 것으로 보이는 진전 ─"에 관심을 두고 있다. 이 같은 관점에서 볼 때, "베버의 실제적인 관심은 '합리적 삶의 행동'의 역사적 기원에 있었던 것으로 보인다."[84]

이 같은 방식으로 베버를 고전 공화주의적 전통과 연관시키는 것은 그를

---

83 W. J. Mommsen, *The Political and Social Theory of Max Weber*(Cambridge, 1989), p. 27.
84 Hennis, *Max Weber*, pp. 174, 196, 27.

전후 미국사회학의 수호신으로 변질시킨 잘못된 논의에 대한 하나의 가치 있는 교정책이자, 또한 베버의 이론적 관심들에 대해 중요한 빛을 던져준다. 하지만 헤니스가 그런 것처럼, 가치갈등이 자유주의의 정의상의 특징을 넘어설 수 있을 것이라고 믿는 것은 이 같은 전통에 대한 너무나도 일방적인 설명이다. 베버는 분명 존 그레이John Gray가 '가치상충적 자유주의agonistic liberalism'라고 불렀던 것의 가장 중요한 전형이다. 즉 베버는 그 이전의 토크빌과 밀처럼(앞의 4.2절 참조), 그렇지만 그들보다 훨씬 더 체계적으로, 근대성을 경쟁하는 가치들 간의 해소될 수 없는 갈등으로 이루어진 것으로 간주한다.

베버는 역사적 구체성이 갖는 강력한 의미와 자유주의적 제도의 허약성과 관련한 정치적 논쟁을 유발한다. 이를테면 1905년의 러시아혁명 동안 그는 러시아 자유주의자들에게 '물질적 이해관계'가 (그들이 주장하듯이) 차르식 독재정치를 '자동적으로' 개혁할 것으로 믿지 말라고 경고했다. 그는 "근대적 '자유'는 결코 반복되지 않는 일련의 독특한 환경들로부터 발생했다"고 주장한다. 즉 대서양 경제의 팽창, 근대 초기 자본주의의 독특한 구조, 과학혁명, 그리고 프로테스탄트윤리가 결합하여 "근대인의 독특한 '윤리적' 성격과 문화적 가치"를 산출했다. 하지만 자본주의의 그 이상의 발전은 그러한 가치들을 강화하기보다는 손상시킬 가능성이 크다.

> 만약 그것이 단지 '물질적' 조건과 그것이 직간접적으로 '창출하는' 복잡한 이해관계의 문제일 뿐이라면, 어떤 냉철한 관찰자도 모든 경제지표들이 '부자유'가 증가하는 방향을 가리키고 있다고 말해야만 할 것이다. 오늘날 러시아에 수입되고 있고 아메리카에는 이미 존재하는 고도 자본주의high capitalism — 그것이 가져다주는 '당연한' 경제발전 — 와 [(그 단어의 어떤 의미에서든) 자유와는 말할 것도 없고 민주주의 간에 어떤 선택적 친화력을 설정하는 것은 전적으로 우스운 일이다. 질문은 다음과 같은 것이어야만 한다. 그러한 일이

대체 얼마 동안이나 자본주의 지배 아래에서 존속할 수 있는가? 사실 그 같은 일은 (한 무리의 양들처럼 지배되지 않는) 한 민족의 단호한 의지에 의해 뒷받침되는 곳에서만 가능하다. 우리 '개인주의자들'과 '민주주의'제도의 지지자들은 물리적 배열의 "조류를 거스르며" 수영해나가야만 한다.[85]

자본주의에 대한 베버의 견해는 많은 점에서 마르크스의 견해와 매우 유사하다. 베버는 애덤 스미스와 그의 자유방임주의의 계승자들과는 달리, 자본주의를 개인의 자유를 실현시키는 경제적으로 효율적인 수단으로 보지 않는다. 도리어 자본주의는 하나의 지배체계이다. "따라서 그것의 가장 합리적 모습인 자본계산은" 경쟁이라는 모습의 "인간과 인간의 싸움을 전제한다." "더 나아가 엄격한 자본계산은 '작업장규율shop discipline'이라는 사회적 현상과 생산수단의 전유, 그러니까 '지배체계'의 존재와 연관되어 있다."[86] 실제로 베버는 노동자의 양의적인 '이중적 자유'라는 마르크스의 관점에 동의한다. 베버는 다음과 같이 언급한다. "형식적인 의미에서는 자발적이지만 실제로는 굶주림의 채찍이라는 강제에 의해 등장하는 노동자들이 존재할 때에만, 생산물의 비용이 미리 분명하게 결정될 수 있다."[87]

하지만 생산수단으로부터 노동자의 분리 ― 마르크스에 따르면, 자본주의적 착취를 가능하게 하는 ― 는 관료제화라는 훨씬 더 광범위한 과정의 한 사례이다. "모든 곳에서 우리는 동일한 사태를 발견한다. 공장의 경영수단, 국가행정, 군대, 그리고 대학의 부서들은 관료제적으로 구조화된 인적 장치에 의해, 그

---

85 Weber, *The Russian Revolutions*, ed. G. C. Wills and P. Baehr(Cambridge, 1995), pp. 108~109.

86 Weber, *Economy and Society*, I, pp. 93, 108.

87 Weber, *General Economic History*, p. 277.

러한 인적 장치를 지배하는 사람들의 수중으로 집중된다."[88] 근대세계에는 관료제화에 대한 어떤 대안도 존재하지 않는다.

관료제적 행정의 우월성의 기본적 원천은 근대기술과 경영방법의 발전을 통해 재화생산에서 매우 불가피하게 된 기술적 지식의 역할에 있다. 이런 점에서는 경제체계가 자본주의적 원리에 입각해서 조직되는가 아니면 사회주의적 원리에 입각해서 조직되는가 하는 것은 아무런 차이도 만들어내지 못한다.[89]

생산수단의 사회적 소유의 도입이 이 같은 상황을 개선시키지 못하기만 하는 것은 아니다. 그것은 사적 기업가 ─ 즉 "합리적인 관료제적 지식의 통제에 적어도 상대적으로 종속되지 않을 수 있었던 유일한 사회적 유형"인 ─ 를 제거함으로써, 실제로는 사태를 더욱 악화시킬 수도 있다.[90] 비록 '고도 자본주의'가 카르텔, 법인, 은행의 수중에 상당 정도 경제적 권력이 집중되는 것을 포함하고 있기는 하지만, 그것은 사적 영역과 공적 영역의 분리를 견지하고, 그리하여 서로 경쟁하는 과두집단들을 싸움 붙이는 것이 가능하다. 사회주의에서는 이 같은 작전의 여지가 제거될 수도 있다.

난처한 일은, 현재는 정치적 관료제와 (신디케이트, 은행, 거대 회사의) 사적-경제적 관료제가 별개의 실체들로 서로 나란히 존재하여 경제적 권력이 여전히 정치적 권력에 의해 억제될 수 있는 반면, 앞으로는 두 개의 관료제들이 동일한 이해관계를 지닌 단일체가 되어 더 이상 감독되거나 통제될 수 없게 될

---

88 Weber, *Political Writings*, p. 281.

89 Weber, *Economy and Society*, I, p. 223.

90 Weber, *Economy and Society*, I, p. 225.

것이라는 점이다.[91]

몸젠은 "여기에 하나의 역설이 있다"고 지적한다.[92] 베버는 자본주의의 원동력이 우리를 관료제라는 '철장'으로 밀어 넣는다고 믿는다. 그러나 동시에 그는 그러한 원동력의 주요 요소인 시장경쟁을 가능한 한 보존함으로써, 우리가 그 같은 불가피성을 피할 수 있다고 주장한다. 이를테면 베버는 다음과 같이 기술한다. "훨씬 더 매도되는 생산의 '무정부성'과 그와 똑같이 매도되는 '주관주의' …… 만이 개인으로 하여금 광범위한 대중들로부터 벗어나 자기 스스로에 의지하게 할 수 있게 한다."[93] 그렇게 될 때에만 자본주의는 일정 정도의 역동성을 유지하고 개인의 자기주장에 대해 개방적일 수 있다.

그럼에도 불구하고 베버는 "물질적 배열의 '조류를 거스르며'" 자유주의적 가치와 제도를 보존하려는 노력은 반드시 "미래는 관료제화의 것"이라는 현실주의적 인식에 근거해야만 한다고 주장한다.[94] 이 같은 관점에 대한 유일하게 일관적인 대안은 의식적으로 선택된 가치에 토대하고 있는 세계 ─ 베버는 톨스토이의 평화주의적 농촌사회주의와 무정부주의의 일부 형태들을 그것의 당시 사례들로 검토했다 ─ 를 종교적으로 거부하는 것이다. 베버는 로베르트 미헬스Robert Michels가 일종의 마르크스주의적 생디칼리스트였던 시절에 그에게 보낸 편지에서 이 같은 선택을 가장 완전하게 제시한다.

거기에는 두 가지 가능성이 있다. (1) "나의 왕국이 이 세계의 왕국이 아니"거

---

91 Weber, *Political Writings*, p. 286.

92 Mommsen, *Political and Social Theory*, p. 39.

93 Weber, *Russian Revolutions*, p. 110.

94 Weber, *Economy and Society*, II, p. 1401.

나(톨스토이 또는 매우 용의주도한 생디칼리즘 ……) …… 또는 (2) 문화(예컨
대 객관적인 문화, 즉 기술적 등등의 '성취' 속에 표현되어 있는 문화)가 모든 '기
술' – 그것이 경제적이든, 정치적이든, 또는 그 무엇이든 간에 – 의 사회학적
조건에 적응한 것으로 확언하는 것. …… (2)의 경우에 '혁명'에 대한 모든 이
야기는 어리석은 짓이 되며, 모종의 '사회주의적' 사회체계나 가장 정교화된
형태의 '민주주의'에 의해 "사람에 의한 사람의 지배"를 폐지한다는 모든 사
상은 하나의 유토피아가 된다. …… 일간신문, 철도, 전차를 이용한다는 의미
에서의 '근대인'으로 살기를 원하는 사람은 누구나, 어떤 '목적'도 없이, 즉 염
두에 둘만한 '목적'도 없이, 자기 자신을 위해 혁명주의의 기지를 떠나자마자,
당신에게 모호하게 호소하는 그러한 온갖 이상들을 포기한다.[95]

존재하는 현실에 적응하고 수단과 목적을 조정하기 위해 도구적으로 계
산하고자 하는 모든 시도는 필연적으로 우리를 '쇠우리' 속에 감금한다. 그
것을 피하기 위해서는, 우리는 무조건적으로 세계를 거부해야만 한다. 베버가
여기서 설정한 대안들은 그의 종교사회학에 관한 저술들의 주요 주제를 이루
고 있으며, 그가 1919년에 강연한 "직업으로서의 정치Politics as a Vocation"에서
묘사한 '책임'윤리와 '도의적 신념'윤리 간의 유명한 대비에서 가장 완전하게
발전된다.

신념윤리의 격률 – 종교적 용어로 표현하면, "기독교인들은 옳은 것을 행하고
그것의 결과를 신에게 넘긴다" – 에 의해 행위하는 것과 책임윤리의 격률 – 사
람들은 자신의 행위의 (예견할 수 있는) 결과에 대해 답변해야만 한다는 것을 의
미하는 – 에 의해 행위하는 것은 크게 다르다.[96]

---

95 Letter of 4 Aug. 1908, Hennis, *Max Weber*, p. 246 n. 45(번역을 수정하여 인용함).

신념윤리에 근거한 행위는 가치합리적이다. 즉 모든 것이 어떤 궁극적 가치의 추구에 종속된다. 그러나 가치를 동기로 하는 행위자들은 이러한 가치들에 의해 정의된 목적들을 성취하기 위해 사용되는 수단의 문제에 직면할 수밖에 없다. 이를테면 혁명적 사회주의자는 자본주의를 제거하기 위해 기꺼이 폭력을 사용하고자 한다. "폭력수단을 통해 조약을 체결하는 사람은 (그리고 그것을 수행하는 정치가는) 누구든 구체적 결과에 좌우된다." 혁명적 행위는 그 추종자들이 카리스마의 일상화를 조장하는 물질적 이해관계에 의해 지배되게 하는 운동을 전개할 것을 요구한다. "그리하여 혁명의 감정성은" (운동이 처음에 수립한 목적들을 부정하는) "전통적인 **일상적 생활**로 돌아가는 것으로 이어진다."[97] 그러므로 신념윤리의 유일하게 일관적인 형식은 모든 폭력적 수단을 금지하고 그리하여 이 세상으로부터 은둔하는 것과 관련된다. 정치적 삶에 참여하기를 원하는 사람들은 책임윤리를 채택해야만 하며, 자신들을 관료제에 결박시키는 도구합리성의 도구를 이용하여 신중하게 자신들의 행위결과를 가늠해야 한다.

그러므로 점차 관료제가 지배하게 되는 세계에서 사회주의혁명은 그 어떤 자리도 차지할 수 없다. 베버에 따르면, "그러한 장치[관료제]는 '혁명'이 전적으로 새로운 권위구조를 강제로 창출한다는 의미에서의 '혁명'을 점점 더 불가능하게 만든다. 왜냐하면 기술적으로는 관료제가 근대통신수단(전신 등)에 대한 통제권을 장악하고, 또한 점차 합리화된 내적 구조를 구축하기 때문이다."[98] 베버는 제1차 세계대전이 발발하기 전에 이러한 글들을 썼다. 그러나 1917년 러시아와 1918년 독일에서 '일어날 수 없는' 혁명이 실제로

---

96 Weber, *Political Writings*, pp. 359~360.

97 Weber, *Political Writings*, pp. 364, 365.

98 Weber, *Economy and Society*, II, p. 989.

발생했다고 해서 그것이 그 같은 평가를 바꾸지는 못했다. 그는 볼셰비키체제를 "장군이 아닌 하사에 의한 군사독재"로 치부했다."[99] 그는 독일혁명을 "혁명이라는 명예로운 이름을 받을 가치가 없는 유혈적 광란"이라고 부르고, 극좌 스파르타쿠스당원Spartacist의 지도자들에게 다음과 같이 선언했다. "카를 리프크네히트Karl Liebknecht는 정신병원에 있고, 로자 룩셈부르크는 동물원에 있어야 한다."[100] (베버가 1919년 1월에 이런 비평을 하고 난 이후 얼마 지나지 않아, 룩셈부르크와 리프크네히트는 자유의용군에 의해 살해되었다.)

그럼에도 불구하고 베버는 1918년 11월 제국체제의 몰락을 독일 국가를 개혁할 수 있는 중요한 기회로 보았다. 11월혁명이 있기 전의 몇 해 동안, 그는 자신이 독일제국의 '개인적 지배'체계로 묘사했던 것에 대해 체계적 비판을 전개했다. '의사擬似입헌주의'의 외관 이면에 있던 절대군주제의 잔재들은 카이저 빌헬름 2세Kaiser Wilhelm II 자신과 민간·군사 관료제 모두가 (1914년 전쟁의 발발과 함께 정점에 달한) 일련의 대외정책의 대실수에 대한 정치적 책임을 피할 수 있게 했다. 이 같은 관행의 기원은 통일 시기 독일 부르주아의 소심함과 자신들을 비스마르크의 '케사리즘Caesarism'에 기꺼이 종속시킨 일에까지 거슬러 올라갈 수 있다(앞의 7.1절 참조). 그 결과들 중의 하나가 1918년 독일의 패배와 군주제의 붕괴였다.

그러므로 베버가 초기에 상대적으로 제한된 입헌적 개혁을 제창한 것은 빌헬름체제와 민주적 정당성이라는 추상적 규범 간의 불일치에서라기보다는, 기존 정치구조들이 하나의 세계열강으로서의 독일이 자신의 이해관계들을 효과적으로 추구하는 것을 가로막고 있다는 믿음에서 나온 것이었다. 전쟁 동안에 베버는 몸젠이 '자유주의적 제국주의' 정책의 동유럽과 중앙유

---

99 Weber, *Political Writings*, p. 299.
100 Mommsen, *Weber and German Politics*, pp. 296, 305에서 인용함.

럽으로의 팽창이라고 묘사한 것을 제창했다. 그 속에서 폴란드, 우크라이나, 발트 연안의 국가들은 "중부유럽 관세·경제동맹" 내의 독일 헤게모니에 종속되어 있는 상태로 정치적 독립을 획득할 수 있었다.[101] 하지만 독일의 이해관계를 성공적으로 주장하기 위해서는 책임 있는 의회정부의 수립이 요구되었다.

> 거기에는 단지 두 가지 선택만이 존재한다. 즉 그것은 시민대중들이 관료제적인 '권위주의적' 국가 — 단지 의회적 규칙의 외양을 가질 뿐이며 시민들은 한 무리의 가축처럼 "행정적으로 관리되는" — 에 권리 없이 남아 있든가, 아니면 시민들이 '공동통치자co-ruler로서 국가에 통합되는 것이다. 지배자민족 Herrvolk — 그리고 단지 그러한 민족만이 '세계정치'에 관여할 수 있다 — 은 이 문제에서 아무래도 상관없다.[102]

지배자민족이라는 개념은 지금도 나치를 반향한다. 그러나 베버에서 이 용어는 적어도 부분적으로는 자유정치제도들이 사람들에게 국제적인 국가체계 내에서 집합적 자율성을 향유할 수 있게 하는 고전 공화제적 민족개념을 함축하고 있었던 것으로 보인다(비록 이것이 독일이 지배하는 중부유럽의 소수민족들에게는 다른 문제이기는 하지만). 그럼에도 불구하고 베버가 군주제의 몰락 이후 독일에 민주적 정부형태를 제창하고 나선 것은 그것이 국민의 지배를 가능하게 할 것이라는 신념에서 비롯된 것은 아니다. 그와 반대로 베버의 정치관은 전적으로 엘리트주의적이다. 근대국가는 심지어 잠재적으로도 정치공동체가 아니라, 필연적으로 지배와 강제에 기초한다. 그에 따르면, 근대

---

101 Mommsen, *Weber and German Politics*, pp. 205ff.

102 Weber, *Political Writings*, p. 129.

국가는 "한 영토 내에서 물리적 폭력의 독점권을 지배수단으로서 성공적으로 확립한 제도적 지배연합Herrschaftverband이다"[103] 베버는 "정치적 행위는 항상 '소수 성원들의 원칙'에 의해 결정되며", "그것은 작은 주도집단들의 뛰어난 정치적 공작능력을 의미한다"고 기술한다. "대중국가들에서 이러한 케사리즘적 요소는 근절될 수 없는 것이다."[104]

그럼에도 불구하고 "소수의 주도적인" 민주적 정치가들에 의한 지배는 관료제화의 완전한 승리를 막을 수 있는 중요한 방법 중의 하나이다. 관료제적 행정경험은 정책을 형성하고 지지를 획득하고 또 수행하는, 본래 변덕스럽고 또 창의적인 과정을 훈련하기에는 적절하지 못하다. "'파당을 초월하는 것' − 실제로는 권력투쟁의 영역 외부에 남아 있는 것 − 이 공직자의 역할인 반면, 이 같은 개인적 권력투쟁과 그로부터 결과하는 개인적 책임은 기업가뿐만 아니라 정치가의 활력의 근원이다." 제1차 세계대전 이전과 그 기간 동안에 독일제국의 대외정책이 실패한 이유 중 하나는 정치적 결정이 대체로 솔선하고 위험을 감수하는 능력이나 성향을 결여하고 있는 관료의 수중에서 주로 이루어졌기 때문이다. 이와는 대조적으로 "정치의 본질은 …… 투쟁, 즉 협력자와 자발적 추종자의 충원이다." 그러므로 "정치인은 관료적 지배에 맞서 대항하는 힘"으로써, 행정부가 자신의 결정에 대해 책임을 지게 하고 열강으로서의 실제적인 지도력에 요구되는 창조적 자질을 행정부에 공급해주어야만 한다.[105]

관료제에 대한 이 같은 정치적 비판은 한편으로는 전통적 지배와 관료제에 공통적인 관례와 다른 한편으로는 비범한 것이 일상생활에 혁명적·창조

---

103 Weber, *Political Writings*, p. 316.

104 Weber, *Economy and Society*, II, p. 1414.

105 Weber, *Economy and Society*, II, pp. 1404, 1414, 1417.

적으로 침입하는 카리스마 간의 (베버의 역사사회학에서 중심을 차지하고 있는) 대비를 함축한다(앞의 7.3절 참조). 민주주의는 실제로는 카리스마적 지배의 합리화된 형태이다. 거대종교운동의 경우, 추종자들이 지도자를 승인하는 것은 지도자의 카리스마적 자질에서 연원한다. 베버에 따르면, "그러나 카리스마적 조직이 점차 합리화될 때, 승인은 정당성의 결과로 간주되는 대신에 정당성의 근거로, 즉 민주적 정당성으로 간주되는 일이 가능해진다."[106]

하지만 민주적 카리스마가 유권자의 승인으로부터만 나오는 것은 아니다. 국회의원 선거에서 승리하고 거기서 한 차례 출세를 보장받기 위한 정치인들의 경쟁은 창조적인 정치적 지도력을 가진 개인들을 선택하는 메커니즘으로 작동한다. 근대 대중정치의 발전 – 점점 더 성인인구와 동일시되는 유권자들의 지지를 얻기 위해 언론 및 여타 매체를 이용하는 관료제적 정당조직들 간의 경쟁을 포함하여 – 과 함께 대중지지를 획득하는 능력이 정치적 지도력을 궁극적으로 검증하게 되었다.

실제적인 정치적 민주화가 의미하는 것은, 이제 더 이상 정치지도자가 명망가 집단 내에서 스스로를 입증해 보였기 때문에 자신을 후보자로 공포하고 그다음으로 의회에서의 공적으로 인해 지도자가 되는 것이 아니라, 그가 대중선동의 수단을 통해 그와 자신의 능력에 대한 대중의 신뢰와 신의를 획득한다는 것이다. 실제로 이것은 케사리즘적 선출 양식으로의 전환을 의미한다. 실제로 모든 민주주의는 이 같은 방향을 향한다. 결국 매우 케사르적인 기법이 국민투표인 셈이다. 그 같은 환호를 요구하는 것은 일반적인 투표나 선거가 아니라, 그의 직업상의 신념에 대한 고백이다.[107]

---

106 Weber, *Economy and Society*, I, pp. 266~267.
107 Weber, *Economy and Society*, II, p. 1451.

베버는 자신의 "민주적인 케사르적' 정치지도자 개념을 위대한 빅토리아 시대의 자유주의자 글래드스턴Gladstone과 계몽된 대외정책 및 아일랜드의 자치를 지지하는 그의 유명한 선거운동을 모델로 했던 것으로 보인다. 글래드스턴이 가장 우려스러운 정치적 인물이었던 것은 결코 아니다. 그러나 베버가 혁명 이후의 독일에서 전개한 '국민투표적 지도자 민주주의Führer-Demokratie' 이론은 '케사르적 정치인'을 대체로 무책임한 인물로 만든다. "국민투표적 민주주의 – 지도자 민주주의의 가장 중요한 유형인 – 는 형식적으로는 피지배자의 뜻으로부터 도출되는 정당성의 배후에 숨어 있는 카리스마적 권위의 한 변형이다."[108] 대중의 재가라는 형식적 성격은 '지도자 민주주의'가 (베버 자신이 그렇게 끈질기게 비판한 의사疑似[절대주의적 군주제만큼이나) 개인적 지배의 요소를 상당히 포함하고 있을 것이라는 점을 암시한다. 실제로 제국체제를 대신한 바이마르공화국 헌법에 관한 논쟁에서, 베버는 의회에 독립되어 있으면서 황제의 권력의 많은 것을 향유할 수 있는, 대중적으로 선출되는 대통령제의 수립을 제창했다. 그 결과 그 같은 제안의 보다 제한된 형태가 채택되었다. 하지만 그 같은 제도하에서조차 파울 폰 힌덴부르크Paul von Hindenburg 대통령은 그의 비상권력을 이용하여 1930년 이후에 의회제도의 토대를 침식하고, 나치가 그들의 정치적 반대자들을 억압할 수 있게 했다.

자유주의적 가치들에 대한 베버의 진정한 헌신은, 만약 그가 살아서 히틀러가 권좌에 오르는 것을 보았다면 틀림없이 그것에 맹렬하게 반대하게끔 했을 것이다. 그러나 그의 '지도자 민주주의' 개념은 카리스마적 지도자에게 창의성을 부여하고 국민들에게는 순전히 수동적인 역할을 부여함으로써, 반反의회주의 우파들을 강하게 매혹했다. 1919년 5월 에리히 루덴도르프 Erich Ludendorff 장군에 대한 자신의 견해를 개괄하면서, 베버는 다음과 같이

---

[108] Weber, *Economy and Society*, II, p. 268.

말했다. "민주주의에서 사람들은 자신들이 신뢰하는 지도자를 선택한다. 그러고 나면 선택된 사람은 다음과 같이 말한다. '이제 입 닥치고 나를 따르시오.' 사람들과 정당은 더 이상 지도자의 업무에 자유롭게 간섭하지 못한다." 제1차 세계대전의 마지막 몇 해 동안 준準독재적 권력을 행사했고, 또 1923년 10월 히틀러의 실패한 바이에른 반란에 참여하기도 했던 루덴도르프는 다음과 같이 논평했다. "그 같은 민주주의라면, 나도 좋아했을 것이다."[109]

베버가 민주적 절차의 역할을 지도자의 창의력의 형식적 재가로 환원시킨 것은, 바이마르공화국하의 권위주의적 우파의 가장 뛰어난 대변자였던 법이론가 카를 슈미트Carl Schmitt에 의해 이용되었다. 슈미트는 의회제도를 단순한 외피로 치부하고, 주권을 대통령에게 재배속했다. 그리하여 위기상황들에 관여하여 해결하는 대통령의 능력이 모든 정당한 권위의 원천이 되었다(아래의 9.2절을 보라). 몸젠이 지적하듯이, "제국대통령의 국민투표적 권위에 관한 슈미트의 이론은 …… 일방적이기는 하지만, 베버의 강령을 개념적으로 일관되게 확장한 것이다."[110]

'국민투표적 민주주의' 이론은 베버 사상을 관통하고 있는, 관료화된 자본주의의 형식적인 도구합리성과 실질적인 비합리적 개입 – 이는 카리스마적 지도자에서 나타나는 경우로, 이를 통해 가치가 창조적으로 변형된다 – 간의 대립을 보여준다. 허버트 마르쿠제Herbert Marcuse는 이에 대해 다음과 같이 냉소적으로 논평했다. "여기서 시민사회의 국가, 즉 합리적 국가가 출생이라는 우연에 의해서만 규정되는 '우연한accidental' 군주 속에서 그 절정에 도달한다고 보는 헤겔의 『법철학』을 떠올리지 않기란 어렵다."[111] 그렇지만 여기서 가장

---

109 M. Weber, *Max Weber*(New York, 1975), p. 653에서 인용함.

110 Mommsen, *Weber and German Politics*, pp. 382~383.

111 H. Marcuse, *Negations*(Harmondsworth, 1972), p. 221.

직접적인 철학적 영향력을 행사하고 있는 사람은 물론 니체이다. 즉 '민주적인 케사르적' 지도자는 옛 가치들을 파괴하고 새로운 가치들을 창안함으로써 자신을 하나의 응집적인 전체를 만들어내는 '초인'과 수상쩍게 닮았다.

베버의 정치이론은 몸젠이 베버 사상의 '이율배반적 구조'라고 부른 것 – 달리 말해, 예리하게 정식화된 입장과 그것과 분명하게 대립하는 입장을 조합하려는 그의 사상적 경향 – 을 확실히 보여준다. 헤겔과 마르크스를 예외로 할 경우, 베버는 이 책에서 논의한 어떤 사상가보다도 근대성의 모든 긴장들을 하나의 갈등하는 통일체 속에 보지하고 있는 것으로 보인다. 그러나 이 같은 긴장들은 항상 베버 사상을 분열시키는 대립으로 나아갈 우려가 있다.

이를테면 리오타르가 '거대서사grand narratives'라고 부른 것 – 인류발전 전체를 해석하고자 했던 계몽주의, 헤겔, 마르크스의 시도 – 에 대해 베버가 분명하게 드러낸 경멸과 자신의 합리화이론이 세계사에 관한 하나의 철학이나 매한가지라고 진술한 사실 간을 대비해보라. 또는 정신과학에 대한 그의 설명에 내재하는 역사적 상황성의 특권화와 인류가 관료화된 자본주의라는 '쇠우리' 속에 감금될 "수밖에 없다"는 반복되는 선언 사이에 놓여 있는 밀접하게 연관된 긴장을 검토해보라. 반면 자본주의는 합리화의 주요 지렛대들 중의 하나지만, 동시에 자본주의의 보존이 관료제의 완전한 승리를 방지할 수 있다. 종국적으로 베버의 합리화이론은 끊임없이 역설적이다. 도구합리성은 관료제라는 수단과 그것이 적용한 과학적 지식을 통해서 세계를 정복한다. 그러나 이 지식의 가치는 정당화될 수 없다. 그리고 가장 철저하게 합리화된 세계는 그것이 비합리적인 카리스마의 창조성의 폭발에 의해 흔들리지 않는 한 무기력 상태로 빠져든다. 그것은 가장 전통적인 형태의 가부장주의만큼이나 정체되어 있다.

따라서 베버의 저술이 루카치와 프랑크푸르트학파가 전개한 자본주의에 대한 철저한 비판과 탤컷 파슨스의 기능주의 사회학 모두에 대해서 하나의 출발점을 제공할 수 있었다는 것은 놀랄 일이 아니다. 그의 사상은 엄청나게 풍부하고 시사적이다. 그렇지만 그의 사상은 어떤 압력이 가해지자마자 수많은 파편들로 쪼개져서 화해될 수 없는 갈등들로 찢겨져 있는 듯한 인상을 준다. 베버의 지적 유산의 모호성은 그의 가장 기본적인 개념들을 규정하고 있는 모순들이 낳은 결과이다.

진보의 환상

8.1 자유주의 유럽의 이상한 사망

이성의 이론적·실천적 역할에 대한 베버의 사상을 관통하고 있는 투쟁은
20세기가 시작될 무렵 서구의 지적 문화 속에 일어난 매우 커다란 전환의 징
후를 드러내는 것이었다. 계몽주의가 하나의 해방의 힘으로 파악해온 그 같
은 합리성의 형태들, 특히 근대 자연과학과 결부된 합리성은 이제 광범위한
문제제기의 대상이 되고 말았다. 합리성이 세계에 관해 그리고 특히 인간동
기의 원천에 관해 적절한 설명을 제공하던 능력은 격렬하게 논박되었다. 마
찬가지로 과학적 지식의 체계적인 실천적 적용에 크게 의지하여 출현해온
근대사회의 역사적 발전과정 역시 면밀한 비판적 연구의 대상이 되었다.

빅토리아 시대 중엽에 매우 의기양양했던 진화론적인 자연과학주의적 유
물론에 대한 반자연과학주의의 반발은 이러한 전환의 한 가지 징후였다(앞
의 7.2절 참조). 하지만 독일 신칸트주의와 미국의 실용주의자들 사이에서 일
고 있던 일반적 추세는 자연과학의 방법에 대해 그것의 타당성을 전적으로
부정하는 것이 아니라, 그것의 성격에 대해 상이한 해석을 제시하고 그것의
적용범위를 제한하는 것이었다. 매우 명백히 비합리주의적인 철학들 또한
존재했다. 이를테면 니체의 저술이라든가, (생명을 인간이성이 수립한 취약한 구

조의 기초를 이루고 또 그것을 압도하는 역동적인 힘으로 보는) 앙리 베르그송Henri Bergson과 같은 생기론적 철학자들의 교의가 그러했다.

과학적 합리성의 영역 밖에 놓여 있는 요인들에 대한 유사한 재평가가 사회학에서도 등장했다. 뒤르켐과 베버는 둘 간의 차이에도 불구하고, 종교를 사제와 통치자들이 쉽게 속아 넘어가는 대중들에게 저지르는 냉소적 기만으로 보는 계몽주의의 종교비판과 전적으로 단절했다. 그들은 종교적인 믿음을 그것의 기능적 역할 - 그 기능이 사회의 규범적인 통합에 대한 기여에 있는 것으로 보든, 아니면 고통과 부정의라는 보편적인 인간경험에 대한 해결책을 제공하는 데에 있는 것으로 보든 간에 - 의 관점에서 고려했다.

이탈리아 경제학자이자 사회학자인 빌프레도 파레토Vilfredo Pareto는 인간행위가 대체로 자신이 '잔기residues'라는 말로 표현하는 '비논리적' 동기들에서 기인한다고 주장한다. 잔기란 (한계효용학파 경제학에 따를 때) 시장행위자들의 행동을 지배하는 도구적 합리성에서 배제된 모든 것을 지칭한다. 영국의 페이비언Fabian 정치학자 그레이엄 월러스Graham Wallas도 이와 유사하게 인간은 대체로 비합리적인 힘들에 의해서 행동한다는 가정에 입각하여 자유주의 정체들의 작동을 연구할 것을 제안한다.

이 같은 지적 전환은 보다 큰 사회적·정치적 발전들과 연관되어 있었다. 근대 최초의 주요한 반유대주의 운동조직으로, 1897년에 비엔나를 장악했던 카를 뤼거Karl Lueger의 기독교사회당에 대해 논평하면서, 요하임 페스트 Joachim Fest는 다음과 같이 기술한다. "뤼거가 감정적 슬로건의 도움으로 결성한 대중정당은 (행복이 이전 세기에 그러했던 것처럼) 불안이 유럽에서 계급이해들을 연결시키기에 충분할 정도로 강력한 하나의 새로운 관념이라는 것을 보여주는 살아 있는 증거였다."[1] 급진적인 인종차별주의적 민족주의가

---

1 J. C. Fest, *Hitler*(Harmondsworth, 1977), p. 43.

하나의 대중적 힘으로 등장 – 히틀러는 뤼거의 열성적 찬미자였다 – 한 것은 자유주의적 가치와 제도들이 점점 더 압박하에 놓이게 되었다는 것을 보여주는 하나의 징후였다. 1934년 역사학자 조지 댄저필드George Dangerfield는 『자유주의 영국의 이상한 죽음The Strange Death of Liberal England』이라는 유명한 책을 출간했다. 그 책에서 그가 주장한 바에 따르면, 1905~1915년 동안 집권했던 개혁적인 위대한 자유당 행정부는 제1차 세계대전에 의해 그것이 일소되기 훨씬 이전에 초의회적 방법(실제로는 폭력적 방법)을 기꺼이 사용하는 운동들 – 전투적 조합주의자들, 여성참정권론자들, 아일랜드 공화주의자들과 연합주의자들 – 에 의해 이미 심각하게 도전받고 있었다. 노만 스톤Norman Stone은 다음과 같이 주장한다. "댄저필드가 영국에 대해서 말한 것은 거의 아무런 제한조건도 없이 대륙 국가들에도 적용될 수 있다. 제1차 세계대전 이전에, 의회정부는 모든 곳에서 위기에 처했다."[2]

1914년경 출현하여 자유주의 정치제도의 생존을 위협한 좌파와 우파의 대중운동에 연료를 공급하던 불안들은 이전 세대에 유럽이 겪은 변화를 반영하는 것이었다. 산업화는 소수의 대도시에 거주하는 임금노동자들이 전체 인구에서 차지하는 비율이 점점 더 증가하는 것을 의미했다. 19세기 말의 농업대공황과 결합된 도시화는 차례로 전통적인 사회통제 메커니즘들을 침식시켰고, 또 베버가 프로이센의 경우에서 목격했던 것처럼 주요 토지지배 계급들의 토대를 훼손시켰다(앞의 7.1절 참조). 두 개의 가장 발전된 산업경제인 미국과 독일은 자주 투자은행과 긴밀한 연계를 맺으며 카르텔 속에서 서로 제휴하는 대규모 법인들에 기초한 조직 형태들을 개척하는 중이었다. 이를 분석한 주요한 인물인 오스트리아 마르크스주의 경제학자 루돌프 힐퍼딩Rudolf Hilferding이 '조직자본주의organized capitalism'라고 부른 것의 출현은

---

2 N. Stone, *Europe Transformed 1878~1919*(London, 1983), p. 10.

자유방임주의 경제학과 자유주의 정치학 모두에게 조종弔鐘을 울리는 것처럼 보였다. 19세기 말 참정권의 확산은 다수 유권자의 표를 동원하기 위해 조직된 관료제적 정당조직 - 독일 사회민주당은 그것의 초창기 사례들 중의 하나이다 - 의 발전을 고무했다.

이러한 발전이 산출한 광범위한 혼란의식은 대략 1890년에서 1930년 사이에 발생한 예술혁명 속에서 가장 강력하게 표현되었다. 모더니즘은 일반적으로 알려진 것처럼 19세기 프랑스의 작가들이 자주 옹호한 예술지상주의를 급진화한 것이었다. "예술을 위한 예술"은 질적으로 저하되고 진부화된 사회세계로부터의 피난처를 심미적 경험 속에서 찾고자 했던 사람들의 슬로건이었다. 이를테면 보들레르에서 부르주아사회 안에서 더 이상 자리를 차지하지 못하게 된 귀족적 가치들은 일상생활의 저속성을 (심지어는 그것이 '순수' 예술가들에게 원료를 제공할 때조차) 경멸하는 예술적 가치들로 변형될 수 있었다.

'모더니즘'이라는 이름 아래에 포함되어 있는 다양한 운동들 - 이를테면 아르누보Art Nouveau, 유겐트양식Jugendstil, 입체파Cubism, 표현주의Expressionism - 은 점점 더 예술작품 자체를 그들의 주제로 삼았다. 그리하여 예술은 성찰적이 되고, 예술작품이 만들어지는 과정을 탐구하는 데 주로 관심을 기울였다. 이 같은 자기탐구의 과정은 자주 모더니즘적 예술가들로 하여금 자신들의 작품 속에서 자신들이 지금 살고 있는 산업화된 거대도시세계의 새로운 리듬들을 포착하게끔 했다. 그러나 그렇게 하는 과정에서 그들은 종종 주체의 해체 - 즉 원자화된 사회세계의 파편들 속으로의 개인적 자아의 해산 - 를 유발하기도 했다. 모더니즘적 예술작품이 그것의 대상에 대해 그 나름으로 취한 에둘러 표현하는 관계는 헨리 제임스Henry James의 후기 소설 스타일에 대한 그의 형 철학자 윌리엄 제임스William James의 다음과 같은 다소 의표를 찌르는 기술 속에 잘 표현되어 있다.

너는 모든 것을 그 주변을 빙빙 돌며 작은 소리로 말하거나 탄식조로 말함으로써 그것을 직접적으로 거명하는 것을 피하고, 이미 유사한 인식을 하고 있는 독자들의 마음속에 (만약 그렇지 못하다면 하늘이 그를 도울 것이다!) 고체가 전혀 인지할 수 없는 물질, 공기, (빈 공간에 거울로 정교하게 초점을 맞추는) 프리즘을 통한 빛의 간섭으로 …… 만들어졌다는 환상을 불러일으키고 있다. 그런데 네가 그것을 하고 있으니, 얼마나 괴이한가! 그리고 네가 그것에 부여한 엄청난 규모의 복잡한 풍자와 연상적 지시는 독자들에게 내용을 덧붙여주는 것이고, 그 결과는 거의 전 과정 속에서 독자가 출발한 것과 유사한 인식을 공고히 해주는 것이다.[3]

세기의 전환기에 지적·예술적으로 대단히 창조적이었던 이 시기의 또 다른 특징은, 당시가 바로 유대인들이 엘리트'사회'로 진입하는 것을 마지못해 인정했던 때였다는 것이다. 유럽 사회의 전반적인 세속화는 가장 오랫동안 존속한 법적 차별 형태들을 제거한 것에서 드러났다. 동시에 소수의 유대인들은 상당한 경제적 권력을 가진 지위들을 차지하게 되었다. 하지만 재계와 산업계에서 고위직을 점하고 있던 오스트리아-헝가리 제국을 제외하고는, 그들이 반유대주의자들의 비난을 불러일으켰던 최고의 지위를 차지한 곳은 어디에도 없었다.

뤼거의 비엔나 장악과 그것과 거의 동시에 프랑스에서 발생한 드레퓌스 사건은 인종차별적 반유대주의가 대중적인 정치적 힘으로 발전했음을 의미했다. 이 같은 사태의 진전은 유대인의 출세가 얼마나 도전받았는지를 보여준다. 차르제국하에서의 가난과 학살을 피해 유대인 농민들이 서유럽과 북

---

3 Letter to Henry James, 4 May 1907, in *The Selected Letters of William James*, ed. E. Hardwick(New York, 1993), p. 233.

미로 이주한 것은 인종차별주의적 선동자들에게 그 시대의 불안을 매우 쉽게 표출하는 배출구를 제공했다. 그러나 그 이유가 무엇이든 간에, 해방의 주요 수혜자인 세속화된 자유주의적 유대인 중간 계급은 그 당시에 뒤르켐, 프로이트, 루카치, 지멜Simmel, 비트겐슈타인Wittgenstein을 비롯한 매우 뛰어난 많은 지식인들을 배출했다. 당시의 매우 불확실한 발전으로부터 얻은 이익들 중 하나는 아마도 갑작스럽게 진입을 인정받은 세계에 대한 그들의 특별한 통찰력일 것이다.

8.2 객관성과 소원함: 지멜

리처드 하만Richard Hamann은 1907년 모더니즘 – 그는 일상적인 용례보다 훨씬 넓은 의미를 사용하여 그것을 '인상주의Impressionism'라고 불렀다 – 에 관한 한 선구적인 연구에서, 다음과 같이 기술했다. "하나의 스타일로서의 인상주의는 집중화 경향, 발전된 화폐경제, 자본주의의 지배, 그리고 (자신만의 독특한 분위기를 자아내는) 상업·금융계층과 함께 길을 걸어간다. 예술과 삶으로서의 근대 인상주의는 메트로폴리탄의 중심지들 – 베를린, 비엔나, 파리, 런던 – 을 본거지로 하고 있다."[4] 하만은 지멜의 『돈의 철학The Philosophy of Money』(1900)을 "철저하게 인상주의적인 철학"으로 묘사했다.

지멜의 저술들은 앞의 절에서 묘사한 발전들에 대한 매우 흥미로운 이론

---

4 D. Frisby, *Fragments of Modernity*(Cambridge, 1985), p. 85에서 인용함. 지멜(Georg Simmel, 1858~1918)은 베를린에서 유대인 사업가의 아들로 태어났다. 1881년 칸트에 대한 논문으로 베를린 대학교에서 박사학위를 취득했다. 베를린 대학교와 하이델베르크 대학교의 교수 채용에서 거듭 탈락했다. 개인적 수입이 그가 학자로서의 경력을 계속할 수 있게 했다. 마침내 1914년 스트라스부르 대학교 교수로 임명되었다.

적 응답이다. 그의 사상은 실제로 새로운 산업·군사 열강이 된 독일 수도에서의 생활로부터 많은 계기를 얻은 것으로 보인다. 그는 아들에게 다음과 같이 말했다. "세기의 전환기쯤과 그 이후에 베를린이 일개 도시에서 메트로폴리스로 발전한 것은 내 자신의 가장 강력하고 또 가장 광범위한 발전과 일치한다."[5] 데이비드 블랙번David Blackbourn은 그 당시의 베를린을 "메트로폴리스, 세계도시 그리고 근대정신의 축소판"으로 묘사한다. 즉 "베를린에서는 활기 있는 카페문화, 많은 극장, 잡지와 출판사들이 상인, 갤러리, 전위예술의 사적 후원자들 — 특히 부유한 유대인 부르주아 — 과 함께하고 있었다."[6]

『돈의 철학』 및 그것과 밀접한 관계에 있는 논문 「메트로폴리스와 정신적 삶The Metropolis and Mental Life」(1902~1903)에서, 지멜은 관례적인 의미에서 사회학적이라기보다는 심히 철학적인 관점에서 베를린 및 그와 유사한 도시들에서 드러나는 새로운 형태의 사회적 존재를 이해하고자 한다. 동시대의 한 논평자는 "지멜의 모든 저작 뒤에는 윤리적이라기보다는 심미적인 이상이 자리하고 있다"고 기술했다.[7] 인간의 삶에서 가치의 역할을 재고하고자 한 니체의 시도, 다시 말해 가치는 보편적인 도덕률과 우주의 질서를 표현하려는 것이기보다는 오히려 어떤 이상에 따라 개인적 삶의 심미적 형태들을 인도한다는 인식은(5.3절 참조) 지멜 세대의 독일 지식인들에게 엄청난 영향을 미쳤다. 지멜의 가장 영향력 있는 저작 중의 하나가 『쇼펜하우어와 니체Schopenhauer and Nietzsche』(1907)였다. 그리고 그는 '신성예술Holy Art'의 한 분파cult를 만든 시인 슈테판 게오르게Stefan George를 중심으로 한 서클에 매

---

5 D. Frisby, *Fragments of Modernity*, p. 69에서 인용함.

6 D. Blackbourn, *The Long Nineteenth Century*(London, 1997), p. 387.

7 D. Frisby, introduction to G. Simmel, *The Philosophy of Money*(London, 1978), p. 12에서 인용함.

혹되었다. 왜 이러한 관심을 가진 철학자가 가장 세속적이고 통속적인 사회 현상인 돈에 관심을 기울였을까?

그 답은 돈이 현실 자체의 본질적 구조를 상징한다는 것이다. 그는 다음과 같이 언급한다. "돈의 철학적 의미는 돈이 실제 세계 내에서 모든 존재방식의 가장 확실한 이미지이자 가장 분명한 구현물이라는 것이다. 이 방식에 따르면, 사물들은 서로를 통해 그것들의 의미를 획득하고 그것들의 존재도 그것들의 상호관계에 의해 결정된다." 가치 — 지멜이 경제적이자 윤리적이며 그리고 미학적인 개념으로 다루는 듯이 보이는 — 는 현실(또는 존재) 자체와 평행선을 달린다. "주체에 내재하는 것은 결코 대상의 '속성'이 아니라 대상에 대한 판단이다." 이러한 의미에서 지멜의 가치이론은 한계효용학파 경제학의 가치이론과 유사하고 마르크스의 노동가치이론과는 다르게(지멜은 마르크스의 노동가치이론을 분명하게 거부한다), 주관적이다.[8]

그러나 가치가 세계 속에서 우리가 사물에 부여하는 순위에서 연원할 경우, 그것은 그것들 간의 일련의 객관적 관계 속에서 표현된다. 우리는 우리가 직접적으로 향유할 수 없는 탐나는 대상들을 평가한다. 그러나 그것들은 어떤 점에서는 획득하기 어려운 것으로, 우리로부터 일정 정도 떨어져 있다. 시장에서 우리는 가치 있는 어떤 것을 우리가 더욱 원하는 어떤 것과 교환한다. 그러나 교환은 욕구충족이라는 그것의 기능을 넘어서는 의미를 지닌다. 사물은 시장관계를 통해 객관성을 획득한다. 이때 객관성은 사물이 개별 주체들과 그들의 욕구와 갖는 거리로부터 발생한다. 게다가 교환은 "사물의 상대성의 경제적-역사적 현실화"이다. 지멜은 진리가 "무게처럼 상대적인 개념"이라고 주장한다. 그것은 우리가 보거나 만지거나 맛볼 수 있는 대상들에 내재한 속성이 아니다. 오히려 어떤 문장이 진리라는 것은 그것을 연역

---

8 D. Frisby, introduction to G. Simmel, *The Philosophy of Money*, pp.128~129, 63.

하거나 경험적으로 확인할 때, 우리가 의존하는 다른 문장이 진리라는 것에 달려 있다. 그러나 우리가 진리로 주장하는 문장 전체는 기본적으로 실천적 목적들에 봉사한다. 즉 그것은 "구체적인 물리적-심리적 조직, 삶의 조건, 활동의 증진과 관련해서만 타당성을 가진다." 그러므로 "상대성은 또 다른 독자적인 진리관념의 조건이 아니라 진리의 본질적 특성이다."[9]

지금까지의 지멜은 매우 니체적이다. 그러나 지멜이 이 같은 실용주의적 진리관에 가한 독특한 뒤틀음은 이론적 지식과 경제적 교환 간을 병치시킨 것이다. 그에 따르면, "상대성은 표상이 진리가 되는 방식이다. 이는 수요의 대상이 가치가 되는 방식과 마찬가지이다." 스미스와 마르크스가 상품의 교환가치라고 불렀던 것은 필연적으로 상대적이다. 왜냐하면 교환가치는 하나의 상품이 교환될 수 있는 다른 대상의 양이기 때문이다. 이로부터 돈의 의미가 도출된다.

> 만약 대상의 경제적 가치가 그것의 상호 교환성과 관련하여 구성된다면, 돈은 이 같은 관계의 자주적 표현이다. 돈은 추상적 가치의 전형이다. 경제관계, 즉 대상의 교환성으로부터 이 같은 관계의 사실이 추출되고, 그것은 그 대상들과의 대비 속에서 가시적 상징과 결부되어 있는 개념적 존재를 획득한다.[10]

이와 같이 돈은 독자적이고 객관적이 된 경제적 가치 – 그리고 실제로는 세계 자체 – 를 구성하는 상대성이다. 게다가 "이 상대성은 다시 점점 더 돈으로 전화하는 대상의 또 다른 속성들을 지배하고, 결국 그 대상은 상대성을 구현하는 것에 지나지 않게 된다." 이것은 보편적 교환의 상징과 촉진물로

---

9 D. Frisby, introduction to G. Simmel, *The Philosophy of Money*, pp. 101, 106, 108, 116.

10 D. Frisby, introduction to G. Simmel, *The Philosophy of Money*, pp. 116, 120.

서의 돈의 기능이, 돈-상품(말하자면, 금)이 가질 수 있는 모든 구체적 속성을 대신하고자 하는 경향 – 하지만 결코 완전히 실현되지 않는 – 에 반영되어 있다. 그러므로 그것은 구체적인 것과 물질적인 것보다는 추상적인 것과 상대적인 것에 대한 관심을 증대시킨다.

지멜에 따르면, "돈은 삶의 모든 영역과 모든 감각 속에서 내용을 자유롭게 부유하는 과정 속으로 용해하고자 하는 일반적 발전과 연관되어 있다."[11]

이 같은 추상화 경향은 또한 근대과학의 발전에 기여했다. 즉 "지성의 지배와 화폐경제는 근본적으로 연관되어 있다."[12] 동시에 돈의 보편성, 즉 직접적인 사회적 맥락들로부터 그것의 분리는, 과거에는 돈을 이방인, 배제된 자, 이를테면 박해받는 종교적 소수자들만이 사용하였다는 것을 의미했다 (유대인이었기에 학계 진출을 거부당한 지멜은 아웃사이더들의 불안한 지위에 특히 민감했다).

이와 같이 돈은 인간이 자신의 목적을 달성하는 보편적인 수단, 즉 "가장 순수한 형태의 도구"이다. 돈은 그것을 통해 개인적 독립을 앙양하는 해방의 역할을 수행할 수 있다. 사회적 관계가 돈을 대가로 하여 재화와 용역의 구매와 판매에 의해 보편적으로 매개될 때, 우리는 더 이상 타자들에게 개인적으로 의지하지 않는다. "이를테면 도시거주자는 더 이상 그들 중 어느 누구를 특정한 개인으로 의지하는 것이 아니라 다만 오직 화폐가치를 가진, 그러므로 어떤 교환할 수 있는 사람에 의해서 수행되는 그들의 객관적인 서비스에 의지한다." 그러나 동시에 돈의 편재성이 야기하는 만물의 상대화는 대상과 사람들이 더 이상 그 내재적 속성으로 가치를 평가받지 않는다는 것을 의미한다. 이것은 보편적인 사회적 파편화와 "질적 규정의 양적 규정으

---

11 D. Frisby, introduction to G. Simmel, *The Philosophy of Money*, pp. 127, 168.

12 *The Sociology of Georg Simmel*, ed. K. H. Wolff(New York, 1950), p. 411.

로의 환원"을 조장하여, "구체적·개별적·질적으로 규정되는 모든 것"이 "단지 수적으로 쉽게 규정할 수 있는 특색 없는 요소나 인식의 많고 적음, 크고 작음, 넓고 좁음, 더 빈번하고 덜 빈번함"으로 해석된다.[13]

거대도시의 거주자들이 만들어낸 두 가지 독특한 입장은 실제로는 "최고조에 이른 화폐문화"에 대한 반응들이다. 냉소주의, "모든 옛 가치들에 대한 경시, 무관심한 태도, 즉 사물의 …… 구체적 속성에 대한 무관심"은 돈이 사회적 관계에 보편적으로 침투함으로써 발생한 "상호적 탈개인화와 평준화"로부터 발생한다. 그와 동일한 과정의 일부로서, "인식 가능한 행위요소들은 주·객관적으로 계산가능한 합리적 관계들로 전화되며, 그렇게 되는 과정에서 오직 삶의 전환점, 즉 궁극적 목적에만 결부되어 있던 감정적 반응과 결정들은 점진적으로 제거된다."[14] 이 같은 대비는 도구합리적 행위 — 즉 어떤 주어진 목적을 달성하기 위하여 가장 효과적인 수단을 선택하는 것 — 와 가치합리적 행위 — 즉 삶이 의식적으로 채택된 어떤 목적에 의해서 정해지는 것 — 사이에서 베버가 그려낸 것과 유사하다(앞의 7.3절 참조).

지멜은 문화의 "주체적 요소와 객체적 요소의 분기"를 문제로 제기하고, "노동하는 사람과 생산된 성과를 분리시키고 또 생산물에 객관적 독립성을 부여하는 분업"이 그것의 원인이라고 본다. 주체성과 객체성, 감정과 이성, 질과 양, 내용과 형식이 날카롭게 대치된다. 그에 따르면, "사물의 객관적 정신은 흠집 없는 완전성 속에 존재하나, 여전히 그것은 객관적 실체 속으로 용해될 수 없는 인격의 가치를 결여하고 있다." 이처럼 의미가 고갈된 사회 세계는 감각과 다양성을 추구하게끔 한다. 이는 대도시적 삶에 대한 주요한 반응들 중 하나이다. 이것은 또한 간접적이고 불완전하게나마 모더니즘의

---

13 Simmel, *Philosophy of Money*, pp. 210, 300~302, 277, 278.
14 Simmel, *Philosophy of Money*, pp. 255, 256, 393, 431.

특징을 보여준다(그리고 이는 앞서 제임스가 환기시킨 것이기도 하다).

현재는 파편적인 것, 단순한 암시, 금언, 미발전된 예술적 스타일에 대한 매력
을 생생하게 느낀다. 모든 예술에 낯익은 이 모든 형식들은 우리가 사물의 내
용과 일정한 거리를 두게 한다. 즉 그것들은 '멀리 떨어진 곳에서' 우리에게
다음과 같이 말한다. 현실은 명백한 확신을 가지고 다루어지는 것이 아니라,
곧 움츠릴 손가락 끝으로 건드려진다. 최고로 세련된 우리의 문학 양식은 대
상을 직접적으로 특성화하기를 피한다. 즉 그것은 대상의 외진 한 구석만을
말로 건드릴 뿐이고, 사물이 아니라 그것을 덮고 있는 베일을 포착한다.[15]

근대예술의 특징인 간접적 표현은 돈 자체에서 나타나는 동일한 특징들
과 상관관계에 있다. 지멜에 따르면, "돈은 거리를 뛰어넘고 권력을 집중하
고 어디든지 침투할 수 있는 대단한 독특한 자질 – 특별하고 일면적인 모든 것들
로부터 거리를 둔 결과 획득한 자질 – 을 소유함으로써, 삶의 특수한 욕구와 형식
에 봉사한다." 근대적 삶에 대한 독특한 추상화 – 개인적 이익의 계산에 기초한
사회적 관계의 지배 – 는 화폐 자체의 추상화의 결과이다. 즉 그것은 돈이 구체
적인 상황과 욕구와 일정한 거리를 가지기 때문이다. 이는 다시 실재 자체가
상대적이라는 사실, 즉 실재는 그것이 의존할 수 있는 전적으로 확실한 토대
를 결코 가지지 못한다는 사실을 반영한다.

역사적 세계의 하나의 제도로서의 화폐는, 대상의 행동을 상징화하고 자신과
대상 간에 특정한 관계를 확립한다. 사회의 삶이 금전적 관계에 의해 지배될
수록 존재의 상대주의적 성격은 의식적 삶 속에서 자신을 드러낸다. 왜냐하

---

15 Simmel, *Philosophy of Money*, pp. 453, 457, 467, 474.

면 돈은 경제적 재화의 상대성 − 그 가치를 표시하는 − 을 구체화하고 있는 하나의 특별한 형태에 불과하기 때문이다.[16]

이와 같이 지멜은 근대자본주의에 대한 독특한 철학적 해석을 제시한다. 그러한 해석 속에서, 그는 자신이 돈의 지배에 대한 하나의 표현으로 간주하는 모더니즘 형태의 예술을 사물 자체의 상대성의 진수를 보여주는 것의 일종으로 역사적 측면에서 해석한다. 따라서 그것은 자연스럽게 마르크스의 『자본론』과 비교하게 만든다. 『자본론』 제3권의 주제 중의 하나가 바로 금융제도가 생산과 독립적으로 작동하는 하나의 독자적인 (자주적인) 과정으로 발전한다는 것이다. 당시의 한 평론가는 다음과 같이 논평했다. "『돈의 철학』의 일부 구절들은 마르크스의 경제적 논의들을 심리학의 언어들로 전환시킨 것처럼 읽힌다."[17]

지멜 자신은 그의 방법을 "경제적 삶을 지적 삶의 원인들 속에 편입시키는 것이 갖는 설명적 가치를 보지하면서도, 그 같은 경제적 요소들을 심리학적 또는 심지어 형이상학적 전제조건들에 대한 보다 심오한 평가와 그 추세의 결과로 인식하는 하나의 새로운 이야기를 역사유물론의 아래에 구축하고자 하는" 시도라고 기술했다.[18] 그는 경제적 토대에 대한 자신의 형이상학적 기초 지식이 신선한 유물론적 해석에 종속되고 또 그러한 해석 아래에 새로운 철학적 층이 구축되는, 그리고 이 같은 일이 무한정 계속되는 무한회귀의 한 형태를 예견했다.

지멜과 마르크스 간의 하나의 명백한 차이는, 마르크스가 돈의 화폐자본

16 Simmel, *Philosophy of Money* pp. 496, 512.

17 Frisby, introduction to Simmel, *Philosophy of Money*, p. 11에서 인용함.

18 Frisby, introduction to Simmel, *Philosophy of Money*, p. 56.

— 임금노동을 고용하는 생산적 자본가들에게 대부하는 것을 통해 이자를 추구하는 — 형태로의 자율화를 자본주의적 생산관계의 현실에 대한 체계적 오해로 인식한다는 점이다. 즉 마르크스에서는 화폐자본은이 실제로 이자가 생산 속에서 노동자들로부터 추출된 잉여가치의 일부일 때, 스스로 팽창하는 능력을 가지는 것으로 인식된다. 이를테면 마르크스에 따르면,

> 이자를 낳는 자본 속에서 자본관계는 그것의 가장 표면적이고 물신화된 형태에 도달한다. …… 전체 재생산과정의 결과는 본래 사물에 내재하는 속성처럼 보인다. 그러므로 이자 낳는 자본 속에서 이러한 자동적인 물신은 그것의 순수한 형태, 즉 자기증식적 가치, 돈을 낳는 돈으로 정교화된다. 그리고 그러한 형태 속에서 그것은 더 이상 그것의 기원에 관한 어떤 흔적도 지니지 않는다.[19]

하지만 지멜에서는 외양과 실재 사이의 간극이 존재하지 않는다. 즉 돈에 의해 이룩된 모든 인간적 속성의 상대화는 세계 자체를 구성하고 있는 상대성을 보여준다. 왜냐하면 돈의 발전, 그 과정, 그리고 그것이 야기하는 객체화된 소외된 세계에 관한 설명에서, 그가 사용하는 모든 역사적 지식은 사물에 내재하는 경향의 현실화로 보이기 때문이다. 데이비드 프리스비David Frisby가 표현하듯이, "그러므로 근대성은 그 자체 영원한 현재이다."[20]

---

19 K. Marx, *Capital*(3 vols, Harmondsworth, 1976~1981), III, pp. 515~516.
20 Frisby, *Fragments*, p. 108.

8.3 해부된 자아: 프로이트

지멜과 베버 모두는 서로 다른 방식으로 자신들이 근대성의 특히 양가적
이고 문제 있는 특성으로 간주하는 것을 극히 미묘하게 그리고 암시적으로
분석한다. 그들은 그렇게 하면서 과학적 이성을 역사적으로 위치시키고, 자
신들이 보기에 그것의 한계라고 여겨지는 것을 규명함으로써 과학적 이성
을 상대화한다. 하지만 거기에는 그들이 대체로 당연한 것으로 받아들이는
계몽주의 유산의 한 측면, 다시 말해 주체 자체가 존재한다. 데카르트가 개념
화한 자아는, 찰스 테일러Charles Taylor가 표현하듯이, '자기규정적self-defining'
이다. 즉 자신의 정신 상태를 직접적으로 의식하는 자아는 그 같은 자기확신
을 통해 세계의 모든 지식이 구성되는 토대가 된다.[21] 칸트에서 헤겔에 이르
는 독일 고전관념론은 이 같은 가정이 갖는 난점들을 언급하고 있으나, 그것
을 포기하기보다는 주체를 모든 경험의 초월적 조건으로, 또는 심지어는 절
대자 ─ 즉 세계의 모든 내용의 근원 ─ 로 변형시켰다(앞의 1.5절과 제2장 참조).

니체가 이미 주체의 자율성과 일관성에 의문을 제기한 바 있었지만, 자아
를 분해하고 그 구성요소들을 들추어내는 결정적인 조처를 취한 것은 프로
이트였다.[22] 프로이트는 자신의 업적을 다음과 같은 (그리 겸손하지 않은) 용어

---

21 C. Taylor, *Hegel*(Cambridge, 1975), p. 7.

22 프로이트(Sigmund Freud, 1856~1939)는 보헤미아 프라이부르크(현재는 체코공화국
의 프라이버)에서 태어났다. 그가 3살 때 발생한 반유대인 폭동은 그의 가족을 처음
에는 라이프치히로, 그다음에는 비엔나로 피신할 수밖에 없게 했다. 비엔나 대학교
에서 자연과학과 의학을 공부했다(1873~1880년). 1881년 의학박사학위를 취득하고,
비엔나 종합병원에서 근무했다(1883~1885년). 1885~1888년에는 프랑스 파리의 살페트
리에르(Salpêtrière) 병원에서 신경과 의사 장 샤르코(Jean Charcot) 밑에서 공부했다.
1886년 개인병원을 개업했다. 요세프 브로이어 (Joseph Breuer)와 공동집필한『히스
테리 연구Studies in Hysteria』(1895)는 정신분석학을 처음으로 정식화한 것이었다.

들로 묘사했다. "수세기를 경과하며 사람의 소박한 자기애는 과학에 의해 두 번의 강력한 타격을 받았다." 지구는 우주의 중심이 아니라는 코페르니쿠스의 논증과 자연선택을 통한 진화라는 다윈의 진화이론 – 인간을 생명체의 서열에서 자칭 최고의 자리로부터 강등시킨 – 이 그것이다. 그렇지만 "인간의 과대망상증은 에고ego가 그 자신의 집에서조차 주인이 아니라 그의 마음속에서 진행되는 것에 대한 불충분한 정보에 만족해야만 하는 존재임을 증명하고자 하는 현대의 심리학적 연구로부터 나온, 세 번째 그리고 가장 커다란 상처를 입히는 타격에 의해 고통받을 것이다."23

프로이트가 정식화한 인간정신이론이 중요한 까닭은 그것이 주로 무의식 개념을 매우 강력하고 영향력 있게 정식화하고 있기 때문이다. 달리 말해, 의식적인 정신 상태의 존재는 무의식적인 정신 상태의 존재를 전제로 한다. 프로이트가 무의식을 의식적 정신 상태만큼이나 하나의 의도적인 현상 – 그리하여 신념과 욕망을 구성하는 – 으로 생각한다는 것을 인식하는 것이 중요하다. 비록 무의식이 신체의 충동적 느낌을 통해 드러나기는 하지만, 그것은 생물학적 실체가 아니다. 따라서 무의식 속에서 진행되는 것도 "어떤 의미를 지닌다. 여기서 우리가 '의미'라는 단어로 말하고자 하는 것은 '의의', '의도', '목적' 그리고 '어떤 연속되는 심적 맥락에서의 지위'이다."24

프로이트는 신경증, 특히 히스테리로 고통받는 환자에 대한 자신의 치료의 결과, 무의식의 관념에 도달했다. 프로이트와 그의 동료 요세프 브로이어는 히스테리의 주된 증상으로 규명된 망상은 의학적 정설이 주장하듯이 단

1902년 비엔나 대학교 교수로 임명되었다. 1910년에는 국제정신분석학회를 창립했다. 독일의 오스트리아 합병 이후, 1938년 6월 영국 런던으로 피신했다.

23 S. Freud, *The Complete Introductory Lectures on Psychoanalysis* (London, 1971), pp. 284~285.

24 S. Freud, *The Complete Introductory Lectures on Psychoanalysis*, p. 61.

지 물리적 상태의 결과로 간주될 수 없는 것이라고 믿게 되었다. 그들은 그 같은 망상은 어떤 의도를 가진 것으로 간주해야만 한다고 주장했다. 즉 그것의 내용은 일반적으로 어떤 과거의 사건과 관련되어 있었다. 프로이트와 브로이어는 "우리의 히스테리 환자들은 회상으로부터 고통을 받고 있다"고 결론 내렸다. 따라서 거기서 그들은 브로이어의 환자 '안나 O.'가 '대화치료 talking cure'라고 불렀던 것 — 신경증적 증상들을 발생시키는 고통스러운 기억을 끌어내기 위해 고안된 의사와 환자 사이의 교류 — 을 정신분석학의 정수를 이루는 하나의 치료법으로 발전시켰다.[25]

그러한 노력이 그 같은 기억들을 끌어내기 위해 요구되었다는 사실은 의식적인 정신이 그러한 기억들에 접근하는 것을 막고자 하는 어떤 힘 — 프로이트가 억압이라 불렀던 것 — 이 존재한다는 것을 함축했다. 이것은 우선 억압에 의해 숨겨진 의미들을 끌어내기 위해 고안된 해석기술의 발전을 수반했다. 프로이트는 이를 위한 다양한 기법들을 발전시켰다. 그것들 중 가장 중요한 것은 아마도 그의 가장 위대한 저작이라고 할 수 있는 『꿈의 해석The Interpretation of Dreams』(1900)에서 제시되었다. 실제로 프로이트는 다음과 같이 주장했다. "꿈의 해석은 정신의 무의식적 활동에 관한 지식에 이르는 왕도이다."[26]

꿈은 어떤 언어의 규칙 — 비록 의식적 정신이 사용하는 규칙과는 매우 다르지만 — 에 따라 형성된 의미 있는 현상들로 취급되어야만 한다. 이 언어를 이해하기 위해서는 우리가 꿈의 현재적 내용과 잠재적 내용, 다시 말해 꿈이 꿈을 꾸는 사람에게 직접적으로 자신을 드러내는 방식과 그것의 실제적, 그러나 숨어 있는 의미 간을 구분할 것을 요구한다. 프로이트는 어떤 꿈의 잠재

25 J. Breuer and S. Freud, *Studies in Hysteria* (Harmondsworth, 1974), pp. 58, 83.

26 S. Freud, *The Interpretation of Dreams* (New York, 1972), p. 647.

적 내용은 항상 원망의 수행이라고 주장한다. 그러나 강력한 저항력들이 그러한 원망의 표출을 막고자 하며, 따라서 현재적 내용이 잠재적 내용을 왜곡한다. 따라서 "하나의 전체로서의 꿈은 그 밖의 어떤 것, 즉 무의식적인 어떤 것의 왜곡된 대체물이다."[27]

프로이트는 잠재적 내용이 현재 내용으로 변형되는 과정을 '꿈 작업 dream work'이라고 부른다. 그것은 잠재적 내용의 요소들을 해체하고 그것들을 다시 섞고, 때로는 그것들을 융합시키고, 때로는 현혹적인 암시들을 통하여 그것들을 서로 연관시키는 두 가지 주요 메커니즘 ─ 압축condensation과 치환displacement ─ 으로 구성된다. 게다가 그 메커니즘들은 사고를 감각적 이미지로 변형시킴으로써, 개별 인간들이 개념의 사용을 학습하는 발달과정을 뒤집는다. 이 같은 "고풍적 또는 회귀적" 표현 양식은 꿈의 잠재적 내용에 해결의 실마리를 제공한다. 꿈 작업이 검열하고자 하는 사고는 일반적으로 유년기의 억압된 기억들을 포함한다. 프로이트에 따르면, "꿈은 최근의 경험으로 이전됨으로써 수정된 유아기의 장면으로 묘사될 수 있다. 유아기의 장면은 그 자체로 부활될 수 없으며, 따라서 꿈으로 되돌아오는 것에 만족해야만 한다."[28] 실제로 프로이트는 "모든 꿈은 어린아이들의 꿈으로, …… 그것은 동일한 유아기의 소재들, 즉 동일한 정신적 충동과 유년기의 메커니즘을 가지고 작동한다."[29]

그렇다면 왜 꿈은 유년기로의 회귀의 형태를 취하는가? 그리고 왜 이 과정은 의식적 정신으로부터 숨겨져야만 하는가? 무의식의 존재를 상정하기 위해서는, 단지 무의식의 내용들을 끌어내기 위해 요구되는 해석학적 기법

---

27 Freud, *Introductory Lectures*, p. 114.

28 Freud, *Interpretation*, p. 585.

29 Freud, *Introductory Lectures*, p. 213.

328 | 사회이론의 역사

의 발전뿐만 아니라 회귀의 힘에 의해 감추어진 것에 대한 일정한 설명이 요구된다. 『섹슈얼리티이론에 관한 세 편의 에세이Three Essays on the Theory of Sexuality』(1905)에서 정교화한 프로이트의 답변은 아직도 여전히 그의 가장 논란 있는 이론인 유아기의 섹슈얼리티 이론을 통해 제시되었다. 달리 말해 꿈과 신경증 증상이 부정하고자 하는 거대한 비밀은, 유아기의 매우 초기 단계에서부터 아이들은 성적으로 적극적이라는 것이다. 실제로 아이들은 이성애적인 생식기적 섹슈얼리티의 규범에 적합하지 않은, 그리고 실제로 초기에는 결코 대상을 가지지 못하는 욕망을 경험하면서, "다양한 형태로 도착적"이 된다. 프로이트는 유아기의 일련의 성적 조직화 단계들을 구분한다. 그 속에서 아이는 점차 하나의 대상 – 처음에는 자신 그리고 다음에는 어머니 – 에 초점을 맞추는 일단의 파편화된 욕망들과 함께 시작한다. 마지막으로, 그가 생식기 단계라 부르는 것 속에서, 아이는 다른 성性의 성원을 향한 '정상'적인 욕망을 발전시킨다(하지만 이 같은 지향은 청소년기에 달할 때까지는 달성되지 못한 채 '잠재성'의 시기에 머물러 있다).

이 과정의 중대한 국면은 그 같은 행복한 결과 직전에 발생한다. 여기서 남아와 여아 모두는 자신들의 어머니를 욕구한다. 음경기에, 남아는 오이디푸스 콤플렉스Oedipus complex를 느낀다. 그들은 그리스 비극의 영웅을 흉내내고, 자신들이 어머니에 대한 애정의 경쟁자로 증오하는 아버지를 죽이고자 한다. 오이디푸스 콤플렉스는 소년이 자신의 남근의 상실을 두려워하고 그리하여 아버지를 잠재적 거세자로 두려할 때, 거세 콤플렉스를 통해 해소된다. 이 같은 두려움은 아이로 하여금 그 또한 언젠가 아버지가 되고 어머니를 소유할 것이라는 기대 속에서 자신의 오이디푸스 콤플렉스적 욕망을 포기하게 한다. 여아의 경우, 이 과정은 거꾸로다. 즉 "거세 콤플렉스는 오이디푸스 콤플렉스를 파괴하기보다는 준비한다." 그녀가 남근을 가지고 있지 않다는 인식은 소녀로 하여금 자신을 어머니와 동일시하고 아버지를 욕망하게 한다. 그렇게 하여 그녀는 남근(또는 남근의 대체물서의 아이)을 가질 수 있다. 이 같은 선택은 "수동성을 능동성으로 대체하는 것"을 포함한다. 소녀에게서 오이디푸스 콤플렉스는 소년에게서보다 훨씬 더 느리게 극복되는 '피난처'이다.[30]

초기 유년기의 이 같은 감정적 역사는 프로이트가 환자의 고통들을 설명할 수 있게 한다. 오이디푸스 콤플렉스로 이어지는 과정과 그것의 해소 과정이 잘못되고 또 그가 그것이 결코 전적으로 옳지는 않다고 믿을 경우, 그 결과가 바로 정신병이다. 보다 구체적으로 말하면 '전이신경증', 히스테리, 강박신경증은 어떤 본능 또는 본능적 요소가 유아기 발전의 초기 단계에 고착되어 있을 때 발생한다. 개인이 고착이 발생한 리비도의 발전단계로 회귀할 때, 억압은 "억압된 것의 복귀return of the repressed"를 막을 수 없다. 이와 같이 정신병은 회귀적 특성을 가지고 있다. 즉 환자는 만족을 부정당한 억압된 욕망으로부터 고통받는다. 신경증적·히스테리적 증상들은 이러한 욕망과 억압의 힘들 간의 투쟁으로부터 발생하는 '타협형성compromise formation'이다. 그것들은 꿈 작업에 포함된 것과 동일한 응축과 치환의 메커니즘을 사용하는 과정들로부터 출현한다. 그러므로 정신분석학적 치료는 강력한 무의식적 저항에 직면하여 환자의 꿈과 증상들이 왜곡된 상태로 암시하고 있는 특정한 역사를 점진적으로 재구성하는 것이다.

개별 주체의 형성과 정신병의 본성에 관한 프로이트의 설명은 여전히 격렬한 논쟁의 대상이 되고 있다. 그럼에도 불구하고 우리의 주제, 즉 사회이론의 발전과 관련하여 볼 때, 그것은 엄청난 중요성을 지닌다. 우선, 정상성과 비정상성 간의 구분 ― 이를테면 뒤르켐의 사회학에서 매우 중요한 ― 이 상대화된다. 억압은 건강한 사람과 아픈 사람 모두에서 똑같이 작동하는 하나의 보

---

30 Freud, *Introductory Lectures*, pp. 593, 592.

편적 현상이다. 만약 억압된 욕망이 신경증적 증상의 형태로 귀환하지 않는다면, 그것은 꿈속에서 그렇게 한다. 그리고 우리가 살펴보았듯이, 동일한 검열과정이 양자에서 작용한다. 둘째로, 젠더의 차이는 단지 남성과 여성의 생물학적 구성의 결과가 아니다. 좀 더 정확하게 말하면, 생물학적 구성의 결과들은 남성지배적인 가족구조 내에서 소년과 소녀들이 그와 동일한 구조 속에서 그들의 미래 역할들을 준비하는 과정을 통해 매개된다. 셋째로, 의식적 자아는 욕망과 성향들의 역사 ― 즉 그것들의 복잡한 집합의 결과 ― 로 판명된다. 프로이트에 따르면, 그 같은 욕망과 성향들의 내적 긴장들은 알려지지 않은 광대한 배후지를 숨기고 암시한다. 그 배후지 속에는 의식적 자아가 구성되는 과정의 매우 중요한 결과들 중 많은 것이 숨겨져 있다.

프로이트는 그의 후기 저술들에서 『꿈의 해석』과 같은 저작들에서 가정했던 것보다 정신에 관한 더욱 정교한 모델을 발전시켰다. 이 모델은 에고, 이드id, 슈퍼에고superego 간의 대비에 기초하고 있다. 이드는 성적 욕망의 자리이다. 정신은 처음에는 모두 이드이다. 이처럼 개인의 정신발달은 에고와 슈퍼에고가 이드로부터 분리되는 분화과정 속에서 이루어진다. 에고는 의식적 자아의 장소이다. 그러나 프로이트는 그것이 또한 억압의 근원이고, 따라서 에고의 어떤 측면들은 한때 억압이 뿌리박고 있던 이드처럼 무의식적이라고 말한다. 마지막으로, 슈퍼에고는 무의식적으로 자기 것으로 받아들인 아버지이자 오이디푸스 콤플렉스의 상속인이고, 사회적 도덕의 표상이다. 즉 그것은 일상적 담론이 양심이라 부르는 것 속에서 현시되고, 또한 편집증과 같은 비정상적 조건들 속에서 역할을 수행한다.

정신에 관한 이 같은 복잡한 해부는 억압에 대한 프로이트의 증가하는 관심 ― 억압된 것(유아기의 성적 욕망)이 아니라 그 억압을 초래하는 힘에 관한 관심 ― 을 반영했다. 이 같은 전환은 충동 또는 본능Triebe ― 의식적인 정신적 삶과 무의식적인 정신적 삶 모두의 근간을 이루는 생물학적으로 결정된 성향 ― 을 개념화하고자 하는 일련의 시도들을 수반했다. 프로이트는 처음에는 억압을 현실원리reality principle와 쾌락원리pleasure principle 간의 갈등의 결과로 간주했다. 현실원리와 쾌락원리는 두 가지 종류의 충동 – 리비도(즉 욕망으로 표현되는 성적 만족을 위한 충동)와 자기보존의 본능 – 간의 투쟁을 반영한다. 개략적으로 말하면, 즉각적인 만족을 추구하는 리비도의 요구는 개인이 혹독한 세상에서 살아남기 위해 필요한 것, 즉 욕망을 억압하고 쾌락을 연기하라는 요구와 충돌한다.

하지만 프로이트는 자신이 자기보존을 지향하는 에고본능ego-instinct이라고 부른 것의 자율성을 의심하기에 이르렀다. 그가 1914년에 정식화한 '원초적 나르시시즘primary narcissism' 이론에 의하면, 자신은 첫 번째 성적 대상이었다. 따라서 에고는 그 자체를 방어하기 위해 리비도에 의존할 수 있었다. 이 주장은 충동은 단지 성적이라는 것을 함의하지만, 프로이트가 거기서 머문 것은 아니었다. 프로이트는 『쾌락원리를 넘어서Beyond the Pleasure Principle』(1920)에서 개인들의 사디즘과 마조히즘에서부터 최근 제1차 세계대전에서 드러난 집합적 공격에 이르는 수많은 현상들을 설명하고자 하면서, 죽음이라는 본능의 존재를 자명한 것으로 가정했다.

그의 주장에 따르면, 고통은 긴장의 누적에서 발생하고 쾌락은 그것의 해소에서 발생한다. 긴장의 방출, 즉 긴장의 해소로부터 획득되는 만족은 "생명체가 외부 교란요소들의 압력하에서 포기할 것을 강요받아온 초기 상태를 회복하고자 하는 유기체에 내재하는 충동"으로부터 발생한다. "다시 말해 그것은 …… 유기체들에 내재하는 관성의 표현이다." 이 같은 '초기 상태'는 단지 생명의 부재 자체일 수도 있다. 유기체들은 죽기를, 즉 "다시 비유기체가 …… 되기를" 열망한다. 이를테면 "모든 삶의 목적은 죽음이다."[31] 죽음의 본능과 리비도가 처음에는 갈등 상태에 있지만, 그것들은 동시에 서로 밀접하

---

31 S. Freud, *On Metapsychology*(Harmondsworth, 1984), pp. 331, 311.

게 연관되어 있다. 왜냐하면 양자 모두가 긴장을 해소하고자 하는 하나의 시도이기 때문이다. 죽음의 본능은 그 한계에 도달한 리비도, 즉 쾌락을 추구하고 고통을 피하고자 하는 충동의 궁극적 결과이다. 게다가 이 두 본능은 함께 작동한다. 성관계에서 사랑의 충동과 파괴의 충동이 밀접히 연관되어 있는 것도 이것에서 연유한다.

이 같은 매우 사변적인 생물학은, 다양한 구체적 관념들 – 이를테면 망각의 기능적 역할을 강조하는 것이나 성적 욕망은 문화적 창조물 속으로 승화될 수 있다고 제시하는 것과 같은 – 이 그러하듯이, 니체의 생물학을 떠올리게 한다. 그러나 프로이트의 충동이론의 전반적 교의는 니체의 권력에의 의지의 교의와 매우 다르다. 후자는 사물들에 내재하며 변혁을 초래하고 그러한 변혁 속에서 가치들이 창조적으로 재구성되는 역동적인 경향을 가정한다. 그러나 프로이트에 따르면, 충동은 "전적으로 보수적"이다. 즉 "변화와 진보의 경향을 보이는 힘들"은 '현혹적인 겉모양'이다.[32]

이 같은 성찰은 사회적인 것과 생물학적인 것 간의 관계에 대한 매우 날카로운 문제 – 물론 19세기 진화론에 의해서도 또한 제기된 – 를 제기한다. 프로이트의 일반적인 견해는, 인간의 생물학적 구성은 꽤 직접적으로 다양한 사회적 현상의 원인이라는 것이다. 이를테면 공격은 그것이 개인적 관계들에서 드러나든 또는 전쟁터에서 드러나든 간에 죽음의 본능이 표출된 것이다. 이것이 프로이트가 생물학적 결정론자이거나 사회개혁의 반대자라는 것을 의미하지는 않는다. 그러나 그는 억압이 문명의 존재의 필요조건이며, 문명은 사회가 어떤 형태를 취하든 간에 불행 속에서 커다란 대가를 치르게 될 것이라고 생각한다. 이를테면 프로이트는 1917년 10월의 러시아혁명이 시기상조라고 생각한다.

---

32 S. Freud, *On Metapsychology*, p. 310.

새로운 발견이 자연에 관한 우리의 통제력을 증대시키고 그리하여 우리의 욕구를 더 쉽게 만족시킬 수 있을 때까지, 사회질서의 전면적 개조는 거의 성공할 전망이 없다. 오직 그러한 일이 있고 난 다음에야, 아마도 대중들의 물질적 욕구에 종지부를 찍을 뿐만 아니라 개인들의 문화적 요구에 대해서 귀 기울일 수 있는 새로운 사회적 질서가 가능할 것이다. 심지어는 그런 다음에도 우리는 여전히 인간본성의 길들여지지 않는 특성이 모든 종류의 사회적 공동체에 부여하는 난점들과 무수한 시간을 투쟁해야만 할 것이다.[33]

어떤 점에서 정신분석학은 계몽주의 프로젝트에 커다란 타격을 가하는 것으로 보인다. 데카르트적 주체는 숨어 있는 욕망과 충동을 인간동기의 주된 근원으로 들추어낸다. 하지만 프로이트는 그 자신의 발견들을 과학적 이성의 위대한 승리와 그 영역의 확대로 간주한다. 게다가 그는 자신의 발견들이 인도하는 치료는 개인들에게 고통의 기원을 그들 자신의 개인적 역사의 비밀스러운 과정 속에서 이해하게 함으로써 그들이 자신들의 고통을 통제하는 데 도움을 줄 수 있을 것이라고 믿었다. 이것은 철저하게 스토아적인 이성개념 ─ 인간의 열정에서 유래하는 필연적 형태들을 인식하고 그것이 불가피하게 초래하는 불행을 승인하는 ─ 이다. 그러나 그것은 계몽주의 프로젝트의 포기가 아니라 주요한 확대를 뜻한다.

프로이트의 업적에 우호적인 사람들에게조차도 그가 실제로 근대 서구의 사사화된 남성지배적 가족구조를 영속화시킴으로써 사회적 변화의 범위를 과도하게 제한한 것은 아닌가 하는 의문이 남아 있다. 그에 대한 가장 통찰력 있는 비평가들인 질 들뢰즈Gilles Deleuze와 펠릭스 가타리Félix Guattari는 이를 매우 강력하게 지적한다.

---

33 Freud, *Introductory Lectures*, p. 645.

프로이트의 위대성은 욕망의 본질 또는 본성을…… 어떤 추상적인 주관적 본질, 즉 리비도나 섹슈얼리티로 규정해왔다는 것이다. 그러나 그는 여전히 그것의 본질을 사적 인간의 마지막 영토인 가족과 관련시킨다. …… 모든 것들은, 마치 프로이트가 우리에게 다음과 같이 말함으로써 섹슈얼리티에 대한 자신의 심오한 발견을 스스로 용서하는 것처럼, 돌아가고 있다. 적어도 섹슈얼리티는 가족 속에 머무른다! …… 그는 신화, 비극, 꿈의 모든 자원을 동원하여, 이번에는 욕망을 내면에서, 즉 마음속의 극장에서 그것들을 다시 얽어맨다.[34]

하지만 다른 사람들은 프로이트의 저작을 가족드라마 내에 욕망을 감금하는 것 이상으로 독해한다. 이를테면 프랑크푸르트학파는 역사유물론과 정신분석학으로부터 인간해방에 관한 보다 광범위한 이론을 주조해내고자 했다(아래의 10.3절을 보라).

8.4 저발전의 유물: 러시아 지식인과 자본주의

니체와 프로이트, 그리고 베버와 지멜은 19세기가 끝날 무렵 유럽의 가장 빼어난 인텔리겐치아들이 역사적 진보에 대해 품고 있던 증대하는 의문들을 서로 다른 방식으로 대변하고 있었다. 그들은 당시 산업자본주의가 매우 분명하게 승리한 사회에서 살면서, 그 같은 과정의 역사적 상황성, 취약성, 그리고 개인적·집합적 비용들을 조명했다. 하지만 당시에 그들이 문제 삼고자 했던 근대화는 대체로 서유럽과 중앙유럽 그리고 북미의 현상이었다. 산업자본주의의 개막이 초래한 서구사회의 매우 급속한 변화는 서구사회와

---

34 J. Deleuze and F. Guattari, *L'Anti-œdipe* (Paris, 1972), pp. 322, 323.

나머지 세계 간의 간극이 커지리라는 것을 예고했다. 바로 그 같은 일이 벌어진 19세기 후반기에 아시아, 아프리카, 라틴아메리카의 많은 국가들이 유럽 열강의 공식적·비공식적 제국들에 그리고 1900년경에는 또한 미국에 합병되었다. 당시 서구의 지배에 종속된 사람들에게 산업화와 식민화가 갖는 의미는 사회이론과 정치적 실천 모두에서 점점 더 긴급한 문제가 되었다.

이 문제를 처음으로 체계적으로 주제화하고 나선 사회는 제정러시아였다. 유럽 국가체제의 한 중요한 성원이었던 러시아는, 동시에 열강들 중에서 가장 후진국이었다. 러시아가 20세기에 진입했을 때 그 사회는 대체로 영세 소농들로 구성되어 있었고, 이들 농민은 (신이 부여한 권리에 의해 통치한다고 주장하는) 제국의 전제정치하에서 대부분 중세적인 빈곤과 비참한 상태 속에서 살고 있었다. 선진 경쟁자들과의 군사경쟁 압력은 피터Peter대제(1682~1725년) 통치 이후 로마노프Romanov 군주국으로 하여금 해외에서 사회적·기술적 혁신을 수입하게 했다. 이 같은 권위주의적 근대화의 과정은 인텔리겐치아의 발전을 촉진했다. 이들 인텔리겐치아는 종종 지주계급으로부터 충원되었지만, 대부분은 제국의 민간 및 군사 관료제에 근무하고 있었다. 이들 관료제는 자신의 사회를 비판적으로 조명하기 위해 그리고 차르정권이 기꺼이 기획했던 것보다 훨씬 더 광범위한 변화를 압박하기 위해 서구적 사고에 의지하고 있었다. 1825년 12월당원Decembrist의 실패한 봉기는 전제정치에 대항하여 급진적 지식인들이 분기한 일련의 혁명적 도전들 중 첫 번째 것이었다.

러시아 인텔리겐치아의 특수한 상황은 19세기가 경과하며 점점 더 심각해진 딜레마를 제기했다. 그들이 러시아사회를 평가하는 데 사용한 모델은 가장 선진적인 형태의 서구사상에 의해 제공되었다. 1830년대와 1840년대의 헤겔주의 서클들(앞의 4.1절 참조)은 외국으로부터 가장 최신의 사상들을 흡수하고자 하는 지식계급의 열망의 단지 하나의 사례에 불과했다. 1860년대와 1870년대에는 스펜서와 존 스튜어트 밀이 독일 관념론자들을 대체했다. 초기에는 신성동맹 시대(1815~1848년) 유럽의 다른 어떤 나라의 지식계급들처럼, 그들의 정치적 요구는 프랑스대혁명의 요구를 모델로 삼은 것이었다. 이를테면 파벨 페스텔Pavel Pestel이 이끈 12월당원의 급진파들은 농노제와 봉토의 폐지, 토지재분배, 남성 보통선거권, 중앙집중화된 공화제적 정부, 폴란드의 독립, 그리고 유대인의 자결권을 제시하는 헌법초안을 작성했다.

하지만 러시아 인텔리겐치아가 그렇게 열심히 읽었던 서구 문헌들은 혁명 이후의 유럽에서 출현하고 있던 사회의 모습을 점점 더 침울하게 그려내고 있었다. 1840년대에 페트라셰프스키 서클Petrashevsky circle은 프랑스 유토피아적 사회주의자들에게 크게 의지하고 있었다. 그 후의 급진주의자들은 마르크스의 『자본론』 — 1872년에 러시아어로 번역되었다 — 을 읽고, 서구의 '진보'는 계급착취에 토대하고 있으며 본질적으로 위기에 빠질 수밖에 없는 자본주의사회를 산출한다는 점을 학습했다. 러시아가 그러한 매력적이지 못한 결과들을 산출하고 있는 발전경과를 모방해야만 하는가? 이 질문은 단지 이론적 분석과 정치적 논쟁 속에서 표출되는 것뿐만 아니라 고골리Gogol, 투르게네프Turgenev, 톨스토이Tolstoy, 도스토옙스키Dostoevsky의 소설에서도 나타나는 등 매우 풍부한 논쟁을 자극했다. 여기서 처음으로 주장된 입장들이 후일 다른 개발도상국들의 많은 논쟁들에서 재차 등장했다.

처음에는 서구발전과정의 전면적 수용과 거부를 둘러싸고 논의가 갈라졌다. 서구화주의자의 최고의 대표자는 비평가인 비사리온 벨린스키Vissarion Belinsky였다. 그는 러시아의 변혁은 서구화된 엘리트의 출현에 달려 있다고 주장했다. 그는 다음과 같이 언급한다. "오직 우리의 젠트리가 부르주아로 변형될 때에만 시민의 내적 발전과정이 러시아에서 시작될 것이라는 점이 명백해졌다."[35] 이 강령의 또 다른 측면은 당시 주류를 이루고 있던 농민대

---

35 A. Walicki, *A History of Russian Thought from the Enlightenment to Marxism*(Stanford,

중들에 대한 공포였다. 왜냐하면 농민들은 당시 진보에 대한 야만적인 비합리적 장애물로 인식되고 있었기 때문이다.

슬라브주의자들은 서구의 개인주의에 대한 이 같은 지지를 격렬하게 반대했다. 그들은 서유럽이 경험하고 있던 '진보'의 원자화 효과를 공공연히 비난하며, 이것들은 부식적 합리주의corrosive rationalism로부터 연원한 것으로, 그 뿌리는 이교도 로마에까지 거슬러 올라가고 또 천주교와 개신교 모두를 타락시킨다고 주장했다. 그들에 따르면, 개인들은 오직 모든 신도를 하나의 유기적 통일체로 통합하는 러시아 정교의 '종교적 성직제도' 내에서만 진정으로 표현될 수 있다. 안드리지 발리키Andrzy Walicki는 다음과 같이 논평한다. "그러므로 서유럽에 대한 슬라브주의자의 비판은 (비록 유일한 비판은 아니지만) 본질적으로 낭만적인 보수주의적 관점에서의 자본주의 문명에 대한 비판이었다. …… 그것은 현재에 대한 방어라기보다는 잃어버린 이상에 대한 낭만적 향수였다."36 이 같은 형태의 낭만적 반자본주의는 서구 제도와 관행들을 선택적으로 수입하고자 했던 전제정치에 반드시 알맞은 것은 아니었다. 그것의 양면성은 도스토옙스키의 후기 저작들에서 드러난다. 그는 그것들 속에서 서구적 합리주의와 개인주의에 의해서 야기된 고통의 치유책으로 러시아 교회를 모범으로 삼으면서도, 1840년대에 페트라셰프스키 서클에서 학습했던 푸리에주의적인 유토피아적 사회주의Fourierist Utopian socialism로부터 도출한 용어들로 그 해결책을 묘사한다.

많은 급진 지식인들은 서구적 형태의 자본주의발전을 단순히 승인하는 것과 거부하는 것 사이에서 제3의 길을 추구했다. 그들은 페트라셰프스키와 알렉산드르 헤르젠Aleksandr Herzen에서 출발하여, 자신들의 길을 독특한 '러

1979), p. 146에서 인용함.

36 A. Walicki, *A History of Russian Thought from the Enlightenment to Marxism*, p. 107.

시아' 사회주의의 관념 속에서 찾았다. 러시아 사회주의는 슬라브주의자들이 이미 러시아와 서구 간의 체계적 대비의 한 부분으로 이상화시켰던 농촌 마을공동체(미르mir 또는 오브슈키나obshchina)를 그 출발점으로 삼았다. 이 입장은 공동체적 제도의 생존이 러시아로 하여금 서구적 형태들을 우회하고 그리하여 사회주의로 직접 이동함으로써 자본주의적 산업화에 수반하는 고통을 피할 수 있게 할 것이라고 생각했다. 이 같은 분석은 1870년대 이후 인민주의운동에서 가장 완연하게 전개되며, 차르 전제정치의 조속한 전복에 우선권을 부여했다. 이를테면 피오트르 트카체프Piotr Tkachev는 사회혁명은 "지금 곧" 일어나야만 하며, "어쩌면 매우 먼 미래에는 전혀" 발생하지 못할 것이라고 주장했다.[37]

만약 혁명가들이 구체제의 위기가 제공하는 기회를 포착하지 못했더라면 자본주의는 그것의 참호를 스스로 구축했을 것이고, 러시아는 부르주아적 삶의 온갖 불행을 겪어야만 했을 것이다. 대중을 동원하려는 노력들이 특히 1873~1874년 "인민에게 다가가"고자 하는 지식계급의 시도 속에서 성공할 수 없음이 입증된 이후, 프랑스의 자코뱅당과 오귀스트 블랑키Auguste Blanqui 의 공산주의 음모단의 사례에 영향을 받은 트카체프와 여타 인물들은, 혁명은 소수의 반란의 형태를 취할 수밖에 없다고 결론 내렸다. 이러한 전략을 추구한 가장 유명한 시도가 나로드나이아 볼리야Narodnaia Volya — 인민의 의지 People's Will — 가 1811년 황제 알렉산드르 2세를 암살한 것이었다.

마르크스의 『자본론』이 광범위한 독자층을 획득함에 따라 그의 이론은 러시아에서 자본주의발전이 불가피한 것인지에 대한 논쟁에 주된 준거점을 제공했다. 마르크스 자신은 "서유럽에서 자본주의의 발생에 관한 자신의 역

---

37 G. V. Plekhanov, *Selected Philosophical Works*(5 vols, Moscow, 1977), I, p. 322에서 인용함.

사적 묘사를 모든 사람들 – 그들이 어떠한 상황에 처해 있든 간에 – 에게 운명적으로 부여된 일반적 발전에 관한 역사-철학적 이론으로 전환시키는" 해석들을 비난하면서, 그것을 부정했다. 마르크스는 다음과 같이 주장했다. "러시아에는 독특한 환경들의 결합으로 인해 아직도 농촌코뮌이 전국적인 규모로 수립되어 있다. 이 코뮌은 점차 그것의 원시적 모습으로부터 분리되어, 곧이어 전국적인 규모로 집합적 생산의 한 원리로 발전할 것이다." 이러한 환경들 중에서 가장 중요한 것은 혁명일 것이다. 만약 그 혁명이 "서구에서 프롤레타리아혁명의 신호"로 작동한다면, 그것은 코뮌이 "공산주의적 발전의 출발점"이 되게 할지도 모른다.[38]

이 같은 성찰은 마르크스의 매우 신중하고 조건부적인 모습을 보여주고, 또 역사유물론을 불가피한 변화라는 목적론적 이론으로 해석하는 것에 대해 의문을 던진다. 러시아 마르크스주의의 창시자 플레하노프Plekhanov는 그 같은 고정관념에 쉽게 빠져들고 말았다.[39] 그는 나로드나이아 볼리야의 자원주의와 엘리트주의를 거부하고, 마르크스의 노동계급의 자기해방 개념을 신봉한다. 즉 그는 다음과 같이 말한다. "사회민주주의자들이 노동자 스스로가 자신의 혁명을 수행하기를 원한다면, 블랑키주의자는 노동자가 그를 위해 그리고 그의 이름으로 시작되고 인도되어온 혁명을 지지할 것을 요구한다." 그러나 이 혁명은 오랜 시간이 걸릴 것이다. 인민주의자들이 두려워했던 일이 당시 진행되고 있었다. 즉 자본주의발전의 결과, 농촌공동체가 해

---

38 K. Marx and F. Engels, *Collected Works*(50 vols, London, 1975~), XXIV, pp. 200, 349, 426.

39 플레하노프(G. V. Plekhanov, 1856~1918)는 광산기술자로 훈련받았다. 처음에는 인민주의운동에 참여했다. 인생의 대부분을 스위스에서 망명생활을 하며 보냈고, 그곳에서 1883년 최초의 러시아 마르크스주의 단체인 노동해방(Emancipation of Labour)을 결성했다. 1903년 이후 레닌과 결별했고, 10월혁명에 반대했다.

체되고 있었다. 실제로 플레하노프는 다음과 같이 언급한다. "그 조직의 내재적 특성에 의해 농촌공동체는 우선 무엇보다도 공산주의적 형태의 삶이 아니라 부르주아적 형태의 삶에 자리를 내주는 경향이 있다."[40] 이 과정은 점차 사회주의혁명을 완수할 수 있는 노동계급을 형성할 것이다. 그러는 동안에 사회민주주의자들 – 독일의 사례를 따라, 러시아 마르크스주의자들은 처음에는 자신들을 그렇게 불렀다 – 은 노동자들의 정치교육에 집중해야만 하고, 또 서구에서 점차 지배적이 되고 있는 것에 필적할 수 있는 민주적 제도를 이룩하고자 하는 자유부르주아의 노력을 지원해야만 했다.

제2인터내셔널 마르크스주의의 또 다른 주도적 이론가인 카우츠키(5.2절 참조)와는 달리, 플레하노프는 신중한 헤겔 연구자였다. 그는 다음과 같이 선언하며 헤겔의 목적론을 열성적으로 신봉했다. "위대한 역사적 목표를 달성하기 위한 거역할 수 없는 분투, 즉 그 무엇도 중지시킬 수 없는 분투, 이것이 위대한 독일 관념론적 철학의 유산이다."[41] 발리키는 플레하노프가 자본주의 발전의 불가피성과 자신이 그것이 수반할 것으로 생각한 모든 고통을 받아들이는 것을 정당화하기 위해 그 같은 철학적 관점이 필요했다고 시사한다.

> 그가 호소했던 필연성은 단순한 사실들의 필연성일 수 없다. 단지 사실을 위해 그러한 희생을 승인하는 것은 단순한 기회주의에 불과하다. 그러므로 그것은 존재론적 필연성, 즉 우주의 합리적 구조에 내재하는 필연성으로 인식되어야 했다. …… 실제로 그러한 필연성과 화해한다는 것은 고무적이고 숭고한 어떤 것이었다. 즉 그것은 어떤 강력한 역사적 임무감과 승리에 대한 확신을 부여하는 것이었다.[42]

---

40 Plekhanov, *Selected Philosophical Works*, I, pp. 341~342, 373.

41 Plekhanov, *Selected Philosophical Works*, I, p. 483.

러시아 마르크스주의자들의 다음 세대 - 1905년과 1917년 혁명에서 주도적 역할을 수행했던 인물들 - 는 플레하노프의 결정론에 반항했다. 플레하노프의 분석은 혁명과정이 러시아에서는 두 단계를 거칠 것이라는 점을 시사하는 것이었다. 그 첫째 단계가 1789년 프랑스혁명에 필적하는 부르주아민주주의 혁명이고, 그다음 단계는 일단 자본주의의 발전이 이루어지고 난 후의 사회주의혁명이다. 그리고 후자의 혁명 속에서 사회민주주의는 마침내 그 진가를 인정받을 수 있다. 이것은 규범적 역사관으로, 이에 따를 때, 모든 사회는 동일한 일련의 생산양식을 겪을 것이 틀림없고, 각각의 생산양식은 냉혹한 필연성에 의해 그 선행자를 따라야만 한다. 그것은 또한 사회주의운동 자체를 불필요한 것으로 만드는 것으로 보였다. 페트르 스트루베Petr Struve와 '입법 마르크스주의자들Legal Marxists'은, 그들이 보기에 급진주의자들이 자본주의의 승리를 분명하게 환영해야만 한다고 명백하게 추론하고 있다고 판단되는 것을 다음과 같이 묘사했다. "우리가 문화를 결여하고 있다고 결론짓고, 자본주의로부터 교훈을 취하자."[43]

하지만 러시아에서 실제 사건의 경과는 이 같은 역사적 도식의 토대를 침식해가고 있었다. 1890년대 이후부터 차르정권은 경제의 근대화를 추구했다. 그것은 모든 열강들이 점차 빠져들고 있던 군비경쟁을 지탱하는 데 필요한 산업적 기반을 마련하기 위한 것이었다. 제국의 국가와 해외자본의 동맹은 선진 공장과 기술의 대대적인 수입에 기초한 급속한 산업화를 부추겼다. 소규모지만 매우 집중화된 산업 프롤레타리아가 형태를 갖추었다. 프롤레타리아의 경제적·정치적 불만은 그들로 하여금 러시아의 영리계급과 전제

---

42 A. Walicki, *Marxism and the Leap to the Kingdom of Freedom* (Stanford, 1995), pp. 233~234.

43 Walicki, *History*, p. 437에서 인용함.

정치 그 자체 모두와 갈등에 돌입하게 했다. 이 같은 발전이 갖는 함의들은 1905년 혁명 동안에 분명해졌다. 즉 공장노동자들의 대중파업은 초기에는 자유주의적 개혁을 지지하던 자본가들을 정권의 품에 안기게 했다. 부르주아는 전제주의에 대항하여 민주적 혁명을 이끄는 자신에게 주어진 역할을 수행하기보다는 전제정치와 동맹했다.

이 같은 발전이 야기한 난점은 러시아 마르크스주의자들을 점점 더 분열시켰다. 1903년 러시아 사회민주주의의 분열 이후 통상적으로 멘셰비키들 Mensheviks로 알려진 일부 세력은 정통적 도식을 고수했다. 1917년 2월 전제정치의 붕괴 이후, 그들은 러시아를 서구식 자유주의 정체로 전화시키려는 임시정부의 노력을 지지했다. 레닌 주도하의 볼셰비키들Bolsheviks은 보다 미묘한 입장을 취했다.[44] 레닌은 사회주의가 정치적 의제가 되기에 앞서, 러시아가 자본주의적 발전의 시기를 겪어야만 한다는 점을 받아들였다. 그의 첫 번째 주요 저작, 『러시아에서 자본주의의 발전The Development of Capitalism in Russia』(1899)은 상품관계와 임금노동의 확산이 이미 농촌공동체를 침식해온 정도를 입증함으로써 인민주의자들의 주장을 이론적·경험적으로 논박하고자 한 세련된 시도였다. 하지만 거기에서조차, 발리키가 지적하듯이, 그는 생산력의 발전에 관해서라기보다는 "지배적인 생산관계와 근본적인 계급모순의 본질과 관련한 문제를 강조했다." "레닌은 역사를 비인격적 필연성을 그 추동력으로 하는 물화된 과정이 아니라 인간행위자들의 전쟁터 — 즉 그것에의 참여가 특정 계급과의 의식적 또는 무의식적 동일시를 함의하는, 그리하여 특정 가치의 의식적 또는 무의식적 선택을 함의하는 인간행위자들의 현장 — 로 간주했다."[45]

---

44 레닌[V. I. Lenin, 본명은 울리야노프(Ulyanov), 1870~1924]은 1890년경부터 혁명운동에 참여했다. 1900년 이후 대부분의 해를 서구에서 망명생활을 했다. 볼셰비키당의 창시자이자 지도자로(1903~1924년), 인민위원회 위원장을 지냈다(1917~1924년).

레닌은 러시아사회에 관한 정통적 분석을 그 나름으로 수정했다. 그에 따르면, 전제주의의 전복은 실제로 부르주아 민주주의혁명의 업무였다. 하지만 자본가들의 차르국가로의 통합은 그것이 자본가들에 의해서가 아니라 노동계급에 의해 이끌어진다는 것을 의미했다. 그 결과가 "프롤레타리아와 농민의 혁명적 민주주의 독재"였다. 이것은 특히 젠트리라는 거대 지주계급을 파괴함으로써 러시아사회를 철저하게 민주화시키고, 진정한 사회주의혁명을 향한 급속한 조치들에 우호적인 조건들을 창출하는 것이었다. 이 같은 일종의 "밑으로부터의 부르주아혁명" 개념은 역사적 대안이 있을 수 있음을 인정하는 것이었다.

이를테면 1905년 혁명의 패배 이후, 레닌은 차르정권의 능력 있는 마지막 장관 피오트르 스톨리핀Piotr Stolypin이 장려한 농민의 개별적 토지소유가 자본주의로의 '프로이센'적 길 – 즉 러시아 절대주의의 정치제도들 대부분을 손대지 않고 그냥 놓아둔 채, 젠트리와 부르주아가 경제를 근대화하기로 점차 동의하는 방식 – 을 열 수도 있음을 두려워했다. 그러므로 만약 역사가 어떤 주요한 위기에 대해 하나 이상의 가능한 결과를 가진 상대적으로 열려 있는 과정이라면, 혁명정당에 의해 의식적으로 취해진 정치적 행동은 이러저러한 방식으로 사태의 국면을 전환하는 데 결정적 역할을 수행할 수 있다. 레닌은 "혁명의 물질적 필요조건들을 실현시키며 진보적 계급의 선두에 서왔던 정당이 역사에서 수행할 수 있고 또 수행해야만 하는 적극적이고 지도적이고 주도적인 역할을 무시하고 있다"는 점을 들어 멘셰비키를 호되게 꾸짖었다.[46]

트로츠키는 러시아 마르크스주의의 정설을 훨씬 더 급진적으로 비판했다.[47] 그는 혁명이 필연적으로 상이한 단계들을 순차적으로 경과하는 것으

45 Walicki, *History*, pp. 444, 443.

46 V. I. Lenin, *Collected Works*(45 vols, Moscow, 1972), IX, p. 44.

로 보는 혁명 과정의 개념은 전지구적 규모로 수립하는 자본주의의 경향을 무시하고 있다고 주장했다. 그에 따르면, 이것이 불균등·결합 발전과정을 발생시켰다. '결합발전의 법칙'은 "여정의 서로 다른 단계들이 함께 모여 있는 것, 서로 다른 수단들의 결합, 고풍스러운 형태와 동시대적 형태의 혼합물"을 뜻한다.[48] 러시아와 같은 후진 사회들은 영국과 프랑스 같은 자본주의의 선구자들이 겪었던 것과 같은 유형을 반복할 필요가 없다. '역사적 후진성이라는 특권' 덕분에 후진 사회는 최신의 기술과 사회제도들을 수입할 수 있다. 러시아에는 세계에서 가장 선진적인 몇몇 공장들이 가장 원시적인 농업에 둘러싸여 있었다.

이것은 러시아에서 혁명은 필연적으로 어떤 결합된 특징을 가질 것이라는 점을 의미했다. 농민들은 토지를 장악하고 분할하며 소상품생산을 광범위하게 확산시켰다. 그러는 동안에 노동자들은 자본주의적 착취자들과 맞섰다. 프롤레타리아와 농민은 구체제와 대항하기 위해 확실하게 연합해야만 했다. 실제로 역사는 농민들이 오직 도시계급의 지도하에서만 효과적인 혁명적 행위를 할 수 있다는 것을 보여주었다. 그러나 노동자들은 (볼셰비키 전략이 함축하듯이) 그들의 소부르주아 동반자들과 반목하는 것을 피하기 위하여 자신들의 요구들을 억눌러서는 안 된다. 그러한 '자기부정의 명령'은 모든 가능성 속에서 오직 탈도덕화와 패배로만 이어질 뿐이다. 그 대신에 노

---

47 트로츠키[L. D. Trotsky, 본명은 브론스타인(Bronstein), 1879~1940]는 1905년 상트페테르부르크 노동자대표자 평의회 의장을 지냈다. 혁명의 실패 이후 시베리아에서 서방으로 탈출했다. 1917년 페트로그라드 평의회 의장(1917년), 외무성 인민의원(1917~1918년), 전쟁성 인민위원(1918~1925년)을 역임했다. 1923년 스탈린 주도의 소련공산당에 대항하는 좌파 야당을 창립했다. 1929년 USSR로부터 추방당했다. 1938년 제4인터내셔널을 창립했다. 소비에트의 요원에 의해 살해되었다.

48 L. D. Trotsky, *The History of the Russian Revolution* (3 vols, London, 1967), I, p. 23.

동계급은 젠트리에 대항한 투쟁에서 농민들을 도우면서 자본가들의 토지를 빼앗아가는 '영구혁명permanent revolution'의 과정을 열어놓아야만 한다. 하지만 이처럼 결합된 사회주의적이자 민주주의적인 혁명은, 마르크스가 시사한 바와 같이, 서유럽의 보다 선진적인 산업국가들에서 프롤레타리아혁명의 자극제로 작용할 경우에만 성공할 수 있을 것이다. 후일 트로츠키는 러시아사회에 대한 그의 독창적인 분석을 일반화하면서 다음과 같이 지적한다. "사회주의혁명은 개별 국가의 장場에서 시작하여, 국제적인 장에서 전개되고, 세계의 장에서 완성된다. 따라서 사회주의혁명은 보다 새롭고 보다 광범위한 의미에서 영구혁명이 된다. 즉 그것은 전지구에서 새로운 사회의 최종적 승리를 통해서만 종결된다."[49]

거의 한 세기 동안 논란과 선동의 정점에 있었던 1917년 러시아 10월혁명은 트로츠키가 개관한 전략과 본질적으로 동일한 전략에 기초하여 볼셰비키에 의해 수행되었다. 그 직후에 새로운 혁명정권은 자신이 열강들과 강경한 적대관계에 직면해 있음을 발견했다. 볼셰비키들의 상황은 무엇보다도 혁명이 발생한, 그리고 이제는 생존투쟁을 벌이고 있는 지구적 맥락을 이론적으로 이해할 것을 요구했다. 그것을 이해할 수 있는 토대를 제공한 것이, 바로 레닌에 의해서 대중화되었지만 볼셰비키 경제학자 니콜라이 부하린Nikolai Bukharin에 의해 가장 엄격하게 정식화된 제국주의이론이었다. 그것은 '조직자본주의'의 발전은 두 가지 결정적인 혁신을 이끌어냈다고 주장했다. 첫째, 개별 국가들 내에서의 경제적 권력의 집중은 국민국가와 사적 자본을 융합시키는 경향성을 초래하고 있었다. 둘째, 자본의 국제적 통합의 증대는 당시 출현 중이던 이들 '국가자본주의적 트러스트state-capitalist trust'가 당시

---

49 L. D. Trotsky, *Permanent Revolution and Results and Prospects*(New York, 1969), p. 279.

전지구적 무대에서 경쟁하고 있었음을 의미했다. 그리하여 경제적으로 후진적인 국가들이 이러저러한 열강들에 공식 또는 비공식적으로 종속되었다. 또한 경제적 경쟁이 점차 외교적·군사적 경쟁의 형태를 취하는 경향을 보이게 되었다.

레닌-부하린의 제국주의이론은 러시아사회의 모순과 함께 차르정권의 붕괴, 그리고 10월혁명 그 자체를 가능하게 했던 전지구적 갈등에 대한 하나의 설명을 제시했다. 그러나 어떠한 이론도 적대적인 국제적 국가체제와 볼셰비키 간의 대결이 보여주는 딜레마를 설명하지는 못했다. 영구혁명이론이 제시하듯이, 그들은 자신들의 초기 전략을 따라 보다 선진적인 서구경제에서 혁명을 부추기는 일을 계속해야 하는가? 아니면 실제로 러시아를 전지구적 장에서 그 자신의 임무를 다할 수 있는 산업화된 열강으로 변화시킴으로써 그 체제에 순응해야 하는가? 물론 그 답은 '일국사회주의Socialism in One Country'라는 슬로건으로 표현된 후자의 전략이었다. 이것은 이오시프 스탈린이 트로츠키의 반대에 맞서 그의 권력장악을 공고히 하면서, 1920년대 이후 소련의 지배적인 입장이 되었다.

하지만 당시 러시아 지식인들 사이에서 벌어졌던 논쟁은 여러 가지 의미에서 모범적인 속성을 지니고 있었다. 첫째로, 그들이 취한 것과 동일한 입장들 – 서구적 근대성 및 그것과 겹쳐 있는 자본주의적 사회구조의 승인, 이상화된 유기적 과거를 명분으로 한 그것들의 거부, 그리고 사회혁명을 통한 그러한 선택의 회피 – 은 러시아가 겪었던 것 이상으로 서구의 지배에 보다 직접적으로 종속되어 있던 많은 나라의 지식인들에 의해서도 취해졌다. 둘째로, 10월혁명은 근대세계의 미래에 관한 후속 성찰에서 주요 준거점들 – 부정적이든 또는 긍정적이든 간에 – 중의 하나가 된 사회주의적 변혁모델을 제공했다. 그리하여 러시아 인텔리겐치아들의 딜레마와 논쟁은 보편화되었다.

9 / 혁명과 반혁명

9.1 헤겔적 마르크스주의: 루카치와 그람시

1914년 8월 전쟁의 발발과 함께 이전 세기 동안 사회이론가들이 탐구해왔던 긴장들이 마침내 겉으로 분출되기 시작했다. 아르노 메이어Arno Mayer는 이 사건이 이끈 시대를 "20세기의 전반적 위기를 보여준 30년전쟁"이라고 불렀다.[1] 제1차 세계대전(1914~1918년), 1930년대의 대공황 그리고 제2차 세계대전(1939~1945년)은 상호연관된 하나의 전체를 형성했다. 이것들 모두는 부르주아 사회가 이미 경험했던 체계위기에 가장 근접한 것들이었다. 세계전쟁과 경제불황은 현존 사회질서의 생존력에 의문을 던졌다. 제1차 세계대전의 종결은 러시아와 독일에서의 혁명과 여타 유럽 국가들에서의 심각한 격변을 수반했다. 4년에 걸친 참호전의 야만적 결과는 정치적 갈등에 새로운 폭력을 끌어들이는 데 일조했다. 전직 최전방 전투원들이 파시스트운동 간부의 대부분을 차지했다. 그들은 종종 혁명적 수단으로 보였던 것을 가지고 혁명적 도전에 맞서 싸우고자 했다.

전후 위기는 이후 시기의 정치를 결정적으로 틀지었다. 1918~1923년 독일

---

1 A. J. Mayer, *The Persistence of the Old Regime* (New York, 1981), p. 3.

혁명 와중의 좌파와 우파 간의 극단적 양극화는 바이마르공화국이 처음부터 상대적으로 협소한 사회적·정치적 토대를 가지고 있었다는 것을 의미했다. 따라서 그것은 1920년대 말 경제침체의 시작과 함께 재개된 계급갈등에 매우 취약했다. 바이마르의 잔해 속에서 출현한 국가사회주의체제의 전망은 위기와 투쟁이라는 이데올로기로 충만했으며, 이들 이데올로기는 권위주의적 우파에게 독일이 겪은 재난에 대한 하나의 해석을 제공했다. 스탈린 치하에서 공포정치를 통해 국내를 지배하고 비교적 신중한 대외정책을 추구하면서 권위주의체제로 발전한 소련은, 나치에게는 여전히 전후에 독일이 하마터면 굴복할 뻔한 혁명적 위협의 구현체로 남아 있었다. 1941년 7월의 소련침공은 나치에게 섬멸전략Vernichtungskrieg, 즉 볼셰비즘 근절전쟁에 착수하게 했으며, 이를 통해 게르만 지배자민족master-race은 '열등한' 슬라브족으로부터 자신이 필요로 하는 삶의 공간Lebensraum을 탈취하고자 했다. 인류역사에서 실제로 그 어떤 시기도 아닌 바로 이 시기에, 나치가 유럽 유대인을 체계적으로 살해하고자 시도하는, 인류역사상 가장 잔악한 행위를 저지른 것도 물론 이 같은 맥락에서이다.

만약 그 같은 극단적인 정치적 양극화가 그 이론적 부산물을 낳지 않았다고 한다면, 그것은 믿기 어려울 것이다. 1920년대와 1930년대에 마르크스주의는 혁명적 주체성 이론으로 재해석되었다. 이 시기에는 또한, 다음 절에서 살펴보겠지만, 권위주의적·반의회주의적인 우파정치를 정당화하고자 하는 일부 정교화된 시도들도 있었다. 이 같은 사태는 이전에는 어떤 곳에서도 진전된 적이 없었다. 우리가 앞의 장들에서 추적해온 근대성에 대한 근본적인 문제제기는 많은 지식인들에게 현재 그들이 경험하고 있는 위기를 해결하기 위해서는 모종의 정치혁명이 필요하다는 생각을 하게끔 하는 데 도움을 주었다. 그러나 분명 마르크스주의의 경우에, 이 같은 필요는 그간 받아들이고 있던 이론적 구조들을 재고하라는 것을 함의하는 것으로 보였다.

제2인터내셔널(1889~1914년) 마르크스주의가 지적 정체 상태에 있었던 것은 결코 아니었다. 1894년 마르크스의 『자본론』 제3권의 출간은 경제이론에 관한 일련의 중요한 연구들을 자극하는 데 일조했다. 카우츠키의 『농업문제The Agrarian Question』(1899), 레닌의 『러시아에서 자본주의의 발전The Development of Capitalism in Russia』(1899), 루돌프 힐퍼딩Rudolf Hilferding의 『금융자본Finance Capital』(1910), 로자 룩셈부르크의 『자본축적The Accumulation of Capital』(1913) 그리고 니콜라이 부하린의 『제국주의와 세계경제Imperialism and World Economy』(1917) 모두는 주목할 만한 성과물들이다. 이들 저작은 모두 마르크스의 분석을 확장하고자 한 것으로, 앞의 두 저작은 그것을 농업에 체계적으로 적용하고 있고, 다른 저작들의 경우는 20세기 초반 형성되기 시작한 조직자본주의의 구체적 특징들을 이론화하고자 한다. 또한 역사유물론에 분명하게 저항하며 문화현상을 해석하고자 하는 시도도 있었다. 오토 바우어Otto Bauer의 『사회민주주의와 민족문제Social Democracy and the National Question』(1907)와 카우츠키의 『기독교의 토대The Foundations of Christianity』(1908) 가 그 실례들이다.

이들 저작과 이것들과 유사한 다른 저작들 모두는 고전 마르크스주의의 지적 유산의 중요한 일부들이다. 그러나 제2인터내셔널 마르크스주의의 논조를 지배한 것은 카우츠키와 플레하노프가 다소 상이한 형태로 전개한 결정론이었다(앞의 5.2절과 8.4절 참조). 이것은 실제로 정치적 운명론을 함축하는 것처럼 보였다. 이 전략은 이미 1914년 이전에 SPD 내부에서 룩셈부르크와 급진 좌파의 도전하에서 많은 사회주의 활동가들의 의심을 받았다. 왜냐하면 제2인터내셔널이 전쟁 그 자체에 직면하여 무능력을 드러냈을 뿐만 아니라, 그것이 개별 국가 단위의 정당들로 분열되어 대부분 다른 교전국들과 싸우는 자국 정부를 지지했기 때문이다. 후일 월터 베냐민Walter Benjamin은 "그것이 시류를 따르고 있다는 생각만큼이나 독일 노동계급을 타락시킨 것

은 없다"고 기술했다.[2]

1917년 10월의 러시아혁명은 카우츠키와 플레하노프의 운명론과 극적으로 대비되는 것이었다. 볼셰비키는 상대적으로 후진적인 국가에서 사회주의혁명을 수행하고자 함으로써, 모든 사회가 예정된 생산양식의 순서를 통과해야만 한다는 교의에 도전했다. 1917년 12월 집필 중에 그람시Gramsci는 청년 특유의 열정으로 충만하여, 10월혁명을 "칼 마르크스의 『자본론』에 맞선 혁명"이라고 불렀다.[3] 계속해서 그람시는 볼셰비키가 마르크스 자신의 사상이 아니라 "실증주의적·자연과학주의적 장식물들로 오염된" 제2인터내셔널의 결정론과 단절했다고 설명했다.

이 사상은, 역사를 지배하는 요인은 가공되지 않은 경제적 사실이 아니라 서로 합의에 도달하고 그러한 접촉(문명)을 통해 집합적인 사회적 의지를 발전시키는 인간, 사회 속의 인간, 서로 관계를 맺고 있는 인간이라고 본다. 즉 인간이 경제적 사실들을 이해하고, 그것들을 판단하고, 그것들을 자신의 의지에 적합하게 변경한다. 그리하여 결국 인간의 의지가 경제의 추동력이 되고 객

---

2 W. Benjamin, *Illuminations*(London, 1970), p. 260.
3 그람시(Antonio Gramsci, 1891~1937)는 사르데냐 하위 공무원의 아들로 태어나, 토리노 대학교에서 수학했다(1911~1915년). 1915년 이후 사회주의 신문의 기고자로 활동했다. 1919~1920년 토리노 공장평의회 운동과 관련된 신질서집단(Ordine Nuovo group)의 지도적 멤버로 활동했다(1919~1920년). 1921년 1월 다른 좌파사회주의 지도자들과 함께 이탈리아 공산당(PCdI)을 출범시키고, 모스크바에서 국제공산주의자들과 함께 활동했다(1922~1923년). 1924년 의회의원으로 선출되었다. 이 같은 역할을 수행하며 무솔리니 독재에 맞서 공산주의 야당을 이끌었고, 1926년 1월 PCdI의 총서기로 지명되었다. 1926년 11월에 체포되어, 1928년에 20년형을 선고 받았다. 검사는 "우리는 20년 동안 그의 뇌의 작동을 중단시켜야만 한다"고 선언했다. 그럼에도 불구하고 그람시의 『옥중수고 Prison Notebooks』는 그의 주요 지적 성과를 대표한다.

관적 현실을 주조한다. 객관적 현실은 인간의지가 결정하는 곳으로 그리고 결정하는 대로 흘러가는 화산용암과 유사하게 살아가고 움직이고 행동한다.[4]

10월혁명에 대한 가장 중요한 당대의 마르크스주의적 해석인 트로츠키의 해석은 실제로 10월혁명을 객관적인 경제적 실재에 대한 반란이라고 간주하지 않았다. 오히려 불균등·결합발전법칙의 작동이 러시아에서 사회적 과정들의 융합을 가져왔으며, 그 결과 차르정권의 전복은 오직 자본의 몰수를 통해서만 달성될 수 있었다(앞의 8.4절 참조). 게다가 트로츠키는 혁명이 여전히 뚜렷한 물질적 한계에 의해 제약되어 있다고 주장했다. 실제로 그는 1917년 이후 볼셰비키체제가 상대적으로 후진적인 나라로 고립됨으로써 초래된 경제적 압박이 바로 그 체제가 자신이 스탈린의 반혁명적 독재라고 비난했던 것으로 변형되게 된 원인이라고 믿게 되었다. 그럼에도 불구하고 볼셰비키가 이전의 마르크스주의적 '정설'에 대해 제기한 도전은 (특히 그들이 불신임된 제2인터내서널의 대안으로 1919년에 제3[또는 공산주의]인터내서널[코민테른]을 출범시킨 이후에) 객관적인 경제구조보다 계급주체성에 더 큰 중요성을 부여하는 형태의 마르크스주의적 정식화를 고무했다.

루카치의 『역사와 계급의식History and Class Consciousness』(1923)은 (종종 묘사되듯) 이 같은 헤겔적 마르크스주의의 대작이었다.[5] 그람시와 루카치 모두는

---

4 A. Gramsci, *Selections from the Political Writings 1910~1920*, ed. Q. Hoare(London, 1977), pp. 34~35.

5 게오르그 루카치(Georg Lukács, 1885~1971)는 뛰어난 헝가리 유대인 은행가의 아들로 태어나, 부다페스트 대학교에서 법학을 공부했다(1902~1906년). 그 후 여러 해를 베를린에서 보내며, 지멜 밑에서 공부했다. 하이델베르크 대학교에서 수학하며, 베버 서클의 회원이 되었다. 제1차 세계대전의 발발 이전부터 이미 중요한 철학자이자 문학비평가로서 두각을 나타냈다. 1918년 12월 헝가리 공산당에 가입하여, 1919년 헝가리 소비에트 공화국의 문화부 인민위원을 지냈다. 공화국 붕괴 후 비엔나로 망명하여, 거기서

19세기 말 유럽사상 전반을 휩쓸었던 커다란 반자연과학주의의 조류에 크게 영향받았다(앞의 7.2절 참조). 그람시에게 주된 철학적 영향력을 미친 인물은 이탈리아의 신헤겔주의자 베네데토 크로체Benedetto Croce였다. 루카치는 독일식의 반자연과학주의적 견해에 크게 의존했다. 그의 생애 후반기에 그는 다음과 같이 공언했다. "나는 내가 처음에 지멜과 막스 베버로부터 사회과학을 배운 것을 전혀 후회하지 않는다."[6] 실제로 그의 가장 현저한 지적 성과는 그들의 근대성 해석 — 각기 객관화과정과 합리화과정으로 파악하는 — 을 이어받아 그것들을 자본주의 생산양식에 대한 마르크스주의적 비판 속에 통합한 것이었다.

베버의 분석은 종종 이러한 비판과 일맥상통하는 것처럼 보인다. 이를테면 베버는 "순수하게 상업적인 관계의 비인격적이고 경제적으로 합리적인 (그러나 바로 그 같은 이유 때문에 윤리적으로는 비합리적인) 특성"에 관해 기술한다. 그리고 그는 다음과 같이 선언한다. "시장에서의 결합을 기초로 하는 경제에서 점차 증대하는 비인격성은 그 자체의 규칙을 따르고 있으며, 그것에 대한 불복종은 경제적 실패, 그리고 장기적으로는 경제적 파멸을 초래한다."[7] 루카치는 이 같은 분석을 급진화했다. 자본주의하에서 모든 사회관계

공산주의운동의 중요 인물이 되었다. 모스크바의 마르크스-엥겔스-레닌연구소에서 일했고(1929~1931년), 베를린에서 살다가(1931~1933년), 나치 집권 후 모스크바로 돌아가서 미학논쟁에 적극적으로 참여했다. 1941년 잠시 '트로츠키주의 간첩'으로 몰려 체포되었다가, 1945년 헝가리로 돌아와서 의회의원과 부다페스트 대학교의 미학 및 문화철학 교수가 되었다. 냉전의 최고조기(1949~1952년)에 공산당 문화비밀정보부의 집중적인 공격대상이 되었다. 1956년의 헝가리혁명 동안 임레 노디(Imre Nagy) 정부의 문화부 장관을 지내다가 루마니아로 추방당했다(1956~1957년). 그는 말년에 이르러서야 완전히 공개적으로 저술하고 연설할 수 있었다.

6 D. Frisby, introduction to G. Simmel, *The Philosophy of Money*(London, 1978), p. 43 n. 78에서 인용함.

— 그것이 경제적이든, 정치적이든, 문화적이든 또는 학문적이든 간에 — 는 도구합리성의 요구에 따라 변형되어왔다. 그러나 이것은 단지 형식적 합리화에 불과할 뿐, 그 아래 포섭되어 있는 관계의 본질에는 침투하지 못한다.

> 이 같은 세계의 합리화는 완결된 것으로 보인다. 즉 그것은 인간의 물리적·심적인 본성의 바로 심층부까지 침투한 것으로 보인다. 하지만 합리화는 그 자체의 형식주의에 의해 제한된다. 다시 말해, 삶의 고립된 측면들의 합리화는 (형식적) 법칙의 창출로 귀착된다. 이 모든 것들이 함께 결합하여 피상적 관찰자에게는 통일된 '일반법칙' 체계를 구성하는 것처럼 보이는 것이 된다. 그러나 이들 법칙이 그것이 다루는 주제의 구체적인 측면들을 무시하고 있다는 사실은 …… 실제로 그러한 법칙체계의 비일관성 속에서 분명하게 드러난다. 이 같은 비일관성은 위기의 시기에 특히 두드러진다.[8]

부분의 합리성과 전체의 비합리성 간의 이 같은 대립은 상품 그 자체의 본성의 결과이다. 루카치에 따르면, '상품의 문제'는 "모든 측면에서 자본주의 사회의 중심적인 구조적 문제"이다.[9] 사회관계의 일반적 '물화reification'는 마르크스가 상품물신주의commodity fetishism라고 불렀던 것의 결과이다(앞의 4.2절과 4.3절 참조). 즉 시장에서 이루어지는 노동의 산물의 교환은 인간존재들 간의 사회적 관계를 사물들 간의 명백한 자연적 관계로 변형시킨다. 분업과 노동자의 자본가에의 종속은 삶의 모든 측면에서 그 자체로 재생산된다. 즉 사회는 비일관적인 파편들의 집합체로 경험된다. 「물화와 프롤레타리아

---

7 M. Weber(1992), *Economy and Society*, ed. G. Roth and C. Wittich(2 vols, Berkeley, 1978), I, pp. 584, 586.

8 G. Lukács(1923), *History and Class Consciousness*(London, 1971), p. 101.

9 G. Lukács(1923), *History and Class Consciousness*, p. 83.

의 의식Reification and the Consciousness of the Proletariat」이라는 탁월한 글에서, 루카치는 자신이 '부르주아사상의 이율배반'이라 명명한 것을 탐구하여, 어떻게 근대 서구철학이 (스스로 극복할 수 없었던 그리고 물화과정에서 발생하는) 일련의 대립들 - 형식과 내용, '존재'와 '당위', 부분과 전체 - 에 의해 불구가 되었는지를 보여주고자 한다.

루카치는 자신의 마르크스주의 이전의 저술들, 특히 『소설이론The Theory of the Novel』(1916)에서 이미 그가 근대문화의 내재적인 이율배반적 성격이라고 간주했던 것을 분석한 바 있다. 그러나 그 같은 상황을 전체적으로 비합리적인 것으로 보는 것은 그러한 판단을 내릴 수 있는 그리고 그 자체로 합리적으로 보일 수 있는 어떤 관점을 함축하는 것이었다. 이를테면 베버가 "순수하게 상업적인 관계"란 도구적으로는 합리적이지만, "윤리적으로는 비합리적"이라고 말할 때, 그가 의중에 두고 있는 것은 그러한 관계들이 몇몇 가치합리적인 종교적 윤리에 비해 상대적으로 비합리적이라는 것이다. 그러나 그는 그 같은 종교적 윤리에 기초하고 있는 궁극적 가치의 합리성이 그 자체로 입증될 수 있다고 믿지는 않는다(앞의 7.2절과 7.3절 참조). 이 문제에 대한 해결책으로, 루카치는 사회를 바라보는 합리적 관점은 사회를 통합된 전체로 인식하는 것이라고 주장한다. 그에 따르면, "총체성totality이라는 범주의 탁월함은 그것이 과학혁명의 원리의 담지자라는 데 있다."[10]

루카치는 또한 자신이 마르크스주의자가 되기 이전에 이미 파편화와 총체성을 대비시켰다. 그러나 그 당시 전체는 부재했다. 즉 통합된 문화란 사람들이 향수에 젖어 내비치기는 하지만 달성할 수는 없는 이상이었다. 하지만 『역사와 계급의식』에서 그는 이러한 총체적 이해를 충분히 가능한 것으로 간주한다. 총체적 이해는 특히 서로 다른 제도, 신념, 관행들을 하나의 전

---

10 G. Lukács(1923), *History and Class Consciousness*, p. 27.

체를 이루는 방식으로 상호 연결시켜주는 매개체를 파악하는 것이다. 게다가 이 같은 이해는 한정된 사회적 위치 속에서, 즉 프롤레타리아 속에서 이루어진다. 이 같은 조치는 헤겔에 의해 가능하게 되었다. 루카치는 다음과 같이 언급한다. "현실은 오직 하나의 총체로서만 이해되고 통찰될 수 있다. 그리고 오직 그 자체로 하나의 총체인 주체만이 그 같은 통찰을 할 수 있다. 청년 헤겔이 '진리는 실체로서뿐만 아니라 주체로서 이해되고 표현되어야만 한다'는 원칙 위에 자신의 철학을 정초한 것은 무의미한 것이 아니었다." 그러므로 우리는 "사유는 그 자신이 스스로 창조해낸 것을 이해할 수 있을 뿐이라는 거창한 관념"을 독일 고전관념론에 빚지고 있다. 즉 "역사의 주객동일자identical subject-object of history"가 자신의 행위를 통해 사회를 창조하는 동시에, 유일하게 사회를 이해할 수 있다.[11]

하지만 심지어 헤겔조차도 이 같은 진리를 신비화된 형태로 이해했다. 즉 그는 역사의 진정한 본성을 사회적·물질적 과정으로 이해하지 못했기 때문에, 주객동일자를 단지 역사 과정에 대한 회고적 관조를 통해 의식에 도달하는 절대정신Absolute Spirit으로 개념화할 수 있을 뿐이다. 이와는 대조적으로, 노동계급은 자본주의사회를 진정하게 이해할 수 있는 관점을 제공한다. 왜냐하면 노동력의 상품으로의 변형이야말로 자본주의사회를 구축시킨 실제적 기초이기 때문이다.

> 노동자가 사회 속에서 자신의 존재를 의식할 수 있는 것은 오직 노동자가 자신을 하나의 상품으로 인식할 때이다. …… 노동자의 무매개적 존재는 그를 하나의 순수한 벌거벗겨진 대상으로 생산과정 속에 통합시킨다. 일단 이러한 무매개성immediacy이 다수의 매개물들의 결과임이 밝혀지고 또 그것이 얼마

---

11 G. Lukács(1923), *History and Class Consciousness*, pp. 39, 121~122.

나 많은 것을 전제하고 있는지가 명백해지고 나면, 상품체계의 물신적 형태는 해체되기 시작한다. 상품 속에서 노동자는 스스로를 인식하고 또 그 자신과 자본의 관계를 인식한다. 노동자가 자신을 객체의 역할 이상으로 끌어올릴 수 없는 한, 그의 의식은 상품의 자기의식self-consciousness of the commodity이 다. 또는 달리 말해, 그것은 상품의 생산과 교환에 토대한 자본주의사회의 자기인식self-knowledge이자 자기현시self-revelation이다.[12]

따라서 자본주의적 생산관계 내에서 프롤레타리아가 차지하는 위치는 사회적 전체의 본성을 합리적으로 이해할 수 있는 관점을 상징한다. 역사유물론은 프롤레타리아 계급의식의 이론적 표현이며, 그러므로 "자본주의사회의 …… 자기인식이다." 이것이 모든 노동자가 필연적으로 그와 같은 이해에 도달한다는 것을 의미하지는 않는다. 실제로 개별노동자에게 나타나는 자본주의사회의 직접적인 모습은, 그 밖의 다른 사람들에게서와 마찬가지로, 파편적이고 물화된 것이다. 물화는 "전체 발전 속에서 구체적으로 드러난 모순과 구체적으로 관계함으로써, 즉 전체 발전에서 그 같은 모순이 갖는 내재적 의미를 의식함으로써, 존재의 물화된 구조를 분쇄하려는 지속적인 그리고 지속적으로 새로운 노력을 통해서만 극복할 수 있다." 이 과정에서 프롤레타리아 역할과 관련하여 독특한 것은 그 자신의 상황을 이해하고자 하는 측에서의 그 어떠한 노력도 전체에 대한 이해를 가져온다는 것이다. 게다가 이러한 이해는 순수하게 지적인 것이 아니라 일련의 계급투쟁을 통해 발전한다. 그러한 투쟁 속에서 노동자들은 문자 그대로 "존재의 물화된 구조를 분쇄하는" 동시에, 그러한 구조의 본성에 관한 심오한 통찰력을 획득한다. 이 과정의 정점을 이루는 사회주의혁명은 카우츠키와 플레하노프가 주장한 것처럼

---

12 G. Lukács(1923), *History and Class Consciousness*, p. 168.

"불가항력적인 필연적인 것"은 아니다.

> 쟁점이 되고 있는 것이 프롤레타리아 의식일 경우, 역사는 아무튼 자동적 automatic이다. …… 객관적인 경제발전은 생산과정에서 프롤레타리아의 위치를 창출할 수 있을 뿐이다. 그러나 오직 객관적인 발전만이 프롤레타리아에게 사회를 변화시킬 기회와 필요성을 제공할 수 있다. 어떠한 변화도 오직 프롤레타리아 자신의 (자유로운) 행위의 산물로서 발생할 수 있다.[13]

『역사와 계급의식』은 철학적 역작이다. 그것은 독일 관념철학, 고전 마르크스주의전통 그리고 베버와 지멜의 사회학에 대한 신중하고 혁신적인 독해에 기초하여 행동주의적인 비결정론적 마르크스주의에 이론적 근거를 제공한다. 이후의 (비록 전부는 아닐지라도) 대부분의 마르크스주의 이론가들은 그것에 크게 빚지고 있다. 하지만 이 저작의 바로 그 같은 야심이 심각한 난점의 한 원천이다. 우선, 루카치는 프롤레타리아의 입장이 자본주의의 본성에 대한 객관적 이해를 가능하게 한다고 주장한다. 그렇다면 이 주장이 어떻게 정당화되고 있는가? 노동계급은 계급사회 전체를 제거하고자 하는 관심을 가지고 있다는 것이 그의 답변으로 보인다. 그는 다음과 같이 언급한다. "프롤레타리아는 계급사회 그 자체를 동시적으로 폐지하지 않고는 하나의 계급인 자신을 해방할 수 없다. 이 같은 이유 때문에, 프롤레타리아의 의식 ─ 즉 인류역사상 최후의 계급의식 ─ 은 사회의 본성을 폭로할 뿐만 아니라 점차 이론과 실천의 내적 융합을 이룩해야만 한다."[14] 부르주아는 자본주의적 착취를 영속화하는 데 관심을 가지고 있는 까닭에, 사회에 대한 오직 부분적이

---

13 G. Lukács(1923), *History and Class Consciousness*, pp. 229, 197, 209.
14 G. Lukács(1923), *History and Class Consciousness*, p. 70.

고 제한적인 이해만을 발전시킬 수 있을 뿐이다.

따라서 루카치는 어떻게 개인의 세계관이 그 자신의 사회적 위치, 그리고 특히 계급구조적 위치가 초래하는 결과인지에 대한 하나의 설명으로 마르크스주의 이데올로기이론을 재정식화한다. 이러한 관점주의적 이데올로기 개념은 루카치의 헝가리 동료인 카를 만하임Karl Mannheim의 『이데올로기와 유토피아Ideology and Utopia』(1929) 속에서 더욱 발전되었다. 만하임은 '자유 부동적 인텔리겐치아free-floating intelligentsia'는 계급구조로부터 상대적으로 초월해 있는 덕분에 특정 관점을 잠정적으로 타당한 통일체에 통합시킬 수 있다고 주장함으로써, 행위자의 신념을 그의 사회적 위치와 관련하여 설명하고자 할 때 함축될 수 있는 잠재적 상대주의를 피하고자 했다. 그러나 루카치에서 프롤레타리아가 자본주의를 하나의 총체로서 이해할 수 있는 것은 바로 그들이 상품구조의 중심에 뿌리박고 있기 때문이다.

비록 우리가 이를 받아들인다고 하더라도, 어떤 이론화 – 이를테면, 마르크스주의 내에서 레닌 또는 카우츠키의 이론화 – 가 사회현실의 본성을 가장 잘 포착하는가를 결정하기 위해서는 몇 가지 기준이 필요하다. 헤겔은 변증법을 자체로 타당성을 지닌 것으로 인식하기 때문에 이 문제를 피할 수 있다. 왜냐하면 변증법의 범주들의 운동이 그 자신의 내용을 창출할 뿐만 아니라 각각의 개별 단계와 전체로서의 과정 모두를 내적으로 정당화하기 때문이다. 그러나 앞서 제2장에서 살펴보았듯이, 이러한 변증법 개념은 근대과학의 절차와 조화를 이루기에는 너무나 사변적이고 목적론적인 가정들에 근거하고 있다. 이러한 절차의 사용을 주장하는 다른 모든 사람들과 마찬가지로, 마르크스주의자들 역시 자신들의 연구결과가 일정 정도 설득력 있는 과학적 합리성 이론에 의해 옹호될 수 있다는 것을 보여줄 수 있어야만 한다. 루카치의 주장에 의하면, 마르크스주의적 "정설은 전적으로 방법과만 관련된다." 따라서 만약 "최근의 연구가 마르크스 개인의 테제 모두를 일거에 반증했다"고 하더라도, 그 타당성이 무효화되는 것은 아니다.[15] 이러한 정식화의 의도는 연구결과에 견주어 마르크스주의가 재조명될 수 있는 가능성을 열어놓는 것이다. 그러나 경험적 논박이 면제된 방법이라는 관념은 수상쩍게도 헤겔 변증법의 가장 의심스러운 측면과 닮아 있다.

둘째로, 역사가 주체 − 즉 그 자신이 하나의 객체로 변형됨으로써 발생한 물화된 구조를 궁극적으로 간파하고 변경시킬 수 있는 주체 − 를 창출한다는 것은 극히 관념론적인 함의를 지니고 있는 것처럼 보인다. 이는 자연세계와 관련될 때 가장 명백한 사실이다. 루카치는 다음과 같이 선언한다. "자연은 사회적 범주이다. 달리 말하면, 사회발전의 어떤 특정 단계에서 자연적이라고 여겨지는 것이 무엇이든 간에, 이 자연과 인간 간의 관계가 어떠하든 간에, 그리고 인간이 자연에 어떠한 형태로 연루되든지 간에, 자연의 형태, 내용, 범위, 대상성 모두는 사회적으로 조건 지어진다."[16] 자연을 전적으로 사회적으로 구성되는 것으로 바라보는 이러한 견해는 노동을 인간과 자연 간의 상호작용 − 이 관계 중 어느 측면도 다른 것으로 환원될 수 없다 − 의 토대로 파악하는 마르크스의 노동 개념과 어울리지 않는다. 그러나 후일 루카치가 인정한 것처럼, 이러한 노동개념은 『역사와 계급의식』에는 존재하지 않는다. 루카치는 특히 1920년대 후반 모스크바에서 마르크스의 『경제학·철학 수고Economic and Philosophic Manuscripts』를 읽은 첫 번째 사람들 중 하나가 된 후, 자신의 기본적인 이론적 도식을 상당 부분 수정했다. 『청년헤겔The Young Hegel』(1948)과 같은 후기 저작들과 사후에 출간된 『사회적 존재의 존재론Ontology of Social Being』은 노동을 매개로 한 인간과 자연 간의 신진대사적 상호교환에 관한 마르크스의 설명에 기초하여 변증법적 견해를 전개한다.

---

15 G. Lukács(1923), *History and Class Consciousness*, p. 1.
16 G. Lukács(1923), *History and Class Consciousness*, p. 234.

끝으로, 노동계급은 실제로 사회를 어떻게 합리적으로 이해할 수 있으며, 그것은 어떻게 객관적으로 가능한가? 루카치는 '실제적actual' 계급의식과 '귀속된imputed' 계급의식 간의 유명한 구분을 끌어들인다. 그는 다음과 같이 언급한다. "실제로 계급의식은 생산과정에서 점유하는 특정한 유형의 위치에 '귀속되어 있는' 적절하고 합리적인 반응들로 구성된다. 그러므로 계급의식은 계급을 구성하는 단일 개인들이 생각하거나 느끼는 것의 총합도 그리고 평균도 아니다." 귀속된 계급의식은 몇 가지 점에서 베버의 이상형과 유사하다. 그럼에도 불구하고 이 개념은 단지 현실에 대한 하나의 지적으로 자극적인 양식화stylization로서가 아니라 오히려 프롤레타리아가 종국에는 획득하게 될 실제적 의식의 표현으로 의도된 것이다. 그렇다면 어떻게 그러하다는 것인가? 루카치는 혁명적 계급의식의 발전은 하나의 순간적인 행위라기보다는 과정이라고 암시하는 매우 일반적이고 추상적인 몇몇 정식화를 제시할 뿐이다. 이를테면 그는 다음과 같이 말한다. "프롤레타리아 사상은 처음에는 단지 실천에 관한 이론theory of practice에 불과하지만, 점진적으로 (그리고 실제로는 간헐적으로) 현실세계를 전복하는 실천적 이론practical theory으로 스스로를 변화시킨다." 따라서 "한 번에 모든 형태의 물화를 제거하는 단일한 행위는 존재할 수 없다."[17]

예컨대 레셰크 코와코브스키Leszek Kolakowski와 같은 몇몇 비판가들은 루카치가 귀속된 계급의식의 대표자로 자처하는 전위정당 관념에 암묵적으로 호소함으로써 이 같은 난점을 극복한다고 주장한다. 그러므로 『역사와 계급의식』은 스탈린주의의 이론적 정당화이다.[18] 하지만 이러한 해석은 유지되

---

17 G. Lukács(1923), *History and Class Consciousness*, pp. 51, 205, 206(번역을 수정하여 인용함).

18 L. Kolakowski, *Main Currents of Marxism*(3 vols, Oxford, 1978), III, pp. 280~283.

기 어렵다. 루카치는 그 책을 구성하고 있는 (상이한 시점에서 집필된) 글들 중
에서 맨 마지막 장에 이르러서야 혁명정당의 문제를 다룰 뿐이다. 거기에서
그는 "조직은 이론과 실천의 매개 형태"라고 주장한다.[19] 이 견해를 어떻게
생각하든지 간에, 이것이 정당에 (코와코브스키가 시사한) 인식론적으로 특권
적인 지위를 부여하지는 않는다. 『역사와 계급의식』은 스탈린주의적 당조
직모델을 공산주의운동에 일반적으로 강요할 수 있게 만든 제3인터내셔널
의 '볼셰비키화'과정 이전에 집필되었다. 실제로 『역사와 계급의식』은 그 같
은 과정에서 희생된 것 중 하나였다. 그것은 1924년 코민테른 제5차 회의에서
코민테른의 의장인 그리고리 지노비에프Grigori Zinoviev에 의해 '수정주의'라는
이유로 공격받았다. 루카치 자신의 스탈린주의와의 (항상 제한적인) 타협은 후
일 그가 역사유물론에 대해 보다 더 객관주의적인 견해를 채택하게끔 했다.

그람시는 루카치와 다르지 않은 철학적 틀 내에서 보다 더 정교화된 계급
의식이론을 발전시켰다. 실제로 그는 크로체에게서 극히 실용주의적인 진
리 개념을 이어받고 있다. 그 개념에 따르면, "사물에 대한 우리의 지식은
우리 자신, 즉 우리의 욕구와 이해관계와 다름없다." 이러한 인식론은 그로
하여금 이론과 실천을 긴밀하게 연관된 것으로 생각하게 한다. 이를테면 그
람시는 다음과 같이 언급하며 크로체의 정식을 받아들인다. "비록 무의식적
이고 그리고 그 자신의 방식으로이기는 하지만, 모든 사람은 철학자다. 왜냐
하면 '언어'로 표현되는 가장 사소한 지적 활동 속에도 하나의 특정한 세계
관이 포함되어 있기 때문이다." 각각의 세계관은 "현실이 제기하는 어떤 특
정한 문제들에 대한 하나의 반응", 즉 특정 계급의 관행을 다소 이론적으로
합리화하여 표현하고 있다. 그러나 동일한 의식 속에 하나 이상의 세계관이
표현되어 있을 수도 있다.

---

19 Lukcás, *History*, p. 299.

한 사람의 세계관이 엄밀하고 정합적이지 못하고 산만하고 일시적일 때, 그는 동시에 다수의 대중집단에 소속되어 있다. 퍼스널리티는 매우 복합적이다. 거기에는 석기 시대의 요소들과 보다 진보한 과학의 원리들, 과거의 모든 역사 단계들로부터 전수된 편견들, 그리고 전 세계를 통일한 인류의 철학이 될 미래철학의 직관들이 포함되어 있다.[20]

그람시는 자본가계급의 이데올로기적 지배가 (현존 질서를 지속 가능하게 하는 마비 상태를 포함하여) 노동계급의 의식 속에서 사회주의적 세계관과 부르주아적 세계관 모두의 요소들이 공존하는 것을 통해 작동한다고 믿는다.

대중적인 활동가도 실천적 활동을 하지만, 자신의 실천적 활동에 대해 명확한 이론적 의식을 지니고 있지는 못하다. 그럼에도 불구하고 그러한 활동이 세계를 변화시킬 경우, 그것은 세계에 대한 이해를 포함하고 있다. 실제로 그의 이론적 의식은 역사적으로 자신의 활동과는 정반대일 수도 있다. 사람들은 어쩌면 그가 두 개의 이론적 의식(또는 하나의 모순적 의식)을 가지고 있다고 말할지도 모른다. 즉 하나는 그의 활동에 내재하는 것으로, 현실세계를 실제로 변혁시키는 과정에서 그를 동료 노동자들과 결합시켜주는 의식이다. 그리고 다른 하나는 겉으로 드러나거나 말로 표현되는 것으로, 그가 과거로부터 물려받아 무비판적으로 흡수한 의식이다. 그러나 이 같은 말로 표현되는 관념은 의식 없이는 존재하지 않는다. 그것은 특정 사회집단을 함께 묶어주고, 도덕적 행동과 의지의 방향에 영향을 미친다. 그것의 효력은 다양하지만, 종종 너무나도 강력하여 모순적인 의식 상태가 어떠한 행동, 어떠한 결정 또는 어떠한 선

---

20 A. Gramsci, *Selections from the Prison Notebooks*, eds Q. Hoare and G. Nowell-Smith (London, 1971), pp. 368, 323, 324.

택도 허용하지 않아 도덕적·정치적 수동성의 상태를 초래하기도 한다.[21]

그러므로 부르주아의 이데올로기적 지배는 대체로 수동적인 대중에 대한 사상 주입의 결과가 아니라, 노동계급의 복합적인 의식 내부에서 경쟁하는 세계관들이 상대적인 균형을 이룬 결과이다. 유사하게 혁명적 계급의식의 획득은 생산과정 내에서 행해지는 노동자의 일상적 실천 속에 내재되어 있는 사회주의적 세계관을 강화하고 표현하는 것을 필요로 한다.

> 따라서 이론과 실천의 통일은 단순히 기계적인 사실의 문제가 아니라, 역사적 과정의 일부이다. 그러한 과정의 초보적이고 원시적인 단계는 서로 '다르고' '분리'되어 있다는 인식, 즉 독립적이라는 본능적 느낌 속에서 발견되어, 일관적인 단일한 세계관을 실제로 소유하는 수준으로 발전한다.[22]

따라서 계급의식의 발전은 노동자들이 고용주에 대한 본능적인 연대감과 적대감에서부터 자신들의 이해관계와 역량을 정교하게 이해하는 것으로 나아가는 과정이다. 이 과정은 자본과 노동의 근원적 갈등을 표면으로 부상시키는 상대적으로 자발적인 대중투쟁의 전개에 결정적으로 의존한다. 그러나 계급의식이 효과를 발휘하기 위해서는 제도화되어야만 한다. 계급의식의 정교화는 그것을 표현하고 강화하는 조직 형태를 구축하는 것에 달려 있다. "인간대중은 그것의 가장 광범위한 의미에서 자신을 조직화하지 않고는 자신을 '드러내지' 못하며, 그 자체로 독립적이 되지도 못한다. 그리고 지식

---

21 A. Gramsci, *Selections from the Prison Notebooks*, eds Q. Hoare and G. Nowell-Smith, p. 333.

22 A. Gramsci, *Selections from the Prison Notebooks*, eds Q. Hoare and G. Nowell-Smith,

인 없이는, 즉 조직자와 지도자 없이는 조직도 존재하지 않는다."[23]

그람시는 이 같은 계급의식이론의 맥락에서 레닌의 혁명정당 개념을 프롤레타리아의 전위집단으로 설정한다. 당의 중요한 기능은 노동계급의 '유기적 지식인들'을 계발하는 것이다. 그람시에 따르면, "독자적인 경제적 생산영역 위에 성립하는 모든 사회집단은 그 자신과 더불어 하나 또는 그 이상의 지식인 계층을 유기적으로 창조한다. 이 지식인 계층은 사회집단에게 동질성을 부여하고 그 집단이 경제적 영역에서뿐만 아니라 사회적·정치적 영역에서 수행해야 하는 기능을 인식시킨다."[24] 그람시는 이 같은 정당을 "혁명대중의 자발적 운동과 당중앙의 조직화 및 지도의 의지가 수렴되는 변증법적 과정의 결과"로 파악한다. 그는 이탈리아 공산당 내부에서 아마데오 보르디가Amadeo Bordiga가 제시한 대립적 견해에 대해 반대했다. 보르디가에 따르면, 정당은 "공중에 매달려 있는 어떤 것, 그 자체로 자율적이고 자기번식적으로 발전하는 어떤 것, 형편이 좋을 때 …… 또는 당중앙이 공세를 개시하기로 결정하고 대중 수준으로 자신을 낮출 때 대중이 참여하는 어떤 것"이었다.[25]

그람시는 1926년 1월 이탈리아 공산당 리용회의를 위한 테제에서, 혁명정당과 노동계급 간의 상호작용에 대한 자신의 생각을 가장 완전하게 개진했다.

우리는 다음과 같이 주장한다. 계급을 선도하는 능력은 당이 자신을 혁명기

---

23 A. Gramsci, *Selections from the Prison Notebooks*, eds Q. Hoare and G. Nowell-Smith, p. 334

24 A. Gramsci, *Selections from the Prison Notebooks*, eds Q. Hoare and G. Nowell-Smith, p.5.

25 A. Gramsci, *Selections from the Political Writings 1921~1926*, ed, Q. Hoare(London, 1978), p. 198.

관으로 '선언한다'는 사실이 아니라, 그것이 '실제로' 노동계급의 일부로서 그 자신과 노동계급의 모든 분파들을 연결하고 대중에게 객관적 조건에 의해 바람직하고 호감을 사는 방향으로 운동을 각인시키는 데 성공한다는 사실과 관련된다. 오직 대중 속에서 수행하는 행동의 결과를 통해서만, 당은 대중들에게 (다수를 획득하고 있는) '자신들의' 당이라고 인식될 수 있을 것이다. 그리고 오직 이 같은 조건이 실현되었을 때만, 당은 그것의 배후에 노동계급을 결집시킬 수 있을 것으로 기대할 수 있다.[26]

따라서 사회주의혁명은 방대한 이데올로기적·조직적 준비를 필요로 한다. 실제로 이탈리아와 같은 반半공업국가들에서는 그람시가 북부의 프롤레타리아와 남부의 농민 간에 예견했던 것과 같은 계급동맹의 발전이 필요할 수도 있다. 그는 이를 배경으로 하여 『옥중수고Prison Notebooks』에서 그의 유명한 헤게모니이론을 정식화한다. 이 책의 핵심적인 사상은, 계급은 자신의 의지를 강제적으로 부과하는 것뿐만 아니라 동의를 확보하는 것을 통해 지배한다는 것이다. 이를테면

어떤 사회집단의 패권은 '지배'와 '지적·도덕적 지도력'이라는 두 가지 방식으로 현시된다. 어떤 사회집단은 적대적 집단을 지배한다. 그 집단은 적대집단을 '제거하거나' 심지어는 무력을 통해 정복하기도 한다. 즉 지배가 동류집단과 동맹집단을 인도한다. 어떤 사회집단은 통치력governmental power을 획득하기 전에 이미 '지도력leadership'을 행사할 수 있고, 또 실제로 행사해야만 한다(실제로 이것은 그러한 권력을 획득하기 위한 주요한 조건들 중의 하나이다).

26 A. Gramsci, *Selections from the Political Writings 1921~1926*, ed, Q. Hoare(London, 1978), p. 368.

그리하여 그 집단이 권력을 행사할 때, 그 집단은 지배집단이 된다. 그러나 그 집단이 권력을 확고하게 장악했을 경우에도, 그 집단은 또한 계속해서 '지도해야'만 한다.[27]

그람시는 『옥중수고』에서 이러한 "지적·도덕적·정치적 헤게모니"가 확립되는 조건들을 규명하고자 한다. 그가 국가와 시민사회를 구분한 것도 이를 염두에 둔 것이었다. 그는 국가와 시민사회를 각기 강제적인 국가권력제도와 지배이데올로기를 유포하는 일련의 문화제도 – 이를테면 교회와 학교 – 로 파악한다. 선진자본주의 국가에서, "'시민사회'는 매우 복잡한 구조로 성장하여 직접적인 경제적 요소(위기, 불황 등)의 파국적 '침입'에 저항한다."[28] 이러한 구조를 정복하기 위해서는 그람시가 '진지전war of position'이라고 부른 것이 요구될지도 모른다. 진지전은 그가 1914~1918년의 참호전trench warfare – 개별 진지들의 점진적 장악 – 에서 유추하여 고안한 개념으로, 직접적인 전면적 공격을 의미하는 '기동전war of manoeuvre'과 대비된다. 볼셰비키는 기동전을 통해 제정 러시아의 매우 취약한 시민사회를 압도하고 국가권력을 장악할 수 있었다.

이러한 분석이 갖는 정확한 전략적 함의에 대해 상당한 논쟁이 있어 왔다. 그람시가 집필했던 감옥의 검열 상황은 그로 하여금 자신의 의중을 은유적이고 암시적인 언어로 표현할 수밖에 없게 했고, 이는 『수고』의 몇몇 중요한 개념과 테제들을 모호하게 만들었다. 특히 어떤 정식들은 서구 자유민주주의사회에서 시민사회의 점진적 정복이 자본주의국가의 혁명적 전복의 필요성을 미연에 제거한다고 암시하는 것으로 받아들여질 수도 있다. 이러한

---

27 Gramsci, *Prison Notebooks*, pp. 57~58.

28 Gramsci, *Prison Notebooks*, pp. 58, 235.

암시가 그람시 자신의 견해와 거의 정확하게 정반대라고 할지라도, 그의 저술들은 그와 같은 개량주의적 해석을 가능하게 할 만큼 개념적으로 느슨하다. 그리고 그 같은 해석은 이탈리아와 다른 유럽의 공산당들이 '유로코뮤니즘Eurocommunism'을 채택했던 1970년대 동안 특히 유행했다. 그럼에도 불구하고 그 자신의 운명 – 무솔리니의 감옥 중 하나에서 사망한 일 – 은 세계대전과 경제위기라는 "'파국적' 침입"에 저항하는 부르주아제도들의 능력을 확실하게 입증해주었다.

9.2 하이데거와 보수혁명

헤겔적 마르크스주의자들의 저술들 – 특히 『역사와 계급의식』– 은 다른 무엇보다도 특히 중앙유럽의 지식인들이 전개한 근대성 비판을 역사유물론의 틀 속으로 통합하고자 했던 정교한 시도였다. 그러나 그 밖의 다른 이데올로기들도 20세기 초반 유럽의 광범위한 불안감을 해석하기 위한 하나의 수단을 제공해주었다. 에른스트 놀테Ernst Nolte는 파시즘을 '혁명적 반동'이라고 불렀다.[29] 실제로 파시스트운동은 제1차 세계대전을 종결시킨 혁명적 격변에 대한 하나의 반응이었다. 히틀러는 자신을 '마르크스주의의 분쇄자'라고 기술했다. 그가 공산주의와 조직노동을 두려워하던 독일의 실업가, 은행가, 지주들의 지지를 얻을 수 있었던 것도 바로 이에 토대한 것이었다. 그러나 국가사회주의는 자신을 보수적 운동이 아니라 혁명적 운동으로 투사했다. 국가사회주의는 독일사회를 변혁시켜 민족공동체Volksgemeinschaft를 건설하는 것을 목적으로 하며, 민족공동체 속에서 토착자본과 노동이 삶의 공간을

---

29 E. Nolte, *Three Faces of Fascism* (New York, 1969), p. 81.

둘러싸고 경쟁하는 인종들 간의 전쟁을 더 잘 수행하기 위해 화해할 것이라고 보았다.

나치이데올로기는 형식적인 측면에서 조야하고 절충적이고 모방적이었다. 요아힘 페스트Joachim Fest는 히틀러에 관해 다음과 같이 쓰고 있다. "다윈의 투쟁이론과 결합한 민족주의, 반볼셰비즘, 반유대주의가 그의 세계관의 기둥들을 이루었으며, 그의 발언의 처음부터 끝까지를 모양지었다."[30] 극단적으로 속류화된 니체와 사회적 다윈주의가 생물학적 인종차별주의와 반유대주의와 융합하며 국가사회주의 이데올로기의 핵심을 구성했다. 그러나 바이마르공화국(1918~1933년)하에서, 이른바 '보수혁명가들'로 불린 지식인집단 ― 그중에서도 특히 에른스트 윙거Ernst Jünger, 아르투어 묄러 판 덴 브루크Arthur Moeller van den Bruck, 칼 슈미트 그리고 오스발트 슈펭글러Oswald Spengler ― 은 보다 교묘하게 극우정치를 이론화하고 나섰다.

그러는 동안에 그들은 기존의 독일 보수주의사상 속에 이미 존재하던 근대성 비판에 기댈 수 있었다. 19세기 후반기경 독일 지식인들은 이미 문명Zivilisation과 문화Kultur의 구분에 익숙해 있었다. 프랑스와 영국을 특징짓는 전자는, 표면적이고 합리적이고 상업적이다. 반면에 분명하게 독일적인 것을 특징짓는 후자는, 유기적으로 통합되어 있고 직관적이고 삶지향적이다. 달리 말해, 이를테면 퇴니스가 전근대적인 게마인샤프트(공동체)와 근대적인 게젤샤프트(결사체) 간에 (즉 두 가지 사회발전 단계 간에) 설정했던 대비가 국가 간 차이의 표상으로 재설정되고, 독일문화 속에는 근대성이 초래한 원자화와 부조화를 극복할 수 있는 수단이 포함되어 있는 것으로 암시되었다.

슈펭글러는 제2차 세계대전의 종전 무렵에 출간된『서구의 몰락The Decline of the West』에서 이 같은 관념을 더욱 발전시켰다. 그의 주장에 따르면, 세계

---

30 J. C. Fest, *Hitler*(Harmondsworth, 1977), p. 206.

사는 다수의 문화들로 구성되어 있다. 그리고 각 문화는 인간존재의 문제들에 대한 타당한 해결책을 표현하는 동시에 개별유기체를 특징짓는 발전유형 ― 즉 출생, 발육, 성장, 성숙, 노쇠, 죽음 ― 을 보여준다. 이러한 유형의 일부로 각각의 문화는 불가피하게 그 자신의 문명 ― 즉 "점차 소진되어 비유기적이 되거나 기능이 정지된 형태" ― 을 발전시킨다. 위대한 문화 ― 슈펭글러는 세계사 전체를 통틀어 오직 여덟 개의 문화만이 존재한다고 생각했다 ― 의 정체성은 인종적으로 결정된다. 실제로 그에 따르면, "시간이나 운명과 마찬가지로, 인종은 삶의 모든 문제에서 결정적 요소다. 그것은 합리적인 (즉 무정한) 관리와 배열을 위해 그것을 이해하고자 본격적으로 시도하지 않더라도, 모든 사람이 명확하고 확실하게 알고 있는 어떤 것이다."[31]

비록 슈펭글러가 인종'교배'에 사로잡혀 있지는 않았지만, 이러한 역사철학은 고비노Gobineau의 인종이론과 몇 가지 점에서 유사하다(앞의 3.3절 참조). 양자 모두는 다양한 종류의 우주론적 비관론에 가세한다. 실제로 슈펭글러는 19세기에 서구가 문화에서 문명으로 전이되었다고 믿었다. 그리고 그는 당대에 지적 활동이 소진되었음을 보여주는 많은 증거들을 발견한다. 그럼에도 불구하고 보수혁명가들이 표명하고 나선 지배적인 분위기는 불가피한 몰락에 대한 우울한 성찰도, 그리고 보다 보수적인 형태의 낭만적 반자본주의를 특징으로 하는 이상화된 과거에 대한 향수도 아니다. 그들은 헤겔적 마르크스주의자들이 그랬던 것만큼이나 행동주의적인 방식으로 근대성의 위기에 대응한다. 제프리 허프Jeffrey Herf는 그들을 "독일 우파의 낭만적 반자본주의가 회고적 목가주의로부터 벗어나게 하고 그 대신에 하나로 통합된 기술발전국가에서 자본주의에 기인하는 무정형적 혼란을 대체할 아름다운

---

31 O. Spengler, *The Decline of the West*, abbr. edn, eds H. Werner and A. Helps(New York, 1991), pp. 25, 257.

신질서의 윤곽을 그리고 있는 민족주의자들"이라고 불렀다."[32]

이를테면 윙거는 최전선에서의 전투가 주는 색다른 흥분, 승리를 위해 각 교전국이 사회의 모든 자원을 동원하고자 하는 노력, 그리고 전투원과 민간인이라는 전통적 구분의 붕괴를 거론하며, 1914년에서 1918년 사이에 있었던 전면전의 경험을 찬양한다. 그 같은 사태의 전개는 당대 현실의 핵심에 자리하고 있던 잔혹함을 보여주는 것이었다.

> 냉혹함과 무자비한 규율, 김이 날 정도로 작열하는 거리들, 상업·자동차·비행기의 물리학과 형이상학, 그리고 신흥도시들로 둘러싸인 우리의 일상생활을 그저 고려해보는 것만으로도 충분하다. 즐거움이 가미된 공포와 함께, 우리는 거기서 움직이지 않는 원자는 단 하나도 없다는 것 ─ 우리가 이 미친 듯한 과정에 깊이 각인되어 있다는 것 ─ 을 깨닫는다. 전면적인 동원은 성취된다기보다는 스스로 성취한다. 전시에 그리고 평화 시에도, 그것은 대중시대와 기계시대의 우리의 삶이 우리를 종속시키고 있는 비밀스럽고 냉혹한 요구를 표현한다. 따라서 각 개인의 삶은 그 어느 때보다 확실하게 노동자의 삶이 되며, 그리고 기사, 왕, 시민의 전쟁에 뒤이어, 이제 우리는 노동자들의 전쟁을 겪고 있음이 판명된다. 20세기의 첫 번째 위대한 갈등은 우리에게 그것의 합리적 구조뿐만 아니라 그것의 무자비함 또한 예감하게 해주었다.[33]

이 같은 '반동적 모더니즘reactionary modernism' ─ 이는 허프의 표현이다 ─ 의 입장에서 볼 때, 선진기술은 쇠퇴기에 접어든 문명의 징후가 아니다. 그것은

---

32 J. Herf, *Reactionary Modernism* (Cambridge, 1984), p. 4.

33 E. Jünger(1930), "Total Mobilization," in R. Wolin, ed., *The Heidegger Controversy* (Cambridge, Mass., 1993), p. 128.

권력에의 의지의 구현물, 즉 생존투쟁에서 부활한 독일 '노동자' 국가 – 여기서 노동자는 임금노동자뿐만 아니라 경영자, 기업가, 소생산자도 포함하기 위해 광범위하게 이해된다 – 의 잠재적 수단을 구체적으로 표현한다. 비록 보수혁명가들이 하나의 실제적 운동으로서의 나치즘과 복잡하고 모호한 관계를 맺고 있었음에도 불구하고, 그들은 나치즘의 주요 성향들 중 하나를 구체적으로 표현하고 있었다. 역사가 데틀레프 포이케르트Detlev Peukert의 주장에 따르면, '국가사회주의'는 몇몇 유력한 해석들이 제시하는 것처럼, 근대성의 단순한 거부를 표현하거나 독일역사의 '특수한 길Sonderweg'로부터 발생한 것이 아니라, "근대 문명화과정의 병리와 심각한 균열을 매우 명료하고 지독할 정도로 일관성 있게 입증한 것이었다."

> 1789년의 유산을 거부한 것과 일관되게, 국가사회주의는 근대기술과 제도는 갖추었으나 평등권, 해방, 자결 그리고 공통의 인류라는 관념이 전혀 존재하지 않는 사회를 구상했다. 그것은 사회문제를 '과학적' 방법으로 망라적으로 해결할 수 있다는 유토피아적 믿음을 종국적인 논리적 극단으로까지 몰고 가서는, 전 주민을 관료제적인 인종적-생물학적 구상 속에 포섭시키고, 불일치와 마찰의 모든 원천을 뿌리째 뽑고자 했다. 그것은 세계전쟁을 수행함으로써, 근대기술의 파괴적인 힘을 입증했다. 그것은 일상생활에서는 사회적·정치적·도덕적 책임을 방기한, 그리고 관료제적 절차와 법인제도들 및 활기 없고 허울뿐인 대량소비의 형태들로부터만 그 응집력을 끌어낼 수 있는 침울하고 원자화된 형태의 사회를 미리 맛보게 했다.[34]

보수혁명가들은 20세기의 주요 철학자들 중 한 사람에게 그의 저술들이

---

34 D. Peukert, *Inside Nazi Germany*(London, 1989), p. 248.

출현할 수 있게 한 이데올로기적 환경을 마련해주었다. 하이데거와 나치즘 간의 관계는 매우 커다란 논쟁거리이다.[35] 그럼에도 불구하고 특히 휴고 오트Hugo Ott의 연구 덕분에 이제 기본적인 사실들은 잘 밝혀져 있다. 하이데거는 1932년 대통령선거에서 히틀러에게 투표했고, 1933년 1월의 권력장악 이후에 나치에 가입했으며, 같은 해 4월 프라이부르크 대학교 총장직을 맡았다. 그는 총장직에 있으면서, 자신과 국가사회주의체제를 분명하게 동일시하는 숱한 연설들을 했으며, 실제로 몇몇 경우에는 다음과 같이 선언했다. "오직 총통만이 현재와 미래 독일의 현실이자 법이다."[36]

총장 재임 시절, 하이데거는 열정적으로 대학을 나치노선에 따라 변화시키고자 했다. 이를테면 그는 대학이 "민족공동체Volksgemeinschaft 속으로 재차 통합되어야 하며 국가와 하나가 되어야 한다"고 주장했다.[37] 그는 또한 유대인과 자유주의자들에 대한 학원 탄압에 참여했다. 1934년 4월 히틀러체제 특유의 음모들 중 하나로 인해 총장직에서 축출되었음에도 불구하고, 그는 나치즘을 거부하지 않았다. 1945년 이후에도 하이데거는 일관되게 제3제국 하에서의 자신의 경력에 대해 사죄하기를 거부했다. 이를테면, 그는 예전에 자신의 학생이었던 헤르베르트 마르쿠제Herbert Marcuse에게 쓴 편지에서, 자

---

35 하이데거(Martin Heidegger, 1889~1976)는 바덴의 메스키르히에서 술집 주인의 아들로 태어났다. 예수회 가입이 좌절된 후, 프라이부르크 대학교에서 처음에는 신학을 그리고 다음에는 기독교철학을 공부했다(1909~1915년). 프라이부르크에서 철학자 에드문트 후설의 강의조교를 지냈다(1920~1923년). 마르부르크 대학교 철학교수(1923~1929년), 프라이부르크 대학교 철학교수(1928~1946년)와 총장(1933~1934)을 역임했다. 1946년 탈나치화(denazification) 과정의 일환으로 강제퇴직 당했다.

36 예컨대, M. Heidegger(1933), "German Students," in Wolin, ed., *Heidegger Controversy*, p. 47.

37 M. Heidegger(1933), "The University in the New Reich," in Wolin, ed., *Heidegger Contro-versy*, p. 44.

신이 나치를 지지하기로 한 결정에 대해 다음과 같이 설명했다. "나는 국가사회주의가 삶을 온전히 정신적으로 소생시키고, 사회적 적대관계를 화해시키며, 공산주의의 위험으로부터 서구의 현존재Dasein(인간실존)를 구출할 것이라고 기대했다." 그는 곧 자신의 '정치적 실수'를 깨닫게 되었다고 공언하면서도, 제2차 세계대전 말 폴란드, 체코슬로바키아, 소련이 합병지역에서 독일인들을 추방한 것과 비교하면서 유대인 몰살을 규탄하기를 거부했다.[38]

특히 프랑스에서 하이데거의 행동을 희석시키고자 했던 그의 변호자들의 노력에도 불구하고, 그것이 그 어떤 중요한 20세기 사상가들의 정치경력 중에서도 가장 수치스러운 것임을 부정할 수는 없다. 그것에는 다양한 해석의 여지가 존재한다. 빅터 파리아스Victor Farias는 하이데거가 자신을 에른스트 룀Ernst Röhm이 이끈 급진 나치분파와 동일시했다고 주장한다. 룀은 반反보수주의적인 '제2혁명Second Revolution'을 제창하며, 이를테면 정규군대를 자신의 통제하에 있는 당의 돌격대원SA으로 대체하고자 했다. 따라서 그의 총장직 해임은 히틀러가 전통적인 독일군대와 경제엘리트들에게 베푼 일련의 양보들 중 하나로 보아야 한다. 그러나 그 같은 양보도 1944년 6월 30일 장검의 밤Night of the Long Knives에 벌어진 SA 지도부의 대량학살로 인해 내리막에 접어들었다.[39] 오트는 다소 관대하게 이 철학자를 일관적인 국가사회주의적 혁명가라기보다는 일생을 통해 가톨릭교회에 대한 혐오에 의해 강력하게 동기 지어진 기회주의자였다고 묘사한다. 심지어 리처드 로티와 같은 찬미자조차도 하이데거를 "역겨운 훌륭한 인물", 즉 자신의 출신지인 남부독일의 프티 부르주아적 편견을 결코 벗어나지 못한 "슈바르츠발트의 반동주의자"라고 불렀다.[40]

---

38 Letter to Marcuse, 20 Jan. 1948, in Wolin, ed., *Heidegger Controversy*, p. 162.

39 V. Farias, *Heidegger et le nazisme*(Paris, 1987), pp. 229~245.

아마도 가장 흥미로운 것은 하이데거의 나치즘과 그의 철학적 저술 간의 관계의 문제일 것이다. 이들 텍스트는 가장 복잡하고 모호하고 영향력 있는 20세기의 지적 성과들 중 하나이다. 분명 여기는 하이데거 철학에 대해 상세한 논의를 하는 자리가 아니다. 그럼에도 불구하고 그가 국가사회주의에 관여하면서 제시한 근대성 비판과 관련한 몇몇 주제들을 규명하는 것은 유용할 것이다. 실제로 피에르 부르디외는 다음과 같이 주장한다.

> 하이데거는 '보수혁명'의 대변인에 가깝다. 그는 그것의 많은 단어와 테제들을 철학적으로 신성화하지만, 자신은 그것과의 거리를 유지한다. 그는 '가장 조야한' 차용어들을 (횔덜린Hölderlin 스타일의 학문적 예언자의 개념시概念詩/Begriffsdichtung의 특징인) 음성학적·의미론적 공명의 망 속에 끼워넣어 순화시키는 형태를 취함으로써 그렇게 한다.[41]

하이데거의 생애과정에서 보다 두드러지는 그의 특이한 예언자적 스타일은 실제로 그의 저술을 이해하고 비판적으로 평가하는 데 하나의 장애물로 작용한다. 하지만 이것이 그의 가장 유명한 저작 『존재와 시간Being and Time』(1927)의 중요성을 바꾸어놓지는 못한다. 루카치는 『역사와 계급의식』에서 전통철학에 도전장을 던졌다. 세계를 초월적 주체의 구성물로 파악하는 칸트적 시도 ─ 하이데거의 스승인 후설이 계속 진행한 작업인 ─ 는 과학적 합리성의 형식적 구조와 물리적·사회적 삶의 실제 내용 간의 대비를 피할 수 없는 것처럼 보이게 했다. 형식과 내용을 재통합하면서도 정신을 감각경험이나 물질 그 자체로 환원시키는 일종의 자연과학주의로 빠져들지 않은 채, 어떻게

40 R. Rorty, *Contingency, Irony, and Solidarity* (Cambridge, i989), p. 111(inc. n. 11).

41 P. Bourdieu, *The Political Ontology of Martin Heidegger* (Cambridge, 1991), p. 54.

형식과 내용을 재통합할 수 있는가? 루카치의 해결책은 노동계급을 역사의 주객동일자로 간주하는 것이었다. 그러나 그러한 전략은 마르크스주의의 정치적 입맛에 맞지 않다는 것은 차치하고도, 독일 관념론을 가일층 급진화하는 것으로 보였다. 그것에 따를 때, 사회적 현실은 거대주체, 즉 프롤레타리아의 창조물이다.

『존재와 시간』에서 하이데거는 이러한 도전에 응한다. 그는 데카르트 이래로 서구철학의 출발점을 이루어온 주체와 객체의 이분법 밖에서 서구철학을 다시 시작하고자 한다. 이를 위해 그는 먼저 철학적 전통이 특정한 실체entities 또는 존재자beings의 본성과 대비되는 것으로서의 존재Sein/Being의 본성이라는 근본적인 질문을 모호하게 만들어왔다고 주장한다. 존재물음Seinsfrage은 그것의 변화나 수정에도 불구하고 하이데거의 사상을 관통하는 중요한 관심사이다. 하지만 『존재와 시간』은 현존재Dasein를 분석한다. 하이데거에서 현존재는 인간존재자human beings의 존재Being를 의미하며, 현존재는 "존재자에게는 존재가 하나의 문제"라는 사실에 의해 존재와 구분된다.[42]

하이데거가 인간실존human existence을 언급하기 위해 현존재라는 용어를 사용한 한 가지 이유는, 그가 인간실존이 주체와 객체의 이분법을 초월하는 용어들로 이해되어야만 한다고 믿었기 때문이다. 현존재에 관한 그의 분석은 "하나의 단일한 현상"인 '세계-내-존재Being-in-the-world'에서 시작된다. 따라서 "주체와 객체는 현존재와 세계와 서로 일치하지 않는다." 달리 말해, 세계-내-존재는 주체와 객체로 분리되어 있다가 기본적으로 객체를 이해하고자 하는 주체의 노력에 의해 연결될 수 있는 그런 것일 수 없다. 오히려 그것은 인간존재자가 실제로 세계 – 특히 노동 – 에 관여하는 다양한 방식들 속에 존재한다. "우리에게 가장 가까운 [세계와 인간존재자의] 관계유형은 ……

---

42 M. Heidegger, *Being and Time*(Oxford, 1967), p. 32.

있는 그대로의 개념적 인식이 아니라, 오히려 사물을 조작해서 사용하고자 하는 형태의 관심이다. 그리고 그것은 그 나름의 '인식' 형태를 가지고 있다."[43]

이 같은 실천적 개입 속에서 세계 – 자연세계와 사회세계 모두 – 가 우리에게 모습을 드러낸다. 어쨌든 이 세계에 대한 인간의 해석이 주체에 의해 세계에 부과되는 것은 아니다. 우리가 일상생활 속에서 사물에 관여하는 것은 그 사물의 역할을 우리의 실제적인 목적을 위해 '곧바로' 이용할 수 있는 것으로, 암묵적으로 이해하는 것을 포함한다. 그러한 이해는 그러한 명백한 해석에 선행하며, 그러한 해석을 가능하게 하는 사물의 '선취Vorhabe'에 의존한다. 즉 "모든 경우에 해석은 우리의 선견Vorsicht에 근거한다. 이 선견은 우리가 선취하고 있는 것으로부터 '중요한 단편을 취한다.' 그리고 그것은 그것이 해석될 수 있는 명확한 방식을 기대하며 그렇게 한다." 그리고 그것이 해석 속에서 표현되는 사물에 대한 '선개념fore-conception'을 발생시킨다. 그러므로 "해석이란 결코 우리에게 제시되는 무엇인가에 대한 무전제적pre-suppositionless 이해가 아니다."[44] 사물에 대한 우리의 인식은 우리가 실제로 세계에 관여하는 틀 내에서 발전한다.

하이데거는 20세기의 위대한 철학적 성과들 중 하나인 세계-내-존재에 관한 이 놀라운 분석을 내놓고 나서, 곧 그것을 근본적으로 무력화시킨다. 우리와 세계가 맺는 관계는 세계와 분리된 주체가 맺는 관계가 아니며, 고립된 개인이 맺는 관계도 아니다. 그에 따르면, "세계는 항상 내가 타자들과 공유하는 세계이다. …… 내-존재Being-in는 항상 타자와 함께하는 존재Being-with Others이다." 따라서 상호주관성intersubjectivity은 인간실존의 구성요소이다. "현존재가 존재하는 한, 현존재는 서로 함께하는 존재Being-with-one-another를

---

43 M. Heidegger, *Being and Time*, pp. 78, 86, 95.

44 M. Heidegger, *Being and Time*, pp. 191~192.

그것의 존재 유형으로 한다. 서로 함께하는 존재를 여러 '주체들'의 존재의 누적적 결과로 파악할 수는 없다." 그러나 실제로 '함께하는 존재Mitsein'는 "타자들에게 종속된" 관계이다. "이 서로 함께하는 존재는 그 자신의 현존재를 '타자'의 존재의 형태로 완전히 용해하고, 그 같은 방식 속에서 실제로 식별 가능한 명백한 것으로서의 타자들은 점차 사라진다. 이처럼 눈에 띄지 않음과 확인 불가능함의 상황 속에서 '그들'[인간]의 엄청난 독재가 펼쳐진다." 존재의 이 같은 불확실한 양식 속에서 개성은 사라진다. 그 같은 존재양식 속에서 "모든 사람은 타자이고, 그 누구도 자기 자신이 아니다."

> 일상적인 현존재의 자아Self는 그들-자아they-self이다. 우리는 이것을 진정한 자아 — 즉 그 나름의 방식으로 제어되어온 자아 — 와 구별한다. 그들-자아로서의 특정한 현존재는 '그들' 속으로 흩어져버렸으며, 따라서 우선 자신을 발견해야만 한다. …… 만약 현존재가 그들-자아로서의 자기 자신을 잘 알고 있다면, 그것은 동시에 '그들' 자체가 가장 가까이에 있는 세계와 세계-내-존재를 해석하는 방식을 규정하고 있다는 것을 의미한다.[45]

따라서 공론장은 무의미하고 평범하고 얻어들은 것들에 관한 '잡담'의 영역이다. 다음과 같은 논평이 시사하듯이, 하이데거는 거기서 정치적 비판을 하고 있다. "거리감, 평균성, 평준화가 '그들'의 존재방식으로, 우리가 '공공성'으로 알고 있는 것을 구성한다."[46] 이 진단은 1920년대에 카를 슈미트가 전개한 유형의 자유민주주의 비판을 훨씬 더 추상적인 형태로 반향한다. 슈미트는 의회제도의 생존에 요구되는 진정한 공적 논쟁이 부재하고 있음에

---

45 M. Heidegger, *Being and Time*, pp. 155, 163, 164, 165, 167.

46 M. Heidegger, *Being and Time*, p. 165.

엄격하게 초점을 맞추었다.

> 오늘날 의회정치의 상황은 위험에 처해 있다. 왜냐하면 근대 대중민주주의의
> 발전이 논쟁적인 공적 토론을 하나의 형식적 절차로 만들어버렸기 때문이다.
> 그 결과 현행 의회법의 많은 규범들은 …… [마치] 누군가가 타오르는 불을 표
> 현하기 위해 근대 중앙난방장치의 방열기에 붉은 불꽃을 그려놓은 것만큼이
> 나 무익하고, 심지어 당혹스러운 불필요한 장식물처럼 기능한다. 정당들은
> …… 의견을 논의하기 위해 대면하는 것이 아니라, 그들의 상호이익과 권력기
> 회를 계산하는 사회적 또는 경제적 권력집단으로서 대면한다. 그리고 정당들
> 은 실제로 그것에 토대하여 타협과 동맹에 동의한다. 대중은 선전기구를 통
> 해 설득당하고, 선전의 최대 효과는 직접적인 이해와 열정에 호소하는 것에
> 달려 있다. 진정한 토론을 특징짓는 실질적인 의미에 대한 논의는 자취를 감
> 추고 만다.[47]

하이데거는 사회세계를, 루카치가 그의 물화이론에서 환기했던 것만큼이
나 소외된 것으로 묘사한다. 그러나 루카치와 달리, 하이데거는 이 세계 내
부에서 탈출구를 제시할 어떤 행위자도 발견하지 못한다. 도리어 세계 그 자
체가 유발한 일반화된 의미의 억압으로 이해되는 불안Angst이 현존재가 '그
들' 및 '수중의' 대상과 통합되는 것을 가로막는다. "불안은 현존재를 개별화
한다." 그것은 우리로 하여금 우리가 결국 일상에서도 또 '공적 세계'에서도
'마음 편하지' 않다는 사실에 어쩔 수 없이 직면하도록 만들고, 우리를 자유
롭게 하는 것은 우리의 불완전성, 즉 잠재력임을 깨닫게 한다.[48] 그 같은 자

---

47 C. Schmitt(1923~1926), *The Crisis of Parliamentary Democracy*(Cambridge, Mass., 1985),
   p. 6.

각은 인간의 유한성에 관한 근본적인 인식, 즉 우리 모두는 죽는다는 인식 속에서 이루어진다. 슈펭글러는 이미 다음과 같이 기술한 바 있다. "죽음에 대한 인식으로부터, 짐승이 아닌 인간으로서 우리가 가지는 세계관이 연원한다."[49] 그 같은 인식에서 '그들'은 사라진다. 하이데거는 죽음을-향하는-존재Being-towards-death 속에 진정한 존재 양식이 존재한다고 믿는다. 이것은 '결의성決意性/Entschlossenheit의 형태를 취한다. 여기서 죽음의 예견은 인간 실존의 유한성과 우연성 – '내던져짐thrownness' – 을 수용하는 미래지향성을 이끌고, 이것이 행위의 토대가 된다.

리처드 올린Richard Wolin은 이 같은 '결의성' 분석이 "정치철학으로서의 하이데거주의로 가는 길"을 제공한다고 논평한다. 올린에 따르면, "일단 모든 전통적 사회규범의 비진정성inauthenticity이 실존적으로 폭로되고 나면 도덕적 지향에 남아 있는 유일한 토대는 무無로부터의 결정, 즉 근본적인 의지주장assertion of will – 더욱이 사회적 관례라는 방해물로부터 제약받지 않는 순수한 의지 – 뿐이다."[50] 올린이 제시한 바와 같이, 결의성으로서의 진정성 개념과 슈미트의 결단주의decisionism 간에는 긴밀한 상응관계가 존재한다. 후자에 따르면, 항상 갈등의 가능성을 지니고 있는 정치세계에서 주권은 정상적인 상황을 통치하기 위해 고안된 법적 원칙들이 전혀 적용될 수 없는 위기상황에서 무엇을 해야만 하는지를 결단하는 사람에게 부여된다.

슈미트에 따르면, "모든 일반적인 규범은 그것이 실제로 적용될 수 있고 또 그것의 규제에 종속되는 정상적인 일상적 삶의 틀을 요구한다." 국가의 생존 자체가 위협받을 수도 있는 예외적인 상황은 그 같은 규범으로부터는

---

48 Heidegger, *Being and Time*, p. 233.

49 Spengler, *Decline*, p. 229.

50 R. olin, *The Politics of Being*(New York, 1990), p. 39.

끌어낼 수 없는 결단을 요구한다. "규범적으로 볼 때, 그 같은 결단은 무로부터 나온다. 즉 거기에는 그것을 정당화시켜줄 수 있는 일반원칙은 전혀 존재하지 않는다.[51] 계몽주의는 그와 같은 예외와 결단을 추방하는 보편법칙이라는 합리주의를 발전시켰다. 그러나 슈미트는 베버의 국민투표적 민주주의이론을 급진화하여 바이마르 독일에서 제국 대통령의 독재를 정당화하기 위해, 그것들을 복원시키고자 한다(앞의 7.4절 참조).

『존재와 시간』과 보수혁명적 사고 간에는 또 다른 접점이 존재한다. 전면전의 경험을 회고하면서, 윙거는 다음과 같이 기술한다.

> 우리가 '무용성'이라는 특별한 성격을 지닌 엄청난 규모의 어떠한 노력 – 이를테면 피라미드나 대성당과 같은 거대한 건축물의 축조 또는 존재의 궁극적 동기를 이용하는 전쟁 – 과 마주할 때, 경제적 설명은 그것이 아무리 분명하다고 할지라도 충분하지 못하다. 이것이 바로 역사유물론학파가 단지 이 과정의 표면만을 건드릴 수밖에 없는 이유이다. 이러한 종류의 노력을 설명하기 위해서 우리는 오히려 다양한 제의祭儀 현상들을 우선적으로 의심하는 데 집중해야만 한다.[52]

따라서 윙거는 세계사의 실제적 문제는 너무나도 심오해서 물질적 이해와 같은 세속적인 어떤 것으로는 결코 이해할 수 없다고 말한다. 하이데거는 훨씬 더 광범하게 우리가 통상적으로 이해하는 것으로서의 역사는 현존재의 근본적 차원이 아니라고 주장한다. 역사는 "우리의 '서로-함께하는-존재' 속에" 존재하는 과거의 것이자, "동시에 '우리에게 유산으로 남겨져' 계속적

---

51 C. Schmitt(1922), *Political Theology*(Cambridge, Mass., 1985), pp. 13, 31~33.
52 Jünger, "Total Mobilization," p. 129.

으로 효력을 발휘하는 것이다." 따라서 역사는 우리가 과거로부터 물려받은 이해할 수 없는 짐이다. 이와는 대조적으로 역사성Geschichtlichkeit은 현존재를 구성한다. 역사성은 진정한 '죽음을-향하는-존재'에 내재하는 미래지향성 속에 존재하는 시간성temporality의 기본 구조에서 나온다. 이를테면 하이데거는 다음과 같이 언급한다. "역사성이 분명한 근거를 가질 때, 그것은 역사를 가능한 것의 '재현recurrence'으로 이해하고, 오직 실존이 그 가능성에 운명적으로 열려 있을 경우에만 가능성이 상상의 순간에 결연히 반복해서 되풀이된다는 것을 안다."[53] 이렇듯 역사의 진정한 의미는 자유로운 행위를 가능하게 하는 인간실존의 내재적 구조들 속에 있다. 부르디외는 이를 "현존하는 것의 본질적인 역사성을 주장함으로써, 그리고 역사와 시간성을 존재 내에, 즉 몰역사적이고 영원한 것 속에 각인시킴으로써, 역사로부터 탈출할 수 있게 해주는, '말로 재주넘기verbal somersault'라고 부른다." 이와 같이 하이데거는 "영원한 것을 역사화하는 것을 피하기 위해 시간성과 역사를 영원화"한다.[54]

이처럼 하이데거의 매우 추상적이고 복잡한 현존재 분석은 보수혁명가들의 정치적 주제들 중 많은 것을 철학의 영역에서 반복하고 있다. 이 같은 관점에서 볼 때, 국가사회주의에 대한 그의 지지는 이해할 만하다. 1930년대 초반에 하이데거는 윙거 저술 토론모임에 참여했다. 후일 그는 다음과 같이 기술했다. "에른스트 윙거가 노동자의 지배와 상태에 관해 사색하고 그 같은 사고를 통해 파악한 것은 권력에의 의지가 역사 — 현재는 전 세계를 포괄하는 것으로 이해되는 — 를 보편적으로 지배한다는 것이다. 오늘날 모든 것은, 그것이 공산주의, 파시즘 아니면 세계민주주의 그 무엇으로 불리든 간에, 그

53 Heidegger, *Being and Time*, pp. 431, 444.

54 Bourdieu, *Political Ontology*, pp. 62, 63.

같은 역사적 현실에 처해 있다."[55] 1935년의 첫 강연에서 하이데거가 행한 악명 높은 논평, 즉 국가사회주의의 "내적 진실과 위대성"은 "전 세계적 기술과 근대인 간의 조우"에 있다는 논평도 바로 이 같은 배경에서 이해되어야만 한다.[56]

같은 텍스트에서 하이데거는 유럽이 "한편으로는 러시아 그리고 다른 한편으로는 미국 사이에 끼여, 거대한 집게발에" 잡혀 있다고 묘사한다. "형이상학적 관점에서 볼 때, 러시아와 미국은 동일하다. 그들은 마찬가지로 음울하게 기술적으로 격앙되어 있으며, 마찬가지로 평균적인 인간들이 아무런 제약 없이 조직을 이루고 있다." "세계의 암울화, 신의 도주, 지구의 파괴, 인간의 대중으로의 변형, 자유롭고 창조적인 모든 것에 대한 혐오와 의심"에 직면하여, 하이데거는 나치즘의 영웅적 의지주장 속에서 희망을 발견한다. 뤽 페리Luc Ferry와 알랭 르노Alain Renaut가 지적하는 것처럼, 그것은 바로 "전 세계적 규모의 기술"에 직면하여 "그러한 기술의 위험을 미리 막음으로써, 그것에 효과적으로 대응할 수 있는 능력"을 갖추는 것이었다.[57] 하이데거는 민족주의적 이데올로그들의 오래된 테마 — 독일이 유럽의 중심이며 라인 강에서 우랄 산맥에 이르는 중부 유럽의 잠재적인 정치경제적 수도라는 — 를 반복하면서 다음과 같이 선언한다. "만약 유럽과 관련된 중요한 결정이 무위로 돌아가지 않으려면, 그 결정은 중심부로부터 역사적으로 펼쳐 나오고 있는 새로운 정신적 에너지와 관련하여 내려져야만 한다."[58]

---

55 M. Heidegger, "The Rectorate 1933/34: Facts and Thoughts," *Review of Metaphysics*, 38 (1985), p. 485.

56 M. Heidegger(1953), *An Introduction to Metaphysics*(New York, 1979), p. 199.

57 M. Heidegger(1953), *An Introduction to Metaphysics*, pp. 37, 38; L. Ferry and A. Renaut, *Heidegger and Modernity*(Chicago, 1988), p. 61.

58 Heidegger, *Introduction*, pp. 38~39.

이처럼 하이데거가 민족주의적 결단주의nationalist decisionism를 신봉하고 있다고 해서, 그것이 그로 하여금 생물학적 인종차별주의를 받아들이게 한 것은 아니다. 그럼에도 불구하고 그의 나치 시기 저술들은 자크 데리다 Jacques Derrida가 '정신' 또는 '정신적'이라는 용어를 특히 강조하는 것으로 특징지어지는 '광대한 주의주의massive voluntarism'라고 부른 것을 드러낸다.[59] 이를테면 하이데거는 자신의 총장 취임 연설에서 다음과 같이 선언한다.

> 정신은 존재의 본질에 대한 단호한 결의, 즉 기원과 앎이 조화를 이루고 있는 결의이다. 그리고 한 민족의 정신세계는 …… 가장 근원적인 수준에서 민족의 영토와 혈통에 뿌리박은 힘들을 보존하는 것에서 나오는 능력, 즉 가장 내부에서 분출되어 민족의 실존을 가장 광범위하게 뒤흔드는 능력이다. 정신세계만이 우리 민족의 위대성을 보장할 것이다. 왜냐하면 그것이 위대성에의 의지와 몰락의 묵인 사이에서 항상 내려지는 결정을, 우리 민족이 미래의 역사로 나아가는 길 위에서 이루어지는 행진의 속도를 정하는 법칙으로 만들 것이기 때문이다.[60]

여기서 하이데거는 독일 민족공동체가 유럽의 몰락을 막기 위해 내리는 집합적 결정을 개념화하기 위해 『존재와 시간』에서 형식적으로 분석한 결의성과 역사성을 끌어들인다. 하이데거가 보수혁명적 주의주의voluntarism를 승인한 것이 그가 니체와 지속적인 관계를 맺게 했다는 것은 놀랄 일이 아니다. 그러나 1936년에서 1946년 사이에 집필된 니체에 관한 그의 주요 텍스트

---

59 J. Derrida, *Of Spirit* (Chicago, 1989), p. 37.

60 M. Heidegger(1933), "The Self-Assertion of the German University," in Wolin, ed., *Heidegger Controversy*, pp. 33~34.

들은 점진적인 각성을 보여주고 있다. 하이데거는 자신이 '근거물음grounding question', 즉 '존재자들의 존재'에 관한 물음이라 부른 것에 비추어 니체를 독해한다. 플라톤 이래로 서구철학은 "존재자의 하나의 영역을 …… 전체로서의 존재자에 대한 우리의 연구에 결정적인 것으로" 만듦으로써, 이 물음을 모호하게 만들어왔다.[61] 니체는 이 과정의 정점에 서 있다. 즉 유럽의 허무주의, 다시 말해 근대성을 특징짓는 모든 가치들의 체계적인 평가절하에 대한 니체의 비판은 그것의 종점, 즉 서구 형이상학의 특징인 존재의 망각이 초래하는 궁극적 결과를 보여준다.

하이데거는 처음에는 니체 역시 우리에게 형이상학을 극복하고 그것을 통해 유럽의 위기를 해소할 수 있는 자원을 제공한다고 생각한 것처럼 보인다. 그러나 그는 니체가 해결책의 일부라기보다는 문제의 일부라고 믿게 된다. 니체는 "허무주의를 서구역사의 은밀한 기본 법칙"으로 이해한다. 그러나 니체는 실제로 허무주의를 극복하고자 노력하는 과정에서 "권력에의 의지라는 형이상학"을 발전시킴으로써 그것을 완수한다. 이 같은 형이상학은 데카르트 이래로 주체성을 인식의 토대로 삼고자 하는 서구철학의 노력 속에 처음부터 함축되어 있었던 것을 끌어낸다. 근대적 사유는 주체를 점차 절대화하고 그 밖의 모든 것 ─ 인간을 포함하여 ─ 을 그것의 원료로 전환한다. 따라서 "존재하는 모든 것을 실제로 '인간의 속성과 산물'로 전환시키는 니체의 교의는 단지 데카르트의 교의를 끝까지 발전시킨 것에 불과하다. 데카르트의 교의에 따르면, 진리는 인간주체의 자기확신에 근거하며" 이는 "인류가 지구를 전적으로 지배할 수 있는 능력을 최상으로 그리고 완전무결하게 스스로 발전"시키고자 하는 충동을 개념적으로 표현한다.[62]

---

61 M. Heidegger, *Nietzsche*(4 vols, San Francisco, 1991), II, pp. 193, 194, 197.

62 M. Heidegger, *Nietzsche*, IV, pp. 27, 52, 86, 99.

니체의 철학을 이처럼 "권력에의 의지라는 절대적 주체성의 형이상학"으로 재평가하는 것은 하이데거로 하여금 자신의 초기 견해를 재평가하게 만든다. 이제 하이데거는 윙거가 "권력에의 의지에 의한, 그리고 권력에의 의지를 위한 무조건적 무의미성의 조직"으로 찬양했던 현대전쟁의 전면적 동원을 기각한다. 실제로 "근대성의 본질은 완전한 무의미성의 시대에 실현된다." 그리고 완전한 무의미성은 또한 형이상학의 실현이기도 하다. 그러나 형이상학을 구성하는 존재 그 자체의 망각은 어떤 인간의 실수나 선택으로부터 일어나지 않는다. 존재를 은폐하고 있는 "모든 역사의 토대이자 내려질 수 있는 최고의 결정"은 "결코 어떤 인간존재자에 의해 처음으로 내려지지도 그리고 실행되지도 않는다. 오히려 존재의 목적과 존속이 인간을, 그리고 상이한 방식으로 신을 규정한다."[63]

따라서 역사를 새로운 길 위에 위치 지을 수 있는 결정은 더 이상 그저 어떤 인간의 결단에 의존하지 않는다. "존재 그 자체는 역사에 관여하지 않는다." 서구형이상학이 출발하면서부터 존재에 대한 물음이 존재자들의 본성에 대한 물음 뒤에 숨어 있게 함으로써, 인간은 역사에서 퇴각한다. 그러므로 니체에서 절정에 이르는 이 같은 사유의 전체적 발전은 하나의 우연이나 실수가 아니다. 오히려 그것이 바로 존재가 자신을 은폐하는 것을 통해 우리에게 자신을 드러내는 형태이다. 실제로는 "그 같은 퇴각 – 그럼에도 불구하고 '존재'를 구성하는 존재자들과 여전히 일정한 관계를 유지하고 있는 – 이 일어남에도 불구하고, 존재는 스스로 권력에의 의지를 드러낸다." 따라서 헤겔과 마찬가지로 하이데거 역시 유럽역사의 본질이라고 생각한 형이상학의 역사는 "존재가 스스로 은폐한 진리"이다. 이러한 역사의 끝에 우리에게 남겨지는 것은 '존재의 역사' – 퇴각을 통한 자기폭로의 과정으로 인식되는 – 와 그것 내에

---

63 M. Heidegger, *Nietzsche*, IV, p. 147; III, pp. 174, 178, 5.

자리하는 '형이상학의 기원'을 성찰하는 것이다.[64]

따라서 하이데거에서 존재는 헤겔의 절대정신과 다소 유사한 어떤 것이다. 즉 존재는 그것의 피조물들과 분리되는 것이 아니라 존재가 스스로를 드러내는 (또는 은폐하는) 존재자들 – 인간, 현존재, 존재가 하나의 문제로 삼는 존재자 – 에 내재하는 하나의 신처럼 보인다. 이를테면 하이데거는 다음과 같이 말한다. "존재 그 자체의 본질은 존재자들의 배후나 밖에서 발생하는 것이 아니라 (만약 여기에서 그러한 관계 개념이 성립한다면) 존재자에 앞서 발생한다."[65] 그러나 헤겔에서 역사가 절대자가 인간의 사고와 행동을 통해 자기의식에 도달하는 과정이라면, 보수혁명을 포기한 후의 하이데거에서 역사는 신이 자신을 숨기고 있는 인간의 과정이 된다. 하이데거의 후기 저술들은 데카르트가 주체에게 부여했던 주권적 지위를 단호하게 부정한다. 그는 다음과 같이 선언한다. "인간은 존재자들의 지배자가 아니다. 인간은 존재의 목자 shepherd이다."[66] 또 유사하게 다음과 같이도 선언하기도 한다. "인간은 마치 그가 언어의 창조자이자 지배자인 것처럼 행동한다. 하지만 사실은 여전히 언어가 인간의 지배자이다. …… 엄밀히 말해, 말하는 것은 바로 언어이지" 인간이 아니다.[67]

하이데거의 반인본주의는 프랑스의 후기구조주의자들 – 그들 역시 주체철학을 강경하게 거부한다 – 로 하여금 그의 후기 사상에 매혹되게 했다(아래의 11.3절을 보라). 그러나 국가사회주의의 '결단'이 현대기술에 대한 효과적인 대응이 되지 못한 이후에, 그리고 "완전한 무의미성의 시대"에 직면하여, 하

---

64 M. Heidegger, *Nietzsche*, IV, pp. 214, 231. 233, 244.

65 M. Heidegger, *Nietzsche*, IV, p. 238.

66 M. Heidegger(1947), "Letter on Humanism," in Basic Writings, ed. D. F. Krell(London, 1978), p. 221.

67 M. Heidegger, *Poetry, Language, Thought*(New York, 1975), pp. 215~216.

이데거는 존재에게 수동적으로 기다릴 것을 권고했다. 그는 1966년 주간지 ≪슈피겔Der Spiegel≫과의 인터뷰 ─ 이것은 그가 죽고 나서 10년 뒤에야 출간되었다 ─ 에서 다음과 같이 말했다. "오직 신만이 우리를 구원할 수 있다. 우리에게 남겨진 유일한 가능성은 몰락Untergang의 시대에 사유와 시작詩作을 통해 신의 출현 또는 신의 부재에 대해 기꺼이 준비하는 것이다. 왜냐하면 신의 부재에 직면하여 우리가 몰락하고 있기 때문이다."[68]

하이데거는 무조건적으로 근대성을 거부했던 니체 이래로 가장 중요한 사상가이다. 급진우파의 이데올로기에 의해 고취된 이 같은 거부는 하이데거로 하여금 파시즘이 유럽의 몰락과정을 역전시킬 수 있을 것이라고 믿게 했다. 이 도박의 실패는 그로 하여금 어쨌든 신의 부재 속에 존재하는 숨어 있는 신을 반추하게끔 했다. 그의 생애는 가장 재능 있는 지식인들조차도 악과 타협하거나 심지어는 신봉하기까지 하는 능력을 가지고 있음을 입증해 주는 것만이 아니다. 그것은 또한 우파와 좌파 사상가들 모두가 20세기의 30년전쟁에 대응했던 두 가지 방식인 주의주의voluntarism과 숙명론fatalism 사이에서의 동요를 극적으로 표현한다. 루카치 ─ 스탈린주의에 저항했던 그의 경력은 하이데거의 정치사에서 발견할 수 있는 그 어떤 것과도 비교할 수 없는 절조 있고 용기 있는 것이었다 ─ 는 최초로 마르크스주의를 계급주체성이론으로 재고하고자 했으나, 그 후 혁명의 조류가 약화되자 보다 객관주의적인 역사유물론적 견해를 수용했다. 어쩌면 이러한 편력은 20세기 후반기 사회이론을 특징짓던 주체의 해체를 예기하는 것이었을 수도 있다.

---

68 M. Heidegger, "Only a God Can Save Us," in Wolin, ed., *Heidegger Controversy*, p. 107.

10/황금기

10.1 자본주의 이론가들: 케인스와 하이에크

20세기 전반기의 격동기가 지나고, 1945년 이후 선진산업국가들은 낯선 진정국면을 누렸다. 에릭 홉스봄의 표현으로, '파국의 시대' – 양차 세계대전과 대공황 – 에 이어 '황금기'가 도래했다. "이 시기에 세계, 특히 발전된 자본주의세계는 …… 자신의 역사상 전적으로 예외적인, 어쩌면 유례없는 국면을 통과했다."[1] 제2차 세계대전 이후 자본주의는 자신의 역사에서 가장 길고 또 가장 지속적인 경제호황을 경험했다. 1948년에서 1973년 사이에 전 세계 국민총생산은 약 3.5배 증가했다. 이 기간의 대부분 동안 선진경제들은 완전고용을 누렸다. 게다가 높은 성장률은 실질적인 사회개혁에 필요한 재정을 조달할 수 있게 했고, 그러한 사회개혁들은 대부분의 시민들이 시장변화에 덜 취약하게 해주었다(적어도 시민들의 가장 기초적인 욕구를 충족시키게 되었을 때, 그러했다). 번영은 자유민주주의 정치구조를 크게 강화했다. 양차 대전 사이의 기간에 미국, 영국, 프랑스라는 세계의 심장부에서조차 위협받고 있던 자유민주주의 정치구조는, 호황이 유럽대륙과 일본을 도시거주 임금생

---

1 E. J. Hobsbawm, *Age of Extremes* (London, 1994), pp. 257~258.

활자의 사회로 점차 변화시킴에 따라 이들 나라에서 보다 확고하게 뿌리내렸다. 소비에트 블록에 대항한 냉전동맹관계를 통해 미국의 지도하에 정치·군사적으로 통합된 서구 민주주의국가들이 점차 세계정치의 중심으로 부상했다.

하지만 이러한 경제적 팽창과 정치적 안정화과정이 사회적 비판 — (아래의 10.3절에서 살펴보듯이) 비록 그것이 훨씬 더 절망적인 색채를 띠는 경향이 있었지만 — 을 잠재우지는 못했다. 그러나 호황 그 자체는 설명을 요구하는 것이었다. 홉스봄이 시사하는 것처럼, 호황은 하나의 예외, 즉 정상적인 자본주의 발전경로로부터의 이탈을 의미했는가? 아니면 오히려 그것은 정치적 규제가 효과적으로 경기순환을 제거하고 중단 없는 경제성장을 보장할 수 있는 근본적으로 상이한 형태의 자본주의 — 여전히 이렇게 부를 수 있다면 — 로의 진전을 보여주는 것이었는가? 많은 것들이 기꺼이 후자를 지지했다. 전후 사회민주주의의 주요 이론가인 토니 크로스랜드Tony Crosland의 주장에 따르면, "자본주의가 야기한 경제적 문제들이 사회주의사상을 지배해"왔지만 더 이상 그럴 필요가 없게 되었다. "자본주의는 거의 인식하지 못하는 동안에 개혁되어왔다. 이따금 발생한 사소한 경기침체와 국제수지 위기에도 불구하고, 완전고용과 그리 나쁘지 않은 정도의 안정성은 유지될 수 있어 보였다. …… 그리하여 대부분의 경제적 상황 판단의 근거들은 전후에 계속해서 그 적합성을 잃어가고 있었다."[2]

크로스랜드와 그의 분석을 공유하는 사람들은 이러한 변화의 공로 대부분을 한 사람 — 케인스Keynes — 과 그의 저서 『고용, 이자, 화폐의 일반이론 The General Theory of Employment Interest and Money』(1936)에 돌리는 경향이 있었다.[3] 일례로 전후 장기호황이 막바지에 이르렀을 때, 한 경제학자가 제기한

---

2 C. A. R. Crosland, *The Future of Socialism*(London, 1956), p. 517.

다음과 같은 주장을 검토해보자. "기본적인 사실은 『일반이론』의 수용과 함께 선진산업국가들에서 통제할 수 없었던 대량실업의 시대가 종식되었다는 것이다. 다른 경제적 문제들은 여전히 위협적일 수도 있으나, 적어도 이 문제는 역사 속으로 사라졌다."[4] 물론 이 같은 진술은 여러 사건들 – 특히 1960년대 말의 대량실업이 동반한 심각한 경제위기의 재발과 그에 따른 자유방임 경제학의 지적 부활 – 에 압도당했다. 하지만 이러한 사태의 진전이 케인스 이론의 중요성을 바꾸어놓지는 못했다(그것들은 극히 단순화된 해석들에 대해 의문을 제기할 뿐이었다). 즉 케인스의 이론은 (경제학적 정설의 틀 내에서 일어난) 한계효용혁명이 만들어낸 경제학적 정설의 기본 가정들에 대해 여전히 가장 중요한 도전으로 남아 있다.

케인스가 이러한 비판을 사회경제체계로서의 자본주의에 대한 적대적 관점에서 전개한 것은 아니었다. 그는 "계급전쟁이 나를 교육받은 부르주아의 편에 서게 했다"고 공언했다. 그는 1925년 마르크스주의를 경멸적으로 기각하면서 다음과 같이 기술했다.

---

3 케인스(John Maynard Keynes, 1883~1946)는 비국교도 중간 계급 출신의 케임브리지대학교 대학행정관의 아들로 태어났다. 이튼 고등학교와 케임브리지 킹스칼리지에서 공부했다(1902~1905년). 그 후 인도청에서 공무원으로 근무했다(1906~1908년). 1909년 킹스칼리지의 연구원으로 발탁되었고, 1915~19년에는 재무부에서 일했다. 베르사유조약에서 독일이 받은 가혹한 대우를 비난한 『평화의 경제적 결과Economic Consequences of the Peace』(1919)는 그에게 국제적 명성을 가져다주었다. 맥밀란금융산업위원회(Macmillan Committee on Finance and Industry)에서 일했고(1929~1930년), 재무부 고문을 지냈다(1939~1946년). 미국과의 무기대여협상, 전후 금융체계를 확립시킨 1944년 브래튼우즈 결정 그리고 1945년 영국에 대한 미국의 차관지급에서 영국의 수석 교섭자로 활동했다. 1942년 귀족작위를 받았다.

4 M. Stewart, *Keynes and After*(Harmondsworth, 1972), p. 299.

내가 알기로, 과학적으로 오류일 뿐만 아니라 근대세계에 무관심하거나 적용할 수도 없는 진부한 경제교과서를 흠잡을 수 없는 자신의 경전으로 삼고 있는 교의를 내가 어떻게 받아들일 수 있겠는가? 차가운 사람보다 저주스러운 사람을 더 좋아하고, (그 결점이 무엇이든 간에) 삶의 본질이자 분명 모든 인류 진보의 씨앗을 나르고 있는 부르주아나 인텔리겐치아보다 야비한 프롤레타리아를 찬양하는 신조를 내가 어떻게 채택할 수 있겠는가?[5]

사실 케인스의 일반적인 전망은 몇 가지 점에서 베버의 전망과 유사하다. 양자 모두는 자신들이 성장해온 자유주의적 부르주아문명을 옹호했지만, 그 문명에 대한 전통적 정당화가 더 이상 유효하지 않다는 점을 매우 예리하게 인식하고 있었다. 케인스는 비국교도 선조들의 기독교적 신에 대한 믿음을 유지할 수 없었다. 그러나 19세기 영국에서 가장 영향력 있는 세속적 도덕이론이었던 공리주의 역시 그에게는 너무도 어리석은 방편으로 보였다. 특히 벤담이 요구한 일반적 복리의 극대화는 문화엘리트의 예외적인 경험들 – 이를테면 케인스가 특히 제1차 세계대전 직전의 몇 년과 전쟁 기간 동안 열성적으로 참여했던 블룸즈버리 작가 및 예술가 그룹이 추구했던 심미적·성적 실험 – 을 배양할 여지를 가지고 있지 않은 것처럼 보였다.

그의 전기작가인 로버트 스키델스키Robert Skidelsky는 다음과 같이 논평한다. "케인스의 삶은 두 가지 종류의 도덕적 요구 사이에서 균형을 이루고 있었다. 개인으로서 그의 의무는 자기 자신 및 그와 직접적으로 관련된 사람들을 위해 훌륭한 정신 상태를 이루는 것이었다. 반면에 시민으로서 그의 의무는 행복한 사회 상태를 이룰 수 있도록 돕는 것이었다. …… 따라서 그는 유미주의자이자 관리자였다."[6] 케인스의 개인적 전망과 그의 경제학 간의 관

---

5 J. M. Keynes, *Essays in Persuasion*(London, 1972), pp. 297, 258.

392 | 사회이론의 역사

계가 얼마나 긴밀한지에 대해서는 논쟁의 여지가 있다(실제로 대처의 집권 시기 동안 ≪타임The Times≫지의 한 유명한 사설은 1970년대 인플레이션의 책임을 케인스의 동성애와 유미주의에 돌렸다. 그것은 다음과 같이 지적한다. "인플레이션을 방지했던 화폐규정들 - 특히 금본위제 - 에 대한 그의 감정적 분노와 당시의 관습적인 성도덕을 거부해야 할 필요성 사이에는 어떤 닮은꼴이 존재할지도 모른다"[7]). 그렇지만 부정할 수 없는 것은 둘 모두가 지적엘리트 - 즉 문화적·경제적으로 개혁할 수 있는 능력을 가지고 있는 '교육받은 부르주아' - 에 대한 믿음에 의해 인도되고 있다는 것이다. 대공황이 세계경제를 압도하고 있던 1931년에 집필하면서, 케인스는 다음과 같이 공언했다. "경제문제, …… 결핍과 빈곤의 문제, 그리고 계급과 국가 간의 경제적 투쟁은 끔찍한 혼란, 즉 일시적이고 불필요한 혼란일 뿐이다."[8] 그는 자신이 그것을 해결하도록 요청받고 있다고 생각했다.

『국부론』이후 주류경제학을 구성해온 신념, 즉 시장이 자기균형적 체계라는 믿음이 이러한 '혼란'의 근원지였다. 그러한 신념에 따를 때, 인적 자원과 물적 자원 모두가 완전하게 사용되는 균형점을 벗어날 경우, 경제는 산출과 상대가격의 조정을 통해 균형점으로 되돌아가는 경향이 있다. 케인스는 이러한 신념에 대해 체계적으로 공격한다. 그는 특히 세이의 법칙Say's law에 포화를 가한다. 나폴레옹전쟁 이후 이미 리카도와 맬서스 간의 논쟁거리였던 이 명제는 "공급이 그 자신의 수요를 창출한다"고 주장한다. 즉 이것이 의미하는 바는, 몇몇 중요한 그러나 확실히 정의되지는 않은 의미에서, 생산비용 전체가 반드시 직간접적으로 모두 생산물을 구매하는 데 지출되어야만 한다는 것이다."[9] 그러므로 상품은 팔리지 않을 수 없다. 왜냐하면 상품

6 R. Skidelsky, *John Maynard Keynes*(2 vols, London, 1983, 1992), I, p. 157.

7 "Mr Robinson and Mr Blunt," *Times*, 22 Nov. 1979.

8 Keynes, *Essays*, p. xviii.

을 구매하도록 요구받는 소득이 상품을 생산하는 과정에서 임금과 이윤의 형태로 발생되기 때문이다. 이러한 견해에 입각할 때, 상품이 구매자를 발견하는 데 실패하는 과잉생산의 위기는 (마르크스가 주장한 것처럼) 자본주의의 내재적 특징이라기보다는 일정한 시장왜곡의 결과이다.

집합적 임금과 이윤은 케인스가 재화와 용역의 유효수요라고 부른 것을 구성한다. 케인스의 지적에 따르면, 세이의 법칙은 직접적으로 소비에 지출되지 않고 저축되는 어떠한 소득도 자동적으로 투자되며 따라서 공장과 기계류를 구매하는 데 지출될 것이라는 가정에 의존한다. 그러나 저축과 투자는 서로 다른 변수들에 의해 지배되는 상이한 활동들이다. 투자는 자본의 한계효율 – 이를테면 자산에 대한 기대수익 – 과 이자율에 의해 결정된다. 저축은 소비성향에 의존한다. 즉 경제적 행위자들은 자신들의 돈을 소비하거나 투자하는 대신에 잠시 보유하기로 결정할 수도 있다. 케인스가 유동성선호 liquidity preference 또는 저장성향propensity to hoard이라 부른 것은 다양한 동기 – 매일의 거래에서의 현금의 필요성, 안전의 추구, 또는 어떤 투기 기회를 발견할 경우를 대비해 돈을 보유하고자 하는 욕망 – 의 결과이다. 이는 세이의 법칙이 작동하는 것을 방해하는 결과를 초래한다. 왜냐하면 저장의 수준이 높아질수록 소비나 투자상품에 지출하는 소득은 줄어들 것이기 때문이다. 그리하여 유효수요는 생산된 모든 상품과 용역을 구매하기에 불충분해진다.

화폐는 케인스의 분석에서 결정적 역할을 한다. 스키델스키는 다음과 같이 말한다. "마르크스가 상품의 시인이라면, 케인스는 화폐의 시인이다."[10] 흄Hume에 의해 처음으로 정식화된 화폐수량설quantity theory of money은 원칙

---

9 J .M. Keynes, *The General Theory of Employment Interest and Money*(London, 1970), p. 18.

10 Skidelsky, *Keynes*, 11, p. 543.

적으로 화폐를 재화와 용역이 생산되고 교환되는 '실물경제'의 배후에 자리 잡고 있는 중립적 매개물로 간주했다. 하지만 케인스에서 "실물자산과 재산 소유자 간에 [은행제도를 통해] 이 같은 화폐라는 베일이 개입하는 것이 근대세계의 특히 두드러진 특징 중 하나이다."[11] 그는 "화폐의 중요성은 그것이 현재와 미래를 연결한다는 데 있다"고 생각한다.[12] 경제학은 (신고전파 정설이 주장하는 것처럼) 희소자원을 개인들에게 합리적으로 할당하는 것과 관련되기보다는 미래에 대한 근본적으로 불확실한 상황 속에서 이루어지는 의사결정과 관련된다. 윌 휴턴Will Hutton이 지적하듯이,

> 케인스가 볼 때, 화폐는 경제의 동학을 변화시켰다. …… 왜냐하면 화폐는 소비자와 생산자가 미래에 대한 자신들의 기대에 기초하여 행위할 수 있는 수단을 가지고 있음을 의미하기 때문이다. 만약 그들이 낙관적이라면, 돈을 빌려구매, 투자, 생산을 앞당길 수 있다. 반면 만약 그들이 비관적이라면, 내일까지 구매와 투자를 연기할 수 있다.[13]

행위자가 피할 수 없는 미래의 불확실성이 초래하는 결과는 상대적으로 긴 기간에 걸친 기대수익의 계산을 포함하는 투자결정의 경우에 가장 잘 드러난다. "주목할 만한 사실은 향후 수익에 대한 우리의 평가가 근거로 삼을 수밖에 없는 지식의 토대가 극히 불확실하다는 것이다." 금융시장은 기존 유형을 미래로 투사할 수 있다는 통념에 근거하는 사회적 척도에 입각하여 투자를 편성한다. 그러나 금융시장은 '대중심리' – 주식시장의 거품이나 공황 상

---

11 Keynes, *Essays*, p. 15 1.

12 Keynes, *General Theory*, p. 293.

13 W. Hutton, *The State We're In*(London, 1995), p. 240.

태에서 작동하는 여론의 비합리적 격동 – 에 의해 좌우된다. 그러는 동안 증권중개인 등과 같은 전문가들은 주로 자산에 대한 '통상적인 가치평가'를 변화시킬 수도 있는 감정의 변화를 예측하고자 한다. "전문적 투자의 사회적 목적은 시간이라는 알 수 없는 힘과 우리의 미래를 에워싸고 있는 무지를 극복하는 것이다. 오늘날 가장 전문적인 투자의 실제적인 사적 목적은 '반칙을 하는 것', …… 즉 군중을 속이고, 악성의 또는 평가절하되고 있는 반 크라운 백동화를 다음 동업자에게 넘기는 것이다." (1936년 이래로 그 적실성을 잃어본 적이 전혀 없는) 금융시장에 대한 이러한 분석은 케인스로 하여금 다음과 같은 결론을 내리게 한다. "투기꾼은 거품만큼이나 기업의 안정된 추세에 전혀 해가 되지 않을 수도 있다. 그러나 기업이 투기회오리의 거품에 휩쓸릴 때, 상황은 심각해진다. 한 나라의 자본발전이 카지노의 부산물이 될 때 사태가 잘못될 가능성이 크다."[14]

투기와 군중행동이 추동하는 금융시장의 경향이 특히 심각한 이유는 전반적인 경제적 행위의 수준이 투자율에 의존하고 있기 때문이다. 케인스는 다음과 같이 기술한다. "전통적 분석은 저축이 소득에 의존한다고 인식하고 있었으나, 소득이 다음과 같은 방식으로 투자에 의존한다는 사실을 간과해 왔다. 즉 투자가 변화할 때, 필연적으로 소득이 변화한다. 그리고 소득의 변화는 필연적으로 바로 그 변화한 정도만큼 저축뿐만 아니라 투자를 변화시킨다." 따라서 당연히 저축이 투자보다 높은 수준으로 상승하면 재화와 용역에 대한 유효수요는 하락하고, 저축과 투자가 다시 균형을 이룰 때까지 산출과 고용은 감소된다. 따라서 "균형 상태와 일치하는 고용 수준은 오직 하나만 존재한다. …… 그러나 일반적으로 그 고용 수준이 완전고용 상태일 것이라고 기대할 만한 근거는 전혀 존재하지 않는다." 실제로 "유효수요가 부

---

14 Keynes, *General Theory*, pp. 149, 155, 159.

족하다는 것만으로도 완전고용의 수준에 도달하기 이전에 고용이 더 이상 증가하지 않을 수 있으며, 종종 그렇게 될 것이다."[15] 게다가 자유방임주의 교의가 강요하듯이, 정부가 공적 지출을 삭감하고 신용거래를 제한하는 방식으로 위기에 대응한다면, 그것은 경제를 심각한 쇠퇴의 소용돌이 속으로 빠트리고, 수요와 확신을 떨어뜨리고, 그리하여 실업을 증가시킬 것이다.

케인스 경제학은 이론적·정치적으로 모두 보수주의와 급진주의의 독특한 혼합물이었다. 루이지 파시네티Luigi Pasinetti에 따르면, 『일반이론』은 "케인스가 60년 전통의 한계효용학파 경제이론과 명백히 단절하고 19세기 초의 초창기 고전경제학자들의 분석방법으로 되돌아갔음"을 보여준다.[16] 이를테면 케인스는 대체로 신고전경제학 속에 굳건하게 구축되어 있는 연립방정식체계에 의존하는 것을 피한 채, 개별 행위자라기보다는 거시경제적 집합체들에 초점을 맞추고 그것들 간의 인과적 관계를 확립하고자 한다. 하지만 케인스의 절충적이면서 직관적인 지적 스타일로 인해 그는 한계효용학파의 많은 개념들을 계속해서 사용한다. 이는 특히 제2차 세계대전 이후 케인스를 복구하여 정통경제학에 재통합시키는 것을 가능하게 했다.

케인스의 실제 치유책은 자본주의를 대체하는 것이라기보다는 오히려 그것의 안정화를 지향하는 것이었다. 정부는 경제침체기에 지출을 삭감하기보다는 유효수요를 유지하기 위하여 기꺼이 대대적인 예산적자를 감수하려 한다. 나아가 금융시장의 역기능적 성격은 국가에 의해 상쇄될 수 있다. 케인스에 따르면, "국가는 장기적인 관점에서 그리고 사회 일반의 이익에 기초하여 자본재의 한계효율을 계산하고 직접적으로 투자를 조직하는 더 큰 책임을 떠맡는 위치에 있다." 케인스는 "일정 정도 투자의 광범위한 사회화

---

15 Keynes, *General Theory*, pp. 184, 28, 30~31.

16 L. L. Pasinetti, *Growth and Income Distribution* (Cambridge, 1974), p. 42.

가 완전고용에 근접할 수 있게 해주는 유일한 수단임이 입증될 것"이라고 믿었다. 그러나 이러한 조치들은 서서히 도입될 수 있을 뿐이며, "공동체 경제생활의 대부분을 포괄했던 국가사회주의 체계"까지는 미치지 못할 것이다.[17]

『일반이론』이 출판된 1936년의 정치·경제적 상황은 그 같은 조치들의 수용에 매우 우호적이었다. 30년전쟁(1914~1945년)의 시대는 이미 1914년 이전부터 가시화되기 시작한 '조직자본주의'로의 발전 경향이 더욱 진전되고 있음을 목도했다. 총력전total war과 세계적인 불황은 국가로 하여금 더욱더 시장에 개입하고, 그것을 관리하고, 심지어는 대체하도록 부추겼다. 이 같은 추세는 국민소득에서 공적 지출이 차지하는 비율이 급속하게 증가한 데서 알 수 있다. 1930년대의 경기침체는 각국 정부들이 보호무역주의정책에 의존함으로써 크게 악화되었고, 보호무역주의정책은 다시 세계무역의 붕괴를 초래했다. 1931년 영국의 금본위제 이탈이 상징적으로 보여준 국제금융체계의 해체는 각국 정부들이 국내 경제정책의 형성에서 더 많은 자유를 누리게 했다. 스탈린의 5개년계획, 나치의 4개년계획, 미국 루즈벨트의 뉴딜 모두는 국가주도로 경제생활을 국가적 차원에서 조직화하는 것을 향해 나아가는 보편적 움직임의 징후였다. 이들 변화는 (국민소득회계의 발전과 같은 기술혁신과 함께) 수요관리라는 케인스적 정책이 조직적으로 실행 가능할 뿐만 아니라 정치적으로도 수용 가능하게 만들었다.

그러므로 케인스가 사후에 1950년대와 1960년대 장기호황의 공로를 인정받은 것은 놀랄 일이 아니다. 역사적 관점에서 볼 때, 이는 1960년대 말 스태그플레이션으로의 전환 ─ 달리 말해, 인플레이션의 가속과 결합한 심각한 경기후퇴의 재발 ─ 이 케인스 때문이라는 취지의 비난만큼이나 정당(또는 부당)하다. 케인스 경제학에 대한 가장 가시적인 공격은 흄의 화폐수량설의 부활이라

---

17 Keynes, *General Theory*, pp. 164, 378.

는 형태를 띠었다. 그 이론에 따르면, 가격상승은 전적으로 해당 경제의 화폐량 증가에 의해 유발된다.

통화주의 – 주로 시카고 경제학자 밀턴 프리드먼Milton Friedman과 연관된 – 는 이같은 진단에 기초하여 자유방임주의로의 회귀를 주장한다. 자유방임주의에 따르면, 정부는 자신의 활동을 화폐공급을 일정하게 유지하고, 그리하여 시장행위자들이 자유롭게 자신의 사적인 목적을 추구할 수 있는 안정적인 정책환경을 창출하는 것에 국한해야만 한다. 통화주의 교의는 케인스가 폐기하고자 했던 '실물경제'와 화폐 간의 구분뿐만 아니라, 공공정책은 실물경제가 '자연'실업률에 근접하는 것을 막을 수 없다는 견해를 복원시킨 것으로 유명하다. 니콜라스 칼도Nicholas Kaldor와 같은 케인스주의 경제학자들은 통화주의의 이론적·실제적 결함을 밝혀낼 수 있었다. 그러나 이것도 1976년 이래로 영국정부가 추진하여 경제를 황폐화시킨 정책을 정당화하는 것을 막지는 못했다.

자유방임주의적 입장에서의 보다 강력한 반론은 이미 1930년대와 1940년대 동안에 케인스보다 젊은 동시대인이었던 하이에크에 의해 정식화된 바 있었다. 그리고 케인스보다 거의 50년을 더 살았던 하이에크는 1980년대 말 시장자본주의의 명백한 승리를 목격한다.[18] 하이에크는 한계효용학파 경제학의 오스트리아적 전통의 소산이었다. 이들은 다른 어떤 지역의 한계효용학파 경제학보다도 완전경쟁이론 – 즉 시장경제가 자원이 최적으로 분배되는 균형

---

18 하이에크(Friedrich August von Hayek, 1899~1992)는 비엔나에서 시 공무원의 아들로 태어나, 비엔나 대학교에서 법학과 경제학을 공부했다(1918~1923년). 오스트리아 경기순환연구소 소장(1927~1932년), 런던경제학교 경제학 및 통계학 교수(1932~1950년), 시카고 대학교 사회과학 및 도덕과학 교수(1950~1962년), 프라이부르크 대학교 경제정책 교수(1962~1968년), 잘츠부르크 대학교 경제학 교수(1968~1977년)를 지냈다. 1974년 노벨경제학상을 수상했다.

에 도달하게 되는 조건을 규정하려는 시도 – 에 대해 항상 훨씬 더 회의적이었다. 완전경쟁에 대한 정의는 일반적으로 매우 제한적이고 실제로 비현실적인 조건들 – 특히 어떤 개별 소비자나 생산자도 어떤 상품의 가격에 영향을 미칠 수 없으며, 행위자들은 미래에 대한 완전한 정보를 가지고 있다는 – 을 포함하고 있다.

하이에크가 특히 비판을 가한 것이 나중의 조건이다. 그에 따르면, "서로 다른 개인들에 관한 정보는 전적으로 서로에게 맞추어 조정되지만, 정보가 그렇게 조정되는 과정의 성격은 설명을 필요로 하는 문제이다." 일련의 연립방정식을 통해 시장모형을 구성하는 균형이론은, 경제적 과정이 시간의 경과와 함께 전개되고 행위자들은 완전균형의 달성을 가로막는 일련의 창의력을 발휘하면서 항상 서로에게 적응한다는 사실을 간과한다. 하이에크에 따르면, "경쟁은 그 성격상 역동적인 과정이나 이 과정의 본질적 특징이 정태적 분석이 기초하고 있는 가정들로 인해 사라져버린 것으로 보인다."[19]

이러한 주장은 케인스가 시간과 불확실성을 강조한 것을 상기시킨다. 그러나 하이에크의 전반적인 분석은 근본적으로 다르다. 그에 따르면, 시장의 적절한 기능이 완전한 정보를 소유한 행위자들에게 달려 있기는커녕 시장이 정보를 획득하는 가장 효과적인 수단이다. 하이에크는 다음과 같이 언급한다. "나는 경쟁을, 그것에 의존하지 않고는 누구도 알 수 없는 또는 적어도 활용할 수 없는 그러한 사실들의 발견을 위한 하나의 절차로 간주할 것을 제안한다."[20] 변화에 어떻게 대응할 것인가라는 중심적인 경제적 문제를 다루는 데 유용한 정보는 시간과 공간이라는 특정 환경을 반영하는 구체적인 것이어야 한다. 이 같은 정보는 그 사태의 성격상 개별 경제적 행위자들 사

19 F. A. von Hayek, *Individualism and the Economic Order*(London, 1949), p. 94.

20 F. A. von Hayek, *New Studies in Philosophy, Politics, Economics and the History of Ideas*(London, 1978), p. 179.

이에 분산되어 있다.

시장은 상품의 상대가격의 변동을 통해 그 같이 흩어져 있는 지식조각들을 전달하는 메커니즘으로 작동한다. 상대가격은 개별행위자가 재화와 용역에 부여한 선호를 반영한다. 즉 모든 상품의 한계효용 속에, "전체 수단-목적구조에서 상품이 차지하는 중요성이 응축되어 있다." 그러므로 "전체가 하나의 시장으로서 작동하는 이유는 그것의 특정 성원이 모든 분야를 조사하기 때문이 아니라, 각각의 제한적인 분야들의 전망이 충분히 중첩적이어서 많은 중개자들을 통해 관련정보가 모두에게 전달되기 때문이다." 따라서 '가격체계'의 '실질적인 기능'은 "그 자체로 하나의 정보전달 메커니즘"이라는 것이다.[21]

이 이론은 하이에크로 하여금 어떠한 중앙집중적 계획체계도 필연적으로 최적의 자원배분에는 도달할 수 없다고 주장하게 했다. 계획결정의 기초가 되는 통계적 요약들은 "위치, 속성, 여타 세부 사항의 측면에서 서로 다르기 때문에, 구체적 결정을 하는 데 있어 매우 중요할 수도 있는 항목들을 한 가지 종류의 자원으로 뭉뚱그려 취급하여 미세한 차이들을 제거하는 방식으로 이루어질 수밖에 없다."[22] 오직 분산화된 전달체계로서의 시장만이 경제적으로 합리적인 결정을 위해 요구되는, 본래 흩어져 있는 정보조각들을 동원할 수 있다. 하이에크는 이러한 주장을 통해 사회주의적 계획이란 논리적으로 불가능하다고 주장한 오스트리아 경제학자 루드비히 폰 미제스Ludwig von Mises가 촉발시킨 논쟁에 기여했다. 그러나 이는 또한 식견 있는 국가관료가 개별 경제적 행위자들보다 (이를테면 자본의 한계효율에 관해) 해박한 결정을 내릴 가능성이 크다는 케인스의 고급관리식의 신념에 치명상을 입혔다.

---

21 Hayek, *Individualism*, pp. 85, 86.

22 Hayek, *Individualism*, p. 83.

하이에크는 애덤 스미스를 따라 자본주의 또는 그가 선호한 명칭으로는 "확대된 인간협력 질서the extended order of human cooperation"가 "인간의 계획이나 의도에 의해서가 아니라 자생적으로 출현했다"고 믿는다. 그러나 그는 시장경제의 논리가, 스미스가 말하는 "거래하고 교역하고 교환하고자 하는 성향"과 같은 인간본성에 내재하는 경향에서 발생한다고 생각하지는 않는다(앞의 1.3절 참조). 하이에크에 따르면, 그와는 반대로 인간본능은 인간과科 동물의 잇따른 종種들이 생존을 위해 작은 무리를 이루어 서로 크게 의지하며 수백만 년을 살아오는 동안 진화과정을 통해 형성된 것이었다. "이러한 협력양식들은 결정적으로 연대와 이타주의라는 본능 – 즉 타 집단이 아닌 자기 자신의 집단성원에게만 적용되는 본능 – 에 달려 있었다. …… 따라서 토머스 홉스Thomas Hobbes가 묘사한 원시적 개인주의primitive individualism는 하나의 신화이다. 원시인은 고립적이지 않았으며, 그의 본능은 집합주의적이었다. '만인의 만인에 대한 전쟁'은 결코 존재하지 않았다."[23]

따라서 '확대된 질서'는 이 같은 '본능적 질서'에 기대어, 특히 법률이나 도덕률과 같은 학습된 규칙체계의 점진적인 진화를 통해 발전했다. 그리고 시간이 경과함에 따라 그것의 의도하지 않은 결과로 사유재산과 시장이 형성되었고, 개인이 그 자신의 사회적 맥락에서 분리되었다. 따라서 하이에크에 따르면, "[확대된] 질서는 인간의 생물학적 유산에 순응적이지 않다는 일반적 의미에서, 심지어 '비자연적'이기까지 하다."[24] 그러므로 사회주의, 그리고 전후 케인스적 복지국가와 같은 그보다는 덜 극단적인 형태의 집산주의collectivism는 자연선택 – 즉 생물학적 성격 – 을 통해 획득한 무리사회band society의 협소한 연대성으로 회귀시키고자 하는 격세유전적이고 정치·경제

---

23 F. A. von Hayek, *The Fatal Conceit*(London, 1988), pp. 6, 12.
24 F. A. von Hayek, *The Fatal Conceit*, p. 19.

적으로 재앙적인 시도이다.

하이에크와 그의 오스트리아 동료인 과학철학자 칼 포퍼는 집산주의와 싸우기 위한 노력의 일환으로 방법론적 개인주의methodological individualism의 교의를 보다 정교화했다. 이미 칼 멩거와 막스 베버에 의해 옹호되었던 방법론적 개인주의에 따르면, 사회구조는 개별 행위들의 의도하지 않은 결과이다. 하이에크나 포퍼와 마찬가지로, 20세기 중반의 참사를 피해 영국으로 피신했던 중앙유럽의 지식인 에르네스트 겔너Ernest Gellner는 자신이 '비엔나이론Viennese Theory'이라고 부른 것이 불안한 분위기에 에워싸인 이유를 다음과 같이 추정한다. 그러한 상황은 "19세기에 합스부르크제국의 수도에 거주하던 개인주의적이고 원자화된 교양 있는 부르주아들이 제국의 동쪽 변방, 즉 발칸과 갈리시아로부터 유입된 혈연중심적이고 집단주의적이며 규칙을 무시하는 이민자들의 무리와 싸워야만 했다는 사실에서 초래되었을" 수도 있다.[25]

이 같은 통찰이 올바른지의 여부와는 무관하게, 하이에크 경제학은 지금까지 이루어진 시장에 대한 가장 진지한 옹호이다. 그러나 이러한 옹호 속에는 하나의 중대한 불일치가 포함되어 있다. 하이에크가 시장에 의해 이룩된 사회적 응집을 특징짓기 위해 '질서'라는 용어를 사용하는 것은 자신과 균형분석 간에 거리를 두고자 하는 그의 욕망을 반영한다. 그에 따르면, "경제적 균형은 결코 실제로 존재하지 않지만, 우리 이론이 이상형으로 묘사하는 종류의 질서가 현실에 상당히 접근하고 있다는 주장은 어느 정도 정당화될 수 있다." 그러나 이러한 주장은 신고전파의 정설에 대해 케인스가 제기한 비판에서 중심적이었던 문제, 즉 그러한 '질서'가 획득한 경제적 안정의 성격 및 정도의 문제를 제기한다. 특히 경기침체와 그로 인한 대량실업은 시장의

---

25 E. Gellner, *Plough, Sword and Book*(London, 1988), p. 28.

정상적 기능에서 발생하는가 아니면 시장왜곡에서 기인하는가? 하이에크는 후자를 택하면서 시장경제가 자기균형적이라는 관념에 의지하는 경향이 있다. 따라서 그는 경기침체를 불충분한 총수요의 결과로 보는 케인스의 설명을 거부하면서, 전통적인 자유방임적 견해를 다음과 같이 재진술한다. "실업의 원인은······ 자유시장과 통화안정을 통해 그 자체가 확립한 균형점으로부터 가격과 임금이 이탈한 것이다."[26]

하이에크가『가격과 생산Prices and Production』(1931)에서 전개한 그의 공황이론은, 공황을 신용체계를 통한 통화창출에 의해 가능해진 과잉투자의 한 가지 결과로 파악한다. 스키델스키가 논평한 바와 같이, "그의 결론은 케인스의 결론과 마찬가지로 신용화폐 자본주의체계는 극히 불안정하다는 것이었다. 단지 차이가 있다면, 그것은 하이에크가 그것에 관해 어떠한 조치도 취할 수 없다고 보았다는 점이다."[27] 1930년대의 주요 마르크스주의 경제학자의 하나인 존 스트레이치John Strachey가『가격과 생산』을 "자본주의 위기 및 경기순환에 관한 사리에 맞는 이론"이라고 부르면서 (비록 비판적이기는 하지만) 널리 활용한 것은 그리 놀랄만한 일이 아니다.[28] 하지만 '확대된 질서'에 대한 하이에크의 몰두가 그로 하여금 공황이 자본주의의 고유한 특징이라고 하마터면 인정할 뻔한 이 비밀스러운 교의와 공황이 시장의 일부 부적응에서 기인한다는 통속적인 그리고 실제로는 변명조의 견해를 결합하게 만든 것처럼 보인다.

또 다른 오스트리아 경제학자 조지프 슘페터Joseph Schumpeter는 완전경쟁 이론을 거부하는 것이 함축하는 바를 보다 기꺼이 인정했다. 그에 따르면,

---

26 Hayek, *New Studies*, pp. 184, 200.

27 Skidelsky, *Keynes*, II, p. 457.

28 J. Strachey, *The Theory of Capitalist Crisis*(London, 1935), p. 58.

자본주의는 "새로운 기획에 의해, 이를테면 새로운 상품이나 새로운 생산방법 또는 새로운 상업적 기회가 특정 시점에 존재하는 산업구조 속으로 침입해 들어옴으로써, 내부로부터 끊임없이 혁명적으로 변화한다. 모든 상황은 스스로를 실현할 시간을 갖기도 전에 전복된다." 경기순환을 특징짓는 산출과 고용의 주기적 동요는 "자본주의의 본질적 사실"인 "이러한 창조적 파괴과정"의 결과이다.[29]

슘페터는 마르크스가 그의 자본축적이론에서 이 같은 분석을 처음으로 정식화한 것에 대해 그 공로를 인정한다. 실제로 케인스가 마르크스를 경멸하고 하이에크가 마르크스를 혐오했음에도 불구하고, 그들의 주장의 많은 것들은『자본론』에서 예기된 것이다.『자본론』제2권의 자본재생산 도식은 케인스가 유효수요 개념을 사용한 유형의 분석을 전개하는 데 형식적 수단을 제공한다. 마르크스는『자본론』제3권 제5부에서 신용제도의 발전을 분석하면서, 신용제도가 과잉생산 위기에 기여한다고 강조하고 중앙은행이 통화공급을 제한하여 이러한 위기를 치유하고자 하는 시도가 초래하는 파괴적 결과를 지적한다. 요컨대 자본주의경제에 대한 가장 정교한 이론화들은 그것이 신자유주의적인 하이에크의 것이든, 개혁가인 케인스의 것이든, 아니면 혁명적인 마르크스의 것이든 간에, 모두 그것의 내재적 불안정성을 강조한다.

---

29 J. A. Schumpeter(1942), *Capitalism, Socialism and Democracy*(London, 1976), pp. 31~32, 83.

10.2 기능주의 사회학: 탤컷 파슨스

이와는 대조적으로 20세기 중반 서구세계가 산출한 가장 영향력 있는 사회이론은 사회안정에 초점을 맞추었다. 파슨스Parsons에서는 특정 사회체계가 스스로를 유지하려는 경향이 "사회과정의 제1법칙"이다.[30] 그의 첫 번째 주요 저서인 『사회적 행위의 구조The Structure of Social Action』(1937)는 파레토, 뒤르켐, 베버에 초점을 맞추어 유럽사회이론을 체계적·비판적으로 연구한 것이었다. 피에르 부르디외는 다소 경멸적으로 이 저작 – 그리고 실제로 파슨스의 전반적인 업적 – 을 이류 통속화자의 저작으로 치부했다. 부르디외는 다음과 같이 논평한다. "어떤 점에서 파슨스와 유럽의 사회학적 전통 간의 관계는 키케로와 그리스 철학 간의 관계와 같다. 그는 독창적인 저자들을 취하여 그들을 다소 맥 빠진 언어로 재역하여 혼합 메시지, 즉 베버, 뒤르켐, 파레토 – 그러나 물론 마르크스는 제외한 채 – 에 대한 학문적 조합을 만들어낸다."[31]

하지만 파슨스는 이런 가혹한 평가가 시사하는 것 이상으로 훨씬 더 흥미를 불러일으키는 사상가이다. 실제로 그는 마르크스에게 매우 적대적이었고, 마르크스주의가 불황기 미국의 젊은 지식인들을 강력하게 매혹하고 있던 1930년대 동안에, 하버드의 반마르크스주의 '파레토 서클'에 참여했다.

---

30 T. Parsons, *The Social System*(London, 1951), p. 205. 파슨스(Talcott Parsons, 1902~1979)는 콜로라도 스프링스에서 조합교회 목사의 아들로 태어나, 애머스트 칼리지에서 생물학을 전공했다(1920~1924년). 런던경제학교(1924~1925년), 하이델베르크 대학교(1924~1926년)에서 수학했다. 하버드 대학교 교수(1926~1973년)를 지냈다. 1931년 하버드 대학교에서 사회학과를 창립했고 1946~1956년에는 사회관계학과 주임교수를 역임했다. 1967년 사회과학자로는 처음으로 미국 학술원 원장으로 선출되었다.

31 P. Bourdieu, *In Other Words*(Cambridge, 1990), p. 37.

1920년대 독일에서의 수학 기간에 그는 베버와 베르너 좀바르트Werner Sombart의 마르크스주의 비판에 크게 영향 받았다. 앨빈 굴드너Alvin Gouldner 는 다음과 같이 제시한다. "파슨스의 이론적 작업의 대부분은 그의 최초 저 작에서 분명하게 나타나는 다음과 같은 두 가지 충동, 즉 (1) 반마르크스주 의적 비판을 일반화하고자 하는 노력, 그리고 (2) 동시에 결정론, 비관주의, 그리고 실제로는 그러한 마르크스주의 비판가들의 반자본주의를 극복하고 자 하는 노력에 의해 형성된다."[32]

실제로 『사회적 행위의 구조』의 중심 주제는 베버가 처음으로 명료하게 정식화한 '자원론적 행위이론voluntaristic theory of action'을 발전시키는 것이다. 파슨스는 이 이론과 자신이 '실증주의적 행위이론positivistic theory of action'이라 명명한 것을 대비시킨다. 실증주의적 행위이론은 (매우 폭넓게 이해된) 공리주 의적 전통을 특징으로 한다. 공리주의는 본질적으로 모든 행위를 베버가 도 구합리적 행위라 부른 것에 기초하여 모델화되는 것으로 정의한다(앞의 7.2절 참조). 도구합리적 행위자들은 그들이 선택한 목적을 달성하는 데 가장 효과 적인 수단을 선택한다. 그러나

> 행위를 목적을 추구하는 것으로 개념화하는 것이 근본적임에도 불구하고, 이
> 이론에서는 목적-수단관계의 성격만을 다룰 뿐 목적들 서로 간의 관계는 전혀
> 다루지 않는다. …… 그렇다면 수단과 목적들 서로 간의 관계에 대해 명확한
> 무엇인가를 말하지 못한다는 것은 오직 한 가지만 — 즉 그것은 수단과 목적
> 간에는 유의미한 관계가 존재하지 않는다는 것, 다시 말해 목적은 통계적 의
> 미에서 무작위적이라는 것 — 을 의미할 뿐이다.[33]

---

32 A. Gouldner, *The Coming Crisis of Western Sociology* (London, 1971), p. 183.

33 T. Parsons, *The Structure of Social Action* (2 vols, New York, 1968), I, p. 59.

그다음에 파슨스는 계속해서 그와 같이 이해된 공리주의는 사회질서의 존재를 설명할 수 없음을 입증한다. 특히 홉스의 자연 상태(앞의 1.3절 참조)는 도구합리적 행위자들이 결핍의 환경 속에서 그들의 '무작위적' 목적을 추구하는 사태가 초래하는 불가피한 결과를 기술한다. 파슨스에 따르면, "순수하게 공리적인 사회는 혼란스럽고 불안정하다. 왜냐하면 수단 – 특히 무력과 속임수 – 의 사용에 제한이 없어서, 상황의 성격상 그것은 무제한적 권력투쟁 속으로 빠져들 수밖에 없기 때문이다." 홉스의 업적은 "결코 넘어설 수 없었던 문제를 명확하게" 확인했다는 데 있으나, 그도 그것에 대한 만족할 만한 해결책을 제시하지는 못한다. 실증주의적 행위이론에 깊이 각인된 가정들에 의존함으로써 무력해진 그 후의 많은 사회이론들은 그 같은 문제를 제기하지조차 못했다. 파슨스는 공리주의에 대한 비판에서 그물을 넓게 던진다. 이를테면 파슨스에 따르면, 마르크스의 공적은 홉스 철학에서 그토록 중요했으면서도 그 후 매우 소홀히 다루어져 왔던 "권력차이라는 요인을 사회사상에" 재도입한 것이다. 그러나 역사적 유물론은 "근본적으로 공리주의적 개인주의의 또 다른 변형"이다.[34]

파슨스는 "홉스식의 질서의 문제"에 대한 해결책으로 자원론적 행위이론이 점진적으로 출현하게 된 상황을 두 가지 유사한 과정을 통해 추적한다. 하나는 한계효용학파 경제학자 알프레드 마셜Alfred Marshall과 함께 파레토와 뒤르켐이 중요한 역할을 수행한 실증주의적 전통의 해체이며, 다른 하나는 독일 관념론에서의 베버식 사회학의 발전이다. 이 같은 지적 진화는 '행위준거틀action frame of reference'을 구성하는 것을 가능하게 한다. 그것은 행위의 "네 가지 구조적 요소 – 즉 목적, 수단, 조건, 규범 –"를 구분하는 것을 포함한다.[35] 앞의 세 가지 요소들은 실증주의적 행위이론에도 존재한다. 도구합리

---

34 T. Parsons, *The Structure of Social Action*, I, pp. 93~94, 109, 110.

적 행위자들은 조건 – 즉 행위자들의 행위의 객관적 맥락 – 과 관련하여 자신들의 목적을 효과적으로 성취할 수 있는 수단을 선택한다. 하지만 규범의 도입은 근본적으로 새로운 요소를 구성한다. 질서의 문제에 대해 해결책을 제공하는 것은 개별 행위자들의 목적을 구체화하고 조정하는 데 있어, 그리고 그들의 목적을 다른 행위자들의 목적과 통합하는 데 있어 그러한 규범들이 수행하는 역할이다.

따라서 우리는 파슨스가 제시하고 있는 것은 데이비드 록우드가 '규범적 기능주의normative functionalism'라고 부른 것의 한 형태라고 정당하게 간주할 수 있다. 규범적 기능주의에 따르면, "사회는 도덕적 그리고 궁극적으로는 종교적 실체로, 그것의 본질적 특징은 가치와 신념들을 공유하는 하나의 체계"라는 것이다.[36] 예컨대 파슨스는 다음과 같이 단언한다. "그리하여 질서의 문제, 따라서 안정적인 사회적 상호작용체계, 즉 사회구조의 본성 문제에서 우리가 초점을 맞추는 것은 행위자의 동기와 규범적인 문화적 기준의 통합이다. 우리가 볼 때, 개인들 사이에서 행위체계를 통합시키는 것은 바로 후자이다."[37] 파슨스가 『사회적 행위의 구조』에서 베버가 자원론적 행위이론의 발전에 기여한 점을 크게 강조하고 있음에도 불구하고, 사회이론에 대한 그의 접근방식은 실제로는 뒤르켐의 그것에 훨씬 더 가까운 것처럼 보인다. 실제로 1967년에 그는 다음과 같이 선언한다. "기분상으로는 가장 풍부한 수원지로 무엇보다도 뒤르켐(특히 『사회분업론』)을 언급하고 싶다."[38]

그럼에도 불구하고 파슨스의 이론을, 어찌 되었든 간에 사회구조를 규범

---

35 T. Parsons, *The Structure of Social Action*, II, p. 732; 또한 I, pp. 43ff도 보라.

36 D. Lockwood, *Solidarity and Schism* (Oxford, 1992), pp. 7~8.

37 Parsons, *Social System*, pp. 36~37.

38 Gouldner, *Coming Crisis*, p. 163 n. 27에서 인용함.

과 가치의 표현으로 보는 일종의 사회학적 관념론으로 보는 것은 잘못이다. 1937년 그는 "행위는 두 가지 상이한 요소 – 즉 규범적 요소와 조건적 요소 – 의 질서 간의 긴장 상태를 포함하는 것으로 생각해야 한다"고 기술한다. "실제로 과정으로서의 행위는 규범에 순응하는 방향으로 조건적 요소들을 변경하는 과정이다." 규범적 차원을 무시하는 것은 결국 공리주의로 귀착된다. 반면에 행위의 객관적 조건을 제거하는 것은 그가 '관념론적 유출론idealistic emanationism'이라고 부른 것으로 이어진다.[39] 제2차 세계대전 후에, 파슨스는 특히 사회가 스스로를 유지하고 재생산하는 것을 가능하게 하는 사회의 체계적 속성들을 분석함으로써, 엄격한 사회학이론을 구축하고자 했다. 논평자들은 이 같은 초점의 변화가 파슨스 초기 저술들 – 베버와 독일의 신칸트적 전통을 따라 인간행위의 의도적 성격과 그것의 인과적 과정으로의 환원 불가능성을 강조하던 – 과 얼마나 개념적으로 단절된 것인가를 둘러싸고 갈라졌다.

실제로 파슨스의 전후 저술들은 일련의 개념들을 수정하고 있다. 그것들은 모두 『사회적 행위의 구조』에서 규정한 문제 상황 – 어떤 행위이론이 사회질서의 존재를 설명할 수 있는가? – 과 분명한 관계를 가지고 있다. 사회체계에 대한 그의 관심의 증가는, 사회는 (다른 무엇보다도) 사회구조들의 복잡한 접합이라는 사실과 일관되게 이 문제를 다루고자 하는 일련의 시도들을 반영한다(파슨스는 방법론적 개인주의를 싫어한다). 하나의 확고한 이론관이 그의 서로 다른 모든 견해들을 관통하고 있다. 1930년대 이래로 파슨스는 경험주의를 가차 없이 비판해왔다. 그는 경험주의가 우리가 세계를 경험하는 방식과 그러한 세계를 설명하는 데 필요한 분석적 개념들을 구분하는 데 실패했다고 주장한다. 이처럼 이론에 특권을 부여하는 것은 사회학의 전문화를 위한 하나의 전략으로 볼 수 있다. 사회학의 발전은 서로 다른 형태의 경험적 연

---

39 Parsons, *Structure*, II, p. 732.

구에 의해 추동되는 것이 아니라, 오히려 연구에 적절한 지침을 제공할 수 있는 엄격한 개념들의 정식화에 달려 있다. 파슨스는 종종 자신의 저술이 풋내기 독자들에게는 분명하지 못하다는 평가를 받는 희생을 치르면서도 불가해한 전문용어에 의존하는 경향이 있었는데, 이는 아마도 이론물리학에 분명하게 근거하고 있는 이 같은 사회연구 개념 때문일 것이다.

『사회체계The Social System』(1951)는 파슨스 자신이 '구조기능주의structural functionalism'라고 부른 것을 처음으로 완전하게 진술하고 있다. 그는 사회체계를 "지속성과 관련한, 또는 복수의 개별 행위자들의 상호작용 유형의 지속 내지 정연한 변화과정과 관련한 행위요소들의 조직 양식"으로 정의한다. 그렇지만 이것이 인간행위를 규정짓는 유일한 체계인 것은 아니다. "또 다른 두 가지 체계가 있는데, 그것이 바로 개별 행위자들의 퍼스널리티체계personality system와 그들의 행위 속에 부착되어 있는 문화체계cultural system이다."[40] (이후에 파슨스는 네 번째 특성으로 '행동유기체behavioral organism'를 추가한다.) 그중 사회체계는 특히 인간의 상호작용이 어떻게 안정적으로 통합되는가 하는 문제에 관심을 기울인다. 사회적 상호작용의 결정적인 유형 중 하나가 행위자들에게 할당되는 분화된 역할구조 – 구체적인 권력과 보상을 포함하는 – 이다.

그렇다면 이 같은 차별적인 보상방식을 가지고 있는 특정 사회체계가 어떻게 재생산될 수 있는가? "상호작용체계가 안정화될 수 있는 기본적인 조건은 행위자들의 이해관계를 그들이 공유하고 있는 가치지향체계의 기준에 순응시키는 것이다." 그러한 기준들이 행위자들에게 행위의 목적을 규정하는 독특한 방식, 보다 구체적으로는 자신들이 차지하고 싶은 역할을 정당하게 기대할 수 있게 해주는 특정한 방식을 제시한다. 그러한 기준들은 문화체계에서 연원하나, 사회의 안정은 그것들의 제도화에 의존한다. 파슨스는

---

40 Parsons, *Social System*, pp. 24, 6.

"역할-정의 유형변수pattern-variables of role-definition"라는 정교한 분류도식을 발전시키지만, 사실 거기에는 역사적으로 중요한 두 가지 가치 지향의 조합이 존재한다는 점을 인정한다. 이들 조합은 "보편주의 대 특수주의" 그리고 "성취 대 귀속"이라는 단 두 가지 유형변수의 치환을 통해 얻어진다. 첫 번째 유형변수는 사회적 역할의 정당화와 관련된다. 즉 사회적 역할은 과학적 합리성 또는 인권과 같은 어떤 보편적으로 적용 가능한 기준들에 의해 정당화되는가, 아니면 특정 사회에 특수한 전통들에 의해 정당화되는가 하는 것이다. 두 번째 유형변수는 행위자가 사회적 역할을 귀속적 지위에 기초하여 (즉 일반적으로는 부모로부터 물려받은 지위를 통해) 차지하는가, 아니면 개인이 사회에서 그 자신의 능력을 반영하는 성취에 상응하는 지위를 정당하게 열망할 수 있는가와 관련된다. 파슨스는 "이미 알려져 있는 사회의 대다수"가 '특수주의-귀속 유형'의 사례들인 반면, 근대 산업사회들, 그중에서도 특히 미국은 '보편주의-성취 유형'을 예증한다고 말한다.[41]

그 같은 가치 지향의 제도화는 문화체계와 사회체계 간의 접점을 보여준다. 각 체계는 서로의 체계로 환원될 수 없으나, 사회체계의 '기능적 필요조건'을 확보하기 위해서는 두 체계 간에 최소한의 양립가능성이 요구된다. 파슨스는 "문화가 …… 퍼스널리티의 직접적인 구성요소가 되는 것이 행위이론의 기본 원칙"이라고 주장한다. 이것은 개별 행위자들이 규범과 신념을 '내면화'하는 것을 통해 이루어진다. 따라서 "사회구조 속에서 행동의 동기가 진정으로 통합되는 것은 오직 제도화된 가치의 내면화 덕분이다." 이것은 기본적으로 '사회화 메커니즘'을 통해, 즉 결정적으로는 유년기와 아동기 — 사회는 항상 이 같은 방식으로 교육받지 않은 어린아이들의 '야만적 침입'에 노출되어 있다 — 에 가족과 학교 등에서 이루어지는 일련의 학습과정을 통해 발생한

---

41 Parsons, *Social System*, pp. 38, 66~67, 181, 182ff.

다. 이 과정은 "특정 유형의 가치 지향의 내면화를 …… 가져오는 경향이 있으며", 그러한 가치 지향들이 자신들이 차지할 것으로 정당하게 기대할 수 있는 사회적 역할에 대한 개개인의 기대들을 틀 지운다.[42]

사회화의 어떠한 부분적인 실패도 일탈 – 즉 "어떤 행위자가 [또는 행위자들이] 하나 또는 그 이상의 제도화된 규범 유형을 위반하는 행동을 하도록 동기화되는 경향"에서 발생하는 "상호작용체계의 균형교란" – 을 야기할 가능성이 크다. 이것은 다양한 사회통제 메커니즘들을 발생시킨다. 사회통제 메커니즘의 역할은 일정한 형태의 직접적인 억제를 통하거나 또는 보다 치밀하게는 사회의 나머지 부분과 격리된 상황에서 제한된 형태의 일탈행동을 허용하는 '이차적인 제도secondary institutions'의 발전을 통해, 균형을 회복하는 것이다. 즉 도박과 '미국 청소년문화'의 의례들은 소외를 표현하는 이 같은 안전판safety-valves의 실례들이다.[43]

때때로 비판가들이 주장하는 것처럼, 일탈에 대한 이 같은 분석은 파슨스가 사회적 갈등의 존재를 단순히 무시하거나 부정하지는 않는다는 것을 지적해준다. 그는 "집합체의 이해관계와 개별 성원들의 이해관계" 간의 '정확한 일치'란 실제로 이루어질 수 있는 하나의 조건이라기보다는 '하나의 제한적인 사례'라는 점을 분명히 한다. 그럼에도 불구하고 그의 기능주의는 사회가 자기균형적인 체계라고 가정한다. 따라서 그는 "상보적인 역할들 내부에서 이루어지는 상호지향 과정의 안정성은 …… 상호작용의 근본적 '경향'"이라는 명제를 …… "경험적 일반화가 아니라 이론적 가정"이라고 부른다. 사회는 그 정의상 안정성의 상태에 도달할 것이다. 따라서 일탈은 사회통제의 메커니즘을 불러내고, 그러한 메커니즘은 일탈에 맞서거나 억제하는 효과

---

42 Parsons, *Social System*, pp. 34, 42, 205, 208~209.

43 Parsons, *Social System*, pp. 250, 360ff.

를 발휘한다. 일탈과 '사회적 긴장'의 존재는 사회적 삶의 구성요소라기보다는 부수 현상이다. 구조적 모순과 계급투쟁이 사회변동의 원인이라는 마르크스의 신념과는 대조적으로, "긴장 자체는 사회변동의 '원동력'이 아니다."[44] 이를테면 파슨스는 1950년대의 맥카시적 마녀사냥은 "우리 사회의 뿌리 깊은 변화과정" – 즉 미국의 산업사회와 전지구적 초강대국으로의 변화과정 – "에서 수반된 긴장의 징후로 가장 잘 이해될 수 있다"고 주장한다.[45]

파슨스가 얼마나 사회적인 것the social에 대한 기능주의적 개념에 몰두했는지는 『사회체계』에 뒤이은 저술들에서 입증된다. 이를테면 그는 미국사회를 지배하는 것은 법인의 부富와 군부·민간 관료제로 구성된 '권력엘리트'라는 밀스C. Wright Mills의 테제를 경험적으로 잘못되었을 뿐만 아니라 개념상으로도 결함이 있는 것으로 거부한다. 밀스는 "'제로섬적인' 권력 개념에 기초하고 있다. 바꾸어 말하면, 권력은 타인에 대한 권력이다. 어떤 체계에서 A가 권력을 가진다는 것은 필연적으로 그리고 정의상 B를 희생하여 그렇게 한다." 따라서 공적·사적 관료들이 더 많은 권력을 가지고 있다면, 다른 사람들은 권력을 덜 가질 수밖에 없다. 따라서 이 같은 권력 개념은 갈등을 바로 그 정의 속에 내장하고 있다. 그리하여 이것은 "전체 현상의 부수적이고 파생적인 측면을 중심적인 위치로 끌어올린다." 이 '전체 현상'은 실제로 사회·정치적 갈등을 추구하는 것이 아니라 공동의 목적을 달성하는 데 관심을 기울인다.

권력은 사회의 일반화된 능력 또는 자원이다. 그것은 분할되거나 배분되어야만 한다. 그러나 권력은 또한 생산되어야만 하며, 배분적 기능뿐만 아니라 집

---

44 Parsons, *Social System*, pp. 42, 42 n. 11, 481, 493.
45 T. Parsons, *Politics and Social Structure*(New York, 1969), p. 181.

합적 기능 역시 가지고 있다. 권력은 일반적인 '공적' 헌신이 이루어져왔거나 또는 이루어질 수 있는 목적의 달성을 위해 사회의 자원을 동원하는 능력이다. 권력은 무엇보다도 개인과 집단의 행위를 동원하여 그들이 사회에서 차지하는 지위에 의거하여 그들을 결합시키는 것이다.[46]

파슨스는 이 같은 권력 개념을 자신의 사회체계이론을 더욱 정교화하기 위한 시도의 일환으로 전개한다.『경제와 사회Economy and Society』(1956) 이래로, 그는 사회체계는 다음의 네 가지 '하위체계들'로 분화된다고 주장한다. 경제economy, 정체polity, '유형유지pattern maintenance'(문화는 이를 통해 행위를 지배하는 가치들을 제공한다) 그리고 '사회공동체societal community'(통합에 필요한 규범적 질서)가 그것들이다.[47] 이를테면 정체는 "한 사회의 분석적으로 정의된, 즉 하나의 '기능적' 하위체계'이다. 경제의 '가치준거value-reference'가 효율이듯이, 정체의 가치준거는 효과이다. 양자 모두는 관련 가치들의 '척도'를 제공하는 '일반화된 매개체generalized medium' - 경제에서는 화폐, 정체에서는 권력 - 를 포함한다. 파슨스는 비교를 통해 다음과 같이 주장하기까지 한다. (금본위제 시대에) 금이 통상적으로 지폐와 채권을 취급하는 화폐제도의 궁극적인 요체로 작동하는 것과 마찬가지로, 정치권력의 영역에서는 무력이 동의를 뒷받침한다. "그러므로 무력은 우선 '최후의 억제책'으로서 중요하다. 무력은 제도화된 질서에 의거하는 효과적인 수단들이 무너져내리거나 실패한 제재상황context of deterrence에서 '본질적으로' 가장 효과적인 것으로 취할 수 있는 …… 수단이다." 금과 마찬가지로, 무력은 항상 존재하지만, 위기 상황 이외에는 안정을 확보하기 위해 거의 사용되지 않는다.[48]

---

46 T. Parsons, *Politics and Social Structure*, pp. 199, 200.

47 T. Parsons, *The System of Modern Societies*(Engelwood Cliffs, NJ, 1971) p. 11, table 2.

분화 개념 역시 파슨스의 사회변동이론에서 중요한 역할을 수행한다. 『사회체계』에서 그는 다음과 같이 선언한다. "현재의 지식 수준에서 우리는 전체 사회변동 과정에 대한 일반이론을 가지고 있지 못하다."[49] 그러나 1960년대에 이르러 그는 사회변동이론뿐만 아니라 진화이론 또한 제시한다. 그에 따르면, "사회문화적 진화는 유기체의 진화와 마찬가지로 변이와 분화에 의해 단순한 것에서 점차 더 복잡한 것으로 진행되어왔다." 초기에 베버의 반자연과학주의에 동조했던 것과는 대조적으로, 파슨스는 이제 "인간을 유기적 세계에 통합된 것으로 그리고 인간사회를 그 생애과정에 적합한 일반틀 속에서 적절히 분석될 수 있는 것으로" 파악한다. 그는 '분화과정'을 우선적으로 강조한다. "사회 내에서 한결같이 상대적으로 명확한 위치를 점하고 있는 단위, 하위 체계 또는 단위나 하위 체계들의 범주는 더 큰 체계를 위해 그 구조와 기능적 중요성 모두에서 다른 단위들 또는 체계들로 (보통은 두 개로) 분할된다."[50] 예컨대 산업혁명의 핵심은 "노동이 착근하고 있던 분산되어 있는 모체로부터 노동이 분화되어나왔다"는 사실에 있다. "이 같은 분화는 노동-역할 복합체work-role complex와 가정家庭을 구분할 뿐만 아니라 '노동'의 이동성 또한 증가시킨다."[51]

파슨스는 정체를 분화의 중심지로 보지만, 분화과정은 다른 모든 하위체계들에게도 영향을 미친다. 일반적으로 분화는 '적응적 향상adaptive upgrading'을 수반하고, 그리하여 새로운 구조는 (일반적으로는 경제가 행위자들의 필요와 욕구를 충족시키는 능력을 증대시킴으로써) 낡은 구조가 수행했던 것보다 더 효과적

---

48 Parsons, *Politics*, pp. 354, 355, 365~366.

49 Parsons, *Social System*, p. 537.

50 T. Parsons, *Societies: Evolutionary and Comparative Perspectives*(Englewood Cliffs, NJ, 1966), pp. 2, 22.

51 Parsons, *System*, p. 77.

으로 자신의 기능을 수행한다. 사회의 규범적 질서 또한 변화할 가능성이 크다. 즉 보다 분화된 역할체계를 통합하기 위해서는 "전문화된 기능적 능력들이 보다 분산되어 있던 구조적 단위들 내에서 부여받은 귀속성으로부터 벗어날 필요가 있다." 마지막으로 새로운 구조가 갖는 더 큰 복잡성은 "그 하위 단위들의 보다 다양한 목적과 기능을 정당화하기 위해서는 그것의 가치유형이 보다 높은 수준의 일반성을 지녀야 한다"는 것을 함의한다.[52]

그런데 이러한 설명은 매우 친숙한 것들이다. 스펜서는 종국적으로 근대 유럽과 북아메리카의 산업사회에서 정점에 도달하는 점진적 분화과정으로서의 사회진화이론을 전개했다(5.2절 참조). 이 이론은 뒤르켐에게 (특히 그가 『분업론』에서 제기한) 문제 상황 중의 한 가지 중요한 차원을 제공했다. 우리는 한 바퀴 돌아 제자리에 온 것처럼 보인다. 이러한 상황은 특히 아이러니하다. 왜냐하면 잘 알려져 있다시피 『사회적 행위의 구조』는 크레인 브린턴Crane Brinton의 "누가 지금 스펜서를 읽는가?"라는 인용문으로 시작되기 때문이다.[53] 굴드너가 지적한 바와 같이, "1960년대의 정답은, 파슨스 자신이었음에 틀림없다."[54]

물론 파슨스의 후기 진화론적 사회이론은 스펜서식 사회학의 단순한 재현이 아니다. 공리주의적 전통 – 파슨스는 스펜서를 그것의 후기 대표자로 보았다 – 의 난점을 피하기 위해 파슨스가 의도적으로 발전시킨 것이 바로 행위이론이다. 그는 어떤 선행 사회학자들보다도 생물학에 자기유지적체계라는 개념을 빚지고 있다. 게다가 그는 문화체계와 사회체계를 구분함으로써, 그의 사회이론 속에 독특한 긴장을 도입한다. 사회통합과 사회화의 토대를 형성

---

52 Parsons, *Societies*, pp. 22, 23.

53 Parsons, *Structure*, I, p. 3.

54 Gouldner, *Coming Crisis*, p. 357.

하는 규범에 토대를 제공하는 가치들은 사회체계 그 자체의 외부에서 발생한다. 하버마스의 지적에 따르면, 이것은 "파슨스가 가치와 사실이라는 칸트적 이원론을 체계기능주의 속으로 들여올 수 있게 한다."[55] 만약 파슨스가 그에 앞선 베버처럼 궁극적 가치를 합리적으로 정당화하는 불가능한 일을 주제로 삼았더라면, 그는 사회에 대한 매우 상이한 관점 − 즉 사회가 합리적으로 옹호할 수 없는 일단의 가치들에 의존한다는 점을 강조하는 관점 − 을 제시했을지도 모른다.

그러나 실제로는 사회진화에 관한 파슨스의 설명은 근대 서구사회를 (그가 유익한 것으로 간주한) 역사과정의 정점에 있는 것으로 묘사하는 데 집중한다. 그의 분화 개념은 발전의 흐름이 (이미 그가 『사회체계』에서 산업사회, 특히 미국의 특징이라고 주장한) '보편주의-성취 유형'을 향하고 있음을 함의한다. 나머지 사회들의 경우, "행위체계가 고도로 원시적인 한, …… 그 사회들은 사회적·문화적·퍼스널리티의 수준에서도 매우 미분화되어 있을 것이다."[56] 그렇지만 우리는 우리가 원시적 분산성primitive diffuseness으로부터 멀어지고 있음을 두려워할 필요는 없다. 베버는 합리화의 위험을 과장했다. 파슨스에 따르면, "중요한 추세는 실제로 관료제의 증대가 아니라 …… 오히려 결사체주의associationism로의 경향이다." 근대 자유민주주의는 권력의 부당한 집중을 방해하는 고도로 다원적인 구조를 하고 있다. 그러는 동안 "근대사회의 주된 발전 방향은 본질적으로 새로운 유형의 계층화를 향하고 있다." 불평등은 더 이상 귀속적 지위에 기초하여 정당화될 수 없다. '새로운 평등주의'에서 불평등이 정당화되는 것은 단지 그것이 "하나의 체계로서 인식되는 사회에 기능적일" 때뿐이다. 더군다나 이러한 "근대화의 경향은 이제 전 세계

55 J. Habermas, *The Theory of Communicative Action*, II(Cambridge, 1987), p. 226.
56 Parsons, *Societies*, p. 33.

적인 것이 되었다."[57]

파슨스의 기능주의 사회학은 13세기에 성 토마스 아퀴나스 St Thomas Aquinas가 구성했던 거대한 신학체계를 연상하게 한다. 아퀴나스는 삼위일체 설과 같은 교의를 포함하는 기독교 교리의 핵심을 옹호하기 위해 미묘한 구 분들 그리고 때로는 계몽적인 논의들을 발전시켰다. 유사하게 파슨스는 비 합리성이라는 딱딱한 덩어리가 그 중심에 놓여 있는 일련의 복잡한 개념들 과 명제들을 정교화했다. 이것은 가치 — 사회체계는 그 기능을 수행하기 위해 그 것에 의존한다 — 를 문화체계에 의해 산출된 소여된 것으로 보는 방식으로부 터 단순하게 추론되지 않는다. 파슨스의 진화이론은 암묵적인 목적론을 포 함하고 있다. 스티븐 세비지 Stephen P. Savage는 다음과 같이 기술한다. "사회 문화적 진화는 사회관계의 효율성 증가과정 그 이상의 것이다. 그것은 하나 의 발전과정이다. …… 그것은 '동물적 존재'에서 …… 인간존재의 가장 높 은 수준 — 서구사회들에서 드러나는 사회문화적 조직 형태 — 으로의 이행이다."[58] 따라서 미국의 '근대화' 이론가들이 파슨스 사회학이 제공한 개념적 틀 내에 서 신생독립국가들로 하여금 서구적 발전모델을 채택하도록 설득하려 했다 는 것은 그리 놀라운 일이 아니다. 베버가 심히 불길한 예감에 사로잡혀 근 대성의 형성을 탐구한 그 지점에서, 이제 파슨스는 우리에게 편안히 쉬며 재 미를 즐기라고 제안한다.

57 Parsons, *System*, pp. 116, 119, 137.
58 S. P. Savage, *The Theories of Talcott Parsons* (London, 1981), pp. 232~233.

10.3 절망적인 비판: 프랑크푸르트학파

파슨스 사회학은 1950년대와 1960년대에 국제적으로 엄청난 영향력을 행사했다. 1960년대 말 앨빈 굴드너가 기술한 바에 따르면, "파슨스는 어떤 국적의 어떤 강단사회학자보다도 세계적인 인물이다."[59] 그의 지위가 일정 정도는 국제국가체계에서 미국이 새로 차지하게 된 주요 열강의 지위의 한 가지 결과라는 것은 의심의 여지가 없다. 게다가 20세기 중반 이래로, 방대하고 부유한 미국의 대학제도는 서구의 지적 생활에 대해 점점 더 큰 견인력을 행사하기 시작했다(비록 역설적이게도 그것이 수입된 이론의 진흥이라는 형태를 취하고 있었음에도 불구하고). 어쨌든 근대성의 궤적에 대한 파슨스의 기본적으로 낙관적인 견해는 미증유의 번영과 안정을 구가하던 사회들의 실제 경험으로부터 뒷받침될 수 있었다.

이것이 구조기능주의가 전혀 도전받지 않았다는 것을 의미하지는 않는다. 심지어 미국 사회학 내에도 반대자들이 존재했다. 이를테면 방법론적 관점에서 로버트 머튼Robert K. Merton은 기능적 분석의 야망을 열거하고, 구체화하고, 그럼으로써 그 야망을 제지하고자 했다. 그는 또한 자신이 '중범위이론theory of the middle range'이라고 칭한 것 – 즉 경험연구를 인도하기 위해 구성된 이론 – 이 파슨스식의 거대이론보다 연구결과를 산출하는 데 더 적합하다고 주장했다.[60] 민중주의자나 세계산업노동조합의 조합원들과 같은 미국의 급진운동과 강력한 일체감을 갖고 있었던 텍사스 초원의 반항아, 라이트 밀스는 『사회학적 상상력The Sociological Imagination』(1959)에서 파슨스가 사용

---

59 Gouldner, *Coming Crisis*, p. 168.

60 R. K. Merton, "Manifest and Letent Functions," and "Sociological Theories of the Middle Range," in id., *Social Theory and Social Structure*(New York, 1968).

한 불분명한 말투를 경멸했으며, 『파워엘리트The Power Elite』(1956)와 같은 책에서는 자신이 미국사회 특유의 불평등과 소외라고 여긴 것과 무자비한 전쟁을 벌였다.

그러나 장기호황 동안의 외관상 평화롭고 만족스러운 듯한 서구사회에 대한 가장 체계적인 비판은 다른 곳에서 나왔다. 프랑크푸르트학파는 불리한 여건 속에서 색다른 형태로 마르크스주의이론을 계속적으로 추구했던 일군의 독일 지식인들에게 부여된 집합적인 명칭이다. 이 학파는 1923년 프랑크푸르트 대학교에 설립한 사회조사연구소Institute for Social Research에서 연원했으며, 부유한 곡물상의 아들인 펠릭스 바일Felix Weil로부터 재정적 후원을 받았다(이러한 후원은 상당히 오랫동안 지속되었다). 후일에 바일은 1920년대 초반에 자신이 '살롱 볼셰비키salon Bolshevik'였다고 기술했다. 연구소의 설립은 상이한 형태의 마르크스주의들 – 사회민주주의 정당과 공산주의 정당들의 경합하는 정설들과 다양한 형태의 헤겔적 마르크스주의 – 이 바이마르 인텔리겐치아의 한 유력한 분파에게 영향력을 행사함으로써 이루어졌다. 초대 연구소장은 오스트리아의 경제학자이자 역사학자인 카를 그륀베르크Carl Grünberg였다. 1924년 6월 개소식에서, 그는 낙관적인 카우츠키식 결정론에 헌신할 것이라고 표명하면서, 자신은 다음과 같은 사실을 "단호하게 과학적으로 확신하는" 사람들 중의 하나라고 선언했다. "현재 출현하고 있는 질서는 사회주의적인 것이 될 것이며, 우리는 자본주의에서 사회주의로 이행하는 와중에 있고, 그리고 점차 빠른 속도로 사회주의로 진전되고 있다."[61]

그륀베르크의 지도 아래, 연구소는 넓은 의미에서 정통 마르크스주의적 성격의 연구를 수행했다. 연구원 중에는 공황이론에 관한 중요한 저작을 집필한 경제학자 헨리크 그로스먼, 그리고 1920년대와 1930년대 초 독일공산

---

61 R. Wiggershaus, *The Frankfurt School*(Cambridge, Mass., 1994), pp. 13, 25에서 인용함.

당KPD의 적극적 당원 중 하나였던 동양학자 카를 비트포겔Karl Wittfogel이 포함되어 있었다. 연구소의 성격은 그륀베르크가 뇌졸중으로 물러나고 막스 호르크하이머Max Horkheimer가 1930년 소장직을 맡은 후 근본적으로 변화했다.[62] 변화는 두 가지 측면에서 발생했다.

첫째로, 철학자인 호르크하이머는 연구소의 지적 방향을 재조정했다. 1931년 1월의 취임 강의에서, 그는 특정 사회집단, 특히 노동자계급을 지향하는 공동연구 프로그램을 제안했다. 그는 이러한 연구가 이성과 역사 간의 관계라는 문제를 해명할 수 있을 것이라고 보았다. 이것은 "사회조사에서 철학적 구성물과 경험적 연구를 단순히 병렬시키는 대신, 계획된 연구의 독재"가 될 수도 있는 것이었다.[63] 마틴 제이Martin Jay는 다음과 같이 논평한다. "연구소 역사의 초창기에 연구소가 주로 부르주아사회의 사회경제적 하부 구조에 관심을 기울였다면, 1930년 이후의 시기에는 주요 관심이 부르주아 사회의 문화적 상부 구조에 있었다."[64] 문화문제에 대한 이 같은 관심의 집중은 연구소가 정신분석학을 수용한 것과 마르크스와 프로이트의 사상을 통합하기 위해 벌인 다양한 시도들과 관련이 있다. 양차 대전 사이의 시기 동안에 유사한 성향을 지닌 사람들 – 이를테면 (매우 상이한 방식이기는 하지만) 트로츠키, 빌헬름 라이히Wilhelm Reich, 앙드레 브르통André Breton – 이 존재했으나, 역사유물론과 정신분석학이라는 명백하게 다른 개념구조들을 최초로 체계

---

62 호르크하이머(Max Horkheimer, 1895~1973)는 슈투트가르트에서 부유한 직물제조업자의 아들로 태어나, 프랑크푸르트 대학교에서 철학을 공부했다. 프랑크푸르트 대학교 사회철학 교수를 지냈다(1930~1933년). 1949년 교수직에 복귀하여, 프랑크푸르트 대학교 총장(1951~1953년)을 역임했다. 1959년 은퇴 후 스위스로 이주했다.

63 M. Horkheimer, *Between Philosophy and Social Science*, ed. G. F. Hunter(Cambridge, Mass., 1995), p. 11.

64 M. Jay, *The Dialectical Imagination*(London, 1973), p. 21.

422 | 사회이론의 역사

적으로 결합하고자 한 것은 프랑크푸르트학파였다.

호르크하이머가 지도부를 장악했다는 사실은 연구소가 노동자운동과 맺어온 관계 역시 변화하리라는 것을 의미했다. 그때까지 연구소는 매우 느슨한 의미에서 국제공산주의운동의 동조자였다. 연구원의 상당수가 KPD 또는 여타 공산주의집단의 성원들이었다. 몇몇은 활동가이기도 했다. 1931년에 비트포겔은 연구를 포기하고 나치의 집권을 막기 위해 정치활동에 투신했다. 적어도 1930년대 후반까지는 호르크하이머도 이러한 친모스크바적인 정치적 동감을 공유하고 있었다. 1930년에 그는 "러시아에서 발생한 사건들을 …… 소름끼치는 부정의를 극복하기 위한 고통스러운 시도의 속편"이라고 불렀다.[65] 그러나 그럼에도 불구하고 그는 연구소가 조직화된 좌파와 특정 관계를 맺는 것에 거리를 두고, 순수한 학술사업을 하고 있는 것으로 보이게 하고자 했다. '마르크스주의'라는 이름 자체가 무단으로 '비판이론'으로 정정되었다.

이처럼 마르크스주의를 학원 내로 재배치한 것은 중요한 변화를 상징했다. 당시까지 주도적인 마르크스주의 지식인들은 일반적으로 정치운동을 위해 일했다. 이는 이를테면 카우츠키, 레닌, 룩셈부르크, 트로츠키, 그람시의 경우에 사실이었다. 이것은 부분적으로는 대학이 좌파를 차별한 것과 함수관계에 있으나(이를테면 로베르트 미헬스Robert Michels는 마르크스주의자였던 동안에는 독일 강단에서 자리를 얻을 수 없었다), 보다 근본적으로는 마르크스가 정치적 실천과 괴리된 관조적인 이론관을 거부한 것을 반영하는 것이었다. 페리 앤더슨Perry Anderson은 연구소에 본질적으로 학문적인 정체성을 부여하고자 했던 호르크하이머의 시도가 보다 보편적인 과정, 즉 노동자계급운동과 결별하고 강단철학자들이 지배하는 '서구 마르크스주의'의 출현을 징조

65 Wiggershaus, *Frankfurt School*, p. 63에서 인용함.

하는 것이었다고 파악한다. 그에 따르면, "제2차 세계대전 이후 …… 마르크스주의이론은 실제로 철저하게 대학 – 한때 바깥세계 정치투쟁으로부터의 피난처이자 망명지였던 – 으로 이주해갔다."[66]

앤더슨은 이러한 사태 전개에서 정치적 맥락이 갖는 중요성을 강조한다. 그에 따르면, "이와 같이 서구 마르크스주의의 숨겨진 특징은 그것이 패배의 산물이라는 것이다."[67] 러시아혁명의 고립은 볼세비즘이 스탈린주의로 변형되는 것을 가능하게 했다. 1920년대 후반, 소련에서 마르크스주의는 더 이상 비판적인 지적 탐구를 수행하지 못한 채, '마르크스-레닌주의'라는 국가이데올로기로 변질된다. 그러는 동안에 1930년대는 유럽 좌파에게 일련의 엄청난 패배들 – 1933년 나치의 권력 장악, 1934년 오스트리아 노동자운동의 파멸, 스페인내전(1936~1939년)에서의 프랑코의 승리 – 로 특징지어졌다. 이 사건들은 연구소의 성원들에게는 혼란스러운 경험 그 이상을 의미했다. 그들 모두는 유대인이었다. 따라서 그들에게 파시즘의 승리는 가장 치명적인 위협이었다. 그들은 피신하여 망명생활을 하지 않을 수 없었다. 1934년 5월 뉴욕으로 간 호르크하이머는 그곳에서 콜롬비아 대학교와 느슨하게 연계한 상태에서 연구소를 재설립했다.

나치와 그 동맹국들의 승리가 유발한 자연적 공포는 호르크하이머에게서 거의 병적 형태를 띠었다. 뉴욕에 도착한 직후, 그는 다음과 같이 기술했다. "이 곳의 상황은 내가 생각했던 것보다 훨씬 더 나쁘다. 우리는 경제 상황이 급속도로 악화되리라고 예상할 수밖에 없다. 바로 이 같은 이유 때문에, 나는 캐나다에 대해 알기를 원한다."[68] 제2차 세계대전이 발발한 이후, 그는

66 P. Anderson, *Considerations on Western Marxism*(London, 1976), pp. 59~60.

67 P. Anderson, *Considerations on Western Marxism*, p. 42.

68 Letter to Pollock, 27 May 1934. Wiggershaus, *Frankfurt School*, p. 143에서 인용함.

유럽 드라마의 장면과는 크게 다른 로스앤젤레스로 이사했다. 롤프 뷔거스하우스Rolf Wiggershaus는 프랑크푸르트학파에 대한 자신의 기념비적 역사책에서, 호르크하이머가 안락하고 안전한 상태에서 자신의 연구를 계속하기 위해 줄어들고 있던 바일의 원금을 보존하는 데 집착했다고 기록했다.

서부 해안을 탐사여행한 후, 호르크하이머는 다음과 같이 기술했다. "여행 내내, 나는 '돈이 최고의 보호자다. 돈이 최고의 보호자다. 돈이 ……'라는 글귀가 계속해서 내 눈앞에 어른거리는 것을 보았다."[69] 이 같은 강박관념은 그로 하여금, 망명 중이었기에 그의 재정적 후원에 의존하고 있던, 그리고 그가 제공하는 유일한 지적 환경을 향유하기를 열망하던 연구소의 다른 모든 성원들을 계속해서 조종하게끔 했다. 일부는 낮은 봉급 상태를 유지하거나 깎였다. 그리고 다른 일부는 분할지배전략의 희생자가 되었다.

이를테면 호르크하이머는 계속적으로 아도르노Adorno와 마르쿠제Marcuse를 반목시켜 어부지리를 얻었고, 이는 끊임없는 적의를 불러일으키는 데 일조했다.[70] 이 같은 병적인 소심함은 그 원인이 사라졌어도 계속되었다. 1950

---

69 Letter to Lowenthal, 25 July 1940, Wiggershaus, *Frankfurt School*, p. 250에서 인용함.

70 아도르노(Theodor Wiesengrund Adorno, 1903~1969)는 프랑크푸르트에서 유대인 와인 상인과 가톨릭 오페라 가수 — 그는 후일 어머니의 성인 아도르노를 택했다 — 의 아들로 태어나, 프랑크푸르트 대학교에서 공부했다. 1925~1928년에는 비엔나에서 알반 베르크(Alban Berg)와 에두아르트 슈토이어만(Eduard Steuermann)과 함께 음악을 연구했다(당시 그는 또한 쇤베르크 서클의 일원이기도 했다). 1931년에 프랑크푸르트대학교 철학교수로 특별 채용되었다. 나치 집권 후, 아버지의 친구인 케인스의 소개로 옥스퍼드 머튼 칼리지에서 연구비를 받았다. 1938년 뉴욕으로 이사했고, 그때서야 연구소의 공식적인 성원이 되었다. 1949년 프랑크푸르트로 돌아갔다. 1957년 보수적인 학계의 가차 없는 반대가 일소된 후에야 비로소 철학 및 사회학 정교수로 임용되었다.

마르쿠제(Herbert Marcuse, 1898~1979)는 베를린에서 유대인 건축업자이자 설계사의 아들로 태어났다. 1918년 혁명 동안 베를린 군사위원회(Soldiers' Councils)에서 활동

년대 후반, 당시 보수적인 서독에서 프랑크푸르트 대학교의 저명인사로 확실하게 입지를 굳히고 있던 호르크하이머는 아도르노 – 그는 훨씬 더 명석했지만, 항상 호르크하이머의 의견을 따랐다 – 에게 위르겐 하버마스의 연구 – 후일 『공론장의 구조변동The Structural Transformation of the Public Sphere』이 된 연구 – 의 지도를 중단시켰다. 왜냐하면 그가 보기에 하버마스가 지나치게 좌파적이었기 때문이었다.

공포와 망명이 반드시 창조성에 장애가 되는 것은 아니다. 1640년대의 명예혁명에 직면했던 소심한 홉스는 프랑스로 피신하여 『리바이어던Leviathan』이라는 걸작을 탄생시켰다. 1930년대와 1940년대의 프랑크푸르트학파의 학문적 성과는 굉장한 것이었다. 여기서 나는 단지 몇 가지 중요한 주제들에만 집중할 것이다. 호르크하이머의 지도하에 있을 당시 연구소에 이론적 출발점을 제공한 것은 루카치의 『역사와 계급의식』이었다(앞의 9.1절 참조). 그의 중요한 논문 「물화와 프롤레타리아 의식」은 마르크스주의 철학도 주류 철학만큼이나 높은 수준의 정교화가 가능하다는 것을 입증하는 것이었다. 그것은 또한 부르주아사회가 물화의 구조에 의해 통합된 하나의 총체라고 인식하는 새로운 분석전략을 제시했다. 즉 그가 볼 때, 사회적 삶의 모든 측면은 (자본주의적 생산양식의 근저에서 노동자를 시장에서 팔 수 있는 하나의 대상으로 변형시키는 것에서 기인하는) 상품물신주의를 반영하는 것이었다.

했다. 베를린 대학교와 프라이부르크 대학교에서 철학을 공부했다. 1929년 『존재와 시간』을 읽은 후, 프라이부르크로 돌아가 하이데거와 후설 밑에서 공부했다. 1932년 12월 독일을 떠나 1933년 연구소에 합류했고, 1934년 미국으로 이주했다. 아도르노와 호르크하이머에 의해 점차 연구소 밖으로 밀려난 후, 전략연구소(Office for Strategic Studies, CIA의 전신)를 위해 일했다(1942~1950년). 전쟁 후 독일로 돌아가지 않았다. 브랜다이스 대학교에서 가르치다가(1954~1965년), 샌디에이고 소재 캘리포니아 대학교에 임시 임용되었다(1965~1970년).

루카치는 공산주의운동의 성원으로 남기 위해 어쩔 수 없이 그 같은 전략을 포기했다. 그는 1925년 비엔나에서 아도르노를 만났을 때, 다음과 같이 말했다. "내가 제3인터내셔널과 충돌했을 때, 나의 반대자들은 옳았다. 그러나 실제적으로 그리고 변증법적으로 볼 때, 변증법에 대한 나 자신의 절대적 접근방식은 필연적이었다."[71] 그렇다면 아도르노나 베냐민Benjamin과 같은 바이마르의 좌파 지식인을 그렇게도 매료시켰던 '절대적 변증법'의 프로젝트를 수행할 수 있는 방법은 무엇인가?[72] 이 과제의 수행은 프랑크푸르트학파에게 두 가지 특별한 문제를 제기했다.

첫째로, 루카치에서 사회적 총체의 통일은 역사의 주객동일자인 프롤레타리아의 역할에 달려 있었다. 그러나 노동계급이 사회해방의 대행자라는 고전 마르크스주의의 핵심적인 관념은 프랑크푸르트학파의 사상에 전혀 존재하지 않는다. 뷔거스하우스는 1920년대 말과 1930년대 초반의 호르크하이머의 입장을 요약하면서, 다음과 같이 기술한다.

> 호르크하이머가 결여하고 있었던 것은 마르크스와 루카치가 산출한 대담한
> 이론적 구성물과 그들의 시각 – 프롤레타리아 계급은 역사발전에 의해 대자적
> 계급으로 전환하고, 자기확신을 가지고 스스로의 지도 아래 소외된 형태로 이미
> 행하고 있던 것, 즉 사회를 재생산하는 일을 계속한다는 견해 – 이었다. 호르크

---

71 Adorno to Kracauer, 17 June 1925, Wiggershaus, *Frankfurt School*, p. 76에서 인용함.
72 베냐민(Walter Benjamin, 1892~1940)은 베를린에서 부유한 유대인 화상(畵商)의 아들로 태어나, 프라이부르크, 베를린, 뮌헨, 베른 대학교에서 수학했다(1912~1920년). 청년운동활동을 했다. 프랑크푸르트 대학교 철학교수들에 의해 교수자격논문(Habilitation-sschrift, 독일에서 대학교수가 되기 위해 필요한 박사 후 논문)이 거부당했다. 작가와 번역가로 생활했다. 1933년 이후 파리로 이주하여, 연구소의 준회원이 되었다. 비시(Vichy)정부하의 프랑스에서 스페인으로 망명을 시도하던 중, 1940년 9월 푸트부(Portbou)에서 자살했다.

하이머가 입증된 것으로 강조하고 나선 것은, 비참한 삶을 사는 사람들이 물질적 이기심material egoism을 가지는 것도 당연하겠지만, 그렇다고 해서 그것이 "물질적 조건들을 보다 유익하게 재구성함으로써 물질적 생활방식을 개선하는 것"이 세상에서 가장 중요한 일이라고 생각할 근거가 되지는 않는다는 것이었다. …… 그것은 마치 인간존재의 유한성과 일시성에 대한 인식이 역사유물론의 골격을 이루는 꼴이다.[73]

이러한 입장은 루카치식 마르크스주의의 방법을 따르기는 하지만, 루카치가 고전적 전통으로부터 물려받은 프롤레타리아의 자기해방이라는 개념은 받아들이지 않는다는 것을 함의한다. 바이마르공화국 말기 동안에 연구소는 노동계급의 태도에 대한 연구를 실시했다. 제이의 표현으로, 연구소는 그 연구로부터 "독일 노동계급은 우파의 호전적 이데올로기가 암시하는 것보다도 우파집권에 대해 훨씬 덜 저항적"이라고 결론 내렸다.[74] 호르크하이머는 「전통이론과 비판이론Traditional and Critical Theory」(1937)이라는 중요한 논문에서, 마르크스주의적 방법에 대한 비교적 관례적인 개념과 '전통이론'을 대비시킨다. 이것은 분업이 야기한 지적 파편화를 반영하는 것이었다. 하지만 그는 '비판이론'이 루카치가 주장하듯이 단지 노동자계급의 의식을 세련되게 표현하고 있을 뿐이라고 보지는 않는다.

현 사회에서는 프롤레타리아의 상황조차도 올바른 인식을 전혀 보장하지 못한다. 실제로 프롤레타리아는 자신의 삶 속에서 지속되고 있고 또 증가하고 있는 비참함과 부정의의 형태 속에서 무의미성을 경험할 수 있다. 하지만 이

---

73 Wiggershaus, *Frankfurt School*, p. 51.

74 Jay, *Dialectical Imagination*, p. 117.

같은 인식은 여전히 위로부터 프롤레타리아에게 부과되는 사회구조의 분화로 인해, 그리고 단지 매우 특별한 순간에만 초월할 수 있는 개인적 이해관계와 계급적 이해관계 간의 대립으로 인해 하나의 사회적 힘이 되지 못한다. 심지어 프롤레타리아에게조차, 세상은 표면적으로는 그 실제의 모습과 매우 달리 보인다.[75]

이처럼 루카치가 노동계급에게 부여된 지위를 강등시킨 것이 두 번째 문제를 야기했다. 『역사와 계급의식』에서 사회를 하나의 총체로 이해하는 것은 주객동일자로서의 프롤레타리아의 역할에 달려 있다. 이처럼 절대적 주체가 부재한 상황에서, 비판이론이 여전히 총체화를 열망할 수 있는가? 일찍이 1931년 취임 강의에서, 아도르노는 그 어떤 총체화의 야망도 포기했다. 그에 따르면, "실제로 정신은 실재의 총체성을 제시하거나 파악할 수 없다. 정신은 지엽적인 것을 간파하고, 단지 현존하는 엄청난 실재의 작은 부분만을 타파할 수 있을 뿐이다."[76]

이 같은 견해는 베냐민의 『독일비극의 기원The Origin of German Tragic Drama』 (1928)이 아도르노에게 영향을 미치고 있음을 보여준다. 이 저술에서 (지나치게 단순화한다면) 베냐민은 본래 파편화된 완성되지 않은 세계에서 지식이란 경험적 현상을 구체적인 배열태 내지 결합태로 개념적으로 조직화한 것이라고 주장한다. 이러한 배열태들은 영화의 몽타주나 입체파의 콜라주처럼 작용한다. 그것들은 경험상 존재하지 않는 관념을 어떻게든 불러내는 이미지들을 외관상 무작위적으로 조합한 것이다. 이 같은 특이한 방법 개념은 베냐민이 신칸트주의 철학, 유대 메시아사상, 그리고 전위적 모더니즘을 독특

---

75 M. Horkheimer, *Critical Theory*(New York, 1972), pp. 213~214.

76 T. W. Adorno, "The Actuality of Philosophy," Telos, 31(1977), p. 133.

하게 종합한 결과이다. 1920년대 말 이래로 그는 『역사와 계급의식』에 고무되어, 그 정점에 달한 부르주아사회에 대한 이해에 도달하기 위한 노력의 일환으로 이 같은 방법을 동원한다. 제2제정(1851~1870년) 치하의 파리에 관한 미완성연구인 『파사젠베르크Passagen-Werk』, 일명 『아케이드 프로젝트』에서 베냐민은 방대하게 수집된 사실과 관찰들을 조직화한다. 그것들이 그려내는 철저하게 상품화된 사회는, 신화화된 과거의 이미지들로 넘쳐나면서, 수전 벅모스Susan Buck-Morss가 '사회세계의 재주술화a reenchantment of the social world'라 부른 것을 표현해낸다.[77] 그러한 '변증법적 이미지들'은 모호하다. 즉 그것들은 기존 사회를 정당화하는 데 기여하기도 하고, 선사시대 인류의 원시공산주의에 대한 기억을 불러일으키기도 한다. 후자의 측면에서 그것은 혁명적 잠재력을 가질 수도 있다.

  아도르노는 많은 점에서 하버마스가 베냐민의 '속죄적 비판redemptive critique'의 방법이라고 부른 것에 강하게 매료되었다. 그의 주요 철학적 저작인 『부정의 변증법Negative Dialectics』(1966)에서 주장했듯이, 그는 헤겔에서 정점에 이르는 독일 관념론적 전통은 자신이 비동일성the non-identical이라고 부른 것 ― 개별적인 것the individual, 특수한 것the particular, 물질적인 것the material, 경험적인 것the empirical ― 의 어떠한 타당성도 체계적으로 부정해왔다고 믿었다. 대신에 모든 것은 절대적인 자기구성적 주체성의 산물로 환원된다. 우리는 주객동일자라는 루카치의 개념이 어떻게 아도르노에게 전통과의 단절이라기보다는 연속으로 보일 수도 있는지를 이해할 수 있다. 베냐민의 '미시론적micrological' 접근방법 ― 즉 작은 세부 사항들에 대한 그의 몰두 ― 은 사고thought와 그 내용content 간의 관계에 대한 하나의 대안적 모델 ― 단순히 내용을 개념의 한 가지 실례로 치부하여 제거하는 것이 아니라 그것을 독립시켜주는 모델 ― 을 제공한

---

77 S. Buck-Morss, *The Dialectics of Seeing*(Cambridge Mass., 1989), p. 253.

다. 우리는 배열태를 구성함으로써, 현존 사회세계의 적대적 성격을 입증하는 것과 동시에, 미래에 실현될지도 모르는 진정한 화해의 조건을 환기시킬 수도 있다.

하지만 아도르노는 베냐민이 『파사젠베르크』의 초고에서 변증법적 이미지를 사용한 것, 그리고 특히 문화현상과 경제현상을 병치시키는 경향에 대해 매우 비판적이었다. 아도르노는 상부 구조 영역에서 나타나는 눈에 띄는 개별적 특징들을 상부 구조에 상응하는 특징들과 즉각적으로 그리고 형편에 따라서는 심지어 인과적으로 관련시킴으로써, 그러한 특징들을 '유물론적으로' 전환시키는 것은 '방법론적으로' 잘못된 것이라고 반대한다. 문화적 특성을 유물론으로 결정짓는 것이 가능한 것은 오직 그것이 전체 사회과정을 통해 매개될 때뿐이다."[78] 따라서 베냐민의 '신학적' 방법은 속류 유물론으로 무너져내릴 수 있다. 이러한 위험을 피하기 위해 아도르노는 총체성과 매개라는 루카치의 개념을 끌어들인다. 독일 관념론의 '동일시적identitarian' 전통을 거부함에도 불구하고, 그가 이렇게 할 수 있는 이유는, 그가 상품물신주의의 결과로 사회가 정확히 하나의 총체로 변형된다고 믿었기 때문이다. 이를테면 그는 다음과 같이 기술한다. "모든 존재의 개념적 매개에 관한 이론에서조차 헤겔은 결정적인 무엇인가를 현실적인 용어들로 그려냈다. …… 교환행위는 그 등가물과 교환되는 생산물이 추상적인 무엇인가로 환원된다는 것을 함의한다."[79] 따라서 절대관념의 숨 막히는 자기동일성self-identity은 상품교환이 인간생산자가 관여한 구체적 행위를 단순한 추상적

---

78 Letter to Benjamin, 10 Nov. 1938, in E. Bloch et al., *Aesthetics and Politics*(London, 1977), p.129.

79 T. W. Adorno, "Sociology and Empirical Research," in Adorno et. al., *The Positivism Dispute in German Sociology*(London, 1976), p. 80.

인 사회적 노동의 양으로 변형시키는 방식과 상응한다. 따라서 관념론은 마르크스주의이론이 사회에 대한 총체적 견해를 제공하기 위해 사용할 수 있는 일정 정도의 역사적 진실을 포함하고 있다.

줄잡아 말해도, 이러한 입장은 그 안에 상당한 긴장을 내포하고 있다. 그러한 긴장들은 후기 프랑크푸르트학파의 발전과 함께 명료해진다. 1939년 9월 제2차 세계대전의 발발과 다음 해 여름 나치의 서유럽 정복은 하나의 전환점이었다. 이러한 파국이 더욱더 심각했던 것은 그것이 히틀러-스탈린 간의 불가침조약을 전제로 한 것이었기 때문이었다. 즉 반파시즘운동에 대한 소련의 배신은 국제 좌파에게 파멸적인 결과를 초래했다. 베냐민이 자신의 『역사철학테제Theses on the Philosophy of History』를 집필한 것은 바로 이 같은 상황에서였다. 그 글에서 베냐민은 이미 과거가 된 '단 하나의 파국'에 소스라치게 놀라면서 응시하는 '역사의 천사'를 묘사한다. 하지만 "천국으로부터의 …… 폭풍"은 그를 좋든 싫든 미래로 날려 보낸다. "이 폭풍이야말로 우리가 진보라고 부르는 것이다."[80]

이 "테제"는 역사적 진보의 관념에 대한, 그리고 특히 파시즘에 직면하여 공산당과 사회민주당이 공유하고 있었던 자기만족적 결정론complacent determinism에 대한 강력한 비판의 하나이다. 비록 곧 그가 히틀러의 전격작전의 희생자가 되지만, 베냐민 자신은 혁명적 사회주의에 대한 그 자신의 독특한 견해를 포기하지 않았다. 이를테면 "테제"를 준비한 예비 문건에서 그는 다음과 같이 진술했다. "세 가지 요소 ─ 역사적 시간의 불연속성, 노동자계급의 파괴력, 피억압자의 전통 ─ 가 유물론적 역사관의 토대를 관통해야만 한다."[81] "테제"

---

80 W. Benjamin, *Illuminations*(London, 1970), p. 260.

81 R. Wolin, *Walter Benjamin: An Aesthetic of Redemption*(New York, 1982), p.261에서 인용함.

에서 그는 혁명을 부르주아사회의 "동질적인 공허한 시간" 속으로의 갑작스러운 난입, 즉 "호랑이의 과거로의 도약"으로 인식한다. 그 속에서 과거의 착취와 원시공산주의 모두에 대한 기억이 현존 질서를 파괴하기 위해 활동한다.[82]

하지만 프랑크푸르트학파의 중심인물들에게, 1939~1940년의 파국은 종국적으로는 그들의 미국식 관점에서 볼 때 가까운 미래에 사회주의적 변혁의 전망에 작별을 고하는 순간이 올 것이라는 것을 의미했다. 1942년에 벤야민을 위해 사적으로 첫 발간된 추모서의 한 글에서, 호르크하이머는 '권위주의 국가'는 스탈린주의적이든 아니면 파시즘적이든 간에 국가자본주의의 한 형태이며, 이들 국가에서 마르크스가 시장의 무정부성이라고 부른 것은 극복되지만, 그것은 다만 착취를 영속화하는 토대 위에서일 뿐이라고 주장한다. 언젠가 미래의 사회혁명은 "진보를 가일층 가속화하는 것이 아니라 진보의 차원을 넘어서는 하나의 질적 도약이어야 할 것"이다. 왜냐하면 "세계사가 그러한 논리적 과정을 따르는 한, 그것은 인간의 운명을 실현시키지 못할 것이기 때문이다."[83] 벤야민의 변증법적 이미지 이론theory of dialectical image 조차 없는 상황에서, 혁명은 더 이상 사회적 정박지를 가지지 못하며, 따라서 그것은 단순한 희망으로 격하된다.

이러한 절망적인 전망은 로스앤젤레스로 이주하며 더욱 강화되었다. 프랑크푸르트학파는 자신들이 도시 속으로 피신한 독일 망명지식인 공동체의 일원임을 깨달았다. 퍼시픽 펠러세이즈Pacific Palisades에 살던 호르크하이머의 이웃 중에는 소설가인 토마스 만Thomas Mann과 레온 포이흐트방거Leon

---

82 Benjamin, *Illuminations*, p. 263.

83 M. Horkheimer, "The Authoritarian State," in A. Arato and E. Gebhard, eds, *The Frankfurt School Reader*(Oxford, 1978), pp. 107, 117.

Feuchtwanger가 있었다. 20세기 초반 중부 유럽의 매우 정교화된 지적 문화가 만들어낸 극히 세련된 산물들이, 남부 캘리포니아, 즉 할리우드의 본고장 – 호르크하이머와 아도르노가 곧 '문화산업'이라고 부르는 것의 수도 – 으로 휴식을 취하러 갔다는 생각 속에는, 말로 표현하기 힘든 희극적 요소가 존재한다. 그들은 로스앤젤레스를 진부한 소비주의의 악몽으로 경험했다. 마이크 데이비스Mike Davis는 다음과 같이 신랄하게 논평한다.

> 지방 항공기 공장에서 있었던 전시의 혼란에 어떠한 관심도 보이지 않고 또 로스앤젤레스 센트럴 애버뉴 게토의 활기찬 밤의 유흥을 평가해보고자 하지도 않은 채, 호르크하이머와 아도르노는 (프롤레타리아의 세계사적 임무를 라디오 광고 노래와 잡지광고의 지시에 따라 가족중심의 소비주의 속으로 흡수하는 것으로 보이는) 가정용 소형 전자제품들에 관심을 집중했다.[84]

캘리포니아 시기의 주요 지적 결실인 공동저서 『계몽의 변증법Dialectic of Enlightenment』(1947)과 자매 텍스트들은 초기 프랑크푸르트학파의 분석을 두 가지 측면에서 근본적으로 변화시켰다. 무엇보다도 먼저, 호르크하이머와 아도르노는 개인적인 것을 사회적인 것 속으로 흡수하고자 하는 권위주의 국가를 특징짓는 경향이 자유부르주아사회에도 역시 현존한다고 주장한다. 19세기 경쟁자본주의의 개별적 주체는 더 이상 존재하지 않는다. '후기자본주의'는 그것을 붕괴시키고, 그것의 의식적·무의식적인 심적 생활을 대량생산과 대량소비의 비인격적인 리듬에 직접적으로 종속시켰다. 이 같은 주장은 호르크하이머와 아도르노의 '문화산업'에 관한 분석에서 가장 완전하게 전개된다. 독일 지적 전통의 관점에서 볼 때 모순어법적 표현인 문화산업은

---

84 M. Davis, *City of Quartz*(London, 1990), p. 48.

현대 대중매체가 의미를 창출해온 방식을 상징한다. 그들에 따르면, "문화산업에서 개인이 하나의 환영幻影이 되는 것은 단지 생산수단의 표준화 때문만이 아니다. 개인이 용납되는 것은 개인과 일반성이 완전히 동일시될 때뿐이다." 이러한 과정은 다만 노동계급에게 물질적 조건의 개선을 양보하는 것보다 훨씬 더 심층에서 이루어지는 것이다. 그들에 따르면, "제조업의 해방된 거인들은 개인에게 완전한 만족을 부여함으로써가 아니라 개인으로부터 주체로서의 성격을 제거함으로써, 개인을 정복했다."[85]

개별주체의 폐기는 역설적이게도 자연을 체계적으로 인간에게 종속시켜온 과정의 산물이다. 이것은 『계몽의 변증법』의 두 번째 중요한 주제이다. 전통적으로 마르크스주의적 비판이 초점을 맞추어온 착취, 계급투쟁, 위기, 즉 자본주의사회의 특징은 인간존재들을 서로 싸움 붙인다. 그러나 근본적인 모순은 계급 간의 모순이 아니라 인간과 자연 간의 모순이다. 여기서 우리는 계몽주의 자체의 모순적 성격에 직면하지 않을 수 없다. "계몽은 그 어떤 체계 못지않게 전체주의적이다." 그것은 자연을 체계적으로 이해하고 통제하고자 한다. 이것은 하나의 존재질서로서의 자연 – 인간존재 역시 단지 그것의 한 측면에 불과한 – 을 파괴하는 것을 함의한다. 따라서 근대 서구사상을 특징짓는 주관적 이성 개념 속에서, "자연의 모든 힘은 주체의 추상적 힘에 대한 단순한 무차별적 저항으로 축소된다."[86] 고전 독일 관념론은 절대적 주체 밖에 존재하는 모든 것을 제거하고자 하는 노력의 일환으로, 자연을 증오한다. 호르크하이머와 아도르노에 따르면, "체계는 정신으로 전화된 탐욕이며, 분노는 모든 관념론의 징표이다."[87]

85 M. Horkheimer and T. W. Adorno, *Dialectic of Enlightenment*(London, 1973), pp. 154, 205.

86 M. Horkheimer and T. W. Adorno, *Dialectic of Enlightenment*, pp. 24, 90.

계몽은 자신이 해방의 힘이라고 주장함으로써, 자신을 정당화한다. 과학적 지식의 확산은 인간에 대한 신화의 지배력을 붕괴시킨다. 그러나 실제로 그것은 '제2의 자연', 즉 인간의 통제력과 이해력을 벗어나버린 자본주의라는 물신화된 사회세계를 수립한다. 이를테면 호르크하이머와 아도르노는 다음과 같이 언급한다. "사유장치가 존재를 자신에게 종속시키면 종속시킬수록, 그것은 더욱더 존재를 맹목적으로 재생산하는 데 빠져든다. 따라서 계몽은 그 자신이 빠져나올 수 있는 방법을 실제로 전혀 알지 못하는 신화로 되돌아간다." 그 결과 "문명은 (모든 것을 순수한 본래의 모습으로 변화시키는) 자연에 대한 사회의 승리이다." 파시즘은 계몽의 부정일뿐만 아니라 자연을 일소하고자 한 것에 대한 대가이다. 주체가 자신의 것으로 인정할 수 없는 욕망과 충동이 타자를 야만적으로 파괴하는 것 속에서 분출된다. "파시즘이 지배에 저항하는 억압된 자연의 반란을 지배에 직접적으로 도움이 되게 만든다는 점에서, 파시즘은 또한 전체주의적이다."[88]

호르크하이머와 아도르노가 점차 "총체적으로 관리되는 사회"라 부른 숨막히는 세계에서는, 혁명 이외에는 저항의 여지가 거의 없어 보인다. 하지만 문제는 정치를 넘어서는 보다 심층적인 것이다. 비판이론이 세계사를 계몽만큼이나 은폐된 신화의 승리로 해석할 수 있는 근거는 무엇인가? 이 과정에는 합리성이 깊이 관여하고 있다. 호르크하이머와 아도르노에 따르면, "이성은 계산, 즉 계획의 기관이다. 즉 이성은 목적과 관련하여 중립적이며, 그것의 원리는 조정이다."[89] 이것은 분명 베버의 도구합리성으로, 효과적인 수단의 선택에는 기여하지만 행위의 목적을 인도하는 가치를 결정하지는

---

87 T. W. Adorno, *Negative Dialectics*(London, 1973), p. 23.

88 Horkheimer and Adorno, *Dialectic*, pp. 27, 186, 185.

89 Horkheimer and Adorno, *Dialectic*, p. 88.

못한다. 서구의 역사경로에 대한 그의 비관적 견해는 대체로 그 역사의 내적 목적인 합리화과정이 도구합리성의 불가피한 승리를 수반한다는 그의 신념으로부터 나온 것이었다(앞의 7.2절과 7.3절 참조).

호르크하이머와 아도르노는 자주 거의 다르지 않은 견해를 제시한다. 이를테면 "물화는 조직사회의 초기와 도구의 사용에까지 거슬러올라갈 수 있는 과정이다"라는 주장은, 루카치가 『역사와 계급의식』에서 합리화를 사회주의혁명에 의해 제거될 자본주의의 역사적으로 독특한 특징으로 제시하고자 한 것을 뒤집은 것이다.[90] 하버마스가 지적한 바와 같이, "호르크하이머와 아도르노는 의식의 물화를 생산하는 메커니즘이 종種의 역사에 관한 인간학적 토대에, 즉 노동을 통해 자신을 재생산해야만 하는 종의 존재형식에 기반하고 있다고 본다."[91] 따라서 마르크스에서 인간이 자신을 실현하는 중추적 활동인 노동은 지배의 불가피한 원인이 된다. 죽기 몇 달 전, 아도르노는 마틴 제이에게 다음과 같이 말했다. "마르크스는 전 세계를 거대한 노역장勞役場으로 전화시키기를 원했다."[92]

실제로 호르크하이머와 아도르노는 때때로 '주관적 이성' — 즉 "가능성을 계산하고, 그것을 통해 적절한 목적에 적절한 수단을 조정하는 능력" — 을 '객관적 이성' — "인간과 그의 목적을 포함하는 모든 존재의 포괄적인 체계 또는 위계" — 과 대치시킨다.[93] 따라서 객관적 이성은 행위의 수단뿐만 아니라 목적 또한 결정한다. 그러나 호르크하이머와 아도르노는 이러한 합리성 개념에 대해 어떠한 체계적인 설명도 하지 않는다. 그들이 『계몽의 변증법』을 집필하던 중에, 아

---

90 M. Horkheimer, *Eclipse of Reason* (New York, 1947), p. 41.

91 J. Habermas, *The Theory of Communicative Action*, I(London, 1984), p. 379.

92 Jay, *Dialectical Imagination*, p. 57.

93 Horkheimer, *Eclipse of Reason*, pp. 40, 4, 5.

도르노는 다음과 같이 시인했다.

> 우리는 자주 주관적 이성은 불가피한 것이라고 이미 결정해놓고 어느 정도는
> '독단적으로' 객관적 이성을 주장하고 있었던 것으로 보인다. 실제로 두 가지
> 점을 명확히 해야만 한다. 첫째로, 거기에 어떤 적극적인 '해결책'도 존재하지
> 않는다. 왜냐하면 그것은 주관적 이성과 그저 대비되는 하나의 철학을 제공
> 할 뿐이기 때문이다. 둘째로, 주관적 이성 비판은 오직 변증법적 토대 위에서
> 만, 즉 자신의 발전경로 속에 존재하는 모순을 입증함으로써, 그리고 자기 자
> 신의 확고한 부정을 통해 그 모순을 초월함으로써만, 가능하다.[94]

"적극적인 '해결책'"이 부재한 상황에서, 실제로 비판이론은 현재에 대한
추상적 부정이 되어버렸다. 아도르노에서 변증법은 더 이상 마르크스에서
처럼, 현존 질서 속에 내재하며 변혁을 이끄는 경향들을 확인하는 형식을 취
할 수 없게 되었다. 그러한 경향들이 후기자본주의 속에서 분쇄되거나 그것 속
으로 흡수되어버렸기 때문에, 변증법은 부정적인 것, 즉 "비동일성nonidentity"
에 대한 일관된 인식"일 수 있을 뿐이다. 그리고 그것의 임무는 "동일성
identity의 비진리성, 즉 개념은 인식되어야 할 대상을 다 표현하지 못한다는
사실"을 보여주는 것에 불과하다.[95] 아도르노의 주장에 따르면, 해방된 사회
는 가장 엄격한 형태의 현대 예술에 대한 철학적 숙고를 통해서 오직 간접적
으로만 암시될 수 있을 뿐이다. 즉 형식적으로 골절된 구조를 하고 있는 베
케트Beckett의 희곡과 쇤베르크Schoenberg의 음악은 총체적으로 관리되는 사
회의 은밀한 고통에 대한 비난이자, 그 한계를 넘어 인간과 자연이 종국에는

---

94 Letter to Lowenthal, 3 June 1945, Wiggershaus, *Frankfurt School*, p. 332에서 인용함.
95 Adorno, *Negative Dialectics*, p. 5.

화해할 수 있는 사회적 존재 방식의 회복에 대한 암시였다.

프랑크푸르트학파의 모든 성원이 그와 같은 음울한 결론에 도달한 것은 아니었다. 하버마스의 지적처럼, 마르쿠제의 가장 유명한 저서인『일차원적 인간One-Dimensional Man』(1964)이 본래는『계몽의 변증법』을 대중화한 것이 었음에도 불구하고, 그 책에는 "허버트 마르쿠제의 부정적 사유방식의 긍정적 특징"이 존재한다.[96] 마르쿠제에게 중요한 영향을 끼친 사람은 루카치와 하이데거였다. 그는 이 둘로부터 주체와 객체의 통합이라는 관념 — 우리가 살펴보았듯이, 아도르노와 호르크하이머가 단호히 거부했던 것 — 을 빌려왔다. 마르 쿠제는 헤겔과 마르크스에 관한 자신의 초기 저술들에서 삶을 주체와 객체를 통합하는 힘이라고 보았다. 이 주제는 그의 가장 독창적인 저작『에로스와 문명Eros and Civilization』(1955)에서 재현된다. 거기서 그는 다음과 같이 주장하며, 마르크스와 프로이트를 화해시키고자 한다. 계급사회에서 남성과 여성은 그들을 '과잉억압surplus-repression'하는 '수행원리performance principle' 에 종속된다. 과잉억압은 잉여노동과 마찬가지로 욕망의 최소한의 억제나 승화 — 이것 없이는 인간생존이 불가능할 수도 있다 — 가 아닌 착취의 요구를 반 영한다. 따라서 사회주의혁명은 사회·정치적 해방임과 동시에 본능의 해방이 될 것이다. 마르쿠제는 유토피아적 사회주의자들의 몇몇 공론을 상기하면서 해방된 사회를 상상한다. 해방된 사회에서 노동과 놀이의 차이는 초월될 것이며, 남성과 여성은 결국 무자비한 생산충동에서 벗어날 수 있을 것이며, 잃어버린 황금기라는 통속적 개념 속에서 태평한 생활을 다시 향유하게 될 것이다.

---

96 J. Habermas, "Psychic Thermidor and the Rebirth of Rebellious Subjectivity," in R. Pippin et al., *Marcuse: Critical Theory and the Promise of Utopia* (South Hadley, Mass., 1988), p. 3.

비록 마르쿠제 역시 서구 노동계급의 혁명적 잠재력에 대해 프랑크푸르트학파의 다른 성원들만큼이나 회의적이었지만, 그의 역사철학은 그로 하여금 1960년대 말 미국과 서유럽에서 전개된 급진 학생운동을 적극적으로 수용하게 했다. 이와는 대조적으로, 호르크하이머와 아도르노는 젊은 혁명가들이 자신들의 저술을 인용하여 그들의 반란을 정당화했을 때, 심히 당혹스러워했다. 그 당시 서구 자유자본주의를 불만스럽지만 현존하는 최상의 사회로 받아들이고 있던 호르크하이머는 학생운동에 진정으로 적대적이었다. 반면 아도르노는 개인적으로는 동정적이었지만, 공개적 지지가 연구소에 가져올 수도 있는 보수주의자들의 반발을 우려했다(어쨌든 그런 사태는 발생했다). 마르쿠제는 학생들을 두 팔 벌려 환영했다. 그는 아도르노에게 다음과 같이 말했다. "우리는 이 학생들이 우리의 (그리고 특히 당신의) 영향을 받았다는 사실을 무시해서는 안 된다. …… 현재의 상황은 너무나 소름끼치고, 너무나도 숨 막히고 굴욕적이어서, 그러한 상황에 대한 반란은 당신에게서 생물학적·생리학적 반응을 강요하고 있다. 당신은 더 이상 그것을 견뎌낼 수 없다. 당신은 질식당하고 있으며, 따라서 벗어나야만 한다."[97]

실제로 프랑크푸르트학파는 인간의 잠재력이 후기자본주의의 편협한 포괄적 구조 속에 갇혀 있다고 기술함으로써, 그 같은 의미의 질식을 설명했다. 그러나 그것은 너무나 건전한 설명일 뿐이다. 왜냐하면 그것은 그러한 구조로부터의 어떠한 탈출구도 이론적으로나 실제적으로 제시하지 않기 때문이다. 게다가 『계몽의 변증법』에 대한 하버마스의 논평처럼, "비판능력의 자멸에 대한 이러한 묘사는 역설적이다. 왜냐하면 그러한 묘사의 순간에도, 그것은 여전히 사망을 선언 당한 비판을 사용해야만 하기 때문이다. 그것은 그 자신의 도구로 인해 계몽주의가 전체주의적이 되고 있다고 비난한다."[98]

---

97 Letter, 5 Apr. 1969, Wiggershaus, *Frankfurt School*, pp. 633~634에서 인용함.

아도르노와 호르크하이머는 하버마스가 '수행모순performative contradiction'이
라고 부른 것과 분투하면서, 20세기 말 사회이론의 주요 딜레마 중 하나를
예견했다.

---

98 J. Habermas, *The Philosophical Discourse of Modernity*(Cambridge, 1987), p. 119.

11 / 분열?

11.1 1960년대와 그 이후

1960년대가 갖는 의미는 격렬한 정치적·문화적 논쟁의 대상이 되고 있다. 그럼에도 불구하고 이 시기가 선진국가들에서 심대한 의식의 변화를 일으키고 그것이 장기간에 걸쳐 영향을 미쳤다는 것은 (그것을 긍정적인 일로 생각하든 그렇지 않든 간에) 부정할 수 없어 보인다. 에릭 홉스봄은 1950년대와 1960년대의 장기호황이 "역사가 기록해온 인간사人間事 속에서 가장 극적이고 급격한 그리고 심대한 혁명"의 원인이었다고 주장한다.[1] 이 같은 변화에서 핵심을 이루는 것은 18세기 말 영국에서 시작된 자본주의적 산업화과정이 지구 상의 보다 넓은 지역들로 확대되었다는 것이었다. 심지어는 1970년대 초반의 호황의 종식조차도 이 과정을 정지시키지 못했다. 이를테면 일군의 새로운 자본주의들이 동아시아에서 출현했다. 북서 유럽과 미국에서 처음으로 진전된 산업화의 모습들 ─ 농민의 쇠퇴, 도시로의 이주, 대륙 간 이민자의 범람 ─ 이 오늘날에는 전 세계적 경험이 되어버렸다. 더 나아가 새로운 현상들 및 초기 경향을 현저히 가속화하고 있는 몇몇 현상들 ─ 여성의 노동시장 참여

---

1 E. J. Hobsbawm, *Age of Extremes* (London, 1994), p. 286.

증대, 중등 및 고등교육의 놀라운 팽창, 사회적 삶의 모든 측면의 상품화 추세 ─ 은 진행 중인 산업화의 성격을 강력하게 드러내주는 것이었다.

이 같은 변화의 결과, 현존 사회·정치구조에 대한 압력이 증가되었다. 그로부터 초래된 갈등들은 그간 변화된 생활양식과 정치운동을 독특하게 결합시키는 것이었다. 가장 분명하게는, 점점 더 많은 수의 여성들이 남성과의 정치적·경제적·사회적 평등을 요구하고 나선 것과 함께, 제도개혁을 위한 투쟁뿐만 아니라 개인적 관계의 재조정을 위한 격렬한 논쟁 ─ 그 결과가 매우 모호한 ─ 이 발생했다. 1960년대의 중요성은 그것이 사회-정치적 변화와 개인적 변화 모두에 대한 압력을 의식하게 된 시점이라는 데 있다. 일반적으로 그렇듯이, 방아쇠를 당긴 것은 정치적 쟁점들이었다. 미국에서는 아프리카계 미국인에 대한 인종적 억압과 베트남전쟁에서의 도덕적 유린이 함께 어우러져, 비록 그 방식이 당혹스럽기는 했지만, 사회혁명을 추구하는 운동들을 자극했다. 그러나 그 속에서 온갖 종류의 상이한 요구들 ─ 예를 들면 보다 더 표출적이고 덜 도구적인 합리적 문화, 단지 흑인해방만이 아닌 여성, 레즈비언과 게이, 미국 원주민들의 해방 ─ 역시 제기되고 있었다.

이와 동일한 많은 쟁점들이 서유럽에서도 제기되었지만, 그 맥락은 매우 달랐다. 그곳에서는 한편으로는 주로 농업인구들을 지배하기 위해 진전된 권위주의적인 사회·정치구조와 다른 한편으로는 1940년대 후반 이래로 대륙 유럽이 이룩해온 엄청난 성장률이 변화시켜온 사회 간에 존재하는 긴장이 계속되는 주요 계급대결을 산출하고 있었다. 베트남전쟁에 반대하고 자유로운 생활양식을 요구하던 미국의 여타 운동들과 마찬가지로, 학생운동은 1968년 5~6월의 프랑스와 1969년 '뜨거운 가을'의 이탈리아에서 발생한 대중파업의 기폭제로 기여했다. 유사하게 1970년대 중반의 포르투갈, 스페인, 그리스에서 독재정권들이 맞이했던 최후의 위기들은 급격한 산업화에 의해 그 수와 권력이 엄청나게 증가한 노동계급을 대규모로 동원하는 것을 가능하게 했다.

동일한 유형이 그 밖의 다른 지역에서도, 이른바 '주변부' 사회들이 자본 축적의 가속화가 초래한 변화를 반영하는 위기를 겪게 되면서 되풀이되었다. 이를테면 남아프리카는 서구의 1960년대와 동일한 것을 1980년대에 경험한다. 당시에 남아프리카에서는 그냥 진압만 하기에는 너무나도 강력해진 흑인노동계급의 정치적 반란과 많은 인종차별적 법률을 전혀 강제할 수 없게 만든 장기간의 사회경제적 추세가 결합함으로써, 인종차별정책의 구조가 마침내 균열되었다. 동아시아의 '호랑이' 경제들 중 가장 중요한 한국에서는 학생과 노동자의 봉기를 통해 거의 30년에 이르는 군부독재를 종식시킨 1987년에 이르러서야 서구의 1960년대가 시작된다.

1960년대의 운동들 속에서 피어난 정치적 열망은 대부분 실현되지 못했다. 기껏해야 상이한 형태의 권위주의적 자본주의들이 미국식 자유시장 형태에 보다 더 가까운 것으로 대체되었을 뿐이다. 실제로 이를테면 레지스 드 브레Regis Debray 같은 몇몇 논평자들에게서 프랑스의 1968년 5월과 그 밖의 다른 지역에서의 그에 상응하는 사건들이 갖는 중심적인 의미는 그와 같은 대체적으로 의도하지 않은 결과로 축소되고 만다.[2] 이 같은 입장은 그러한 사건들을 바라보는 무익한 결정론적인 방식으로, 사건의 실제적 결과만이 유일하게 가능한 결과였다고 암시하는 것으로 보인다. 그럼에도 불구하고 1960년대의 분출이 산출한 정치적 급진화는 서유럽과 북미 — 무엇보다도 영국과 미국 — 에서 반발을 불러 일으켰으며, 이로 인해 조직노동은 일련의 심각한 패배를 경험했고, 또한 케인스가 양차 대전 사이에 매우 경멸하며 뒤엎어 버렸던 자유방임적 경제정책이 부활했다.

---

2 R. Debray, "A Modest Contribution to the Rites and Ceremonies of the Tenth Anniversary," *New Left Review*, 115(1979).

그렇지만 이러한 정치적 반전들은 홉스봄이 말하는 '사회혁명'이 (매우 다양한 서로 다른 일반적 추세들과 구체적인 변화 속에서 표현되는) 하나의 장기적 과정으로 계속해서 진척되어나가는 것을 막지는 못했다. 그러나 (미국 신우파의 신자유주의와 대처식의 영국 토리주의 우파가 지배하는 이데올로기적 풍토 속에서, 집합적 변혁을 위한 어떠한 프로젝트에 대한 확신도 약화되면서) 많은 전통적 구조의 쇠퇴가 (개인의 행위에 대한 도덕적 지침이 부재하는) 파편화되고 철저하게 상품화된 사회세계를 산출하는 것으로 자주 경험되어왔다. 이에 대한 정치적 대응은 다양한 형태로 나타났다. 즉 사람들은 냉소주의와 무관심에 빠져들거나(이것이 아마도 가장 흔한 반응일 것이다), (과거로부터 부활한 또는 개인적 해방을 추구하는 과정에서 채택한) 특정 정체성을 집합행동의 기초로 삼거나, (공동체적 준거점이 분명하고 또 명백한 권위를 지닌) 허구적 과거의 회복을 추구하거나, 또는 현재를 미증유의 구조적 유동성, 사회이동, 개인적 선택으로 이루어진 새로운 시대의 시작으로 보고 열렬히 신봉하기도 했다.

역사적으로 볼 때, 이러한 상황 ― 프랑스 철학자 장 프랑수아 리오타르가 '탈근대성'의 상황이라고 칭한 ― 이 근본적으로 새로운 것이라는 주장은 의심스럽다. 자본주의를 특징짓는 구조들이 지난 30년 동안 근본적인 변화를 겪었는가라는 (아래의 제12장에서 다룰) 질문은 차치하고라도, 엄격한 의미로서의 1960년대 (또는 서구의 1960년대의 각 지역적 변형) 이후로 매우 많은 수의 지식인들이 경험해온 형태의 정치적 급진화와 환멸의 순환이 선례를 찾아볼 수 없는 것은 아니다. 1840년대에 유럽에서 정치활동 연령에 도달했던 급진적 지식인들은 파리를 중심으로 이루어진 흥분을 자아내는 사회적·예술적 실험을 경험했다. 하지만 1848년 혁명의 패배 후에 이어진 것은 반동과 환멸의 경험이었다. 다른 무엇보다도, 플로베르Flaubert의 위대한 소설 『감정교육Sentimental Education』은 그 같은 경험을 반영하는 것 중 하나이다. 보다 최근에, 미국의 많은 젊은 지식인들에게 1930년대는 마르크스주의이론, 노동계급정치, 모더니즘예술이 새로운 전망을 열어준 시대였다. 하지만 그러한 전망은 1940년대, 특히 냉전시대의 개막 이후 너무나도 급속하게 가로 막혔다. 기껏해야 그 같은 순환이 전 세계로 확산되었을 뿐이었다. 이를테면 남아프리카와 한국의 급진적 지식인들은 서구 지식인들이 이전에 이따금씩 겪었던 종류의 정치적 실망을 1990년대 초반에야 경험하게 된다.

어쨌든 그렇다면 과거 몇 년 동안의 사회변동과 정치적 격변은 사회이론의 발전에 어떠한 영향을 미쳐왔는가? 가장 눈에 띄는 결과는 마르크스주의와 연관되어 있다. 1960년대의 급진운동은 마르크스주의이론을 부흥시켰다. 이것이 의미심장한 이유는, 특히 그것이 마르크스주의의 전통을 모스크바와 제휴하고 있던 공식적인 공산당들로부터 해방시키고자 했기 때문이다. 이는 마르크스의 저술 전체 — 공산당의 정설에 맞지 않는다고 여겨졌던 텍스트들(이를테면 『1844년 경제학·철학 수고』)을 포함하여 — 에 대한 체계적인 정밀한 탐구, 초창기의 이단적 사상조류들 — 이를테면 1920년대의 헤겔적 마르크스주의와 프랑크푸르트학파 — 의 재발견, 그리고 다수의 새로운 변형들의 발전 — 그중에서도 가장 큰 영향력을 발휘한 것은 아마도 알튀세르Althusser의 '반인본주의적' 마르크스주의일 것이다(아래의 11.2절을 보라) — 을 수반했다.

이 같은 마르크스주의의 부활은 1970년대에 새로운 문헌들을 폭발시켰다. 그것들 중 대다수는 경험적 연구 속에서 이론적 개념들을 전개하고자 하는 '응용'연구들이었다. 심지어는 지금까지 어떠한 마르크스주의적 침입에도 강력하게 저항해왔던 영어권 국가들에서조차, 상이한 형태의 사회주의 이론들에 의해 고무된 학문이 놀랄 만큼 발전했다. 실제로 1980년대는 '분석적 마르크스주의analytical Marxism'라는 단명한 학파의 출현을 목도했다. 이 학파는 영어권 세계를 지배했던 분석철학 전통의 개념적 도구들을 이용하여 역사유물론의 중심 명제들을 명료히 하고 또 바로잡고자 했다.

이전 시기의 여러 형태의 서구 마르크스주의처럼, 요란 테르본이 '사회과학적 마르크스주의Social-Scientific Marxism'라고 부른 이 같은 새로운 조류는 노동계급운동이 아니라 주로 대학에 자리 잡고 있었다.[3] 그 이유가 무엇이든지 간에, 그것은 1970년대 후반 이후에 우파로 회귀한 정치적 격변에 취약성을 드러냈다. 가장 놀라운 반전은 독일 점령 이후 어떤 형태로든 마르크스주의가 지적 삶을 지배해온 프랑스에서 발생했다. 1970년대 중반, 일군의 젊은 옛 마오주의자들 – 집단적으로는 신철학자들nouveaux philosophes이라고 불린 – 은 대중매체와 사회주의정당 지도부의 상당한 지지를 받으며, 마르크스주의를 (스탈린 시대 러시아의 강제노동수용소와 같은 잔혹행위를 초래할 수밖에 없는) 하나의 지배의 철학philosophy of domination으로 묘사하는 데 성공했다.

프랑스 지식인들의 잇따른 마르크스주의의 포기 – 이는 1970년대 말 이른바 제2의 냉전의 발발과 1981년 12월 폴란드정권에 의한 자유노조의 진압과 같은 정치적 사건들에 의해 부추겨졌다 – 는, 보다 덜 극적인 형태이기는 했지만, 유럽 대륙과 라틴아메리카의 다른 지역에서도 되풀이되었다. 하지만 그 같은 퇴각과정은 영어권 세계에서는 보다 느리게 진행되었다. 그러나 1990년대 초반 무렵, 포스트모더니즘의 영향과 동유럽 및 소련에서의 '현존사회주의existing socialism'의 붕괴의 영향하에서, 이들 지역에서도 역시 마르크스는 대부분의 지식인들에게서 하찮은 인물로 전락하고 말았다.

그럼에도 불구하고 1970년대 중반 이후 마르크스주의가 겪은 위기가 현상태를 암묵적으로 찬양하는 사회이론이 되고 마는 지적 타락을 낳지는 않았다. 이를테면 파슨스식 사회학에 대한 다양한 비판들이 1960년대를 경과하며 그 힘을 획득해갔다. 그러한 비판가들은 파슨스식 사회학이 역사적 변동과 사회적 갈등을 주제화하는 데 실패했다는 점에 관심을 집중하는 경향

---

3 G. Therborn, "Problems of Class Analysis," in B. Matthews, ed., *Marx: A Hundred Years On* (London, 1993), p. 161.

이 있었다. 그리고 그들은 파슨스식 사회학의 그 같은 결점이 서구 자본주의 발전의 이상화된 형태에 특권을 부여하고자 하는 의도와 관련이 있다고 주장했다. 그 같은 비판은 쉽게 파슨스식 정설에 맞서 마르크스주의적 대안을 발전시키고자 하는 시도의 근거가 될 수 있었다. 이를테면 테르본은, 1970년대에 출현한 '사회과학적 마르크스주의'는 마르크스의 '정치경제학비판'과 서구마르크스주의의 '철학비판'을 이어 '사회학비판'에 착수했다고 주장했다.

그럼에도 불구하고 많은 이론가들은 제3의 대안을 추구했다. 그들이 발전시키고자 한 사회학의 형태는, 사회적 안정이 아닌 역사적 변동이 해석의 틀을 제공하는, 그렇지만 마르크스주의와 대화하면서도 특히 베버 사상에서 발견되는 주제들을 간직하는 사회학이었다. 이 같은 역사사회학적 전통의 토대를 이룬 텍스트가 바로 노베르트 엘리아스Norbert Elias의 『문명화과정The Civilizing Process』(1939)이다. 엘리아스는 베버를 사로잡고 있던 합리화과정에 대해 새로운 관점을 제시한다. 그는 근대 초기 중앙집중화된 관료제적 국가의 발전과 (자신이 특히 유럽의 궁정사회 속에서 추적한) 개인의 행동과 심적 구조의 점진적 변화를 체계적으로 연결하고자 시도한다. 엘리아스는 개인들이 어떻게 대인관계, 식탁예절, 신체위생 그리고 침실행동을 규제하도록 조장되었는지를 기술한다. 오늘날 서구 중간 계급은 그 같은 과정의 뜻하지 않은 장기적 결과들을 당연한 것으로 간주하고 있지만, 그것은 봉건사회에서 적절한 것으로 간주되던 것과는 전혀 다른 것이었다. 그의 책이 1960년대 후반 재발간되었을 때, 엘리아스는 (비록 그의 설명틀이 콩트와 스펜서 이래로 진화이론에서 핵심적 위치를 차지하는 사회분화 개념에 크게 의존하고 있었음에도 불구하고) 그 자신의 접근방법을 파슨스와 그의 추종자들이 실행하고 있던 몰역사적 형태의 사회학과 명백히 대비시켰다.

다른 사회학자들은 역사를 계급갈등이라는 주제와 명시적으로 연계시킴으로써, 역사에 대한 이 같은 강조를 더욱 진전시켰다. 배링턴 무어Barrington

Moore Jr는 『독재와 민주주의의 사회적 기원The Social Origins of Dictatorship and Democracy』(1966)에서 다양한 사회들이 근대 산업사회에 도달한 상이한 경로들을 설명한다. 그에 따르면, 이 과정에서 결정적 역할을 수행한 것이 영주와 농민 간의 전 세계적 투쟁이 초래한 역사적으로 서로 다른 결과이다. 무어의 분석은 다소 노골적인 비판적 측면을 지니고 있다. 왜냐하면 그는 어떤 사회가 진정한 민주적 정치구조를 발전시키는 정도는 혁명적 수단을 통해 얼마나 철저하게 농업적 과거를 청산하느냐에 달려 있다고 주장하며, 파슨스의 근대화이론에 이의를 제기하기 때문이다. 따라서 양차 대전 사이의 시기에 파시즘에 굴복했던 국가들이 자본주의적 산업화를 전근대적 토지소유 계급이 지배하는 사회구조에 이식시켰던 것은 결코 우연이 아니었다.

무어는 마르크스주의와 자유주의 모두와 일부러 모호한 관계를 유지했다(『사회적 기원』의 서문에서, 그는 마르쿠제와 또 다른 프랑크푸르트학파의 일원인 오토 키르크하이머Otto Kirchheimer에게 감사를 표한다[4]). 그가 개척한 접근방식을 더욱 발전시키고자 애썼던 다른 사람들은 종종 1960년대를 통해 급진화된 젊은 세대의 성원들이었다. 이를테면 테다 스카치폴Theda Skocpol은 『국가와 사회혁명States and Social Revolutions』(1979)에서 국내의 계급구조와 국가 간 경쟁에 동일한 중요성을 부여하는 이론적 틀 내에서 무어의 비교역사분석을 발전시키고자 했다.[5] 역사사회학의 더욱 극적인 확장은 1980년대에 몇몇 대규모 역사이론의 출현과 함께 일어났다. 그것을 주도한 것은 주로 영국 사회이론가들 ─ 에르네스트 겔너, 앤서니 기든스, 마이클 만 그리고 런시먼W. G. Runciman ─ 의 연구였다.

---

4 B. Moore Jr, *Social Origins of Dictatorship and Democracy*(Harmondsworth, 1969), p. xv.

5 T. Skocpol, "An 'Uppity Generation' and the Revitalization of Macroscopic Sociology," *Theory and Society*, 17(1988).

특히 만과 런시먼은 각기 매우 야심 차고, 이론적으로 정교하고, 역사적으로 방대한 연작 저술인 『사회적 권력의 원천The Sources of Social Power』(지금까지 총 2권이 1986년과 1993년에 출간되었다)과 『사회이론 논고A Treatise on Social Theory』(1983년부터 1997년까지 총 3권이 출간되었다)를 발표했다. 그렇지만 이들 각각이 제시하는 개별 이론 간에는 상당한 차이가 있다. 이를테면 런시먼은 목적론과 (사회적 선택에 관한 보다 엄격한 다원주의적 설명을 하기 위해) 초창기 형태의 라마르크주의를 피한, 일종의 진화론적 사회이론을 발전시키고자 노력해왔다. 개별 사회적 관행들은 그것들이 다른 집단과의 경쟁에서 특정 사회집단(또는 '시스텍systact')의 권력을 증가시킬 때 선택된다. 이와는 대조적으로, 기든스와 만은 강력한 반진화론적 편향을 드러내면서 역사적 결과의 상황성을 강조하는 경향이 있다.

하지만 이들 모두는 역사유물론을 거부하고 또 사건과 과정은 몇몇 환원 불가능한 별개의 권력형태들 — (적어도) 정치적·경제적·이데올로기적 지배 — 의 상호작용에 의해 발생한다고 주장한다는 점에서, 베버가 확립한 전통에 속한다는 것을 곧바로 알아차릴 수 있다. 그들의 저술들 속에서 강조되는 가장 유력한 주제는 베버의 저술에서 나타나는 몇 가지 암시를 따르고 있는 것으로 보인다. 즉 그들은 군사적 경쟁을 하나의 자율적인 사회적 실재로 강조하고, 따라서 현대자본주의의 출현을 위한 조건을 창출하는 데 있어 근대 초기의 국가 간 체계inter-state system가 수행한 역할 또한 강조한다. 이와 같이 베버식의 역사사회학은 마르크스주의와 마찬가지로 변동의 관점에서 사회를 연구하는, 즉 (사회의 구성요소인) 갈등의 측면에서 변동을 설명하는 형태의 사회이론이다. 이 두 전통 간의 차이는, 베버식 이론가들이 사회적 분열은 본질적으로 다원적일 수밖에 없다고 주장하고 또 그러한 분열이 폐지될 것이라고는 전혀 전망하지 않고 있다는 사실에 있다. 이러한 형태의 역사사회학의 주요한 정치적 준거점을 이루고 있는 것이 영국 노동당이 전통적으로 제시해온 고전적 사회민주주의이다.

영어권 마르크스주의자들 - 대륙의 마르크스주의자들보다 더 나은 모습으로 1970년대의 충돌로부터 출현한 - 도 또한 이러한 자의식적 형태로 새로운 장르의 역사사회학이 무엇인지에 대해 중요한 기여를 했다. 페리 앤더슨Perry Anderson은 자본주의국가의 기원에 대한 결코 완결되지 않은 두 권의 연구서에서 봉건계급 지배의 한 특정한 형태인 유럽 절대주의의 비교계보학 - 그것에 동의하지 않는 사람들에게조차 하나의 영향력 있는 준거점을 제공한 - 을 제시했다.[6] 로버트 브레너Robert Brenner가 전개한 것은 여러 면에서 무어에 대한 마르크스주의적 반격이었다. 그는 유럽 농업자본주의의 기원에 보다 협소하게 초점을 맞추고 있으나 그것에 대해 보다 분석적으로 엄격한 설명을 하면서, 다시 한 번 중세 후기 유럽에서 그 시기에 벌어진 영주와 농민 간 투쟁의 상이한 결과들에 설명적 우위성을 부여한다. 브레너 주장의 한 가지 독특한 특징은 상이한 개별 행위자 범주의 동기와 이해관계에 강조점을 둔 것이었다. 이를테면 그는 노동자도 그리고 자본가도 자신들의 생존수단에 직접 접근하지 못하는 상황에서 경제적 행위자들이 근대 경제성장을 추동한 종류의 생산성을 증대시킨 혁신을 추구하게 한 유인을 가지게 된 것은 단지 자본주의적 소유관계하에서였다고 주장했다. 브레너의 광범위한 논쟁을 불러일으킨 역사적 해석은 이러한 점에서 분석 마르크스주의analytical Marxism 학파와 유사했다. 1970년대 후반에 코헨G. A. Cohen의 『카를 마르크스의 역사이론Karl Marx's Theory of History』의 출간과 함께 출현한 분석 마르크스주의는 점점 더 합리적 선택 이론rational-choice theory - 사회구조를 도구적인 합리적 행위자들의 행위의 결과로 환원시키고자 하는 - 에 토대하여 점점 더 역사유물론의 명

---

6 P. Anderson, *Passages from Antiquity to Feudalism*(London, 1974) and *Lineages of the Absolutist State*(London, 1974).

제를 재진술하고자 했다.[7]

그리하여 1960년대라는 분수령 이후, 마르크스주의와 베버식의 도전에 직면한 구조기능주의는 그 이전보다 많은 설득력을 상실했다. 그러나 1960년대의 정치적 격변은 사회이론의 범위를 확대하는 데에도 기여했다. 전에는 주변적이었던 새로운 주제들이 이제는 (연구영역과 집합적 행위자라는 이중의 의미에서) 주제화되었다. 두 권의 책이 이 같은 발전을 예증하는 데 기여할 수 있을 것으로 보인다. 미셸 푸코는 『광기의 역사Histoire de la folie』(1961) — 영문으로는 『광기와 문명Madness and Civilization』이라는 제목으로 축약·번역되어 있다 — 에서 광기가 이성의 '타자''other' of reason — 즉 침묵당하고 배제되어버린 주장 — 를 구성해온 역사를 18세기에 발전된 일련의 사회적 관행들 — 그중에서도 특히 광인으로 분류된 사람을 수용소에 가두는 제도 — 을 통해 추적하고자 했다. 푸코의 책은 콩트에서 시작되어 특정 과학 — 이 경우는 정신병학 — 의 개념사를 재구성하고자 했던 프랑스의 인식론적 전통 내에 위치하면서도, 또한 다음과 같은 것을 가시화하려는 시도였다.

> 귀 기울이는 사람에게 역사 밑으로부터 들려오는 희미한 목소리를 들을 수 있게 해주는 언어를 갖지 않는 온갖 단어들로 이루어진 (비어 있기도 하고 채워지기도 하는) 공간, 즉 말하는 주체도 대답자도 없이 독백하는 것처럼 보이는 알아들을 수 없는 중얼거리는 말들은, 그 자체로 뒤죽박죽 쌓여 감동으로 목이 메다가, 그것이 어떤 정식화도 이루기 전에 분해되고, 그것과 결코 분리된 적이 없는 침묵 속으로 재차 빠져든다.[8]

---

7 T. S. Aston and C. H. Philpin, eds, *The Brenner Debate* (Cambridge, 1985) and R. Brenner, "The Social Basis of Economic Development," in J. Roemer, ed., *Analytical Marxism* (Cambridge, 1986).

8 D. Macey, *The Lives of Michel Foucault* (London, 1994), p. 93에서 인용함. 푸코(Paul-

이 인용문 속에 자리하는 사상은, 침묵당한 자들을 위해 말하자는 것이라 기보다는 아마도 침묵당한 자들이 자신들을 위해 스스로 말할 수 있는 조건을 창출하도록 도와주자는 것일 것이다. 특정 형태의 억압 – 이를테면 여성, 흑인, 레즈비언, 게이가 고통당하는 억압 – 과 관련한 정치운동의 개화는 주변적이고 배제된 사람들 스스로가 다양한 형태의 글쓰기 – 소설적, 자서전적, 역사적 그리고 분석적 글쓰기 – 를 통해 목소리를 내야 한다는 생각을 고무했다. 『광기의 역사』보다도 훨씬 더 그 같은 글쓰기의 정치를 명시적으로 드러낸 책이 바로 에드워드 사이드Edward Said의 『오리엔탈리즘Orientalism』(1978)이다. 이책에서, 미국 대학에서 교육받고 근무한 팔레스타인 출신의 아랍인 사이드는 서구인들이 동양을 이해하기 위해 피상적으로 발전시킨 동양학에 관한 문학적·학문적 담론을 푸코가 『광기의 역사』 이후의 저작들에서 권력-지식 장치apparatus of power-knowledge라고 부른 것(아래의 11.3절을 보라)으로 체계적으로 분석한다. 이를테면 정체되고 관능적이고 비합리적인 것으로 요약되는 동양의 표상은 실제의 동양을 지배하기 위한 하나의 수단으로 기능한다. 『오리엔탈리즘』은 오늘날 탈식민이론postcolonial theory으로 알려진 것의 효시로 간주된다. 탈식민이론은 서구사회와 서구에 의해 공식·비공식적으로 식민화된 사회 간의 관계에, 특히 어떠한 방식으로 그러한 관계가 다양한 종류의 저술들을 구조화하는지에 초점을 맞춘다.

Michel Foucault, 1926~1984)는 푸아티에 거주하던 부유한 부르주아 가정에서 태어나, 파리 고등사범학교에서 수학했다(1946~1950년). 릴르(Lille) 대학교와 고등사범학교에서 가르쳤고(1952~1955년), 웁살라의 프랑스 대외관광진흥청(Maison de France) 청장(1955~1958년), 바르샤바 대학교의 프랑스연구소 소장(1958~1959년), 함부르크 대학교 프랑스연구소 소장(1959~1960년)을 지냈다. 클레르몽페랑(Clermont-Ferrand) 대학교(1960~1966년), 튀니스(Tunis) 대학교(1966~1968년), 뱅센(Vincennes) 대학교(1968~1969년)에서 가르쳤다. 1969년 콜레쥬 드 프랑스의 사상사 교수로 선임되었다. 에이즈로 사망했다.

여기서 지금까지 사회이론가들에 의해 문제화되지 않았던 사회관계의 탈자연화denaturalization가 크게 작동한다. 가장 중요한 예가 젠더의 탈자연화이다. 뒤르켐은 그의 위대한 저작 『자살론』의 말미에서 "혼인상의 아노미에서 발생하는" 자살의 사례를 검토한다. 그는 그러한 혼인상의 아노미가 "남편과 아내의 결혼에 대한 이해관계가 매우 분명하게 대립한다"는 사실에서 발생한다고 주장한다. 뒤르켐은 이러한 대립을 다음과 같은 사실에 의해 설명한다. "남자가 여자보다 훨씬 더 사회화된다. 그의 취향, 열망, 유머는 대부분 하나의 집합적 기원을 가지는 반면, 그의 반려자의 기원은 그녀의 유기체에 의해 훨씬 더 직접적으로 영향받는다."[9] 비록 뒤르켐이 남성과 여성 간의 사회적 관계가 더 평등해질 수 있다는 희망을 표명하는 데까지 나아가지만, 그의 근원적인 가정은 젠더 차이는 생물학에 기초한다는 것 — (비록 프리드리히 엥겔스가 『가족, 사유재산, 국가의 기원The Origin of the Family, Private Property, and the State』(1884)에서 이에 직접적으로 도전했지만) 앞의 장들에서 검토한 사회이론가들 대부분이 공유하고 있는 가정 — 이다. 1960년대 후반과 1970년대 초반의 여성해방운동의 출현과 그것이 학계에 미친 영향은 이 가정을 심각하게 손상시켰다. 특히 페미니스트 이론가들은 양성 간의 생물학적 차이와 역사적으로 다르게 사회적으로 구성된 성 정체성인 젠더를 구분하며 그 가정을 더욱 손상시켰다. 남성과 여성 간의 관계의 이러한 탈자연화로부터 페미니즘 사회이론이 봇물처럼 터져 나왔다. 이를테면 주디스 버틀러Judith Butler 연구의 한 주요한 테마(13.3절 참조)는 단지 사회적으로 구성되는 것이 아니라 계속적인 수행을 통해 규정되는 것으로서의 젠더였다.

이 같은 발전 및 그와 관련된 발전은 사회이론의 외연이 크게 확장되고 있음을 보여준다. 그것들이 사회이론의 개념구조를 근본적으로 변화시켰는지

---

9 E. Durkheim, *Suicide*(London. 1970), pp. 384. 385.

는 커다란 논란의 여지가 있다. 이를테면 다양한 형태의 억압은 불가피하게 다원적이며, 따라서 어쨌든 (정통 마르크스주의자들이 주장하는 것처럼) 노동계급을 중심축으로 하여 모든 것을 포괄하는 하나의 운동 속으로 통합될 수 없는 개별적인 투쟁의 거점을 표현한다는 생각은, 권력에의 의지라는 니체의 교의로부터 직접적으로(후기구조주의) 또는 간접적으로(베버식 역사사회학) 파생하는 용어들로 정식화될 수 있다. 새로운 내용이 반드시 그에 필적하는 개념적 혁신을 가져오는 것은 아니다. 이를테면 사이드의 오리엔탈리즘 비판은, 그의 비판자들이 지적하듯이, 후기구조주의의 푸코식 변형과 보다 전통적인 자유주의적 인본주의를 다소 절충적으로 결합시킨 용어들로 표현되고 있다. 또한 페미니스트 이론가인 낸시 프레이저Nancy Fraser 역시 두 종류의 부정의 ― 즉 물질적 불평등에서 기인하는 분배부정의와 젠더·인종·섹슈얼리티와 같은 상이한 정체성의 존재를 인정하지 않으려고 하는 인지부정의 ― 를 구분하고자 하는 자신의 시도를 "신분과 계급에 관한 베버의 이원론과 유사한 방식으로"기술한다.[10]

현대의 사회이론이 헤겔체계의 붕괴(앞의 2.3절 참조) 이후 근대성 논쟁에 설정된 경계를 돌파했는지를 규정할 수 있는 가장 좋은 방법은 아마도 몇몇 개별 사례들을 고찰해보는 것일 것이다. 이 장의 나머지에서 논의되는 이론가들은 잠재적으로 논의에 포함될 수 있는 광범위한 후보자군들로부터 선택되었다(나무보다 숲을 보기는, 누군가의 대략적인 동시대인들을 다룰 때 더 어렵다). 이들이 선택된 이유는 그들의 영향력, 본보기로서의 가치, 그리고 고유한 장점을 어느 정도 겸비하고 있기 때문이다. 나는 (비록 전적으로는 아니지만) 주로

---

10 N. Fraser, "Heterosexism, Misrecognition and Capitalism", *New Left Review*, 228 (1998), p. 142; 또한 Fraser, "From Redistribution to Recognition?" *New Left Review*, p. 212 (1995)도 보라.

프랑스 사상가들을 집중적으로 선택했다. 그 이유는 부분적으로는 그들이 제2차 세계대전 이후 엄청난 국제적 영향력을 행사했기 때문이며, 또 부분적으로는 그렇게 하는 것이 매우 다양한 이론들로부터 하나의 일관성 있는 서사를 추출하기에 더 용이하기 때문이다.

11.2 구조와 주체: 레비스트로스와 알튀세르

1960년대 이후의 사회이론에서 가장 중요한 새로운 특징은 아마도 언어 — 종종 상이한 방식으로 개념화되는 — 가 중요성을 획득했다는 점일 것이다. 푸코는 이것이 20세기 서구문화를 보다 광범하게 특징짓는 것들 중의 한 가지 사례라고 주장한다.

> 우리가 회화에서의 형식주의 또는 음악에서의 형식적 연구가 보여준 비범한 운명을 고려할 때, 또는 민속과 전설의 분석에서 건축 또는 그것의 이론적 사유에의 적용에서 형식주의가 갖는 중요성을 고려할 때, 아마도 20세기 유럽에서 가장 강력한 동시에 가장 다양한 추세들 중 하나가 형식주의라는 것은 분명할 것이다.[11]

모더니즘이 형식의 문제와 예술창조과정에 몰두하면서 언어 자체의 본성이 초점의 대상이 되었다. 1929년에 유진 졸라스Eugene Jolas는 제임스 조이스James Joyce에게 헌정한 글에서, "오늘날 진정한 형이상학적 문제는 말이다"라고 선언했다.[12] 실제로 언어는 철학자들이 몰두하는 대상, 즉 그 자체로

---

11 M. Foucault, "Structuralism and Post-Structuralism," *Telos*, 55(1983), p. 196.

탐구할 만한 가치가 있는 현상이 되었다. 한때 서구사상은 언어를 사상의 표현을 위한 투명한 매개물 내지 그것의 장애물로 당연시하는 경향이 있었다. 그 결과, 언어철학들은 매우 다른 성격을 지니게 되었다.

이를테면 분석철학의 전통 속에서 루트비히 비트겐슈타인Ludwig Wittgenstein의 초기와 후기 저술들은 두 가지 매우 다른 접근방식을 고무했다. 그중 하나는 의미와 추상적인 논리적 형식을 동일시하는 반면, 다른 하나는 구체적인 언어관행을 묘사한다. 보다 근래에 콰인W. V. Quine, 도널드 데이비드슨Donald Davidson, 사울 크립케Saul Kripke 같은 미국 철학자들의 연구는 첫 번째 접근방식에 속하는 서로 대비되는 견해들을 제시해왔다. 거의 모든 영어권 언어철학자들과 한스-게오르그 가다머Hans-Georg Gadamer 간에는 커다란 간극이 존재한다. 가다머는 주체에 대한 하이데거의 비평을 발전시켜, 이해를 동일한 전통을 공유하는 두 화자들 간의 관계로 파악하는 텍스트에 대한 해석학적 해석이론을 창안하고자 시도했다. 그러는 동안에 1920년대 러시아에서는 미하일 바흐친Mikhail Bakhtin과 그의 제자들이 언어에 관한 그 같은 합의적 견해에 도전하는 접근 방식을 발전시켰다. 그들은 화자들 간의 대화를 패러다임 상황으로 설정하면서도, 발화는 그것의 맥락을 구성하는 사회적 갈등으로 충만한 것으로 파악한다.

이와 같이 리처드 로티가 '언어적 전환the linguistic turn'이라고 부른 것은 매우 상이한 형태들을 취해왔다.[13] 그러므로 분명 이러한 발전이 사회이론에 함축하는 바는 어떤 특정 언어철학이 사회의 본성을 설명하기 위해 채택되는가에 크게 좌우될 것이다. 이들 중 가장 큰 영향력을 행사해온 것이 스위

---

12 E. Jolas, "The Revolution of Language and James Joyce," in S. Beckett et al., *Our Exagmination Round his Factification of Work in Progress*(London, 1972), p. 79.

13 R. Rorty, ed., *The Linguistic Turn*(Chicago, 1967).

스 언어학자 페르디낭 드 소쉬르Ferdinand de Saussure의 철학이었다. 프랑스에서 그의 사상의 수용은 구조주의로 알려지게 된 것(따라서 또한 후기구조주의)의 출발점 중 하나를 이루었다(아래의 11.3절을 보라). 이 같은 수용을 이해하기 위해서는 그것의 맥락, 특히 레비스트로스의 구조인류학에 관해 다소 언급할 필요가 있다.[14]

프랑스의 사회학적 전통은 이미 '원시'사회 속에서 개념체계가 수행하는 역할을 부각시켜왔다. 뒤르켐과 그의 조카인 인류학자 마르셀 모스는 1903년에 『원시적 분류체계』라는 책에서 다음과 같이 선언했다. "모든 신화는 근본적으로 하나의 분류체계이나, 그 원리를 과학적 사고가 아닌 종교적 신념으로부터 빌려온다." 그들은 또한 ('최초의 자연철학'을 구성하는) '원시적' 범주체계와 근대 과학적 합리성의 논리구조 간에는 직접적인 연속성이 존재한다고 주장했다.[15] 이러한 분석은 뒤르켐의 후기 사회학에 기초하여 파악되어야만 한다. 그것에 따르면, 종교적 표상의 실제 지시대상은 사회 그 자체이다(6.3절을 보라). 게다가 『원시적 분류체계』는 신화적 범주가 어떻게 의미를 획득하는지 또는 그것들이 서로와의 관계에서 그리고 사회세계와 자연세계와의 관계에서 어떻게 기능하는지를 언어철학의 방식으로는 아무것도 설명하지 않는다.

---

14 레비스트로스(Claude Gustave Lévi-Strauss, 1908~2009)는 브뤼셀에서 프랑스 유대인 화가의 자식으로 태어나, 파리 대학교에서 철학을 공부했다(1927~1932년). 교사(1932~1934년), 상파울루 대학교 교수(1934~1937년)를 지냈다. 마토 그로소(Matto Grosso) 인디안들 속에서 현지조사를 수행했다(1938~1939년). 뉴욕의 신사회조사학교(New School for Social Research)에서 가르쳤다(1941~1945년). 파리의 인류학박물관(Musée de l'Homine) 부관장(1949년) 파리 대학교 고등연구원(École Pratique des Hautes Études) 연구교수(1948~1974년)를 지냈고, 콜레주 드 프랑스 인류학교수로 선임되었다(1958년).

15 E. Durkheim and M. Mauss(1903), *Primitive Classification*(London, 1963), pp. 77~78, 81.

레비스트로스는 분류 개념과 교환 개념이 작동하는 뒤르켐과 모스의 전통 — 특히 '원시'사회의 물품이전을 지배하는 호혜성의 논리를 밝히고자 한 모스의 책『증여론The Gift』(1925) — 을 이어가고자 했다. 레비스트로스는 원시적 분류체계에 관한 그들의 설명에 남아 있는 결함을 소쉬르의 언어이론으로 메웠다. 우리의 목적에서 볼 때, 『일반언어학강의Course in General Linguistics』(1915)에서 상술되고 있는 언어이론에는 두 가지 중요한 특징이 있다. 첫째, 소쉬르는 "언어기호는 하나의 사물과 하나의 이름을 결합시키는 것이 아니라, 하나의 개념과 하나의 소리-이미지를 결합시킨다"고 주장한다. 따라서 의미작용 signification, 즉 유의미한 발화의 생산은 기표signifier와 기의signified 간의, 즉 언어의 기초적 요소를 구성하는 소리와 소리들이 결합하여 의미할 수 있는 개념 간의 관계 속에 존재한다. 둘째, 단어는 단어들 간의 차이에 의해 의미화에 성공한다. 마찬가지로 기표가 소리들 간의 차이를 통해 식별되는 개념들을 위치 지을 수 있는 것은 기표가 일련의 대비되는 소리들 속에 존재하기 때문이다. 따라서 언어는 두 개의 유사한 구조, 즉 기표와 기의, 다시 말해 소리와 개념으로 구성되며, 이들 각각은 자신을 구성하는 항목들 간의 차이라는 관계에 의해 규정된다. 실제로 소쉬르는 다음과 같이 언급한다.

> 언어에는 오직 차이만이 존재한다. 그보다 훨씬 더 중요한 것은 다음과 같은 사실이다. 차이는 일반적으로 그 차이를 만들어내는 명확한 조건들을 수반한다. 그러나 언어에는 명확한 조건들 없이 차이만 존재한다. 우리가 기의를 취하든 또는 기표를 취하든 간에, 언어가 갖는 것은 언어체계 이전에 존재하는 관념이나 소리가 아니라, 단지 그 언어체계로부터 나온 개념적 차이와 음성적 차이일 뿐이다. 특정 기호가 담고 있는 관념이나 음성적 내용보다도 더 중요한 것이 그 기호를 둘러싸고 있는 다른 기호들이다.[16]

따라서 소쉬르의 전체론적 의미이론holist theory of meaning은 발화가 이루어지는 자연적·사회적 맥락의 문제와 준거의 문제 – 즉 발화가 지칭하는 세상 속 항목과 발화 간의 관계의 문제 – 를 고려하지 않는다. 그렇다고 해서 소쉬르 자신이 맥락과 준거의 중요성을 부정한 것은 아니었다. 그러나 그는 기표와 기의의 내적 관계에 초점을 맞춤으로써, 언어를 자율적인 체계로 인식할 수 있게 했다. 프레드릭 제임슨Fredric Jameson은 다음과 같이 논평한다.

> 그의 체계에서 비행노선은 단어에서 사물로 정면을 향하기보다는 하나의 기호에서 다른 기호로 측면을 향하고 있다. 즉 그 움직임은 기표에서 기의로의 이동처럼, 기호 자체 속에 이미 내면화되어 있다. 따라서 은연중에 기호라는 용어는, 상징체계 밖에서 일어나는 사물들 자체로의 끊임없는 이동보다는 기호체계 자체의 내적 응집성과 포용성, 즉 자율성을 단정하는 경향이 있다.17

레비스트로스는 소쉬르 언어학을 이어받아 그 같은 잠재성을 이끌어냈다. 그는 "기의와는 달리 기표는 아주 많이" 존재한다고 주장한다. 이것은 다음과 같은 사실의 한 가지 결과이다. 즉 언어란 두 개의 병렬적 체계로 이루어져 있기 때문에, '언어는' 하나씩 발전하는 것이 아니라, "동시에 태어날 수 있을 뿐이다." 그러나 기의, 즉 기표체계가 지시하는 개념은 그 내용을 지식발전의 결과에 따라 점진적으로 획득할 수 있을 뿐이다. 따라서 레비스트로스에 따르면, "인간은 처음부터 하나의 통합적인 기표체계를 가지고, 기표에 그 자체로는 알려져 있지 않은 채 주어져 있는 하나의 기의를 배분해야만 한다. 기표와 기의 간에는 항상 불일치가 존재한다." 이러한 불일치는

---

16 F. de Saussure, *Course in General Linguistics* (New York, 1966), pp. 66, 120.

17 F. Jameson, *The Prison-house of Language* (Princeton, 1974), p. 32.

그 자체로는 어떠한 의미도 결여한 채 그것에 부여되는 어떤 의미를 지니는 데 기여하는 '부유하는 기표들'이 존재하기 때문이다. 레비스트로스는 이렇게 기의보다 기표에 우선성을 부여함으로써, 명백하게 언어의 자율성을 주장한다. 실제로 그는 다음과 같이 말한다. "언어처럼, 사회적인 것은 자율적인 실체이다(더 나아가 그것과 동일하다). 즉 상징은 그것이 상징하는 것보다 더 실제적이며, 기표는 기의에 선행하여 기의를 결정한다."[18]

따라서 레비스트로스는『친족의 기본구조The Elementary Structures of Kinship』 (1949)에서 친족체계를 언어적 구조, 즉 여성의 교환이 메시지의 전달기능을 수행하는 이항대립의 체계로 파악한다. 메르키오르J. Q. Merquior의 주장에 따르면, "그의 전체 인류학적 접근방식은 뒤르켐을 물구나무 세우는" 것으로 이루어진다. 다시 말해, "뒤르켐의 방법은 항상 정신적인 것에서 사회적인 것으로, 즉 신념에서 사회구조로 이동한다. …… 레비스트로스에서 그것은 정반대이다. 구조주의는 사회적인 것에서 정신적인 것으로, 즉 친족체계나 신화와 같은 사회적 관계 내지 문화적 구성물에서 지적 구조로 나아간다."[19] 이러한 대비는 일정 정도 과장된 것이다. 왜냐하면 뒤르켐은 사회적 사실은 기본적으로 집합적인 표상들로 구성되어 있다고 생각하기 때문이다(앞의 6.2 절 참조). 그럼에도 불구하고 레비스트로스가 자신이 발견하고자 한 무의식적 구조를 본질적으로 정신적인 것으로 인식한 것은 의문의 여지없는 사실이다. 이를테면 그는 "억압적 정신구조의 탐구가 자신을 인도한다"고 말하면서, 다음과 같이 선언한다. "나는 민족지적 경험에서 시작하여 항상 정신적 유형의 목록을 작성하는 것을 목적으로 해왔다. 그것은 바로 외관상 임의

---

18 C. Lévi-Strauss, "introduction à l'œuvre de Marcel Mauss", in M. Mauss, *Sociologie et anthropologie*(Paris, 1950), pp. xlix, xlvii, xlix, xxxii.

19 J. Q. Merquior, *From Prague to Paris*(London, 1986), p. 38.

적인 자료들을 몇 가지 질서로 축소하고, 또 자유라는 환영의 근저에 놓여 있는 모종의 필연성을 분명하게 드러내는 수준에까지 이르기 위한 것이었 다." 이를테면 "신화는 정신을 나타내며, 정신은 그 자신이 일부를 이루고 있는 세계를 이용하여 신화를 발전시킨다."[20]

철학자 폴 리쾨르Paul Ricoeur는 레비스트로스의 구조주의 인류학을 "초월 적 주체 없는 칸트주의"라고 불렀으며, 레비스트로스도 이러한 묘사를 수긍 했다.[21] 달리 말해, 그는 의식적인 경험이 전제하는 무의식적 개념구조를 밝 히고자 시도하지만, 그러한 개념구조들이 그 자체로 경험의 근간을 이루는 자아의 활동으로부터 기인하는 것으로 보지는 않는다. 이러한 접근방법은 두 가지 중요한 함의를 지닌다.

첫째, 레비스트로스는 소쉬르의 대조법을 이어받아, 통시성 연구 – 즉 역 사적 변화에 관한 연구 – 에 비해 공시성 연구 – 즉 구체적 신념과 사회제도체계의 근저에 놓여 있는 보편적 구조에 관한 연구 – 에 특권을 부여한다. 그는 『야생의 사고The Savage Mind』(1962) 속에서 유명한 논박을 통해 장 폴 사르트르Jean Paul Sartre가 『변증법적 이성비판Critique of Dialectical Reason』에서 제시한 역사 개념을 폐기한다. 그 책에서 사르트르는 역사를 하나의 과정으로 개념화한 다. 그러한 과정 속에서 개별주체들은 적어도 몇몇 경우에는 집합적 행위를 통해 통상적으로 그들을 압박하는 타성적 실천성practico-inert의 구조를 변화 시킨다. 레비스트로스는 프랑스대혁명 이후의 서구 경험의 측면에서 인류 역사 전체를 독해하고자 하는 이 같은 시도를, 집합적 주체 개념을 "초월적 인 인본주의의 최후의 피난처"로 만들고자 하는 자민족중심주의적 시도로 보고 기각한다. 레비스트로스에 따르면, "이는 마치 인간이 매우 분명하게

---

20 C. Lévi-Strauss(1964), *The Raw and the Cooked* (London, 1970), pp. 10, 341.

21 C. Lévi-Strauss, "A Confrontation," *New Left Review*, 62(1970), p. 61.

일관성을 결여하고 있는 '나'를 그저 포기함으로써, '우리'라는 지평에서 자유라는 환상을 회복하는 것과 같다."²² 다른 곳에서 그는 역사 자체는 "환원 불가능한 상황성"의 영역이라고 선언한다.²³

따라서 둘째로, 레비스트로스는 소쉬르를 수용함으로써, 주체 – 그것이 개별적이든 집합적이든 간에 – 에게 우선적이고 구성하는 지위가 아니라 부차적이고 구성되는 지위를 할당한다. 그는 다음과 같이 언급한다. "나는 인문학의 궁극적 목적은 인간을 구성하는 것이 아니라 인간을 해체하는 것이라고 믿는다."²⁴ 이러한 반인본주의는 후일 구조주의로 알려지게 된 (일부 오해를 초래하기도 하는) 것의 공통적인 특징들 중 하나이다. 이 같은 구조주의는 1960년대 프랑스에서 가장 커다란 영향력을 발휘한 지적 풍조였다. 자크 라캉Jacques Lacan은 소쉬르 언어학을 이용하여, 무의식적인 것을 생물학적 본능으로 환원하지도 또한 정신분석학을 현실적응 치료요법으로 변형시키지도 않는 용어들로 프로이트를 재진술하고자 했다. 따라서 '프로이트로의 회귀'라는 라캉 자신이 선포한 슬로건은 "무의식적인 것은 언어처럼 구조화된다"는 것을 의미했다. 프로이트는 주체가 '탈중심화'되어 있다는 것을 보여 주었다. 왜냐하면 주체의 의식적 삶의 근간을 이루고 틀 짓는 것은 주체의 접근이 허용되지 않는 무의식적인 것 속에서 이루어지는 주체 형성의 기록이기 때문이다. 라캉은 데카르트의 "코기토 에르고 숨Cogito ergo sum"("나는 생각한다, 고로 나는 존재한다")을 전도시켜서, 다음과 같이 선언했다. "나는 내가 존재하지 않는 곳에서 생각한다. 고로 나는 내가 생각하지 않는 곳에서 존재한다."²⁵

---

22 C. Lévi-Strauss, *The Savage Mind*(London, 1972), p. 262.

23 C. Lévi-Strauss, *From Honey to Ashes*(London, 1973), p. 475.

24 C. Lévi-Strauss, *Savage Mind*, p. 247.

프로이트식 이론에 대한 라캉의 재해석은, 아마도 반인본주의적 사회이론을 정식화하려는 가장 체계적인 시도였던 알튀세르의 역사유물론의 재구성에 주요한 영향을 미친 것 중 하나였을 것이다.[26] 실제로 알튀세르는 프로이트가 그 자신이 이룬 '코페르니쿠스적 혁명'에 관해 기술한 것을 인용하면서(앞의 8.3절 참조) 자신의 성과와 마르크스의 성과를 비교한 후, 마르크스와 자신 모두가 지금까지 주체에게 요구되어온 중심적인 역할을 주체로부터 제거하는 데 기여해왔다고 주장한다. 알튀세르는 다음과 같이 말한다. "마르크스 이래로 우리는 인간주체, 즉 경제적·정치적·철학적 자아ego가 역사의 '중심'이 아니라는 것 – 그리고 심지어는 계몽철학자들과 헤겔과는 반대로, 역사에 '중심'은 없지만 구조는 존재하며, 그 구조는 오직 이데올로기적 오인misrecognition 속에서만 '중심'을 가지게 된다는 것 – 을 알게 되었다."[27]

따라서 알튀세르의 마르크스주의는 루카치와 그람시가 생각하던 계급주체성 이론과 근본적으로 다르다(앞의 9.1절을 보라). 알튀세르에서, "역사는 주체 없는 과정"이다.[28] 각각의 사회구성체는 복잡하게 구조화된 전체로서, 복수의 개별 '심급들' – 경제, 정치, 이데올로기, 이론(과학들) – 로 이루어져 있다. 이들 중 어떠한 것도, 심지어 경제조차도 사회구성체의 중심을 구성하지는

---

25 J. Lacan, *Écrits: A Selection*(London, 1977), p. 166.
26 알튀세르(Louis Pierre Althusser, 1918~1990)는 알제리에서 은행가의 아들로 태어났다. 1940~1945년 동안 포로로 갇혀 있었다. 파리 고등사범학교에서 철학을 공부했다(1945~1947년). 1948년 공산당에 가입했다. 파리 고등사범학교 철학교수를 지냈다(1949~1980년). 반복적인 정신발작(아마도 조울병)으로 고생했다. 1980년 11월 그의 아내 헬레네 리트먼(Helene Rytman)을 살해했다. 재판 부적격을 선고받고, 여생의 대부분을 정신병원에서 보냈다. 1985년 고백록 『미래는 오랜 시간 지속된다The Future Lasts a Long Time』를 집필했고, 그것은 사후인 1992년에 출간되었다.
27 L. Althusser, *Lenin and Philosophy and Other Essays*(London, 1971), p. 201.
28 L. Althusser, *Politics and History*(London, 1972), p. 183.

못한다. 각각은 자기 자신의 독특한 내적 논리를 지니며, 이 논리는 각각이 특정 동력에 따라, 그리고 심지어는 그 자신의 '독자적인 시간성'에 따라 발전하게 해준다.

경제는 "최종 심급에서 결정적"이다. 달리 말해, 경제적 인과성은 간접적으로 작동한다. 즉 그것은 구체적인 정치적 또는 문화적 사건들에 직접적인 영향을 미치기보다는 특정 심급('지배구조')을 선택하여 그것이 다른 심급들을 직접적으로 틀 짓는 역할을 수행하도록 한다. 따라서 역사적 사건들 – 이를테면 러시아혁명 – 은 하나의 단일한 경제적 원인을 가지지 않는다. 알튀세르는 이와 관련된 것을 분명히 하기 위해 프로이트식 개념에 의지한다. 역사적 사건들은 '중층결정'된다. 즉 많은 상이한 요소들이 모여 하나의 단일하고 복잡한 구성체 속으로 녹아들어 가서는 역사적 파열을 일으킨다.

> 경제적 변증법은 결코 순수한 상태에서 작동하지 않는다. 역사에서 이들 심급과 상부 구조 등등은, 자신의 일이 끝났다고 해서 또는 경제 폐하께서 변증법의 왕도를 따라 활보하게 하기 위해 그 순수한 현상들로 흩어져야 할 시간이 되었을 때에도 결코 공손히 옆으로 물러선 적이 없다. 처음부터 끝까지 '최종 심급'이라는 고독한 시간은 결코 오지 않는다.[29]

알튀세르의 마르크스 해석은 마르크스의 변증법과 헤겔의 변증법이 근본적으로 상이하다고 암시한다. 알튀세르는 마르크스가 헤겔의 변증법적 '방법'은 견지했지만 그의 관념론적 '체계'는 포기했다는 (엥겔스로부터 물려받은) 전통적인 정식화에 이의를 제기한다. 방법과 체계는 너무나도 긴밀하게 뒤얽혀 있는 것이기 때문에, 그와 같은 조작을 성공적으로 수행할 수 없다. 즉

---

29 L. Althusser(1965), *For Marx*(London, 1969), p. 113.

하나를 보지한다는 것은 둘 다를 보지하는 것이다. 보다 구체적으로 말하면, 헤겔의 총체성 개념은 하나의 '표현적' 개념으로, 그 속에서 각각의 개별적 부분은 전체 구조를 반영한다. 만약 사회구성체를 이러한 방식으로 바라본다면, 그 결과는 경제적 환원론이 된다. 이를테면 『역사와 계급의식』에서 사회생활의 모든 측면이 물화구조를 재생산하는 것만큼이나 모든 사회현상은 중심적인 경제적 모순을 되풀이하는 것으로 간주된다.

따라서 헤겔적 마르크스주의 – 또는 알튀세르가 다소 혼란스럽게 명명한 바로는 '역사주의' – 는 그 자신을 제2인터내셔널의 숙명론에 대한 반란으로 간주한다. 그러나 헤겔적 마르크스주의가 사용하는 사회적 총체성social totality이라는 개념은 그것으로 하여금 또 다른 종류의 경제적 환원론 속으로 무너져내리게 만든다. 1940년대 후반 메시아적인 청년스탈린주의자였던 알튀세르는 특히 극단적 형태의 헤겔적 마르크스주의에 경도되어 있었다. 그러나 그의 가장 영향력 있는 저술들인 『마르크스를 위하여For Marx』와 공동저작인 『자본론 읽기Reading Capital』에서(모두 1965년에 출판되었다), 그는 마르크스가 1840년대 중반 청년헤겔주의자들과 결별하면서 그와 동시에 그 자신의 초기 '인본주의적'인 저술들, 예컨대 『1844년 경제학·철학 수고The Economic and Philosophic Manuscripts of 1844』 또한 포기했다고 주장한다. 이 같은 전환은 마르크스에게서 '인식론적 단절'을 만들어냈으며, 이를 통해 마르크스는 자신의 초기 저작들에서 나타나는 이데올로기적이고 (실제로는 그로 인해) 인본주의적인 문제틀을 『독일이데올로기German Ideology』와 「포이어바흐에 관한 테제Theses on Feuerbach」에서 처음으로 제시된 새로운 과학적 문제틀로 대체했다.

알튀세르의 중층결정이론theory of overdetermination은 정치-이데올로기적 상부 구조의 상대적 자율성(그와 노베르트 엘리아스가 얼추 동시에 만들어낸 표현30)을 함축하고 있다. 이것의 결과는 그에게 몇 가지 주요한 정치적 이유에서 중요했다. 첫째로, 이것은 그에게 스탈린주의를 설명하는 수단을 제공한다. 즉 1930년대의 대공포Great Terror는 과거로부터 '살아남은' 상부 구조가 현존한 결과로 이해된다. 경제적 토대가 사회주의 노선을 따라 변혁되었음에도 불구하고 상부 구조가 여전히 영향력을 행사할 수 있었던 것은, 사회적 전체의 상이한 측면들이 서로 불균등하게 발전하기 때문이다.

둘째로, 상부 구조와 함께, 이론 또한 상대적 자율성을 획득한다. 1940년대 말과 1950년대 초반 냉전의 최고조기에 프랑스공산당PCF 당원이었던 알튀세르는 자신이 후일 "무장한 지식인들이 그 은신처로부터 오류를 찾아내던 시기"라고 명명한 것을 경험했다.[31] 공산주의운동 전반에 걸쳐 당의 비밀 정보요원들은 그것의 지적 옹호자들에게 문화생활의 모든 측면이 계급경계를 따라 양극화되었으며, 모든 연구영역에서 두 개의 과학 – '프롤레타리아' 과학과 '부르주아' 과학 – 이 서로 대결하고 있다는 관념을 강요했다. 이 같은 '두 개의 과학 이론'은 소련에서 리센코 사건Lysenko affair – 멘델의 유전학을 '부르주아 과학'으로 몰아 박해한 – 을 정당화했다.

알튀세르는 과거를 되돌아보고 자신이 '광기'라고 묘사했던 것에 대해 반발하며, "이론은 하나의 실천"이라고 주장했다. 달리 말해, 모든 과학은 사회적 전체의 어떤 다른 심급의 논리는 말할 것도 없고, 다른 어떤 것의 논리로도 환원할 수 없는 그 자신의 독자적 논리를 가지며, 따라서 그 자신의 내적 타당성 기준에 따라 평가되어야만 한다. 이러한 주장에는 프랑스의 '인식론적' 전통이 그에게 미친 영향이 반영되어 있다. 이 전통의 주요 실행자로는 가스통 바슐라르와 조르주 캉길렘을 들 수 있다. 이 둘은 이론을 감각-경험의 일반화로 간주하는 영어권 과학철학자들의 경향을 거부하면서, 과학

---

30 J. Heilbron, *The Rise of Social Theory*(Cambridge, 1995), p. 245.
31 Althusser, *For Marx*, p. 21.

을 역사적으로 구성되고 발전하는 개념체계라고 보았다. 알튀세르식 과학철학, 즉 '이론적 실천의 이론theory of theoretical practice'의 정치적 결과는, 후에 알튀세르가 주장했듯이, "이론의 상대적 자율성 테제를 정당화하고 그리하여 마르크스주의이론을 전술적인 정치적 결정의 노예로 간주하는 것이 아니라, 마르크스주의이론 자체의 요구를 저버리지 않은 채 그것을 정치적 실천이나 다른 실천들과의 협력 속에서 발전할 수 있는 것으로 올바르게 해석하는 것"이었다.[32]

이론과 실천 사이에 일정한 거리를 만들고자 했던 이 같은 시도가, 알튀세르가 정치에 무관심했음을 의미하는 것은 아니었다. 그와는 반대로, 1960년대 초반부터 1970년대 중반까지 그는 다소 공개적으로 중국 공산주의 지도자 마오쩌둥毛澤東이 소련의 '수정주의'정책에 가한 비판에 동감을 표했다. 실제로 그의 제자들 중 상당수는 그 지도부가 여전히 모스크바에 충성을 다하고 있던 PCF를 탈퇴하여 1960년대 중반 독자적인 마오주의Maoism 단체를 설립했다. 알튀세르 자신은 결코 당을 떠난 적이 없었다. 그것은 당이 프랑스 노동계급의 주된 정치조직이라는 데 근거한 것이었다. 이러한 상황 – 알튀세르가 자신이 강력하게 반대했던 정책을 표방하고 있던 고도로 통제적인 대중정당의 당원이었다는 상황 – 은 그의 정치적 견해에서 드러나는 종종 애매모호한 성격을 설명하는 데 도움을 준다. 좌파가 1978년 3~4월 총선의 굴욕적 패배로 고통 받을 때, 그는 PCF 지도부와 공개적인 논쟁을 시작하면서 특히 당내 민주주의의 결여를 비난했다. 그러나 곧 알튀세르가 자신의 아내를 교살하는 엄청난 비극에 닥치면서 그는 이 사건 이후 어쩔 수 없이 공적 생활에서 퇴장했다.

---

32 L. Althusser, *Philosophy and the Spontaneous Philosophy of the Scientists and Other Essays*, ed. G. Elliott(London, 1990) p. 208.

마르크스가 이론과 실천 사이에 성립시켰던 엄격한 관계를 알튀세르가 완화한 것은 그의 이데올로기 이론의 맥락에서 파악되어야만 한다. 그가 자본주의사회의 경제구조를 이해하는 방식은 다소 하이데거가 존재를 이해한 방식 — 오직 자기 자신의 부재 속에서만 현존하는 존재(하이데거가 전후 프랑스철학에 미친 영향은 광범위했음에도 불구하고, 알튀세르는 자신이 하이데거를 읽은 것은 주로 1980년대였다고 주장한다[33]) — 과 유사하다. 이를테면 알튀세르는 다음과 같이 언급한다.

> 『자본론』은 …… 그 구조 속에 각인되어 있는 실제적인 것에 존재하는 거리와 내적 탈구 — 즉 그 자체로 그것의 효과를 판독하기 어렵게 만들고, 그것에 대해 즉각적으로 독해할 수 있다는 환상을 그것이 불러일으키는 효과의 궁극적 정점인 물신주의로 만드는 거리와 탈구 — 를 정확하게 측정하고 있다. …… 오직 사상의 역사 — 즉 역사이론 — 를 통해서만, 역사의 진리는 역사의 명시적 담론 속에서 독해될 수 없다는 점을 발견함으로써, 독해라는 역사적 종교를 설명하는 것이 가능했다. 왜냐하면 역사의 텍스트는 로고스가 말하는 텍스트가 아니라, 구조들의 구조structure of structures의 효과에 대한 알아들을 수 없고 판독하기 어려운 기록이기 때문이다.[34]

따라서 '이론적 실천'이 필요하다. 왜냐하면 사회적 실재는 복잡하고 불분명해서 해독되어야만 하기 때문이다. 알튀세르는 이러한 생각을 연장해서 독해이론theory of reading을 발전시키기까지 한다. 꿈과 마찬가지로, 텍스트의 현재적 내용은 자신의 잠재적 내용 — 즉 표면적 담론의 근저를 이루는 '문제틀'

---

33 L. Althusser, *Sur la philosophie*(Paris, 1994), pp. 98~99, 112, 116.
34 L. Althusser and E. Balibar, *Reading Capital*(London, 1970), p. 17.

또는 의문체계 – 을 은폐한다. 이것은 이론적으로 인도된 독해를 통해 텍스트의 간극과 침묵으로부터 억지로 짜 맞추어질 수 있을 뿐이다. 텍스트의 복잡성은 사회적인 것 자체의 복잡성을 예증한다. 마르크스는 자신의 상품물신주의 이론에서 자본주의사회의 표면적 현상과 근본적 본질 간에는 체계적 불일치가 존재한다고 주장했다(앞의 4.2절과 4.3절 참조). 그러나 알튀세르는 이러한 생각을 한층 더 진전시킨다.

개인은 행위를 유발할 수 있는 행위자가 아니라 지배적 생산관계의 '담지자' 또는 '조연자'로 이해되어야만 한다. 주체라는 범주는 우리로 하여금 개별 인간의 실제적 본성을 오해하게 할 뿐만 아니라, 또한 이데올로기적 오인 구조structure of ideological misrecognition 속에서 결정적인 역할을 한다. 알튀세르의 주장에 따르면, 개인들은 그 같은 구조를 통해 자신들을 주체의 형태하에 포섭시킴으로써, '조연자'의 역할을 준비한다. 그에 따르면, "모든 이데올로기가 구체적인 개인을 주체로 '구성하는' (주체를 정의하는) 기능을 수행하는 한, 주체라는 개념은 모든 이데올로기의 구성요소일 뿐이다."[35] 이데올로기는 개인을 주체로 '호명'함으로써, 개인으로 하여금 자신이 독립적인 행위자이며 현실은 자신을 위해 존재한다고 생각하도록 고무하고, 그것을 통해 개인이 조연자로서의 자신의 실제적 역할을 수행하도록 한다. 이러한 기능 – 자본주의사회에서 '이데올로기적 국가장치'(이를테면 교회, 학교, 대학, 노동조합, 정당)를 통해 수행되는 – 은 모든 사회에 필수적이다. 알튀세르에 따르면, "인간이 조직되고 변화되어 자신의 존재조건에서 비롯되는 요구에 반응할 수 있기 위해서는, (거대한 표상체계로서의) 이데올로기는 불가피하다." "역사유물론은 심지어 공산주의사회조차 이데올로기 없이는 존재할 수 없다는 것을 이해할 수 없다." 왜냐하면 "인간사회는 이데올로기가 사회의 작동에 필수불가결한 바

---

35 Althusser, *Lenin and Philosophy*, p. 160.

로 그 요소이자 환경이라는 사실을 은폐하기 때문이다."[36]

따라서 실천은 필연적으로 신비화된다. 이는 마르크스의 노동계급의 자기해방이론과는 거리가 멀어 보인다. 왜냐하면 그 이론에서 집합행동은 인간이 자신의 상황을 이해하는 동시에 변화시키는 바로 그 과정이기 때문이다. 비평가들은 알튀세르의 이데올로기이론이 (개인은 사회화 메커니즘을 통해 역할체계 속에서 자신의 지위를 형성한다) 파슨스식의 기능주의 사회학과 매우 유사하다고 말해왔다(앞의 10.2절 참조). 그러나 정치적 실천으로부터 엄격하게 거리를 유지하고자 했음에도 불구하고, 알튀세르의 마르크스주의는 프랑스뿐만 아니라 그 밖의 다른 지역에서도 1960년대의 정치적 격변을 통해 급진화된 젊은 지식인들에게 엄청난 영향을 미쳤다. 1970년대 그것의 갑작스러운 와해를 이해하기 위해서는 후기구조주의의 출현을 고려해야만 한다. 알튀세르식 마르크스주의를 전위적인 이론화의 주요 형태로 대체한 것이 바로 후기구조주의이기 때문이다.

11.3 니체의 복수: 푸코와 후기구조주의

레비스트로스, 라캉, 알튀세르 및 여타 학자들 – 이를테면 문학비평가 롤랑 바르트Roland Barthes – 의 저술들의 영향 아래 그들이 프랑스 사상의 하나의 단일 사조 – 즉 '구조주의' – 를 대표한다는 신념이 발전했으며, 그들은 이 명칭으로 그 밖의 다른 지역에서 수용되었다. 실제로 구조주의와 동일시되는 주도적 인물들 사이에는 상당한 차이가 존재했다. 이를테면 알튀세르는 후일 자신이 구조주의의 "유희에 빠졌었다"고 자기비판을 했음에도 불구하고, 시

---

36 Althusser, *For Marx*, pp. 264, 232.

종일관 자신이 레비스트로스의 '나쁜 형식주의bad Formalism'라고 불렀던 것에 적대적이었다.[37] 그럼에도 불구하고 1960년대 중반 무렵에는, 소쉬르의 언어 개념이 '인문학' 일반에 일반적인 모델을 제공한다는 생각이 심지어는 후일 구조주의와의 어떠한 관련성도 부정하는 사상가들에게까지 영향을 미쳤다. 따라서 푸코는 『사물의 질서The Order of Things』(1966)에서 지성사를 각기 하나의 단일한 인식틀 – 즉 서로 다른 학문분야를 가로지르는 사고의 지평을 제공하는 하나의 암묵적인 개념구조 – 에 의해 지배되는 시기들로 구분한다.

그럼에도 불구하고 구조주의 시기는 단명했다. 이는 레비스트로스와 여타 학자들이 소쉬르의 『강의』로부터 도출해낸 언어철학에 내재하는 긴장을 반영하는 것이었다. 그들은 구조를 (무한한 이항대립을 발생시킬 수 있는) 한정된 요소들로의 일련의 치환으로 생각하는 경향이 있었다. 따라서 레비스트로스에서 신화는 매우 적은 수의 기본적인 테마들로 이루어진 변형물을 의미한다. 이처럼 본질적으로 폐쇄적인 구조 개념과 그가 기의에 비해 기표에 부여했던 우선성 간에는 항상 긴장이 존재했다. 후기구조주의로의 결정적인 진전은 무한히 변화하는 의미작용을 이용하여 구조의 안정성을 붕괴시킴으로써, 그 같은 긴장을 해소하려 한 데 있다.

이러한 움직임을 보인 가장 분명한 본보기가 자크 데리다이다. 그는 「인문학 담론에서의 구조, 기호, 놀이Structure, Sign and Play in the Discourse of the Human Sciences」(1967)라는 유명한 글에서, '중심구조centred structure'라는 개념과 '놀이play' 개념을 대치시킨다. 놀이라는 용어는 모든 이항대립이 스스로를 전복시켜 새로운 이항대립을 창출하고, 그것을 또다시 전복시켜 새로 창출하는 무한히 계속되는 경향을 가리킨다. "실제로 중심구조라는 개념은 근

---

37 L. Althusser, "Sur Lévi-Strauss," in id., *Écrits philosophiques et politiques*(2 vols, Paris, 1994~1995), II.

본적인 토대에 기초를 둔 놀이, 즉 그 자체로 놀이의 범위에서 벗어나 있는 근본적인 부동성과 재확인되는 확실성에 기초하여 구성된 놀이 개념이다.” 그러나 의미화과정의 성격은 이 같은 구조관념을 훼손시킨다. 모든 기표는 그 자체로 또 다른 기표인 기의를 지시한다. 달리 말해, 의미작용은 그 자체로 하나의 무한한 놀이 과정이다. 이러한 움직임을 정지시킬 수 있는 유일한 방법은, 즉각적으로 ‘현전’하는 언어 외부에 우리가 언어라는 매개 없이도 어느 정도 직접적으로 접근할 수 있는 ‘초월적 기의transcendental signified’를 가정하는 것이다. 그러나 이러한 가능성을 상상하는 것은 데리다가 ‘현전의 형이상학metaphysics of presence’이라 부른 것에 빠져듦으로써 철학적 오류를 범하는 것이 된다. 초월적 기의의 붕괴는 “중심이나 기원의 부재 속에서 모든 것이 담론이 되는 순간이었다. …… 말하자면, 그 체계 속에서 중심적인 기의, 즉 최초의 또는 초월적인 기의는 차이의 체계 바깥에서는 결코 절대적으로 존재하지 못한다. 초월적 기의의 부재는 의미작용의 영역과 놀이를 무한하게 확장한다.”[38]

“모든 것은 담론이 되었다.” 데리다는 동일한 생각을 다른 곳에서도 다음과 같이 훌륭하게 표현했다. “텍스트 바깥에는 아무것도 존재하지 않는다. …… 거기에는 차별적 지시의 연쇄 속에서만 나타날 수 있는 보충, 즉 치환적 의미작용만이 존재해왔을 뿐이다. 따라서 ‘실제적인 것’은 오직 보충의 흔적과 호소 등으로부터 의미를 획득하게 될 때에만 잇따라 발생하고 덧붙여질 뿐이다. 그리고 이 같은 방식이 무한히 계속된다.”[39] 실제로 후기구조주의가 영어권에서 수용되어온 가장 유력한 방식은 언어적 관념론linguistic idealism의 한 형태, 즉 리처드 로티가 ‘텍스트주의textualism’라고 부른 것으로

---

38 J. Derrida, *Writing and Difference*(London, 1978), pp. 279, 280.

39 J. Derrida, *Of Grammatology*(Baltimore, 1976), pp.158~159.

서이다. 그것에 따르면, 세상은 우리가 그것에 대해 말하는 방식과는 무관하게 존재하는 것이 아니라, 담론 속에서 구성된다.[40] 하지만 이는 오해이며, 성격이 전혀 다른 사상가들 – 특히 데리다, 푸코 그리고 철학자 질 들뢰즈 – 에 의해 다양한 방식으로 이루어진 작업이 '후기구조주의'와 '포스트모더니즘'이라는 명칭하에, 특히 미국시장에서 거래되어온 의문스러운 방식을 보여준다.

후기구조주의의 의의는, 데리다나 푸코가 우리가 책상과 나무에 관해 말하지 않을 때에도 책상과 나무가 존재한다는 것을 부정하고 싶어 했다기보다는, 소쉬르식 언어모델의 전복이 니체에서 비롯된 몇몇 주제를 추구할 수 있는 공간을 창출했다는 데에 있다. 그런 까닭에 만약 역사가 더 이상 구조를 갖지 않는다면, 운과 우연성이 훨씬 더 큰 중요성을 획득할 수 있을 것이다. 유사하게, 만약 담론이 세상을 반영하지는 않지만 어떤 의미에서 세상을 구성한다면, 어쩌면 과학적 이론도 지배전략의 요소들로 이해될 수 있을지 모른다. 권력에 대한 니체식의 몰입 또한 많은 프랑스 지식인들이 정치적 관심을 표명하는 데 도움을 주었다. 1968년 5월의 실패에 대한 환멸, 그것이 어떤 근본적 사회변동을 산출하는 데 미친 영향, 그리고 소련, 중국, 캄보디아와 그 밖의 다른 지역에서 자행된 범죄의 매우 뒤늦은 발견은 역사가 지배형태들의 연속이라는 견해를 고무했다.

알튀세르식 마르크스주의는 이처럼 정치적·지적 환경의 변화에 매우 취약하다는 것이 증명되었다. 그것은 부분적으로 알튀세르와 그의 추종자들이 스탈린주의에 대해 매우 피상적인 설명만을 제시하는 경향이 있었기 때문이었다. 즉 그들은 그것의 원인을 이데올로기적 변형에서 찾는다. 그러나 알튀세르의 마르크스주의의 재구성은 그 내부에 중요한 개념적 긴장을 포함하고 있었다. 첫째로, 그의 총체성 개념은 매우 모호하다. 한편으로, 우리

---

40 R. Rorty, *The Consequences of Pragmatism* (Brighton, 1982), p. 141.

가 위에서 살펴본 바와 같이, 그것은 (자기영속적인 구조가 자신의 필요에 따라 개인을 틀 지운다고 보는) 일종의 구조기능주의를 함축하는 것처럼 보인다. 다른 한편으로, 알튀세르는 상대적으로 자율적인 복수의 심급들로 이루어진 그의 '구조들의 구조'가 어떻게 독립적인 요소들의 단순한 집합체라기보다는 진정한 총체를 구성하는지에 관해 가장 형식적인 설명들을 제공할 뿐이다. 둘째로, 그는 모든 과학은 자기 자신의 내적 타당성 기준을 가진다고 주장한다. 달리 말해, 그는 칼 포퍼가 과학적 이론과 비과학적 이론을 구분할 수 있다는 것에 근거하여 '구획기준demarcation criterion'이라고 부른 것을 부정한다. 그리하여 그것의 난점은 우리가 하나의 이론적 문제틀이 과학적인지 아니면 이데올로기적인지를 말할 수 있는 어떠한 방법도 가지지 못한다는 것이다. 그렇다면 왜 그와 같은 어떤 차이가 존재한다는 것을 부정하려는 유혹에 빠져, 모든 이론적 담론은 과학 외적인 이해관심에 의해 구성된다고 주장한다고 해서는 안 되는가?

따라서 알튀세르식 마르크스주의가 안고 있는 결함은 그것이 1970년대 중반부터 입지를 다지기 시작한 니체식 사회이론 유형에 보다 가까운 어떤 것으로 무너져버리기 쉽다는 것이었다. 이 같은 전환을 완수한 핵심 인물이 푸코였다(스스로 '니체식 공산주의자'라고 칭한 것처럼, 비록 그가 1950년대 초반 잠시 동안 PCF 당원이었지만, 그는 결코 '마르크스주의자'라고 주장한 적은 없었다[41]). 그의 영향력은 주로 일련의 텍스트들을 통해 표출되었다. 그 텍스트들은 형식적으로는 지성사 장르에 속했지만, 실제로는 새로운 형태의 역사서술을 보여주는 것이었다. 푸코 자신은 다음과 같이 말했다. "나의 책들은 철학적 논문이나 역사적 연구가 아니다. 그것들은 기껏해야 역사적인 문제영역들을 연구하기 위해 설정한 철학적 파편들일 뿐이다."[42] 후일 그는 다음과 같이 상

41 M. Foucault, *Remarks on Marx*(New York, 1991), p. 51.

세히 설명했다.

> 역사에 의지하는 것 ― 이는 적어도 20년 동안 프랑스 철학사상의 중대한 사실
> 들 중 하나이다 ― 은 존재하는 것이 항상 그러했던 것은 아니라는 것 ― 즉 우
> 리에게 가장 분명한 것처럼 보이는 것도 불확실하고 덧없는 역사의 과정을 경과
> 하는 동안 우연한 만남과 기회가 결합하면서 형성된다는 것 ― 을 보여주는 데
> 역사가 기여하는 정도만큼만 유의미하다.[43]

  푸코의 1960년대 저술들은, 우리가 앞에서 살펴본 것처럼 언어에 대한 일
반적인 구조주의적 입장에 의해 영향 받았다. 그러나 1960년대가 끝나갈 무
렵, 그는 그 자신이 '고고학'이라고 부른 것을 실천하고 있다고 생각하기에
이르렀다. 그의 고고학적 작업은 "담론을 (내용이나 표상을 지시하는 요소들을 의
미화하는) 기호군群으로 (더 이상) 간주하는 것이 아니라 담론이 이야기하는
대상들을 체계적으로 형성하는 실천으로 간주하는 것으로 이루어진다."[44]
'담론적 실천discursive practice'은 특정 담론들의 접합과 그러한 담론들이 자신
의 정체성을 획득하는 제도적 맥락으로 구성되며, 거기서는 어떠한 용어 ―
담론적이든 비담론적이든 간에 ― 도 다른 것으로 환원될 수 없다. 이처럼 이 단
계에서조차 푸코는 언어의 자율성이라는 관념을 넘어서고 있었다.
  담론적인 것과 비담론적인 것의 관계에 대한 만족스러운 설명에 도달하
기 위해서는 결국 니체에 의지할 수밖에 없다. 푸코는 핵심적 텍스트인 「니
체, 계보학, 역사Nietzsche, Genealogy, History」(1971)에서 권력에의 의지라는 교

---

42 M. Foucault, "Questions of Method," *I&C* 8(1981), p. 4.

43 Foucault, "Structuralism," p. 207.

44 M. Foucault, *The Archaeology of Knowledge* (London, 1972), p. 49.

476 ｜ 사회이론의 역사

의를 받아들인다. 그는 다음과 같이 말한다. "인류가 점차 전투에서 전투로 나아가지 못할 때, 비로소 인류는 마침내 법의 규칙이 전쟁 상태를 대체하는 보편적 호혜성에 도달한다. 이제 인류는 자신의 폭력성 모두를 규칙의 체계에 귀속시키고, 그리하여 지배에서 지배로 나아간다." 그는 또한 니체의 과학적 이성비판을 신봉한다.

> 외관상, 더 정확히 말하면, 그것이 쓰고 있는 가면에 따르면, 역사적 의식은 중립적이며, 열정도 없고, 오직 진리에만 헌신한다. 그러나 만약 그것이 스스로를 점검해볼 경우, 그리고 보다 일반적으로 자신의 역사 속에 존재하는 다양한 형태의 과학적 의식을 심문해볼 경우 그것은 그 같은 형태와 변형들 모두 권력에의 의지의 여러 측면들 – 본능, 열정, 심문자의 헌신, 대단한 치밀함, 악의 – 이라는 것을 발견하게 된다.[45]

그리하여 고고학, 즉 담론적 실천에 대한 역사적 기술은 계보학이 되며, 그것의 대상은 '권력-지식power-knowledge'이다. 『규율과 처벌Discipline and Punish』(1975)에서 푸코는 다음과 같이 선언한다. "어떠한 권력관계도 그것에 상응하는 지식영역이 구성되지 않고는 존재하지 않는다. 그와 동시에 어떠한 지식도 권력관계를 전제하거나 구성하지 않고는 존재하지 않는다."[46] 우리는 특정 역사적 시기를 구성하는 인식틀, 즉 근원적인 개념구조를 재구성하고자 시도하는 대신에, 지배적인 권력-지식 '장치' – 즉 "담론, 제도, 건축 형태, 규제적 결정, 법, 행정적 조치, 과학적 진술, 철학적·도덕적·박애적 명제, 요컨대 말해진 것들뿐만 아니라 말해지지 않은 것들까지로 이루어진 매우 이질적인 총체" – 를 찾

---

45 P. Rabinow, ed., *The Foucault Reader*(Harmondsworth, 1986), pp. 85, 95.

46 M. Foucault, *Discipline and Punish*(London, 1977), p. 27.

아내야만 한다.[47]

우리의 목적에서 볼 때, 푸코의 권력-지식 이론은 세 가지 결정적인 요소를 가지고 있다. 첫째로, 거기에는 그의 권력 개념이 자리하고 있다. 권력은 복수의 구체적인 제한된 관계들로 이루어져 있다(그리고 이것들이 함께 모여 사회체social body를 구성한다). 권력은 어떤 주체 – 그것이 개인적이든 집합적이든 간에 – 의 속성도 아니며, 또한 권력행사가 포괄적인 전략의 추구에 달려 있는 것도 아니다. 오히려 복수의 제한적 전술들이 특정 권력-지식 장치에 대해 기능적이 되는 방식으로 우연히 결합한다. 게다가 권력은 부정적이지 않다. 즉 권력은 독립적으로 형성된 주체들의 창의성을 억압하거나 통제하는 것을 통해 작동하지 않는다. 그와는 반대로 권력은 생산적이다. 특히 권력은 이데올로기라는 매개물에 의존하기보다는 인체에 직접적으로 작용함으로써, 인간을 개인으로 변형시키는 동시에 그들에게 사회체 내의 지위를 할당한다. 결국, "권력이 존재하는 곳에, 저항이 존재한다." 권력관계는 자신의 작동에 필수적 조건인 '저항의 지점'을 산출한다.[48]

둘째로, 이 같은 권력이론은 계속해서 주체에 대해 반인본주의적으로 비판한다. 이를테면 푸코는 자신이 레비스트로스, 라캉, 알튀세르와 공유하는 한 가지 입장은 "주체이론에 의문을 제기하는 것"이라고 자인한다.[49] 그는 이러한 도전을 그들보다 한층 더 진전시킨다.

특정 신체, 특정 몸짓, 특정 담론, 특정 욕망이 개인을 확인하고 구성하게 되는 것은 이미 권력이 주요한 효과를 발휘하고 있는 것들 중의 하나이다. 즉 개

---

47 M. Foucault, *Power-Knowledge*, ed. C. Gordon(Brighton, 1980), p. 194.

48 M. Foucault, *The History of Sexuality*, I(Hannondsworth, 1981), p. 95.

49 Foucault, *Remarks*, p. 58.

인은 권력과 대응하는 것이 아니다. 내가 생각하기에, 개인은 권력의 주요한 효과들 중 하나이다. 개인은 권력의 한 가지 결과이다. 개인은 권력의 효과인 동시에, 또는 정확히 개인이 권력의 효과인 만큼, 개인은 권력을 표현하는 요소이다. 권력이 구성해낸 개인은 동시에 권력의 매체이다.[50]

따라서 『규율과 처벌』은 19세기 초반 새로운 권력-지식 장치의 출현을 추적한다. 그것은 처벌의 성격 변화를 통해 예증된다. 권력은 (범죄자의 짓이겨진 신체를 통해 절대군주의 주권을 입증하는 데 기여하는) 처참한 공개 처형에 더 이상 의지하지 않는다. 투옥은 포괄적인 규칙체계의 적용을 함축하며, 수감자에 대한 지속적인 감시를 통해 강화되는 그 같은 규칙들은 행위의 규제와 변화를 추구한다. 감옥은 '규율사회disciplinary society'를 실현하는 일련의 새로운 제도들 ─ 학교, 공장, 병영, 병원은 그것의 또 다른 실례들이다 ─ 중의 하나이다.

규율의 역사적 순간은 인간신체에 대한 기술이 탄생하는 순간이었다. 왜냐하면 그것은 인체능력의 증대와 신체에 대한 정복의 강화를 지향할 뿐만 아니라, 그 같은 메커니즘 자체 속에서 신체가 점점 유용해지는 만큼 인체를 더 순종적이게 만드는, 그리고 그 역도 성립하는 관계의 형성을 지향하기 때문이다. 그리하여 형성된 것이 신체에 작용하는 강압수단, 즉 신체의 구성요소, 몸짓, 그리고 행동에 대한 계산된 조작이었다. …… 그것은 다른 사람들이 우리가 원하는 것을 하게 할 뿐만 아니라, 우리가 결정하는 기술, 속도, 효율성에 따라 우리가 원하는 대로 일하도록 하기 위해 우리가 다른 사람들의 신체를 어떻게 통제할 수 있는지를 규정한다. 따라서 규율은 종속되고 훈련된 신체, 즉 '유순한 신체'를 탄생시킨다.[51]

---

50 Foucault, *Power-Knowledge*, p. 98.

셋째로, 푸코의 계보학은 근대성에 관한 근본적인 비판을 포함하고 있다. 우선, 프랑스혁명 이후의 근대사회의 출현은 해방 과정의 시작을 의미하기는커녕 단지 또 다른 권력-지식 장치가 규율의 모습으로 설치되는 것이었다. 자유자본주의뿐만 아니라 그것의 다른 한쪽으로 가정되는 마르크스주의 역시 그로부터 결과하는 지배 형태와 연루되어 있었다. 푸코는 "1968년 이후에 발생한 것과 이론異論의 여지는 있지만, 1968년을 가능하게 만든 것은 심히 반마르크스주의적인 그 무엇"이라고 주장했다.[52] 그가 보기에, 특정 형태의 억압과 싸우는 운동들의 폭발은 모든 관심을 계급착취에 두는 역사유물론의 틀 내에서 다룰 수 없는 것이었다. 1970년대 초반, 푸코는 그러한 운동 중 하나인 감옥제도와 관련된 활동에 개인적으로 참여했다. 그 같은 참여는 『규율과 처벌』의 배경의 중요한 일부를 이루고 있다. 그 같은 활동은 푸코가 마오주의적 단체인 고슈 프롤레타리엔Gauche Proletarienne의 지지자였던 시기에 이루어졌다. 이러한 환경에 이끌렸던 지식인들 중 많은 사람들이 1970년대 후반 우파로 선회했으며, 그리하여 수용소군도는 마르크스 자신의 사상의 논리적 귀결이라고 주장하는 신철학nouvelle philosophie을 탄생시켰다(앞의 11.1절 참조). 이러한 일반적 조류에 편승하여, 푸코는 다음과 같이 선언했다.

스탈린주의는 분명 마르크스와 그 이전의 다른 사상가들의 담론이었던 하나의 흠 없는 정치담론을 '다소' 벌거벗겨진 진실이었다. 강제노동수용소에서 우리는 유감스러운 오류의 결과가 아니라 정치질서 속에서 가장 '진실한' 이론이 초래한 결과를 목도한다. 마르크스의 진짜 수염과 스탈린의 가짜 코를

---

51 Foucault, *Discipline*, pp. 137~138.
52 Foucault, *Power-Knowledge*, p. 57.

대립시킴으로써 스스로를 구원하는 데 도움이 되고자 했던 사람들은 시간을 낭비하고 있다.[53]

그러나 푸코의 근대성 비판은 과학적 이성 자체로까지 확장된다. 그의 권력-지식 개념은 조야한 도구주의가 아니었다. 즉 권력관계와 지식 형태 간의 관계는 양방향적 관계이다. 그럼에도 불구하고 그 개념은 그로 하여금 일종의 니체식 관점주의에 빠지게 한다. 그것에 따르면, 모든 지식체계는 그것이 체현하고 있는 특정한 권력에의 의지와 관련하여 세밀하게 탐색되어야만 한다. 보다 구체적으로 말하면, 푸코가 도전했던 것은 바로 근대 과학적 합리성의 객관성 주장이었다. 그는 다음과 같이 말한다.

> 합리성은 16세기에 시작하여 역사적으로 그리고 지리적으로 서구에 한정되어 있었다. 만약 그와 같은 특정 형태의 합리성이 활용되지 않았더라면 서구는 자신만의 독특한 경제적·문화적 결과를 이룩하지 못했을 것이다. 오늘날 우리가 합리성 – 우리가 더 이상 받아들이지 않으면서도, 자본주의사회의 그리고 어쩌면 또한 사회주의사회의 전형적인 억압 형태라고 지적하는 – 을, 그것을 규정짓는 권력의 메커니즘, 절차, 기술 그리고 결과와 구분할 수 있는 방법은 무엇인가? 계몽주의의 약속, 즉 이성을 활용하여 자유를 획득하겠다는 약속은 이성의 영역 자체 내에서 전복되어왔다고, 다시 말해 그것은 자유를 위한 공간을 점점 더 축소하고 있다고 결론 내릴 수밖에 없지 않은가?[54]

물론 이것은 베버와 프랑크푸르트학파 모두가 씨름했던 그런 종류의 문

---

53 M. Foucault, "La Grande Colère des faits," *Le Nouvel Observateur*, 9 May 1977, p.84.
54 Foucault, *Remarks*, pp. 117~118.

제이다. 말년에 푸코는 그들의 중요성을 인정했다. 이를테면 그는 다음과 같이 말했다. "만약 내가 [1950년대와 1960년대에] 프랑크푸르트학파를 잘 알고 있었더라면 …… 그처럼 숱하게 바보 같은 말들을 하지는 않았을 것이며, 또한 내가 초라한 행로를 추구하고자 시도하는 동안(그러는 동안에 길은 프랑크푸르트학파에 의해 열려 있었다) 그랬던 것처럼 그렇게 많이 우회하지도 않았을 것이다."[55] 하지만 이 같은 비교는 푸코의 계보학에 존재하는 중요한 모순을 드러내준다. 아도르노와 호르크하이머처럼, 그도 자신이 재구성하는 지배의 역사에 관해 비판적 자세를 취한다. 그들처럼, 그 또한 이러한 입장을 취할 수 있는 관점을 결여하고 있다(앞의 10.3절 참조). 그의 계보학적 역사는 어떠한 권력에의 의지를 표현하고 있는가?

때때로 푸코는 자신의 텍스트들이 어떠한 진리치truth-value를 가진다는 것을 부정함으로써, 이 문제를 회피하고자 한다. 그는 다음과 같이 말한다. "나는 내가 오직 허구 말고는 어떤 것도 기술하지 않았다는 것을 잘 알고 있다." 그러나 이러한 주장은 그가 자신의 책 속에서 드러내는 역사적 연구와 서사구성의 노력과 모순된다. 그리고 만약 그것들이 허구라면, 그것들은 그가 분명히 그럴 것이라고 희망한 것처럼 어떻게 정치적으로 사용되는가? 그는 계보학이 "지식의 과학적 위계화나 지식권력에 내재하는 효과와는 대조적으로 …… 제한적 지식들의 재활성화에 기초"한다고 말한다.[56] 이는 계보학과 특정한 제한적 형태의 저항 간에 일정한 관계가 있음을 시사한다. 그러나 저항은 그 자체로 하나의 미스터리이다.

푸코는 "권력이 있는 곳에 저항이 있다"고 주장한다. 그렇다면 무엇이 저항의 원천인가? 다른 사상가들은 이 질문에 대한 답을 가지고 있다. 마르크

55 Foucault, "Structuralism," p. 200.

56 Foucault, *Power-Knowledge*, pp. 193, 85.

스에서 착취자와 피착취자 간의 적대적 관계는 필연적으로 계급투쟁을 야기한다. 니체는 실재가 단지 경합하는 권력중심들로 구성되어 있을 뿐이라고 생각한다. 그러나 푸코는 권력이 개인을 구성하며, 그런 다음 권력은 개인을 통해 작동한다고 주장한다. 게다가 권력을 피할 수 있는 길은 존재하지 않는다. 그는 다음과 같이 말한다. "내가 보기에는, 권력은 '항상 이미 거기에' 존재하고, 그 누구도 결코 권력 '밖에' 존재하지는 않는다. 즉 그 안에서 노닐던 체계로부터 벗어나고자 하는 사람들에게는 어떠한 '여지'도 존재하지 않는다."[57] 권력이 주체가 그렇게 하기를 원할 때를 제외하고는, 권력주체들이 권력에 저항할 수 있는 방법을 찾기란 어려워 보인다. 그리고 실제로 특정 형태의 저항에 관한 푸코의 논의는 그와 같은 저항을 주요 장치들이 자신을 재구조화하고 근대화하는 기회라고 묘사하는 등, 종종 매우 기능주의적이다. 그는 어떤 경우에는 근대적 권력-지식 장치의 한 가지 측면인 "섹슈얼리티 장치를 신체와 쾌락"에 대치시켜야만 한다고 말한다.[58] 그러나 이것은 문명에 의해 억압된 자연인이라는 루소의 관념 – 이는 푸코의 나머지 저술들과는 전적으로 어울리지 않는 개념이다 – 에 의지하는 것처럼 보인다.

그럼에도 불구하고 1984년 6월, 그의 사망 바로 직전에 출간된 『섹슈얼리티의 역사』 제2권과 제3권에서, 푸코는 권력-지식의 폐쇄체계에서 벗어날 수 있는 방법을 지적한다. 그는 이 『섹슈얼리티의 역사』를 1970년대 중반에 집필하기 시작했다. 처음에 그의 목적은 그가 프로이트에게 귀속시켰던 관념 – 즉 섹슈얼리티는 일종의 자연적 실체이지만 최근까지도 우리는 억압에 의해 그것에 접근하는 것이 금지되어왔다는 생각 – 을 무너뜨리는 것이었다. 그는 섹슈얼리티는 자연적 실체가 아니라 구체적인 권력-지식 맥락 속에서 형성되는 역

---

57 Foucault, *Power-Knowledge*, p. 141.

58 Foucault, *History*, p. 157(번역을 수정하여 인용함).

사적 구성물이라고 주장한다. 둘째로, 그는 섹슈얼리티의 탐구를 통해 우리의 내적 본성을 밝히고자 하는 시도는 정신분석학 덕분이 아니라 초기 기독교 시대에서 그 원인을 찾을 수 있음을 보여주고, 그것을 통해 "어떻게 인간이 자신의 진실의 비밀이 성의 영역에 존재하는지를 배우게 되는지"를 입증하고자 한다.[59]

그 결과, 푸코는 고전 고대의 역사 속으로 훨씬 더 거슬러 올라갈 필요가 있다는 것을 발견한다. 그렇게 함으로써, 그는 자신의 이론적 기획의 성격을 정교화했다. 이를테면 그는 다음과 같이 선언한다. "나의 목표는 …… 우리 문화 속에서 인간이 주체로 만들어지는 방식의 역사를 창출하는 것이었다. …… 따라서 나의 연구의 일반적인 주제는 권력이 아니라 주체이다."[60] 토머스 플린Thomas R. Flynn이 논평하듯이, "그의 연구의 연속적 변화의 각 국면에서, 푸코는 이전의 방향 전환을 그다음에 무엇을 연구할지를 제시하는 것으로 간주한다."[61] 이를테면 『섹슈얼리티의 역사』 제2권과 제3권에서 그는 '자아의 기술technology of the self'이라는 개념을 도입한다. 즉 이는 "개인들이 그들 자신의 수단에 의해 그들 자신의 신체, 영혼, 사고, 행동에 일정한 효과를 미칠 수 있는 기법이다. 이는 어떤 의미에서는 자신을 변형시키고 개조함으로써 완벽, 행복, 순수, 초자연적 권력의 일정한 상태에 도달하기 위한 것이다."[62] 푸코가 그 같은 기술의 주요한 예로 제시한 것이 바로 고대 아테네

---

59 Foucault, *Power-Knowledge*, p. 214.

60 Foucault, "The Subject and Power," appendix to H. Dreyfus and P. Rabinow, *Michel Foucault* (Brighton, 1982), pp. 208~209.

61 Thomas R. Flynn, "Truth and Subjectivation in the Later Foucault," *Journal of Philosophy*, 82(1985), p. 532.

62 M. Foucault and R. Sennett, "Sexuality and Solitude," in *London Review of Books: Anthology One*(London, 1981), pp. 171~172.

484 | 사회이론의 역사

시민들이 도시와 가정 모두에서 비시민들 – 여성, 어린이, 노예 – 을 통치하는데 필요한 자기통제력을 발전시키기 위해 수행한 절제enkrateia의 관행이다.

푸코가 『쾌락의 활용The Use of Pleasure』(1984)에서 이 같은 '존재의 미학 aesthetics of existence'에 대해 제시하고 있는 설명은, 니체가 '마지막 인간'이라는 따분한 범인凡人 가운데서 '초인'이 탄생하려면 반드시 필요한 '자기극복'의 관행에 관해 기술한 것을 강력하게 연상시킨다(앞의 5.3절 참조). 그러나 우리의 목적에서 중요한 것은 푸코가 그것들을 주체가 자신에게 영향을 미치고 또 자신을 형성하는 자기구성과정으로 간주한다는 것이다. 적어도 이것은 그의 1970년대 '중기' 저술들과 비교할 때 강조점이 현저하게 변화했음을 의미한다. 이 같은 변화의 징후를 보여주는 또 다른 것은, 푸코가 "계몽이란 무엇인가?"라는 칸트가 처음으로 제기한 질문을 채택하고 있는 후기 텍스트이다. 그는 자신이 "계몽주의의 '공갈'"이라고 지칭한 것 – 달리 말해 "우리는 계몽주의에 '찬성'하거나 또는 '반대'해야 한다"는 관념 – 을 거부한다. 그러나 동시에 그는 인본주의 – 그가 계속해서 반대하는 – 와 계몽주의가 동일한 것이 아니라고 주장한다. 그리고 그는 계몽주의 프로젝트는 기껏해야 "하나의 태도, 에토스, 철학적 삶 – 우리의 존재에 대한 비판이 우리에게 부여되는 한계에 대한 역사적 비판 및 그 한계를 넘어서려는 실험과 하나인 – 으로 계속된다고 시사한다.[63] 이것은 푸코와 프랑크푸르트학파가 수렴하고 있으며, 그 속에서 이성을 권력에의 의지의 한 가지 표현으로 환원하는 니체는 더 이상 당연한 것으로 간주되지 않는다는 것을 재차 시사한다.

---

63 Rabinow, ed., *Foucault Reader* pp. 42, 43, 50.

11.4 전통의 계승: 하버마스와 부르디외

푸코의 저술들은 현재 '포스트모더니즘'이라는 명칭과 분명하게 구분되지 않는 종류의 근대성 비판에서 특히 눈에 띄는 사례 중 하나이다(그 같은 사조의 본보기라고 간주되는 그와 여타 인물들이 그 같은 묘사를 아무리 거부한다고 할지라도[64]). 그가 직면한 난점 — 특히 이 같은 비판을 하게 만드는 이론적·정치적 관점을 구체화하는 데 따르는 난점 — 은 유독 그만의 문제는 아니다. 즉 우리는 이 같은 난점이 좀 더 조야하고 덜 흥미로운 방식에서이기는 하지만, 이를테면 문화이론가인 장 보드리야르Jean Baudrillard의 저작에서 반복되고 있음을 발견할 수 있다. 그러나 그 내용을 지나치게 곡해하지 않으면서도 포스트모더니즘적인 것으로 묶일 수 있는 이론들이 현대의 지적 풍경 모두를 장악하고 있는 것은 아니다. 여전히 많은 사상가들이 사회이론의 고전적 전통이라 부를 수 있는 것 — 무엇보다도 마르크스, 뒤르켐, 베버에 의해 대표되는 — 을 (그토록 많은 20세기 사상을 특징지은) '언어혁명'에 응답하는 방식으로 추구해왔다.

그들 중 몇몇은 마르크스주의자이다. 하지만 다른 사람들은 분류하기가 더욱 어렵다. 후자에 속하는 인물 중에서도 가장 흥미로운 두 명의 현대사회이론가가 위르겐 하버마스와 피에르 부르디외이다. 따라서 나는 이들의 저작에서 드러나는 중요한 주제들 중 몇 가지를 논의하는 것으로 이 장을 마치고자 한다.

(1) 이성의 치유력: 하버마스. 하버마스는 프랑크푸르트학파의 주요한 지적 후계자이다.[65] 그러나 그는 어떤 점에서도 호르크하이머와 아도르노의

---

64 예컨대 Foucault, "Structuralism," pp. 204~205를 보라.
65 하버마스(Jürgen Habermas, 1929~)는 뒤셀도르프에서 태어나 굼머스바흐에서 성장

무비판적인 제자가 아니다. 그는 자신이 '수행모순'이라 칭한 것이 『계몽의 변증법』에 내재하고 있다고 지적한다. 그는 다음과 같이 말한다. "만약 그들이 …… 여전히 비판을 계속하기를 원한다면, 모든 합리적 기준의 타락에 관한 자신들의 설명을 위해 그들은 적어도 한 가지 합리적인 기준은 손대지 않은 채로 남겨두어야 할 것이다."[66] 흥미롭게도 호르크하이머와 아도르노는 그들이 나눈 서신에서 하버마스가 속행했던 것과 정확히 같은 방식으로 막연하게나마 그 같은 역설을 해소하고자 했다. 이를테면 호르크하이머는 다음과 같이 쓰고 있다. "언어는 화자의 심리학적 의도와는 전혀 무관하게 화자의 보편성, 즉 오직 이성에게만 귀속되어온 보편성을 의도한다. 이 같은 보편성의 해석은 필연적으로 옳은 사회correct society라는 관념으로 이어진다." 이를테면 그는 다음과 같이 언급한다.

누군가와 이야기한다는 것은, 기본적으로 그가 자유로운 인간들로 구성되는 미래의 결사체의 하나의 가능한 성원이라고 인정한다는 것을 의미한다. 담화는 진리를 지향하는 하나의 공유된 관계를 확립하고, 그리하여 또 다른 존재, 실제로는 모든 형태의 존재를 그들의 능력에 따라 마음속 깊이 긍정하는 것이

했다. 그의 아버지는 그곳의 상업회의소 소장이었다. 괴팅겐, 취리히, 본 대학교에서 수학했다(1949~1954년). 1956년 아도르노의 연구조교로 프랑크푸르트 사회조사연구소에 합류했다. 호르크하이머가 프랑크푸르트 대학교에서 그의 교수자격논문의 작성을 가로막고 나선 후, 마르부르크 대학교에서 볼프강 아벤드로트(Wolfgang Abendroth)의 지도하에 그것을 완성했다. 하이델베르크 대학교 특임교수(1961~1964년), 프랑크푸르트 대학교 철학 및 사회학 교수(1964~1971년), 스탐베르크의 막스 프랑크 연구소 소장(Max Planck Institute, 1971~1982년)을 지내고, 현재 프랑크푸르트 대학교 철학교수로 있다(1982~).

66 J. Habermas, *The Philosophical Discourse of Modernity*(Cambridge, 1987), pp. 119, 126~127.

다. 담화가 어떠한 가능성도 부정할 때, 그것은 필연적으로 스스로를 부정하는 것이다.[67]

비록 아도르노가 이러한 생각을 인정하기는 했지만, 이러한 생각은 그와 호르크하이머의 출판된 어떤 저술 속에서도 등장하지 않는다. 하지만 이것은 하버마스의 의사소통행위이론theory of communicative action의 중심 사상이 된다. 그는 "우리의 첫 문장은 보편적이고 구속받지 않는 합의라는 개념의 의미를 명료하게 표현하고 있다"고 말한다.[68] 모든 담화행위에는 화자가 무엇을 주장하고 명령하건 간에, 화자는 청자에게 그것을 받아들여야 하는 타당한 이유를 제시해야 할 책임이 포함되어 있다. 이해는 청자가 이 '이행 가능한 타당성 주장'을 수용하는 것으로 이루어진다. 따라서 모든 발화 속에는 화자와 청자 간에 강요되지 않은 동의를 이루고자 하는 지향이 잠재되어 있다. 몇몇 근거 없는 도덕적 열망이나 진부한 역사철학이 아니라 바로 이 같은 지향이 우리에게 해방된 사회를 추구할 수 있는 자격을 부여해준다. 이 해방된 사회는 모든 담화행위의 텔로스telos인, 바로 그 같은 종류의 자유롭게 획득되는 동의에 기초하게 될 것이다. 즉 "화해와 자유의 유토피아적 전망은 개개인의 의사소통적 사회성communicative sociation을 위한 조건 속에 뿌리박고 있다. 그것은 종種의 재생산이라는 언어적 메커니즘 속에 붙박여 있다."[69]

오스틴L. Austin, 그라이스H. P. Grice 그리고 존 설John Searle이 발전시킨 담

---

67 Letter to Adorno, 14 Sept. 1941. R. Wiggershaus, *The Frankfurt School*(Cambridge Mass., 1994), p. 505에서 인용함.

68 J. Habermas, *Knowledge and Human Interests*(London, 1972), p. 314.

69 J. Habermas, *The Theory of Communicative Action*. I(London. 1984), p. 398.

화행위이론의 진전이자 『의사소통 행위이론The Theory of Communicative Action』 (1981)에서 가장 상세하게 설명되고 있는 이 언어철학을 통해, 하버마스는 자신이 초기 프랑크푸르트학파의 딜레마에 대한 해결책이라고 생각하는 바를 제시한다. 실제로 호르크하이머와 아도르노의 오류는 이성 일반을 그들이 '주체적 이성subjective reason'이라고 지칭한 것 — 즉 파슨스의 표현에 따르면 '무작위적인' 목적을 성취하기 위해 가장 효과적인 수단을 선택하는 것을 지향하는 베버의 도구합리성 — 과 동일시했다는 것이었다(앞의 10.3절 참조). 이처럼 축소된 이성 개념은 그들이 데카르트 이래로 서구사상을 지배해온 '의식철학philosophy of consciousness'의 틀 내에서 작업하고 있었다는 사실을 반영한다. 여기에서 주체성은 다른 주체들과 분리되어 있는 '일인극적인' 것으로, 주체성이 이용하고 통제하고자 하는 사물의 세계와 맞서 있는 것으로 인식된다. 이 같은 관점에서 볼 때, 이성은 필연적으로 도구적이며, 주체가 자연을 지배하는 것을 가능하게 하는 하나의 수단이다. 고전 마르크스주의(또는 하버마스가 실천철학 praxis philosophy이라는 부르는 것)는 이 같은 주체성 개념에 기초하고 있다. 즉 '생산패러다임production paradigm'은 인간이 노동을 매개로 하여 자연과 상호작용함으로써 구성된다고 묘사한다.[70]

오직 다음과 같은 경우에만 우리는 도구적 합리성의 작동을 비판할 수 있는 관점을 허용하지 않는 그 같은 구조로부터 탈출할 수 있다.

> 우리가 언어철학의 패러다임 — 즉 상호주관적 이해 또는 의사소통의 패러다임 — 을 지지하여 의식철학의 패러다임 — 즉 객체를 대변하고 객체와 함께 분투하는 주체 — 을 포기할 경우, 그리고 이성의 인지적-도구적 측면을 보다 포괄적인 의사소통적 합리성의 일부로 자리매김할 경우.[71]

---

70 Habermas, *Philosophical Discourse*, pp. 75~82.

그러므로 하버마스는 푸코만큼이나 자기확신적인 개별 주체를 지식의 토대로 삼고자 하는 어떠한 시도에도 비판적이다. 그러나 하버마스는 푸코의 해결책 — 니체의 이성비판을 존속시키려는 시도 — 이『계몽의 변증법』을 파멸로 이끈 것과 정확히 동일한 종류의 수행모순으로 귀착될 수밖에 없다고 생각한다. 따라서 요구되는 것이 "주체의 철학으로부터 벗어나는 또 다른 방식"이다.[72] 의사소통행위이론은 보다 광범위한 합리성 개념을 제공한다. 그것은 도구적 합리성을 '성공지향적인 행위'에 적절한 한 가지 형태의 합리성일 뿐이라고 파악한다. 성공지향적 행위는 근본적으로 의사소통적 행위와 다르다. 의사소통적 행위에서 "관련된 행위자들의 행위를 조정하는 것은 성공을 위한 이기적 계산이 아니라 이해에 도달하고자 하는 행동들이다."[73]

이처럼 언어철학은 하버마스로 하여금 그가 베버의 합리화이론의 결정적 취약점이라고 주장하는 것을 확인할 수 있게 해준다. 즉 베버의 이론은 일방적이고 협소한 이성 개념에 의존함으로써, 후일의 프랑크푸르트학파와 마찬가지로 이성을 도구적 합리성과 동일시한다.

> 베버의 직관은 선택적 유형의 합리화, 즉 들쑥날쑥한 근대화를 지적한다. 하지만 베버가 말하는 것은 사회의 합리화의 역설이지 그것의 부분적 특성이 아니다. 그가 보기에, 합리화의 변증법의 실제적 논거는 가용한 인지적 잠재력의 불균형한 제도화가 아니다. 즉 그는 합리화라는 파괴의 씨앗을 독자적인 가치영역들의 분화 자체에서 찾는다. 그리고 그러한 분화가 그 같은 잠재력을 해방시키고 또 그 같은 합리화를 가능하게 한다.[74]

---

71 Habermas, *Philosophical Discourse*, p. 390.

72 Habermas, *Philosophical Discourse*, p. 301.

73 Habermas, *Theory*, I, pp. 285~286.

따라서 근대성은 의사소통적 합리성에 내재하는 잠재성의 부분적 실현을 의미할 뿐이다. 따라서 그것은 '미완의 프로젝트'이다.[75] 하버마스는 베버와 파슨스의 뒤를 이어 근대화란 본질적으로 분화과정이라고 파악한다. 이것은 그가 '생활세계Lebenswelt'라고 명명한 것에 결정적인 영향을 미친다. 이 개념은 상이한 형태이기는 하지만 후설Edmund Husserl과 하이데거 모두에게서 발견되는 것으로, 이해는 우리가 그것을 의식적으로 인식하지 않고도 타자들의 행위와 발화를 해석할 수 있게 해주는 암묵적인 선이해pre-understanding를 전제로 한다는 관념으로부터 도출된 것이다(앞의 9.2절 참조). 생활세계는 "문화적으로 전달되고 언어적으로 조직화되어 축적된 해석유형들"이다. 이 것이 "이미 알고 있는 (그러나 다루어지지는 않는) 맥락이라는 방식으로 행위환경을 규정한다."[76] 이것이 우리가 발화를 통해 우리들 사이에서 동의를 획득하고자 할 때 당연한 것으로 간주하는 것의 배경을 이룬다.

근대성의 형성과 함께, 생활세계는 두 가지 측면에서 합리화를 겪는다. 첫째로, 우리는 독자적인 문화적 가치영역들의 분화를 목도한다. 과학, 법과 도덕, 그리고 예술은 그 자신만의 특수한 절차에 의해 규제되는 별개의 관행들로 출현한다. 베버가 '신들의 전쟁war of gods' – 즉 각기 우리에게 전혀 다르게 복종을 요구하는 경합하는 가치들의 투쟁 – 으로 묘사한 것이 바로 이 같은 발전에 해당한다(앞의 7.2절 참조). 이러한 해석은 합리성이 바로 상이한 가치영역들에서 제기되는 요구를 평가하는 형식적인 절차라는 것을 이해하지 못하게 한다.

---

74 Habermas, *Theory*, I, pp. 241~242.

75 J. Habermas, "Modernity-An Incomplete Project," in H. Foster, ed., *Postmodern Culture* (London, 1985).

76 J. Habermas, *The Theory of Communicative Action*, II(Cambridge, 1987), pp.124, 132.

베버가 이성의 실제적 통일성의 상실로부터 (복수의 경쟁하는 타당성주장들에 뿌리박고 있어 서로 화해하지 못하고 투쟁하는) 다수의 신과 악마들Glaubens-machte을 추론해내는 것은 너무나도 지나치다. 자신의 내적 논리에 따라 합리 · 화되는 복수의 모든 가치영역들 속에서 이루어지는 합리성의 통일성은, 다른 것이 아니라 타당성주장의 논증적 뒷받침이라는 형식적 수준에서 확보된다.[77]

둘째로, 근대화는 체계와 생활세계의 분화를 수반한다. 여기에서 하버마스는 뒤르켐과 파슨스가 주요 대표자인 규범적 기능주의 전통에 크게 의존한다. 모든 사회가 존재하기 위해서는 사회통합을 필요로 하며, 이를 통해 행위자들의 지향은 의사소통적 행위의 매개 속에서 조화를 이룬다. 그러나 자본주의의 발전과 함께 그 완전한 모습을 드러내는 물질적 재생산의 정명 imperatives은 "기능적으로 서로 맞물린 행위결과들로 인해 발생하는 행위의 의도하지 않은 결과들을 안정화시키는 체계메커니즘"을 형성할 것을 요구한다. 하버마스는 관료제적 국가와 시장경제가 이 같은 메커니즘의 두 가지 중요한 실례라고 논의한다. 그것들에 관한 하버마스의 분석은 파슨스의 정체政體와 경제에 관한 '하위체계'이론을 아주 면밀하게 따르고 있다(앞의 10.2절 참조). 이를테면 시장과 국가의 발전과 함께, "화폐나 권력과 같은 탈언어화된 의사소통매체가 시·공간 속의 상호작용을 그 누구도 이해하거나 책임질 수 없는 점점 더 복잡한 네트워크에 접속시킨다." 따라서 우리는 "파슨스를 따라, 사회통합을 두 가지 계열의 정명 ─ 즉 공유된 생활세계에 뿌리박고 있는 본질적으로 의사소통적인 행위자들의 이해라는 정명(사회통합)과, 우리가 완전하게 통제할 수는 없는 논리에 따라 작동하는 하위체계들의 기능적 상호의존성에 포함되어 있는 정명(체계통합) ─ 간의 계속해서 끊임없이 갱신되는 타협이라고 인식할 수 있

77 Habermas, *Theory*, 1, pp. 243, 249.

다."[78]

하버마스는 체계와 생활세계의 분화는 피할 수 없으며, 어느 정도는 바람직하다고 주장한다. "결국 마르크스의 오류는 체계와 생활세계를 변증법적으로 함께 묶어버린 것에서 기인한다." 그 결과, "그는 매체에 의해 조종되는 하위체계들은 그것들에 내재하는 진화론적 가치를 지닌다는 것, …… 즉 국가기구와 경제의 분화 역시 보다 높은 수준의 체계분화를 나타내며, 그 같은 분화는 동시에 새로운 조종가능성을 열어 놓고 낡은 봉건제적 계급관계의 재구조화를 강요한다는 것을 인식하는 데 실패한다."[79] 후기자본주의는 하위체계들의 규범적 규제 형태를 상징하는 구조와 정책 – 의회민주주의, 복지국가, 케인스적 수요관리 – 의 발전을 통해 자본과 노동 간의 계급갈등의 '제도화'를 수반한다.

그러하다고 해서, 이러한 평가가 하버마스가 근대성과 함께 모든 것이 기본적으로 좋아질 것이라는 파슨스의 믿음을 따른다는 것을 의미하지는 않는다. 그와는 반대로, 그는 "자본주의적 근대화는 인지적-도구적 합리성이 경제와 국가의 경계를 넘어 의사소통적으로 구조화된 여타의 삶의 영역으로 밀고 들어와, 그곳에서 도덕적-정치적 그리고 심미적-실천적 합리성을 희생시키며 지배를 달성하는 방식을 취한다"고 주장한다. 그 결과가 "생활세계의 식민화colonization of the lifeworld이다. …… 즉 (마치 식민지 정복자가 부족사회에 들어가는 것처럼) 하위체계의 정명들이 외부에서 생활세계로 진입하여, 그것에게 동화과정을 강제한다."[80] 그 결과, "화폐화와 관료제화의 과정이 문화적 재생산, 사회통합 그리고 사회화의 핵심 영역들로 침투해 들어간

78 Habermas, *Theory*, II, p. 150, 184, 233.

79 Habermas, *Theory*, II, pp. 340, 339.

80 Habermas, *Theory*, II, pp. 304, 355.

다." 이러한 과정들이 베버와 프랑크푸르트학파의 근대성비판의 이론적 핵심을 이룬다. 그러나 우리는 그들처럼 이성에 절망해서는 안 된다. 하버마스의 보다 분화된 합리성 개념은 우리에게 "그것이 체계와 생활세계 간의 교환을 제한하는 벽을 쌓고, 생활세계와 체계 간의 교환에 감지장치를 부착하는 문제"라는 점을 깨닫게 해준다.[81]

하버마스의 의사소통행위이론은 헤겔 이래 사회이론을 구성해온 문제들을 추구한 매우 인상적인 시도들 중 하나이다. 그것이 얼마나 설득력이 있는지는, 의미이론에서 그의 후기자본주의의 분석에 이르기까지 그의 체계의 모든 수준에서, 하버마스가 상호주관적 이해 또는 동의의 경향에 특권을 부여하는 방식을 어떻게 평가하는가에 크게 좌우될 것이다. 페리 앤더슨Perry Anderson의 지적처럼, "구조주의와 후기구조주의가 일종의 언어의 악마주의를 발전시켰다고 말할 수도 있는 바로 그곳에서, 하버마스는 차분하게 천사주의를 산출해왔다."[82] 이것이 온갖 형태의 갈등으로 찢겨 있는 사회세계에 대한 접근방식으로 지속될 수 있는지는 의문의 여지가 있다. 그의 후기 저작, 특히 법과 민주주의의 철학에 대한 그의 주요 연구인 『사실과 규범 사이에서Between Fact and Norm』(1992)에서, 그가 합의에 부여한 우위는 그로 하여금 규범적 비판과 설명적 사회이론 간의 간극을 체계적으로 좁히게 한다. 그는 현대 자유자본주의사회를 우리가 이성적으로 기대할 수 있는 모든 것을 숙의민주주의deliberative democracy의 방식으로 수행할 수 있는 의사소통적 자원을 이미 소유하고 있는 것으로, 그리고 군사적 개입을 통해 칸트적 영구평화의 범세계적 규범을 실현하기 시작한 것으로 묘사한다. 앤더슨이 후기 하버마스에 대한 엄중한 평가에서 지적하듯이, 그 "인상은 변명하는 듯하다.

---

81 Habermas, *Philosophical Discourse*, pp. 355, 364.

82 P. Anderson, *In the Tracks of Historical Materialism*(London, 1983), p. 64.

우리 사회는 우리가 알고 있는 것보다 낫다."[83]

(2) 경쟁과 유한성: 부르디외. 분명 하버마스의 사회이론은 부르디외의
사회이론과 극적인 대비를 이룬다.[84] 후자는 강제되지 않는 동의를 향한 움
직임이 아니라 끊임없는 투쟁의 전망을 제시한다.

> 따라서 사회세계의 모든 상태는 일시적인 균형 ─ 즉 통합되어 있거나 제도화
> 된 분류와 분배 간의 조정이 항상적으로 깨지고 회복되는 역학관계 속에서의 한
> 순간 ─ 에 다름 아니다. 바로 그 분배의 원리인 투쟁은, 희소재화를 전유하려
> 는 헤어날 수 없는 투쟁이자 분배를 통해 현시되는 권력관계를 인식하는 정당
> 한 방식 ─ 즉 그 자체의 효력을 통해 그러한 권력관계를 영속화하거나 전복하는
> 데 도움이 될 수 있는 표상 ─ 을 강요하려는 투쟁이다.[85]

부르디외는 레비스트로스처럼 인류학자(그리고 나중에는 사회학자)로 선회한
철학자이다. 그는 구조적 분석 수단을 이용하는 것에서 출발하여, 알제리 카

---

83 Id., "Norming Facts," in *Spectrum*(London, 2005), p. 128. 또한 A. Callinicos, *Against Post-modernism*(Cambridge, 1989), ch. 4와 *The Resources of Critique*(Cambridge, 2006), §II 도 보라.

84 부르디외(Pierre Bourdieu, 1930~2002)는 프랑스 동남부 베아른 지역에서 공무원의 아들로 태어났다. 파리 고등사범학교에서 철학을 공부했다. 교사생활을 하다가(1955~1956년), 알제리에서 프랑스 징집병으로 복무했다(1956~1958년). 이 경험을 바탕으로 『알제리사회학 Sociologie d'Algérie』(1958)을 집필했다. 알제(Algiers) 대학교(1958~1960년), 파리 대학교와 릴르 대학교(1960~1964년)에서 가르쳤다. 고등연구원(École Pratique des Hautes Études) 연구소장(1964~1981년), 유럽사회학연구소(Centre de Sociologie Européene, 1968~2002년) 소장을 지냈고, 1981년에 콜레주 드 프랑스 사회학교수로 임용되었다.

85 P. Bourdieu(1980), *The Logic of Practice*(Cambridge, 1990), p. 141.

11. 분열? | 495

빌Kabyle의 베르베르족Berbers에 관한 연구에서 '공식적' 친족 구조와 실제 관행 간에 존재하는 체계적 불일치를 밝혀냈다. 그는 다음과 같이 결론지었다.

> 구조주의적 전통이 경제적 결정요인들로부터 거의 완전히 자립화시킨 논리적 친족관계는, 실제로는 단지 행위자들이 그러한 관계들을 가지고 만들어낸 공식적·비공식적 용도를 통해서만, 그리고 그것을 위해서만 존재한다. 친족관계를 현재 작동하고 있는 질서 속에서 유지하고 또 보다 강력하게 작동하게 만들고자 하는 행위자들의 경향은 …… 친족관계가 물질적 또는 상징적 이해관계를 만족시켜주는 유용한 기능을 실제적 또는 잠재적으로 수행하는 정도까지 고양된다.[86]

이해관계에 대한 언급은 행위agency를 사회이론 속으로 재도입한다. 악셀 호네트Axel Honneth가 시사하는 바에 따르면, "부르디외는 공리주의적 동기에 인도되어 구조주의를 극복한다. 그는 상징적 구성물 …… 또한 효용극대화의 관점에서 수행되는 사회적 활동으로 인식되어야만 한다는 가정에서 시작한다."[87] 그리고 실제로 사회의 어떤 특정 상태도 "희소재화를 전유하고자 하는 투쟁"의 산물이라는 관념은 (공리주의에 의존하고 있는) 한계효용학파의 전통이 구성한 경제모델을 일반화한 것이다. 한계효용학파에 따르면, 경쟁하는 행위자들은 희소자원을 최대한으로 활용하고자 한다. 부르디외는 "합리적 관행 ─ 즉 특정 영역의 논리에 각인되어 있는 목적을 가장 낮은 비용으로 달성하는 데 가장 적합한 관행 ─ 의 구조로 구성된 관행의 경제economy of practice ─

---

86 P. Bourdieu(1980), *The Logic of Practice*, p. 35.

87 A. Honneth, "The Fragmented World of Symbolic Forms," *Theory Culture & Society*, 3/3 (1986), p. 56.

즉 관행 속에 내재하는 이성 ─ 가 존재한다"고 주장한다. 그 같은 목적 중의 하나가 "경제주의가 인정하는 유일한 것인 화폐수익의 극대화"이다.[88]

'관행의 경제에 관한 일반이론' ─ "엄격한 경제적 관행에 관한 이론은 그중 하나의 특수한 사례이다" ─ 을 제시하면서, 부르디외가 구조주의와 전적으로 단절한 것은 아니다.[89] 이를테면 그는 자신의 입장을 특징짓기 위해 '발생적 구조주의genetic structuralism' 또는 '구성주의적 구조주의constructivist structuralism'라는 정식화들을 생각해본다. 그는 "행위자의 의식이나 욕망과 무관한, 그리고 행위자의 관행이나 표상들을 인도하거나 제약하는 객관적 구조는 상징체계, 언어, 신화 등만이 아니라 사회세계 그 자체에도 존재한다"고 생각한다.[90]

실제로 부르디외에 따르면, 사회구조는 소쉬르식의 차이의 체계system of differences이다. 차이의 체계 속에서 행위자들의 위치는 서로 간의 적대적 관계에 의해 규정된다.

> 이 객관적 관계는 자원분배에서 차지하는 위치들 간의 관계이다. 자원분배는 카드게임에서의 으뜸패처럼 (이 사회적 우주가 소재지인) 희소재화의 전유를 위한 경쟁 속에서 작동하고, 그 효력을 발휘할 것이다. 나의 경험적 조사에 따르면, 이 같은 근본적인 사회적 권력을 이루는 것이 상이한 형태의 경제적 자본, 문화적 자본, 그리고 또한 상징적 자본 ─ 상이한 종류의 자본이 정당한 것으로 인식되고 인정될 때 그것이 취하는 하나의 형태 ─ 이다.[91]

---

88 Bourdieu, *Logic*, p. 50.

89 Bourdieu, *Logic*, p. 122.

90 P. Bourdieu, *In Other Words*(Cambridge, 1990), pp. 14, 123.

91 P. Bourdieu, *In Other Words*, p. 128.

이와 같이 경제적 관행에 관한 부르디외의 일반이론은 협소한 '경제적' 자본 그 이상을 포괄하기 위하여 자본 개념을 일반화한다. 비록 부르디외가 "자본은 하나의 사회적 관계"라는 마르크스의 정식에 경의를 표하기는 하지만, 실제로는 크레이그 칼훈Craig Calhoun이 지적하듯이 "부르디외는 …… 시종일관 자본을 권력을 창출하는 하나의 자원(즉, 부의 한 형태)이라고 본다."[92] 이를테면 문화자본은 특정 사회가 정당한 것으로 인정하는 문화적 관행에 대해 누군가가 가지는 지배력의 정도이다. 교육자본 – 개인이 획득하는 공식적인 자격증 – 은 문화자본의 양을 보여주는 하나의 지표이지만 이 둘이 동일한 것은 아니다. 이를테면 문화자본은 "(상대적인) 무지 속에서의 자기확신과 친밀함 속에서의 무심함으로 이루어진 문화와의 역설적 관계 속에 존재하고, 부르주아 가족은 이를 자신의 자식에게 마치 가보인양 물려준다."[93]

상이한 형태의 자본은 서로 교환될 수 있다. 이를테면 부르주아는 자신의 자식이 봉급 또는 다른 종류의 '근로소득'의 형태로 이윤의 일부에 접근할 수 있도록 하기 위해 졸업장을 취득하는 데 투자함으로써, "경제적 자본을 교육자본으로 전환"할 수도 있다.[94] 그러한 전환 중 가장 중요한 것이 상징적 자본이다. 마르셀 모스가 『증여론』에서 분석한 '원시적' 교환에 의지하여, 부르디외는 전자본주의사회에서 부자들의 아량은 경제적 지배 계급이 감사, 존경, 의무감의 형태로 피지배 계급의 동의를 확보할 수 있는 수단으로 기여했다고 주장한다.

---

92 C. Calhoun, "Habitus, Field, and Capital," in C. Calhoun et al., eds, *Bourdieu: Critical Perspectives*(Cambridge, 1993), p. 69. P. Bourdieu(1979), *Distinction*(London, 1984), p. 113과 비교해보라.

93 Bourdieu, *Distinction*, p. 66.

94 Bourdieu, *Distinction*, p. 137.

'경제적' 관행의 '객관적' 진리 – 즉 '적나라한 사리추구'와 이기적 계산의 법칙 – 를 거부하는 것에 의해 규정되는 경제에서는 심지어 '경제적' 자본조차도 작동할 수 없다. 왜냐하면 그것의 효과에 관한 진정한 원리를 인정하지 못하게 하는 전환이 이루어져 경제적 자본도 인정받지 못하게 되기 때문이다. 상징적 자본은 정당한 것으로 인정받은 이처럼 부정된 자본, 즉 자본으로 오인된 자본이다(은혜에 대한 보답이라는 의미에서의 치하, 즉 감사는 이 같은 인정의 토대 중 하나일 수 있다).[95]

이 같은 '상징적 폭력'의 메커니즘 – "경제적 자본이 상징적 자본으로 전환하며, 경제적 토대를 가지고 있으나 도덕적 관계의 베일 아래 감추어져 있는 종속관계를 창출하는" – 은 자본주의사회에서도 마찬가지로 작동한다.[96] 실제로 특정 사회구조를 재생산하는 것은 바로 이 같은 과정이다.

상징적 자본은 인정되거나 인지된 경제적 자본 또는 문화적 자본에 다름 아니기 때문에, 상징적 자본이 그것이 강요하는 인식범주들에 따라 인지될 때, 상징적 권력관계는 사회적 공간구조를 구성하는 권력관계를 재생산하고 강화하는 경향이 있다.[97]

따라서 부르디외는 사회계급에 관한 적절한 설명이 되기 위해서는 상징적 자본이라는 차원을 고려해야만 한다고 생각한다. 그에 따르면, "계급은 생산관계에서 차지하는 위치에 의해서 규정되는 것만큼이나 …… 그것의 존

---

95 Bourdieu, *Logic*, p. 118

96 Bourdieu, *Logic*, p. 123.

97 Bourdieu, *In Other Words*, p. 135.

재 – 즉 그것의 소비 – 에 의해 인식되는 그것의 존재에 의해서도 규정된다(비록 전자가 후자를 지배하는 것이 사실이기는 하지만)." 그의 가장 유명한 책인 『구별짓기Distinction』(1979)는 이 계획을 충실하게 수행한다. 특히 (비록 전적으로는 아니지만) 예술과 관련하여 상이한 계급위치의 담지자들의 취향 양식에 관한 경험적 연구를 통해, 부르디외는 현대사회에 침투하여 그것을 구성하는 끝없는 분류투쟁을 탐구한다. 현대예술은 문화적 생산의 자율성을 전제하며, 이는 다시 현대예술을 특권화한다. 그에 따르면, "예술가는 현대예술의 지배자 – 즉 형식, 방법, 스타일 – 이지, '신하' – 즉 필연적으로 기능에 종속될 수밖에 없는 외적 지시대상 – 가 아니다." 이 같은 종류의 예술에 적절히 감응하기 위해서는 "대체로 예술작품과 단지 접촉하는 것만으로 획득할 수 있는 일정한 문화적 능력"이 요구된다.[98]

이 같은 '심미적 성향'은 사회 전반에 걸쳐 차별적으로 분배된다. 이것은 '대중적 심미성'과 직접적으로 대립한다. 대중적 심미성은 "예술과 삶의 연속성을 긍정하는 것에 기초하며 따라서 형식이 기능에 종속된다는 것을 함축한다." 따라서 그러한 심미적 능력의 담지자는 자율적으로 생산된 예술에 적절히 감응하는 능력을 통해 자신과 노동계급을 구별할 수 있다. 실제로 부르디외는 다음과 같이 말한다. "순수하게 심미적인 것은 하나의 윤리, 좀 더 정확히 말하면 자연세계와 사회세계의 필연성과 선택적 거리를 두고 있는 에토스에 뿌리박고 있다." 이 같은 입장은 경제적 자본의 소유를 전제로 한다. 왜냐하면 "경제적 권력이야말로 경제적 궁핍을 멀리할 수 있는 무엇보다도 중요한 하나의 권력이기 때문이다." 그러나 심미적 성향이 경제적 자본의 문화적 자본으로의 전환을 단지 반영하기만 하는 것은 아니다. '지배' 계급과 중간 계급 모두는 상당한 양의 경제적 자본을 소유한 분파(보다 높은

---

98 Bourdieu, *Distinction*, pp. 483, 3. 4.

수준의 고용주, 중간 수준의 장인과 상인)와 물질적으로는 가난하지만 풍부한 문화적 자본을 가진 분파('지배 계급'에 속하는 대학교수와 중등학교 교사, 중간 계급에 속하는 초등학교 교사)로 내적으로 분화된다. 따라서 "경제적 자본의 분배구조는 문화적 자본의 분배구조와 대칭적·대립적이다."[99]

그러므로 계급들 간에 그리고 계급들 내부에서 이루어지는 문화적 자본과 경제적 자본의 불균등한 분배는 혹독한 투쟁을 야기한다. 이 투쟁에서 각 경쟁자들은 사회적인 것 – 그리고 특히 그것 내에서 자신이 차지하고 있는 지위 – 에 대한 자신들의 정의를 다른 사람들에게 강요하기 위해 그들이 상대적으로 풍부하게 보유하고 있는 자원을 이용하고자 한다. 부르디외에 따르면, "분류투쟁은 계급투쟁의 근본적인 한 부분이다. 분파의 견해를 강요하는 힘, 즉 암묵적인 사회적 분파를 가시적이고 명시적으로 만드는 힘이 바로 우월한 정치권력이다. 이것이 바로 집단을 구성하는, 즉 사회의 객관적 구조를 조종하는 힘이다."[100]

『구별짓기』가 문화적 생산의 수요 측면 – 예술작품의 소비 – 에 대해 설명한다면, 부르디외의 보다 최근 저작인 『예술의 규칙The Rules of Art』(1992)은 공급 측면을 묘사한다. 그 책에서 그는 자율적 예술이라는 관념의 기원을 특히 제2제정시대 플로베르의 소설과 비평에까지 거슬러 올라가 추적할 뿐만 아니라, 문화생산의 장場에 관한 이론을 발전시킨다. 이것은 보다 일반적인 장이론theory of fields의 한 가지 사례이다. 장場 개념은 부르디외의 '관계적relational' 사회관을 구체적으로 표현하고 있다. 모든 장은 서로 적대적 관계에 의해 규정되는 일련의 위치들로 구성된다. 따라서 장은 이들 위치의 담지자들 사이에서 발생하는 부단한 투쟁 속에 존재한다. 19세기 동안 회화와 문

---

99 Bourdieu, *Distinction*, pp. 32, 5, 55, 120.

100 Bourdieu, *In Other Words*, p. 138.

학 모두에서 구성된 자율적 문화생산의 장은 상징적 자본을 둘러싼 생산자들 간의 경쟁이라는 형태를 띠었다. 그리고 이 경쟁에서 결정적인 것은 자신의 주장이 새로운 것임을 인정받을 수 있는 심미적 혁신자의 주장이다.

예술의 장은 좁은 의미의 '경제'의 장 ― 이 경우에는 상업출판, 화상畵商 등으로 상징되는 ― 과의 적대적 관계에 의해 규정된다. 예술의 장 내에서 상업적으로 성공한 작가나 화가는 '순수'예술가보다 상징적인 자본을 훨씬 덜 요구할 수 있다. 그러나 베버가 말하는 카리스마와 일상적인 것의 변증법의 구조를 지닌 하나의 과정 속에서, 예술의 장 내에서 성공한 예술가들은 '신성화된' 지위를 획득하는 경향이 있다. 이것이 그들로 하여금 상징자본을 경제자본으로 전환할 수 있게 해준다. 그러나 이것은 또한 그들의 작품을 보다 진부하고 덜 희소하게 만들고, 그리하여 그들은 새로운 혁신자들의 도전에 취약해진다. 예술의 장이 자율적으로 발전하면 할수록 점점 더 많은 작가와 화가들이 장의 전체 역사를 내면화하고, 그들의 선조 ― 혁신 과정이 가속화됨에 따라, 이들은 겨우 몇 년 전의 사람일 수도 있다 ― 와 동시대인들 모두에 견주어 자신들을 부정적으로 정의한다.

어느 모로 보나 『구별짓기』와 『예술의 규칙』은 중요한 저작들이다. 하지만 이것들을 읽으면서 우리는 부르디외가 소쉬르와 레비스트로스의 고전적 구조주의에 의해 영향받은 정도로 인해 놀라게 된다. 이를테면 상이한 형태의 자본과 그것의 담지자들의 성향 및 전략 간의 관계를 묘사하는 일련의 복잡한 도식을 제시할 때, 그는 "차이의 체계들 간의 상동관계"를 보여주는 것이 자신의 목적이라고 말한다.[101] 다른 한편 그는 "작가의 공간과 소비자(그리고 비평가)의 공간 간의 구조적·기능적 상동관계와 생산공간의 사회구조와 작가·비평가·소비자가 그들의 생산물에 적용하는 정신구조(이들은 자신들을

101 Bourdieu, *Distinction*, p. 126.

이 정신구조에 따라 조직한다) 간의 상응"에 관해 기술한다.[102] 자신들의 조건에서 나타나는 차별적 관계에 의해 규정되는 구조들 간의 직접적 또는 전치된 상동관계는 부르디외의 분석에서 핵심적인 설명적 역할을 수행한다.

그럼에도 불구하고 부르디외는 "구조주의와 그것의 이상한 행위철학"에 대해 격렬하게 반대한다. 그에 따르면, "레비스트로스식의 무의식적인 것의 관념에서는 암묵적으로 나타나지만, 알튀세르주의자들 사이에서 공공연하게 주장되는 구조주의 행위철학은 행위자를 구조의 …… 공연자나 담지자의 역할로 환원시킴으로써, 행위자가 사라지고 만다."[103] 그의 가장 유명한 개념인 아비투스habitus의 중요한 목적 중 하나는, 한편으로는 행위자를 구조의 효과로 환원하는 구조주의와 다른 한편으로는 구조를 단순히 개별 행위자들의 의도하지 않은 결과로 간주하는 사르트르의 방법론적 개인주의 및 존 엘스터Jon Elster와 같은 합리적 선택 이론가들 간의 대립을 극복하는 것이다.

부르디외가 아비투스를 통해 의미하고자 한 것은 계급구조 내의 구체적인 객관적 위치에 특유한 일련의 특정한 성향, 그중에서도 특히 세계를 인식하고 평가하는 수단을 이루는 범주들을 이용하는 데 필요한 실천적 능력이다. 이를테면 부르디외는 다음과 같이 말한다.

> 특정한 종류의 조건들과 연관된 조건 지어짐이 존재의 조건을 산출한다. 다시 말해 그것은 아비투스, 즉 구조를 구조화하는 지속적이며 다른 것으로 전이 가능한 성향들의 체계를 산출한다. 아비투스는 구조를 구조화하는 기능을 하는 경향이 있다. 즉 그것은 종국적으로 추구하는 의식적 목적이나 그 목적을 달성하기 위해 필요한 방법에 대한 정확한 숙달을 전제하지 않으면서도,

---

102 P. Bourdieu(1992), *The Rules of Art*(Cambridge, 1996), p. 162.

103 P. Bourdieu(1992), *The Rules of Art*, p. 179.

객관적으로 그 결과에 순응할 수 있는 관행과 표상을 발생시키고 조직하는 원리로서 기능한다. 그것은 어쨌든 규칙에 대한 복종의 산물이 아니면서도 객관적으로 '규제되고' 또 '규칙적'이기 때문에, 지휘자가 조직화한 행위의 산물이 아니면서도 집합적으로 조화를 이룰 수 있다.[104]

아비투스는 개별 행위자가 특정 사회구조의 요구에 순응하는 수단들이다. 따라서 그것은 "필요에 의해 만들어진 하나의 덕목"으로 이해되어야 한다. 즉 모든 계급의 아비투스는 상이한 종류의 자본에 대해 각 계급이 접근하는 것에 의해 규정되는 가능성들에, 이들 계급이 적응하는 방식을 반영한다. 이를테면 노동계급의 경우, "필요는 그들에게는 보통 그 단어가 의미하는 모든 것, 즉 물질적 재화의 불가피한 결핍을 포함한다." 노동계급 취향의 상대적 '수수함'은 그 이상을 넘어서는 어떠한 열망도 사회적 권력분배와 상응하지 않는다는 암묵적인 인식을 반영한다. 따라서 "사회계급은 생산관계에서의 위치에 의해서뿐만 아니라, '통상적으로'(즉 높은 통계학적 개연성에 따라) 그 위치에 결부되는 계급아비투스에 의해서도 결정된다."[105]

부르디외는 아비투스를 일련의 의식적으로 유지되는 신념과 유사한 어떤 것으로 생각하지는 않는다. 한편에서 아비투스는 글자 그대로 아주 구체적으로 표현된다. 이를테면 "육체적 요구로 변모한, 즉 운동신경조직과 신체의 자동운동으로 전환된 사회적 필요"는 상이한 종류의 음식들에 대한 취향 속에서, 그리고 사람들이 자신을 물리적으로 유지하고 순응하고 옷을 입는 등의 방식 속에서 표현된다.[106] 다른 한편으로, 아비투스는 하나의 명시적인

---

104 Bourdieu, *Logic*, p. 53.

105 Bourdieu, *Distinction*, p. 372.

106 Bourdieu, *Logic*, p. 68.

명제로 포착할 수 있는 어떤 것이 아니라, 일련의 규칙들을 의식적으로 준수하는 것으로 환원하지 않으면서도 예측할 수 있는 방식으로 광범위한 상황에 대처하는 행위자의 실천적 능력에 내재하는 모종의 암묵적인 자질이다. 여기서 부르디외의 분석은 하이데거와 후기 비트겐슈타인의 영향을 반영하고 있다. 그들에 따르면, 사회적 행동은 실천적 기술들을 숙달하는 것 – 그렇다고 공식적 표상을 따르는 것은 아니지만 – 이다. 그렇기에 이 두 사상가에게 호의적인 철학자들은 부르디외의 사회이론을 기꺼이 수용해왔다.[107]

그럼에도 불구하고 그가 구조주의와 방법론적 개인주의 간의 대립을 극복하는 데 성공했는지는 불분명하다. 아비투스는 행위자가 사회적으로 조건 지어진 결과를 보여준다. 행위자는 그것들을 자신이 활동하는 장의 요구에 맞게 변경시킨다. 부르디외는 그와 같은 예정조화pre-established harmony(그는 심지어 이 개념의 명명자인 라이프니츠에 호소하기까지 한다) 또는 '성향들의 자동적 조화spontaneous orchestration of dispositions'가 '객관적 전략'이라는 개념을 정당화한다고 생각한다. 객관적 전략이란,

> 진정한 전략적 의도의 산물이 아니면서도, 객관적으로 전략으로 조직화되는 일련의 '조처들'을 말한다. …… 만약 객관적 전략을 구성하는, 순서가 있고 특정한 방향이 있는 연속되는 행위들 속에서 각 단계가 미래예측, 특히 그것의 결과에 대한 예측에 의해 결정되는 것으로 보인다면(이것이 바로 전략이라는 개념의 사용을 정당화한다), 그것은 아비투스에 의해 발생되는 그리고 과거에 그것의 발생원리를 생산한 조건에 의해 지배되는 관행들이 이미 객관적 조

---

107 예컨대 H. Dreyfus and P. Rabinow, "Can There be a Science of Existential Structure and Social Meaning?"; C. Taylor, "To Follow a Rule ……", 두 논문 모두 Calhoun et al., eds, Bourdieu에 수록되어 있다.

건에 맞게 변경되었기 때문이다. 아비투스가 기능하는 조건들이 아비투스를 형성시켰던 조건들과 여전히 일치하거나 또는 유사할 경우, 언제든지 그러하다.[108]

이 같은 주장은 기능주의의 형식과 매우 유사해 보인다. 기능주의에서 현상은 그것의 유익한 결과 ─ 이 경우, 사회구조의 재생산 ─ 에 의해 설명될 뿐, 그 과정을 유발하는 메커니즘에 대해서는 상술하지 않는다.[109] 부르디외가 이러한 비판을 격렬하게 부인했지만, 그것은 자신의 원래 주장을 반복하는 것일 뿐이었다.[110] 방금 인용한 구절이 함축하는 것처럼, 사실 그는 현재의 객관적 상황이 아비투스가 형성되던 상황과 다르기 때문에, 아비투스와 장이 서로 조정되지 못하는 상황이 발생할 수도 있다는 것을 인정한다. 그는 이것을 '돈키호테 효과Don Quixote effect'라고 부른다. 이 효과는 "획득조건과 이용조건이 불일치할 때, 즉 아비투스가 산출한 관행이 객관적 조건의 초기 상태에 조율되어 있는 까닭에 제대로 조정이 이루어지지 않을 때" 발생한다.[111]

하지만 특히 『구별짓기』에서뿐만 아니라 끊임없이 반복되는 구절, 즉 "모든 것은 마치 ~처럼 발생한다"라는 구절은 어떤 개인적 또는 집합적 행위자가 목적을 채택하거나 추구하지 않을 때조차도, 사회는 객관적으로 목적을 지향하고 있다고 시사한다. 유사하게 비록 다양한 장들이 행위자들의 투쟁에 의해 구성된다고 할지라도, 이들 투쟁은 기본적으로 기존의 장의 구조를 변형시키기보다는 재생산하는 데 기여한다. 이를테면 부르디외의 논평에

---

108 Bourdieu, *Logic*, pp. 59, 62.

109 J. Elster, *Sour Grapes*(Cambridge, 1984), pp. 69ff., 103~107를 보라.

110 예컨대 Bourdieu, *In Other Words*, pp. 10~12.

111 Bourdieu, *Distinction*, p. 109.

따르면, 분류를 둘러싼 투쟁에서 교육자격증은 보다 광범위하게 활용되며, 기존의 사회적 차이의 구조를 유지하는 보다 배타적인 새로운 자격증의 발전을 유인한다. 결국 "경쟁적 투쟁이 영속화시키는 것은 상이한 조건들이 아니라 조건들 간의 차이이다." 이는 "사회적 모순과 투쟁이 기존 질서의 영속화에 반하는 것은 결코 또는 항상은 아니라는 것"을 보여준다.[112]

부르디외는 사회적 투쟁이 항상 기존 질서를 재생산한다고 주장하지는 않는다. 실제로 그는 다음과 같이 말한다. "경쟁적 투쟁은 피지배 계급이 지배 계급이 제시한 이해관계를 수용할 때, 그들에게 인정되는 형태의 계급투쟁이다." 부르디외의 전반적인 계급구조 개념은, 비록 매우 개략적으로 그려지기는 하지만(예컨대 '지배 계급'의 경계가 매우 광범위하게 설정된다) 분명 마르크스의 그것과 일정 정도 유사성을 지닌다. 왜냐하면 둘 다 계급을 일련의 적대적 관계로 파악하기 때문이다. 하지만 그가 관심을 집중하고 있는 분류 투쟁은 베버가 자신들의 사회적 위세를 증가시키기 위해 경쟁하는 신분집단에 관해 묘사한 모습과 매우 가까워 보인다. 부르디외는 확실히 '피지배자들'에게 공감을 표현한다. 이는 이를테면 그가 노동계급의 소비 형태 속에 포함되어 있는 '연회탐닉윤리ethic of convivial indulgence'를 묘사하고 있는 데서 분명하게 드러난다. 그는 노동계급의 소비는 먹고 마시는 즉각적 쾌락을 높이 평가하고, 그것을 통해 "사회적 위계의 가장 높은 수준에서 가장 인정받는 날씬함을 위한 절제라는 새로운 윤리"에 도전한다고 본다.[113] 그의 생의 말기에, 부르디외가 자신을 피지배 계급과 동일시하고 있음이 그의 학문적 저작에서 그리고 그가 반지구화운동anti-globalization movement과 자신을 동일시하고 있는 데서 눈에 띄게 가시화되었다.[114] 하지만 그의 이론적 저술에서

---

112 Bourdieu, *Distinction*, p. 164.

113 Bourdieu, *Distinction*, pp. 165, 179.

그는 사회의 하층민들에게 계급지배와 문화적 구별짓기의 구조로부터 집합적으로 탈출할 수 있는 어떠한 전망도 제시하지 않는다. 그는 후기의 저작에서조차 "기존 질서를 어떻게든 유지하게 하는 특별한 승인"을 강조한다.[115]

이것은 부르디외의 출간된 저작들의 특정 부문에만 초점을 맞춘 결과만이 아니라, 그의 사회이론이 지닌 내재적 특징이기도 하다. 이 같은 사실은 그의 콜레주 드 프랑스Collège de France 취임 강연의 다음과 같은 주목할 만한 구절에서 시사되고 있다. 그리고 바로 이 강의에서 뒤르켐의 사회의 신격화가 하이데거의 죽음을 향한 존재에 대한 분석과 조우한다.

> 우리가 신에게 기대하는 것은 오직 항상 사회로부터 얻을 수 있을 뿐이다. 왜냐하면 사회만이 우리를 정당화하고, 우리를 사실성, 우연성, 부조리로부터 해방시킬 수 있는 권력을 지니기 때문이다. 그러나 그것은 (그리고 이것은 의심할 바 없이 근본적인 이율배반이지만) 오직 차별적이고 구별적인 방식으로만 그렇게 한다. 모든 형태의 신성한 것들은 자신의 세속적 보완물을 가지며, 모든 고귀함은 그 자신의 저속함을 발생시킨다. 그리고 (앞으로 우리에게 알려지고 인지되어 우리를 무의미성으로부터 해방시키게 될) 사회적 삶을 위한 경쟁은 상징적인 삶과 죽음을 위해 벌이는 죽음과의 투쟁이다.[116]

따라서 인간의 유한성에 의미를 부여하는 유일한 방식은 (부르디외가 좋아하는 은유를 하나 사용하면) 게임을 하는 것, 그리고 자신의 자원을 상징적 자본으로

---

114 이를테면, P. Bourdieu et al., *The Weight of the World*(Cambridge, 2000) and P. Bourdieu, *Acts of Resistance*(Cambridge, 1998).

115 P. Bourdieu, *Pascalian Meditations*(Cambridge, 2000), p. 173.

116 Bourdieu, *In Other Words*, p. 196. *Pascalian Meditations*, ch. 6과 비교해보라.

변형시키는 영원한 투쟁에 자신을 내던지는 것이다. 부르디외의 의심할 바 없는 독창성에도 불구하고, 그리고 그가 구조주의적 유산이 지배하는 지적 맥락으로부터 자신을 해방시키고자 한 단호한 노력에도 불구하고, 그는 레비스트로스, 알튀세르, 푸코가 그들의 온갖 차이에도 불구하고 공유했던 주제, 즉 인간은 지배구조의 죄수가 될 운명이라는 주제를 또 다른 방식으로 재진술하고 있다.

12 / 근대성과 탈근대성 논쟁

　지난 200년간의 사회이론의 발전에 대한 지금까지의 개관이 분명 헤겔의 『정신현상학』처럼 다양한 경쟁하는 관점들이 부분적인 통찰들의 하나가 되어 단일하고 총체적인 하나의 진리 속으로 통합되는 화해의 순간으로 끝날 수는 없다. 앞 장에서 분명히 밝힌 것처럼, 근대성 논쟁은 여전히 계속되고 있다. 이 논쟁에서 경합을 벌이는 상이한 입장들 – 근대성의 혁명적 변혁, 비판적 수용 또는 즉각적 거부 – 은 재정식화될 수도 있고, 보다 광범위한 지적 발전이나 역사적 변화의 결과 설득력을 얻을 수도 있고, 아니면 일시적으로 소멸되거나 또는 약하거나 완곡하게 표현될 수도 있다. 그러나 이들 간의 싸움은 여전히 결말이 나지 않은 채로 남아 있다.

　이 마지막 장들에서 나는 내가 알고 있는 이 논쟁의 현 상태를 두 단계로 제시한다. 먼저, 이 장에서 나는 20세기의 지난 몇 십 년 동안 사회·문화이론가들의 근대성 논의에서 출현한 주요 테마들 중의 몇몇을 비판적으로 평가하고, 그러한 논쟁들이 우리에게 오늘날 좀 더 광범위한 사회이론의 상태에 대해 무엇을 말해주는지를 논의한다. 그다음으로 뒤에 이어지는 결론의 장에서 나는 내가 알고 있는 한도 내에서 지난 10년 남짓 동안 지구화의 성격이 논쟁의 초점이 됨에 따라 그 주제가 어떻게 변화해왔는지를 고찰한다. 이 장들에서 다루는 쟁점들의 현재의 성격을 감안할 때, 이 과정에서 앞으로 어떤 식으로 사회이론을 구축하는 것이 가장 좋을지에 관한 나 자신의 견해가 불가피하게 더욱 분명하게 드러나겠지만, 나의 목적은 논쟁을 종식시키려는 것이 아니라 사회이론이 특히 시급하게 다루어야 할 문제들 중 몇몇을 확인하는 것이다.

(1) **탈근대성?**: 첫 번째 문제는 1970년대 말 이래로 문화논쟁을 지배해온 쟁점과 관련이 있다. 혹자는 인간역사 전체에 관해 포괄적인 해석을 제공하던 '거대서사'의 붕괴와 함께 탈근대적 상황이 구축되었다고 주장한다. 그렇다면 우리가 그 같은 상황으로 진입함에 따라 근대성의 변증법이 극복되었는가? 이 문제에 대한 간략한 대답은 '아니다'이다. 이 대답을 뒷받침하는 많은 근거들을 제시할 수 있으나, 여기에서는 특히 두 가지 이유가 적실하다. 첫째는 현재 우리가 근대성에 대한 포스트모더니즘적 비판이라 부르는 것과 같은 견해들은 오랫동안 (적어도 니체 이래로) 여기저기에 존재해왔다는 것이다.

1960년대 이후 프랑스 후기구조주의는 자신을 권력에의 의지라는 생물학적 우주론과 분리시키고, 다른 무엇보다도 소쉬르의 언어이론과 하이데거의 존재철학이 제기하는 문제들과 관련하여 스스로를 자리매김함으로써, 이 같은 비판을 재구성해왔다. 그 과정에서 니체식의 입장은 풍부해졌고, 또 우리는 그것의 잠재력과 한계 모두에 관해 더 많이 이해하게 되었다. 그러나 오직 역사적 무지나 수사학적 과장만이 푸코, 들뢰즈 그리고 특히 데리다가 전개한 근대성 비판과 같은 형태의 매우 새로운 주장들을 설명할 수 있다. 이를테면 이미 살펴본 것처럼, 푸코는 그의 생의 말기에 계몽주의에 대한 자신의 문제제기는 프랑크푸르트학파에 의해 대부분 예견되었음을 깨닫기 시작했다. 후기구조주의는 한 세기 동안 여기저기에 존재해온 일련의 주장들을 재활성화시키고 재배치했다.

둘째로, 이들 주장은 근대성 논쟁을 분명하게 해소하지 못했다. 하버마스와 부르디외의 이론만큼이나 강력하고 세련된 사회이론들이 존재하고 또 포스트모더니즘과 대결하고 있다는 것만으로도 이를 분명하게 알 수 있다. 하지만 하버마스의 『근대성의 철학적 담론』 - 단연코 포스트모더니즘에 대한 가장 강력한 이론적 비판인 - 은 진지한 답변을 하지 않고 있다. 그럼에도 불구하고 포스트모더니즘이 대부분의 서구 학계에서 도전받지 않는 정설로 참호를 구축했다는 사실은 사회학적 설명을 요구한다. 1960년대 세대의 많은 성원들이 느꼈던 정치적 환멸의식(앞의 11.1절 참조)을 꾸짖는 관념들이 현재 대학의 많은 학과들 내에서 제도화되었으며, 이를 기초로 강의가 이루어지고 평가되고, 학위가 수여되고, 임용과 저술계약이 이루어지고 있다. 그 만큼 포스트모더니즘은 세기말의 파슨스식 사회학이 되어버렸다.[1]

그렇다고 해서 이것이 (일반 사회학자들은 물론) 사회이론가들이 직면하고 있는 문제들에 대해 포스트모더니즘이 내린 정의를 수용하라는 압력에 굴복해야 하는 이유가 되는 것은 결코 아니다. 만약 그렇게 한다면, 우리는 근대성 논쟁에서 다른 입장을 대표하는 전통들 - 이를테면 베버식의 역사사회학과 스탈린주의의 붕괴 속에서도 살아남은 여러 형태의 마르크스주의 - 이 제공하는 자원들을 무시함으로써 초래되는 엄청난 지적 빈곤을 감수해야 한다. 포스트모더니스트들이 자신들이 지적 개방성과 다원성을 대표한다고 주장함에도 불구하고 역설적이게도 사회이론이 자신의 생명력을 유지할 수 있는 것은 오직 근대성 논쟁을 종식시키고자 하는 이들의 시도에 저항하는 것을 통해서 뿐이다. 1990년대의 말쯤의 사회이론이 현재 지구화의 함의에 초점을 맞추고 있는 새로운 논쟁을 재개하는 방법은 그러한 저항에 대해 해명하는 것이

---

1 A. Callinicos, "Postmodernism as Normal Science," *British Journal of Sociology*, 46(1995)을 보라.

다(아래의 13.1절을 보라).

(2) **근대성과 자본주의:** 다음으로 이것은 논쟁이 이루어지는 용어와 관련된 문제를 제기한다. 실제로 근대성 개념은 매우 모호하다. 우선 그것은 하나의 철학적 관념 – 즉 그것이 뒤에 남겨둔 과거와의 차이에 의해 그리고 그것이 미래에 성취할 무한한 진보에 의해 자신을 정당화하는 계몽주의의 현재 개념의 역사적 실현 – 으로 이해될 수 있다(앞의 1.2절 참조). 이것이 하버마스가 말하는 '미완의 기획'이다. 둘째로, 그리고 보다 구체적으로, 근대성은 일반적으로 진화론적 사회이론의 측면에서 구체화된 특정한 종류의 사회로 생각할 수도 있다. 즉 진화론적 사회이론은 근대성을 인류역사의 한 단계로 간주한다. 뒤르켐이 콩트와 생시몽으로부터 물려받은 산업사회 개념도 그 한 가지 예이다. 셋째로, 근대성은 이러한 종류의 사회와 연관된 특정 유형의 경험으로 간주될 수 있다.

마셜 버먼Marshall Berman은 이 같은 유형의 경험을 다음과 같이 탁월하게 설명하고 있다.

> 오늘날 전 세계의 남성과 여성이 공유하는 지극히 중요한 하나의 경험양식 – 즉 시간과 공간의 경험, 자아와 타자의 경험, 삶의 가능성과 위험의 경험 – 이 존재한다. 나는 이 같은 경험체계를 '근대성'이라 부를 것이다. 근대적이라는 것은 우리에게 모험, 권력, 기쁨, 성장, 그리고 우리 자신과 세상의 변화를 약속하는 환경 – 그리고 동시에 우리가 가진 모든 것, 우리가 알고 있는 모든 것, 우리가 터하고 있는 모든 것을 파괴하겠다고 위협하는 환경 – 에 우리 자신이 처해 있음을 발견하는 것이다. 근대적 환경과 경험은 지리, 인종, 계급, 국적, 종교, 이데올로기라는 모든 경계를 가로지른다. 이러한 의미에서 근대성은 모든 인류를 하나로 묶는다고 말할 수 있다. 그러나 그것은 역설적인 통일, 즉 불통일

의 통일a unity of disunity이다. 즉 그것은 우리를 끊임없는 분열과 재생, 투쟁과 모순, 모호함과 번민의 커다란 소용돌이 속으로 몰아넣는다. 근대적이 된다는 것은, 마르크스가 말한 것처럼, "견고한 모든 것이 공기 속으로 용해되어버리는" 우주의 일부가 된다는 것이다.[2]

이들 세 가지 근대성 개념 – 철학적 관념, 사회 형태 그리고 역사적 경험으로서의 근대성 – 은 서로 동등하지 않다. 버먼이 인용하는 『공산당선언』의 유명한 구절에서, 마르크스는 "끊임없는 생산의 혁명적 변혁, 모든 사회적 상황에서 계속되는 혼란, 지속되는 불확실성과 동요"를 근대성이 아닌 '부르주아 시대'의 독특한 특징으로 간주한다(앞의 4.2절 참조). 혹자는 마르크스가 버먼이 근대성의 경험이라고 부르는 것을 특정 사회경제체계의 운동법칙, 자본주의적 생산양식, 그리고 특히 그것의 역동적이고 탈안정화적인 성격과 관련하여 설명하고 있다고 말할지도 모른다.

다음으로 이것은 자본주의 개념과 근대성 개념이 독특한 사회형태를 이론화하는 대안적 방식들인가라는 의문을 제기한다. 이를테면 특정 사회 형태는 근대성이라는 철학적 관념의 역사적 실현인 동시에 버먼이 분석한 구체적인 '근대적' 경험이 가능하게 되는 맥락으로 이해될 수도 있다. 달리 말해, (관념과 경험으로서의) 근대성은 자본주의에 대한 한 가지 대응이자 결과인가? 아니면 자본주의는 (홉스봄이 말하는 이중혁명에 의해 산출된 사회 형태로 인식되는) 근대성의 한 차원에 불과한 것인가? 프레드릭 제임슨Fredric Jameson이 하나의 "치료법적 …… 권고로서" "근대성이 출현하는 모든 맥락에서 근대성 대신 자본주의라고 쓰는 실험적 절차를 제시했을 때, 그는 전자를 선택한 것으로 생각할 수도 있다.[3] 이와 대조적으로 앤서니 기든스는 후자를 선택

---

2 M. Berman, *All That Is Solid Melts Into Air*(London, 1983), p. 15.

사회이론의 역사

했다.[4] 그는 근대성은 네 가지 '제도적 차원' – 자본주의, 산업주의, 감시 그리고 전쟁 – 을 가진다고 주장한다. 이들 각 차원은 다른 차원으로 환원될 수 없다. 따라서 이를테면 자본주의가 근대성의 일반적 특징들의 원인일 수 있다고 주장하는 것은 사리에 맞지 않는다.[5]

여기에 포함된 쟁점은 분명 '자본주의'와 '근대성' 중 어느 것이 더 나은 명칭인가 하는 용어상의 문제 그 이상의 것이다. 특히, 우선 어떤 특정 형태의 사회적 권력에 다른 것들에 비해 설명적 우선성을 부여해야 하는가 아니면 그렇지 않은가라는 방법론적 문제가 존재한다. 기든스와 같은 베버식의 역사사회학자들은 설명적 다원주의explanatory pluralism의 입장을 분명히 하고 있으며, 따라서 이 문제에 대해 부정적으로 답한다. 마이클 만은 '장구한 19세기'(1760~1914년) 동안의 계급과 국민국가의 형성에 관해 다음과 같이 쓰고 있다.

실제로 그것들은 함께 발생했다. 그리고 그것은 더 이상 해결하지 못한 궁극적 우선성의 문제 – 즉 사회적 삶이 한편으로는 분산적이고 시장적이고 초국적이고 그리고 궁극적으로는 자본주의적인 원리를 중심으로 조직되거나 또는 다른 한편으로는 권위주의적이고 영토에 기반하고 일국적이고 국가주의적인 원리를 중심으로 조직되는 정도 – 를 창출했다. …… 1914년경까지 어떤 선택도 단순하게 할 수 없었고, 아직까지도 어떤 선택도 하지 못하고 있다. 이에 대한 고려는 여전히 근대문명의 주요한 양면성으로 남아 있다.[6]

---

3 F. Jameson, *A Singular Modernity*(London, 2002), p. 215.
4 앤서니 기든스(Anthony Giddens, 1938~)는 노스 런던 에드먼턴에서 태어났다. 레스터 대학교와 케임브리지 대학교에서 수학하고 가르쳤다. 런던경제학교 학장을 지냈고 (1997~2003년), 2004년에 노동당 정부로부터 1대 귀족 작위를 수여받았다.
5 A. Giddens, *The Consequences of Modernity*(Cambridge, 1990), pp. 55~63.

두 번째 문제는 서로 관련되어 있으나 논리적으로 별개인 실질적인 문제로, 말하자면 근대성이 자본주의를 극복했는가 하는 것이다. 그중에서도 특히 기든스가 발전시킨 '고도' 근대성 또는 '후기' 근대성 개념은 근대성이 자본주의를 극복했음을 암시하는 경향이 있다. 이를테면 그는 다음과 같이 말한다. "우리는 탈근대성의 시기로 진입하고 있다기보다는 근대성의 결과가 이전보다 더욱 급진화되고 보편화되는 시기로 옮아가고 있다."7 울리히 벡 Ulrich Beck은 자신이 '성찰적 근대화 이론theory of reflexive modernization'이라고 부른 것을 통해 이 같은 결과들을 개념화하고자 했다. 그에 따르면, "21세기의 전환기에 고삐 풀린 근대화과정은 자신의 조정체계를 황폐화시키고 또 극복하고 있다."8

벡의 주장에 따르면, 산업사회는 '반근대사회a semi-modern society'이다. 왜냐하면 그것은 "현재에도 과거에도 오직 산업사회로서만 가능했던 적이 결코 없으며, 항상 반은 산업적이고 반은 봉건적인 사회였기 때문이다. 산업사회의 봉건적 측면은 전통의 잔재가 아니라 산업사회의 산물이자 토대이다." 이들 '봉건적' 필수조건들로는 노동과 자본으로의 사회의 계급분열, 핵가족, 성별분업 그리고 대규모의 공적·사적 관료조직을 들 수 있다. 그러나 19세기에 전근대사회를 일소시킨 근대화과정은 이제 스스로를 먹고 살고 있으며, 그럼으로써 산업사회의 구조를 잠식하고 있다. 그 결과 "또 다른 근대성이 출현하고 있다."9

---

6 M. Mann, *The Sources of Social Power*, II(Cambridge, 1993), p. 3.

7 Giddens, *Consequences*, p. 3.

8 U. Beck(1986), *Risk Society*(London, 1992), p. 87. 울리히 벡(Ulrich Beck, 1944~)은 뮌헨 대학교에서 수학하고 연구했다. 뮌스터 대학교(1979~1981년)와 밤베르크 대학교 사회학 교수를 지냈다. 1992년부터 뮌헨 대학교 사회학 교수와 사회학연구소 소장을 맡고 있다.

이 '또 다른 근대성'의 결정적 특징은 무엇인가?

> 서구의 복지국가들에서, 성찰적 근대화는 산업사회의 전통적 파라미터 - 계
> 급문화와 계급의식, 젠더와 가족의 역할 - 를 해체한다. 그것은 산업사회의 사
> 회적·정치적 조직과 제도들이 의지하고 준거하는 그 같은 형태의 집합의식을
> 해체한다. 이러한 탈전통화detraditionalization는 개별화individualization의 사
> 회적 파도 속에서 발생한다. 동시에 불평등한 관계는 여전히 견고하게 남아
> 있다. 이것이 어떻게 가능한가? 상대적으로 높은 물질적 생활수준과 선진적
> 인 사회보장체계를 바탕으로 사람들은 계급적 헌신으로부터 이탈해왔으며,
> 따라서 자신의 개인적인 노동시장 일대기를 계획하는 데 있어 스스로에게 의
> 존하지 않으면 안 되게 되었다.[10]

이처럼 "계급은 존재하지 않으나 개별화된 사회적 불평등과 그와 관련된
사회적·정치적 문제로 만연한 자본주의"에서 사회적 갈등은 새로운 형태를
띤다. 두 가지가 특히 중요하다. 첫째로, "선진화된 근대사회에서 부의 사회
적 생산은 체계적으로 위험의 사회적 생산을 동반한다." 근대화과정은 대체
로 자연을 통제하기 위해 과학적 지식을 사용하는 것의 의도하지 않은 결과
로 인해 새로운 위험과 불확실성을 창출한다. 지구온난화와 광우병이 명백
한 두 가지 예이다. 위험은 국가의 경계와 계급분열을 초월한다. "빈곤은 위
계적이고, 스모그는 민주적이다." 따라서 "이 지구에서의 삶을 위협하는 모
든 것은 삶의 상품화와 그것의 필수조건들에 의해 살아가는 사람들의 재산
과 상업적 이해 또한 위협한다." 이러한 '위험사회'에서 발전하는 갈등은 계

---

9 U. Beck(1986), *Risk Society*, pp. 14, 89, 11.

10 U. Beck(1986), *Risk Society*, p. 87.

급경계를 가로지른다. 그것은 "문명 내에서 근대성에 이르는 적절한 방식을 둘러싼 교의투쟁doctrinal struggle"이다. 여기에서 문제가 되는 것이 바로 과학의 지위와 그것을 민주화하고자 하는 투쟁이다.[11]

둘째로, '개별화' 과정은 특히 핵가족이라는 '근대적 반근대성modern counter-modernity'에 영향을 미친다. 이것은 출생에 기초하여 역할을 귀속시키는 지위위계의 한 가지 형태를 상징한다. 그러나 "이 같은 불평등은 근대성의 원리와 모순되며, 따라서 성찰적 근대화를 지속하는 데 있어 문제가 되거나 그것과 갈등관계에 있게 된다." 그것의 결과는 페미니즘의 부활이나 여성들의 점진적인 노동시장 통합과 같은 그러한 거시적 과정에서뿐만 아니라 개별 여성과 남성이 자신들의 개인적 관계를 재규정하려고 함에 따라, 그들 간에 발생하는 미시적 투쟁에도 또한 반영된다. 벡에 따르면, "여성과 남성의 모든 동거 형태(결혼 전, 결혼 동안 그리고 결혼 후) 속에서, 세기의 갈등들이 출현한다. 여기에서 이들 갈등은 항상 자신의 사적이고 개인적인 모습을 보여준다. 그러나 가족은 이들 사건의 배경일 뿐, 원인이 아니다."[12]

현대 사회이론가들 사이에 널리 퍼져 있는 인식, 즉 서구사회는 지난 30년 동안 근본적인 변동을 경험했다는 인식을 정교화하려는 시도들 중에서 가장 체계적으로 주장되고 또 분명 가장 영향력 있는 것 중 하나가 아마도 벡의 시도일 것이다. 우리는 벡과 다른 사람들, 그중에서도 특히 유사한 노선을 따라 최근 저술들을 전개하고 있는 기든스를 포스트모더니즘의 터무니없음과 궤변들 사이에 숨어 있는 진리의 핵심을 확인하기 위해 노력하고 있는 인물로 간주할 수도 있다. 몇몇 마르크스주의 저술가들, 특히 프레드릭 제임슨과 데이비드 하비David Harvey도 유사한 시도를 하면서 포스트모더니

---

11 U. Beck(1986), *Risk Society*, pp. 88, 19, 36, 39, 40.

12 U. Beck(1986), *Risk Society*, pp. 107, 104.

즘 예술의 출현은 자본주의발전의 새로운 국면이 출현한 결과로 이해되어 만 한다고 주장한다. 그들은 이 새로운 국면을 각기 '다국적 자본주의multi-national capitalism'와 '유연축적flexible accumulation'이라고 부른다.[13]

이처럼 매우 다양한 일군의 저술들이 제기하는 쟁점들은 너무나 복잡하고 광범위해서, 여기에서 다루기에는 적절하지 못하다. 그러나 그럼에도 불구하고 다음의 네 가지 점을 지적하는 것은 유용할 것으로 보인다. 왜냐하면 그것들 모두는 벡의 성찰적 근대화 이론에 대한 단서조건들을 포함하고 있기 때문이다. 첫 번째는 '반半근대적' 혼성물로서의 산업사회라는 벡의 개념과 관련된다. 벡은 산업사회의 '봉건적' 측면들 – 말하자면, 계급구조 또는 핵가족 – 이 전근대적 잔존물이 아니라 근대화과정 자체로부터 발생한다고 강조한다. 그에 따르면, "산업사회가 그저 보전한 것이 아니라 생산해낸 중세 시대의 편린은 서서히 사라지고 있다." 이런 일이 발생하는 이유는 "근대성의 보편적 원리 – 시민권, 기능적 분화, 논증 및 회의주의의 방식 – 와 오직 부분적·단편적·한정적인 토대에 근거해서 이들 원리를 실현할 수 있을 뿐인 배타적인 제도들의 구조 간에 모순"이 존재하기 때문이다.[14]

따라서 핵가족은 그것이 불평등하기 때문에 '봉건적'이다. 이것은 핵가족이 본질적으로 계몽주의의 열망의 측면에서 규범적으로 정의되는 '근대성의 보편적 원리'와 갈등 상태에 놓이게 한다. 이것이 함축하는 바는 근대화가 필연적인 민주화의 동력을 지닌다는 것이다. 현재 개인 간의 관계와 과학의 지위를 둘러싼 투쟁이 발생하는 경향은 이로부터 연유한다. 그러나 왜 산업사회의 발전이 필연적으로 불평등한 사회구조를 잠식해야만 하는지는 분

---

13 F. Jameson, *Postmodernism, or, the Cultural Logic of Late Capitalism*(London, 1991); D. Harvey, *The Condition of Postmodernity*(Oxford, 1989).

14 U. Beck(1986), *Risk Society*, pp. 118, 14.

명하지 않다. 적어도 산업사회의 발전이 경제적·정치적 권력을 보다 더 집중시킨다는 증거는 많이 있다. 벡은 현재 진행되고 있는 "위계적으로 조직화된 거대관료제와 행정기구들의 해체" 경향에 주목한다(그리고 과장한다).[15] 그러나 이 같은 변화가 자유민주주의사회에서 정부에 대한 시민의 정치적 통제력의 증대를 동반해오지는 못했다. 반면에 경제적 수준에서 개별 국가의 경제에 대한 다국적 기업과 전지구적으로 통합된 금융시장의 지배력 증대가 초래한 '조직자본주의'의 쇠퇴는, 민주적으로는 통제할 수 없는 경제적 권력을 더더욱 집중시켜왔다.

이는 자본주의적 생산양식을 고유의 동학과 발전단계를 지닌 사회경제적 체계로 설명하는 이론과 근대성을 계몽주의의 이상을 실현하는 것으로 보는 규범적인 철학적 관념을 구분하는 것이 중요하다는 점을 시사한다. 둘째로, 이 같은 구분은 그다음으로 벡이 그렇게 강조하는 '개별화' 경향이 얼마나 새로운 것인가 하는 문제를 제기한다. 이러한 경향은 무엇보다도 토크빌이 민주주의사회에 대한 분석에서 제시한 중요한 테마들 중 하나였다. 루카치와 프랑크푸르트학파 모두는 자본주의하에서 발생하는 사회적 삶의 원자화를 개념화하기 위해 마르크스의 상품물신주의 이론을 활용했다. 실제로 벡은 개별화가 계급적 정체성을 깨뜨리고 있다고 주장할 때 이러한 논의를 취한다. 그는 다음과 같이 예측한다. "개별화된 피고용인들의 사회 곁에서, 계급사회는 그 존재가 희미해질 것이다."[16]

이것이 뜻하고자 하는 바는, 계급불평등이 소멸되고 있다는 것이 아니라, 계급불평등이 점차 개인적 전략을 통해 해결될 수 있는 개별적 문제를 구성하는 것으로 경험될 가능성이 크다는 것이다. 이것은 다음과 같은 세 번째

---

15 U. Beck(1986), *Risk Society*, p. 218.

16 U. Beck(1986), *Risk Society*, p. 100.

문제를 제기한다. 벡은 상대적으로 단기적인 추세로부터 어느 정도의 추정을 감행하고 있는가? 그가 성찰적 근대화 이론을 발표한 1980년대는, 11.1절에서 지적했듯이, 서구 세계 전반에서 노동자운동이 혹독한 자본주의 재구조화 국면의 결과, 심각한 좌절을 경험한 시기였다. 이 같은 패배는 노동계급정치의 생존력에 의문을 던지는 것이었다. 동시에 많은 급진적 지식인들의 희망은 이른바 '새로운 사회운동new social movement'에 집중되어 있었다. 이 운동의 주된 관심사 중 하나가 환경파괴였으며, 특히 서독에서는 녹색당이 중요한 선거들에서 일정한 진전을 이루어내기도 했다. 그렇다면 '위험사회'라는 관념은 이러한 정치적 분위기를 일반화하고 있는 것은 아닌가? 분명 벡과 엘리자베스 벡-게른스하임Elizabeth Beck-Gernsheim이 "젠더역할을 둘러싼 남성과 여성 간의 적대"를 계급투쟁의 뒤를 잇는 '지위투쟁status struggle'이라고 묘사한 것과 마주할 때, 특정 세대의 서구지식인들의 삶의 경험이 사회적 추세로 실체화되고 있다는 느낌을 어렵지 않게 받는다.[17]

다른 사회이론가들은 서구 근대성이 20세기 후반에 시대적 변화를 겪었다는 생각에 대해 훨씬 더 회의적이었다. 이를테면 런시먼은 다음과 같이 주장한다. "영국사회는 1915년에서 1922년 사이에 자본주의적 자유민주주의의 한 가지 하위 유형으로부터 또 다른 하위 유형으로의 진화를 경험했다." 이는 경제와 복지제공에서 이루어진 보다 높은 수준의 국가개입, 보다 관리적인 자본주의의 출현, 그리고 계급갈등의 제도화로 특징지어졌다. 클레멘트 아틀리Clement Attlee(1945~1951년)하의 노동당이 도입한 사회개혁이나 마거릿 대처Margaret Thatcher(1979~1990년)하의 보수당이 강제한 자유시장정책도 이 '하위 유형'을 근본적으로 변화시키지는 못했다. 즉 "1980년대와 마찬가지로 1940년대가 예증하는 것은 경제와 국가 간의 관계에서 발생한 질적 변화

---

17 U. Beck and E. Beck-Gernsheim, *The Normal Chaos of Love*(Cambridge, 1995), p. 2.

가 아니라, 정치인과 저널리스트들의 수사와 사회진화의 근본적 과정 – 오직 때늦은 지혜를 가지고만 그것이 무엇인지를 알 수 있는 – 간에 존재하는 지속적인 괴리였다."[18] 런시먼은 이른바 '대처혁명'을 "또 다른 정치적 격변에 …… 불과한 것", 즉 국가와 시장 사이에 존재하는 항상적인 균형변화의 한 국면에 불과한 것으로 치부하고, "한 사회의 진화에 관한 연구에서 중요한 것은 특정 추세의 순환을 오해하지 않는 것"이라고 강조한다.[19]

우리가 런시먼의 구체적 주장에 동의하든 그렇지 않든 간에, 그의 방법론적 경고는 의심할 바 없이 20세기 말의 '또 다른 근대성'의 출현을 공표하는 다양한 이론들과 관계가 있다. '개별화'와 '개인화personalization'를 향한 현재의 추세가 자본주의적 재구조화의 극적인 과정에 관여하는 정도만큼, 그러한 추세는 스스로 반발을 불러일으킬 수도 있다. 벡은 복지국가가 사회적 불평등이 특정 형태의 집합행동들을 야기하는 것을 방지할 것이라고 생각하는 것처럼 보인다. 그에 따르면, "개별화과정은 …… 오직 마르크스가 계급형성의 조건이라고 예측했던 물질적 곤궁화가 극복될 때만 정착될 수 있다."[20]

그러나 현재의 추세를 살펴볼 때, 경제는 광범위하게 재구조화 – 전통적인 제조업의 쇠퇴, 개별 기업의 '다운사이징' 등등 – 되고 있을 뿐만 아니라, 공공정책의 측면에서는 전후 복지국가의 기본적 특징이었던 사회적 보호체계를 급격하게 축소해야 할 필요성에 대해 합의를 보고 있다. 그 결과 초래된 상황 – 만성적인 대량실업, 임금노동자의 소득과 노동조건에 가해지는 무자비한 압력, 그리고 복지급여의 지속적인 삭감 – 은 "물질적 곤궁화가 …… 극복되었다"는 것을 조

---

18 W. G. Runciman, *A Treatise on Social Theory*, III(Cambridge, 1997), pp. 11, 82.

19 W. G. Runciman, "Has British Capitalism Changed Since the First World War?" *British Journal of Sociology*, 44(1993), pp. 64, 66.

20 Beck, *Risk Society*, pp. 95~96.

금도 시사해주지 않는다. 그와는 반대로 가용한 증거들은 부와 소득에서의 불평등 증가가 절대빈곤 수준의 증가를 동반하고 있음을 보여주고 있다. 그렇다면 왜 이 같은 상황이 노동계급에 특유한 형태의 집합적 조직화와 집합행동을 야기하지 않는가?

1990년대 동안 유럽대륙에서 진전된 사태는 이 문제가 한가한 사색 그 이상임을 시사한다. 당시에 정부가 급격한 공적 지출의 삭감을 통해 단일 유럽 통화제도에 참여하기 위한 조건을 충족시키고자 함으로써, '복지개혁'의 필요성에 대한 보다 광범위한 정책적 합의는 더욱 절실해졌다. 그러나 복지국가에 대한 잇따른 맹렬한 비난은 많은 주요한 사회적 대결을 불러 일으켰다. 그중에서도 날짜를 꼽을 수 있을 정도로 가장 중요한 사건이 1995년 11~12월에 발생했던 프랑스 공공부문의 파업이다. 이냐시오 라모네Ignacio Ramonet는 이 파업을 "1968년 이후의 가장 거대한 사회적 공세"이자, "전국적 규모로 신자유주의에 대항한 최초의 집합적 반란'이라고 칭한다.[21]

1997년 5~7월의 총선에서 좌파정당들이 승리할 수 있었던 정치적 분위기를 창출하는 데 결정적 역할을 했던, 그리고 반지구화운동의 출발점들 중의 하나를 대표하는 프랑스의 파업은 단지 유럽연합에서 나타나고 있던 보다 광범위한 계급대결 추세의 가장 극적인 사례에 불과하다. 이 같은 추세의 전개는 특히 독일에서 현저했다. 1990년 재통일 이후, 독일은 훨씬 더 양극화된 사회와 정체가 되었으며, 이는 1949년 연방공화국이 설립된 이래로 가장 현저한 호황과 불황의 경제순환을 경험하게끔 했다. 독일의 장기 경제침체에 대한 게르하르트 슈뢰더Gerhard Schröder(1998~2005)의 적녹정부의 반응 —

---

21 I. Ramonet, "Le Retour de politique", in Offensives du mouvement social. p. 6. 이 논문은 원래 *Le Monde diplomatique*에 발표되었다가 *Manière de voir 35*(Sept. 1997)에 재발표되었다.

복지국가를 철저하게 침해한, 어젠다 2010(Agenda 2010)이라는 이름이 붙은 '개혁' 팩키지의 채택 – 은 불평등과 빈곤이 여전히 선진사회의 구조적 특징이라는 것을 보여주는 또 다른 증거였다. 따라서 혹자는 선진자본주의사회가 개별화와 계급에 기초한 집합행동 모두의 경향을 유발하고 있다고 주장할지도 모른다. 게다가 이들 경향이 어떤 특정 시기에 발휘하게 되는 상대적인 힘은 단순히 보다 방대한 이론적 사변으로부터 연역할 수 없는 다양한 구체적 조건들 – 경제적 국면, 산업조직의 유형, 정치의식의 상태, 보다 광범위한 문화현상 등등 – 에 달려 있다.

　나의 마지막 단서조항은 '위험사회'라는 개념 자체와 관련된다. 산업화와 연관된 자연에 대한 대규모 개입이 인류와 지구 모두에게 심각하게 위험한 의도하지 않은 결과를 산출했다는 것은 부정할 수 없다. 하지만 그것이 그와 같은 위험을 '후기 근대성'의 구성적 특징으로 삼는 것을 정당화하는가 하는 것은 또 다른 문제이다. 보다 구체적으로 말하면, 그럴 경우 그것은 특정한 사회적 관계가 갖는 역사적 특수성을 일소할 수도 있다. 이를테면 기든스는 근대성이 '귀속이탈 메커니즘disembedding mechanism'의 발전을 수반하며, 이를 통해 사회적 관계는 '무한한 시간-공간 범위'로 확장된다고 주장한다. 이러한 메커니즘은 두 개의 형태를 취한다. 하나는 이를테면 돈과 같은 '상징적 징표symbolic token'이고, 다른 하나는 '전문가체계expert system'이다. 우리는 후자로 인해 (예컨대 비행기로 여행할 때) 어떠한 개인적 관계도 없는 자격 있는 전문가들에게 우리 자신을 맡긴다. 이들 메커니즘의 출현은 "근대성의 구체적 위험의 윤곽"을 그리는 데 도움을 준다. 그러한 위험에는 벡이 초점을 맞추고 있는 종류의 위험, 즉 "인간지식을 물리적 환경에 주입"함으로써 발생하는 위험과, 이를테면 "투자시장처럼 수백만 사람들의 생활기회에 영향을 미치는 제도화된 위험환경의 발전"이 초래하는 위험 모두가 포함된다.[22]

　그러나 자연에 대한 인간개입의 예기치 못한 결과로부터 발생하는 위험과 금융시장의 붕괴가 야기하는 위험 간에는 중요한 차이가 존재한다. 첫 번째 위험은 인간의 사회적 삶에 내재하는 특징으로, 비록 산업자본주의가 그 같은 위험을 근대 세계의 일반적인 특징으로 만들었지만, 산업자본주의의 도래에 앞서 발생했다. 이를테면 급격한 인구증가와 그에 따른 토지의 부족은 19세기 중국에서 광범위한 산림벌채를 가져왔으며, 1850년 이후의 세기 동안에 발생한 일련의 엄청난 홍수의 원인이 되었다. 다른 한편으로, 금융시장은 선진자본주의경제에서 투자가 조직되는 독특한 방식이다. 이 두 가지 종류의 위험이 한데 모인다는 것은 케인스가 그렇게도 무자비하게 묘사했던 금융시장에 내재하는 비합리성(앞의 10.1절 참조)이 근대성의 불가피한 결과라는 것을 시사한다. 그러나 이는 마르크스가 고전 정치경제학자들이 그렇게 한다고, 다시 말해 역사적으로 특수한 사회형태를 자연화한다고 비난했던 것에 위험할 정도로 다가선다. 그것은 또한 보다 민주적으로 조직된 사회에서 첫 번째 종류의 위험을 줄일 수 있는 정도조차 과소평가하게 할 수 있다.

(3) **이성과 자연**: 벡의 성찰적 근대화이론의 보다 광범위한 타당성이 무엇이든지 간에, 그가 자연과학을 문제시하는 현대적 추세를 확인한 것은 의심할 바 없이 적실하다. 그가 지적한 바와 같이, "과학은 더 이상 기존의 종속성으로부터의 '해방'이 아니라, 과학 자체에 의해 산출된 오류의 정의와 분포에 관심을 기울인다."[23] 과학은 자연에 대한 의존으로부터 인류를 자유롭게 하는 대신에, 인류로 하여금 우리가 자연세계에 개입함으로써 생겨난 새로운 형태의 파국에 취약하게 만들어온 것처럼 보인다. 하지만 여기에서 제

---

22 Giddens, *Consequences*, pp. 22ff., 124~125.

23 Beck, *Risk Society*, p. 158.

기되는 문제는 현대사회이론이 다루기에는 특히 어려운 점이 있다.

베버 이래로 사회이론가들은 자연과학을 도구합리적 행위의 틀 내에 위치 짓는 경향이 있어왔다. 이러한 설명에 입각할 때, 과학적 지식은 일반적으로 사회적 행위자가 자연에 대한 인간의 통제력을 강화함으로써 자신의 목적을 달성할 수 있게 해주는 가장 효과적인 수단 중의 하나이다. 호르크하이머와 아도르노는 이 같은 해석을 자신들의 계몽주의 비판 속에 통합시킨다. 그들은 계몽주의를 인간이 자연을 통제하고자 시도함으로써 스스로를 덫에 빠뜨리는 사회적 지배의 형태들을 수립하는 과정으로 비판한다. 푸코의 니체식 권력-지식 개념은 쉽게 도구주의적 자연과학 개념으로 이어진다. 하버마스는 이성과 도구합리성을 동일시하는 베버의 경향에 이의를 제기하면서도, 그 개념을 거부하지는 않는 대신에 그것을 다차원적 이성개념에 통합시킨다. 그 같은 이성개념 속에서 의사소통적 합리성은 사회의 연구에 요구되는 형태의 해석적 이해를 위한 토대를 제공한다.

하지만 이 같은 도구주의적 접근방식은 자연과학을 이해하기 위한 토대로서는 매우 부적절하다. 첫째로, 그것은 극히 메마른 과학적 지식 개념을 포함하고 있다. 다른 전통들 ― 그중에서도 특히, 가스통 바슐라르와 조르주 캉길렘이 개척한 인식론적 과학사와 칼 포퍼가 발전시킨 과학철학 ― 은 임레 라카토스가 '이론적 과학의 상대적 자율성'이라고 칭한 것을 보다 분명하게 포착하고 있다.[24] 라카토스의 주장에 따르면, 물리학과 같은 과학의 역사는 연구프로그램 ― 즉 그들이 다루려는 문제를 확인하고, 가능한 전략을 제시하고, 특정한 해결방법을 제외하는 '발견적 방법heuristic'으로 구성되는 일련의 이론적 견해들 ― 의 발전과정이다. 내적 동학이 이론적 연구를 촉진한다고 보는 이 같은 과학발전에 관한 묘사는 과학적 지식의 추구가 주로 도구적 고려에 의해 지배된다는 관념과

---

24 I. Lakatos, *Philosophical Papers* (2 vols, Cambridge, 1978), I, p. 52

상충된다. 우리는 이러한 묘사를 받아들이면서도, 과학적 연구가 공적 관료제와 민간기업에 통합되는 다양한 방식들을 무시하지 않을 수도 있다. 그러나 이 같은 통합 형태들은 도구주의적 개념이 제시하는 것보다 훨씬 더 복잡하고 모순적일 가능성이 크다.

도구주의적 과학관은 또한 사회이론이 자연을 하나의 독특한 실체로 개념화하는 것을 매우 어렵게 만든다. 사회이론은 부분적으로는 역사적으로 특수한 다양한 사회적 관계들을 자연적인 것으로 제시함으로써 그것들을 영속화하려는 이데올로기적 경향에 대해 반발하면서, 자연 자체를 하나의 사회적 구성물로 파악하는 경향이 있다. 기껏해야 자연은 도구합리적인 행위자들이 이용하는 원료로 묘사된다. 때때로 이 같은 자연관은 역사적 테제의 형태를 띤다. 이를테면 벡은 다음과 같이 기술한다. "20세기 말, 자연은 주어지거나 귀속된 것이 아니라, 역사적 산물, 즉 그것의 자연적 재생산조건 속에서 파괴되거나 위험에 처하게 되는 문명화된 세계의 실내가구가 되었다."[25] 유사하게 기든스는 다음과 같이 주장한다. "자연은 점차로 인간의 개입에 종속되고, 따라서 외적 준거점으로서의 그것의 특성을 상실한다."[26]

이러한 주장들이 자연과 하나의 불확실한 행성에서의 발전을 혼동하고 있다는 사실은 차치하고라도, 벡이 '자연의 사회화Vergesellschaftung of nature'라고 부른 관념은 자연세계에 인간이 개입한 것의 파괴적 결과가 자연법칙을 폐지하지는 않는다는 사실을 무시하는 경향이 있다. 실제로 그 같은 결과는, 때때로 도구주의적 견해에 내재하는 의인화된 오만과는 대조적으로 오히려 인간행동이 (그것이 수행하고자 하는 의도를 때때로 뒤엎는) 물리적 제약에 종속되어 있다는 것을 입증한다. 벡이 위험사회 개념에서 테마로 삼은 인간

---

25 Beck, *Risk Society*, p. 80.

26 A. Giddens, *Modernity and Self-Identity*(Cambridge, 1991), p. 166.

행위의 의도하지 않은 결과는 인간행위의 맥락을 체계적으로 초월하고 극적으로 변화시킬 것 같은 과정 – 가장 분명하게는 인간의 이산화탄소 방출에 의해 유발된 것이 점점 더 분명해진 기후변화 – 을 발생시킬 수도 모른다. 벡과 기든스가 드러내는 경향, 즉 자연을 단지 인간행위의 대상으로 그 자신의 어떤 구조나 힘을 가지지 않는 것으로 보는 경향은 그 자신이 얼마간은 자연적 존재이기도 한 인간이 갖는 그 같은 측면들을 지워버리고자 하는 많은 사회이론가들의 성향과 관계가 있다. 하버마스는 그중 중요한 실례이다. 그의 순수한 절차적 합리성 개념은 무엇보다도 자신의 의사소통적 행위이론 속에 불가피한 현실 – 즉 인간이 육체화된 행위자로서, 그의 물리적 구조와 생물학적 욕구가 사회적 삶의 불가피한 파라미터이자 요소들을 이루는 – 을 통합시키려고 하지 않는 것에 의거한다.[27]

이러한 비평들은 사회적 다윈주의 시대에 융성하여 비참한 결과를 가져왔던 생물학적 사회이론으로의 회귀를 주장하는 것과는 거리가 멀다. 그보다는 오히려 그것들은 대부분의 형태의 사회이론들이 자연과학주의적 세계관과의 대화를 통해 이익을 얻을 수 있을 것이라고 제시한다. 자연과학주의적 세계관은 자연세계와 사회세계 사이의 연속성과 그것들에 적합한 과학적 이해의 형태들을 인정하고 있지만, 양자 간에 존재하는 불연속성을 감추거나 무시하지 않는다. 이 같은 대화가 자연적 과정과 제약을 추방시켜버린 사회적인 것의 개념과 인간적인 것과 사회적인 것을 자연적인 것과 생물학적인 것으로 환원하려는 다양한 시도들 간의 잘못된 양극화를 벗어날 수 있게 해줄 수도 있다.[28]

---

27 A. Heller, "Habermas and Marxism," in J. B. Thompson and D. Held, eds, *Habermas: Critical Debates*(London, 1982)를 보라.

28 R. Bhaskar, T*he Possibility of Naturalism*(Brighton, 1979); A. Collier, *Critical Realism*

(4) 이론과 실천: 사회이론가들이 이 같은 자연과학주의에 반대해온 한 가지 이유는, 그것이 인간행위가 사회세계를 구성하고 재생산하기 위해 수행하는 독특한 역할을 모호하게 만들 수도 있기 때문이다. 하지만 우리가 이미 살펴본 것처럼, 인간이 사회구조에 어떤 대규모의 변화를 초래할 수 있는 능력에 대한 회의주의가 20세기 사회이론에서 점점 더 유력한 주제가 되어 왔다. 이는 단순히 프랑스 반인본주의자들이 초래한 주체의 해체가 낳은 한 가지 결과인 것만은 아니다. 결정론적 형태의 사회이론에 겉으로는 적대적인 베버식의 역사사회학자들도 똑같은 회의주의를 드러내왔다. 이를테면 마이클 만은 마르크스의 '노동계급관'을 "터무니없이 유토피아적"이라며 즉각 기각한다. 그는 "피착취계급이 과거의 모든 역사를 타파하고 부상해서는 모든 계층을 파괴한다는 것이 가능하기나 한 일인가?"라고 의문을 제기한다. 따라서 사회는 마이클 만이 '유형화된 난장판patterned mess'이라고 칭한 것일 수도 있다. 하지만 거기에는 특정 결과들이 발생하지 않게 하기에 충분할 만큼의 패턴이 존재하는 것처럼 보인다.[29]

기든스는 이처럼 자원론과 숙명론을 결합하고 있는 매우 흥미로운 사례이다. 그는 『사회구성론The Constitution of Society』(1984)과 같은 저서에서, 개인의 주체성이 사회세계에서 수행하던 그것 특유의 형성적 역할formative role을 회복시키고자 한다. 그는 근대성이 소외와 물화로 구성된다는 분석을 거부한다. "근대성이 약탈적"이라는 것은 부정할 수 없으나, 몇몇 근대화과정은 "전근대적 환경에서라면 가능하지 않았을 형태의 생활환경을 통제할 수 있게 해준다." 특히 자아는 "개인이 책임져야 하는 성찰적 기획"이 된다.[30] 더

(London, 1994).

29 Mann, *Sources*, II, pp. 26~27, 4.

30 Giddens, *Modernity and Self-Identity*, pp. 192, 75.

이상 전통에 의해 속박당하지 않는 '고도 근대성high modernity' 속에서, 개인은 자신의 삶을 어떻게 모양 지을 것인가와 관련하여 (특히 자신이 어떠한 종류의 개인적 관계를 추구해야만 하는가와 관련하여) 광범위한 진정한 선택들에 직면하게 된다. 하지만 개인적 선택의 확장이 그에 상응하는 집합적 자유의 증가를 동반하지는 않는다. 도리어 과거보다 훨씬 더 큰 규모의 환경적·경제적 파국의 징후를 보이는 새로운 형태의 위험의 진전은 우리가 근대성을 하나의 초대형 트럭으로 생각해야 한다고 시사한다. "엄청난 동력을 갖춘 이 폭주하는 기계는, 어느 정도는 우리가 인간으로서 집단적으로 조종할 수 있지만, 또한 우리의 통제력을 벗어나 돌진하겠다고 위협하고 또 자신을 산산조각 내버릴 수도 있다."[31] 물론 마르크스가 소외 개념을 통해 명확하게 표현하고자 했던 것도 바로 사회세계의 중심적 측면에 대한 통제력 상실이 갖는 이 같은 의미였다.

혹자는 사회변혁의 가능성에 대한 회의주의는, 비록 그것이 이론적으로 표현되고 있기는 하지만, 20세기의 역사적 경험으로부터 이끌어낸 하나의 조리 있는 추론이라고 주장할 수도 있다. 우리는 제9장에서 정치적 스펙트럼의 양극단에 위치하고 있었던 루카치와 하이데거 모두가 어떻게 혁명적 자원론으로부터 숙명론에 매우 가까운 그 무엇인가로 옮아갔는지를 살펴보았다(그렇지만 나는 이 진화의 모든 단계에서 루카치의 입장이 하이데거의 예언자적이고 젠체하는 공언보다 훨씬 더 명백하게 정식화되고, 합리적으로 정당화되고, 그리고 정치적으로 옹호될 수 있었다는 점을 강조했다).

실제로 그럴 수도 있다. 그럼에도 불구하고 적어도 지난 세기 대부분에 걸쳐 그렇게 많은 사회사상가들이 공유하고 있던 정치적 비관론과 그들이 점차 대학에 자리를 잡아온 뚜렷한 경향 간에 어떤 관계가 있는지를 검토해보

---

31 Giddens, *Consequences*, p. 139.

는 것은 가치 있는 일이다. 이 책에서 소개한 각 이론가들의 연대기는 그들이 꾸준히 점점 더 대학으로 이동하고 있음을 보여준다. 처음부터 교수였던 경우도 있었지만(스미스와 헤겔), 우리는 또 다른 사회적 유형들, 즉 나중에 교수가 된 문학가, 언론인, 정치가, 심지어는 혁명조직가도 발견한다.

이러한 변화는 극단적으로는 특정 대학이 지적 생활에 예외적인 영향력을 행사하게 되는 상황을 조장할 수도 있다. 놀랍게도 레비스트로스를 제외하고는, 제11장에서 논의한 모든 프랑스 이론가들, 그리고 실제로 뒤르켐 이후의 거의 모든 저명한 20세기 프랑스 사상가들이 고등사범학교에서 철학을 공부했다. 알튀세르나 푸코와 같은 인물들의 전기는 그 학교 출신자들이 오랫동안 자리를 계승하고 있음을 보여준다. 그것은 그들이 대학의 사다리를 올라갈 때 일생 동안 지속되는 교우관계와 경쟁관계에 속에서 포착된다. 여기서 작동하는 지식과 권력의 특히 긴밀한 관계를 깨닫기 위해 우리가 굳이 니체의 관점주의를 승인할 필요는 없다.

물론 고등사범학교가 보여주는 것처럼, 대학의 매우 편협한 엘리트들조차도 대단히 훌륭한 이론가들을 낳을 수 있다. 아무튼 때로는 그 같은 환경이 그곳 사람들에게 통상적인 지적 전문화의 경계를 넘어설 수 있다는 지적 자기확신을 제공할 수도 있다. 아마도 어떤 다른 20세기 이론가보다도 메이너드 케인스Maynard Keynes야말로 이 같은 확신의 전형이었을 것이다. 영국의 좌파 주간지 ≪뉴 스테이츠먼New Statesman≫의 편집장으로서의 케인스의 역할과 관련하여 롤프C. H. Rolph가 들려주는 다음과 같은 일화는 이를 잘 보여준다.

케인스는…… 자신이 ≪뉴 스테이츠먼≫의 한 호 전부를 쓰면서도 그 과정을 전적으로 즐길 수 있다고 말하곤 했으며, 즐거우면서도 동시에 하나의 특권이 되는 활동에 막대한 보수를 지불한다는 것은 부조리하다고 말하기도 했다.

모든 사람이 알다시피, 문제는 케인스가 자신이 큰소리 친 것을 정확히 해내곤 했다는 것이다(레이먼드 모티머Raymond Mortimer가 내게 말한 바에 따르면, 그가 표준에 약간 미치지 못했을 수도 있는 유일한 면은 음악면이었다).[32]

그 같은 탁월한 기량에도 불구하고, 배타적인 대학환경의 울타리는 그곳에서 산출된 사회이론에 영향을 미쳤을 가능성이 크다. 러셀 자코비Russell Jacoby는 제2차 세계대전 이후 미국에서 "일반 청중 및 교육받은 청중들을 대상으로 하는 공적 지식인, 작가, 사상가"가 몰락했음을 지적했다.[33] 그의 주장에 따르면, 수많은 추세들 – 이를테면 근교화, 도심의 고급주택화, 대학의 팽창 – 이 그 같은 지식인들이 활동하던 옛 도시의 보헤미아들을 파괴했고, 대학을 그들의 유일한 피난처로 만들었다. 자기절제적인 대학세계에서 지적 삶은 분화되고 전문화된다. 대학교수들, 심지어 자신을 정치적 급진주의자로 생각하는 사람들조차 자신의 연구를 외부 사람들에게는 이해하기 어려운 것으로 만드는 용어를 사용하여 자신들을 대상으로 하여 글을 쓴다.

어쩌면 프랑크푸르트학파의 여정은 이 같은 보다 전반적인 과정을 상징적으로 표현하는 것일 수 있다. 그곳에서 마르크스주의는 '비판이론' – 즉 어떠한 정치적 실천으로부터도 멀리 떨어져 있는 대학에서 정교화되고, 사회혁명의 가능성에 대해 매우 회의적이고, 그리고 암시적이고 불가해한 언어로 표현되는 일단의 사상 – 이 된다. 하지만 20세기 말 문화생활에서 너무나도 공통적인 한 가지 특징은 너무나 많은 대학교수들이 알튀세르가 이론적 실천이라고 부른 것 – 이것은 슬프게도 내용의 신선함이 아니라 모호한 표현이라는 점에서 아도르노와 호르크하이머에 필적한다 – 에 참여함으로써, 이제는 전위적 활동이 대중화되었다는 것이다.

---

32 C. H. Rolph, *Kingsley*(Harmondsworth, 1978), pp. 175~176.

33 R. Jacoby, *The Last Intellectuals*(New York, 1987), p. 5.

몇몇 이론가들은 이러한 상황을 인식하고 그것으로부터 벗어나고자 한다. 이를테면 부르디외는 자주 학문적 담론의 성격이 사회적으로 위치 지어짐에, 그리고 그것이 옹호하는 경향이 있는 계급 위치에 주목한다. 그리고 그는 지식인들의 구체적인 정치개입을 주장한다. 그는 이를 '이성의 현실정치Realpolitik of reason', '보편적인 것의 코포라티즘a corporatism of the universal'이라고 부른다.[34] 이 같은 개입은 신자유주의 — 즉 "오직 이윤극대화 법칙 이외에는 어떠한 법칙에도 응답하지 않는 종류의 철저한 자본주의로의 회귀" — 의 위협에 대한 하나의 대응이다. 신자유주의가 드러내는 부정적인 경제적·사회적 결과는 차치하더라도, "시장과의 관계에서 문화생산의 영역이 향유하던 자율성 — 그간 작가, 예술가, 과학자들의 투쟁을 통해 지속적으로 증가해온 — 은 점점 더 위협받고 있다."[35]

지식인들이 특정 역할을 수행해야 하는 곳이 바로 여기이다.

지적 세계는 지식인들이 존중하는 특정 규칙을 가지고 있다. 지식인들은 이 같은 (종교적, 정치적 또는 경제적 권력과 무관하다는 의미에서) 자율적인 지적 세계가 수여하는 특정한 권위를 부여받지 못할 경우(그리고 그러할 때에만), 그리고 정치투쟁에서 이 특수한 권위를 사용하지 못할 경우(그리고 이러할 때만), 그 자체로 존재하지도 또 살아가지도 못하는 이차원적 인물이다. 통상적으로 믿고 있는 것처럼, 자율성 — 우리가 '순수하다'고 칭하는 예술, 과학 또는 문화를 특징짓는 — 의 추구와 정치적 효력의 추구 간에는 이율배반이 존재하기는커녕 지식인은 자신의 자율성을 증대시킴으로써 (그리하여 무엇보다도 주

---

34 P. Bourdieu, *The Rules of Art*(Cambridge, 1996), p. 348.

35 P. Bourdieu, "A Reasoned Utopia and Economic Fatalism," *New Left Review*, 227(1998), pp. 125, 127.

요 권력들을 비판할 수 있는 자유를 증대시킴으로써) 정치적 행위 — 이것의 목적과 수단은 문화생산의 장에 고유한 논리를 따른다 — 의 효과를 증가시킬 수 있다.[36]

따라서 지식인들이 정치적으로 행동할 수 있는 것은 그들이 자율적인 문화생산의 장에서 차지하는 지위로부터 획득하는 권위 덕분이다. 게다가 "오늘날 특히 시급한 것은 지식인들이 문화생산 영역의 자율성을 방어하는 데 헌신하는 진정한 지식인 인터내셔널을 창조하고 동원하는 것이다."[37] 그런데 역설적이게도 이를 확보하기 위해서는, 지식인들은 이론과 실천을 분리하는 경계를 넘어서야만 한다. 1995년 11~12월의 프랑스 공공부문 파업은 부르디외로 하여금 신자유주의 정책에 반대하는 운동을 벌이게 하는 등 훨씬 더 가시적인 정치적 활동을 하게끔 했다. 신자유주의 정책이 일상생활에 미치는 파괴적 영향은 이미 그의 공동저작 『세계의 짐The Weight of the World』(1993)에서 다루어진 바 있다. 그는 행동주의 연구자 네트워크인 '행동하는 이성Raisons d'agir'의 설립을 도왔다. 이 단체는 세기의 전환기에 시애틀과 제노바에서 있었던 저항에서 가시화된 또 다른 지구화운동의 한 원천을 제공했다.

이러한 정치참여를 이끈 것은 부르디외의 심연에 자리하고 있던 지식인의 지위 그 자체에 대한 양가감정이었다. 그는 다음과 같이 쓰고 있다. "나는 원래 지식인을 좋아하지 않는다." 왜냐하면 "학문세계와 그것의 모든 생산물의 근본적 모호성" 때문이다. 그러한 모호성은 "생산물세계로부터의 학문세계의 초연함은 해방적 단절이자 절연, 즉 잠재적으로 불구를 초래하

---

36 Bourdieu, *Rules*, p. 340.

37 Bourdieu, *Rules*, p. 344.

는 분리라는 사실에서 기인한다."[38] 부르디외는 여전히 문화적·과학적 장의 자율성은 방어할 가치가 있다고 생각했고, '학자 행동주의자들'에게 정치적 요구로부터 지적 독립성을 유지할 것을 권고했다. 그러나 [어쩌면 그의 개인적인 이유, 즉 그가 고양된 학문의 신성화와 낮은 사회적 추출 간의 극단적 불일치, 달리 말해 깨진 아비투스cloven habitus라고 부른 것 때문에] 그는 여전히 이론과 실천 간의 분리에 따른 비용을 날카롭게 인식하고 있었다.[39]

또 다른 조짐들도 지식인들이 학계에 갇혀 있는 것이 갖는 불편함을 보여 준다. 2004년 8월 미국사회학회의 널리 주목받은 회장 취임 연설에서, 마이클 부라보이Michael Burawoy는 자신이 '공중사회학public sociology'이라고 부른 것을 옹호하고 나섰다. 공중사회학은 "사회학을 스스로 대화에 참여하는 사람들로 이해되는 공중과의 대화에 돌려놓은 것"을 일컫는다. 공중사회학의 예로는 듀 보이스W. E. B. du Bois의 『흑인의 영혼Souls of Black Folk』(1903), 데이비드 리스먼David Riesman의 『고독한 군중The Lonely Crowd』(1950), 바바라 에렌라이히Barbara Ehrenreich의 『빈곤의 경제Nickel and Dimed』(2002)를 들 수 있다. 이 텍스트들은 "사회학자들이 쓴 것"이나 "학계를 넘어 읽히며", "미국사회의 성격 — 미국사회의 가치의 성격, 미국사회의 약속과 현실 간의 간극, 미국사회의 막연한 불안, 미국사회의 추세 — 에 대한 공적 토론의 매개체가 되었다". 부라보이는 공중사회학을 정책사회학과 전문사회학 — 전자는 특정한 고객을 위해 연구를 수행하고, 후자는 연구프로그램을 정교화하는 데 집중한다 — 과 구분할 뿐만 아니라 비판사회학 — 비판사회학은 교조주의 경향을 희생하면서 사회이론의 토대에 대해 의문을 제기한다 — 과도 구분한다. 그는 전문사회학이 지배하는 학계의 환경에서, 즉 도구적 지식 추구가 보다 성찰적인 형태의 탐구를 밀어내는 경향이

38 P. Bourdieu, *Pascalian Meditations*(Cambridge, 2000), pp. 7, 15.
39 P. Bourdieu, *Esquisse pour un auto-analyse*(Paris, 2004), p. 127.

있는 학계의 환경에서, 공중사회학이 더욱 필요하다고 주장한다. 그에 따르면, 공중사회학은 '시민사회의 관점'에서 사회학 본래의 지향을 분명히 함으로써 "인류의 관심 — 국가 독재와 시장의 폭정을 저지하고자 하는 관심 — 을 대변한다."[40]

(5) **보편성과 특수성**: 이처럼 주요 사회학자들이 자신들의 학문이 사회세계의 나머지로부터 격리시키고자 한 것을 문제시하고 나서는 것은 (앨빈 굴드너를 따르고 있는) 부라보이의 표현으로, "파당으로서의 사회학자"의 문제를 제기한다. 달리 말해 사회이론은 어떤 이해관심에 기여할 수 있는가? '보편적인 것의 코포라티즘'이라는 부르디외의 표현은 지식인을 헤겔의 '보편계급'으로 제시한다. 왜냐하면 지식인의 사회적 위치가 그들로 하여금 전체 사회의 일반적 이해관심, 그리고 실제로는 이성 그 자체의 이해관심을 방어할 것을 요구하기 때문이다. 그러나 계몽주의를 상이한 방식으로 비판적으로 조명한 마르크스와 니체 이후 줄곧, 보편성과 합리성이라는 관념들 자체가 그 안에 특수주의를 비밀스럽게 감추고 있다는 의심을 받아왔다. 앞의 1.5절에서 살펴본 바와 같이, 미국혁명과 프랑스혁명이 약속한 보편적 권리와 행복은 무엇보다도 노예, 빈민, 여성을 암묵적으로 배제했다.

최근 몇 년간, 탈식민이론postcolonial theory은 한 가지 공통된 방식으로 그 같은 암묵적인 배제가 계몽주의 프로젝트에 내재한다고 비난해왔다. 이를테면 ≪서발턴 스터디스Subaltern Studies≫라는 잡지와 연관된 인도의 사회역

---

40 M. Burawoy, "For Public Sociology", *American Sociological Review*, 70(2005). pp. 7, 24. 이 연설은 광범위한 반응을 불러왔고, 부라보이는 이에 응답하는 논문을 발표했다 [Burawoy, "Public Sociology: Populist Fad or Path to Renewal?" in *British Journal of Sociology*, 56(2005)]. 이 논문에서 그는 부르디외의 지식인 분석을 비판적으로 논의한다.

사가들과 사회이론가들로 구성된 집단은 포스트모더니즘의 영향하에서 점점 더 다음과 같이 주장해왔다. 반식민적 민족주의와 마르크스주의와 같은 명백히 급진적인 이데올로기들조차도 실제로는 제3세계의 독립국가들이 그간 영속화시켜온 '식민지적 권력-지식'의 특수한 형태에 불과하다. 이러한 권력-지식의 독특한 특징은 그것이 보편적으로 적용된다고 주장한다는 것이다. 파르타 차테르지Partha Chatterjee는 다음과 같이 쓰고 있다.

> 만약 지엽적인 유럽사상이 보편사로 전화되는 하나의 위대한 순간이 존재한다면, 그것은 자본의 순간이다. 자본은 그 지역적 범역에서 지구적이며, 그 개념적 영역에서는 보편적이다. 중상주의적 무역, 전쟁, 종족학살, 정복, 식민주의라는 폭력을 보편적 진보, 발전, 근대화, 자유의 이야기로 전화시킬 수 있는 것은 바로 자본의 서사이다.[41]

자본의 서사와 대치되는 것이 공동체의 서사이다. 자본축적은 공동체의 파괴를 전제로 한다. 근대 국민국가가 생존하기 위해서는 "소독되고 길들여진 형태"의 공동체, 즉 "보호되고 양육되는 공유된 주관적 감정"이 필요하다. 하지만 차테르지는 다음과 같이 주장한다.

> 내가 보기에, 서구 사회철학의 가장 커다란 모순은 국가/시민사회의 대립이 아니라 자본/공동체의 대립이다. ······ 이론적으로 볼 때, 자본의 왕국으로부터 추방당했음에 틀림없는 공동체는 계속해서 그 안에서 지하로 숨어든 잠재적으로 전복적인 삶을 이끈다. 왜냐하면 공동체는 사라지기를 거부하기 때문이다.[42]

---

41 P. Chatterjee, *The Nation and its Fragments*(Delhi, 1995), p. 235.

차테르지는 공동체란 "역사의 후미진 곳에 묻힌 낡은 관념도, 주변적인 하위문화의 일부도 아니며, 또한 방심한 계몽주의가 웬일인지 불러내는 것을 깜박 잊어버린 전근대적 잔존물로 간단히 처리할 수 있는 것도 아니"라고 주장한다.[43] 하지만 그의 주장은 너무나도 쉽게 일종의 낭만적 반자본주의로 미끄러져 들어간다. 물론 공동체의 권리와 전통은 현재 인도에서 뜨거운 쟁점 중 하나이다. 현재 인도에서는 세속주의에 대한 국가의 의심스럽고 변질된 방침이 힌두 우파의 배타주의적 민족주의에 의해 도전받고 있다. 차테르지는 보편적 권리에의 헌신에 기초하여 기존의 세속주의적 전통을 옹호하고 강화하고자 하는 자유주의 좌파의 입장을 거부하면서 다음과 같이 주장한다. "집합적인 문화적 권리 속에서 주장되고 있는 것은, 실제로는 왜 다른지를 제시하지 않을 권리이다." 그는 이러한 주장을 "통치에 저항"하는 것이라고 본다. 달리 말하면, 자기 자신의 전통을 유지하겠다는 특정 공동체의 주장은 근대국가를 구성하는 규율적인 권력 형태에 맞서는 하나의 저항형태이다.[44]

민주적 사회가 어떻게 자신들만의 독특한 선善의 개념을 가지고 있는 서로 다른 집단들을 조화시킬 수 있는가 하는 문제는 현대 자유주의 정치철학의 중요한 주제들 중 하나가 되어왔다. 하지만 차테르지처럼 공동체를 자기폐쇄적인 실체로 여기는 것은 이 문제를 다루고 해결하는 데 도움이 될 것 같지 않다. 왜냐하면 실제로 존재하는 공동체들은 자신들의 전통 중 지배적인 형태에 의해 정당화되는 고도로 불평등한 권력구조를 포함할 수도 있기 때문이다. 따라서 공동체 지도자들이 그 같은 구조와 전통을 정당화하지 않

---

42 P. Chatterjee, *The Nation and its Fragments*, p. 236.

43 P. Chatterjee, *The Nation and its Fragments*, p. 237.

44 P. Chatterjee, *A Possible India* (Delhi, 1997), pp. 254. 255.

아도 될 권리를 인정한다는 것은 공동체 내부의 종속된 사람들의 입장을 언급하지 않은 채 남겨두는 것이다. 차테르지의 탈식민이론적 견해는 한 가지 형태의 억압 – 근대 관료제 국가로 대표되는 – 을 비난하는 반면, 특정 공동체 내에서 발생하는 억압들은 면밀하게 조사하지 않고 있는 것으로 보인다. 이는 전통이라는 이름으로 자본주의적 현재를 비난하는 보수적인 낭만주의적 비판으로부터 거의 벗어나지 못한 입장이다.

이 예는 단순히 계몽주의와 단절하고자 하는 것이 초래하는 난점을 예증한다. 자포자기식으로 보편적 원리에 호소하는 것은 사회적 비판의 범위를 제한한다. 특정 공동체 또는 그보다 더 큰 사회 내의 주요 이데올로기는 대부분 현존 제도나 관행을 승인할 가능성이 크다. 따라서 해당 사회나 공동체 내에서 광범위하게 받아들여지는 신념에 기초하여 스스로를 정당화하고자 하는 이들 제도와 관행을 변화시키려는 시도는 스스로를 한정하여 상대적으로 제한된 조정에 머무를 가능성이 크다. 특정 사회나 공동체의 전체 구조에 대한 보다 급진적인 비판은 그곳에 널리 퍼져 있는 신념이 아닌 다른 신념들에 호소한다는 의미에서 (이를테면 남아프리카 인종차별정책의 반대자들은 자유민주주의 이데올로기나 사회주의 이데올로기에 기초하는 경향이 있었다는 점에서) 자주 외부적이다. 외부에 기초하든 그렇지 않든 간에, 그 같은 비판은 특히 자신의 신념이 지배적인 신념과 다르다는 것에 근거해서뿐만 아니라, 그것이 보편적인 원칙 또한 포함하고 있다는 점에 근거하여 그 같은 신념에 호소한다. 이를테면 남아프리카의 인종차별이 비난받았던 이유는 주로 그곳의 사태가 여타 지역과 달랐기 때문이 아니라, 그곳이 흑인에게 모든 인간에게 공통적인 권리를 부정했기 때문이었다. 아프리카 민족회의의 주요 강령 문서인 1955년의 자유헌장은 보편적 권리들의 언어로 기술되어 있다.

그런데 보편적 해방이라는 계몽주의의 약속에 포함되어 있는 암묵적 제한에 대응하는 방식에는 두 가지가 있다. 하나는 그 같은 제한들이 어떤 보편이론도 필연적으로 가면을 쓴 특수주의일 수밖에 없다는 것을 입증한다고 결론짓는 것이다. 그렇다면 우리가 할 수 있는 것이라고는 사람들이 어떤 특수주의를 선호하는지를 규정짓는 것뿐이다. 이 같은 관점에서 볼 때, 외부의 비판으로부터 공동체를 방어하려는 차테르지의 시도는 그가 "담론적 이성discursive reason의 보편성에 대한 진부한 슬로건"이라고 부른 것을 스스로 거부함으로써 초래된 하나의 논리적 결과일 뿐이다.[45] 다른 하나는 진정한 보편성 — '타자'가 존재하지 않는, 즉 그 누구도 배제되지 않는 사회적·정치적 질서 — 의 달성을 위해 노력하는 방식으로 계몽주의 프로젝트의 실패에 대응하는 것이다. 이것이 바로 계몽주의의 영구적 급진화 프로그램이다. 즉 특정 배제를 극복할 때, 타자가 동일시되고 대화의 대상이 된다. 실제로 내가 믿는 것처럼, 이들 배제의 대부분은 하나의 독자적인 사회적 전체, 즉 억압과 착취의 복합체를 구성하는 것으로 판명 날 수도 있다. 이것은 혁명적 변혁이라는 단일한 포괄적인 과정을 통해서만 해결될 수 있다.

여기서 근대성의 철학적 관념이 그 진가를 인정받게 된다. 근대성의 철학적 관념은 정치적·사회적 삶에 대한 일정한 윤리적 개념을 구체적으로 표현하고 있으며, 따라서 나는 앞에서 그것을 하나의 독특한 사회체계로서의 자본주의에 관한 분석적 이론과 구분하고자 했다. 이 같은 관점에서 볼 때, 자본주의는 근대성 관념의 부적절한 실현으로 비난받을 수도 있다. 근대성 관념을 실현하기 위해서는 만족스러운 규범적 정치이론의 정식화가 필요하다. 최근 부흥하고 있는 자유주의적 정치철학이 사회이론에 어느 정도 문을 열어놓고 있다는 것은 흥미로운 일이다. 자유주의적 정치철학은 일반적으로 사회정의에 대한 평등주의적 원리를 탐구하는 형태를 취하고 있다.

정의를 공평함으로 보는 존 롤스의 정의이론이 그것의 한 적절한 사례이

---

45 P. Chatterjee, *A Possible India*, p. 261.

다. 그의 정의이론에 따르면, 불평등이 받아들여질 수 있는 것은 오직 그것이 사회에서 최악의 상태에 있는 사람들에게 이득이 되는 한에서 만이다(그의 유명한 차등원칙). 그는 정의의 주제는 '사회의 기본 구조'라고 주장한다. 그리고 사회의 기본 구조는 "주요 사회제도들이 함께 조화를 이루어 하나의 체계를 이루는 방식, 그리고 사회제도들이 기본적인 권리와 의무를 할당하고 사회적 협력을 통해 발생하는 이익을 배분하는 방식으로 이해된다." 그러므로 "기본 구조에 속하는 제도들의 역할은 개인과 결사체의 행위가 발생하는 바로 그 배경 조건들을 보장하는 것이다."[46] 브라이언 배리Brian Barry는 다음과 같이 논평한다.

> 롤스가 사회구조에 대한 이 같은 관념을 자신의 이론 속에 통합시킨 것은 자유주의 정치철학의 시대가 도래하고 있음을 의미한다. 분명하게 개인주의적 전통에 속해 있던 주요 사상가들이 처음으로 마르크스와 베버의 유산을 설명하기 시작했다. 이는 사회가 시간이 경과해도 지속되는 불평등의 유형을 가지고 있을 뿐만 아니라, 사람들을 권력, 지위, 돈의 위계 속의 위치들로 할당하는 체계적인 방식 또한 가지고 있다는 것을 명확히 인지했기 때문이었다.[47]

나아가 사회이론과 정치철학의 대화는 "마르크스와 베버의 유산"의 살아 있는 탁월한 상속자들인 롤스와 하버마스의 최근 논쟁이 보여주는 것처럼, 두 방향으로 진행되고 있다.[48] 하지만 대화가 완전한 수렴과 동일한 것은 아

---

46 J. Rawls, *Political Liberalism*, 증보판(New York, 1996), pp. 258, 266.

47 B. Barry, *Justice as Imparliality* (oxford, 1995), p. 214.

48 J. Habermas, "Reconciliation Through the Public Use of Reason," *Journal of Philosophy*, 92(1995); J. Rawls, "Reply to Habermas," B. Barry, *Justice as Imparliality*.

니다. 현대 자유주의 정치철학의 주요한 추동력은 놀랄 만큼 평등주의적인 것이었다. 롤스, 배리, 로널드 드워킨Ronald Dworkin, 아마르티아 센Amartya Sen 그리고 코헨G. A. Cohen과 같은 이론가들 사이에서 나타나는 주된 불일치는 정의의 내용을 어떻게 구체화하고 정의의 원리들을 어떻게 정당화할 것인지와 관련되어 있었다. 여기에서 중심적인 역할을 하는 것이 바로 사회적 평등 개념이다. 하지만 추상적인 규범적 이론과 사회적·정치적 현실 간의 간극은 매우 클 뿐만 아니라, 롤스의 『정의론A Theory of Justice』이 1971년 처음 출간된 이래로 점점 더 벌어지고 있다.

롤스 자신의 보다 최근 연구는 일반적으로 그의 첫 번째 책이 지니고 있던 보편주의적 야망으로부터 일정 정도 후퇴한 것으로 보인다. 그러면 그가 1995년에 입헌민주주의가 보장하는 자유가 그저 형식적이지 않게 해줄 수 있는 조건들로 기술한 것을 검토해보자.

1. 선거자금의 공적 조달, 그리고 공공정책문제들에 대한 공적 정보 이용의 보장 방식. ······
2. 일정 정도의 공정한 기회의 평등, 특히 교육과 훈련에서의 기회의 평등. ······
3. 소득과 부의 적절한 분배. ······ 즉 모든 시민은 자신의 기본적 자유를 이지적으로 그리고 효과적으로 향유하는 데 필요한 다목적 수단들을 보장받아야만 한다. ······
4. 최후의 수단으로서 중앙정부나 지방정부 또는 여타의 사회정책과 경제정책을 통해 일자리를 제공하는 고용주로서의 사회. ······
5. 모든 시민에 대한 기초적 의료보호의 보장.[49]

---

49 Rawls, *Political Liberalism*, p. lviii.

미국이나 영국과 같은 자유자본주의 사회의 현대 정치적 상황에 익숙한 사람들에게 이 같은 요구조건은 심히 유토피아적인 것으로 보일 것이다. 물론 프랑크푸르트학파가 제대로 이해하고 있었던 것처럼, 사회적 실체가 너무나도 품위가 떨어지고 경멸할 만한 것이 되어버려서 하나의 관념을 유토피아적인 것으로 묘사한다는 것 자체가 곧 그것에 경의를 표하는 것이 될 때가 있기도 하다. 그럼에도 불구하고 추상적 규범과 그것이 실현되는 역사적 조건 간의 관계에 대해서는 몇 가지 설명이 필요하다. 『유대인 문제에 대하여On the Jewish Question』 이후, 마르크스의 적지 않은 기고문들은 그가 '인간 해방'이라고 불렀던 것에 대한 계몽주의적 열망을 포기하지 않고 보편적 권리라는 용어를 사회적 실천을 통해 검증할 것을 요구하는 것들이었다.

최근에 규범적 개념과 사회구조 간의 관계를 보다 직접적인 논의의 대상으로 삼아온 하나의 영역이 바로 지구적 정의global justice라는 논제를 중심축으로 하는 영역이다. 1990년대를 경과하며 전개된 지구화에 대한 논쟁은 다른 무엇보다도 전지구적 규모에서 부자와 빈자 간의 부, 소득, 생활기회의 엄청난 (그리고 증거에 입각한 일부 해석에 따르면, 증가하고 있는) 격차를 부각시키는 데 기여했다. 이는 (롤스에 따르면) 정의의 주제가 되는 기본 구조는 개별 사회의 그것이 아니라 전지구의 그것이라고 제시하게 한다. 이 제안을 취하는 것 그리고 말하자면 차등원칙을 전지구적 규모에 적용시키자고 제안하는 것이 갖는 함의는 부와 소득을 매우 대규모로 재분배하는 것일 것이다. 롤스 자신은 이러한 방향으로 나가는 것에 저항했다.[50] 그러나 다른 자유주의 정치철학자들은 이에 덜 신경 쓰며, 전지구적 상호의존의 정도와 남부의 빈곤이 유발한 고통의 규모는 하나의 세계주의적 원칙으로 간주되는 정의를 요구한다고 주장해왔다.[51] 이러한 종류의 움직임은 차테르지의 낭만적

---

50 Id., *The Law of Peoples*(Cambridge, Mass., 1999).

반자본주의가 권고한 것과 정반대 방향을 향한다. 왜냐하면 그것은 급진적 보편주의를 함축하기 때문이다.

　(6) **자본주의를 넘어서:** 하지만 평등주의적 자유주의자들이 틀 지어놓은 정의의 요구를 다루는 문제는 오늘날을 지배하고 있는 자유자본주의 형태가 사회적 가능성의 한계를 규정한다는 지배적 가정에 의해 크게 복잡해진다. 이러한 믿음을 표현하고 있는 가장 유명한 것이 소련과 그의 동유럽 속국들의 붕괴가 역사의 종말을 상징한다고 주장하는 프랜시스 후쿠야마 Francis Fukuyama의 테제이다. 그에 따르면, 자유자본주의는 자신의 중요한 이데올로기적 경쟁자를 격퇴하고, 이제 인간의 미래의 모든 성과가 펼쳐질 불가피한 지평을 구축했다.[52] 후쿠야마의 헤겔식의 형이상학적인 낡은 사고나 그의 신보수주의적 정치를 스스로 떠안으려는 사람은 거의 없지만, 그의 결론 – 자유자본주의에 대한 어떤 역사적으로 그럴듯한 대안은 더 이상 존재하지 않는다는 – 은 아주 널리 받아들여지고 있다.

　자본주의의 승리주의는 공적 담론 속에, 가장 두드러지게는 미국에서 확고하게 참호를 구축해왔다. 1989년 이후 규제받지 않는 자유시장 자본주의라는 '앵글로-아메리칸 모델'에 대한 가장 중대한 도전으로 널리 인식되던 동아시아 경제들이 1997년의 금융붕괴에 의해 산산이 부서진 이후, 평소 신중했던 미국 연방준비제도이사회 의장 앨런 그린스펀Alan Greenspan은 다음과 같이 승리를 주장했다. "내 생각으로는, 이러한 아시아 위기가 낳은 한

---

51 이를테면 C. Beitz, *Political Theory and International Relations*, rev. edn(Cambridge, Mass., 1999); T. W. Pogge, *World Poverty and Human Rights*(Cambridge, 2002); B. Barry, *Why Social Justice Matters*(Cambridge, 2005).

52 F. Fukuyama, *The End of History and the Last Man*(New York, 1992).

가지 결과는, 그것이 서구, 특히 미국에서 실행되고 있는 시장자본주의가 보다 우월한 모델이라는 인식을 증가시키고 있다는 것이다. 즉 시장자본주의 모델은 삶의 수준의 향상과 지속적 성장이라는 보다 위대한 약속을 제시한다."[53] 월스트리트가 그린스펀이 2000년의 파열을 너무나도 집요하게 부풀려왔다며 흥분을 억제하지 못할 때. 이 논평은 천벌을 받고 말았다. 그럼에도 불구하고 우리가 자유자본주의보다 더 나을 것으로 기대할 수 있는 어떤 것도 가지고 있지 못하다는 생각은 널리 유행하는 도그마 중 하나가 되었다. 이는 특히 대서양 양편의 중도좌파 정치인들로 하여금 전통적인 좌파와 우파를 넘어서는 '제3의 길'을 선언하게 했으나, 그 속에는 신자유주의적 우파의 정책들이 '근대성'과 '공동체'라는 담론으로 서툴게 숨겨져 있을 뿐이다. 그것이 낳은 하나의 결과는 공공정책이 점차 사회문제를 결점 있는 개인들의 행위의 결과로 재규정하고 있다는 것이다. 이 같은 추론은 충분히 자연스럽다. 왜냐하면 그들의 논리에 따를 때, 만약 자유자본주의사회의 구조가 기본적으로 건전하다면, 사회적 역기능은 적응하지 못한 개인들에 의해 유발되기 때문이다. 최근의 사회정책은 '임파워먼트empowerment'라는 용어하에 보호할 만한 가치가 없는 빈민이라는 빅토리아 시대의 개념을 복원해왔다. 그 개념에 따르면 그들의 곤궁은 그들이 임금노동세계에 진입하기를 원하는 사람들에게 요구되는 기술과 행동 양식을 습득하는 데 실패했기 때문에 발생한다. 사회문제를 개인적 결함의 결과라고 해석하는 것은 저항하는 개인들에 대한 강제력 행사를 정당화하고, 또 그들의 실패가 '최하층 계급'의 그릇된 행동들 속에 반영되어 있는 도덕적 타락에 책임이 있다고 주장되는 '가치들'을 회복하자는 캠페인을 정당화한다.

우리는 이와 같은 공적 담론의 타락에 대해 마르크스와 니체가 얼마나 신

---

53 *Financial Times*, 19 Apr. 1998.

랄하게 자신들의 견해를 드러낼지 상상해볼 수 있다. 그러나 이론적 주장도 불가피하게 그 같은 타락에 영향 받아왔다. 따라서 정치철학은 평등주의적 자유주의자들과 그들에 대한 공동체주의적 및 포스트모더니즘적 비판가들 간의 한쪽으로 기운 논쟁 속에서 점차 양극화된다. 이들 비판가들은 근대성의 거부라는 명목하에 규범이론의 추상 개념들을 다소 미묘하게 경멸한다. 예를 들면 마이클 만이나 런시먼과 같은 베버식 역사사회학자들이 생산해낸 저술들의 우수성에도 불구하고, 이미 서론에서 논급했듯이, 사회이론 그자체는 문화연구에 의해 주변으로 밀려나왔다. (하지만 런시먼 자신은 "'포스트모더니즘'이 등장했다가 거의 사라지면서 그것은 본래 과학이라기보다는 문학에 속하는 인간행위의 연구의 그 같은 측면들도 함께 가지고 가버렸다"고 선언하면서, 이 같은 사태의 진전이 장기적으로는 사회학을 강화할 수도 있다고 생각한다.54) 이 같은 초점의 변화 역시 충분히 이해 가능하다. 만약 질적 사회변혁에 관한 희망 또는 우려가 더 이상 자본주의와 관련이 없다면, 미래에 작동할 것 같지도 않은 역사적 변동의 메커니즘을 탐구하기보다는 (점점 더 상품화되는 사회세계에서 살고 있는) 다양한 정체성을 지닌 개인들의 경험과 담론을 탐구하는 데 시간을 쓰는 것이 더 낫지 않겠는가?

이 같은 다소 우울한 지적 국면의 존립에 필요한 조건이 바로 마르크스의 주변화이다. 역사의 종말이라는 후쿠야마의 선언이 수반한 이러한 사태의 진전이 함축하는 것은, 우리의 사회적 지평이 불가피하게 현존 자유자본주의사회에 의해 규정되고 또 (어떤 포괄적인 변혁 프로젝트도 분명하게 회피하는) 포스트모더니즘만이 이러한 근대성에 이의를 제기할 수 있을 뿐이라는 것이다. 그러나 근대성 논쟁에 대한 마르크스의 독특한 공헌은 쉽게 지워 없앨 수 있는 것이 아니다. 1990년대 마르크스의 기각이 최고조에 달했을 때, 자

---

54 W. G. Runciman, *The Social Animal*(London, 1998), p. vii.

신의 저작의 전반적 취지가 고전 마르크스주의 전통에 적대적인 이론가들조차 마지 못해서나마 그것에 다소 찬사를 보내고 있다는 것은 흥미로운 일이 아닐 수 없다. 이를테면 런시먼은 "베버는 가장 위대한 사회학자일 뿐만 아니라 마르크스주의 전통의 사회학자이기도 하다"는 평가를 받아들인다. 하지만 자신의 진화론적 사회이론을 상술하면서, 그는 "어떤 특정 수준의 인구, 기술, 자원이 주어져 있을 때, 경제적·이데올로기적·강제적 권력이 분배될 수 있는 서로 다른 방식은 그렇게 많지 않다"고 선언한다. 그런데 이 진술은 런시먼이 몇 페이지 뒤에서 "시대에 뒤떨어진 '역사유물론'"이라고 부르는 것과 의심스러울 정도로 유사해 보인다.[55] 어쩌면 더 놀라운 것은, 자크 데리다가 『마르크스의 유령들Spectres of Marx』(1993)에서 그가 마르크스주의의 정신에 대해 그 나름으로 모호하게나마 헌신했음을 확언하고 있을 뿐만 아니라, 그것을 후쿠야마와 그가 말하는 승리한 자유자본주의로 구성된 '새로운 세계질서'에 대한 그의 격렬한 비판과도 연결시키고 있다는 점일 것이다. 왜냐하면 그의 후기구조주의는 1960년대 세대가 마르크스주의로부터 이탈하는 데 엄청난 영향을 미쳤기 때문이다. 이는 다음 10년 동안의 논쟁에서 현저한 전환을 예기하는 것이었다.

---

55 W. G. Runciman, *Social Animal*, pp. 49, 118, 140.

13
주제의 변화:
지구화, 자본주의 그리고 제국주의

13.1 지구화에 대해 법석 떨기

일반적으로 지적 논쟁의 주제가 변할 수밖에 없었던 이유를 설명하는 것은 말할 것도 없고, 그러한 변화가 일어난 순간을 정확히 찾기도 어렵다. 그럼에도 불구하고 1990년대를 경과하면서 사회이론의 주제가 변한 것은 분명하다. 근대성, 탈근대성, 탈식민지성, 이러한 논제들이 사라지지는 않았지만, 점차 주변으로 밀려나거나 지적 논쟁의 초점 변화에 맞추어 재구성되었다. 데이비드 헬드David Held, 앤서니 맥그루Anthony McGrew, 데이비드 골드블래트David Goldblatt, 조나단 페라턴Jonathan Perraton은 1990년대가 끝날 즈음에 다음과 같은 말로 그러한 변화를 기록했다. "지구화는 때를 만난 관념이다."[1] 지구화 — 다시 말해 20세기 마지막 몇 십 년 동안 가속화된 것으로 널리 인식되는 국경을 넘는 통합과정 — 의 성격, 범위, 결과, 의미는 사회이론가와 문화이론가들의 여타 관심사들을 압도했다. 저스틴 로젠버그Justin Rosenberg가 표현했듯이, "우리는 오늘날 진정한 '지구화 연구의 시대'에 살고 있다. 학문분과들이 잇따라서 자신의 연구영역을 '전지구적' 영역으로 흔쾌히 확장시키고, 지리

---

1 D. Held, A. McGrew et al., *Global Transformations*(Cambridge, 1999). p. 1.

적으로 확장된 전 세계적 관점에서 자신의 주제를 다시 위치 짓고 있다."[2]

앤서니 기든스의 논의의 전개과정은 이러한 패러다임의 변화를 보여준다. 우리가 살펴보았듯이(앞의 11.1절과 12장을 참조), 그는 1970년대와 1980년대에 탁월한 베버식 역사사회학자로서 두각을 나타냈다. 그는 실제적 측면과 방법론적 측면 모두에서 한편으로는 (그의 견해에 따르면) 주체성을 객관적 구조로 용해시키는 마르크스주의와 여타 사회이론 형태들과, 다른 한편으로는 의미를 되찾는 데 전념한 탓에 좀 더 넓은 사회적 맥락을 폐색하는 경향이 있는 현상학적·해석학적 전통 사이에서 중간의 길을 찾고자 했다. 1990년대에 그는 울리히 벡과 함께 '후기 근대성late modernity'에 관한 주요 이론가들 중의 하나가 되었다. 그러나 지난 10년이 끝날 때 쯤, 기든스의 관심사는 지구화의 경제적·정치적 결과에 훨씬 더 직접적으로 초점이 맞추어졌다(비록 로젠버그가 『근대성의 결과The Consequences of Modernity』가 이미 "사회이론으로서의 지구화의 원본"이였다고 주장하지만[3]). 신자유주의와 국가사회주의 사이의 제3의 길 — 1993년에서 2001년까지 미국 대통령을 지낸 빌 클린턴과 1997년에 영국 노동당 총리가 된 토니 블레어와 특히 연관된 정치적 입장 — 의 주요 이론가들 중 한 사람으로 나선 기든스는 '질주하는 세계'를 묘사했다. 그에 따르면, 질주하는 세계 속에서 경제적·정치적·문화적 지구화라는 극적인 과정은 개인의 생활기회를 (전반적으로 더 나은 쪽으로) 급격히 변화시켰고, 이제 공공정책의 전면적 재구성을 요구하고 있다.[4]

기든스의 연구가 현재 속해 있는 장르의 지구화 저술들은 오늘날을 지배

---

2 J. Rosenberg, *The Follies of Globalization Theory*(London, 2000), p. 11.

3 J. Rosenberg, *The Follies of Globalization Theor*, p. 88.

4 A. Giddens, *The Third Way*(Cambridge, 1998), *Runaway World*(London, 1999), and *The Third Way and Its Critics*(Cambridge, 2000).

하는 사회경제적 추세로 제시되는 것에 대해 순진하게 열렬한 지지를 보내는 경향이 있다. 이러한 경향을 보여주는 극단적 사례를 제시한 인물이 ≪뉴욕타임스≫ 칼럼니스트 토머스 프리드먼Thomas Friedman이다. 그는 얼마 전 지구화과정은 혁명 속에서 혁명을 경험하고 있다고 공언했다.

> 2000년경에 우리는 완전히 새로운 시대로 접어들었다. 지구화 3.0은 세계를 작은 사이즈에서 더 작은 사이즈로 축소시키고 있으며, 동시에 활동영역을 평평하게 하고 있다. 지구화 1.0의 동력이 지구화과정에 있는 국가들이었고, 지구화 2.0의 동력이 지구화과정에 있는 기업들이었다면, 지구화 3.0의 동력 — 그것에 독특한 성격을 부여하는 것 — 은 지구적으로 협력하고 경쟁하는 개인들에게서 새로 발견된 힘이다. 개인과 집단들을 매우 쉽게 그리고 아주 한결같이 세계로 진출할 수 있게 하는 수단은 마력이나 하드웨어가 아니라 우리 모두를 이웃사람으로 만들어온 전지구적 광섬유 네트워크와 결합된 소프트웨어 — 모든 종류의 새로운 어플리케이션 — 이다. 이제 개인들은 다음과 같이 물어야 하고 물을 수 있다. 오늘의 지구적 경쟁과 기회들에서 내가 적합한 곳은 어디이고, 나 자신은 다른 사람들과 지구적으로 협력할 수 있는가?[5]

프리드먼은 냉혹한 전지구적 경쟁에 의해 추동되는 경제적 구조조정과정에서 추구되는 열광적인 기술혁신이 결국 근대성의 민주적·평등주의적 잠재력을 실현할지도 모른다고 제시한다. 즉, CNN과 같은 언론매체와 마이크로소프트나 맥도날드 광고가 끊임없이 기회를 확장시키는 다양한 세계를 낳을 수도 있다는 것이다.

---

5 T. Friedman, *The World is Flat*(London, 2005), p. 10.

지구화 3.0은 세계를 평평하게 하고 축소시키기 때문에, 개인에 의해서뿐만
아니라 훨씬 더 다양한 개인들의 집단 — 비서구인 집단과 비백인 집단 — 에
의해서도 점점 더 추동되고 있다. 평평한 세계의 모든 지역 출신의 개인들이
권력을 부여받고 있다. 지구화 3.0은 훨씬 더 많은 사람들이 서로 쉽게 접속할
수 있게 해주고, 당신이 인간 무지개 색깔 모두가 어우러지는 것을 볼 수 있게
해줄 것이다.[6]

부드럽게 표현하면, 프리드먼과 같은 지구화의 열광적 지지자들은 커다란
캔버스 위에 성긴 붓으로 그림을 그리고 있다.

  하지만 좀 더 신중한 주장들 역시 제기되었다. 헬드와 맥그루 그리고 그들
의 동료들은 지구화를 "사회관계와 거래의 공간조직 — 그것의 범위, 강도, 속
도, 영향의 측면에서 다루어지는 — 에서 활동, 상호작용, 권력행사의 초대륙적
또는 지역 간 흐름과 네트워크를 창출하는 변화를 체현하는 하나의 과정(또는
일련의 과정들)"으로 정의했다.[7] 그들은 지구화에 관한 논자들을 "개략적으
로 세 가지 학파"로 구분했다. 첫째는, 경영분야의 권위자 켄 오마에Ken Ohmae
같은 '과대지구화론자들hyper-globalizers'로, 오마에는 국민국가가 더 이상 의
미 있는 역할을 하지 못하는 '국경 없는 세계'의 출현을 선언했다.[8] 둘째로,
폴 허스트Paul Hirst와 그레이엄 톰슨Grahame Thompson과 같은 회의론자들은
"지구화란 더욱 극단적인 지구화론자들이 상상해낸 하나의 신화에 가깝다"
고 주장한다.[9] 마지막으로, 헬드와 맥그루 그리고 그들의 동료들에 따르면,

---

6 T. Friedman, *The World is Flat*, p. 11.

7 Held, McGrew et al., *Global Transformations*, pp. 16, 2.

8 K. Ohrnae, *The End of the Nation State*(New York, 1996), and *The Borderless World*(New
   York, 1999).

9 P. Hirst and G. Thompson, *Globalization in Question*, 2nd edn(Cambridge, 1999), p. 2.

"변환론자는 지구화를 모순이 각인되어 있고 또 국면적인 요인에 의해 크게 영향 받는 장기적인 역사적 과정으로 설명한다."[10]

그들은 '변환론적' 입장의 대표자로 기든스를 인용한다(지구화에 대한 그의 저술들이 모순을 그리 인식하지 못하거나 국면적인 것을 그리 감지하지 못한다는 점을 감안할 때, 이는 다소 놀랍다). 보다 중요한 것은 그것이 바로 그들 자신의 견해라는 점이다. 헬드와 맥그루 그리고 그들의 동료들은 자신들이 "분화된 다多원인적 접근방식"으로 묘사한 것에 기초하여 자신들의 주장을 틀 짓는다. 그들은 강도, 범위, 속도, 영향이라는 네 가지 변수를 사용하여 역사의 상이한 시점들에서 나타난 지구화의 유형에 관한 표를 구성하고 나서, "현재의 지구화가 …… '심층적 지구화thick globalization'의 몇 가지 속성들을 갖고 있다"는 결론에 도달한다. 여기서 심층적 지구화는 "넓은 범위, 높은 강도, 높은 속도, 폭넓은 영향"을 특징으로 한다. 지구화를 개념화하는 이러한 방법이 지닌 한 가지 흥미로운 것은, 그것이 지구화를 과거 세대에 대해서는 말할 것도 없고 자본주의적 근대세계에 대해서도 독특한 현상으로 묘사하기보다는 초역사적 과정으로 묘사한다는 점이다(비록 헬드와 맥그루 그리고 그들의 동료들이 "역사과정으로서의 지구화는 진화론적 논리나 출현적 텔로스에 의해 다루어질 수 없다"고 주장하기는 하지만).[11] 일부 역사가들은 이 실마리를 기꺼이 받아들여, 이를테면 전근대적 농업제국에 의해 발생한 '고대의 지구화' 과정을 연구해왔다.[12] 역사가들이 하나의 특정 이론적 도식을 과거를 재해석하기 위해 사용하기 시작할 때보다 그 도식이 지적으로 확고해지고 있다는 것을 보여주는

---

10 Held, McGrew et al., *Global Transformations*, p. 7.

11 Held, McGrew et al., *Global Transformations*, pp. 26, 431, 25(fig. 1.4), 414.

12 C. A. Bayly, "'Archaic' and 'Modern' Globalization in the Eurasian and African Arena. c. 1750-1850," in A. D. Hopkins, ed., *Globalization in World History*(London, 2002), and *The Birth of the Modern World 1780-1914*(Oxford, 2004), ch. I을 보라.

더 명확한 신호는 없다.

로젠버그가 '지구화이론'이라고 칭한 것의 급격한 출현과 확산이 가져온 한 가지 결과는 총체화totalization가 불쑥 귀환했다는 것이었다. 리오타르가 훌륭하게 주장했듯이, 포스트모더니즘은 계몽주의, 헤겔, 마르크스의 역사 철학과 같은 '거대서사'의 붕괴와 모든 종류의 총체성에 대한 파편화의 승리였다.[13] 그러나 그러한 주장 또는 정식화의 어떤 뉘앙스가 프리드먼, 기든스, 헬드를 구분하든 간에, 그들 모두는 지구적 규모의 거대서사를 구축하기에 바쁘다. 게다가 윌리엄 슈얼William H. Sewell은 "기본적으로 인식론적 의미를 지닌 하나의 용어['포스트모더니즘']에서 실질적인 역사적 의미를 지닌 용어['지구화']로의 전환은 내게는 현대의 곤경에 대한 좀 더 사회적 또는 사회-경제적 해석으로 돌아가려는 잠재적 욕망의 또 다른 표현으로 보인다"고 지적한다.[14] 이것은 단순히 하나의 지적 장르로서의 포스트모더니즘이 자취를 감추었다는 것을 의미하지 않는다. 오히려 그것은 제도적으로 훨씬 더 확고해졌다. 그러나 포스트모더니즘은 지구화와 관련한 주장이 제시한 배경을 바탕으로 하여 전개될 수밖에 없었다. 그것의 탈식민주의적 변종은 그것에 필요한 재편성에 잘 준비되어 있었다. 왜냐하면 그것은 지구화에 대한 모든 진지한 논의의 주요 테마들 중 하나를 반드시 형성하고 있던 북부와 남부 간 대결의 독특한 형태와 그 결과에 관심에 기울여왔기 때문이다.

그렇다면 그러한 논의가 어떤 식으로 진행되어야 하는가? 헬드와 맥그루 그리고 그들의 동료들이 지구화를 구체적인 경제적 또는 문화적 측면에서 고려할 것이 아니라 "모든 사회활동(정치적인 것, 군사적인 것, 법적인 것, 생태적인 것, 범죄적인 것 등)의 핵심 영역에서 드러나는 고도로 분화된 과정으로서

---

13 J.- F. Lyotard, *The Postmodern Condition*(Manchester, 1984).

14 W. H. Sewell, *Logics of History*(Chicago, 2005), p. 79.

인식해야한다"고 주장할 때, 그들은 자신들의 총체화 야망을 더욱 드러냈다.[15] 사실 그들이 과대지구화론자, 회의론자, 변환론자들 사이에서 발생하는 것으로 묘사하는 논쟁은 훨씬 더 구체적인 두 가지 쟁점 – 경제적 지구화의 범위와 그것이 국가체계에 미치는 영향 – 에 초점을 맞추는 경향이 있다. 이를테면 허스트와 톰슨은 1960년대 이후 분명하게 발생한 시장 자유화와 국경을 넘어서는 통합은 제1차 세계대전 이전의 상황보다 질적으로 새롭거나 더욱 광대해졌다는 관념에 이의를 제기한다.

> 국제경제는 1970년대 후반 이후를 포함한 그 어떤 시대보다도 1914년 이전 시기에 여러 면에서 더 많이 개방되었다. GDP 수준에 견주어볼 때, 급격하게 산업화하고 있는 경제들 간에 그리고 이들 경제와 그들의 다양한 식민지 영토들 간에 이루어진 국제무역과 자본흐름이 현재보다 제1차 세계대전 이전에 더욱 중요했다.[16]

허스트와 톰슨은 생산의 국제화의 상당 부분이 대체로 다국적 기업의 해외 직접투자의 성장 덕분에 발생했다는 점을 인정한다. 그러나 그들은 다음과 같은 풍부한 증거를 제시한다.

> 생산과 무역활동의 국제화는 3개국(미국, 유럽연합 그리고 일본)의 지배는 물론 소수의 혜택 받은 급속히 팽창하는 덜 발전된 경제의 지배와 함께 여전히 극히 불균형하게 배분되고 있다. 막대한 대부분의 세계 인구가 그러한 발전

---

15 Held, McGrew et al., *Global Transformations*, p. 12.

16 Hirst and Thompson, *Globalization*, p. 32. 이러한 주장은 헬드와 맥그루 그리고 그들의 동료들에 의해 강력하게 논박받는다(Held, McGrew et al., *Global Transformations*, chs 3, 4).

에 의해 커다란 불이익을 당하고 있으며, 거의 무시당하고 있다. 소득분배 역시 심각하게 불균형적이며, 이것이 변화할 조짐은 거의 보이지 않고 있다.[17]

허스트와 톰슨이 일부 가치가 있다고 인정하는 지구화의 주요한 측면은 국가와 관련되어 있다. 그들은 국민경제를 관리하는 국가의 능력은 국가계획의 시대와 20세기 중반의 케인스주의적 수요관리와 비교해볼 때 쇠퇴했다는 점을 받아들인다. 그러나 이러한 용인조차도 다른 회의론자들에 의해 기각된다. 이를테면 린다 바이스Linda Weiss는 다음과 같이 주장한다.

> 국민경제는 여러 면에서 다른 국가들과 고도로 통합되어 있다. 하지만 금융시장의 일부를 제외하고, 그것이 초래한 결과는 지구화된 세계(궁극적으로는 국가적 차이가 사라지는)라기보다는 좀 더 국제화된 세계(국가적·지역적 상호작용 네트워크가 여전히 활기차게 작동하고 계속해서 제도와 장소의 중요성이 강조되는)이다.[18]

좀 더 구체적으로 살펴보면, 바이스는 마이클 만의 역사사회학의 노선을 따라 이해하면서, 국가가 여전히 '변혁능력transformative capacity'을 가지고 있다고 주장한다. 일본, 한국, 대만 같은 사회의 급속한 산업화를 가능하게 한 동아시아 '발전국가'의 경험을 토대로, 바이스는 국가능력은 국가와 자본이 '관리된 상호의존성governed interdependence' – "공적 참여자와 사적 참여자들이 그들의 자율성을 유지하면서도, 광범위하게 설정된 목표에 의해 통제되는 협의된 관계" – 에 기초하여 통합되는 곳에서 그리고 "지도력이 국가에 의해 직접 행사되거

---

17 Hirst and Thompson, *Globalization*, p. 95.

18 L. Weiss, *The Myth of the Powerless State* (Cambridge, 1998), p. 187.

나 (국가정책에 의해 길들여진 강건한 조직적 하부 구조를 갖추고 있는) 사적 영역에 위임되어 있는" 곳에서 가장 충분히 발전된다고 주장한다. 비록 특정한 정책 도구들 - 이를테면 국민경제를 조정하는 수단으로서의 재정·금융정책 - 이 더 큰 국제적 통합으로 인해 유명무실해진다고 하더라도, 이러한 종류의 관계를 유지하는 국가는 기업 행위자들의 '국제화전략'을 위한 촉매제로서의 역할을 할 수 있다.[19]

최근 국가가 실제적인 경제적 차이를 만들어낸 경우를 생각하기란 분명 어렵지 않다. 한편으로 피터 고완Peter Gowan이 설득력 있게 주장했듯이, 1970년대 후반 이래로 지구경제의 자유화와 탈규제화는 상당 정도 미국이 추진한 정책들의 결과였다. 그리고 그것은 결정적 영향력을 가지고 있는 국제금융기구, 특히 국제통화기금과 세계은행을 통해 일반화되었다. 그것이 국민경제를 국제자본의 흐름에 개방시킨 결과는 미국 기업과 투자은행에 크게 유리하게 작용해왔다.[20] 다른 한편 지난 4반세기 동안의 가장 눈부신 단일 경제발전 - 제조업 제품의 주요 생산자이자 수출자로서의 중국의 부상 - 은 중국 국가가 추진한 전략들에 결정적으로 의존해왔다. 특히 중국은 1978년 이후 경제를 점진적으로 세계시장에 개방하고, 국영 은행의 재정조달을 통해 국가의 생산능력을 엄청나게 그리고 지속적으로 증대시켜왔다.[21]

따라서 여러 면에서 회의론자들이 옳은 것으로 입증되어온 것처럼 보인다.[22] 그렇지만 비교라는 측면에서 볼 때, 1990년대에 국경을 넘어서는 자본과 상품의 흐름과 19세기 자유주의 세계경제가 해체되기 이전의 흐름이 필

---

19 L. Weiss, *The Myth of the Powerless State*, pp. 38, 204.

20 P. Gowan. *The Global Gamble*(London, 1999).

21 이를테면 D. Harvey, *A Short History of Neo-Liberalism*(Oxford, 2005), ch. 5.

22 이 논쟁에 대한 매우 분별력 있는 평가로는 Colin Hay, "Globalization's Impact on States," in J. Ravenhill, ed., *Global Political Economy*(Oxford, 2005)를 보라.

적한다고 하더라도, 오늘날과 같은 국제무역과 투자는 과거보다 훨씬 더 초국적 토대에 입각해서 조직된 생산과정이라는 것을 분명하게 보여준다.[23] 우리의 목적과 관련한 흥미로운 질문은 이러한 사회-경제적 현실 – 열광적 지지자들이 주장하는 정도는 아니지만 변화한 것은 부인할 수 없는 – 이 사회이론 자체에 함의하는 것이 무엇인가 하는 것이다. 하나의 공통된 답변은 포괄적인 재구성이 요구된다는 것이다. 그러나 로젠버그는 이것은 일반적으로 악순환으로 이어진다고 주장한다.

'전 세계적인 사회적 관계'가 오늘날 이전에는 결코 존재한 적이 없는 방식과 정도로 존재한다는 것을 이제 어느 누구도 부정할 수 없기 때문에, 지구화이론 – 만약 이것이 그런 일이 어떻게 왜 발생해왔는지에 대한 설명을 의미한다면 – 이 요청된다는 데에는 어떤 반대도 있을 수 없다. 그러나 그러한 설명이 공허한 순환을 피하고자 한다면, 그 설명은 그 용어가 의미하는 현상이 왜 현대 세계의 그처럼 독특하고 두드러진 특징이 되었는지를 설명할 수 있는 좀 더 근본적인 사회이론에 의존해야만 한다. (하나의 결과로서의 지구화는 그러한 결과를 향해 나아가는 하나의 과정으로서의 지구화를 언급하는 것으로 그렇게 간단하게 설명될 수 없다.) …… [그러나] 지구화 이론가들은 분명히 이것 이상의 어떤 것을 의도한다. 사회적 행위의 영역으로서의 단일한 지구적 공간의 출현이 그 결과에서 전통적으로 사회현상을 설명하기 위해 의존해 온 여타 종류의 작인作因들보다 점점 더 중요해지고 있다고 주장함으로써, 그러한 과정의 지정학적 차원을 사회과학의 대안적인 시공간적 문제에 외삽함으로써, 그리고 마지막으로 이 새로운 문제를 현대사회과학에서 경합하는

---

23 C. Harman, "Globalization: Critique of a New Orthodoxy," *International Socialism*, 2/73(1996).

관점들뿐만 아니라 근대사회사상 전체의 고전적 토대들과 (전면적으로) 경쟁
시킴으로써, 지구화 이론가들은 단순한 기술적 개념의 역할을 넘어 그들의 견
해를 제기해왔다. 그들의 논증 구조 속에서 처음에는 피설명항 자체로 제시된
것 — 일정한 역사적 과정의 전개 결과로서의 지구화 — 이 점차 설명항으로
전환된다. 다시 말해, 현재 근대세계의 변화하는 특성을 설명하는 것 — 그리
고 심지어는 과거 시대를 '회고적으로 발견'하게 하는 것 — 이 바로 지구화이
다.[24]

로젠버그에 따르면, 이러한 모호함이 지구화라는 관념 그 자체가 "하나의
원형적인 과학적 개념이 아니라 시대정신Zeitgeist이 되게 했다. 그리고 그것
을 전자로 전환하려는 시도 — 그러나 이해할 수는 있는 — 는 단지 혼란과 모호
함을 낳을 뿐이다." 지구화 이론가들이 언급하는 경험적인 추세들이 (일정 정
도) 존재하지 않은 것은 아니지만, 그것을 설명하는 데에는 (그들이 필요하다고
주장하는) 사회이론에 대한 어떠한 급진적 재고도 요구되지 않았다. 마르크
스도 그러한 추세를 완벽하게 설명할 수 있었다. 그는 "기술적으로 조율된
심화되는 시공간적 통합과정과 함께 계속해서 증가하는 초국적 관계의 범
위와 양量을 바로 자본주의 발전의 '운동법칙'에서 중심을 이루는 것으로 규
명했다." 게다가 로젠버그는 허스트, 톰슨 그리고 바이스와 같은 회의론자
들처럼 20세기 후반 이러한 과정의 가속화가 국가체계의 종말을 가져왔다
는 것을 부정했다. 그와는 반대로 자본주의적 생산관계에 내재하는 경제적
인 것과 정치적인 것의 분리는 "사회적 공간의 (서로 평행관계에 있으며 내적으
로 관련된) 두 차원 — 영토를 규정하는 관할 구역인 공적 영역과 생산과 교환의 계약적·
물질적 관계로 이루어지는 사적 영역 — 의 출현을 불가피하게 요구해왔다."[25]

---

24 Rosenberg, *Follies*, p. 3.

그러므로 로젠버그는 '지구화이론'을 독특하고 지금은 넘어선 1990년대라는 역사적 국면 – 냉전의 종식이 모든 장벽(즉 소비에트 블록뿐만 아니라 자주 고도로 국가주도적인 남부의 사회들에 당시까지 존립했던 장벽)을 붕괴시키고 전체 세계를 자본주의 세계경제와 주권국가의 정치체계라는 이중의 공간에 통합시키는 것을 특징으로 하던 시기 – 을 오독한 것으로 보는, 그것에 대한 축소된 설명을 제시했다.

동구에서 소비에트의 붕괴와 서구에서 신자유주의의 탈규제 공세는 실제로 지난 10년 동안 일어난 사건들에서 중심을 이루는 것이었다. 그러나 사실 그 것들의 조합이 산출한 것은 독특하고 어떤 점에서는 그 자체로 완결된 역사적 국면이었다. 그 속에서 (소비에트의 붕괴와 그 결과로 인해 발생한) 사회-정치적 진공 상태를 채우는 것은 시간의 가속화와 공간의 응축이라는 엄청난 느낌을 창출했다. 그러나 그것들은 정의상 일시적일 수밖에 없는 것이었다. 이 진공 상태를 채우는 과정이 끝에 다다를 때, 지구화이론을 산출한 시공간적 현상의 특징은 시들기 시작할 것이다. 왜냐하면 그러한 특징을 발생시켰던 것은 바로 그러한 과정의 움직임이었기 때문이다. 따라서 순환의 정점에서 그릇되게 외삽하는 것에 기초한 잘못된 통계학적 투영과 마찬가지로, 지구화이론은 역사과정의 방향성과 계기 모두를 잘못 인식할 수밖에 없는 운명이었다. 미래는 그것들이 [원문 그대로] 의미하는 의미대로 '지구적'이지 않다는 것이 판명 날 것이다. 사실 '지구화'로 불리던 실제 역사적 움직임은 이미 과거사이다.[26]

---

25 I. Rosenberg, "Globalization Theory: A Post Mortem," *International Politics*, 42(2005), pp. 15, 22.

26 I. Rosenberg, "Globalization Theory: A Post Mortem," p. 6.

13.2 네트워크로서의 사회적인 것 …… 또는 허상으로서의 사회적인 것

로젠버그의 역사화하는 설명은 지구화를 이론화하려는 다양한 시도들이 영속적인 지적 가치를 전혀 산출하지 못했다는 것을 함의하는 것이었다. 그렇다면 지구화이론의 그간 이력은 그토록 전혀 무익한 것이었는가? 개념적 혁신 중에서 가장 중요한 사례는 아마도 프랑스 사회학자 뤽 볼탕스키Luc Boltanski와 이브 치아펠로Eve Chiapello가 인용한 것일 것이다. 그들에 따르면, "서로 다른 지표들이 …… 네트워크의 은유가 사회에 대한 하나의 새로운 일반적인 표현을 점차 책임지게 되었다고 시사한다." 그들은 1960년대에서 1990년대 사이에 발생한 전환, 즉 관리자본주의에서 지구화된 자본주의로의 전환에 관한 그들 자신의 주요 연구가 네트워크 개념에 현재 부여되어 있는 중요성을 보여주는 중요한 사례라고 주장했다. 볼탕스키와 치아펠로는 경영 관련 문헌에 대한 면밀한 연구에 기초하여, 관료제적으로 중앙집중화된 대기업에 중점을 둔 사회에서 "린 기업lean enterprise, 다수의 참여자와의 네트워크 작업, 또는 고객만족을 지향하는 프로젝트에 기초한 작업조직, 리더의 비전에 입각한 노동자들의 전반적 동원"에 의해 지배되는 '결합주의적 세계connexionist world'로 대체되고 있음을 발견했다.27

또한 당시에 카탈로니아 도시사회학자 마뉴엘 카스텔Manuel Castells은 또 다른 주요한 사회학적 연구에서 네트워크를 20세기 말의 사회변화를 바라보는 렌즈로 제시했다. 볼탕스키와 치아펠로와 같이 그는 기업구조가 자신이 '네트워크 기업'이라고 부르는 것이 출현한 결과 변화하고 있다고 주장했다. 그에 따르면, "지구화과정이 진행됨에 따라 조직 형태도 다국적 기업에

---

27 L. Boltanski and E. Chiapello, *Le Nouvel Esprit du capitalisme*(Paris, 1999), pp. 207, 115~116.

서 국제적 네트워크로 변화하고 있다." 따라서 이러한 변화의 중요성은 이들 서로 다른 기업 형태의 확장이 아니라(다국적 기업과 네트워크 모두 국경을 초월하기 때문에) 그것이 표상하는 권력의 재분배에 있다.

기업은 급속한 경제적·기술적 변화로 인해 초래된 예측 불가능한 상황에 적응하기 위해 스스로 그것의 조직모델을 변화시켜왔다. 주요한 변화는 수직적 관료제에서 수평적 기업으로의 변화로 특징지어질 수 있다. 수평적 기업은 일곱 가지 주요 추세에 의해 특징지어지는 것으로 보인다. 직무가 아닌 과정을 축으로 하는 조직화, 편평한 위계, 팀 관리, 고객전략에 의한 성과측정, 팀 성과에 기초한 보상, 공급자와 고객과의 접촉 극대화, 모든 수준에서의 피고용자에 대한 정보수집·훈련·재훈련이 그것이다.[28]

이러한 변환은 기업구조에만 영향을 미친 것이 아니었다. 그것이 출현시킨 것이 바로 네트워크 사회였다. 네트워크 사회에서는 사람들이 그들의 삶을 이해하는 특유의 정체성과 네트워크에 의해 조작되는 도구적 합리성 간에 분기가 일어난다.

사람들은 점점 더 그들이 무엇을 하는가를 둘러싸고서가 아니라 그들이 누구인가 또는 누구라고 믿는가에 근거하여 그들의 의미를 조직화한다. 다른 한편 그러는 과정에서 도구적 교환의 지구적 네트워크는 도구적 결정의 냉혹한 흐름 속에서 그 네트워크에서 처리할 목적을 달성하는 데 적절한지에 따라 개인, 집단, 지역 그리고 심지어 국가를 선택적으로 연결하거나 단절한다. 거기서 추상적·보편적 도구주의와 역사에 뿌리를 두고 있는 특수한 정체성 간의

---

28 M. Castells, *The Rise of the Network Society*, 2nd edn(Oxford, 2000), pp. 187, 208, 178.

근본적인 분열이 발생한다. 우리 사회는 점점 더 네트와 자아 간의 양극단적 대립을 축으로 하여 구조화된다.[29]

네트워크 은유를 훨씬 더 야심 차게 이용한 것은 기원 후 세 번째 밀레니엄의 시작과 함께 출간되어 가장 널리 읽힌 사회이론 책인 『제국Empire』에서 발견된다. 미국 문화이론가 마이클 하트Michael Hardt와 이탈리아 마르크스주의 철학자 토니 네그리Toni Negri는 지구화의 현재 물결이 그들이 제국이라고 이름붙인 새로운 형태의 초국적 네트워크 자본주의의 출현을 특징짓는다고 주장했다.

> (『제국』에서) 우리의 출발점은 원래 해외 영토를 확장하던 국민국가의 주권에 기초하여 근대 권력을 행사하던 제국주의라는 용어로는 현대 지구질서를 이해할 수 없다는 인식이었다. 그것을 대신하여 현재 '네트워크 권력', 즉 '새로운 형태의 주권이 출현하고 있고, 그것은 초국적 제도, 주요 자본주의 기업, 그리고 다른 권력과 함께 지배적인 국민국가를 그것의 기본적인 요소 또는 결절체로 하고 있다. 우리가 주장하는 이 네트워크 권력은 '제국주의적'이 아니라 '제국적'이다. 물론 제국의 네트워크 안의 모든 권력은 동등하지 않다. 그와는 반대로 어떤 국민국가들은 엄청난 권력을 가지고 있고, 어떤 국가들은 거의 갖고 있지 못하며, 이는 네트워크를 구성하고 있는 다양한 다른 기업과 제도들의 경우에도 마찬가지이다. 그러나 불평등에도 불구하고, 그것들은 그것의 온갖 내적 분열과 경쟁으로 넘치는 현재의 지구질서를 창출하고 유지하기 위해 협력해야만 한다.[30]

---

29 M. Castells, *The Rise of the Network Society*, p. 3.

30 M. Hardt and A. Negri, *Multitude*(New York, 2004), p. xii.

하나의 정치적 주권의 형태로서 제국이 갖는 의미는 그것이 어떠한 경계도 가지지 않는다는 것을 인정한다는 점이다. 즉 '제국'의 지배는 어떠한 제약도 지니지 않는다. 그것의 출현의 한 징후는 국민주권에 우선하고 "보편적 가치에 의해 정당화되는" '치안권'을 주장하는 인도주의적 개입에 점점 더 의존하게 된다는 것이다.[31] 그러나 하트와 네그리는 "중심이 없고 모든 결절체들이 다른 모든 결절체들과 직접적으로 소통할 수 있는 분산된 또는 완전행렬 네트워크" ─ 지배적 형태의 경제적·정치적·군사적 권력이 점점 더 의지하게 될 ─ 가 이를테면 멕시코에서 일어난 사파티스타 게릴라와 대안지구화altermondialiste운동의 형태로 출현하는 새로운 종류의 저항에 조직 형태 ─ 탈중심화되고 다원적이고 수평적이며 자기조직화된 ─ 를 제공한다고 주장한다. "분산된 네트워크 구조는 지배적 형태의 경제적·사회적 생산에 상응하는 전적으로 민주적인 조직을 위한 모델을 제공하며, 또한 지배권력 구조에 대항하는 가장 강력한 무기이기도 하다."[32] 그리하여 하트와 네그리는 다중multitude, 즉 새로운 혁명 주체의 출현을 알린다. 거기서 그것을 형성하는 데 동반되는 특이성들이 그들의 정체성을 덮어 가리지는 않는다. 왜냐하면 특이성들이 네트워크 형태의 조직화를 통해 그들의 행위를 조정하기 때문이다.

비록 지구화 논쟁이 사회적인 것에 대한 지배적 은유로서의 네트워크에 도약의 계기를 제공했지만, 그것의 기원은 좀 더 앞으로 거슬러 올라갈 수 있다. 볼탕스키와 치아펠로는 결합주의적 사회 개념이라는 한편과 구조주의와 후기구조주의라는 다른 한편 간의 유사성을 지적한다.

결합주의적 사회 개념들은 구조주의와 내용이 아니라 관계적 속성을 강조하

---

31 M. Hardt and A. Negri, *Empire*(Cambridge, Mass., 2000), pp. xiv, 17, 18.
32 Hardt and Negri, *Multitude*, pp. 57, 88.

는 특징을 공유한다. …… 그러나 변환의 출발점을 형성하는 근원적 구조를 규명하는 프로젝트에 전념하는, 그리하여 "세계의 논리적 구조에 대한 연구"에 헌신하는 구조주의와는 달리, …… 네트워크 접근방식은 급진적 경험주의를 채택한다.[33]

이것이 바로 후기구조주의 사상의 핵심 인물인 질 들뢰즈가 신봉하는 철학적 전략이다(앞의 11.3절 참조). 그의 가장 잘 알려진 저작들 중의 하나인 『천개의 고원Mille plateaux』의 서두에서 들뢰즈와 공동저자 펠릭스 가타리는 나무와 뿌리의 은유 – 위계적이고 구조화되고 권위주의적인 것으로, 필연적으로 계층화될 수밖에 없는 사회세계를 함의하는 – 를 리좀rhizome이라는 은유 – 그것의 뿌리는 말 그대로 그물눈처럼 널리 퍼져 있어 어떤 특정한 영토에 속박되어 있지 않기에, 무정부적이고 봉쇄할 수 없는 다중성을 의미하는 – 와 대치시킨다.[34] 볼탕스키와 치아펠로가 볼 때, 현대자본주의의 네트워크 형태는 선과 악을 넘어서 확장되고 탈영토화하는 들뢰즈적인 '내재성의 평면plane of immanence'이다. 그들에 따르면, "네트워크는 끊임없이 자신을 확장하고 변경시키기 때문에, 특정 순간에 사람들 간의 투쟁을 멈추기 위해 정의의 균형을 확립하는 데 근거할 수 있는 영원한 법칙도 결코 존재하지 않는다." 볼탕스키와 치아펠로는 20세기 후반의 경제적 혁신과 철학적인 혁신 간의 유사성을 강조한다.

사람들은 하부 구조에 대한 **마르크스적** 단순화를 용인하지 않고는 이러한 이원론의 두 형태 – 경영에서는 네트워크의 유동성의 입장에서 이루어지는 위계적이고 계획된 조직 비판, 그리고 인식론적 영역에서는 다중성과 카오스의

---

33 Boltanski and Chiapello, *Le Nouvel Esprit*, p. 218.
34 G. Deleuze and F. Guattari, *Mille plateaux*(Paris, 1980). "Introduction: Rhizome".

입장에서 이루어지는 체계 비판 — 간의 명확한 유사성을 무시할 수 없다.[35]

하트와 네그리는 『제국』을 저술하며 마르크스의 『자본론』과 함께 『천개의 고원』을 '모델'로 인용한다.[36] 그러나 다른 사회이론가들 또한 보다 덜 형이상학적인 이유에서 사회적인 것을 네트워크로 개념화해왔다. 마이클 만은 역사사회학의 위대한 (하지만 아직 미완의) 저작 『사회적 권력의 원천』 첫 장에서 그가 '체계적 또는 단일체적 사회 개념'이라고 불렀던 것을 비판한다. 이 개념은 마르크스, 콩트, 스펜서, 뒤르켐, 고전인류학자들, 그리고 그들의 대부분의 제자와 비판가들에게서 공통으로 나타나는 것이다. 이 개념에 따르면, 사회는 하나의 단절되고 경계를 지니고 있는 응집적인 전체로 개념화되어야 한다. 만은 사회관계에는 제도화 경향이 있기 때문에 '하나의 단일체적 사회'의 형성으로 이어질 수도 있다는 점을 인정한다. 그럼에도 불구하고

> 인간사회의 추동력은 제도화가 아니다. 역사는 광범위하고 강력한 권력관계들로 이루어진 다양한 네트워크를 발생시키는 끊임없는 추동력에서 연원한다. 이러한 네트워크는 제도화보다도 목표달성과 좀 더 직접적인 관계에 있다. 인간은 그들의 목적을 추구하면서 기존의 제도화 수준을 넘어서며, 그러한 네트워크를 더욱 발전시켜나간다. 이것은 기존 제도에 대한 직접적 도전으로 발생할 수도 있고, 또는 종래의 제도에 대해 예상치 못한 결과를 낳는 새로운 제도를 의도하지 않게 그리고 '틈바구니에서'(기존 제도들의 틈새 사이나 가장자리의 주변에서) 우연히 창출할 수도 있다.[37]

---

35 Boltanski and Chiapello, *Le Nouvel Esprit,* pp. 160. 159, 688 n. 39.

36 Hardt and Negri, *Empire,* p. 415 n. 4.

37 M. Mann, *The Sources of Social Power,* I(Cambridge, 1986), pp. 13, 15.

만은 유럽 자본주의의 성장이 후자 현상, 즉 그가 '틈새 출현'이라고 부르는 현상의 한 사례라고 주장한다. 즉 부르주아들은 봉건권력구조를 직접 전복한 것이 아니라 두 가지 새로운 권력 네트워크 – 근대국가체계와 자본주의세계경제 – 를 창출함으로써 그것을 측면에서 공격했다는 것이다. 그러나 이는 엄청나게 광범위한 경향 중의 한 사례이다.

사회는 결코 틈새 출현을 가로막을 만큼 충분히 제도화된 적이 없었다. 인간은 단일체적 사회를 만드는 것이 아니라 서로를 가로지르는 다양한 사회적 상호작용의 네트워크를 창출한다. 이들 네트워크 중에서 가장 중요한 것이 어떤 주어진 사회적 공간에서 네 가지 권력[이데올로기적 권력, 경제적 권력, 군사적 권력, 정치적 권력]을 축으로 하여 비교적 안정적으로 형성된다. 그러나 그 아래에서 인간은 그들의 목표를 달성하기 위해 터널을 뚫으며 앞으로 나가고 새로운 네트워크를 형성하고 옛것을 확장해나가며, 서로 경쟁하는 하나 또는 그 이상의 주요 권력네트워크의 배열태들과 함께 우리의 시야에 등장한다.[38]

그리하여 만은 네트워크 사회 개념(사실은 파슨스가 설정한 개념의 수정판인)을 채택한다.

사회는 사회적 상호작용의 네트워크로, 그것의 경계에는 그것과 환경 간에 일정 정도의 상호작용 균열이 존재한다. 사회는 경계를 가지는 하나의 단위이며, 그것은 비교적 응집적이고 안정적인 상호작용을 포함한다. 즉

---

38 M. Mann, *The Sources of Social Power*, p. 16. 유럽자본주의의 등장에 관해서는 12~15장을 보라.

그것은 그것의 경계를 가로지르는 상호작용과 비교해볼 때 상대적으로 응집
적이고 안정적이다.[39]

　여기서 중요한 것은 하나의 개별 사회를 확인할 수 있게 해주는 일련의 네
트워크의 응집성과 안정성이 상대적일 뿐이라는 점이다. 이러한 네트워크들
은 제도화되는 것인 만큼, 그 가장자리에서 새로운 네트워크가 구체화됨에
따라 그것들은 전복될 수도 있다. 조직화된 권력 네트워크로서의 만의 사회
개념과 한편으로는 유목적이고 탈영토화하는 들뢰즈의 다중 개념, 그리고
다른 한편으로는 현대자본주의 네트워크 개념 간에 명백한 유사성이 존재
한다. 하지만 만을 후자와 구분시켜주는 두 가지 매우 중요한 차이가 있다.
우선, 그의 역사사회학에는 주체에 대한 후기구조주의적 비판과는 전혀 맞
지 않는 인간주의가 함축되어 있다. 즉 "인간은 활동적이고 목적을 추구하
고 이성적이고 삶에서 좋은 것들을 더 많이 향유하려고 노력하고 그렇게 하
기 위한 적절한 수단을 선택할 수 있다." 권력관계는 이러한 수단들 사이에
서 중요한 자리를 차지한다. 이를테면 군사력은 "아마도 근본적인 인간의 욕
구나 필요물은 아닐 것이다. …… 그러나 그것은 다른 욕구를 충족시키기 위
한 하나의 효과적인 조직적 수단이다." 따라서 거기에는 어떤 권력에의 의지
도, 또는 들뢰즈가 상정한 권력관계를 무너뜨리려는 비인격적 욕구도 존재
하지 않는다. 즉 권력은 단지 파슨스가 "사람들이 달성하고자 하는 그 어떤
목적을 이루기 위한 '일반화된 수단'"이라고 불렀던 것으로만 기능한다.[40]
　둘째로, 만은 현대 지구화과정을 이해하기 위해 네트워크 은유를 제안하
지 않는다. 오히려 그에게서 네트워크는 초역사적으로 적용 가능한 개념이

39 M. Mann, *The Sources of Social Power*, p. 13.
40 M. Mann, *The Sources of Social Power*, pp. 4, 6.

다. 따라서 그는 오늘날 개인들이 전형적으로 지닌 (그리고 종종 탈근대적 또는 탈식민지적 조건을 규정하는 특징으로 여겨지는) 다중적 정체성에 새로운 것은 아무것도 없다고 주장한다.

> 상호작용 네트워크의 중첩은 역사적 규범이다. …… 대부분의 고대 제국에서 소규모의 지역 상호작용 네트워크에 압도적으로 참여했던 대부분의 사람들 또한 두 개의 다른 네트워크 ― 원거리 국가의 변칙적인 권력과, 다소 일관적이지만 여전히 미약한 반半자율적 명망가들의 권력이 제공하는 ― 와 관련되어 있었다. …… 점점 더 그러한 제국들의 경계 내부와 외부에서 그리고 경계를 넘어서 보다 광범위한 국제적인 교역-문화 네트워크가 발생했고, 그것은 다양한 '세계종교'를 낳았다.[41]

이와 같이 사회를 조직화된 권력 네트워크로 파악하는 만의 개념화가 갖는 한 가지 중요한 특징은, 그것이 네트워크 은유가 로젠버그가 지구화이론이라고 부르는 것으로부터 논리적으로 독립되어 있음을 입증하고 있다는 것이다. 사회를 "단일한 전체가 아니라 연합적이고 중첩적이며 서로 교차하는 네트워크"로 생각해야 한다는 만의 주장을 이끄는 추론은 현대 지구적 경제통합의 정도나 그것이 국가체계에 대해 갖는 함의에 관한 어떠한 주장과도 아무런 관련이 없다.[42] 실제로 그는 특히 국민국가가 급격하게 쇠퇴하고 있다는 관념을 기각하는 바이스와 매우 밀접하게 연관된 지구화 논쟁에서도 전반적으로 회의적인 입장을 취해왔다.[43] 그 결과 사람들은, 네트워크

---

41 M. Mann, *The Sources of Social Power*, p. 16.

42 M. Mann, *The Sources of Social Power*, p. 19.

43 M. Mann, "As the Twentieth Century Ages," *New Left Review*, I/214(1995)와 Weiss,

은유를 끌어들이는 것은 과대지구화론자들의 터무니없는 주장을 받아들이는 것 아닌가 하는 우려를 하지 않고도, 사회적인 것을 개념화하기 위해 자유롭게 그러한 은유를 활용하는 것이 갖는 (무의미하지 않은) 장점에 주의를 기울일 수 있다.

어쨌든 서로 다른 사회이론가들이 네트워크를 인식하는 방식에는 상당한 차이가 존재한다. 우리가 살펴보았듯이, 만은 응집된 네트워크들이 그것들 속에 주요 권력관계들이 제도화될 여지를 남겨두고 있다는 점을 인정한다. 그러나 지구화 논쟁에서 이용되는 네트워크 은유의 주요한 용도들 중 하나는 현대세계에서 점점 더 분산되고 있는 권력을 묘사하기 위한 것이었다. 이러한 관점에서 볼 때, 사회를 하나의 네트로 생각하는 것이 갖는 매력 중의 하나는 다양한 결절점들이 대체적으로 평등하다고 본다는 점이다. 이를테면 카스텔은 다음과 같이 주장한다. "일반적으로 네트워크들은 비대칭적이지만, 각각의 단일한 네트워크는 거의 그 자체로는 살아남거나 절대적 명령을 강요할 수 없다. 네트워크의 논리가 네트워크 내에서의 권력보다 훨씬 더 강력하다." 따라서 "[권]력은 여전히 존재하지만, 무작위적으로 행사된다."[44]

유사하게 하트와 네그리는 "제국의 이 평온한 공간에 권력이 자리할 공간은 없다. 그것은 어디에나 있고 또 어디에도 없다"고 서술한다.[45] 사람들은 여기서 자본주의사회에서 강력한 탈영토화 경향을 포착하는 들뢰즈와 가타리의 영향을 알아챌 수 있다. 따라서 근대세계경제가 형성된 결과, 세계는 다시 평온한 공간(바다, 공기, 대기)이 된다.[46] 하트와 네그리는 현대자본주의

Myth, p. xvi를 보라.

44 Castells, *Rise*, pp. 208, 210.

45 Hardt and Negri, *Empire*, p. 190.

46 Deleuze and Guauari, *Mille plateaux*, p. 583.

가 "사회적 공간의 전반적 균등화 또는 평온화"를 산출해왔다고 주장할 정도로까지 이러한 관념을 취한다. 그러한 공간에서 더 이상 거대한 지리적 지대를 중심과 주변, 북부와 남부로 구분하는 것은 가능하지 않다. 하지만 그들은 이 '평온한 세계'에서 "사회적 불평등과 분절화가 사라져왔다"는 것을 부정하는 데에는 신중을 기한다. 즉 그들은 다음과 같이 언급한다. "제국은 극도로 불평등한 주민들이 매우 밀접하게 근접해 있다는 것을 특징으로 한다. 그것은 항구적인 사회적 위험 상황을 창출하며, 사회적 분리선을 지키고 새로운 관리를 보장하기 위해 사회를 통제하는 강력한 권력 장치를 필요로 한다."[47]

이러한 제한 조건에도 불구하고, 하트와 네그리가 "사회적 공간의 전반적 균등화 또는 평온화" 경향을 강조하는 것은 그들로 하여금 지구화가 산출한 '편평한 세계'를 환기시키는 프리드먼과 제휴하게 한다. 그리고 그리하여 그 것은 우리가 이미 살펴보았듯이 그들로 하여금 지구화에 대한 열렬한 지지자 쪽으로 기울어왔다는 식의 경험적 비판에 취약하게 한다. 이를테면 지오 반니 아리기Giovanni Arrighi는 하트와 네그리에 반대하여, "북부와 남부 간에 1인당 GNP로 측정한 엄청난 소득격차가 지속되고 있다는 점"과 "자본의 흐름의 단연 가장 큰 부분이 부유한 나라들 사이에서 이루어지고 있으며 …… 이에 비해 부유한 나라에서 가난한 나라로의 자본의 흐름은 거의 없다"는 사실을 지적해왔다.[48] 다른 분석가들은 생산과정이 점차 국경을 넘어 조직 화되고 있지만, 그것은 세 개 지역 – 북아메리카, 서유럽, 동아시아 – 중 한 곳에 집중되는 경향이 있고, 따라서 흔히 경제적 '지구화'로 묘사되는 것은 '지역 화'로 가장 잘 묘사된다고 주장해왔다. 이를테면 앨런 러그먼Alan Rugman은

---

47 Hardt and Negri, *Empire*, pp. 336, 335, 336.

48 G. Arrighi, "Lineages of Empire," *Historical Materialism*, 10(2002), pp. 7~8.

다음과 같이 주장한다. "제조업 부문의 경우, 단일한 지구적 토대 위에서 생산이 전혀 확산되지 않고 있다. 오히려 세 개 지역에 기반을 둔 각각의 다국적 기업들이 자기 지역 내에서 주로 국제적 생산을 발전시키고 확장하고 있다. 극소수의 다국적 기업들이 지구적으로 작동한다. 그리고 거의 모든 다국적 기업이 지역에 기반을 두고 있다."[49]

만은 좀 더 대략적으로 다음과 같이 주장한다.

> 가장 중요한 분할은 내가 '따돌림 하는 제국주의ostracizing imperialism'라고 부를 것의 모순적인 관계에 의해 발생한다. 이 용어는 세계의 한 부분이 다른 부분의 경제를 피하는 동시에 지배하는 것, 즉 지역과 시간에 따라 그러한 관계를 엄격히 조합하는 것을 가리킨다. 다른 한편 세계에서 가장 가난한 나라들 대부분은 초국적 자본주의에 유의미하게 통합되고 있는 것이 아니라 그들 국가를 투자와 무역에 전적으로 위험한 것으로 간주하는 자본주의에 의해 따돌림당하고 있다. …… 따라서 경제적 '지구화'는 대개는 선진국은 통합시키거나 많은 빈곤국을 배제하는, 따라서 성장에서 그리고 북부와 남부 사이에 불평등을 심화시키는 북부화Northernization이다.[50]

조지 리처George Ritzer는 이러한 현실의 일부를 설명하기 위해 사회적인 것을 개념화하는 하나의 대안적 방식을 제시한다. 그의 핵심 테제는 다음과 같다. "사회세계는 특히 소비영역에서 점점 더 허상nothing에 의해 특징지어진다. 여기서 '허상'은 일반적으로 중앙을 중심으로 하여 인식되고 통제되는, 독

---

49 A. Rugman, "Globalization and Regional Production," in Ravenhill, ed., *Global Political Economy*, p. 270.
50 M. Mann, "Globalization and September 11", *New Left Review*, II/12(2001), pp. 53~54.

13. 주제의 변화: 지구화, 자본주의 그리고 제국주의 | 571

특한 실제적 내용을 비교적 결여하고 있는 사회 형태를 의미한다.'[51] 리처는 처음에는 신용카드를 예로 들지만, 좀 더 대략적으로 말하면, 그에게서 '허상'이란 주로 표준화된 환경 속에서 소비되는 대량생산 재화와 서비스를 의미한다. 맥도날드의 경우가 전형적 사례이다. 거기서 사람들은 비사람non-people — 표준화된 방식으로 소비자와 상호작용하도록 훈련받고 사실 그러한 비장소non-place에서 소비자들은 대부분 셀프서비스를 하기 때문에 비서비스non-service를 제공하는 — 이 근무하는 비장소 — 어떤 맥도날드 레스토랑도 다른 맥도날드 레스토랑과 똑같다 — 에서 비사물non-thing — 다시 한 번 빅맥은 전 세계 어디에서나 똑같다 — 을 소비한다.

리처는 허상의 확산을 지구화와 관련지으면서, 후자는 두 개의 독특한 과정을 포괄한다고 주장한다. 하나는 '글로로컬리제이션glolocalization'으로, 이는 "지구적인 것과 지역적인 것이 상호침투하여 서로 다른 지리적 지역에 독특한 결과를 초래하는 것"을 의미한다. 다른 하나는 '그로벌리제이션grobalization'으로, 이는 국가, 기업 등의 제국주의적 야망과 다양한 지리적 영역에 주제넘게 나서고자 하는 그것들의 욕망, 실제로는 필요성에 초점을 맞춘다. 그것들의 주요 관심은 전 세계에 걸쳐 자신들의 권력, 영향력 그리고 어떤 경우에는 이익의 증대grow — 여기서 그로gro벌리제이션이라는 용어가 나왔다 — 를 추구하는 데 있다. 따라서 글로로컬리제이션은 탈식민주의 이론가들이 전면에 내세우는 서로 다른 문화적 관행의 혼성화과정을 지칭한다. 이와는 반대로 분석적으로 구분되는 다음과 같은 세 가지 하위과정의 상호작용으로 인해 "그로벌리제이션은 허상의 확산과 연관되는 경향이 있다." 그 첫째가 자본주의이다. 왜냐하면 경쟁적인 이익추구는 표준화된 형식으로 생산되고 소비될 수 있는 상품들을 선택하기 때문이다. 둘째는 맥도날드화

---

51 G. Ritzer, *The Globolization of Nothing*(Thousand Oaks, 2004), p. 3.

572 | 사회이론의 역사

McDonaldization이다. 이는 리처가 "특히 인간 기술을 비인간 기술로 대체하는 것을 통한 효율성, 계산가능성, 예측가능성 그리고 통제"의 원리에 토대를 둔 조직모델을 뜻하기 위해 사용하는 용어이다. 이 맥도날드화는 그것이 원래 이루어진 미국 패스트푸드 산업을 훨씬 넘어, 이를테면 현대 펜타곤의 하이테크 무기체계를 포함하여 사회적·지리적 영역으로 수출되어왔다. 그리고 셋째가 미국화Americanization, 다시 말해 "전 세계에 걸친 미국식 관념, 관습, 사회유형, 산업, 자본의 전파"이다. 왜냐하면 미국 제품의 지구적 편재가 개별 국가로부터 그들의 맥락을 제거하기 때문이다.[52]

리처가 현대 사회세계는 허상의 확산으로 특징지어진다고 말할 때, 그는 분명 실상something에 의거한다. 즉 지구적 여행자는 그가 어디에서 내리든 같은 상점 – 갭, 보더스, 바디샵 – 과 만나는 재미없는 익숙한 경험을 해왔다. 게다가 그가 지구화 속에서 작동하는 것으로 주장하는 다양한 과정과 하위과정에 대한 차별화된 설명은 프리드먼과 같은 사람들이 제시하는 편평해지는 세계라는 결정론적인 주장과 매우 상반된다. 리처는 더 나아가 인류의 상당 부분이 너무나도 가난해서 허상을 소비할 수조차 없다고 강조한다. 그렇지만 허상에 대한 그의 정의와 그 개념하에 그가 포괄하고자 하는 현상 간에는 적합성이 부족하다. 그는 그것은 비교 차원에서 사용하는 용어이고 따라서 실상과 대비되는 것이라고 강조한다. 여기서 실상은 "일반적으로 현지를 중심으로 하여 인식되고 통제되는, 비교적 독특한 실제적 내용이 풍부한 사회 형태를 말한다. 즉 이 사회 형태는 실질적으로 상당 정도 독특하다." 그러나 마지막 절이 조짐만을 예시하고 실상/허상의 구별을 경계 짓는 '하위연속체'에 대한 리처의 상세한 설명에 의해 확인되기 때문에, 이러한 구분과 관

---

52 G. Ritzer, *The Globolization of Nothing*, pp. 73, 82, 85. 또한 G. Ritzer, *The McDonaldization of Society*, rev. edn(Thousand Oaks, 2004)도 보라.

런된 핵심적인 대비는 특수성과 보편성 간의 대립이다. "이것이 제시하는 견해는 특이한 현상은 거의 항상 일반적인 현상보다 훨씬 더 독특한 실체를 갖고 있거나, 아니면 적어도 실제적 특징들을 가지고 있더라도 소수의 그러한 특징들을 가지고 있는 것과 그것들을 구분시켜주는 많은 독특한 실제적 특징들을 가지고 있다는 것이다." 아니면 한 번 더 말하면 "중앙을 중심으로 하여 인식되고 통제되는 사회 형태들은 (대체로) (독특한) 내용을 결여할 수 있으며 또 점점 더 결여할 것이다." 이와 연관된 것이 바로 일반성과 내용 결여 간의 얼버무림이다. 2005년경에 미국에서 5억 장 이상이 있을 것으로 예측되는 신용카드의 경우를 살펴보자. 의심할 바 없이 신용카드는 매우 표준화되어 있으며, 또한 중앙에서 통제된다. 왜냐하면 그것들은 궁극적으로 두 회사, 즉 비자와 마스터카드에 의해 발행되기 때문이다. 그렇다면 그러므로 신용카드는 내용을 결여하는가? 그게 아닐 경우, 우리는 신용카드는 어떤 명확한 사회적 기능도 갖고 있지 않다는 뜻으로 그렇게 말한다. 하지만 그와는 반대로 신용카드 사용은 소유자에게 대금을 지불할 수 있게 해주고, (만일 그녀가 한 달 청구서 전부를 지불하지 못할 경우) 돈을 빌려주고, 그리하여 새로운 신용화폐를 창출한다. 미국과 세계경제를 지탱하는 데 신용카드가 수행하는 역할을 감안할 때, 이것은 결코 하찮은 역할이 아니다. 리처는 신용카드를 '적극적 허상' — 그가 헤겔과 마르크스를 공언하지 않음에도 불구하고, 매우 변증법적인 정식화인 — 의 사례로 묘사함으로써 이를 암묵적으로 인정한다. 마찬가지로 빅맥과 갭 바지는 매우 표준화된 제품이지만 그것들은 여전히 마르크스가 사용가치라고 부를 만한 것을 가지고 있다. 왜냐하면 그것들은 우리가 스스로 먹고 입을 수 있게 해주기 때문이다(얼마나 좋은가는 또 다른 문제이다).[53]

---

53 Ritzer, *Globalization*, pp. 7, 21, 191, 4, 141(그리고 index, p. 248). 비록 리처가 자신의 저작과의 관련성을 부정하기는 하지만, 허상(임) 개념에 관한 다양한 철학자들의 저

비록 리처가 자신의 분석이 필연적인 규범적 함의를 지니고 있지 않다고 반복해서 주장하기는 하지만(이를테면 "여기서 어떠한 '전반적 가치판단도 이루어질 필요가 없다거나 내용을 담고 있는 형태[실상]도 내용을 결여한 형태[허상]보다 본질적으로 더 나은 것이 없고 또 그 역도 마찬가지다"라고 주장하기는 하지만), 매우 표준화된 상품을 '허상'이라고 부르는 것과 관련한 그의 주장은 그가 근본적으로는 지역적인 것, 고유한 것 그리고 특수한 것을 선호한다는 사실을 반영하고 있음을 보여주는 하나의 강력한 사례가 존재한다. 그는 바람직하지 않은 실상의 한 사례로 대량학살을 들고 있지만, 실상과 허상을 비교 – 특별하게 조리된 고급 식사 대 전자레인지용 포장식사, 멕시코 오악사카에서 생산된 수제 도기류 대 대량으로 제조된 도기류, 학부 중심 대학 대 인터넷 대학교, 선술집과 인근 식당과 같은 '명소' 대 패스트푸드 음식점, 쿨라텔로 햄 대 빅맥 등등 – 하는 그의 압도적인 취지는 그가 전자를 선호한다는 점을 보여준다. 마지막 장에서 리처는 자신의 핵심적인 주장을 좀 더 명확히 하면서, '그로벌리제이션'과 '글로로컬리제이션'은 멈출 수 없고 멈추지 않을 것이지만 "지역적인 것 – 특히 실상을 창조하는 것과 관련된 그것의 측면들이 남아 있는 것 – 을 유지하기 위한 협력적이고 지속적인 노력이 있어야만 한다고 주장하고, 초국적 기업에 반대하여 전통적인 방식의 재배음식과 조리음식을 권장하는 슬로푸드운동의 사례를 제시하며 자신의 가치개입을 보다 분명히 한다.[54] 따라서 비록 분석적으로 혼란스럽지만, '허상의 그로벌리제이션' 관념은 (우리가 다음 절에서 살펴보는) 그것의 추동력에 대해 다소 비판적인, 현재 발전 중에 있는 현대 지구화 문헌들 중의 한 사례로 인식되어야만 한다.

술에 관한 리처의 논의에 관해서는 부록 "허상: 이론적·방법론적 쟁점들(Nothing—Theoretical and Methodological Issues)"을 보라.

54 Ritzer, *Globalization*, pp. 140, 184.

13.3 자본주의 — 그리고 제국주의 — 로의 회귀?

지구화이론의 경험적 한계에는 현재의 변화가 고전사회이론 일반을 초월할 것을 요구하는가라는 더 큰 쟁점 — 로젠버그가 테마화한 — 이 함축되어 있다. 이를테면 리처는 허상의 확산과 관련하여 '모더니즘적' 거대서사가 구축되어 온 것에 대해 우려한다. 카스텔의 양면 감정은 다음 문장에서 분명하게 드러난다.

> 네트워크 형태의 경영과 생산으로의 이러한 진화는 자본주의의 사망을 함축하지 않는다. 네트워크 사회는 그것의 다양한 제도적 표현상 당분간은 자본주의사회이다. 게다가 역사상 처음으로 자본주의 생산양식은 사회적 관계를 전체 지구에 걸쳐 형성하고 있다. 그러나 이 자본주의의 브랜드는 이전의 그 선조들과 크게 다르다. 그것은 두 가지 근본적으로 독특한 특징을 가지고 있다. 그것은 지구적이고, 상당 정도 금융 흐름의 네트워크를 축으로 하여 구조화되어 있다.[55]

따라서 한편으로 "네트워크사회는 …… 자본주의사회이다." 그러나 다른 한편 이는 '당분간' 그렇다. 자본주의가 네트워크사회에서 쓰고 버릴 수 있는 하나의 수단이라는 점은 추측상 "이 자본주의의 브랜드는 그 선조들과는 크게 다르다"는 사실에서 드러난다. 하지만 2000년경에 지구적 정치경제가 급격하게 변했다는 것과 관련한 주장은 자본주의에 대한 훨씬 더 오래된 이론적 논쟁 영역 — 우리는 그 주요 제창자들(마르크스와 베버, 케인스와 하이에크)을 이미 만났다 — 내에 점점 더 다시 자리매겨졌다. 이 점에서 사회이론의 주제

---

55 Castells, *Rise,* p. 502.

는 다시 변했다. 이러한 지적 변화는 우리가 이미 살펴보았던 몇몇 이론가들 속에서 탐지할 수 있다. 이를테면 볼탕스키와 치아펠로는 자본주의 역사에 대한 하나의 대략적인 순환론적 견해를 제시한다. 이 견해에 따르면, 각각의 자본주의의 구체적 형태들이 갖는 한계가 비판적 요소들을 발생시키고, 그 러한 요소들이 새로운 '자본주의 정신'에 통합되고, 그러한 정신이 그것의 재구조화를 정당화한다. 그들의 가장 독창적인 주장은 현대 '결합주의적' 자 본주의 정신은 1960년대 아방가르드가 제공했던 관리자본주의에 대한 '심미 적 비판'에 의존한다는 것이다.

> 이 새로운 정신에서 성공의 표지가 되는 특성들 ─ 자율성, 자발성, 이동, 네
> 트워킹 능력[리좀적 능력], 멀티기술(종래 분업에서의 엄격한 전문화에 반대
> 되는 것으로서의), 상생, 타인이나 새로운 것에 대한 개방성, 적응성, 창조성,
> 상상적 직관, 차이에 대한 예민성, 주어진 것에 대한 민감한 반응 그리고 복합
> 적 경험의 추구, 비형식적인 것에 대한 끌림 그리고 개인적 접촉의 추구 ─ 은
> 1968년 5월의 레퍼토리에서 직접 이끌어내어 진다.[56]

볼탕스키와 치아펠로가 (자본주의 정신 개념을 부활시킴으로써 뿐만 아니라 자본 주의의 다양한 변종들의 정당화 양식에 몰두하면서) 베버로 돌아가고 있다면, 하트 와 네그리는 아주 색다른 방식으로 마르크스주의적 정치경제학 비판을 계 속해서 추구한다. 실제로 지구화 논쟁에서 하나의 중요한 차원은 그것의 성 격과 범위보다는 그것이 복리, 정의, 민주주의와 같은 가치에 미치는 영향과 관련되어 있었다. 이러한 특별한 주장이 특히 1997~1998년 많은 동아시아 국가를 괴롭힌 경제·재정 위기와 또 다른 지구화운동을 가시화시킨 1999년

---

56 Boltanski and Chiapello, *Le Nouvel Esprit*, p. 150.

11월 세계무역기구 시애틀 정상회의에서의 저항 이후 밀레니엄으로 가는 힘을 결집했다. 여기서 문제가 된 것은 1980년대 로널드 레이건과 마거릿 대처가 선도하고 특히 냉전 종식 이후 IMF, 세계은행, WTO와 같은 국제금융기구들에 의해 일반화된 신자유주의적 자본주의양식이었다. 이 지구화 논쟁은 실제로 신자유주의가 (『1066년과 그 모든 것 1066 and All That』의 표현으로) 좋은 것인가 아닌가에 관한 것이었다.

논의는 다양한 방식으로 구성될 수 있었다. 그것은 사회-경제적 체계로서의 자본주의가 그것의 실제적 또는 가능한 경쟁체계보다 우월하다는 것에 기초하여 추구될 수도 있었다. 이는 클린턴 대통령 경제자문위원회 의장과 세계은행 수석 경제학자를 지낸 조셉 스티글리츠Joseph Stiglitz와 같은 온건한 신자유주의 비판가들과 현재 ≪파이낸셜타임스≫ 칼럼리스트 마틴 울프 Martin Wolf와 같은 지적 옹호자들이 공유하는 가정이다.[57] 심지어 조지 몬비엇George Monbiot과 같은 훨씬 더 급진적인 비판가도 자본주의를 전적으로 제거하기보다는 보다 자비로운 자본주의 모델을 이룩할 수 있는 제도적 개혁을 제안했다.[58] 그러나 2000년경에 다시 한 번 더 주제를 변화시킨 요소가 있었는데, 그것이 바로 암묵적으로 또는 명시적으로 자본주의 그 자체를 표적으로 삼는 마르크스주의 정치경제학의 부활이었다. 이것은 상당 정도 1960년대와 1970년대 세대에 속하는 이론가들의 연구가 결실을 맺고 있다는 것을 반영했다. 이는 이를테면 지오반니 아리기, 로버트 브레너 그리고 데이비드 하비의 경우 사실이었다. 이들은 모두 1990년대를 거치면서 매우 영향력 있는 비판적인 정치경제학 저작들을 출간했다.[59] 이들 저작은 매우

57 J. Stiglitz, *Globalization and Its Discontents*(London, 2002); M. Wolf, *Why Globalization Works*(New Haven, 2004).

58 G. Monbiot, *The Age of Consent*(London, 2003).

다양한 지적인 전통으로부터 출현했다. 위대한 역사가 페르낭 브로델Fernand Braudel의 영감을 받은, 세계체제이론의 가장 독창적인 해설자인 아리기는 자본주의 역사를 장기순환의 하나로 개념화한다. 각 순환은 하나의 중심에서 또 다른 중심으로 지구적 자본주의 헤게모니가 이동하는 것을 특징짓는다. 이미 자본주의의 기원에 관한 주요 논쟁을 일으킨 바 있는 브레너는 1970년대에 하나의 만성적인 이윤율 위기로 시작된 '장기침체'에 대한 이단적인 마르크스주의적 해석으로 새로운 논쟁을 불러일으켰다. 그리고 현대 도시지리학의 창안자라고까지 할 수 있는 하비는 '역사-지리학적 유물론'을 발전시키는 과정에서 마르크스주의를 공간을 진지하게 다루는 하나의 이론적 전통으로 전개하고자 했다.

그럼에도 불구하고 단지 지적인 신자유주의 논쟁에 의해서 뿐만 아니라 또 다른 지구화 운동과 관련된 저항과 캠페인에 의해서도 창출된 환경 속에서, 이러저러한 종류의 마르크스주의 정치경제학은 훨씬 더 광범위한 지지자들을 발견했다. 이는 어느 정도 국제정치경제학이라는 새로운 학문분야가 부상한 결과였다. 이러한 학문 분야의 출현은 점증하는 지구화(비록 해석된 것 일지라도)를 배경으로 하여 국제관계와 같은 주제에 대한 전통적 접근방식과 신고전경제학이 경제과정과 정치과정 간의 상호작용을 분석하는 데 필요한 지적 도구를 제공해주지 못한다는 인식을 반영하는 것이었다. 적어도 영어권 세계에서 국제정치경제학에 대한 좀 더 비판적인 접근방식들은

---

59 이를테면 G. Arrighi, *The Long Twentieth Century*(London, 1994); G. Arrighi, B. Silver et al., *Chaos and Governance in the Modern World System*(Minneapolis, 1999); R. Brenner, "Uneven Development and the Long Downturn," *New Left Review*, 1/229 (1998); R. Brenner, *The Boom and the Bubble*(London, 2002); D. Harvey, *The Condition of Postmodernity*(Oxford, 1989); D. Harvey, *The Limits to Capital*, 2nd edn(London, 1999).

자신을 이런저런 마르크스주의의 한 형태로 분류하려는 경향이 있었다(비록 있을 법하지 않지만, 포스트모더니즘의 기치 역시 국제관계라는 가망 없어 보이는 영역에서 제기되었다). (첨언하면, 비록 아리기와 하비가 각각 이탈리아인과 영국인이기는 하지만, 앞 단락에서 언급한 세 명의 주도적인 마르크스주의 이론가 모두가 미국에서 활동한다는 것은 학계 내에서 문화자본과 재정능력이 보다 광범위하게 재분배되고 있음을 보여준다. 가장 역동적이고 혁신적인 형태의 마르크스주의가 현재 영어권 세계에서 많이 발견된다는 점은 널리 알려져 있다.[60])

『제국』이 출판계에서 놀라운 성공을 거둔 것은 현대 경제·정치과정에 대한 날카로운 비판적 분석에 대한 갈망을 보여주는 또 다른 신호였다. 하트와 네그리는 또 다른 측면에서도 중요했다. 그들은 제2인터내셔널과 제3인터내셔널에 의해 발전된 고전적 마르크스주의 제국주의이론과 연관 지어 제국을 설명했다(앞의 8.3절과 9.1절을 보라). 특히 레닌과 부하린이 발전시킨 고전 제국주의이론은 열강 간의 지정학적 갈등을 국민국가와 사기업이 단일체로 합체되는 고도로 조직화된 자본주의들의 대결로까지 거슬러 올라가 설명하고자 했다. 따라서 제국주의는 당연히 복수複數이다. 하지만 이는 우리가 살펴보았듯이, 하트와 네그리가 현재 종말을 고한 것으로 주장하는 자본주의 발전의 한 국면이었다. 그들에 따르면, "제국주의와는 대조적으로 제국은 권력의 어떤 영토적 중심도 설립하지 않고, 고정된 경계나 장벽에도 의존하지 않는다. 그것은 전지구적 영역을 점차 그것의 개방되어 있고 확장되는 영역 내로 통합시키는 탈중심화되고 탈영토화된 지배기구이다."그 결과 "미국은 제국주의 프로젝트의 중심을 형성하지 않으며, 실제로 오늘날 어떤 국민국가도 그것의 중심을 형성하지 못한다. 제국주의는 끝났다.[61]

---

60 A. Callinicos, "Où va le marxisme anglo-saxon?" in J. Bidet and E. Kouvelakis, eds, *Dictionnaire Marx contemporain*(Paris, 2001).

『제국』에 대한 많은 비판가들이 기민하게 지적했듯이, '제국적 주권'이 '국가적·초국적 유기체'의 복잡한 배열을 통해 행사되는 방식에 대한 하트와 네그리의 상세한 설명은 좀 더 주류에 속하는 이론가들이 제시하는 정치적 지구화에 대한 설명과 매우 흡사했다. 이를테면 '정치적 권위의 탈영토화'를 식별해낸 헬드와 맥그루 그리고 그의 동료들은 "현대 세계질서는 현재 진전되고 있는 지역적·지구적 정치 네트워크 내에 국가 간 체계가 점점 더 착근되는 매우 복잡하고 각축하고 상호연관되어 있는 질서로 가장 잘 이해된다"고 주장한다.[62] 이들 이론들이 정식화되었던 1990년대 동안조차, UN, G8, WTO, NATO와 같은 기구들을 중심축으로 한 '지구적 통치' 형태의 발전과 함께 제기된 국민국가의 부분적 초월성에 관한 기본적인 관념은 그러한 제도들은 여전히 대체적으로 국익을 주장하기 위한 대결장이자 주도적인 자본주의 권력의 프로젝트를 정당화하기 위한 수단이라고 주장하는 비판가들에 의해 의문을 제기받았다. 제3의 길에 공감하는 정부가 서구의 주요 수도 모두를 장악하고 있을 때인 1999년에 벌어진, 유고슬라비아에 반대하는 NATO 캠페인은 이러한 경쟁하는 해석들을 검증하는 하나의 사례였다.[63]

그러나 2001년 9월 11일 뉴욕과 워싱턴에 대한 테러리스트들의 공격 이후 세계정치의 변화는 그보다 훨씬 더 가혹한 결정적 실험으로 이어졌다. 조지 부시 대통령과 그의 행정부가 자신들이 적이라고 간주하는 사람들을 일방적이고 기습적으로 공격하기 위한 권리 ― 이 권리는 2003년 3~4월에 이라크에 대한 침공과 점령을 정당화는 데 활용되었다 ― 라는 가정하에 선언한 전지구적인

---

61 Hardt and Negri, *Empire*, pp. xii, xiii-xiv. 또한 Hardt and Negri, ch. 3.1, "The Limits of Imperialism"도 보라.

62 Hardt and Negri, p. x ii, 그리고 ch. 3.5도 보라. Held, McGrew et al., *Global Transformations*, pp. 81, 85, 그리고 ch. 1도 보라.

63 T. Ali, ed., *Masters of the Universe?*(London, 2000).

'테러와의 전쟁'은 하트와 네그리가 '끝났다'고 선언했던 제국주의 프로젝트와 매우 유사해 보였다. 하트와 네그리가 이 명백한 반대 사례를 해명하는 방식은 그것을 일종의 제국주의적 과거로의 후퇴로 취급하고, 그것을 '지구적 귀족정치'의 이해관계 속에서, 다시 말해 다국적 기업, 초국적 기구, 또 다른 강력한 비국가 행위자들의 이해관계 속에서 '군주' – 미국 – 의 권력을 제한하고 '지구화 저항운동'이 요구하는 개혁을 적어도 일부 인정하는 '새로운 마그나카르타'를 협상하기 위한 것이라고 주장하는 것이었다. 하트와 네그리는 '귀족정치'에게 이 운동을 '쇄신 프로젝트'에서 '가장 유망한' 이용 가능한 파트너로 제시한다.[64] 이 주장과 카우츠키의 초제국주의론ultra-imperialism – 이 이론에 따르면, 국가 간 갈등의 초월은 자본을 위한 것이었다(앞의 5.2절 참조) – 의 유사성은 분명하다.

하지만 세 번째 밀레니엄의 시작과 함께한 지정학적 드라마에 대한 좀 더 일반적인 반응은 제국주의는 결코 '끝나지' 않았다는 것이다. 이것은 급진적인 저술가들뿐만 아니라 주류 저술가들 사이에서도 사실이다. 심지어 최고로 열렬한 지구화 지지자인 토머스 프리드먼조차도 경제적 지구화가 펜타곤의 군사력에 의존하고 있음을 드러내는 유명한 이미지를 제시한 바 있다.

> 시장은 재산권이 보호되고 강화될 수 있을 때에만 기능하고 번성하며, 이것이 다시 군사력에 의해 보호받고 뒷받침되는 정치적 틀을 필요로 한다. …… 실제로 맥도날드는 미국 공군 F-15 설계자인 맥도널 더글러스 없이 번성할 수 없다. 그리고 실리콘밸리 기술이 번성할 수 있도록 세계를 지켜주는 보이지 않는 철권은 미국 육군, 공군, 해군, 해병대라고 불린다.[65]

---

64 Hardt and Negri, *Multitude*, pp. 320~321, 322.

65 T. Friedman, *The Lexus and the Olive Tree*(London, 2000), p. 464.

신자유주의적 지구화에 대한 또 다른 옹호자들은 본질적으로 동일한 견해를 공언했다. 역사가 니얼 퍼거슨Niall Ferguson은 특히 지구시장을 개방하기 위해 군사력과 금융의 힘을 행사하는 '자유로운 제국'의 필요성 – 역사적으로 영국이 수행했고, 퍼거슨에 따르면, 미국이 수행할 의지를 전혀 가지고 있지 않지만 그 능력을 가지고 있는 역할 – 을 웅변적으로 제기했다.[66] 마르크스주의 좌파는 제국주의에 대한 분석적으로 보다 치열하고 정치적으로 보다 비판적인 이론화를 둘러싸고 격론을 벌였다. 하비와 나는 독자적으로 자본주의적 제국주의를 자본들 간의 경제적 경쟁과 국가들 간의 지정학적 경쟁의 교점에 의해 구축되는 것으로 보는 개념화를 전개했다. 이러한 주장은 특히 레닌과 부하린과 연관된 고전 마르크스주의의 제국주의이론을 정교화하는 것이자 부시행정부의 전략을 단지 더 이상의 테러리스트들의 공격뿐만 아니라 장기적인 과잉축적과 이익률의 위기를 배경으로 유럽연합과 중국과 같은 잠재적인 '동료 경쟁자들'이 미국의 지구적 헤게모니에 대해 도전하는 것까지를 무력화하려는 시도로 해석하는 수단이기도 했다.[67] 또 다른 학자들, 이를테면 레오 파니치Leo Panitch와 샘 긴딘Sam Gindin은 1970년대와 1980년대 경제위기의 지속성에 대해, 그리고 다른 주요 자본주의국가들 또는 실제로는 부상하는 중국 권력이 1945년 이래로 미국이 구축해온 '비공식적 제국'에 대해 도전하고자 하는 의향 내지 그럴만한 능력에 대해 회의적이었다.[68] 이와는 정반대로 아리기는 부시 행정부가 이라크에서 자신이 빠져 있음을 발견한 곤경을 미국의 지구적 헤게모니의 '종국적 위기'의 시작을 알리는 것으로,

66 N. Ferguson, *Empire*(London, 2003) 그리고 *Colossus*(London, 2004).

67 A. Callinicos, *The New Mandarin of American Power*(Cambridge, 2003); D. Harvey, *The New Imperialism*(Oxford, 2003).

68 L. Panitch and S. Gindin, "Global Capitalism and American Empire," in L. Panitch and C. Leys. eds, *The New Imperial Challenge, Socialist Register 2004*(London, 2003).

즉 태평양을 넘어 중국과 인도에 이르기까지 경제력과 금융능력이 고갈되는 것으로 해석했다.[69] 제국주의에 관한 이러한 다양한 모든 시각들에서 공통적인 것은 국민국가가 급격히 쇠퇴하고 있다는 관념을 기각한다는 것이었다. 이를테면 로젠버그(앞의 13.1절을 보라)와 마찬가지로, 엘렌 우드Ellen Wood도 지구적 자본주의는 다수의 주권국가의 존재를 필요로 한다고 강력하게 주장했다.[70]

13.4 다시 시작된 논쟁

사회이론 주제상의 이러한 변화 – 탈근대성을 떠나 지구화, 자본주의, 제국주의로 나아가는 – 는 또한 고상한 이론의 수준에서도 등장했다. 2000년 세 명의 주요 문화이론가들 – 주디스 버틀러, 에르네스토 라클라우Ernesto Laclau, 슬라보예 지젝 – 의 논쟁을 묶은 책의 출간은 이러한 변화를 상징했다. 그 출발점을 제공한 것은 라클라우와 샹탈 무페Chantal Mouffe가 쓴 『헤게모니와 사회주의 전략Hegemony and Socialist Strategy』(1985)이었다. 후기구조주의에 크게 영향 받은 이 책은 마르크스주의를 해체하고 그것을 '후기마르크스주의post-Marxism'로 대체하는 방법을 개략적으로 논의한다. 후기마르크스주의는 환원 불가능한 서로 다른 복수複數의 투쟁들을 그 자체로 인정하는 '급진적 민주주의 radical democracy'를 목적으로 한다고 할 수 있다. 라클라우와 무페 주장의 가장 흥미로운 측면은 아마도 그들이 그람시를 그의 '고전주의'를 넘어 헤게모니 이론가로 재정립하려고 시도했다는 것이었다. 여기서 헤게모니는 이제

69 G. Arrighi, "Hegemony Unravelling," *New Left Review*, II/32 and II/33(2005).

70 E. M. Wood, *Empire of Capital*(London, 2003).

필수적인 사회적 내용을 전혀 가지지 않지만, 본래 별개였던 투쟁을 집합적인 정치적 주체로 결집시켜주는 수단으로 기여한다. 따라서 헤게모니의 작동에서 중심적인 것으로 인식되는 것은 그것이 특수한 것을 보편적인 것으로 표상한다는 것이다. 레비스트로스의 '부유하는 기표'(앞의 11.2절을 보라)와 같이, 헤게모니의 표상은 비어 있고 어떤 구체적인 내용을 담고 있지 않으며, 따라서 구체적인 정치적 프로젝트의 무한한 다양성을 전달하는 수단으로 작용할 수 있다. 라클라우가 버틀러와 지젝 간의 논쟁에서 표현하듯이, "보편적인 것은 비어 있는 공간, 즉 특수한 것에 의해서만 채워질 수 있는 빈 공간이지만, 바로 그 공백을 통해 사회적 관계의 구조화/재구조화에서 일련의 결정적 결과를 산출한다."[71]

다음으로 버틀러, 라클라우, 지젝이 다루고자 하는 문제는 『헤게모니와 사회주의 전략』에서 정의한 급진적 민주주의 프로젝트를 추구하는 방법이다. 그들 간의 논전은 이 프로젝트의 이론적 전제에 초점을 맞추는 경향이 있다. 여기서 드러나는 중요한 철학적 분기는 각기 부분적으로 서로 다른 충성 — 헤겔(버틀러와 지젝), 프로이트와 푸코(버틀러), 바르트와 데리다(라클라우) — 에 뿌리를 두고 있다. 하지만 훨씬 더 두드러지는 것은 버틀러와 라클라우라는 한편과 지젝이라는 다른 한편 사이에서 분명하게 드러나는 정치적 양극화이다. 물론 버틀러는 대표적인 현대 페미니스트 이론가들 중 한 사람이다. 그녀가 정통 마르크스주의를 존속시키면서도 동시에 넘어서려고 한다는 점에서 그녀의 저작은 분명 후기마르크스주의적이다. 이를테면 물질적인 것과 문화적인 것을 대치시키려는 시도에 도전하면서도, 그녀는 친족, 젠더, 섹슈얼리티가 생산양식과 관련되어 있다는 것을 입증하고자 하는 마르크스

---

71 E. Laclau, "Identity and Hegemony," in J. Butler, E. Laclau, S. Žižek, *Contingency, Hegemony, Universality*(London, 2000), p. 58.

주의적 및 마르크스주의-페미니즘적 저술의 전통에 호소한다.[72]

하지만 버틀러 자신의 이론-정치적 초점은 그녀가 어떤 전통적인 역사유물론으로부터도 아주 멀리 떨어져 있는 것으로 보이게 한다. 헤겔과 푸코(그리고 또한 이데올로기적 호명과 관련하여 알튀세르를 논의한 앞의 11.2절을 보라)를 따라, 그녀는 창발성의 원천이자 권력의 대상인 '주체'라는 바로 그 단어에 내재하는 주체성의 양면성을 탐색한다. 주체는 권력을 전제로 하지만, 이러한 의존관계는 상반된 결과 모두를 가진다. 즉 권력은 주체가 그것을 어떻게 행사하는가에 따라 유지된다. 권력이 유효하기 위해서는 그 자체로 심적인 것에 뿌리를 두고 있어야 한다. 즉 "어떠한 규범도 환상의 활성화 없이는, 그리고 보다 구체적으로 말하면 사회적인 동시에 심적인 이상들에 대한 환상적 집착 없이는 주체에 작용할 수 없다."[73] 따라서 푸코가 프로이트에 의해 보완될 필요가 있다. 주체는 금지를 통해 형성된다(버틀러는 사회적 장의 토대 구축을 위해 신경증을 유발시키는 욕망의 억압뿐만 아니라 정신분석학적 용어인 '폐제 foreclosure'까지 차용한다). 이러한 금지는 주체 그 자체에 의해 유지 – 반복 – 되어야만 한다. 이 과정은 본질적으로 불확실하다. "권력의 조건이 지속하기 위해서는 그 과정이 되풀이되어야 한다. 즉 주체는 바로 그러한 반복, 즉 결코 단지 기계적이 아닌 반복이 이루어지는 장소이다."[74]

버틀러에서 반복은 변이 – 그러므로 저항 – 를 허용한다. 정체성은 반복이 계속해서 수행되는 한 존재하고, 그러한 수행performance은 본래 그것을 지배하는 규칙을 항상 깨뜨릴 수 있는 (또는 보다 좋게는 그러한 규칙을 새로운 방식으로 적용할 수 있는) 창조적 과정이다.

---

72 J. Butler, "Merely Cultural," *New Left Review*, I/227(1998).

73 J. Butler, "Competing Universalities," in Butler et al., *Contingency*, p. 151.

74 J. Butler, *The Psychic Life of Power*(Stanford, 1997), pp. 67, 16.

주체는 규범을 반복할 수밖에 없고, 그 규범이 주체를 생산하지만, 그러한 반복은 위험 영역을 만들어낸다. 왜냐하면 어떤 사람이 '적절한 방식으로' 규범을 원상태로 복원시키지 못한다면, 그 사람은 더욱 제재받는 주체가 되고, 사람들은 지배적인 존재조건이 위협받고 있다고 느끼기 때문이다. 그렇다면 (현재의 조직 속에서) 삶을 위험에 빠뜨리는 반복 없이, 우리는 어떻게 그러한 조직화의 우연성을 상상하고 삶의 조건을 수행적으로 재구성할 수 있을까?[75]

따라서 버틀러는 다음과 같이 말한다. "따라서 이러한 반복 또는 더 나은 표현으로 반복가능성은 전복, 즉 주체화하는 규범 ― 그것의 성찰성을 재정향할 수 있는 ― 의 재체현re-embodying 가능성의 비장소non-place가 된다." 비하를 의도하고 있는 명칭들 ― 이를테면 '퀴어queer' ― 은 그것들 자체에 악감정을 가지게 하고 그것들에 체화된 규범을 패러디함으로써 저항의 수단이 될 수도 있다.

만약 그다음에 우리가 정체성을 부여하는 특정한 종류의 호명을 이해한다면, 그러한 유해한 호명은 상처를 통해 정체성을 구성할 것이다. 이것은 그러한 정체성이 계속 유지되는 한 항상 그리고 영원히 그 상처에 뿌리를 둘 것이라고 말하는 것과 동일한 것이 아니라, 주체 형성 ― 그리고 재형성 ― 이 계속될 수 없다면 재의미화resignification의 가능성은 종속에 대한 열정적 애착을 갱신하고 동요시킬 것이라는 점을 함의한다.[76]

버틀러의 주장은 푸코가 1970년대 중반에 전개한 권력-지식 이론을 발전시킨 것으로 볼 수 있다. 푸코는 주체는 실제로 지배관계 내에서 형성되지만

---

75 J. Butler, *The Psychic Life of Power*, pp. 28~29.
76 J. Butler, *The Psychic Life of Power*, pp. 99, 104~105.

그러한 형성이 주체의 창조적 수행에 의존하고 있다는 점이 저항과 변화를 가능하게 한다고 주장한다. 넌지시 주장되며 널리 영향을 미치고 있는 이 주장은 그것이 특정 형태의 문화적 위반들 ─ 이를테면 "주체에 대한 어떤 이성애적 견해에서 근본을 이루고 있는 것으로 보이는 동성애의 폐제"에 도전하는 퀴어 투쟁 ─ 이 지닌 전략적 중요성을 이론적으로 정당화하는 동시에 보다 광범위한 사회 관계 체계에 대해서는 손대지 않고 그냥 놔두고 있다는 점에서 포스트모더니즘 시대의 서구 학계를 대표한다.[77] 이런 연유에서 버틀러는 다음과 같이 기술한다. "내가 헤게모니를 이해한 바에 따르면, 헤게모니의 규범적·낙관적인 요소는 민주적 가능성을 자유주의의 핵심 용어들로 확장하여 그것들을 보다 포괄적이고 보다 역동적이고 보다 구체적으로 만들 수 있는 가능성에 있다."[78] 따라서 버틀러에 따르면, 자유주의적 자본주의의 한계는 사회세계의 한계이다. 그렇기 때문에 그녀가 자신이 제시한 '재의미화'가 '단지 문화적인 것' 이상이라고 그렇게 집요하게 주장하고 나선 것도, 그리고 철학자 마사 누스바움Martha Nussbaum에 의해 '히피 침묵주의hip quietism'라고 모질게 공격당한 것도 당연하다.[79]

버틀러가 이렇게 자유자본주의와 가능성의 지평을 등치시킨 것은 지젝의 집중포화를 받는다. 지젝은 "표준적인 탈근대적 좌파 서사가 '본질주의적' 마르크스주의에서부터 [버틀러와 라클라우가 공유한] 환원 불가능한 복수의 탈근대적 투쟁으로 전화한 것의 중심에는 체념이 숨어 있다"고 지적한다. 즉 그것은 "자본주의를 '선택의 여지가 없는 것'으로 받아들이고, 기존의 자본주의적 자유주의체제를 극복하기 위한 그 어떤 실제적인 시도도 포기"하는

---

77 J. Butler, *The Psychic Life of Power*, p. 23.

78 J. Butler, "Restaging the Universal," in Butler et al., *Contingency*, p. 13.

79 M. Nussbaum, "The Professor of Parody," *The New Republic*, 22 February 1999.

것이다.[80] 지젝은 버틀러의 재의미화 전략이 조건으로 하는 자기부정의식 self-denying ordinance을 강조한다. 그는 이렇게 말한다. "그리고 나의 논점은 정치-이데올로기적 재의미화를 헤게모니 투쟁의 측면에서 인식할 경우, 재의미화에 한계를 설정하는 오늘날의 실재Real는 자본이라는 것이다. 자본의 원활한 작동은 제약받지 않는 헤게모니 투쟁 속에서 동일성을 유지하고 '항상 제자리로 돌아가는' 것이다."[81] 그리고 지젝은 퀴어 투쟁의 전략적 중심성에 대한 버틀러의 주장과는 반대로 오늘날 자본주의체제는 "'후기정치적인post-political' 관대한 다문화주의체제로 지속적으로 변화하는 과정에서 퀴어의 요구를 중화시킬 수 있다고, 즉 그것을 하나의 특수한 '삶의 방식'으로 흡수할 수 있다고 주장한다.[82]

대단한 열정과 지혜 그리고 위트 — 그는 이러한 능력을 통해 헤겔과 라캉의 예리한 재독해를 이용하여 당혹스러울 정도로 다양한 현대 문화현상들을 해석한다(또는 아마 더 나은 설명으로는, 그는 당혹스러울 정도로 다양한 현대 문화현상들을 이용하여 헤겔과 라캉의 예리함을 해석한다) — 로 지금까지 가장 널리 알려진 이론가인 지젝에게서 이것은 놀랄 만한 논조의 변화였다. 그러나 고전 마르크스주의에 대한 지젝의 재단언은 특히 그의 가장 일관된 철학책인 『까다로운 주체The Ticklish Subject』(1999) 속에서 뚜렷하게 드러난다. 위험사회이론(앞의 12장을 보라)과 제3의 길 이론에 대한 비판과 함께, 그는 다음과 같이 강력하게 단언한다. "'자본의 사회-경제적 논리는 문화과정 전체를 (과잉)결정하는 지구적 틀을 제공한다." 지젝은 또한 현대 자유주의적 민주주의의 '탈정치' — 블레어의 슬로건

---

80 S. Žižek, "Class Struggle or Postmodernism? Yes, please!," in Butler el al., Contingency, p. 95.

81 S. Žižek, "Do Capo senra Fine," in Butler et al., *Contingency*, p. 223.

82 S. Žižek, *The Ticklish Subject*(London, 1999), p. 225.

인 "무엇이 작동하는가"에 의해 요약되는, 즉 자유시장 자본주의의 관리로서의 정치 — 를 "진정한 정치 …… 불가능한 것의 기술 — 그것은 현재의 배열태 속에서 가능한 것으로 간주되는 것의 파라미터를 변화시킨다" — 과 대치시킨다. 후자를 추구하는 데 중요한 것은

> 경제의 급진적 재정치화일 것이다. 다시 말해, 만약 오늘날의 후기정치('사회
> 적인 일의 행정화')가 안고 있는 문제가 그것이 진정으로 정치적 행위의 가능
> 성을 훼손하는 것이라면, 그러한 훼손은 경제의 탈정치화, 즉 자본과 시장 메
> 커니즘을 상호 착취의 도구/절차로 일반적으로 받아들이는 데서 직접 기인한
> 다.[83]

라클라우가 볼 때, 이 모든 것은 유아적인 좌파주의로 돌아가는 꼴이나 매한가지이다. 라클라우에 따르면, "마르크스주의 범주를 다루는 지젝의 방식은 그것을 반+형이상학적 지평 속에 각인하는 것으로, (거의 있을 것 같지 않은 일이지만) 만약 그것이 받아들여진다면, 좌파의 의제는 50년 후퇴할지도 모른다."[84] 하지만 이처럼 간단하게 기각할 수 있을 만큼 지젝은 결코 녹녹하지 않다. 이를테면 지젝은 다음과 같이 말한다. "나는 탈근대적 형태의 정치화가 제기한 쟁점을 손상시키기 위해서가 아니라 페미니즘적, 생태학적 등등의 요구들을 가장 효과적으로 실현할 수 있는 조건을 창출하기 위해 '경제의 우위로 돌아갈 것'을 항변하고 있다."[85] 1960년대와 그 후의 후기마르크스주의 이론가들이 이전에 사회이론에 의해 당연한 것으로 간주되던 영역

---

83 S. Žižek, *The Ticklish Subject*, pp. 243 n. 46, 199, 353.

84 E. Laclau, "Constructing Universality," in Butler et al., *Contingency*, p. 290.

85 S. Žižek, *Ticklish Subject*, p. 356.

– 젠더관계, 섹슈얼리티, 자연과 인간의 관계 등등 – 을 탈자연화하고 그리하여 정치화하는 데 성공했다면, 이러한 사고는 자유주의적 자본주의를 불가피한 것으로 간주함으로써 경제를 재자연화하는 대가를 치르기 쉬워 보인다. 고전 마르크스주의로의 복귀는 경제를 재정치화하는 개념적 수단을 제공함으로써 사회이론이 그것의 완전한 비판적 임무를 되찾고, 이를테면 젠더, 섹슈얼리티, 인종에 근거한 비경제적 형태의 억압을 극복할 수 있는 조건을 좀 더 정확하게 규정하는 데 도움을 줄 수 있을 것이다.

지젝의 '마르크스로의 복귀'는 그 후 레닌마저도 끌어안는 데까지 나아간다.[86] 그러나 루카치(앞의 9.1절)와 알튀세르(11.2절)의 경우처럼 주요 사상가를 재생하려는 그 어떠한 시도도 이론적으로 순수하지 않으며, 특정 이론적·정치적 전제로부터도 자유롭지 못하다. 지젝의 경우에, 이러한 것들은 특히 헤겔에 대한 색다른 해석과 후기 라캉의 가르침, 그중에서도 특히 언어와 사회로 이루어진 상징계Symbolic order를 붕괴시키는 숨어 있는 결함으로서의 실재 관념 – 상징계는 실재를 필요조건으로 하면서도 그것에 의해 일관적이지 않게 된다 – 의 특이한 융합을 반영하는 것이었다.[87] 이 이론적 쟁점은 너무나도 전문적이기 때문에 여기서 검토할 수 없다. 여기서는 지젝이 그가 독해한 헤겔과 라캉에서 시작하여, 카를 슈미트(9.2절)와 현대 프랑스 철학자 알랭 바디우Alain Badiou에 의존하면서 버틀러의 재의미화 개념과 매우 다른 정치적 행위 개념을 발전시키고 있다고 말하는 것만으로 충분하다. 지젝은 다음과 같이 말한다. "행위는 단순히 '가능한' 것으로 보이는 것의 주어진 지평 내에서만 발생하지 않는다. 그것은 가능한 것의 윤곽을 제정의하기도 한다." 그리고

---

86 V. I. Lenin & S. Žižek, *Revolution at the Gates*(London, 2002).

87 이를테면 S. Žižek, *The Sublime Object of Ideology*(London, 1989)와 *Interrogating the Real*(London, 2005).

"구성적 공백constitutive void, 즉 실패의 지점 – 또는 알랭 바디우가 주어진 배열태의 '증상적 비틀림symptomal torsion'이라고 불렀던 것" – 에 개입함으로써 그렇게 한다."[88] 이것은 분명 마르크스주의에 대한 급진적인 반결정론적 독해를 제공하지만, 또한 행위가 "보편적인 존재론적 구조에 토대하는 것이 아니라 심연의 결정"을 하는 것을 포함하는 결정론, 즉 어떠한 이론적 또는 규범적인 지향 없는 공백으로의 도약에 가까운 독해이다.[89]

지젝이 자본주의적 지구화에 대한 비판이 보편적 토대를 필요로 한다고 인정하면서도 비어 있는 기표로서 보편적인 것이라는 라클라우의 개념에 여전히 몰두한다는 사실로 인해 문제는 복잡해진다. 최근 논문에서 그는 제12장에서 내가 주장한 것과 유사한 노선을 따라 근대성이라는 철학적 관념은 단지 '가면을 쓴 특수주의'로 뿐만 아니라 정치적·사회적 변혁에 대한 지속적인 자극으로 파악되어야한다고 주장한다.

평등한 자유egaliberte[위대한 부르주아 혁명이 약속한 평등과 자유의 상호의 존성을 지칭하기 위해 에티엔 발리바르가 고안해낸 혼성에]라는 현상appea-rance은 그 자체로 실제적 효율성을 갖는 하나의 상징적 허구이다. 그것을 하나의 다른 사실을 숨기고 있는 단순한 환상으로 축소시키려는 매우 냉소적인 유혹에 저항해야 한다. 훨씬 더 흥미로운 것은 정반대의 과정이다. 그 속에서 원래 식민주의자들이 부과한 이데올로기 체계였던 어떤 것이 그들의 '진정한' 불만을 분명하게 표현하는 수단으로 그들의 피지배자들에게 갑자기 양도된다. 하나의 고전적 사례가 새로 식민지가 된 멕시코의 성모 과달루페일 것이다. 비천한 인디언처럼 생긴 그녀의 외모와 함께 그때까지 스페인 식민자

---

88 S. Žižek, "Class Struggle or Postmodernism? Yes, please!," pp. 121, 125.

89 S. Žižek, *Ticklish Subject*, p. 20.

들이 부과한 이데올로기로 기여하던 기독교가 토착민들에 의해 그들의 끔찍한 곤궁을 상징하기 위한 수단으로 전유되었다.[90]

그러나 지젝이 현재 지니고 있는 것보다 훨씬 더 강고한 규범적 보편성 개념이 없이 이러한 사고가 어떻게 전개될 수 있을지를 이해하기란 어렵다. 그렇지만 그가 버틀러와 라클라우와 벌었던 논쟁이 현대 문화이론 내에서 드러내 보여준 분기는 나에게는 1990년대 말경 사회이론의 주제가 변화한 보다 광범위한 방식을 전조하는 것으로 보인다. 포스트모더니즘의 시작과 자유주의적 자본주의의 승리로 인해 발생한 봉쇄가 (적어도 지젝으로는) 깨졌다. 근대성을 당시의 형태로 다소 체념적으로 수용한 입장 – 하버마스(특히 좀 더 보수적인 그의 후기 저술들에서)에 의해 그리고 문화적으로 초월적인 재의미화 전략과 함께 버틀러에 의해 제시된 전략을 통해 서로 다른 방식으로 제시된 – 은 부르디외와 지젝이라는 대단한 인물들에 의해 도전받아왔다. 물론 후자의 사상가들의 저작에도 이론적 문제들이 많이 있다. 그리고 그들과 신자유주의에 대한 다른 비판가들이 제시하는 대안은 여전히 실체가 없다. 이 점에서 전형을 보이는 것이 바로 지젝이다.

자본주의 그 자체가 프롤레타리아트의 모습 속에서 그것을 파괴할 힘을 발생시킬 것이라는 마르크스주의 관념이 붕괴한 이후, 오늘날 자본주의 비판가 중 어느 누구도, 즉 소위 지구화과정이 우리를 죽음의 소용돌이 속으로 끌어들인다고 매우 설득력 있게 묘사하는 그 어떤 사람도 자본주의를 제거하는 방법에 대한 어떤 분명한 관념도 가지고 있지 않다. 요컨대, 나는 계급투쟁과 사회주의혁명과 같은 종래의 개념으로 단순히 돌아가자고 설교하고 있는 것이 아니

---

90 S. Žižek, "Against Human Rights," *New Left Review*, II/34 (2005), p. 130.

다. 즉 지구적 자본주의체계를 실제로 훼손할 수 있는 방법에 대한 질문은 수사적인 질문이 아니다. 어쩌면 그것은 실제로 가능하지 않다. 적어도 가까운 미래에는 말이다.[91]

그럼에도 불구하고 지난 두 세기 동안 사회이론을 이끌었던 근대성 논쟁은 다시 시작되었다. 물론 근대성의 거부가 포스트모더니즘이라는 안이한 형태를 취하는 것은 결코 아니다. 포스트모더니즘은 온갖 초월적인 수사에도 불구하고 자본주의 세계경제 구조와 관료제적 국가가 여전히 일상생활을 조직화할 것이라고 암묵적으로 가정하고 있다. 9·11은 미국의 지구적 헤게모니에 폭력적으로 도전하면서 칼리파테Caliphate를 되찾기를 꿈꾸는 낭만적 반자본주의의 한 형태를 중심 무대에 올려놓았다. 비록 이러한 진전이 사회이론의 관점에서 이슬람 사회의 구체적 형태, 중동의 역사와 정치경제, 그리고 북부 이민자들의 상태에 지적인 관심을 집중할 것을 요구함에도 불구하고, 그것은 자본주의적 근대성에 직면해서 오랫동안 취해진 선택 – 즉 어떤 전근대적 사회형태로의 복귀를 명목으로 하여 그것을 거부하기 위해 취해온 선택 – 에 의해 아주 최근에 그리고 현재 정치적으로 이루어진 형태로 파악되어야만 한다. 19세기 러시아 지식인들이 자신들이 두려워하면서도 열망했던 서구와 타협한 것 그리고 그들의 지적 자원조차 서구에 대한 매우 격렬한 거부에 크게 의존한 것이 초래한 결과는 현대사회이론이 분석하는 지구적 발전에 대한 해답을 이슬람에서 찾고자 하는 사람들의 관점을 이해하고자 하는 사람들에게 특히 시사하는 바가 많다(앞의 8.2절을 보라). 이상화된 과거로의 회귀 프로젝트는 물론 결코 급진적인 이슬람주의자들만의 독점물이 아니다. 아들 부시 행정부는 미국을 20세기 초 윌리엄 맥킨리William McKinley 재임 시

---

91 S. Žižek, *Ticklish Subject*, p. 352.

594 | 사회이론의 역사

절의 국가의 경제개입 수준으로 돌아가려는 목적을 성공적으로 달성하지 못할 것으로 보이지만, 전성기에 부시 행정부가 획득한 정치적 승리는 공화당 우파와 그것의 근본주의적 기독교에 기초한 동원능력, 즉 백악관에서 부시의 임기를 거의 확실하게 보장할 능력을 보여주는 하나의 증거이다. 거기에는 비판사회이론의 지적 자원을 좀 더 필요로 했던 때가 좀처럼 없었다.

더 읽을거리

별표(*)한 것은 입문서이다.

총론

H. Barth, *Truth and Ideology* (Berkeley, 1976).

S. Collini et al., *That Noble Science of Politics* (Cambridge, 1983).

*I. Craib, *Classical Social Theory* (Oxford, 1997).

N. Dodd, *Social Theory and Modernity* (Cambridge, 1999).

T. Eagleton, *Ideology* (London, 1991).

*A. Giddens, *Capitalism and Modern Social Theory* (Cambridge, 1971).

J. Habermas, *The Philosophical Discourse of Modernity* (Cambridge, 1987).

*J. A. Hughes et al., *Understanding Classical Sociology* (London, 2003).

*D. Layder, *Understanding Social Theory* (London, 1994).

A. MacIntyre, *After Virtue* (London, 1981).

*C. W. Mills, *The Sociological Imagination* (Harmondsworth, 1970).

T. Parsons, *The Structure of Social Action* (2 vols, New York, 1968).

J. Rees, *The Algebra of Revolution* (London, 1998).

J. Roberts, *German Philosophy* (Cambridge, 1988).

M. Rosen, *Of Voluntary Servitude* (Cambridge, 1996).

I.I. Rubin, *A History of Economic Thought* (London, 1979).

*W. G. Runciman, *The Social Animal* (London, 1998).

D. Sayer, *Capitalism and Modernity* (London, 1990).

J. A. Schumpeter, *History of Economic Analysis* (London, 1994).

J. Scott, *Social Theory* (London, 2005).

G. Therborn, *Science, Class and Society* (London, 1976).

B. S. Turner, ed., *The Blackwell Companion to Social Theory* (Oxford, 2000).

서론

W. G. Runciman, *A Treatise on Social Theory*, I(Cambridge, 1983).

W. H. Sewell, *Logics of History* (Chicago, 2005).

J. Tully, ed., *Meaning and Context* (Cambridge, 1988).

1. 계몽주의

L. Althusser, *Politics and History* (London, 1972).

I. Berlin, "The Originality of Machiavelli", in id., *Against the Current* (Oxford, 1981).

H. Blumenberg, *The Legitimacy of the Modern Age* (Cambridge, Mass., 1983).

N. Bobbio, "Gramsci and the Concept of Civil Society", in id., *Which Socialism?* (Cam bridge, 1986).

J. B. Bury, *The Idea of Progress* (London, 1920).

E. Cassirer, *The Philosophy of the Enlightenment* (Boston, 1962).

P. Gay, *The Enlightenment: An Interpretation* (2 vols, London, 1973).

E. Halévy, *The Growth of Philosophical Radicalism* (London, 1949).

P. Hazard, *European Thought in the Eighteenth Century* (Harmondsworth, 1965).

J. Heilbron, *The Rise of Social Theory* (Cambridge, 1995).

A. O. Hirschmann, *The Passions and the Interests* (Princeton, 1977).

I. Hont and M. Ignatieff, eds, *Wealth and Virtue* (Cambridge, 1984).

J. Israel, *Radical Enlightenment* (Oxford, 1997).

R. Koselleck, *Critique and Crisis* (Oxford, 1988).

R. Koselleck, *Futures Past* (Cambridge, Mass., 1985).

Y. Lacoste, *Ibn Khaldun* (London, 1984).

R. L. Meek, *Economics and Ideology and Other Essays* (London, 1967).

R. L. Meek, *Smith, Marx and After* (London, 1977).

R. Pascal, "Property and Society", *Modern Quarterly* (1938).

J. G. A. Pocock, *The Machiavellian Moment* (Princeton, 1975).

M. A. Screech, *Montaigne and Melancholy* (Harmondsworth, 1991).

A. S. Skinner, "Economics and History: The Scottish Enlightenment", *Scottish Journal of Political Economy*, 12(1965).

A. S. Skinner and T. Wilson, eds, *Essays on Adam Smith* (Oxford, 1975).

Q. Skinner, *The Foundations of Modern Political Thought* (2 vols, Cambridge, 1978).

Q. Skinner, *Machiavelli* (Oxford, 1981).

Q. Skinner, "The Idea of Negative Liberty", in R. Rorty et al., eds, *Philosophy of History* (Cambridge, 1984).

E. Stokes, *The English Utilitarians and India* (Delhi, 1989).

C. Taylor, *Sources of the Self* (Cambridge, 1989).

K. Tribe, *Land, Labour and Economic Discourse* (London, 1978).

G. Wills, *Inventing America* (New York, 1978).

2. 헤겔

L. Althusser, *The Spectre of Hegel* (London, 1997).

S. Avineri, *Hegel's Theory of the Modern State* (Cambridge, 1972).
J. Hyppolite, *Studies in Marx and Hegel* (New York, 1969).
A. Kojeve, *An Introduction to the Reading of Hegel* (New York, 1969).
K. Löwith, *From Hegel to Nietzsche* (London, 1965).
G. Lukács, *The Young Hegel* (London, 1975).
H. Marcuse, *Reason and Revolution* (London, 1968).
H. Marcuse, *Hegel's Ontology and the Theory of Historicity* (Cambridge, Mass., 1987).
F. G. Nauen, *Revolution, Idealism and Human Freedom* (The Hague, 1971).
T. Pinkard, *Hegel's Phenomenology* (Cambridge, 1994).
T. Pinkard, *Hegel: A Biography* (Cambridge, 2000).
R. Pippin, *Modernism as a Philosophical Problem* (Oxford, 1991).
M. Rosen, *Hegel's Dialectic and its Criticism* (Cambridge, 1982).
C. Taylor, *Hegel* (Cambridge, 1975).
A. W. Wood, *Hegel's Ethical Thought* (Cambridge, 1990).

3. 자유주의자와 반동주의자들

I. Berlin, "Joseph de Maistre and the Origins of Fascism", in id., *The Crooked Timber of Humanity* (London, 1991).
R. C. Boesche, "The Strange Liberalism of Alexis de Tocqueville", *History of Political Thought*, II(1981).
P. Bourdieu, *The Rules of Art* (Cambridge, 1996), pt I.
J. Burrow, *Evolution and Society* (Cambridge, 1966).
J. Godechot, *The Counter-Revolution* (London, 1972).
J. Heilbron, *The Rise of Social Theory* (Cambridge, 1995).
F. Jacob, *The Logic of Living Systems* (London, 1974).
A. Jardin, *Tocqueville* (New York, 1988).
D. Johnson, *Guizot* (London, 1963).
A. Majeed, *Ungoverned Imaginings* (Oxford, 1992).
K. Mannheim, *Conservatism* (London, 1986).
L. Siedentop, "Two Liberal Traditions", in A. Ryan, ed., *The Idea of Freedom* (Oxford, 1979).
*L. Siedentop, *Tocqueville* (Oxford, 1994).
W. Thomas, *The Philosophical Radicals* (Oxford, 1979).
R. Williams, *Culture and Society 1780~1950* (Harmondsworth, 1968).

4. 마르크스

L. Althusser, *For Marx* (London, 1969).
C. J. Arthur, *Dialectics of Labour* (Oxford, 1986).

D. Bensaïd, *Marx for Our Times* (London, 2002).

*I. Berlin, *Karl Marx* (Oxford, 1978).

*A. Callinicos, *The Revolutionary Ideas of Karl Marx* (London, 1983).

A. Callinicos, ed., *Marxist Theory* (Oxford, 1989).

A. Callinicos, *Theories and Narratives* (Cambridge, 1995).

A. Callinicos, *Making History*, 2nd edn (Leiden, 2004).

S. Clarke, *Marx's Theory of Crisis* (London, 1994).

G. A. Cohen, *History, Labour and Freedom* (Oxford, 1989).

G. A. Cohen, *Karl Marx's Theory of History*, 2nd edn (Oxford, 2000).

A. Cornu, *Karl Marx et Friedrich Engels* (4 vols, Paris, 1958~70).

H. Draper, *Karl Marx's Theory of Revolution* (4 vols, New York, 1977~90).

*T. Eagleton, *Marx and Freedom* (London, 1997).

J. Elster, *Making Sense of Marx* (Cambridge, 1985).

*J. Elster, *An Introduction to Karl Marx* (Cambridge, 1986).

B. Fine and L. Harris, *Rereading Capital* (London, 1979).

B. Fine and A. Saad-Filho, *Marx's Capital* (London, 2003).

N. Geras, *Marx and Human Nature* (London, 1983).

A. Gilbert, *Marx Is Politics* (Oxford, 1981).

S. Hook, *Towards an Understanding of Karl Marx* (London, 1933).

S. Hook, *From Hegel to Marx* (Ann Arbor, 1971).

S. Kouvelakis, *Philosophy and Revolution* (London, 2003).

K. Löwith, *From Hegel to Nietzsche* (London, 1965).

M. Löwy, *The Theory of Revolution in the Young Marx* (Leiden, 2003).

D. McLellan, *Karl Marx* (London, 1973).

R. Rosdolsky, *The Making of Marx's 'Capital'* (London, 1977).

I. I. Rubin, *Essays on Marx's Theory of Value* (Detroit, 1972).

P. M. Sweezy, *The Theory of Capitalist Development* (New York, 1968).

M. Wartofsky, *Feuerbach* (Cambridge, 1977).

J. Weeks, *Capital and Exploitation* (London, 1981).

5. 삶과 권력

*K. Ansell-Pearson, *An Introduction to Nietzsche as a Political Thinker* (Cambridge, 1994).

*K. Ansell-Pearson, *How to Read Nietzsche* (London, 2005).

J. Burrow, *Evolution and Society* (Cambridge, 1966).

R. Dawkins, *The Blind Watchmaker* (London, 1991).

G. Deleuze, *Nietzsche and Philosophy* (London, 1983).

D. Dennett, *Darwin's Dangerous Idea* (London, 1995).

A. Desmond and J. Moore, *Darwin* (London, 1992).

M. Foucault, "Nietzsche, Genealogy, History," in P. Rabinow, ed., *The Foucault Reader* (Harmondsworth, 1986).

V. Gerratana, "Marx and Darwin," *New Left Review*, 82(1973).

S. J. Gould, *The Mismeasure of Man* (Harmondsworth, 1984).

M. Heidegger, *Nietzsche* (4 vols, San Francisco, 1991).

R. Hofstadter, *Social Darwinism in American Thought* (Boston, 1955).

F. Jacob, *The Logic of Living Systems* (London, 1974).

R. Jacoby and N. Glauberman, eds, *The Bell Curve Debate* (New York, 1995).

W. Kaufmann, *Nietzsche* (Princeton, 1974).

A. Kelly, *The Descent of Darwin* (Chapel Hill, 1981).

R. Levins and R. Lewontin, *The Dialectical Biologist* (Cambridge, Mass., 1985).

B. Magnus and K. Higgens, eds, *The Cambridge Companion to Nietzsche* (Cambridge, 1996).

A. Nehemas, *Nietzsche: Life as Literature* (Cambridge, Mass., 1985).

M. Salvadori, *Karl Kautsky and the Socialist Revolution, 1880~1938* (London, 1979).

R. Schacht, *Nietzsche* (London, 1983).

R. Schacht, ed., *Nietzsche, Genealogy, Morality* (Berkeley and Los Angeles, 1994).

E. Sober, *The Nature of Selection* (Chicago, 1993).

G. P. Steenson, *Karl Kautsky, 1854~1938* (Pittsburgh, 1991).

6. 뒤르켐

J. A. Alexander and P. Smith, eds, *The Cambridge Companion to Durkheim* (Cambridge, 2005).

G. Canguilhem, *The Normal and the Pathological* (New York, 1991).

*A. Giddens, *Durkheim* (London, 1978).

J. Habermas, *The Theory of Communicative Action*, II(Cambridge, 1988).

I. Hacking, *The Taming of Chance* (Cambridge, 1990).

P. Q. Hirst, *Durkheim, Bernard and Epistemology* (London, 1975).

D. Lockwood, *Solidarity and Schism* (Oxford, 1992).

S. Lukes, *Émile Durkheim* (Harmondsworth, 1975).

R. K. Merton, "Manifest and Latent Functions," in *Social Theory and Social Structure* (New York, 1968).

F. Pearce, *The Radical Durkheim* (London, 1989).

S. Stedman Jones, *Durkheim Reconsidered* (Cambridge, 2001).

7. 베버

*K. Allen, *Max Weber: A Critical Introduction* (London, 2004).

R. Bendix, *Max Weber* (New York, 1960).

D. Blackbourn and G. Eley, *The Peculiarities of German History* (Oxford, 1984).

R. Collins, *Weberian Sociological Theory* (Cambridge, 1986).

A. Giddens, *Politics and Sociology in the Thought of Max Weber* (London, 1972).

J. Habermas, *The Theory of Communicative Action*, I(London, 1984).

C. G. Hempel, *Aspects of Scientific Explanation* (New York, 1965).

W. Hennis, *Max Weber* (London, 1988).

S. Kalberg, ed., *Max Weber: The Confrontation with Modernity* (Oxford, 2004).

K. Löwith, *Max Weber and Karl Marx* (London, 1993).

M. Löwy, "Weber against Marx?" in id., *On Changing the World* (Atlantic Highlands, NJ, 1993).

H. Marcuse, "Industrialization and Capitalism in the Work of Max Weber," in id., *Negations* (Harmondsworth, 1972).

G. Marshall, *In Search of the Spirit of Capitalism* (London, 1982).

W. J. Mommsen, *The Age of Bureaucracy* (Oxford, 1974).

W. J. Mommsen, *Max Weber and German Politics 1890~1920* (Chicago, 1984).

W. J. Mommsen, *The Political and Social Theory of Max Weber* (Cambridge, 1989).

W. J. Mommsen and J. Osterhammel, eds, *Max Weber and his Contemporaries* (London, 1988).

F. Parkin, *Marxism and Class Theory* (London, 1979).

*F. Parkin, *Max Weber* (London, 1982).

R. Pipes, "Max Weber and Russia", *World Politics*, 7(1954~5).

W. G. Runciman, *A Critique of Max Weber's Philosophy of Social Science* (Cambridge, 1972).

S. Turner, ed., T*he Cambridge Companion to Weber* (Cambridge, 1998).

C. Taylor, "Interpretation and the Sciences of Man," *Review of Metaphysics*, 25(1971).

K. Tribe, ed., *Reading Weber* (London, 1989).

M. Weber, *Max Weber* (New York, 1975).

8. 진보의 환상

I. Berlin, *Russian Thinkers* (Harmondsworth, 1979).

J. Forrester, *Dispatches from the Freud Wars* (Cambridge, Mass., 1997).

D. Frisby, *Fragments of Modernity* (Cambridge, 1985).

E. Gellner, *The Psychoanalytic Movement* (London, 1983).

E. J. Hobsbawm, *The Age of Empire 1875~1914* (London, 1987).

J. Mitchell, *Psychoanalysis and Feminism* (Harmondsworth, 1975).

C. Schorske, *Fin-de-Siècle Vienna* (New York, 1980).

J. H. Seddon, *The Petrashevtsy* (Manchester, 1985).

T. Shanin, *The Roots of Otherness* (2 vols, Houndmills, 1985).

N. Stone, *Europe Transformed 1878~1919* (London, 1983).

V. N. Volosinov, *Freudianism* (Bloornington, 1987).

A. Walicki, *The Controversy over Capitalism* (Oxford, 1969).

A. Walicki, *The Slavophile Controversy* (Oxford, 1975).

A. Walicki, *A History of Russian Thought from the Enlightenment to Marxism* (Stanford, 1979).

R. Webster, *Why Freud Was Wrong* (London, 1996).

*R. Wolheim, *Freud* (London, 1971).

9. 혁명과 반혁명

*P. Anderson, *Considerations on Western Marxism* (London, 1976).

P. Anderson, "The Antinomies of Antonio Gramsci," *New Left Review*, 100(1976~7).

A. Arato and P. Breines, *The Young Lukács and the Origins of Western Marxism* (London, 1979).

P. Bourdieu, *The Political Ontology of Martin Heidegger* (Cambridge, 1991).

A. Callinicos, *Marxism and Philosophy* (Oxford, 1983).

A. Davidson, *Antonio Gramsci* (London, 1977).

J. Derrida, *Of Spirit* (Chicago, 1989).

H. L. Dreyfus and H. Hall, eds, *Heidegger: Critical Perspectives* (Oxford, 1992).

V. Farias, *Heidegger et le nazisme* (Paris, 1987).

J. Femia, *Gramsci's Political Thought* (Oxford, 1981).

L. Ferry and A. Renaut, *Heidegger and Modernity* (Chicago, 1990).

D. Forgacs, "Gramsci and Marxism in Britain," *New Left Review*, 176(1989).

*C. Harman, *Gramsci versus Reformism* (London, 1983).

E. Laclau and C. Mouffe, *Hegemony and Socialist Strategy* (London, 1985).

M. Löwy, *Georg Lukács: From Romanticism to Bolshevism* (London, 1979).

M. Mazower, *Dark Continent* (London, 1998).

H. Ott, *Martin Heidegger: A Political Life* (London, 1993).

G. Stedman Jones, "The Marxism of the Early Lukács," *New Left Review*, 70(1971).

R. Wolin, *The Politics of Being* (New York, 1990).

R. Wolin, ed., *The Heidegger Controversy* (Cambridge, Mass., 1993).

10. 황금기

S. Brittan, *How to End the 'Monetarist' Controversy* (London, 1982).

S. Buck-Morss, *The Origins of Negative Dialectics* (Hassocks, 1977).

S. Buck-Morss, *The Dialectics of Seeing* (Cambridge, Mass., 1989).

P. Clarke, *The Keynesian Revolution in the Making, 1924-1936* (Oxford, 1988).

A. Gamble, *Hayek* (Cambridge, 1996).

A. Gouldner, *The Coming Crisis of Western Sociology* (London, 1971).

J. Habermas, *The Theory of Communicative Action*, II(Cambridge, 1987).

C. Harman, "The Crisis in Bourgeois Economics", *International Socialism*, 2/71(1996).

D. Held, *Introduction to Critical Theory* (London, 1980).

F. Jameson, *Late Marxism* (London, 1990).

M. Jay, *The Dialectical Imagination* (London, 1973).

M. Jay, *Adorno* (London, 1984).

Lord Kaldor, "Memorandum of Evidence," *Treasury and Civil Service Committee: Memoranda on Monetary Policy* (London, 1980).

D. Lockwood, "Some Remarks on The Social System," *British Journal of Sociology*, 7 (1956).

D. Lockwood, "Social Integration and System Integration," in G. K. Zollschan and W. Hirsch, eds, *Explorations in Social Change* (London, 1964).

A. MacIntyre, *Marcuse* (London, 1970).

P. Mattick, *Marx and Keynes* (London, 1969).

R. Pippin et al., *Marcuse: Critical Theory and the Promise of Utopia* (South Hadley, Mass., 1988).

S. P. Savage, *The Theories of Talcott Parsons* (London, 1981).

R. Skidelsky, *John Maynard Keynes* (2 vols, London, 1983, 1992).

J. Tomlinson, "Why Was There Never a 'Keynesian Revolution' in Economic Policy?" *Economy and Society*, 10(1981).

J. Tomlison, *Problems of British Economic Policy 1870~1945* (London, 1981).

J. Tomlison, *Hayek and the Market* (London, 1990).

R. Wiggershaus, *The Frankfurt School* (Cambridge, Mass., 1994).

R. Wolin, *Walter Benjamin: An Aesthetic of Redemption* (New York, 1982).

11. 분열?

P. Abrams, *Historical Sociology* (West Compton House, 1982).

L. Althusser, *The Future Lasts a Long Time* (London, 1993).

P. Anderson, *In the Tracks of Historical Materialism* (London, 1983).

P. Anderson, *A Zone of Engagement* (London, 1992).

P. Anderson, "A Culture in Contra-Flow," in id., *English Questions* (London, 1992).

*A. Badiou, "The Adventure of French Philosophy", *New Left Review*, II/35(2005).

R. Bernstein, ed., *Habermas and Modernity* (Cambridge, 1985).

J. Bidet et al., "Autour de Pierre Bourdieu", *special issue of Actuel Marx*, 20(1996).

C. Calhoun et al., eds, *Bourdieu: Critical Perspectives* (Cambridge, 1993).

*A. Callinicos, *Althusser's Marxism* (London, 1976).

A. Callinicos, *Is There a Future for Marxism?* (London, 1982).

A. Callinicos, "Foucault's Third Theoretical Displacement," *Theory, Culture & Society*, 3(1986).

A. Callinicos, *Against Postmodernism* (Cambridge, 1989).

*V. Descombes, *Modern French Philosophy* (Cambridge, 1980).

P. Dews, *Logics of Disintegration* (London, 1987).

H. Dreyfus and P. Rabinow, *Michel Foucault* (Brighton, 1982).

G. Elliott, *The Detour of Theory* (London, 1987).

G. Elliott, ed., *Althusser: A Critical Reader* (Oxford, 1994).

D. Eribon, *Michel Foucault* (Cambridge, Mass., 1991).

G. Gutting, ed., *The Cambridge Companion to Foucault* (Cambridge, 2005).

C. Harman, *The Fire Last Time* (London, 1988).

A. Honneth, "The Fragmented World of Symbolic Forms," *Theory Culture & Society*, 313
          (1986).

D. C. Hoy, ed., *Foucault: Critical Perspectives* (Oxford, 1986).

E. A. Kaplan and M. Sprinker, eds, *The Althusserian Legacy* (London, 1993).

A. Kuper, *Anthropologists and Anthropology* (London, 1973).

*J. F. Lane, *Pierre Bourdieu: A Critical Introduction* (London, 2000).

D. Macey, *The Lives of Michel Foucault* (London, 1994).

J. G. Merquior, *From Prague to Paris* (London, 1986).

Y. Moulier Boutang, *Louis Althusser: Une biographie*, I(Paris, 1992).

M. Roberts, *Analytical Marxism* (London, 1996).

B. Smart, *Michel Foucault* (London, 2002).

J. B. Thompson and D. Held, eds, *Habermas: Critical Debates* (London, 1982).

*J. Wolfreys, "In Perspective: Pierre Bourdieu", *International Socialism*, 2/87(2000).

12. 근대성과 탈근대성 논쟁

A. Ahmad, *In Theory* (London, 1992).

P. Anderson, *The Origins of Postmodernity* (London, 1998).

B. Barry, *Culture and Equality* (Cambridge, 2001).

A. Callinicos, *Against Postmodernism* (Cambridge, 1989).

A. Callinicos, *The Revenge of History* (Cambridge, 1991).

A. Callinicos, "Postmodernism: A Critical Diagnosis," in J. Van Doren, ed., *The Great Ideas
          Today 1997* (Chicago, 1997).

A. Callinicos, *Equality* (Cambridge, 2000).

N. Fraser and A. Honneth, *Redistribution or Recognition?* (London, 2003).

R. Guha and G. C. Spivak, eds, *Selected Subaltern Studies* (New York, 1988).

C. Harman, "France's Hot Autumn," *International Socialism*, 2/70(1996).

T. W. Pogge, ed., *Global Justice* (Oxford, 2001).

S. Sarkar, "The Decline of the Subaltern in Subaltern Studies," in id., *Writing Social History*
          (Delhi, 1997).

T. Shapiro and L. Brillmaycr, eds. *Global Justice: Nomos XLI* (New York,1999).

E. O. Wright, *Class Counts* (Cambridge, 1997).

R. Young, *White Mythologies* (London, 1990).

13. 주제의 변화

P. Anderson. *Spectrum* (London, 2005).

G. Balakrishnan, ed., *Debating Empire* (London, 2003).

S. Bromley, "Space Flows and Timeless Time: Manuel Castel Is's The Information Agem," *Radical Philosophy*, 97(1999).

S. Budgen, "A New 'Spirit of Capitalism,'" *New Left Review*, II/1(2000).

A. Callinicos, *Against the Third Way* (Cambridge, 2001).

A. Callinicos, "Review of J. Butler et al., Contingency, Hegemony. Universality, and S. Žižek, The Ticklish Subject", *Historical Materialism*, 8(2001).

A. Callinicos, *An Anti-Capitalist Manifesto* (Cambridge, 2003).

A. Callinicos, *The Resources of Critique* (Cambridge, 2006).

A. Callinicos et al., "Debate: Rosenberg on Globalization," *International Politics*, 42(2005).

N. Castree and D. Gregory, eds, *David Harvey: A Critical Reader* (Oxford, 2006).

G. Daly, *Conversations with Žižek* (Cambridge, 2003).

G. Durnénil and D. Lévy, *Capitalism Resurgent* (Cambridge, Mass., 2004).

T. Eagleton, *Holy Terror* (Oxford, 2006).

B. Fine, "Examining the Ideas of Globalization and Development Critically," New *Political Economy*, 9(2004).

A. Glyn, *Capitalism Unleashed* (Oxford, 2006).

J. Grahl, "Globalized Finance," *New Left Review*, II/8(2001).

D. Held and A. McGrew, *Globalization/Anti-globalization* (Cambridge, 2002).

D. Held et al., *Debating Globalization* (Cambridge, 2005).

H. James, *The End of Globalization* (Cambridge, Mass., 2001).

I. Parker, *Slavoj Žižek: A Critical Introduction* (London, 2004).

R. Pollin, *Contours of Descent* (London, 2003).

J. Ravenhill, ed., *Global Political Economy* (Oxford, 2005).

J. Rosenberg, *The Empire of Civil Society* (London, 1994).

M. Rupert, *Ideologies of Globalization* (London, 2000).

M. Rupert and H. Smith, eds, *Historical Materialism and Globalization* (London, 2002).

A. Saad-Filho and D. Johnston, eds, *Neo-Liberalism: A Critical Reader* (London, 2005).

J. A. Scholte, *Globalization: A Critical Introduction* (Basingstoke, 2005).

T. Smith, "Globalization and Capitalist Property Relations: A Critique of David Held's Cosmopolitan Theory," *Historical Materialism*, 11/2(2003).

T. Smith, *Globalization: A Systematic Marxian Account* (Leiden, 2006).

R. H. Wade, "On the Causes of Increasing World Poverty and Inequality, or, Why the

Matthew Effect Prevails," *New Political Economy*, 9(2004).

R. H. Wade and F. Veneroso, "The Asian Crisis: The High-Debt Model versus the Wall Street-Treasury-IMF Complex," *New Left Review*, I/228(1998).

K. N. Waltz, "Globalization and American Power," *The National Interest*, 59(2000).

E. Wright and E. Wright, eds, *The Žižek Reader* (Oxford, 1999).

제1판을 옮기고 나서

　나는 그간 몇 권의 사회이론서들을 우리말로 옮겨 출판했다. 그때마다 가지는 생각은 사회이론을 가르치는 선생으로서 나도 이론 공부 좀 더하고 또 나 같은 생각을 가진 사람들에게 쉽게 이론서에 접할 수 있게 하자는 것이었다. 왜냐하면 번역이라는 특별한 목적의식이 없이는, 나 자신도 이론서를 원서로 첫 페이지부터 끝 페이지까지 정독하고 음미하며 읽어내기란 엄청난 인내심을 필요로 하기 때문이다. 하지만 이러한 생각도 다른 일로 자꾸 미루어질 수밖에 없었고, 결국 같은 생각을 가진 다른 세 명의 연구자와 힘을 합쳐 이 일을 끝낼 수 있었다. 말이 나온 김에 나와 고통을 같이해준 공동번역자들에게 감사를 표한다.

　물론 혹자는 다른 사회(학)이론서들이 그간 많이 출간되었는데, 굳이 또 이 책을 번역해 냈느냐고 물을 수도 있다. 책은 많으면 많을수록 좋은 것 아니냐는 일반론적인 말로는 이 책을 옮긴 이유를 다 설명할 수는 없을 것 같다. 이 책은 우리말로 출간된 사회이론 소개서들과는 다른 독특성을 지닌다.

　우선 그간 나와 있는 사회학이론서들은 주로 사회학의 교과서용으로, 방대한 분량이기는 하지만, 각 사회학이론의 주요 내용을 요약하고 있는 것이 대부분이다. 하지만 이 책은 저자가 밝히고 있듯이, 하나의 사회이론 입문서나 역사서가 아니라 사회이론의 전개과정을 근대성과의 대결이라는 맥락에서 해석해내는 하나의 연구서의 성격을 띠고 있다. 즉 이 책은 근대성 논쟁을 통해 사회이론이 어떻게 구성되어왔는지를 보여준다. 이 과정에서 캘리니코스는 학자로서 역사적·비판적 접근을 시도하지만, 결론에서는 혁명적 마르크스주의 사회이론가답게 마르크스가 근대성 문제에 기여한 바는 물론 마르크스가 앞으로의 근대성 논쟁에서 갖는 의미를 논급하는 것으로 마무리 짓는다.

두 번째는 첫 번째에서 연유하는 것이지만, 이 책은 전통적인 사회(학)이론서들의 범위를 넘어 계몽철학자들의 주제 및 정치경제학의 발전, 그리고 진화생물학이 사회이론에 미친 영향까지를 포괄적으로 다루며, 사회이론의 영역을 확장하고 있다. 그렇기에 이 책에는 근대성의 형성기에 활동한 철학자는 물론 현대의 근대성의 조건을 연구한 무수한 이론가들이 등장한다. 우리가 그간 사회(학)이론에서 도외시했던 학자들에 관심을 돌린다면, 그것은 현재 정체 상태를 벗어나지 못하는 우리 사회학에 특히 새로운 활력과 소재를 발견할 수 있을 것으로 보인다.

셋째로, 사회이론서의 특징은 난해하다는 것이다. 특히 이 책에는 앞서 언급한 이유 때문에 무수한, 그것도 입장을 전혀 달리하는 이론가들이 등장하고 있어 그들을 분명하게 위치시키는 일은 쉬운 일이 아니다. 하지만 이 책은 또한 이 같은 어려움을 감안해서인지 그 이론이 전개된 시대적 상황과 에피소드들을 접맥시켜 우리의 이해에 도움을 주는 친절함을 보인다.

이상에서도 알 수 있듯이, 이 책의 핵심어 중의 하나는 근대성이다. 이것의 영어단어는 익히 알다시피 'modernity'이다. 그런데 이 용어만큼 우리말 번역에서 문제가 되는 단어도 없다. 이 용어는 번역자의 학문적 입장에 따라, 그리고 그 단어가 사용되는 시점에 따라 우리말로는 근대성과 현대성이라는 단어로 표현된다. 그리고 일부 학자들은 이 용어를 가지고 논쟁을 벌이기도 한다. 우리의 공동번역자들도 이 용어에 대해 공통된 의견을 가지고 있었던 것은 아니었다. 하지만 이 번역서에서 용어를 통일할 수밖에 없었다.

따라서 한 공동번역자는 자신이 지금까지 사용하던 현대성이라는 용어를 이 책에서만큼은 버릴 수밖에 없었다. 여기서 공동작업을 위해 어려운 결정을 해준 이 연구자에게 다시 한 번 고맙다는 말을 전해야 할 것 같다.

캘리니코스도 이 책의 서문에서 말하고 있듯이, 대형서점의 서가에서 사회학 책이 꽃힐 자리가 점점 줄어들고 있다. 그럼에도 불구하고 일신사의 윤백규 사장은 여전히 사회학 책에 애정을 쏟으며 고통을 감내하고 있다. 사회학의 든든한 후원자인 그에게 감사할 따름이다.

2008년 5월
옮긴이들을 대신하여
박형신

제2판을 옮기고 나서

우리는 제1판의 우리말 번역본을 출간하고 나서 얼마 되지 않아 이 책의 제2판이 출간되었다는 사실을 알게 되었다. 원 출판사에서 아무런 연락도 없었기에 전혀 예상하지 못한 일이었다. 제2판이 이미 출간된 시점에서 제1판을 번역해낸다는 것은 번역자로서 독자들에게 무책임한 일이기에, 매우 당혹스러울 수밖에 없었다. 곧 제2판을 입수하고 번역을 계획했다. 하지만 다른 일에 우선순위가 밀려 이제야 제2판을 내놓게 되었다.

저자가 제2판 서문에서 밝히고 있듯이, 제2판은 제1판 이후의 사회이론의 전개 모습을 반영하여 최근의 이론적 논의까지를 포함시키고 있다. 사회이론의 역사를 다루고 있는 이 책의 성격상 앞으로도 개정은 불가피해 보인다. 이 제2판의 번역에는 정수남 박사가 새로 참여했다. 정수남 박사는 제1판의 내용에 새로 추가된 부분들을 일일이 찾아 번역하고, 새로 집필된 제13장을 번역하는 것은 물론, 제1판의 내용들도 다시 한 번 검토했다. 박형신은 이 모든 부분들을 다시 한 번 더 검토했다. 이러한 과정에서 우리는 초판의 번역에서 미진했던 부분들을 바로잡을 수 있었다. 그리고 또한 원서의 제13장 직접 인용부분에 일부 오자와 누락이 확인되었다. 이 부분들은 원저자에게는 매우 중요한 용어와 해석에 해당되는 부분이기에, 우리는 이 번역서에 직접 밝혀놓지는 않았지만, 번역본에서 바로잡아 놓았다. 그리고 어떤 용어는 저자가 원저자의 용어와 다른 용어를 사용하고 있으나, 바꾸어 사용할 수 있는 용어이기에 그대로 놔두었다.

이 제2판은 사정상 제1판을 출간한 일신사가 아니라 도서출판 한울에서 출간하게 되었다. 이미 제1판이 이미 많이 판매된 터라 수요가 제한적일 것이 분명함에도 불구하고 기꺼이 출판을 맡아준 도서출판 한울에 감사한다. 아울러 제1판 편집파일을 넘겨주는 것은 물론 저작권 협의과정에서 귀찮은 뒤처리들을 깔끔히 마무리해준 일신사에도 감사한다.

2010년 장맛비를 바라보며
옮긴이들을 대신하여
박형신

찾아보기

● 인명 찾아보기

● 문헌 찾아보기

지은이 소개 ───────────────────────────────

알렉스 캘리니코스(Alex Callinicos)는 짐바브웨 출신의 저명한 마르크스주의 이론가이자 행동하는 지식인이다. 옥스퍼드 대학교에서 박사학위를 취득하고, 오랫동안 요크 대학교 정치학 교수를 지냈다. 현재는 런던 킹스칼리지 유럽학 교수로 있으며, 여전히 영국 사회주의 노동자당(SWP) 중앙위원으로 활동하고 있다. 국내에 번역·소개된 주요 저서들만도 『반자본주의 선언』, 『마르크스의 사상』, 『이론과 서사』, 『포스트모더니즘 비판』, 『역사와 행위』 등 다수가 있다

옮긴이 소개 ───────────────────────────────

박형신은 고려대학교 대학원 사회학과에서 박사학위를 취득하고, 고려대학교 인문대학 사회학과 초빙교수를 지냈다. 현재도 고려대학교와 한양대학교에서 강의하고 있다. 저서로 『정치위기의 사회학』, 『현대사회의 구조와 변동』(공저) 등이 있고, 역서로 『탈산업사회의 도래』, 『감정과 사회학』, 『문화사회학이론을 향하여』 등이 있다.

신종화는 영국 워릭 대학교에서 사회학 박사학위를 취득하고, 현재 서울종합과학대학원 교수로 있다. 저서로 『동양사상과 탈현대의 여가』(공저), *The Languages of Civil Society*(공저)가 있고, 「현대성과 실학의 '개념적' 재구성」 등 다수의 논문을 발표했다.

이혜경은 고려대학교 대학원 사회학과에서 박사학위를 취득하고, 현재 고려대학교에서 강의하고 있다. 역서로 『사회변동의 비교사회학』이 있고, 논문으로 「한국의사집단의 전문직 프로젝트에 관한 연구」 등이 있다.

임원희는 고려대학교 대학원 사회학과에서 박사과정을 수료하고, 경기대학교에서 강의하고 있다. 논문으로 「베버의 사회질서와 사회행위의 상호작용: 복합성의 관점에 의한 재해석」 등이 있다.

정수남은 한국학중앙연구원 한국학대학원에서 사회학을 전공하여 박사학위를 취득했다. 현재 고려대학교에서 강의하고 있다. 저서로 『일상생활의 시·공간적 재구성』(공저)이 있고, 역서로는 『감정의 거시사회학』, 『뒤르케임주의 문화사회학』, 『타임워치』 등이 있다.

한울아카데미 1297

사회이론의 역사(제2판)

지은이 | 알렉스 캘리니코스
옮긴이 | 박형신·신종화·이혜경·임원희·정수남
펴낸이 | 김종수
펴낸곳 | 한울엠플러스(주)

제2판 1쇄 발행 | 2010년 10월 15일
제2판 4쇄 발행 | 2021년 10월 5일

주소 | 10881 경기도 파주시 광인사길 153 한울시소빌딩 3층
전화 | 031-955-0655
팩스 | 031-955-0656
홈페이지 | www.hanulmplus.kr
등록번호 | 제406-2015-000143호

Printed in Korea.
ISBN 978-89-460-8117-8 93330

* 가격은 겉표지에 있습니다.